S. Sachse (Hrsg.)

Handbuch Spracherwerb und Sprachentwicklungsstörungen

Kleinkindphase

Svenja Ringmann, Julia Siegmüller (Reihen-Herausgeber):

Handbuch Spracherwerb und Sprachentwicklungsstörungen

In dieser Reihe sind bereits folgende Titel erschienen:

Svenja Ringmann, Julia Siegmüller (Hrsg.):
Handbuch Spracherwerb und Sprachentwicklungsstörungen
Band Schuleingangsphase

Annette Fox-Boyer (Hrsg.):
Handbuch Spracherwerb und Sprachentwicklungsstörungen
Band Kindergartenphase

Solveig Chilla, Stefanie Haberzettl (Hrsg.):
Handbuch Spracherwerb und Sprachentwicklungsstörungen
Band Mehrsprachigkeit

Svenja Ringmann, Julia Siegmüller (Hrsg.):
Handbuch Spracherwerb und Sprachentwicklungsstörungen
Band Jugend- und Erwachsenenalter

Steffi Sachse (Hrsg.)

Handbuch Spracherwerb und Sprachentwicklungsstörungen

Kleinkindphase

Mit Beiträgen von: Ann-Katrin Bockmann, Hildesheim; Sven Bölte, Stockholm; Anke Buschmann, Heidelberg; Christa Einspieler, Graz; Annette Fox-Boyer, Rostock; Claudia Hachul, Bonn; Bettina Jooss, Heidelberg; Christina Kauschke, Marburg; Klaus Libertus, Baltimore; Ulf Liszkowski, Hamburg; Peter B. Marschik, Baltimore, Graz, Stockholm; Bettina Multhauf, Erfurt; Leslie Rescorla, Bryn Mawr; Svenja Ringmann, Weimar; Tanja Rinker, Konstanz; Steffi Sachse, Heidelberg; Blanca Schäfer, Chester; Julia Siegmüller, Rostock; Waldemar von Suchodoletz, München

URBAN & FISCHER München

Zuschriften an:
Elsevier GmbH, Urban & Fischer Verlag, Hackerbrücke 6, 80335 München

Wichtiger Hinweis für den Benutzer

Die Erkenntnisse in der Sprachtherapie und Medizin unterliegen laufendem Wandel durch Forschung und klinische Erfahrungen. Herausgeber und Autoren dieses Werkes haben große Sorgfalt darauf verwendet, dass die in diesem Werk gemachten therapeutischen Angaben (insbesondere hinsichtlich Indikation, Dosierung und unerwünschter Wirkungen) dem derzeitigen Wissensstand entsprechen. Das entbindet den Nutzer dieses Werkes aber nicht von der Verpflichtung, anhand weiterer schriftlicher Informationsquellen zu überprüfen, ob die dort gemachten Angaben von denen in diesem Werk abweichen und seine Verordnung in eigener Verantwortung zu treffen. **Für die Vollständigkeit und Auswahl der aufgeführten Medikamente übernimmt der Verlag keine Gewähr.** Geschützte Warennamen (Warenzeichen) werden in der Regel besonders kenntlich gemacht (®). Aus dem Fehlen eines solchen Hinweises kann jedoch nicht automatisch geschlossen werden, dass es sich um einen freien Warennamen handelt.

Bibliografische Information der Deutschen Nationalbibliothek

Die Deutsche Nationalbibliothek verzeichnet diese Publikation in der Deutschen Nationalbibliografie; detaillierte bibliografische Daten sind im Internet über http://www.d-nb.de/ abrufbar.

Alle Rechte vorbehalten
1. Auflage 2015
© Elsevier GmbH, München
Der Urban & Fischer Verlag ist ein Imprint der Elsevier GmbH.

15 16 17 18 19   5 4 3 2 1

Um den Textfluss nicht zu stören, wurde bei Patienten und Berufsbezeichnungen die grammatikalisch maskuline Form gewählt. Selbstverständlich sind in diesen Fällen immer Frauen und Männer gemeint.

Planung und Lektorat: Christiane Tietze, München; Anne Wiehage, Fröndenberg
Projektmanagement: Ulrike Schmidt, München
Redaktion: Walburga Rempe-Baldin, München
Übersetzung von Kapitel 7: Walburga Rempe-Baldin, München
Herstellung: Kadja Gericke, Arnstorf
Satz: abavo GmbH, Buchloe/Deutschland; TnQ, Chennai/Indien
Druck und Bindung: Dimograf, Bielsko-Biała/Polen
Zeichnungen: Heike Hübner, Berlin
Umschlaggestaltung: SpieszDesign, Neu-Ulm
Titelfotografie: © Atlantis – Fotolia.com

ISBN Print   978-3-437-44516-3
ISBN e-Book 978-3-437-16872-7

Aktuelle Informationen finden Sie im Internet unter **www.elsevier.de** und **www.elsevier.com**

Vorwort

Der vorliegende Band „Frühe Kindheit" erscheint als letzter Band in der Reihe „Handbuch Spracherwerb und Sprachentwicklungsstörungen".

Die einzelnen Handbücher sind überwiegend an Altersgruppen orientiert, und so steht dieser Band inhaltlich am Anfang der Reihe. Wie in den Handbüchern zur „Kindergartenphase", „Schuleingangsphase", zum „Jugend- und Erwachsenenalter" und über „Mehrsprachigkeit" geht es auch hier um eine Momentaufnahme des aktuellen Wissensstands zum Thema Spracherwerb und dessen Auffälligkeiten. Das Handbuch ist nicht als zusammenhängendes Lehrbuch konzipiert, sondern will vielmehr zentrale Erkenntnisse zu den verschiedenen Altersgruppen und Themen in einem Überblick vorstellen. Schon jetzt ist klar, dass die voranschreitende Forschung es in den nächsten Jahren notwendig machen wird, einige der beschriebenen Aspekte zu revidieren oder zu erweitern.

Der Band „Frühe Kindheit" richtet den Blick auf die Anfänge der Sprachentwicklung mit dem Ziel, frühe sprachliche Verzögerungen zu beschreiben und entsprechende Zugänge zur Diagnostik und Therapie bzw. Förderung aufzuzeigen.

Inhaltlich vermittelt dieser Band zum einen grundlegendes Wissen zur frühen sprachlichen Entwicklung, über die wir heute auch aufgrund von speziellen methodischen Herangehensweisen viel mehr wissen. Zum anderen werden sehr praxisrelevante Themen wie die Früherkennung und Frühintervention bei sprachlichen Auffälligkeiten aufgegriffen. Aktuell wird viel darüber diskutiert, ab wann man überhaupt von „Auffälligkeiten" der Sprachentwicklung sprechen kann, was als „abweichende" oder eben gerade aufgrund der enormen Variabilität in der frühen Kindheit noch als „normale" Entwicklung zu betrachten ist. Damit in Zusammenhang stehen Fragen nach geeigneten und sinnvollen Zeitpunkten für die Diagnostik, nach der Relevanz früher sprachlicher Besonderheiten für die weitere Entwicklung eines Kindes oder nach evidenzbasierten Methoden der Frühintervention unter Einbeziehung von Bezugspersonen oder mittels Sprachtherapie. Frühe Auffäl-

ligkeiten der Sprachentwicklung sind aber nicht nur im Hinblick auf manifeste umschriebene Sprachentwicklungsstörungen bedeutsam, sondern auch für die Symptomatik und Diagnostik von genetischen Syndromen oder Störungen aus dem autistischen Spektrum relevant.

Da Früherkennung und Frühintervention bei Sprachentwicklungsstörungen mit Unsicherheiten verbunden sind, können für viele Bereiche noch keine abschließenden Empfehlungen gegeben werden. Nichtsdestotrotz ist es wegen der großen Bedeutung der sprachlichen Entwicklung für die allgemeine Entwicklung von Kindern notwendig und sinnvoll, daran weiter zu arbeiten.

Dieser Band ist in vier thematische Einheiten unterteilt. Teil I „Sprachentwicklung in den ersten drei Lebensjahren" beschäftigt sich mit dem unauffälligen Spracherwerb. Ausgehend von einem Kapitel, das die frühe Entwicklung lexikalischer und grammatischer Fähigkeiten beschreibt, werden in den folgenden Kapiteln einzelne Bereiche der Sprachentwicklung wie sprachliche Wahrnehmungsleistungen unter neurophysiologischen Aspekten und die phonologische Entwicklung aufgegriffen und vertieft. Das Kapitel zur vorsprachlichen Kommunikation und den sozial-kognitiven Voraussetzungen lenkt den Blick auf sprachliche Vorläuferfähigkeiten. Das letzte Kapitel im ersten Teil illustriert, dass der Spracherwerb nicht unabhängig von anderen Entwicklungsbereichen betrachtet werden kann – und verdeutlicht dies beispielhaft am Zusammenhang zwischen früher sprachlicher und sozioemotionaler Entwicklung. Damit schlägt das Kapitel auch eine Brücke zum zweiten Teil des Buches, in dem „Frühe Auffälligkeiten der Sprachentwicklung" im Zentrum stehen. Diese werden in einem Kapitel detailliert für die einzelnen sprachlichen Entwicklungsphasen beschrieben. Kapitel 7 „Prognose und Prädiktion der weiteren Sprachentwicklung bei Late-Talkern" gliedert sich in zwei Teile. Der Beitrag von Leslie Rescorla in Abschnitt 7.1 „Entwicklungswege von Late-Talkern" ist im selben Wortlaut wie im Band „Jugend- und Erwachsenenalter" dieser Reihe abgedruckt. Die Frage nach Entwicklungskontinuitäten von der

Kindheit bis ins Erwachsenenalter stellt sich sowohl aus der Perspektive spät sprechender Kinder als auch aus der Perspektive von Jugendlichen und Erwachsenen mit persistierenden Sprachentwicklungsstörungen. Die von Leslie Rescorla dargestellten Zusammenhänge zwischen Befunden in der frühen Kindheit und im Jugendalter sind für beide Altersgruppen relevant und deshalb in beiden Bänden nachzulesen. In Abschnitt 7.2 werden die Ausführungen von Leslie Rescorla durch Studien und Befunde aus dem deutschsprachigen Raum ergänzt sowie generell Möglichkeiten zur Vorhersage der weiteren Entwicklung von Late-Talkern diskutiert.

Teil III des Buches beschäftigt sich intensiv mit den Möglichkeiten der frühen Erfassung von sprachlichen Auffälligkeiten über Fragebögen für Bezugspersonen sowie mit konkreten diagnostischen Herangehensweisen bei Kindern mit einer verzögerten Sprachentwicklung. Nach diesen diagnostischen Überlegungen folgen zwei Kapitel, die sich zum einen mit der (Früh-)Förderung durch die Einbeziehung von Bezugspersonen wie Eltern und pädagogischen Fachkräften, zum anderen mit kindzentrierten therapeutischen Ansätzen in der Sprachtherapie befassen.

Der abschließende Teil IV rundet die Betrachtung früher sprachlicher Auffälligkeiten mit einem Blick auf sprachliche Aspekte im Rahmen von genetischen Syndromen bzw. Störungen aus dem autistischen Spektrum ab.

Die Planung und die Realisierung eines solchen Handbuchs sind eine große Herausforderung. Mein Dank gilt den Reihenherausgeberinnen Julia Siegmüller und Svenja Ringmann, die es für wichtig erachtet haben, der frühen Kindheit einen Extraband innerhalb der Handbuchreihe zu widmen.

Vor allem danke ich den Autorinnen und Autoren, die viel Zeit in die Erstellung und Überarbeitung ihrer Beiträge gesteckt haben und das Handbuch mit ihrer Expertise zum Leben erweckt haben.

Ein ganz herzlicher Dank gilt Frau Wiehage, Frau Tietze, Frau Schmidt und Frau Rempe-Baldin vom Elsevier-Verlag. Ohne ihre intensive Begleitung und unermüdliche und geduldige Unterstützung in den verschiedenen Phasen der langen Entstehungsgeschichte dieses Bandes wäre die Fertigstellung nicht möglich gewesen. Tamara Lautenschläger und Maria Attenberger danke ich für das sorgsame Korrekturlesen des endgültigen Manuskripts. Viele unvorhergesehene private und berufliche Herausforderungen haben die Herausgabe immer wieder verzögert. Umso mehr freue ich mich, dass der letzte Band der Handbuchreihe jetzt vorliegt!

Heidelberg, im November 2014

Prof. Dr. Steffi Sachse

Autorenverzeichnis

Dr. Ann-Katrin Bockmann
Stiftung Universität Hildesheim
Institut für Psychologie
Universitätsplatz 1
31141 Hildesheim

Prof. Dr. Sven Bölte
Karolinska Institutet
Department of Women's and Childrens's Health
Center of Neurodevelopmental Disorders (KIND)
171 76 Stockholm
Schweden

Dr. Anke Buschmann
FRIZ|FRÜHINTERVENTIONSZENTRUM
Felix-Wankel-Str. 6
69126 Heidelberg

ao. Univ.-Prof. Dr. phil. Christa Einspieler
Institut für Physiologie
(iDN – Interdisciplinary Developmental
Neuroscience)
Zentrum für Physiologische Medizin
Medizinische Universität Graz
Harrachgasse 21/5
8010 Graz
Österreich

Prof. Annette Fox-Boyer, PhD MSc
Europäische Fachhochschule Rhein/Erft – EUFH
Studienstandort Rostock
Fachbereich Angewandte Gesundheitswissen-
schaften
Werftstr. 5
18057 Rostock

Dr. Claudia Hachul
Deutsches Zentrum für Luft- und Raumfahrt
Projektträger im DLR
Heinrich-Konen-Str. 1
53227 Bonn

Dr. Bettina Jooss
FRIZ|FRÜHINTERVENTIONSZENTRUM
Felix-Wankel-Str. 6
69126 Heidelberg

Prof. Dr. Christina Kauschke
Philipps-Universität Marburg
Institut für Germanistische Sprachwissenschaft
Wilhelm-Röpke-Str. 6A
35032 Marburg

Dr. Klaus Libertus
Center for Autism and Related Disorders
Kennedy Krieger Institute
Baltimore
USA

Department of Psychiatry
Johns Hopkins University School of Medicine
Baltimore
USA

Prof. Dr. Ulf Liszkowski
Entwicklungspsychologie
Institut für Psychologie
Universität Hamburg
Von-Melle-Park 5
20146 Hamburg

Assoz.Prof. Priv.Doz. Mag.DDr. Peter B. Marschik
Institut für Physiologie
iDN – Interdisciplinary Developmental
Neuroscience
Zentrum für Physiologische Medizin
Medizinische Universität Graz
Harrachgasse 21/5
8010 Graz
Österreich

Center for Genetic Disorders of Cognition and
Behavior
Kennedy Krieger Institute
Baltimore
USA

Department of Neurology
Johns Hopkins University School of Medicine
Baltimore
USA

Karolinska Institutet
Center of Neurodevelopmental disorders (KIND)
171 76 Stockholm
Schweden

Bettina Multhauf
Universität Erfurt
Nordhäuser Str. 63
99089 Erfurt

Prof. Dr. Leslie Rescorla
Bryn Mawr College
101 N. Merion Ave
Bryn Mawr PA 19010
USA

Dr. Svenja Ringmann
Meyerstr. 50A
99423 Weimar

Dr. Tanja Rinker
Zukunftskolleg
Universität Konstanz
78457 Konstanz

Prof. Dr. Steffi Sachse
Institut für Psychologie
Pädagogische Hochschule Heidelberg
Keplerstr. 87
69120 Heidelberg

Dr. Blanca Schäfer
Department of English
University of Chester
Parkgate Road
Chester, CH1 4BJ
Großbritannien

Prof. Dr. Julia Siegmüller
Europäische Fachhochschule Rhein/Erft – EUFH
Studienstandort Rostock
Angewandte Gesundheitswissenschaften
Werftstr. 5
18057 Rostock

Prof. Dr. med. Waldemar von Suchodoletz
Klinik und Poliklinik für
Kinder- und Jugendpsychiatrie,
Psychosomatik und Psychotherapie
Pettenkoferstr. 8a
80336 München

Abkürzungsverzeichnis

ADI-R	Diagnostisches Interview für Autismus – Revidiert
ADOS	Diagnostische Beobachtungsskala für Autistische Störungen
AWST	Aktiver Wortschatztest
BAP	Broader Autism Phenotype
BERA	Brainstem Evoked Responses Audiology
BISC	Bielefelder Screening zur Früherkennung von Lese-Rechtschreib-Schwierigkeiten
BSID	Bayley Scales of Infant Development
CBCL	Child Behavior Checklist (CBCL 4–18: zum Verhalten von Kindern und Jugendlichen)
CC	Konsonantenverbindungen
CDC	Center for Disease Control and Prevention
CDI	Communicative Development Inventories (MacArthur)
CHAT	Checklist for Autism in Toddlers
CPS	Closure Positive Shift
CSBS-DP	Communication and Symbolic Behavior Scales – Developmental Profile
DIKJ	Depressionsinventar für Kinder und Jugendliche
EEG	Elektroenzephalogramm/-grafie
EGS	(an) Erwachsene gerichtete Sprache
EKPs	ereigniskorrelierte Potenziale
ELAN	Early Left Anterior Negativity
ELAN-R	Eltern Antworten-Revision
ELFRA	Elternfragebogen (ELFRA-1/-2: für ein- bzw. zweijährige Kinder)
ET 6–6 R	Entwicklungstest für Kinder von 6 Monaten bis 6 Jahren, Revision
fMRT	funktionelle Magnetresonanztomografie
FRAKIS	Fragebogen zur frühkindlichen Sprachentwicklung
FSK	Fragebogen zur Sozialen Kommunikation
GLS	General Language Screen
HAWIK IV	Hamburg-Wechsler-Intelligenztest für Kinder IV
HET	Heidelberger Elterntraining zur frühen Sprachförderung
HIT	Heidelberger Interaktionstraining für pädagogische Fachkräfte
HPP	Hanen Program for Parents
K-ABC	Kaufman Assessment Battery for Children
KGS	(an das) Kind gerichtete Sprache (infant-directed speech)
KomMig	Kompetenzentwicklungsmodell zum Zweitspracherwerb Deutsch durch Migrantenkinder
LAN	left anterior negativity
LDS	Language Development Survey
LST-LTS (-Projekt)	Lexikalische und syntaktische Therapie bei Kindern im Late-Talker-Stadium
MAUS	Mehrsprachig aufwachsende Kinder sprachlich fördern
M-CHAT	Modified Checklist for Autism in Toddlers
MEG	Magnetenzephalogramm/-grafie
MLU	mean length of utterance
MMN	mismatch negativity
NIRS	near-infrared spectroscopy (Nahinfrarotspektroskopie)
NLM	Native Language Magnet Model
PAM	Perceptual Assimilation Model
PDSS	Patholinguistische Diagnostik bei Sprachentwicklungsstörungen
PET	Positronenemissionstomografie
PLAN	Patholinguistischer Ansatz zur Therapie von Sprachentwicklungsstörungen
PPI	Prozentwert der inkorrekten Phoneme
RATZ-Index	relativer Anstieg der Trefferquote gegenüber der Zufallstrefferquote
RCT	randomized controlled trial
SAEVD	Stark Assessment of Early Vocal Development
SBE-2/-3-KT	Sprachbeurteilung durch Eltern (zwei-/dreijähriger Kinder): Kurztest
SCQ	Social Communication Questionnaire
SD	Standardabweichung (standard deviation)
SETK-2	Sprachentwicklungstest für zweijährige Kinder
SEV	Sprachentwicklungsverzögerung
SLI	Specific Language Impairment
SON	Snijders-Oomen-Nonverbaler Intelligenztest
SPATS	Sprachförderung: Auswirkungen eines Trainings
SSES	spezifische Sprachentwicklungsstörungen
SSV	Sprachscreening für das Vorschulalter
THE-SES	THEoriegeleitete Therapie bei SES
TRF	Teacher Report Form
TROG-D	Test zur Überprüfung des Grammatikverständnisses
TSVK	Test zum Satzverstehen von Kindern
USES	umschriebene Sprachentwicklungsstörungen
VBV 3–6	Verhaltensbeurteilungsbogen für Vorschulkinder
VOT	Voice Onset Time
WPPSI	Wechsler Preschool and Primary Scale of Intelligence-III
ZEF	Zusammenfassender Elternfragebogen

Inhaltsverzeichnis

I Sprachentwicklung in den ersten drei Lebensjahren

Christina Kauschke

KAPITEL 1

Frühe Entwicklung lexikalischer und grammatischer Fähigkeiten

1.1 Einleitung

In den ersten drei Lebensjahren eines Kindes finden entscheidende, wenn nicht die entscheidenden Entwicklungsprozesse im Bereich des Spracherwerbs statt. Das Kind erwirbt die phonologischen und grammatischen Grundstrukturen seiner Muttersprache, es baut einen Wortschatz von mehreren hundert Wörtern auf und lernt diese Mittel einzusetzen, um situationsangemessen mit anderen zu kommunizieren. Auch wenn sich die Sprachfähigkeiten in den Folgejahren weiter verfeinern und erweitern werden, so sind die ersten drei Lebensjahre sicherlich als die wesentliche Phase des Erwerbs sprachsystematischer und pragmatischer Fähigkeiten zu werten. Diese Phase ist eng mit nichtsprachlichen Entwicklungsprozessen verbunden. Aspekte der kognitiven Entwicklung, wie die Entstehung von Objektpermanenz und Symbolfunktion, stellen wichtige Vorläuferfähigkeiten für die Konzept- und Begriffsbildung dar. Die sozialpragmatische Entwicklung ist die Grundlage für die Herausbildung kommunikativer Fähigkeiten. In diesem Kapitel steht jedoch die Sprachentwicklung im engeren Sinne im Vordergrund. Da dem Phonologieerwerb und der Entwicklung pragmatisch-kommunikativer Kompetenzen eigene Kapitel dieses Bandes gewidmet sind (➤ Kap. 3 und ➤ Kap. 4), liegt der Schwerpunkt hier auf der Entwicklung lexikalischer und grammatischer Fähigkeiten bei monolingualen Kindern mit Deutsch als Muttersprache. Darüber hinaus sind die wesentlichen Errungenschaften der frühen Sprachwahrnehmung im ersten Lebensjahr, ohne die der Einstieg in den Wortschatzaufbau und in die Grammatik nicht denkbar wäre, expliziter Gegenstand des Kapitels von Rinker (➤ Kap. 2). Daher konzentriert sich das vorliegende Kapitel vorrangig auf das zweite und dritte Lebensjahr.

1.2 Sprachentwicklung im ersten Lebensjahr

Durch die Fortschritte in der experimentellen Forschungsmethodik in den vergangenen Jahren bzw. Jahrzehnten (für einen Überblick über die Methoden der Spracherwerbsforschung siehe Kauschke 2012) hat sich das Wissen darüber, wie Säuglinge und kleine Kinder das Sprachangebot ihrer Umwelt verarbeiten, bedeutend erweitert. Von Geburt an – genau genommen bereits in den letzten Wochen vor der Geburt – sind Säuglinge in der Lage, spezifische Eigenschaften der Umgebungssprache wahrzunehmen, zu unterscheiden und allmählich für den Aufbau sprachlichen Wissens zu nutzen. Wie die frühe Sprachwahrnehmung spätere lexikalische und grammatische Entwicklungsschritte anbahnt, soll im Folgenden kurz skizziert werden. Ausführlichere Zusammenfassungen der frühen Sprachverarbeitungsprozesse finden sich z. B. in Friederici (2005), Höhle (2004), Jusczyk (1999), Karmiloff & Karmiloff-Smith (2001) und Kauschke (2012).

Bereits in den ersten Lebenstagen scheinen Kinder auf Sprache und Stimmen ausgerichtet zu sein. Eine klare Sensitivität für Sprache wird daraus ersichtlich, dass Neugeborene bereits nach wenigen Tagen ihre Muttersprache erkennen und diese anderen Sprachen vorziehen. Wie Experimente zeigen, führen gerade typische prosodische Eigenschaften zum Wiedererkennen der Muttersprache (Mehler et al. 1988; Nazzi et al. 1998). Das erste Wissen, das Kinder über ihre Sprache erwerben, bezieht sich offensichtlich auf deren prosodische Struktur.

Darüber hinaus sind Säuglinge fähig, Unterschiede zwischen einzelnen Lauten wahrzunehmen. Die sog. kategoriale Lautwahrnehmung ist bereits im ersten Monat nachweisbar (Eimas et al. 1971). Während anfangs zahlreiche unterschiedliche Kontraste zwischen Lauten kategorial wahrgenommen werden können, nimmt die Differenzierungsfähigkeit für nicht-muttersprachliche Kontraste allmählich ab (Werker & Tees 1984) und beschränkt sich auf die muttersprachlichen Phonemkategorien. Hier liegen die Vorläufer der phonologischen Entwicklung.

!

Ein wesentlicher Schritt, der den Spracherwerb einleitet und ermöglicht, ist die Segmentation, also die Zerlegung des Sprachangebots in einzelne Einheiten. Diese Fähigkeit ist unabdingbar, um den zunächst als Kontinuum wahrgenommenen Sprachstrom zu zergliedern und in Einheiten aufzuspalten. Erst dann lassen sich Wortgrenzen erkennen und die Formseite der grundlegenden Einheiten der Sprache – der Wörter – entdecken.

Um festzustellen, wo die Grenzen zwischen Wörtern verlaufen, bedienen sich Kinder ab etwa 6 Monaten verschiedener Strategien, d. h. sie richten ihre Aufmerksamkeit auf bestimmte, im Input enthaltene Hinweisreize (*cues*) und leiten daraus Annahmen über die Struktur der Sprache (hier über die Wortgrenzen) ab. Anfangs stellt die metrische Strategie eine besonders effektive Hilfe dar: Kinder gehen von der ihnen vertrauten Wortbetonung (Höhle et al. 2009) aus, die im Deutschen als trochäisches Muster (Abfolge einer betonten und einer unbetonten Silbe) zu beschreiben ist. Ein Kind mit deutscher Muttersprache nimmt an, dass Wörter in der Regel mit betonten Silben beginnen und eine Wortgrenze somit vor einer betonten Silbe liegen muss. Diese prosodisch basierte Strategie erlaubt einen effektiven Einstieg in die Wortsegmentation. Um Wörter mit anderen Betonungsmustern als dem Trochäus ebenfalls als Einheiten zu erkennen, wird diese Strategie ergänzt, indem weitere Hinweisreize (z. B. phonotaktische Regularitäten) berücksichtigt werden (Jusczyk 1999). Die Fähigkeit, Wörter anhand von prosodischen und anderen Hinweisreizen als Einheiten abzugrenzen, ist notwendig, um lexikalische Einheiten aus dem Input isolieren zu können – und legt damit die Basis für die Wortschatzentwicklung.

Neben den Wörtern müssen Kinder weitere strukturelle Einheiten ihrer Sprache wie Phrasen und Sätze erkennen. Diese Segmentierungsleistung gelingt ihnen ab etwa 6 Monaten vor allem durch die Verarbeitung von Pausen. Pausen markieren die Grenzen von Phrasen, Teilsätzen und Sätzen und geben dem Kind Anhaltspunkte dafür, welche aufeinanderfolgenden Wörter zu einer größeren Einheit zusammengefasst werden können. Syntaktische Einheiten wie Phrasen und Sätze als zusammengehörig wahrzunehmen, ist eine grundlegende Fähigkeit für den Grammatikerwerb.

Abschließend sei eine weitere Leistung der frühen Sprachwahrnehmung erwähnt, die ebenfalls eine Voraussetzung für die spätere Wortschatz- und Grammatikentwicklung darstellt: die Klassifizierung von Wörtern hinsichtlich ihrer Wortart. Ab etwa 8 Monaten sind Kinder in der Lage, zuvor gehörte Inhalts- und Funktionswörter wiederzuerkennen (z. B. Höhle & Weissenborn 2003). Die Speicherung häufig auftauchender Wortformen kann wiederum als Segmentierungshilfe dienen: Erkennt das Kind im Sprachstrom ein bereits vertrautes und häufig vorkommendes Wort wieder, kann es vor und nach diesem Wort eine Wortgrenze annehmen. Besonders interessant an diesem Befund ist, dass Kinder Funktionswörter (wie Artikel oder Präpositionen) offenbar schon sehr viel früher im Input wahrnehmen, als es der relativ späte produktive Gebrauch dieser Wortklasse vermuten lassen würde. Darüber hinaus nehmen Kinder Funktionswörter nicht nur früh wahr, sondern nutzen sie ab Beginn des zweiten Lebensjahres auch, um Wörter zu klassifizieren, indem sie z. B. annehmen, dass nach einem Artikel ein Wort folgt, das zur Klasse der Nomen gehört.

Dieser Einblick in die Verarbeitungsfähigkeiten des ersten (und beginnenden zweiten) Lebensjahres zeigt, dass Kinder höchst effiziente Mechanismen anwenden, um genau die relevanten Eigenschaften der Umgebungssprache zu erfassen, die es ihnen ermöglichen, Strukturen und Einheiten ihrer Muttersprache zu entdecken und so den Einstieg in die Lexikon- und Grammatikentwicklung zu finden. Auf der produktiven Seite übt das Kind in den Phasen des Babbelns (> Kap. 4) sprechmotorische und prosodische Grundmuster der Zielsprache ein. Basierend auf diesem „Vorwissen" setzt ab dem ersten Geburtstag mit dem Auftreten des ersten Wortes die expressive Sprachentwicklung ein.

1.3 Sprachentwicklung im zweiten Lebensjahr

1.3.1 Entwicklung lexikalischer Fähigkeiten

Die Lexikonentwicklung kann als zentrale Erwerbsaufgabe des zweiten Lebensjahres bezeichnet werden. Im ersten Lebensjahr haben Kinder unter anderem gelernt, muttersprachliche Wortformen anhand von Formmerkmalen (wie Betonung und Segmentstruktur) als feste Einheiten zu speichern. Gleichzeitig haben sie im Rahmen ihrer kognitiven Entwicklung Objekte und Ereignisse in ihrer Umwelt handelnd erlebt und diese Erfahrungen als Konzepte mental repräsentiert. Werden nun die lautsprachlichen Einheiten mit Konzepten (bzw. Teilen der Konzepte) verknüpft, entstehen Wörter als lexikalische Einträge mit einer Form- und einer Inhaltsseite. Mit der Kopplung zwischen einer Wortform und einem ersten, vorläufigen Bedeutungskonzept ist der Grundstein für den eigentlichen Lexikonerwerb gelegt. Das Zusammenbringen der beiden Komponenten Wortform und Wortbedeutung wird als *mapping* (Zuordnung) bezeichnet. Das Kind erwirbt Wörter als bedeutungsvolle Lautketten, die gebraucht werden können, um etwas Außersprachliches zu repräsentieren oder bestimmte kommunikative Funktionen zu erfüllen (Kauschke 2012).

Bereits ab etwa 10 Monaten setzt das Wortverständnis in diesem Sinne ein. Nun erkennt das Kind nicht mehr nur Wortformen wieder, sondern verknüpft sie mit Bedeutung. Das darauffolgende rasante Anwachsen des rezeptiven Wortschatzes zeugt von der beachtlichen Fähigkeit von Kindern, schnell eine wachsende Anzahl von Wörtern in das mentale Lexikon aufzunehmen (*fast mapping*). Dabei geht das Wortverständnis nicht nur zeitlich der Wortproduktion voraus, der Umfang des rezeptiven Wortschatzes übersteigt außerdem auch den des expressiven Wortschatzes. Die Wortproduktion beginnt gegen Ende des ersten Lebensjahres mit Vorläuferformen, sog. Protowörtern. Ab etwa 13 Monaten folgen die ersten „echten" Wörter, die sich durch die Loslösung von einem festgelegten Situationskontext auszeichnen und zunehmend symbolisch und kontextflexibel eingesetzt werden.

Inhaltlich bezieht sich das Kind auf sein unmittelbares Erleben und auf sein direktes Umfeld, d. h. es produziert Wörter, die sich auf Menschen, Tätigkeiten und konkrete Gegenstände seiner alltäglichen Umgebung beziehen. Typische semantische Phänomene sind Verengungen oder Erweiterungen des Wortgebrauchs im Vergleich zur zielsprachlichen Verwendung: So dehnt das Kind bei der Übergeneralisierung ein Wort auf nicht passende Vertreter aus (z. B. „Ball" als Bezeichnung für alle runden Gegenstände), während es bei einer Unterdehnung ein Wort nicht auf alle möglichen Bezugsobjekte anwenden kann (z. B. „Ball" nur für Fußbälle, nicht für Tennisbälle).

Charakteristische Wortarten für diese frühe Phase sind interaktive Wörter (z. B. „hallo", „ja"), relationale Wörter (z. B. „da", „auf"), Lautmalereien (wie „brumm") und Eigennamen („Mama"). Dies wurde für verschiedene Sprachen belegt (z. B. Gopnik 1988 für Englisch, Caselli et al. 1995, Bassano et al. 1998 für Französisch, Kauschke & Hofmeister 2002 für Deutsch und D'Odorico et al. 2001 für Italienisch). Auch Nomen als Gattungsbegriffe treten früh auf und wachsen im zweiten Lebensjahr an. Sie sind meist auf der Basisebene angesiedelt; so produzieren Kinder z. B. das Wort „Blume" früher als das übergeordnete Wort „Pflanze" oder das untergeordnete Wort „Rose". Im weiteren Verlauf des Spracherwerbs nimmt der Anteil der früh dominierenden Wortarten zugunsten weiterer Wortarten ab (➢ Kap. 1.4).

Typisch für den frühen Wortschatz ist darüber hinaus, dass dieser viele Wörter enthält, die mehrere phonologische Nachbarn in der Muttersprache haben (Stokes 2010; Stokes et al. 2012). Phonologische Nachbarn sind Wörter, die in nur einem Segment von einem anderen Wort der Zielsprache abweichen (z. B. „Rose", „Dose" und „Hose"). Offenbar hilft dies den Kindern, häufig vorkommende Lautabfolgen zu erkennen, zu speichern und zu produzieren. Phonologisch benachbarte Wörter wirken sich somit begünstigend auf den Aufbau des frühen Lexikons aus. Hier werden wechselseitige Entwicklungszusammenhänge zwischen Lexikon und Phonologie deutlich (vgl. Grimm 2012).

In dieser ersten Phase, die etwa ein halbes Jahr lang andauern kann, wächst der Wortschatz des Kindes eher langsam an. Ein wichtiger Meilenstein ist erreicht, wenn das expressive Vokabular etwa 50 Wörter umfasst, was mit durchschnittlich 18 Monaten der Fall ist. Allerdings besteht eine erhebliche interindividuelle Variation hinsichtlich des Alters beim Erwerb der ersten 50 Wörter (Bates et al. 1994, Menyuk et al. 1995, Szagun 2007). Der produktive Wortschatz von zweijährigen Kindern übersteigt nach den Ergebnissen verschiedener Studien 200 Wörter.

Trotz individueller Unterschiede wurde vielfach nachgewiesen, dass der Wortschatz im zweiten und dritten Lebensjahr substanziell anwächst. Diese merkliche Beschleunigung der Wachstumsgeschwindigkeit ist als „Vokabularspurt" bekannt. Nachdem unter diesem Begriff zunächst ein abrupter, nahezu „explosionsartiger" Anstieg des Wortschatzumfangs verstanden wurde, der eine langsame Wachstumsphase ablöst, haben zahlreiche empirische Befunde zu einer Ausdifferenzierung und Hinterfragung dieses Konzepts geführt. Untersuchungen an Einzelfällen oder Gruppen von Kindern belegten unterschiedliche Muster des Wortschatzwachstums:

- schnelles und sprunghaftes Anwachsen (z. B. Goldfield & Reznick 1990, Bloom 1993, Robinson & Mervis 1998, Dromi 1999)
- treppenförmiges Muster mit mehreren kleinen Sprüngen (z. B. Clark 1993, Anisfield et al. 1998)
- ausgedehnte Spurtphase (Goldfield & Reznick 1990)
- exponentielle Wachstumskurve (z. B. Bates et al. 1994, Kauschke & Hofmeister 2002)
- graduelles, lineares Wachstum (z. B. Goldfield & Reznick 1990, Bloom 1993, Fenson et al. 1994)
- abwechselnder Verlauf von Spurtintervallen und Plateaus (z. B. Menyuk et al. 1995, Goldfield & Reznick 1996, Robinson & Mervis 1998)
- kubisches Wachstumsmuster mit einer Beschleunigungsphase und anschließender Abflachung (Rowe et al. 2012).

Ganger & Brent (2004) wiesen nach, dass nur bei einem Fünftel aller Kinder ein eindeutiger Umschlagspunkt auszumachen ist. Häufig zeigt sich allerdings ein supralineares Wachstum, also eine Phase, in der der Wortschatz nicht konstant, sondern beschleunigt wächst (Mayor & Plunkett 2010). Unterschiedliche Meinungen bestehen darüber, ob derartige Veränderungen in der Wachstumsgeschwindigkeit lediglich statistisch erwartbare Konsequenzen des Erwerbsvorgangs sind (McMurray 2007) oder ob sie darüber hinaus qualitativ neue Lernmechanismen widerspiegeln, die das beschleunigte Wortlernen erst möglich machen (Nazzi & Bertoncini 2003; zu Erklärungen des Vokabularspurts siehe Kauschke 2012).

Die individuellen Wortschatzfähigkeiten von Kindern weisen eine gewisse Kontinuität auf, d. h. Kinder mit einem vergleichsweise umfangreichen bzw. geringen frühen Wortschatz behalten dieses Profil über eine längere Zeitspanne bei. Kauschke (2000) zeigte, dass die Wortschatzgröße im zweiten Lebensjahr (ermittelt im Alter von 13, 15 und 21 Monaten) mit der Wortschatzgröße im Alter von 36 Monaten korrelierte. Eine aktuelle Studie von Rowe et al. (2012) bestätigte, dass frühe Wortschatzfähigkeiten prädiktiv für spätere Phasen sind, denn Wachstumsgeschwindigkeit und Beschleunigungsrate zwischen 14 und 30 Monaten konnten die Wortschatzleistungen im Test mit 4½ Jahren vorhersagen. Dabei erwiesen sich dynamische Maße (Wachstumsgeschwindigkeit bzw. Beschleunigung über einen Zeitraum hinweg) als aussagekräftiger als ein statischer „Schnappschuss" des Wortschatzumfangs (die Menge an Wörtern zu einem bestimmten Zeitpunkt).

Nicht nur innerhalb der lexikalischen Domäne besteht eine Kontinuität zwischen individuellen Leistungen, darüber hinaus sind lexikalische Fähigkeiten auch prädiktiv für spätere grammatische Fähigkeiten. Wortkombinationen lassen sich oft erst nach Erreichen einer ausreichenden Lexikongröße beobachten; der frühe Vokabularumfang sagt die Äußerungslänge und die grammatische Komplexität in späteren Jahren voraus (Dale et al. 2000; Devescovi et al. 2005; Kauschke 2000, 2013). Die beschriebenen Assoziationen innerhalb der lexikalischen Ebene sowie zwischen den Ebenen machen die frühen Wortschatzfähigkeiten zu einem wichtigen prognostischen Faktor für den weiteren Verlauf der Sprachentwicklung und werden daher auch zur Früherkennung möglicher späterer Sprachentwicklungsstörungen genutzt (➤ Kap. 6 und ➤ Kap. 7).

1.3.2 Entwicklung grammatischer Fähigkeiten

Im zweiten Lebensjahr ist mit dem Auftreten von Wortkombinationen der Beginn produktiver syntaktischer Fähigkeiten auszumachen. Dieser Meilenstein wird normalerweise mit 18 Monaten bis spätestens zwei Jahren erreicht und fällt oft, aber nicht zwingend, mit einem Vokabularumfang von etwa 50 Wörtern zusammen. In den ersten Zweiwortäußerungen, die in unterschiedlichen Sprachen Ähnlichkeiten aufweisen, kommen grundlegende Relationen zum Ausdruck, indem Inhaltswörter miteinander oder mit relationalen Elementen verbunden werden, z. B. „Pferd rein", „Auto da", „Baby Stuhl" (Beispiele aus Szagun 2006). Nachdem anfangs zwei Wörter kombiniert werden, wächst die Äußerungslänge sukzessive an. Um diesen allmählichen altersbedingten Anstieg zu erfassen, führte Brown (1973) das Maß der durchschnittlichen Äußerungslänge (MLU, *mean length of utterance*) ein und wertete es als grobes Korrelat für die syntaktische Komplexität. Um die MLU zu ermitteln, wird die Anzahl aller Wörter bzw. Morpheme eines Sprachausschnitts durch die Anzahl der Äußerungen geteilt.

In kindlichen Zwei- und Mehrwortäußerungen fehlen meist noch funktionale Elemente wie Artikel oder auch obligatorische Konstituenten wie Subjekt oder Verb (Weissenborn 2000). Wichtige und häufige Elemente früher Mehrwortäußerungen sind „auch" und „nicht", wie Äußerungen wie „mami auch kette" (im Alter von 1;11) oder „nicht papa umschmeißen" (im Alter von 1;9 Jahren, Beispiele aus Penner et al. 1999) zeigen. Vereinzelt finden sich in frühen Wortkombinationen bereits Verben („geht nich", „Mund malen" „Puppe schläft", „Hause gehen", „Jule auch arbeitet"; Beispiele von 1;9 Jahre alten Kindern aus dem Korpus zu Kauschke 2000). Überwiegend (aber nicht immer, wie die vorangehenden Beispiele zeigen) erscheinen die Verben in unflektierter Form am Ende der Äußerung.

Am Ende des zweiten Lebensjahres sind 90 % aller Kinder in der Lage, mindestens zwei Wörter miteinander zu kombinieren (Szagun 2007). Die entscheidenden Schritte beim Erwerb der spezifischen syntaktischen Regularitäten der Muttersprache schließen sich im dritten Lebensjahr an.

1.4 Sprachentwicklung im dritten Lebensjahr

1.4.1 Entwicklung lexikalischer Fähigkeiten

Nachdem der Auf- und Ausbau des Vokabulars im zweiten Lebensjahr in Gang gekommen ist, findet im dritten Lebensjahr eine Erweiterung und Ausdifferenzierung statt. Der Umfang des Vokabulars erweitert sich auf etwa 300–500 Wörter im Alter von drei Jahren. Die Zusammensetzung des Wortschatzes hinsichtlich der Wortarten verändert sich: Die im zweiten Lebensjahr dominierenden Kategorien der relationalen und sozialen Wörter nehmen ab, denn die Komposition des Lexikons wird durch weitere Wortarten ergänzt und vervollständigt. Für verschiedene Sprachen (Bates et al. 1994, Pine et al. 1997 für Englisch, Bassano et al. 2005 für Französisch, Kauschke 2000, Kauschke & Hofmeister 2002 für Deutsch) wurde ein ähnlicher, wellenartiger Verlauf der Wortartenentwicklung beschrieben: Auf eine Expansion der Nomen (Eigennamen und Gattungsbegriffe) in den frühen Stadien des Lexikonerwerbs folgt ein linearer Anstieg von Verben im dritten Lebensjahr. Gegen Ende des dritten Lebensjahres markiert eine Zunahme der Funktionswörter die letzte Welle in der Wortartenentwicklung.

Semantische Veränderungen finden sich in Bezug auf die Strukturierung des Nomenlexikons. Nachdem anfänglich Basisbegriffe, d.h. Begriffe mit einem mittleren Allgemeinheitsgrad bevorzugt wurden, treten nun vereinzelt auch Oberbegriffe und spezifische Unterbegriffe auf (Waxman 1990). Super- und subordinierte Begriffe zeigen, dass der kindliche Wortschatz nicht nur in die Breite, sondern auch in die Tiefe wächst. Neben der hierarchisch gegliederten Struktur des Nomenlexikons lernt das Kind während des Lexikonerwerbs, weitere semantische Relationen auszudrücken (z. B. Oppositionsbeziehungen durch Adjektive). Die Wörter, die Kinder im dritten Lebensjahr produzieren, beziehen sich weiterhin vorwiegend auf konkrete Phänomene und Erfahrungen mit der Umwelt.

Ein kleiner, aber wachsender Teil des kindlichen Vokabulars dient der Versprachlichung innerer Zustände: Kinder sprechen über ihre körperlichen

Empfindungen, äußern Wünsche, Bedürfnisse, Gefühle und Gedanken (Bretherton & Beeghly 1982, Kauschke 2007).

Charakteristisch für Fortschritte in der Lexikonentwicklung im dritten Lebensjahr ist darüber hinaus die Wortbildung, mit deren Hilfe Kinder ihr Lexikon erweitern. Zum einen steigt die Anzahl von komplexen Wörtern, die konventionelle Wortbildungen darstellen, in dieser Zeit merklich an (Schipke & Kauschke 2011), wobei sowohl Kompositionen als auch Derivationen zu beobachten sind. Häufig werden Verbstämme mit Partikeln bzw. Adverbien kombiniert (wie in „hochhalten" oder „aufmachen"). Zum anderen treten in dieser Zeit Wortneuschöpfungen auf, die anzeigen, dass das Kind die regelhaften Prozesse der Wortbildung erkannt hat und diese kreativ einsetzt. Meibauer (1995, 1999) belegt dies durch Längsschnittstudien zur Derivation mit dem im Deutschen sehr produktiven Suffix –er. Im dritten Lebensjahr finden sich Belege für innovative –er-Derivationen, deren Basis verbale oder nominale Wortstämme sein können („Schießer" vs. „Kurver" für Fahrradlenkstange). Derartige Wortneuschöpfungen gehen in der Folgezeit zurück, da Kinder zunehmend die konventionellen zielsprachlichen Formen aus dem Input übernehmen.

So machen deutschsprachige Kinder im dritten Lebensjahr offensichtlich häufig und produktiv Gebrauch von den Mitteln der Wortbildung, insbesondere von Komposition und Derivation, und nutzen sie zur Lexikonerweiterung. Diese Fähigkeit zeugt von einer relativ frühen Einsicht in die Funktion von Morphemen und in die Regeln ihrer Verknüpfung und steht damit in engem Zusammenhang mit der Entwicklung morphologischer Fähigkeiten.

1.4.2 Entwicklung grammatischer Fähigkeiten

Syntax

Die zentrale Aufgabe im dritten Lebensjahr ist sicherlich der Erwerb der grundlegenden grammatischen Regularitäten der Muttersprache. Betrachtet man eher oberflächlich die Länge der Äußerungen, so zeigen die Daten von Rice et al. (2010), dass die Äußerungen von Kindern in der Altersgruppe von 2½–3 Jahren im Durchschnitt 2,9 Wörter und in der Altersgruppe von 3–3½ Jahren 3,4 Wörter umfassen. Wichtiger als die reine Länge ist jedoch die wachsende syntaktische und morphologische Komplexität und Korrektheit der Äußerungen.

Im Bereich der Syntax lernen Kinder im dritten Lebensjahr, verschiedene Arten von Sätzen mit der dazugehörigen Verbstellung zu realisieren. Charakteristisch für das Deutsche ist eine je nach Satzart variierende Verbposition (Habermann 2009). So steht das flektierte Verb in Aussagesätzen und Informationsfragen an zweiter Position („Das Mädchen isst Spaghetti", „Wer isst Spaghetti?"), in Entscheidungsfragen und Imperativsätzen an erster Position („Isst das Mädchen Spaghetti?") und in den meisten Nebensätzen am Ende („weil/dass/ob das Mädchen Spaghetti isst"). Die sonstigen Konstituenten des Satzes (z. B. Subjekte, Objekte und Adverbiale) sind hingegen flexibel angeordnet, denn sie können im Aussagesatz vor oder nach dem flektierten Verb stehen (Beispiel: „Das Mädchen isst gerne Spaghetti" vs. „Spaghetti isst das Mädchen gerne" vs. „Gerne isst das Mädchen Spaghetti").

Der Erwerb der Verbzweitstellung in Aussagesätzen markiert einen Meilenstein im Erwerb der deutschen Satzstruktur, der nach einer Reihe von Zwischenstufen gemeistert wird (Tracy 2007). Wie bereits erwähnt, weisen erste Wortkombinationen mit Verben im zweiten Lebensjahr häufig unflektierte Verben am Ende auf (ein Beispiel aus Rothweiler 2002: „Mama Ball suchen"). Sobald das Kind die Personalflexion (siehe Abschnitt zur Morphologie) beherrscht, bleiben flektierte und mit dem Subjekt kongruierende Verben manchmal noch für eine gewisse Zeit am Satzende stehen („Mäuschen da reinklettert", Beispiel aus Clahsen et al. 1996), meist jedoch wandert das flektierte Verb in die korrekte Zweitposition („ich bau ein Turm", Beispiel aus Tracy 2007; „die parken da", Beispiel aus Kauschke 2012). Nur selten erscheinen unflektierte Verben in der zweiten Position (wie in „Mama holen Buchstaben", einem Beispiel aus Köhler & Bruyère 1996). Die typische Entwicklungslinie verläuft also von Infinitiven am Satzende hin zu flektierten Verben in der Zweitposition, wobei auch davon abweichende Strukturvarianten zwischenzeitlich vorkommen können.

Zu einem vollständigen Erwerb der Verbzweitstellungsregel gehört die Flexibilisierung der Satzstruktur: Kinder lernen, unterschiedliche Elemente vor das flektierte Verb zu stellen. Äußerungen mit vorangestelltem Objekt wie „n auto hab ich demalt" im Alter von 2;0 oder „Kran fährt er" mit 2;6 (Beispiele aus Kauschke 2012) verdeutlichen, dass diese Fähigkeit im Laufe des dritten Lebensjahres erworben wird. Mit 2;6 Jahren verwenden die meisten Kinder syntaktisch korrekte und flexible Aussagesätze sowie Fragesätze. Für Sätze, die nicht der erwartbaren Abfolge der Konstituenten folgen und überdies die Verarbeitung von Kasusmarkierungen erfordern (z.B. Sätze mit Objektvoranstellungen wie „den Frosch kitzelt der Tiger"), bleibt das Satzverständnis der Kinder allerdings auch mit drei Jahren noch recht unsicher (Schipke 2012; Watermeyer, Höhle & Kauschke 2011).

An den Erwerb einfacher Sätze schließt sich der Erwerb von Nebensätzen an, der bis zum dritten Geburtstag zumindest begonnen hat. Nebensätze können in Einzelfällen schon früh auftreten (Beispiel eines 2;2 Jahre alten Kindes aus Fritzenschaft et al. 1990: „das sind alle Legos, die ich ausgeschüttet hab"). In Übergangsphasen wird die Konjunktion manchmal ausgelassen oder durch einen Platzhalter ersetzt (Rothweiler 2002), bevor Konjunktionen wie „weil", „wenn", „dass" und „ob" korrekt realisiert werden. Das flektierte Verb steht in Nebensätzen meist der Zielsprache angemessen am Satzende.

Neben dem Erwerb der Wortstellung zeichnen sich Fortschritte in der syntaktischen Entwicklung dadurch aus, dass es seltener zu Auslassungen von obligatorischen Elementen kommt. Während Kinder anfangs die Artikel in Nominalphrasen auslassen, wenden sie ab etwa 2;6 Jahren obligatorische Artikel sicherer an. Auch die Auslassung von Subjekten geht in dieser Zeit zurück (Weissenborn 2000).

Morphologie

Nicht nur Länge, Vollständigkeit und syntaktische Komplexität der Äußerungen nehmen im Laufe des dritten Lebensjahres deutlich zu, auch im Bereich der Morphologie – insbesondere der Verbmorphologie – vollziehen sich wichtige Erwerbsschritte. Das erste morphologische Paradigma, das im Laufe des dritten Lebensjahres aufgebaut wird, betrifft die Personalflexion des Verbs. Dass durch Suffixe für Person und Numerus eine Kongruenz zwischen Subjekt und Verb hergestellt wird („ich male" – „du malst" – „wir malen"), lernen Kinder wiederum in einem sukzessiven Prozess. Anfangs realisieren sie Vollverben meist noch als Stammformen ohne Suffix oder als Infinitivformen und übertragen dies auf andere Personenkontexte. Vereinzelt tritt –t auf. Als nächstes wird –e verwendet („leine mache", Beispiel aus Rothweiler 2002) und manchmal übergeneralisiert („ich kanne"). Der Erwerb des Flexionsparadigmas schließt mit dem Auftreten des Suffixes –st für die zweite Person Singular ab (Beispiel eines dreijährigen Kindes aus Kauschke 2012: „du darfst meine tüte voller murmeln kriegen"). Generell werden Singularformen des Verbs vor Pluralformen und die erste und dritte Person vor der zweiten Person korrekt verwendet (Klampfer et al. 2001); unklare Markierungen nehmen ab.

Als förderlich für das Erkennen der morphologischen Regularitäten erweist sich eine kritische Masse an Verben (Bittner 2000, 2013): Erkennt das Kind Gemeinsamkeiten in Bezug auf die Markierung der Person bei einer Vielzahl von Verben, kann es Analogien bilden, Regeln ableiten und daraufhin neues Wortmaterial eigenständig flektieren. Mit etwa 2½ Jahren können Kinder die Subjekt-Verb-Kongruenz weitgehend zuverlässig umsetzen. Dies ist zur Realisierung der Verbzweitstellung (siehe oben) notwendig, da die zweite Position im Aussagesatz mit einem flektierten Verb gefüllt werden muss.

> Der Erwerb der Subjekt-Verb-Kongruenz und der Verbzweitstellung sind damit zwei wichtige Spracherwerbsschritte, die im dritten Lebensjahr zeitlich zusammenfallen. Kontrovers diskutiert wird, ob diese Prozesse als zeitgleich, aber voneinander unabhängig zu sehen sind (Weissenborn 1990) oder ob die morphologischen Fähigkeiten vielmehr eine notwendige Voraussetzung für syntaktische Fortschritte darstellen (Clahsen et al. 1996).

Ein weiterer Aspekt der Verbmorphologie, der im dritten Lebensjahr eine Rolle spielt, ist die Markierung der Tempuskategorie Perfekt durch die Bildung von Partizipien, mit denen Kinder sich auf abgeschlossene bzw. in der Vergangenheit liegende Hand lungen beziehen können. Erste Partizipformen treten in der Spontansprache ab etwa zwei Jahren, vereinzelt auch früher auf (Clahsen & Rothweiler 1993, Szagun 2011), allerdings können die Formen noch fehlerhaft sein. Typische Fehler bei der Partizipbildung sind Auslassungen des Präfixes (z. B. „reinsetzt" statt reingesetzt) oder – seltener – des Suffixes („gefall", Beispiele aus Szagun 2011). Im Deutschen werden Partizipien bei schwachen Verben durch reguläre Flexionsprozesse mittels einer Präfigierung von ge– und Suffigierung von –t (kaufen – gekauft) gebildet, während die Formenbildung bei starken Verben mit ge– und –en sowie meist mit einer Vokalveränderung im Verbstamm erfolgt (finden – gefunden). In der Spontansprache von Kindern finden sich mehr Partizipien mit schwachen als mit starken Verben. Überregularisierungen im Spracherwerb wie „ausgetrinkt" zeigen an, dass das Kind die reguläre Partizipienbildung erkannt und eigenständig auf ein unregelmäßiges Verb übertragen hat. Derartige Fehler kommen laut Rothweiler (2002) bei etwa 10 % aller Partizipien im dritten und vierten Lebensjahr vor.

Beginnende morphologische Entwicklungsschritte vollziehen sich im dritten Lebensjahr auch im Bereich der Nominalflexion. Erste Pluralformen tauchen bereits im Alter von 1;10 Jahren auf (Szagun 2001), wobei die Suffixe –e und –n zu den früh beherrschten Flexiven gehören. Allerdings finden sich im dritten Lebensjahr noch zahlreiche Fehler in Form von Auslassungen, Substitutionen oder Additionen von Pluralmorphemen, die erst im Laufe der Vorschulzeit zurückgehen. Bis sie das komplexe Pluralsystem des Deutschen vollständig beherrschen, benötigen die Kinder noch einige Zeit (z. B. Laaha et al. 2006 und Kauschke et al. 2011 zur Entwicklung des Pluralsystems im Vorschulalter). Ein weiterer schwieriger Erwerbsbereich ist die Markierung des Kasus an Objekten. In der hier besprochenen Altersspanne ist zu erwarten, dass Artikel im Nominativ überwiegend korrekt erscheinen, während die Markierung des Akkusativs noch unsicher ist und mit dem Dativ noch länger anhaltende, massive Schwierigkeiten bestehen (Szagun 2004). Die fehlerfreie Markierung des Akkusativs und vor allem des Dativs an bestimmten und unbestimmten Artikeln sowie die Nutzung von Kasusmarkierungen für das Satzverständnis sind Erwerbsaufgaben der kommenden Jahre bis zum Einschulungsalter. Auch Höhle (2010)

weist darauf hin, dass die Entwicklung der nominalen Morphosyntax im Deutschen wesentlich länger dauert als die der syntaktischen Grundstruktur.

1.5 Zusammenfassung

Ziel des Kapitels war es bis hierher, einen Überblick über die charakteristischen Entwicklungsschritte im Lexikon- und Grammatikerwerb von Kindern bis zum Alter von drei Jahren zu geben. Dabei hat sich gezeigt, dass sich die Fähigkeiten in den verschiedenen sprachlichen Domänen simultan entwickeln, wobei jedoch für jedes Lebensjahr Schwerpunkte zu erkennen sind – in dem Sinne, dass in der jeweiligen Phase eine besondere Erwerbsaufgabe im Zentrum steht. Für das erste Lebensjahr ist dieser Schwerpunkt die frühe Sprachwahrnehmung. Mit ihrer außerordentlichen Sensitivität für sprachliche Umgebungsreize gelangen Kinder bereits in den ersten Lebensmonaten zu Annahmen über die Einheiten und die Grundstruktur ihrer Umgebungssprache, die sie für die weitere phonologische, lexikalische und grammatische Entwicklung nutzen können. Für das zweite Lebensjahr ist dann der lexikalische Zuwachs prägend. In dieser Zeit bauen Kinder schnell und effektiv ein Lexikon von etwa zweihundert Wörtern auf. Der Beginn von Wortkombinationen markiert außerdem den Einstieg in die Syntax. Das dritte Lebensjahr steht – neben der Ausdifferenzierung und Erweiterung des Lexikons – vor allem im Zeichen des Grammatikerwerbs, denn in dieser Phase erwerben Kinder die wesentlichen syntaktischen Strukturen ihrer Muttersprache, wie hier am Beispiel der deutschen Sprache dargestellt wurde.

Es wurde deutlich, dass Kinder systematische Zwischenstufen durchlaufen, bevor sie das System der Zielsprache vollständig beherrschen. Dies ließ sich z. B. am schrittweisen Erwerb der Verbzweitstellung nachvollziehen. Kindliche Äußerungen im zweiten und dritten Lebensjahr sind oft noch nicht zielsprachlich korrekt, reflektieren aber die Annahmen, die das Kind zu diesem Zeitpunkt über seine Sprache aufgebaut hat. Die Kenntnis dieser Zwischenstufen und auch des Zeitraums, in dem sie überwunden sein sollten, ist unabdingbar, um Verzögerung oder Störungen des normalen Erwerbsverlaufs erkennen und einschätzen zu können. Überregularisierungen (wie „getrinkt") oder innovative Wortbildungen (wie „der Schießer") zeigen darüber hinaus, dass Kinder erkannte Regelhaftigkeiten des Sprachsystems aktiv und kreativ anwenden.

In den ersten drei Lebensjahren werden die Weichen für ein erfolgreiches Ausbilden der Sprachkompetenz gestellt. Vor allem im dritten Lebensjahr entscheidet sich, ob ein Kind eine anfängliche sprachliche Verzögerung noch aufholt oder nicht (➤ Kap. 6 und ➤ Kap. 7). Ist es einem Kind bis zum dritten Geburtstag nicht gelungen, die Grundzüge der Grammatik seiner Muttersprache und einen angemessenen Wortschatz aufzubauen, kann eine Sprachentwicklungsstörung vermutet werden, die mit geeigneten diagnostischen Verfahren abgeklärt und näher beschrieben werden sollte (De Langen-Müller et al. 2012).

1.6 Erklärungsansätze für den Spracherwerb und deren Implikationen für Sprachentwicklungsstörungen

Angesichts der Beobachtung, dass Kinder schon mit drei Jahren wichtige und umfassende Aspekte ihrer Muttersprache erworben haben – auch wenn in den Folgejahren noch weitere Ausdifferenzierungen und Erweiterungen sprachlicher Fähigkeiten anstehen –, steht die Suche nach einer Erklärung für diese Fähigkeiten seit langem im Zentrum der Spracherwerbsforschung (z.B. Hockema & Smith 2009; Kauschke 2007, 2012; Klann-Delius 2008). Unterschiedliche Sichtweisen zu den Fragen, ob sich Kinder beim Spracherwerb sprachspezifischer oder domänenübergreifender Fähigkeiten bedienen und ob diese Fähigkeiten angeboren sind oder sich erst im Laufe der Entwicklung herausbilden, haben zur Formulierung unterschiedlicher Erklärungsansätze geführt.

- Nimmt man an, dass Kinder vorgeprägt für Sprache auf die Welt kommen und mit sprachspezifischen Anlagen ausgestattet sind, die ausgelöst durch die Umgebungssprache heranreifen, folgt man einem *Inside-out*-Modell (Hockema & Smith 2009).

- Geht man dagegen davon aus, dass Kinder Sprache vorrangig durch den Kontakt und die Kommunikation mit anderen Personen lernen, liegt eine *Outside-in*-Annahme zugrunde.
- Neuere Modellvorstellungen nehmen eine vermittelnde Position ein, indem sie das Zusammenspiel von kindlichen Fähigkeiten und Umweltfaktoren betonen.

Nativistischen Ansätzen zufolge verfügt das Kind über grundlegendes, angeborenes Wissen über Sprache. Nach dieser *Inside-out*-Annahme wird Sprachentwicklung als biologisch vorprogrammierte Entfaltung vorhandener sprachlicher Fähigkeiten verstanden, während die Umgebungssprache lediglich als Auslöser für die Erkennung der jeweiligen einzelsprachlichen Besonderheiten fungiert. Im Gegensatz dazu betonen dem interaktionistischen Paradigma zugehörige Ansätze die Rolle der Umwelt und des interaktiven Austauschs zwischen dem Kind und seinen Bezugspersonen. Ein gut auf das Kind abgestimmtes Sprachangebot und die altersspezifisch ausgerichteten Kommunikationsstrategien der Bezugspersonen erleichtern, unterstützen und lenken den Spracherwerb.

Extrempositionen, die in dem Gegensatz zwischen *Inside-out*- und *Outside-in*-Modellen zum Ausdruck kommen, wurden von hybriden Modellvorstellungen abgelöst, die von einem dynamischen Wechselspiel innerer und äußerer Einflussfaktoren ausgehen.

Emergenzmodelle

Emergenzmodelle (z. B. Hollich et al. 2000, Poll 2012) verstehen Sprache als Entwicklungsprodukt, das erst aus einem Zusammenwirken von kindlichen Fähigkeiten auf der einen und Umweltfaktoren auf der anderen Seite hervorgeht.

Demnach bringen Kinder durchaus förderliche Voraussetzungen für den Spracherwerb mit. Solche Prädispositionen zeigen sich z. B. in der frühen Sprachwahrnehmung (➤ Kap. 1.2). Diese Verarbeitungsfähigkeiten und Lernmechanismen machen das Kind besonders sensibel für den sprachlichen Input und versetzen es in die Lage, diesen effektiv zu verarbeiten sowie die reichhaltigen Informationen und Hinweise aus dem Sprachangebot und aus dem sozialen Kontext aktiv für den weiteren Spracherwerb zu nutzen. Dabei verarbeitet es je nach Entwicklungsstadium unterschiedliche Aspekte des gesamten Sprachangebots (Hirsh-Pasek & Golinkoff 1996), d.h. es fokussiert selektiv gerade die Informationen, die nützlich sind, um eine Zwischenphase aufzulösen.

Der Vorteil des Emergenzmodells besteht darin, dass sowohl äußere als auch innere Faktoren als bestimmend für den Spracherwerb gelten und der spezifische Beitrag der beiden Dimensionen in der jeweiligen Entwicklungsphase genauer untersucht werden kann. Auch für die Betrachtung von Sprachentwicklungsstörungen und die Wirkungsweise sprachtherapeutischer Interventionen bietet der Emergenzgedanke einen fruchtbaren Rahmen. Evans (2001) sieht (spezifische) Sprachentwicklungsstörungen im Spannungsfeld zwischen den eingeschränkten Verarbeitungskapazitäten des Kindes und den Eigenschaften des Sprachangebots. Bei sprachentwicklungsgestörten Kindern kann der Spracherwerb in bestimmten Phasen stagnieren, da sie nicht in der Lage sind, vorhandene Informationen aus dem Sprachangebot so zu nutzen, dass sich das Sprachsystem weiterentwickelt. Durch eine Optimierung des Sprachangebots, die durch verschiedene Interventionstypen erreicht werden kann, wird dem Kind eine besondere Unterstützung zuteil: Da gerade die Inputeigenschaften hervorgehoben, betont und verstärkt werden, die für das Erreichen einer nächsten Stufe ausschlaggebend sind, fällt es dem Kind leichter, diese Eigenschaften im Input aufzufinden. Das sprachliche Angebot wird so aufbereitet, dass das sprachgestörte Kind die notwendigen Strukturen und Inhalte besser ansteuern und nutzen kann. Die Intervention setzt somit an den beeinflussbaren äußeren Faktoren an, um auf die inneren Faktoren einzuwirken, d. h. um die Verarbeitungsmechanismen des Kindes zu aktivieren. Dieser Aktivierungsgedanke spielt insbesondere für die Intervention in den ersten Lebensjahren eine große Rolle.

Wie Kernelemente des Emergenzansatzes auf sprachtherapeutische Interventionen übertragen werden können, verdeutlicht auch Poll (2012).

1. Kernpunkt ist der *Input*: Menge und Qualität des Sprachinputs sind entscheidend für den Spracherwerb, beides kann im Rahmen einer Intervention gegenüber dem Alltagsangebot optimiert werden.
2. Wichtig ist eine *aktive Auseinandersetzung* des Kindes („active engagement") mit dem Input: Kinder verarbeiten sprachlichen Input normalerweise aktiv und können durch therapeutische Techniken dazu angeregt werden.
3. Um die *Chancen* für die Weiterentwicklung zu erhöhen („increasing the odds"), können Kinder, die von selbst nicht ausreichend in der Lage sind, die richtigen Schlüsse aus dem Inputangebot zu ziehen, durch Therapie oder Elterntraining gezielt dabei unterstützt werden.

Damit erweist sich das Emergenzmodell als sinnvolle Erklärungsgrundlage für den frühen Spracherwerb und als Folie für ein Modell der Frühintervention.

LITERATUR

Anisfield, M., Gasparini, D., Hoberman, M.J., & Rosenberg, E.S. (1998). Lexical acceleration coincides with the onset of combinatorial speech. *First Language, 18,* 165–184.

Bassano, D. (2005). A naturalistic study of early lexical development: General processes and inter-individual variations in French children. *First Language, 25* (1), 67–101.

Bassano, D., Maillochon, I., & Eme, E. (1998). Developmental changes and variability in the early lexicon: A study of French children's naturalistic productions. *Journal of Child Language, 25,* 493–531.

Bates, E., Dale, P., Fenson, L., Hartung, J., Marchman, V., Reilly, J., Reznick, S., & Thal, D. (1994). Developmental and stylistic variation in the composition of early vocabulary. *Journal of Child Language, 21* (1), 85–121.

Bittner, D. (2000). Early verb development in one German-speaking child. *ZAS Papers in Linguistics, 18,* 21–38.

Bittner, D. (2013). Grammatische Entwicklung. In S. Ringmann & J. Siegmüller (Hrsg.) Handbuch Spracherwerb und Sprachentwicklungsstörungen, Schuleingangsphase (S. 51–76). München: Urban & Fischer.

Bloom, L. (1993). *The transition from infancy to language: Acquiring the power of expression.* New York: Cambridge University Press.

Bretherton, I., & Beeghly, M. (1982). Talking about internal states: The acquisition of an explicit theory of mind. *Developmental Psychology, 18,* 906–921.

Brown, R. (1973). *A first language. The early stages.* Cambridge: Harvard University Press.

Caselli, M. C., Bates, E., Casadio, P., Fenson, J., Sanderl, L., & Weir, J. (1995). A cross-linguistic study of early lexical development. *Cognitive Development, 10,* 159–199.

Clahsen, H., & Rothweiler, M. (1993). Inflectional rules in children's grammars: Evidence from German participles. In G. Booij & J. Van Marle (Eds.), *Yearbook of Morphology 1992* (pp. 1–34). Dordrecht: Kluwer Academic Publishers.

Clahsen, H., Eisenbeiss, S., & Penke, M. (1996). Lexical learning in early syntactic development. In H. Clahsen (Ed.), *Generative perspectives on language acquisition. Empirical findings, theoretical considerations and crosslinguistic comparisons* (pp. 129–160). Amsterdam: John Benjamins.

Clark, E. V. (1993). *The lexicon in acquisition.* Cambridge: Cambridge University Press.

Dale, P.S., Dionne, G., Eley, T.C., & Plomin, R. (2000). Lexical and grammatical development: A behavioural genetic perspective. *Journal of Child Language, 27* (3), 619–642.

De Langen-Müller, U., Kauschke, C., Kiese-Himmel, C., Neumann, K., & Noterdaeme, M. (2012). *Interdisziplinäre S2k-Leitlinie: Diagnostik von Sprachentwicklungsstörungen (SES) unter Berücksichtigung umschriebener Sprachentwicklungsstörungen.* Frankfurt/Main: Peter Lang.

Devescovi, A., Caselli, M.C., Marchione, D., Pasqualetti, P., Reilly, J., & Bates, E. (2005). A crosslinguistic study of the relationship between grammar and lexical development. *Journal of Child Language, 31,* 759–786.

D'Odorico, L., Carubbi, S., Salerni, N., & Calvo, V. (2001). Vocabulary development in Italian children: A longitudinal evaluation of quantitative and qualitative aspects. *Journal of Child Language, 28,* 351–372.

Dromi, E. (1999). Early lexical development. In M. Barrett (Ed.), *The development of language* (pp. 99–133). Hove: Psychology Press.

Eimas, P.D., Siqueland, E.R., Jusczyk, P.W., & Vigorito, J. (1971). Speech perception in infants. *Science, 171,* 303–306.

Evans, J.L. (2001). An emergent account of language impairments in children with SLI: implications for assessment and intervention. *Journal of Communication Disorders, 34,* 39–54.

Fenson, L., Bates, E., Dale, P., Pethick, S., Reznick, S., & Thal, D. (1994). *Variability in early communicative development* (Monographs of the Society for Research in Child Development, 59, 4). Chicago: The University of Chicago Press.

Friederici, A.D. (2005). Neurophysiological markers of early language acquisition: from syllables to sentences. *Trends in Cognitive Sciences, 9* (10), 481–488.

Fritzenschaft, A., Gawlitzek-Maiwald, I., & Tracy, R. (1990). Wege zur komplexen Syntax. *Zeitschrift für Sprachwissenschaft, 9,* 52–134.

Ganger, J., & Brent, M.R. (2004). Re-examining the Vocabulary Spurt. *Developmental Psychology, 40* (4), 621–632.

Goldfield, B., & Reznick, S. (1990). Early lexical acquisition: rate, content and the vocabulary spurt. *Journal of Child Language, 17,* 171–181.

Goldfield, B., & Reznick, S. (1996). Measuring the vocabulary spurt: a reply to Mervis & Bertrand. *Journal of Child Language, 23,* 241–246.

Gopnik, A. (1988). Three types of early words: The emergence of social words, names and cognitive-relational words in the one-word stage and their relation to cognitive development. *First Language, 8,* 49–70.

Grimm, A. (2012). Die Schnittstelle Lexikon – Phonologie und ihre Bedeutung für Kinder mit Sprachentwicklungsstörungen. In C. Kauschke, S. Ott & V. Maihack (Hrsg.), *Prosodie und Kindersprache. Tagungsbericht zum 13. Wissenschaftlichen Symposium des dbs* (S. 46–76). Köln: Prolog.

Habermann, M. (2009). Satzarten, einfache und komplexe Sätze, Topologie. Sentence types, simple and complex sentences, word order. *Sprache Stimme Gehör, 33,* 81–88.

Hirsh-Pasek, K., & Golinkoff, R.M. (1996). *The origins of grammar: Evidence from early language comprehension.* Cambridge: MIT Press.

Hockema, S.A., & Smith, L.B. (2009). Learning your language, outside-in and inside-out. *Linguistics, 47* (2), 453–479.

Höhle, B. (2004). Sprachwahrnehmung und Spracherwerb im ersten Lebensjahr. *Sprache Stimme Gehör, 28,* 2–7.

Höhle, B. (2010). Erstspracherwerb: Wie kommt das Kind zur Sprache? In B. Höhle (Hrsg.), *Psycholinguistik* (S. 125–140) Berlin: Akademie Verlag.

Höhle, B., & Weissenborn, J. (2003). German-learning infant's ability to detect unstressed closed-class elements in continuous speech. *Developmental Science, 6,* 122–127.

Höhle, B., Bijeljac-Babic, R., Herold, B., Weissenborn, J., & Nazzi, T. (2009). Language specific prosodic preferences during the first half year of life: evidence from German and French infants. *Infant Behaviour and Development, 32* (3), 262–274.

Hollich, G.J., Hirsh-Pasek, K., & Michnick Golinkoff, R. (2000). Breaking the language barrier: An emergentist coalition model for the origins of word learning. *Monographs of the Society for Research in Child Development, 262,* 1–138.

Jusczyk, P.W. (1999). Narrowing the distance to language: one step at a time. *Journal of Communication Disorders, 32,* 207–222.

Karmiloff, K., & Karmiloff-Smith, A. (2001). *Pathways to language. From fetus to adolescent.* Cambridge: Harvard University Press.

Kauschke, C. (2000). *Der Erwerb des frühkindlichen Lexikons – Eine empirische Studie zur Entwicklung des Wortschatzes im Deutschen.* Tübingen: Narr.

Kauschke, C. (2007). Sprache im Spannungsfeld von Erbe und Umwelt. *Die Sprachheilarbeit, 52* (1), 4–16.

Kauschke, C. (2012). *Kindlicher Spracherwerb im Deutschen. Verläufe, Forschungsmethoden, Erklärungsansätze.* Berlin: De Gruyter.

Kauschke, C. (2013). The interrelation between lexical and grammatical abilities in impaired and unimpaired early language acquisition: Evidence from German. In S. Bartsch & D. Bittner (Eds), *Lexical Bootstrapping – on the central role of lexis and semantics in child language development* (pp. 143–164). Berlin, Boston: Mouton de Gruyter.

Kauschke, C., & Hofmeister, C. (2002). Early lexical development in German: a study on vocabulary growth and vocabulary composition during the second and third year of life. *Journal of Child Language, 29,* 735–757.

Kauschke, C., Kurth, A., & Domahs, U. (2011). Acquisition of German noun plurals in typically developing children and children with specific language impairment. *Child Development Research.* DOI: 10.1155/2011/718925.

Klampfer, S., Vollman, R., & Dressler, W.U. (2001). The emergence of verb morphology in Austrian German. In M. Almgren, A. Barreña, M.-J. Ezeizabarrena, I. Idiazabal & B. MacWhinney (Eds.), *Research on child language acquisition. Proceedings of the 8th Conference of the International Association for the Study of Child Language* (pp. 1221–1233). Somerville/MA: Cascadilla Press.

Klann-Delius, G. (2008). *Spracherwerb.* Stuttgart, Weimar: Metzler.

1

Köhler, K., & Bruyère, S. (1996). Finiteness and verb place-ment in the L1 acquisition of German. *Wiener Linguisti-sche Gazette, 53*, 63–86.

Laaha, S., Ravid, D., Korecky-Kröll, K., Ravid, G., & Dressler, W.U. (2006). Early noun plurals in German: regularity, productivity or default? *Journal of Child Language, 33*, 271–302.

Mayor, J., & Plunkett, K. (2010). Vocabulary explosion: are in-fants full of Zipf? In S. Ohlsson & R. Catrambone (Eds.), *Pro-ceedings of the 32nd Annual Meeting of the Cognitive Science Society* (pp. 836–841). Austin/TX: Cognitive Science Society.

McMurray, B. (2007). Defusing the childhood vocabulary explosion. *Science, 317* (5838), 631.

Mehler, J., Jusczyk, P.W., Lambertz, G., Halsted, N., Berton-cini, J., & Amiel-Tison, C. (1988). A precursor of language acquisition in young infants. *Cognition, 29,* 144–178.

Meibauer, J. (1995). Neugebildete -er Derivate im Sprach-erwerb. Ergebnisse einer Langzeitstudie. *Sprache und Kognition, 14,* 138–160.

Meibauer, J. (1999). Über Nomen-Verb-Beziehungen im frü-hen Wortbildungserwerb. In J. Meibauer & M. Rothweiler (Hrsg.), *Das Lexikon im Spracherwerb* (S. 184–207). Tübin-gen: Francke.

Menyuk, P., Liebergott, J.W., & Schultz, M.C. (1995). *Early Language Development in full-term and premature Infants.* Hillsdale/NJ: Erlbaum.

Nazzi, T., & Bertoncini, J. (2003). Before and after the voca-bulary spurt: two modes of word acquisition? *Develop-mental Science, 6* (2), 136–142.

Nazzi, T., Bertoncini, J., & Mehler, J. (1998). Language discrimination by newborns: toward an understanding of the role of rhythm. *Journal of Experimental Psychology: Human Perception and Performance, 24,* 756–766.

Penner, Z., Tracy, R., & Wymann, K. (1999). Die Rolle der Fokuspartikel AUCH im frühen kindlichen Lexikon. In J. Meibauer & M. Rothweiler (Hrsg.), *Das Lexikon im Sprach-erwerb* (S. 229–251). Tübingen: Francke.

Pine, J.M., Lieven, E.V.M., & Rowland, C.F. (1997). Stylistic va-riation at the „single-word" stage: Relations between ma-ternal speech characteristics and children's vocabulary com-position and usage. *Child Development, 68* (5), 807–819.

Poll, G.H. (2012). Increasing the Odds: Applying Emergen-tist Theory in Language Intervention. Language, Speech, and Hearing Services in Schools, 42, 580–591.

Rice, M.L., Smolik, F., Perpich, D., Thompson, T., Rytting, L.N., & Blossom, M. (2010). Mean length of utterance le-vels in 6-month intervals for children of 3 to 9 years with and without language impairments. *Journal of Speech, Language and Hearing Research, 53,* 333–349.

Robinson, B.F., & Mervis, C.B. (1998). Disentangling early language development: Modeling lexical and grammati-cal acquisition using an extension of case-study metho-dology. *Developmental Psychology, 34* (2), 363–375.

Rothweiler, M. (2002). Spracherwerb. In J. Meibauer, U. Demske, J. Geilfuß-Wolfgang, J. Pafel, K.H. Ramers, M. Rothweiler & M. Steinbach (Hrsg.), *Einführung in die ger-manistische Linguistik* (S. 251–293). Stuttgart: Metzler.

Rowe, M.L., Raudenbush, S.W., & Goldin-Meadow, S. (2012). The Pace of Vocabulary Growth Helps Predict Later Vocabulary Skill. *Child Development, 83* (2). 508–525.

Schipke, C., & Kauschke, C. (2011). Early word formation in German language acquisition. *First Language, 31* (1), 67–82.

Schipke, C.S. (2012): *Processing Mechanisms of Argument Structure and Case Marking in Child Development: Neural Correlates and Behavioral Evidence.* Leipzig: MPI Series in Human Cognitive and Brain Sciences.

Stokes, S.F. (2010). Neighborhood Density and Word Frequency Predict Vocabulary Size in Toddlers. *Journal of Speech, Language, and Hearing Research, 53,* 670–683.

Stokes, S.F., Kern, S., & Dos Santos, C. (2012). Extended Statistical Learning as an account for slow vocabulary growth. *Journal of Child Language, 39,* 105–129.

Szagun, G. (2001). Learning different regularities: the acquisition of noun plurals by German-speaking children. *First Language, 21,* 111–141.

Szagun, G. (2004). Learning by ear: On the acquisition of case and gender marking by German-speaking children with cochlear implants and with normal hearing. *Journal of Child Language, 31,* 1–30.

Szagun, G. (2006). *Sprachentwicklung beim Kind. Ein Lehr-buch.* Weinheim: Beltz.

Szagun, G. (2007). Langsam gleich gestört? Variabilität und Normalität im frühen Spracherwerb. *Forum Logopädie, 3* (21), 20–25.

Szagun, G. (2011). Regular/irregular is not the whole story: the role of frequency and generalization in the acquisiti-on of German past participle inflection. *Journal of Child Language, 38* (4), 731–762.

Tracy, R. (2007). *Wie Kinder Sprachen lernen. Und wie wir sie dabei unterstützen können.* Tübingen: Francke.

Watermeyer, M., Höhle, B., & C. Kauschke (2011). Ausagie-ren von Sätzen versus Satz-Bild-Zuordnung: Vergleich zweier Methoden zur Untersuchung des Sprachverständ-nisses anhand von semantisch reversiblen Sätzen mit Ob-jektvoranstellung bei drei- und fünfjährigen Kindern. In S. Hanne, T. Fritzsche, S. Ott & A. Adelt (Hrsg.), *Spektrum Patholinguistik*, Bd. 4. Potsdam: Universitätsverlag.

Waxman, S.R. (1990). Linguistic biases and the establish-ment of conceptual hierarchies: evidence from preschool children. *Cognitive Development, 5,* 123–150.

Weissenborn, J. (1990). Functional categories and verb movement in early German: The acquisition of German syntax reconsidered. In M. Rothweiler (Hrsg.), *Sprach-erwerb und Grammatik. Linguistische Untersuchungen zum Erwerb von Syntax und Morphologie* (S.190–224). Opladen: Westdeutscher Verlag.

Weissenborn, J. (2000). Der Erwerb von Morphologie und Syntax. In H. Grimm (Hrsg.), *Sprachentwicklung* (S.141–169). Göttingen: Hogrefe.

Werker, J.F., & Tees, R.C. (1984). Cross-language speech perception: Evidence for perceptual reorganization during the first year of life. *Infant Behavior and Develop-ment, 7,* 49–63.

KAPITEL

2

Tanja Rinker und Steffi Sachse

Neurophysiologische Befunde zur frühen Sprachwahrnehmung

2.1 Einführung

Seit über einem Jahrzehnt wird das Elektroenzephalogramm (EEG) auch in der Sprachforschung eingesetzt, um Prozesse im Gehirn zu untersuchen. Die Darstellung bzw. das Sichtbarmachen der in Millisekunden ablaufenden Verarbeitungsprozesse beim Verstehen von Sprache ermöglicht detaillierte Einblicke in alle Ebenen von Sprache – sei es Phonologie, Lexikon/Semantik oder Morphologie und Syntax.

Gerade bei (Klein-)Kindern lässt sich durch EEG-Untersuchungen Wissen über Spracherwerbsprozesse gewinnen, das sonst verschlossen bliebe. Schon bei Neugeborenen und sogar vor der Geburt können mit elektrophysiologischen Methoden Informationen über die Gehirnaktivität in Bezug auf Sprache generiert werden. Das ist insbesondere wichtig bei Probanden, die selbst noch keine Auskunft über ihr sprachliches Wissen geben könnten. Des Weiteren ist es mit EEG-Untersuchungen auch möglich, die Entwicklung über die Zeit abzubilden und kleinste kortikale Veränderungen zu registrieren.

Nicht nur der normal verlaufende Spracherwerb, sondern auch Sprachentwicklungsstörungen stehen im Fokus der EEG-Forschung. Insbesondere bei Kindern mit gestörter Sprachentwicklung scheinen kleinste neuronale Abweichungen und Verzögerungen in der Verarbeitung von Phonemen, prosodischen Strukturen etc. zu größeren Veränderungen im Spracherwerbsprozess zu führen, die sich möglicherweise über die frühe Kindheit hinweg zu einem kumulativen Defizit weiterentwickeln.

Das vorliegende Kapitel gibt einen Überblick über einige wesentliche Befunde der letzten Jahre in Bezug auf den normalen Spracherwerb, zeigt aber auch, welchen Beitrag diese Methodik über Grundlagen der gestörten Sprachentwicklung bzw. bei der Identifikation von Risikofaktoren für Störungen des Spracherwerbs leisten kann.

Der Fokus liegt hier insbesondere auf Studien, die die frühe Sprachwahrnehmung (ca. 0–3 Jahre) untersucht haben. Ein besonderes Augenmerk gilt dem komplexen Zusammenspiel zwischen Input und Spracherfahrung und deren möglichem Einfluss auf die neuronale Verarbeitungsebene.

Zunächst wird die EEG-Methode in Bezug auf die Sprach(erwerbs)forschung kurz vorgestellt. Im Rahmen dieses Kapitels war eine Beschränkung auf die EEG/EKP-Forschung notwendig, sodass andere bildgebende Verfahren wie fMRT (funktionelle Magnetresonanztomografie), NIRS (near-infrared spectroscopy), PET (Positronenemissionstomografie) etc. nicht weiter berücksichtigt wurden (für eine ausführlichere Beschreibung dieser Methoden und Studien siehe Kuhl & Rivera-Gaxiola 2008).

EEG und Ereigniskorrelierte Potenziale (EKPs)

Bei der Elektroenzephalografie bzw. einem Elektroenzephalogramm (EEG; von griechisch *encephalon* „Gehirn" und *gráphein* „schreiben") wird die elektrische Gehirnaktivität aufgezeichnet. Das EEG basiert auf Messwerten der bioelektrischen Aktivität, die bei unterschiedlichen Vorgängen im Gehirn entsteht und direkt mit psychophysiologischen Abläufen und Zuständen in Verbindung gebracht wird (Seifert 2005).

Erstmalig leitete der Arzt Hans Berger 1924 von der Kopfoberfläche eines siebenjährigen Patienten Spannungsänderungen ab. In den folgenden Jahrzehnten wurde die Methodik verfeinert und z. B. in der Epilepsie- oder Tumorforschung sowie eben auch in der Sprach(erwerbs)forschung eingesetzt. Technische Neuerungen in den 70er-Jahren ermöglichten schließlich die EEG-Untersuchung sog. „ereigniskorrelierter Potenziale" (EKPs). In der Regel wird ein Spontan-EEG abgeleitet, das die kleinen Reaktionen auf spezifische Veränderungen in der

Umwelt verdeckt. EKPs sind von einem Stimulus abhängige Spannungsänderungen im EEG, die detaillierte Einblicke in die Reaktion des Gehirns auf spezielle visuelle, auditorische oder sensorische Stimuli (d. h. „Ereignisse") gewähren. Nachdem ein bestimmter Stimulus (z. B. ein Ton oder Wort) in häufiger Wiederholung präsentiert wurde, kann in der Analyse durch ein Mittelungsverfahren ein Durchschnittswert aus den einzelnen Reaktionen auf diesen Stimulus generiert werden. Dieser Wert kann dann wiederum über verschiedene Probanden gemittelt werden (➤ Abb. 2.1).

> Für EKPs gibt es eine bestimmte Nomenklatur, die sich in der Regel auf deren Zeitbereich und Polarität (d. h. positiv oder negativ) bezieht, wie z. B. N400. Spezifische EKP-Komponenten werden mit spezifischen (Reiz-)Stimulationen in Verbindung gebracht (N400 z. B. mit der lexikalisch-semantischen Verarbeitung).

Im Bereich der Sprache konnten in den vergangenen Jahrzehnten unterschiedliche EKPs identifiziert werden. Hier folgt ein kurzer Überblick über sprachrelevante EKPs:

Mismatch Negativity (MMN; Näätänen et al. 1978, 2007). Die in einem Zeitbereich zwischen 80 und 250 ms zu beobachtende MMN wird in der Regel durch akustische Stimuli bzw. die Verletzung/ Abweichung in einer Abfolge von Stimuli evoziert. Dies können Phoneme, Silben oder auch Töne sein. In der Präsentationsreihe „aaaaaaäaaaaaäaaaa" wird das abweichende „ä" als Veränderung wahrgenommen und evoziert dementsprechend eine höhere Negativität. Für die Sprachforschung ist diese Komponente besonders geeignet, da sie z. B. eine sensitive Reaktion auf spracheigene und sprachfremde Phoneme oder auf Dauer, Frequenz und Lautstärke anzeigt.

N400 (Kutas & Hillyard 1980). Diese negative Komponente erscheint ca. 400–600 ms nach einem inkorrekten Stimulus, d. h. wenn in einem Satz eine lexikalische oder semantische Verletzung vorkommt, wie z. B. „Der Schrank wird gegessen".

(E)LAN ([Early] Left Anterior Negativity; Friederici, 2002). Während die ELAN-Komponente eine frühe (ca. 200 ms) automatische Verarbeitung von Phrasenstrukturverletzungen reflektiert („Die Frau fährt im _ nach Berlin"), zeigt die LAN die Detektion morphosyntaktischer Verletzungen zwischen 300 und 500 ms an („Die Frau *kommst aus dem Haus"). Diese Komponenten sind in der Regel linkshemisphärisch-frontal zu beobachten. Ob es sich um funktional getrennte Komponenten handelt, ist nicht eindeutig geklärt; so diskutieren Oberecker, Friedrich & Friederici (2005) z. B. eine kindliche LAN als Vorläufer der ELAN von Erwachsenen.

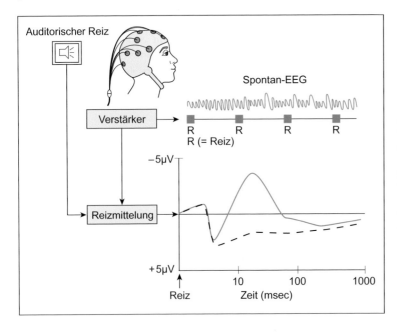

Abb. 2.1 Die spontane EEG-Aktivität wird anhand von Elektroden an der Kopfoberfläche aufgezeichnet und verstärkt. Ein auditorischer Reiz (R), das „Ereignis", wird dem Probanden präsentiert. Die Reaktion auf den Reiz wird gemittelt, da sie von der Spontanaktivität überdeckt wird. Daraus lässt sich dann das ereigniskorrelierte Potenzial (EKP) – hier exemplarisch die N400 (eine Negativierung um 400 ms) – extrahieren

(Grafik adaptiert aus: Hillyard & Kutas 1983).

P600 (Osterhout & Holcomb 1993). Bei syntaktischen Anomalien oder grammatischen Fehlern (siehe Beispiele unter ELAN) wird die P600 beobachtet (im Zeitbereich 600–900 ms). Da es eine relativ spät auftretende Komponente ist, nimmt man an, dass sie sog. Reanalyse- oder Reintegrationsprozesse abbildet.

Die EKP-Methode hat den Vorteil, dass sie bereits bei Babys und Kindern angewendet werden kann. Sie ist nichtinvasiv und schmerzfrei. Die Kinder müssen in der Regel keine aktive Aufgabe bewältigen, sondern können je nach Alter mit einem Spielzeug unterhalten werden oder sich einen Zeichentrickfilm ansehen. Da es bei EEG-Untersuchungen wichtig ist, dass sich die Probanden möglichst wenig bewegen, schaffen es die Kinder, bei entsprechender Ablenkung auch mehrere Minuten stillzusitzen.

In den letzten Jahren wurden in der Forschung zunehmend EKPs genutzt. Das liegt mit daran, dass seit der Entwicklung von tragbaren EEG-Geräten und besser isolierten Elektroden Testungen auch außerhalb des Labors durchgeführt werden können.

2.2 Sprachentwicklung neurophysiologisch betrachtet

2.2.1 Erwerb phonologischer und prosodischer Fähigkeiten

Lautwahrnehmung vor und kurz nach der Geburt

Die Lautwahrnehmung im Mutterleib beginnt früh. Bereits in der 19. Woche reagieren Feten auf 500-Hz-Töne, wie Bewegungen zeigen, die sich z. B. mit dem Ultraschall darstellen lassen. Zunächst erwerben Feten die Fähigkeit, Töne niedriger Frequenz (100 und 250 Hz) zu erkennen, später auch höhere Töne (1.000 und 3.000 Hz). In der 33. bis 35. Woche ist die Reaktion auf die höheren Töne aber bereits stabil nachweisbar (Hepper & Shahidullah 1994).

Interessant ist, dass Feten Töne nicht nur erkennen, sondern auch unterscheiden können. In einer elektrophysiologischen Studie wurden im Schnitt 37 Wochen alte Feten anhand des Magnetenzephalo-

gramms (MEG)[1] untersucht. Während ihnen Standardtöne von 500 Hz versus abweichende Töne von 750 Hz präsentiert wurden, befand sich das MEG-Gerät außen am Mutterleib genau über der Position des fetalen Kopfes. Wie die signifikant unterschiedlichen Reaktionen auf die Töne zeigten, konnten 12 von 17 Feten die beiden Töne unterscheiden (Huotilainen et al. 2005). Das bedeutet, dass höhere auditive Leistungen bereits im Mutterleib möglich sind.

Schon 1–3 Tage nach der Geburt sind Babys in der Lage, nicht nur Tonhöhen-, sondern auch Tondauer- und Lautstärkenunterschiede zu erkennen, wie Messungen der MMN ergaben (Ruusuvirta, Huotilainen, Fellman & Näätänen 2004). Diese Fähigkeit ist insofern bedeutsam, als Tonhöhen und Rhythmus der Muttersprache Hinweise zur Segmentierung des Lautstroms liefern. Das heißt, die korrekte Wahrnehmung dieser Qualitäten ist eine entscheidende Voraussetzung für den Spracherwerb. Eine aktuelle Studie zeigt, dass Neugeborene, die pränatal während der Schwangerschaft mit Vokalidentität oder -frequenz stimuliert wurden, Vokalfrequenz offensichtlich gelernt hatten und diese Fähigkeiten zudem auf ungelernte Vokalqualitäten übertragen konnten. Einige Tage nach der Geburt abgeleitete MMNs ließen hier Effekte im Vergleich zu einer Kontrollgruppe erkennen, die nicht vorgeburtlich stimuliert worden war (Partanen et al. 2013). Dies unterstreicht, dass sich das auditive System schon sehr früh auf das Lernen und Wahrnehmen von Sprache einstellt.

Guttorm et al. (2005) und Tsao, Liu & Kuhl (2004) untersuchten die primäre Verarbeitung von Konsonant-Vokal-Silben bzw. die Unterscheidung von Vokalen kurz nach der Geburt. Beide Studien konnten Zusammenhänge zu späteren sprachlichen Leistungen feststellen. Laut Guttorm et al. (2005) war es möglich, aus den neurophysiologischen Reaktionen der Säuglinge die Sprachleistungen im Alter von zwei Jahren vorherzusagen.

Anhand von ereigniskorrelierten Potenzialen ließ sich auch zeigen, dass Babys bereits in der ersten Lebenswoche Unterschiede zwischen zwei Silben wie /pa/ und /ta/ erkannten, die ihnen von vier

---

[1] Wie das EEG ist auch das MEG nichtinvasiv und misst die magnetische Aktivität des Gehirns.

Frauen vorgesprochen wurden (Dehaene-Lambertz & Peña 2001). Eine unterschiedliche Reaktion auf die Stimme der Mutter gegenüber anderen Frauenstimmen war bereits rund 21 Stunden nach der Geburt zu beobachten (Beauchemin et al. 2011).

Lautwahrnehmung im ersten Lebensjahr

Mit zwei Monaten können Säuglinge auch unterschiedlich lange Silben als andersartig wahrnehmen. In einer Studie von Friederici, Friedrich & Weber (2002) wurden Babys kurze /ba/- und lange /ba:/-Silben präsentiert. Offensichtlich fiel es ihnen leichter, eine lange im Vergleich zu einer kurzen Silbe zu unterscheiden.

Weber, Hahne, Friedrich & Friederici (2004) konnten zeigen, dass sich deutsche Babys schon früh auf den muttersprachlichen Rhythmus einstellen. Im Alter zwischen vier und fünf Monaten scheint hier eine Veränderung einzutreten: Mit vier Monaten waren sie noch nicht in der Lage, den für das Deutsche typischen trochäischen Rhythmus (Máma) von dem eher untypisch jambischen (*Mamá) zu unterscheiden, mit fünf Monaten dagegen schon.

Werden Kinder mit einem Risiko für spätere Spracherwerbsstörungen in den Blick genommen, zeigt sich, dass beide Fähigkeiten (zur Wahrnehmung von Längenunterschieden sowie von Betonungsmustern) mit sprachlichen Leistungen in Beziehung stehen. Friedrich, Weber & Friederici (2004) stellten bei Kindern mit einem familiären Risiko für sprachliche Auffälligkeiten schwächer ausgeprägte automatische Reaktionen auf das Erkennen unterschiedlich langer Vokalsilben fest. Weber et al. (2005) fanden bei sprachlich verzögerten Kindern im Alter von 12 bzw. 24 Monaten durch retrospektive Analysen neurophysiologischer Daten heraus, dass diese bereits im Alter von fünf Monaten reduzierte Reaktionen bei der Erkennung von Betonungsunterschieden gezeigt hatten.

!
Je automatisierter sprachassoziierte Wahrnehmungsprozesse ablaufen, desto besser scheinen die sprachlichen Fähigkeiten ausgebildet zu werden.

Schon sehr früh nutzen Kinder offensichtlich auch prosodische Muster zur Identifikation von grammatischen Irregularitäten im Input. So konnten vier Monate alte deutsche Babys bereits nach einer kurzen Lernphase grammatische Fehler in einer ihnen unbekannten Sprache (Italienisch) identifizieren (Friederici, Müller & Oberecker 2011). Dies zeigte sich an einer breiten Positivierung, die einer P600 (der Reaktion auf syntaktische Verletzungen) bei italienischen Muttersprachlern nicht unähnlich war[2]. Das bedeutet, dass schon sehr junge Kinder Regularitäten im Input erkennen und verarbeiten können.

In einem Experiment von Pannekamp, Weber & Friederici (2006) wurden acht Monate alten Kindern Sätze wie „Kevin verspricht Mama zu schlafen und ganz lange lieb zu sein" oder „Kevin verspricht, Mama zu küssen und ganz lange lieb zu sein" präsentiert. Der Unterschied zwischen beiden Satztypen war ein prosodischer und durch die Syntax des Verbs bedingt. Im EEG von Erwachsenen zeigt sich bei einer solchen Intonationsphrase ein „Closure Positive Shift" (CPS). Auch die acht Monate alten Babys waren in der Lage, diese unterschiedlichen prosodischen Einheiten zu identifizieren. Ihre Reaktion setzte zwar langsamer als bei Erwachsenen ein, war aber in jedem Fall vorhanden.

Im ersten Lebensjahr spezialisiert sich das Gehirn auf die Sprache der Umgebung. Dies belegen Messungen der Mismatch Negativity bei Kindern, denen estnische und finnische Laute gleichermaßen präsentiert wurden. Wie Cheour et al. (1998) herausfanden, konnten finnische und estnische Babys im Alter von sechs Monaten estnische Vokale noch gleich gut unterscheiden, wozu im Alter von 12 Monaten nur noch die estnischen Babys imstande waren. In späteren EKP-Studien zeigte sich allerdings, dass englischsprachige Kinder auch noch im Alter von 20 Monaten auf nicht-muttersprachliche Stimuli reagierten (Überblick in Conboy et al. 2008). Bei gesunden Frühgeborenen, die rund 10 Wochen vor den Neugeborenen der Kontrollgruppe auf die Welt

---

[2] Bei deutschen erwachsenen L2-Lernern wurde nur eine N400 evoziert, während bei den Muttersprachlern eine N400 *und* eine P600 evoziert wurden (Müller, Oberecker & Friederici 2009).

gekommen waren, ließ sich aber trotz längerer Exposition mit der Muttersprache kein Vorteil in Bezug auf das Erkennen nicht-muttersprachlicher Elemente beobachten (Peña, Werker & Dehaene-Lambertz 2012).

Dass diese Diskriminationsfähigkeit eine unabdingbare Voraussetzung für den Spracherwerb ist, belegt auch eine Studie, in der Kindern Phoneme ihrer Muttersprache und Phoneme, die es in ihrer Muttersprache nicht gibt, präsentiert wurden. Die Kinder, die nicht-muttersprachliche Phoneme *besser* differenzieren konnten, zeigten im Alter von 2½ Jahren schlechtere sprachliche Leistungen als diejenigen, die muttersprachliche Phoneme besser unterscheiden konnten, und waren auch in der späteren Sprachentwicklung im Nachteil (Kuhl & Rivera-Gaxiola 2008). Die Autoren führen das auf eine Kontinuität zwischen frühen und späten sprachlichen Fähigkeiten zurück. Gerade bei Kindern mit Spracherwerbsstörungen sind die Zusammenhänge bereits in der frühen Kindheit identifizierbar.

In entsprechenden Lernumgebungen wie z. B. gut ausgestatteten bilingualen Schulen oder Kindergärten oder nach einem Umzug in das andere Land kann die Diskriminationsfähigkeit für nicht-muttersprachliche Phoneme wiedererlangt werden (Cheour et al. 2002; Peltola et al. 2005, Winkler et al. 1999). Entscheidend sind hier aber Qualität und Quantität des Inputs. Reine „Klassenzimmer-Lerner" können nach dem aktuellen Forschungsstand diese Fähigkeit nicht erreichen (Peltola et al. 2003, 2005). Dagegen war bei türkisch-deutschen Kindern in deutschen Regelkindergärten eine deutlich reduziertere MMN-Reaktion auf einen deutschen Lautkontrast zu beobachten als bei deutschen Kontrollkindern (Rinker, Alku, Brosch & Kiefer 2010).

Hier scheint insbesondere die Methode der Sprachvermittlung eine Rolle zu spielen, wie die Untersuchungsergebnisse von Kuhl, Tsao & Liu (2003) klar belegen: Neun Monate alte amerikanische Säuglinge erhielten in dieser Studie 12 Wochen lang je 25 Minuten pro Woche sprachlichen Input in unmittelbarer Interaktion mit einer chinesischen Mandarin-Sprecherin. Die Kinder in den zwei Kontrollgruppen, die dieselbe Sprecherin mit demselben Material entweder nur per Video sahen und hörten oder sogar nur per CD hörten, lernten in dieser Zeit nicht, zwischen chinesischen Lauten, die es im Eng-

lischen nicht gibt, zu unterscheiden. In einer darauffolgenden EEG-Studie, berichteten Kuhl & Rivera-Gaxiola (2008), ließen sich die amerikanischen Kinder, die direkten Kontakt mit der Muttersprachlerin hatten, anhand der MMN nicht mehr von zehn Monate alten Kindern in Taiwan unterscheiden, die von Geburt an (und eben möglicherweise noch früher) in direktem Kontakt mit der Sprache aufwuchsen. Besonders deutlich zeigt sich an dieser Studie, welche Rolle die direkte Interaktion mit einem Gesprächspartner spielt.

> Die Fähigkeit, Töne und Laute wahrzunehmen, wird früh erworben. Bereits im Mutterleib kann das Ungeborene Töne unterschiedlicher Frequenzen und sogar Silben unterscheiden. Auf diesen vorgeburtlichen Fähigkeit können Kinder nach ihrem Start ins Leben aufbauen. Studien zeigen, dass das Niveau der frühen Ton- und Lautwahrnehmung, wie im EEG dargestellt werden kann, bereits Aussagekraft im Hinblick auf spätere sprachliche Leistungen hat.

2.2.2 Wortschatzerwerb

Um ihren ersten Geburtstag herum beginnen Kinder die ersten einzelnen Wörter zu sprechen. Eine Vielzahl von Wörtern kennen und erkennen sie natürlich schon viel früher. Auch hier liefern elektrophysiologische Untersuchungen wertvolle Einblicke in den Wortschatzerwerb.

Mit elf Monaten können Babys zwischen bekannten und unbekannten Wörtern unterscheiden (Thierry, Vihman & Roberts 2003): In dieser Studie wurden den Kindern Wörter präsentiert, die ihnen laut Angaben der Eltern in einem Fragebogen bekannt oder unbekannt waren. Während sich im frühen Millisekundenbereich die gleiche Gehirnaktivität bei bekannten und unbekannten Wörtern beobachten ließ, war die Negativität bei ungefähr 250 ms unterschiedlich. Das bedeutet, dass bekanntes Wortmaterial, das im direkten Input und in der Umgebung der Babys häufiger vorkommt, bereits die neuronale Verarbeitung beeinflusst und zu einer erhöhten Aktivierung geführt hatte. Analysen zeigten auch, dass offensichtlich die ersten zwei oder drei Phoneme zur Identifikation der Wörter genutzt werden. Der eigene Name scheint für fünf Monate alte

Babys besonders interessant zu sein. In der Studie von Parise, Friederici & Striano (2010) erkannten sie nicht nur den eigenen Namen besser als den Namen von Fremden, sondern ließen auch eine erhöhte Aktivität im Hinblick auf Objekte erkennen, die unmittelbar nach dem eigenen Namen folgten. Das heißt, der eigene Name steuert die Aufmerksamkeit und fördert das Lernen. Wie bei der Unterscheidung zwischen bekanntem und unbekanntem Wortmaterial spielt offensichtlich auch bei der Erkennung des eigenen Namens insbesondere das erste Phonem eine Rolle, da es eine Unterscheidung zwischen dem eigenen und einem fremden Namen ermöglicht (Parise et al. 2010).

Kind-gerichtete Sprache (KGS)

Im Kontakt mit Babys nutzen Erwachsene meist auch eine besonders ausdrucksvolle Sprache. Auf die sog. „an das Kind gerichtete Sprache" (KGS, auf Englisch „infant directed speech/motherese", Fernald 1985) greifen Eltern und Bezugspersonen junger Kinder in der Regel automatisch zurück. Mit charakteristischen Merkmalen wie einer besonders hohen Tonlage und expressiven Ausdrucksweise, Betonung etc. scheint sie dem Spracherwerb besonders zuträglich zu sein. Eine elektrophysiologische Studie von Zangl & Mills (2007) konnte die Bedeutung der KGS für das Wortlernen belegen. Wurden Kindern im Alter von 6 und 13 Monaten bekannte und unbekannte Wörter in „Erwachsenen-gerichteter Sprache" (EGS) und in KGS präsentiert, war eine erhöhte Aktivität in Bezug auf die KGS zu beobachten. Im Vergleich der beiden Altersgruppen zeigte sich, dass die sechs Monate alten Kinder verstärkt auf bekannte Wörter reagierten, die älteren Kinder dagegen auch auf unbekannte Wörter. Das heißt, hier hat eine Entwicklung stattgefunden, die ein Wortlernen in größerem Umfang möglich macht (wie es ja bekanntlich in der Regel in diesem Alter der Fall ist).

Bei den Kindern von Müttern mit Depression hingegen ist dieser Effekt nicht zu finden: Sie reagierten mit sechs Monaten nicht auf die KGS, sondern eher auf die EGS (Larson et al. 2006).

Die Rolle der Väter wurde ebenfalls untersucht. Väter modulieren ihre Sprache etwas anders als Frauen, wobei die Art und Weise offenbar mit der väterlichen Involvierung in die Versorgung des Kindes zusammenhängt. Auf der elektrophysiologischen Ebene zeigte sich, dass 6–8 Monate alte Babys unterschiedlich auf die KGS von Männern oder Frauen reagieren (Sheehan 2008). Diese beiden Studien lassen den Schluss zu, dass die kindliche Reaktion auf KGS oder EGS bzw. auf deren Modifikationen inputabhängig ist. Da sich Kinder an das Sprachverhalten der engsten Bezugspersonen adaptieren, reagieren sie hierauf mit stärkerer neuronaler Aktivität. Ob dies allerdings im Umkehrschluss bedeutet, dass sie in verringertem Maße lernen, ist nicht gesichert und sollte weiter untersucht werden.

Eine Veränderung in der Verarbeitung von Wortmaterial war im Alter zwischen 13 und 20 Monaten zu beobachten (Mills, Plunkett, Prat & Schafer 2005). In der Studie wurden den Kindern einzelne Wörter präsentiert, die sie zunehmend effizienter verarbeiteten. Auf der elektrophysiologischen Ebene zeigte sich bei Kindern, die bessere Wortproduzenten (Einschätzung anhand eines Elternfragebogens) waren, eine erhöhte Aktivität in der linken Hirnhälfte. Ein größerer Wortschatz wird auch mit einer stärker fokalen (d. h. lokal begrenzten) Verarbeitung in Verbindung gebracht. Hieraus wird ersichtlich, dass zwischen der Reorganisation des Gehirns und der Erfahrung mit Sprache (die häufig auch in einem größeren Wortschatz resultiert) ein Zusammenhang besteht.

Kinder mit einem geringen Wortschatz (im Durchschnitt unter 50 Wörtern) im Alter von 20 Monaten (*„late talkers"*) zeigten ähnliche neuronale Reaktionen auf einzeln präsentierte Wörter wie jüngere Kinder mit ähnlich kleinem Wortschatz. Daraus schließen die Autoren, dass Erfahrung mit dem Wortschatz und die Intensität des Inputs eine Rolle spielen (Mills, Conboy & Paton 2005). Gerade Kinder mit Spracherwerbsstörungen sind hier im Nachteil, da ihre Sprachentwicklung möglicherweise langsamer und schwerfälliger verläuft und sie den sprachlichen Input nicht optimal nutzen können.

Den engen Zusammenhang zwischen Input, Spracherfahrung und Gehirn bestätigte auch eine Studie mit bilingual spanisch-englischen Kindern (Conboy & Mills 2006). Bei Kindern, die laut Auskunft in einem spanischen oder englischen Elternfragebogen eine größere Anzahl an Wörtern beherrschten, zeigte sich eher eine Aktivität in der linken Gehirnhälfte. Da bei (rechtshändigen) Erwachsenen primär die linke Gehirnhälfte für die Sprachverarbeitung zuständig ist, heißt das, dass bessere Sprachleistungen mit einer effizienteren Verarbeitung im Gehirn einhergehen.

N400-Effekte

Mills et al. (2004) stellten fest, dass einsprachige Kinder im Alter von 14 Monaten zwar bekannte von ähnlichen, nicht-existierenden Wörtern unterscheiden können (z. B. „bear" versus „kobe"), aber noch nicht phonetisch ähnliche Nichtwörter von real existierenden Wörtern („bear" versus „gare"). Dies war anhand einer Negativität von 200–400 ms untersucht worden. Im Alter von 20 Monaten, d. h. mit zunehmendem Input und Erfahrung mit der Sprache, konnten die Kinder bekannte und nicht-existente Wörter sowie phonetisch ähnliche Nichtwörter unterscheiden.

Bei 12 Monate alten Kindern fand sich eine fronto-zentrale Negativität, sobald sie auf die Kongruenz/Inkongruenz zwischen einem Bild und einem auditorischen Stimulus für bekannte oder Pseudowörter reagierten. Mit 19 Monaten trat dieser N400-Effekt nur noch bei Wörtern oder phonotaktisch legalen Wörtern, aber nicht mehr bei phonotaktisch illegalen Wörtern auf (Friedrich & Friederici 2005a). Dies zeigt, dass sich mit zunehmendem Wortschatz auch die Repräsentationen der damit verbundenen phonologischen Informationen verfeinern.

Bei 30 Monate alten Kindern, deren Leistungen im produktiven Teil eines deutschen Sprachentwicklungstests (SETK-2) eine Standardabweichung unter der Norm lagen, ließ sich retrospektiv keine adäquate Negativierung auf kontextuell unpassende Wörter und keine Unterscheidung zwischen phonotaktisch legalen und illegalen Wörtern im Alter von 19 Monaten belegen (Friedrich & Friederici 2006). Das heißt, bei Kindern mit einem Risiko für Sprachentwicklungsstörungen sind schon früh sowohl semantische als auch phonologische Repräsentationen der Wörter unzureichend ausgebildet.

Bereits mit 20 Monaten kann der Nachweis einer N400 nicht nur anzeigen, dass die Kinder das Nichtpassen eines Bildes und eines Wortes richtig erkannt haben, sondern auch, dass ihnen Verletzungen von Kategoriegrenzen (z. B. Fahrzeuge versus Tiere) aufgefallen sind, die eine größere Negativität hervorru-

fen. Das erlaubt bereits in diesem Alter, Aussagen über die Organisation des mentalen Lexikons zu treffen. Das Lexikon von 20 Monate alten Kindern ist so organisiert, dass ähnliche semantische Begriffe enger miteinander verknüpft sind. Bei Kindern, die einen besonders großen Wortschatz hatten, trat der N400-Effekt früher und stärker auf als bei Kindern mit kleinem Wortschatz. In Bezug auf die Topografie im Gehirn wies die Reaktion bei Kindern mit größerem Wortschatz mehr Ähnlichkeit mit der Reaktion von Erwachsenen auf als bei Kindern mit kleinerem Wortschatz (Torkildsen et al. 2006).

In Experimenten mit älteren Kindern konnte auch bei Verletzungen der Semantik bzw. auf der Satzebene (z. B. *„Die Katze trinkt den Ball") eine Reaktion beobachtet werden. So ließ sich bei 19 und 24 Monate alten Kindern eine erwachsenenähnliche N400-Reaktion auf die inkorrekten Objekte evozieren. Bei den jüngeren Kindern waren die Effekte noch breiter verteilt. Dass die Negativität bei Kindern (im Vergleich zu einer erwachsenen Kontrollgruppe) aber insgesamt länger andauerte, spricht für eine größere Anstrengung zur Integration des Objekts (Friedrich & Friederici 2005b).

> Auch Kinder mit einem kleinen oder noch keinem produktiven Wortschatz verfügen bereits über ein großes Lexikon. Sie können bekannte von unbekannten Wörtern unterscheiden, reale von nicht-existierenden sowie phonotaktisch legale von illegalen Wörtern. Wie Studien mit bilingualen Kindern zeigen, spielt der Input hierbei eine große Rolle. Mehr Input in einer Sprache führt zu einem größeren Wortschatz und zu einer effizienteren Verarbeitung sprachlicher Informationen.
>
> Bereits in diesem Stadium lassen sich Vorhersagen über die spätere Sprachentwicklung machen. Aus Störungen in der Wahrnehmung aller phonetisch-phonologischen Details von Wörtern kann ein mangelnder Aufbau der adäquaten Repräsentationen resultieren. Was derzeit noch aussteht, ist eine neurophysiologische Überprüfung von inputzentrierten therapeutischen Maßnahmen (z. B. über eine Modifikation der Elternsprache) anhand von EKPs.

2.2.3 Grammatikerwerb

Wenn Kinder die 50-Wort-Marke überschreiten, beginnt damit meist auch ihr Einstieg in die Produktion von Zweiwortkombinationen. Dies ist wiederum eine wichtige Voraussetzung für die Verwendung morphologischer und syntaktischer Strukturen. Bei ausreichendem Input können Kinder die darin enthaltenen Regularitäten erkennen bzw. erste Hypothesen über diese Regularitäten bilden. Wie sie dies tun, ist allerdings nach wie vor noch ungeklärt. Nach einem möglichen Erklärungsansatz nutzen Kinder prosodische Regularitäten zur Strukturierung und Segmentierung des Inputs (> Kap. 2.1; vgl. Friederici & Oberecker 2008).

In einer deutschen Studie wurden Kindern aktive Sätze mit oder ohne Verletzungen vorgespielt, z.B. „Der Löwe brüllt" oder „Der Löwe brüllt im Zoo" als korrekte Sätze bzw. Verletzungen in der Art wie: „*Der Löwe im _ brüllt". Zweijährige Kinder konnten syntaktisch korrekte von inkorrekten Sätzen unterscheiden, wie eine späte Positivierung (P600) anzeigte. Bei Kindern, die 2;8 Jahre alt waren (32½ Monate), ließ sich allerdings bereits eine späte linksfrontale Negativierung und eine P600 evozieren. Bei Erwachsenen traten als Reaktion auf das gleiche Material wie erwartet eine ELAN und eine P600 auf (Oberecker et al. 2005; Oberecker & Friederici 2006).

Französische Kleinkinder im Alter von zwei Jahren konnten ebenfalls korrekte von inkorrekten syntaktischen Strukturen unterscheiden. Ihnen wurden Sätze präsentiert, die ein korrektes Nomen oder Verb enthielten („elle la mange/elle prend la mange"; „elle prend la balle/elle la balle"); d.h. hier war vor allem die richtige Interpretation des Artikels bzw. des Objektpronomens gefragt. Die Kinder konnten nicht nur korrekte von inkorrekten Strukturen unterscheiden, sondern verarbeiteten, wie die EKP-Messung zeigte, auch Nomen und Verben bereits unterschiedlich – ähnlich wie Erwachsene (Bernal, Dehaene-Lambertz, Millotte & Christophe 2010).

Im Alter zwischen drei und vier Jahren können Kinder die Verletzung der Semantik (*„My uncle will blow the movie") von Verletzungen der Syntax (*„My uncle will watching the movie") unterscheiden. Die morphosyntaktischen Verletzungen riefen eine P600 hervor, aber noch keine ELAN/LAN. Bei älteren Kindern zeigte sich, wie auch in den anderen Studien, eine eher fokussierte Reaktion, was für eine zunehmende Spezialisierung des Gehirns und eine damit einhergehende größere Effizienz spricht (Silva-Pereyra et al. 2005). Wie in den oben beschriebenen Studien lässt das den Schluss zu, dass morphosyntaktische Reana-

lyseprozesse (wie sie in der P600 reflektiert werden) schon im frühen Kindesalter etabliert sind und dass sich lediglich die automatisierten Prozesse, die durch die ELAN angezeigt werden, im Laufe des dritten Lebensjahres entwickeln (Friederici & Oberecker 2008).

> Schon sehr früh können Kinder korrekte von inkorrekten Sätzen unterscheiden, und auf der neurophysiologischen Ebene lassen sich bereits im Laufe des dritten Lebensjahres – in Abhängigkeit vom Paradigma – sogar automatische syntaktische Verarbeitungskomponenten wie die ELAN ableiten. All das in einem Alter, in dem die meisten Kinder gerade mal Zweiwortkombinationen produzieren.
>
> Auch wenn derzeit noch keine Studien zur frühen morphologischen oder syntaktischen Verarbeitung bei jüngeren Kindern mit Sprachentwicklungsstörungen vorliegen, ist anzunehmen, dass bei ihnen gerade die hochautomatisierten Verarbeitungsroutinen gestört sein könnten. Bei Schulkindern und jungen Erwachsenen (10–21 Jahre) konnte als Reaktion auf morphosyntaktische Verletzungen eine P600, aber keine ELAN registriert werden (Fonteneau & van der Lely 2008). Eine N400 ließ sich bei solchen Verletzungen ebenfalls beobachten (wie bei Zweitsprachlernern, vgl. Tanner et al. 2013). Sabisch et al. (2009) konnten ebenfalls keine links-anteriore Negativierung, wohl aber eine P600 bei knapp zehnjährigen Kindern mit SSES nachweisen. Die Ergebnisse der beiden Studien lassen den Schluss zu, dass bei Kindern mit SSES die sprachverarbeitenden Prozesse beim Verstehen von Sätzen wahrscheinlich langsamer oder sogar anders als bei normal entwickelten Kindern ablaufen, da die frühe Erfassung von morphosyntaktischen Elementen bei ihnen noch nicht nachweisbar ist.

2.3 Fazit

Untersuchungen der ereigniskorrelierten Potenziale haben in den letzten Jahren detaillierte Einblicke in Sprachverarbeitungsprozesse bei normal entwickelten und sprachlich auffälligen Kindern ermöglicht.

Im Überblick wurde dargestellt, wie sich die Verarbeitung beim kindlichen Lerner verändert und entwickelt – vom Erkennen phonetisch-phonologischer Unterschiede, der Diskrimination von bekanntem und unbekanntem Wortmaterial, über die Verarbeitung einfacher Wort- und Semantikaspekte der Sprache mit dem Erkennen von syntaktischen und morphologischen Verletzungen bis hin zur feineren und automatischen Analyse dieser Verletzungen.

Insgesamt sind bereits viele elektrophysiologische Komponenten in ähnlicher Ausprägung wie bei Erwachsenen vorhanden (Friederici 2006). Es gibt offensichtlich eine spracherwerbsabhängige Abfolge, in der die erwachsenenähnlichen Komponenten erscheinen: N400 → P600 → (E)LAN, d. h. Wortschatz, syntaktische Analyse/Reanalyse und dann automatische morphosyntaktische Fehlererkennung. Diese Abfolge wird interessanterweise auch bei erwachsenen Zweitsprachlernern (vgl. Steinhauer, White & Drury 2009) beobachtet, sodass hier beim kindlichen Erstsprachlerner ähnliche Prozesse ablaufen könnten. Sowohl bei Erst- als auch bei Zweitsprachlernern steht zunehmend auch der direkte Zusammenhang zwischen sprachlichen Leistungen und neuronalen Veränderungen im Fokus der Untersuchungen.

Welche Bedeutung Qualität und Quantität des Inputs aus der Umgebung haben, wird in vielen Studien untersucht. Wie zuvor berichtet, lassen sich in einer optimalen Lernumgebung z. B. schon nach zwei Monaten neuronale Veränderungen durch den Erwerb einer Sprache beobachten.

Interventionsstudien bei Kindern mit geringem Wortschatz (z. B. Late-Talker) und Studien, die den direkten Einfluss auf die neuronale Verarbeitung untersuchen, stehen noch aus. Die Tatsache aber, dass sich Kinder schon früh z. B. auf ihren Namen oder auf an sie gerichtete Sprache konzentrieren, zeigt ihre Bereitschaft, den Input aufzunehmen und ihn bestmöglich mit der größten Aufmerksamkeitszuwendung zu verarbeiten.

Bei Kindern mit Störungen des Spracherwerbs oder mit einem Risiko für Störungen des Spracherwerbs zeigen sich schon früh abweichende Muster der Verarbeitung. Bereits kurz nach der Geburt kann beobachtet werden, dass sie akustische und phonetische Signale verändert oder reduziert verarbeiten. Diese defizitäre Wahrnehmung beeinträchtigt den Aufbau eines adäquaten Lexikons mit spezifizierten semantischen und phonologischen Einträgen. Außerdem hat die gestörte Aufnahme der Prosodie möglicherweise Auswirkungen auf das Erkennen von Fehlern der Morphosyntax und eine mangelnde Automatisierung von Verarbeitungsprozessen zur Folge.

LITERATUR

Bernal, S., Dehaene-Lambertz, G., Millotte, S., & Christophe, A. (2010). Two-year-olds compute syntactic structure on-line. *Developmental Science*, *13* (1), 69–76.

Beauchemin, M., Gonzalez-Frankenberger, B., Tremblay, J., Vannasing, P., Martinez-Montes, E., et al. (2011). Mother and Stranger: An Electrophysiological Study of Voice Processing in Newborns. *Cerebral Cortex, 21*, 1705–1711.

Cheour, M. et al. (1998). Development of language-specific phoneme representations in the infant brain. *Nature Neuroscience, 1* (5), 351–353.

Cheour, M., Shestakova, A., Alku, P., Ceponiene, R., & Näätänen, R. (2002). Mismatch negativity shows that 3–6 year-old children can learn to discriminate non-native speech sounds within two months. *Neuroscience Letters, 325,* 187–190.

Conboy, B. T., & Mills, D. L. (2006). Two languages, one developing brain: event-related potentials to words in bilingual toddlers. *Developmental Science, 9* (1), F1–12.

Conboy, B. T., Rivera-Gaxiola, M., Silva-Pereyra, J., & Kuhl, P. K. (2008). Event-related potential studies of early language processing at the phoneme, word, and sentence levels. In A. D. Friederici & G. Thierry (Eds.), *Early Language Development* (pp. 23–64). Amsterdam: John Benjamins.

Dehaene-Lambertz, G., & Peña, M. (2001). Electrophysiological evidence for automatic phonetic processing in neonates. *NeuroReport, 12*, 3155–3158.

Fernald, A. (1985). Four-month olds prefer to listen to motherese. *Infant Behavior and Development, 8*, 181–195.

Fonteneau, E., & van der Lely, H. K. (2008). Electrical brain responses in language-impaired children reveal grammar-specific deficits. *PLoS ONE, 3* (3), e1832.

Friederici, A. D. (2002). Towards a neural basis of auditory sentence processing. *Trends in Cognitive Science, 6*, 78–84.

Friederici, A. D. (2006). The neural basis of language development and its impairment. *Neuron, 52*, 941–952.

Friederici, A. D., & Oberecker, R. (2008). The development of syntactic brain correlates during the first year of life. In A. D. Friederici & G. Thierry (Eds.), *Early Language Development* (pp. 215–231). Amsterdam: John Benjamins.

Friederici, A. D., Friedrich, M., & Weber, C. (2002). Neural manifestation of cognitive and precognitive mismatch detection in early infancy. *NeuroReport, 13* (10), 1251–1254.

Friederici, A. D., Müller, J. L., & Oberecker, R. (2011). Precursors to natural grammar learning: Preliminary evidence from 4-month-old infants. *PLoS ONE, 6* (3), e17920.

Friedrich, M., & Friederici, A. D. (2005a). N400-like semantic incongruity effect in 19-months-old infants: Processing known words in picture context. *Journal of Cognitive Neuroscience, 16*, 1465–1477.

Friedrich, M., & Friederici, A. D. (2005b). Phonotactic knowledge and lexical-semantic processing in one-year-olds: Brain responses to words and nonsense words in picture contexts. *Journal of Cognitive Neuroscience, 17* (11), 1785–1802.

Friedrich, M., & Friederici, A. D. (2006). Early N400 development and later language acquisition. *Psychophysiology, 43* (1), 1–12.

Friedrich, M., Weber, C., & Friederici, A. D. (2004). Electrophysiological evidence for delayed mismatch response in infants at-risk for specific language impairment. *Psychophysiology, 41* (5), 772–782.

Guttorm, T. K., Leppanen, P. H., Poikkeus, A. M., Eklund, K. M., Lyytinen, P., & Lyytinen, H. (2005). Brain event-related potentials (ERPs) measured at birth predict later language development in children with and without familial risk for dyslexia. *Cortex, 41* (3), 291–303.

Hepper, P. G., & Shahidullah, B. S. (1994). Development of fetal hearing. *Archives of Disease in Childhood – Fetal and Neonatal Edition, 71* (2), F81–F87.

Huotilainen, M., Kujala, A., Hotakainen, M., Parkkonen, L., Taulu, S., Simola, J., et al. (2005). Short-term memory functions of the human fetus recorded with magnetoencephalography. *NeuroReport, 16* (1), 81–84.

Kuhl, P., & Rivera-Gaxiola, M. (2008). Neural substrates of language acquisition. *Annual Reviews of Neuroscience, 31,* 511–534.

Kuhl, P., Tsao, F. M., & Liu, H. M. (2003). Foreign-language experience in infancy: Effects of short-term exposure and social interaction on phonetic learning. *Proceedings of the National Academy of Sciences, 100,* 9096–9101.

Kutas, M., & Hillyard, S. A. (1980). Reading senseless sentences: Brain potentials reflect semantic incongruity. *Science, 207* (4427), 203–205.

Larson, M. K., Mills, D. L., Huot, R. L., Stowe, Z. N., & Walker, E. (2006). *Neural activity to infant- and adult-directed speech in infants of depressed mothers.* Poster presented at Latsis Conference, Geneva, Switzerland.

Mills, D. L., Conboy, B. T., & Paton, C. (2005). Do changes in brain organization reflect shift in symbolic functioning? In L. Namy (Ed.), *Symbol use and symbolic representation: Developmental/lifespan perspectives* (pp. 123–153). Mahwah/NJ: Lawrence Erlbaum Ass.

Mills, D. L., Plunkett, K., Prat, C., & Schafer, G. (2005). Watching the infant brain learn words. Effects of vocabulary size and experience. *Cognitive Development, 20,* 19–31.

Mills, D. L., Prat, C., Zangl, R., Stager, C. L., Neville, H. J., & Werker, J. (2004). Language experience and the organization of brain activity to phonetically similar words: ERP experience from 14- and 20-month-olds. *Journal of Cognitive Neuroscience, 16* (8), 1452–1464.

Müller, J. L., Oberecker, R., & Friederici, A. D. (2009). Syntactic learning by mere exposure: An ERP study in adult learners. *BMC Neuroscience, 10* (89), doi:10.1186/1471-2202-10-89.

Näätänen, R., Gaillard, A. W. K., & Mäntysalo, S. (1978). Early selective-attention effect on evoked potential reinterpreted. *Acta Psychologica, 42,* 313–329.

Näätänen, R., Paavilainen, P., Rinne, T., & Alho, K. (2007). The mismatch negativity (MMN) in basic research of central auditory processing: A review. *Clinical Neurophysiology, 118* (12), 2544–2590.

Oberecker, R., Friedrich, M., & Friederici, A. D. (2005). Neural correlates of syntactic processing in two-year olds. *Journal of Cognitive Neuroscience, 17* (10), 1667–1678.

Oberecker, R., & Friederici, A. D. (2006). Syntactic event-related potential components in 24 month-olds' sentence comprehension. *NeuroReport, 17* (10), 1017–1021.

Osterhout, L. & Holcomb, P. J. (1993). Event-related potentials and syntactic anomaly: Evidence of anomaly detection during the perception of continuous speech. *Language and Cognitive Processes, 8,* 413–438.

Pannekamp, A, Weber, C., & Friederici, A. D. (2006). Prosodic processing at the sentence level in infants. *NeuroReport, 17,* 675–678.

Parise, E., Friederici, A. D., & Striano, T. (2010). "Did you call me?" 5-month-old infants own name guides their attention. *PLoS ONE, 5* (12), e14208.

Partanen, E., Kujala, T., Näätänen, R., Liitola, A., Sambeth, A., & Huotilainen, M. (2013). Learning-induced neural plasticity of speech processing before birth. *Proceedings of the National Academy of Sciences, 110* (37), 15145–15150.

Peltola, M., et al. (2003). Native and foreign vowel discrimination as indexed by the mismatch negativity (MMN) response. *Neuroscience Letters, 352,* 25–28.

Peltola, M. S., Kuntola, M., Tamminen, H., Hämäläinen, H., & Aaltonen, O. (2005). Early exposure to non-native language alters preattentive perception. *Neuroscience Letters, 388,* 121–125.

Peña, M., Werker, J. F., & Dehaene-Lambertz, G. (2012). Earlier Speech Exposure Does Not Accelerate Speech Acquisition. *Journal of Neuroscience, 32,* 11159–11163.

Rinker, T., Alku, P., Brosch, S., & Kiefer, M. (2010). Discrimination of native and nonnative vowel contrasts in bilingual Turkish-German and monolingual German children: Insight from the Mismatch Negativity ERP component. *Brain and Language, 113,* 90–95.

Ruusuvirta, T., Huotilainen, M., Fellman, V., & Näätänen, R. (2004). Newborn human brain identifies repeated auditory feature conjunctions of low sequential probability. *European Journal of Neuroscience, 20,* 2819–2821.

Sabisch, B., Hahne, A., Glass, E., von Suchodoletz, W. & Friederici, A. D. (2009). Children with specific language impairment: the role of prosodic processes in explaining difficulties in processing syntactic information. *Brain Research, 1261,* 37–44.

Seifert, J. (2005). *Vom EEG zum EKP.* Lengerich: Papst.

Sheehan, E. (2008). *Influence of paternal involvement on fathers' infant-directed speech and infants' brain activity to male and female speech.* Dissertation, Emory University.

Silva-Pereyra, J. F., Rivera-Gaxiola, M., & Kuhl, P. K. (2005). An event-related brain potential study of sentence comprehension in preschoolers: semantic and morphosyntactic processing. *Cognitive Brain Research, 23,* 247–258.

Steinhauer, K., White, E., & Drury, J. E. (2009). Temporal dynamics of late second language acquisition: evidence from event-related brain potentials. *Second Language Research, 25* (1), 13–41.

Tanner, D., McLaughlin, J., Herschensohn, J., & Osterhout, L. (2013). Individual differences reveal stages of L2 grammatical acquisition: ERP evidence. *Bilingualism Language and Cognition, 16* (2), 367–382.

Thierry, G., Vihman, M., & Roberts, M. (2003). Familiar words capture the attention of 11-month olds in less than 250 ms. *NeuroReport, 14,* 2307–2310.

Torkildsen, J. K., Sannerud, T., Syversen, G., Thormodsen, R., Simonsen, H. G., Moen, I., Smith, L., & Lindgren, M. (2006). Semantic organization of basic-level words in 20-month olds: An ERP-study. *Journal of Neurolingustics, 19,* 431–454.

Tsao, F.-M., Liu, H.-M., & Kuhl, P. K. (2004). Speech perception in infancy predicts language development in the second year of life: A longitudinal study. *Child Development, 75,* 1067–1084.

Weber, C., Hahne, A., Friedrich, M., & Friederici, A. D. (2004). Discrimination of word stress in early infant perception: electrophysiological evidence. *Cognitive Brain Research, 18,* 149–161.

Weber, C., Hahne, A., Friedrich, M., & Friederici, A. D. (2005). Reduced stress pattern discrimination in 5-month-olds as a marker of risk for later language impairment: Neurophysiologial evidence. *Cognitive Brain Research, 25* (1), 180–187.

Winkler, I., et al. (1999). Brain responses reveal the learning of foreign language phonemes. *Psychophysiology, 36,* 638–642.

Zangl, R., & Mills, D. L. (2007). Increased brain activity to infant-directed speech in 6- and 13-month-old infants. *Infancy, 11* (1) 31–62.

2

Ulf Liszkowski

Kommunikative und sozial-kognitive Voraussetzungen des Spracherwerbs

Für jeden aufmerksamen Beobachter steht außer Frage, dass Kinder schon kommunizieren, bevor sie sprechen können. Viele Tierarten kommunizieren miteinander, allerdings hat sich nur bei Menschen ein sprachliches Kommunikationssystem entwickelt, das es ihnen ermöglicht, neue Bedeutungen zu schaffen, Informationen über Generationen zu erhalten, zu vermitteln und symbolisch (z. B. in Schriftform) zu speichern. Umso erstaunlicher ist, dass sich die Mehrheit der Menschen untereinander sprachlich nicht verständigen kann, da weltweit über 6.000 verschiedene Sprachen mit unterschiedlichen symbolischen Codes benutzt werden. Worauf basiert diese außergewöhnliche Form der Kommunikation? Das vorliegende Kapitel geht von der Hypothese aus, dass die sprachliche Kommunikationsfähigkeit ihren Ursprung in einzigartigen Formen vorsprachlicher Kommunikation und nonverbaler Interaktion hat, die auf einem nonverbalen Verstehen beruhen und der Sprache kausal vorausgehen.

3.1 Sozial-pragmatische Ursprünge menschlicher Kommunikation

In der Post-Chomsky-Ära der psychologischen Spracherwerbsforschung hat sich die Position durchgesetzt, dass die Annahme einer angeborenen Universalgrammatik wenig dazu beitragen kann, die Entstehung sprachlicher Kommunikation zu erklären (z. B. Tomasello 2009). Zum einen spricht die empirische Wirklichkeit gegen die Annahme einer für alle 6.000 Sprachen gültigen Universalgrammatik (Evans & Levinson 2009). Zum anderen ist eine Beschreibung sprachlicher Regeln (ob adäquat oder nicht) keine Erklärung für die Entwicklung eines bedeutungsvollen Sprachgebrauchs (Bruner 1975). Die

psychologische Forschung in der Tradition von Bruner (1975, 1983) hat sich vor allem mit der Pragmatik, also der Verwendung von Sprache zur Kommunikation beschäftigt. Im Kern vertritt der pragmatische Ansatz, dass Sprache in erster Linie eine soziale, interaktive Funktion hat, indem sich z. B. gemeinsames Handeln koordinieren, gemeinsam Erlebtes mitteilen, andere informieren, etwas fordern oder etwas feststellen lässt (Searle 1969; Clark 1996). Hierbei kann Sprache nicht 1 zu 1 in einen natürlicheren Code übersetzt werden (Quine 1960), sondern nur im Gebrauch Bedeutung erwerben und vermitteln. Wie Ironie oder indirekte Forderungen verdeutlichen, kann ein und dieselbe Äußerung je nach Absicht ganz unterschiedliche Schlussfolgerungen und Verhaltensweisen hervorrufen (z. B. „mir ist kalt" → „mach das Fenster zu!").

Aus der entwicklungspsychologischen Perspektive des pragmatischen Ansatzes lassen sich zwei Annahmen zum Spracherwerb ableiten. Die erste lautet, dass sprachliche Äußerungen nur eine von vielen Formen sozial-interaktiven Verhaltens darstellen, wobei es eine Kontinuität von vorsprachlicher zu sprachlicher sozialer Interaktion gibt (Bruner 1975, 1983; Bates 1979; Werner & Kaplan 1963). Sprachliche Äußerungen beruhen also auf sozialen Handlungen, die bereits vorsprachlich stattfinden und erst im Laufe der Entwicklung sprachlich kodiert werden. Um Bedeutung zu erlangen, muss allerdings ein vorsprachliches Verständnis für soziale Handlungen vorhanden sein, das der Sprache ontogenetisch vorausgeht. Dies leitet logischerweise zu der zweiten Annahme über, dass Kleinkinder in der vorsprachlichen Phase bereits ein sozial-kognitives Verständnis und flexible Erwartungen in Bezug auf das soziale Verhalten anderer haben – Erwartungen, die über reine Verhaltensassoziationen hinausgehen und ein Verständnis für die Absichten anderer beinhalten (Tomasello 2002, 2008/09). Sprache baut also auf den bereits vorsprachlich vorhandenen Fähigkeiten auf, soziale Handlungen zu begreifen und sinnvoll zu benutzen. Das vorliegende Kapitel führt empirische Belege für pragmatische und sozial-kognitive Annahmen zur vorsprachlichen Kommunikation an. In Abschnitt 3.2 und 3.3 wird der Frage nachgegangen, wie und warum einjährige Kinder kommunizieren; Abschnitt 3.4 untersucht, was Kleinkinder von den sozialen Handlungen anderer verstehen; in Abschnitt 3.5 werden Ursprünge der vorsprachlichen Kommunikation sowie der Übergang zu symbolischer Kommunikation im weiteren Entwicklungsverlauf diskutiert.

3.2 Wie kommunizieren Kleinkinder?

Im ersten Lebensjahr findet eine starke Veränderung in der Art der Kommunikation statt. In den ersten Lebensmonaten entwickeln sich zunächst das „soziale Lächeln" und ein intensiver Blickkontakt mit dem Gegenüber. Diese sog. dyadischen Interaktionen, die sich durch besondere Responsivität und Rhythmizität im Verhalten des Kindes und seines Gegenübers auszeichnen, sind auch als Protokonversationen beschrieben worden (Bateson 1975). In experimentellen Studien zeigte sich, dass das Interaktionsverhalten des Säuglings und das seines Gegenübers als kontingente Reaktionen aufeinander bezogen sind. Das heißt, wenn die Interaktion z. B. durch ein „still-face" (Einfrieren des Gesichtsausdrucks) der Mutter (Adamson & Frick 2003) unterbrochen oder mittels einer live geschalteten visuellen Telekommunikation (Striano, Henning & Stahl 2005) manipuliert und verzögert wird, nimmt das kindliche Interaktionsverhalten entsprechend ab.

Diesen frühen Protokonversationen fehlen allerdings noch zwei wesentliche Merkmale menschlicher Kommunikation, die sich erst im Laufe der folgenden Monate entwickeln:

1. eine deutliche Absicht (Intentionalität) im kommunikativen Verhalten, d. h. dass mit dem kommunikativen Verhalten eine klare Erwartung an das Verhalten des anderen verbunden ist bzw. dass Kinder mit ihrer Kommunikation bestimmte Ziele verfolgen (kommunikative Absicht) und

2. eine Bezugnahme auf Dinge außerhalb der dyadischen Situation (referentielle Absicht), durch die sich die Kommunikation zu einer sog. triadischen Interaktion erweitert (Tomasello 2002).

Die Bezugnahme auf externe Objekte markiert einen Wendepunkt in der vorsprachlichen Kommunikation, da die Protokonversationen nun erstmals Inhalte bekommen und somit eine soziale Konstruktion von Bedeutungen ermöglichen. Am deutlichsten wird dies gegen Ende des ersten Lebensjahres, wenn Kinder erstmals auf Gegenstände zeigen.

3.2.1 Kommunikative Absicht

Mehrere experimentelle Studien belegen, dass Kinder im Alter von 12 Monaten ihre Zeigegesten in kommunikativer Absicht verwenden. Frühere Studien hatten vor allem den Blickkontakt als Indikator für die kommunikative Absicht untersucht, kamen jedoch zu unterschiedlichen Ergebnissen (Desrochers, Morissette & Ricard 1995; Carpenter, Nagell & Tomasello 1998; Bates, Camaioni & Volterra 1975; Franco & Butterworth 1996). Dies liegt vermutlich daran, dass der Blickkontakt allein noch kein gutes Kriterium für eine kommunikative Absicht ist: Denn zum einen resultiert Blickkontakt nicht notwendigerweise aus einer kommunikativen Erwartungshaltung, und zum anderen spricht sein Ausbleiben nicht notwendigerweise für das Fehlen einer kommunikativen Absicht. Aufschlussreicher ist der Befund, dass sich in Abhängigkeit vom sozialen Verhalten eines Gegenübers die Auftretenswahrscheinlichkeit der Zeigegesten verändert.

―――――――― **Beispiel 1** ――――――――

In einer Versuchsanordnung saßen 12 Monate alte Kinder in einiger Entfernung vor einer Bettlakenwand, hinter der von Zeit zu Zeit eine Puppe hervorlugte, ein Licht blinkte oder Ähnliches passierte (Liszkowski et al. 2004). Die einjährigen Kinder deuteten jeweils spontan auf diese Ereignisse. Die Versuchsleiterin reagierte unterschiedlich darauf, um zu testen, welche Absicht die Kinder mit dem Zeigen verfolgten.

- Wenn die Versuchsleiterin nicht reagierte, versuchten die Kinder ihr kommunikatives Ziel mit mehr Nachdruck zu erreichen, indem sie

ihr Signal durch wiederholtes Zeigen und Vokalisationen verstärkten.
- Wenn die Versuchsleiterin nie reagierte, sank die Zeigerate über mehrere Durchgänge hinweg signifikant im Vergleich zu einer Versuchsbedingung, in der die Versuchsleiterin kommunikativ auf das Zeigen reagierte.

Das heißt, das Auftreten von Zeigegesten hing nicht allein von den externen Objekten, also nicht-kommunikativen Faktoren ab (Butterworth et al. 2002). Vielmehr verfolgten bereits 12 Monate alte Kinder mit einer gewissen Beharrlichkeit ihre Absicht, mit anderen zu kommunizieren. Zwei weitere Studien ergaben ebenfalls, dass Kinder weniger zeigten, wenn die Versuchsleiterin kurz wegschaute und das Zeigen daher nicht sehen konnte, als wenn die Versuchsleiterin die Kinder anschaute (Liszkowski et al. 2008a; Grünloh, Manko & Liszkowski 2012). Aus diesen Befunden wird deutlich, dass 12 Monate alte Kinder ihr Zeigen mit einer kommunikativen Erwartung an das Verhalten des Empfängers verknüpfen.

Kleinkinder verstehen auch, dass andere kommunikative Absichten haben (Csibra 2010). Dies wird deutlich in Versuchen, in denen die Versuchsleiterin die Kinder ostensiv anspricht (z. B. mit Blickkontakt, Namen, gehobenen Brauen, Ammensprache), bevor sie eine Handlung ausführt, oder aber dieselbe Handlung nicht-kommunikativ, also ohne ostensive Anzeichen ausführt. So lässt sich z. B. beobachten, dass bereits 6 Monate alte Kinder der Blickbewegung einer anderen Person eher folgen, wenn diese sie zuvor ostensiv angesehen und angesprochen hat (Senju & Csibra 2008). Ebenso folgen 14 Monate alte Kinder einer Zeigegeste eher, wenn sie direkt angesprochen werden, als wenn sie einfach nur einen ausgestreckten Finger sehen, der zufällig in eine Richtung orientiert ist (Behne et al. 2005).

3.2.2 Referentielle Absicht

Kleinkinder zeigen nicht, wie zunächst angenommen, um dadurch die Aufmerksamkeit auf sich zu lenken und dyadisch zu interagieren (Moore & D'Entremont 2001). Dies belegen Studien mit der bereits erwähnten Versuchsanordnung, bei der 12 Monate alte Kinder spontan auf ein Objekt oder Ereignis zeigten (> Beispiel 1). In weiteren Versuchsbedingungen mit dieser Anordnung reagierte die Versuchsleiterin auf das Zeigen der Kinder zwar kommunikativ, ohne jedoch zum Objekt der Zeigegeste zu schauen. Stattdessen blickte sie nur dem Kind ins Gesicht (Liszkowski et al. 2004) oder hielt irrtümlich ein anderes Objekt, welches das gezeigte Objekt verdeckte, für den Referenten der Zeigegeste (Liszkowski et al. 2007a). In diesen Fällen eines referentiellen Missverständnisses zeigten die Kinder wiederholt auf das spezifische Objekt bzw. Ereignis, um die Aufmerksamkeit des Gegenübers darauf zu lenken. Das heißt, sie wiederholten den kommunikativen Akt, wenn der referentielle Bezug nicht geglückt war. Dies verdeutlicht, dass 12 Monate alte Kinder ihren kommunikativen Akt mit einer referentiellen Erwartung an das Verhalten des Empfängers verbinden. Weitere Studienergebnisse zeigen, dass Kleinkinder den referentiellen Bezug mental herstellen: Sie kommunizieren sogar über Dinge, die in dem Moment abwesend sind, indem sie auf deren leeren Platz zeigen (Liszkowski et al. 2007b, 2009). Die Referenz auf Dinge jenseits des Hier und Jetzt ist eines der Hauptmerkmale von Sprache (Hockett 1960), deren Vorläufer wir also bis ins vorsprachliche Stadium zurückverfolgen können.

Kleinkinder verstehen auch die referentiellen Absichten anderer. Bereits mit acht Monaten haben sie referentielle Erwartungen an das kommunikative Verhalten anderer. In einer simplen computergestützten Blickzeitmessungsaufgabe sahen acht Monate alte Kinder, wie eine Person ostensiv zur Seite blickte. Danach wurde entweder auf dieser oder auf der gegenüberliegenden Seite ein Objekt aufgedeckt. Kinder blickten länger auf den leeren Ort, wenn die Person vorher dorthin – und nicht zur anderen Seite – gesehen hatte, vermutlich weil sie erwarteten, dass die Person mit ihrem Blick kommunikativ auf ein Objekt verwies (Csibra & Volein 2008). Wichtig ist also, dass Kleinkinder dem Zeigen anderer nicht nur mit dem Blick folgen (Deak, Flom & Pick 2000), sondern offensichtlich auch deren referentielle Absicht berücksichtigen. In einer Suchaufgabe mit 12 Monate alten Kindern bot eine Versuchsleiterin zunächst ein Objekt an, das sie dann unter einem von zwei Deckeln oder Tüchern versteckte. Wenn sie anschließend mit einer Zeigegeste auf das Versteck deutete, blickten die Kinder nicht nur auf den entsprechenden Deckel oder nahmen ihn in die Hand, sondern suchten aktiv nach dem Objekt darunter. Sie verstanden also, dass sich die Zeigegeste auf das versteckte Objekt unter dem Deckel bezog (Behne et al. 2011; Liszkowski & Tomasello 2011). Ferner korrelierte das referentielle Verständnis mit der Produktion der Zeigegeste. Diese Befunde verdeutlichen, dass einjährige Kinder ein referentielles Verständnis des kommunikativen Aktes besitzen, und zwar sowohl in der Produktion als auch im Verstehen.

Die zitierten Studien belegen eine Veränderung in der Art, wie Säuglinge kommunizieren. Nachdem sie zunächst in Protokonversationen eine Sensitivität gegenüber kontingenten Handlungen entwickeln, hegen die Kinder gegen Ende des ersten Lebensjahres die Erwartung, dass (1.) kommunikatives Verhalten ein Verhalten des Gegenübers bedingt (kommunikative Absicht) und dass sich (2.) das kommunikative Verhalten auf etwas außerhalb der dyadischen Interaktion bezieht (referentielle Absicht). Dies gilt sowohl für die Produktion als auch das Verständnis kommunikativer Signale. Damit eröffnet sich dem Kleinkind die Möglichkeit, sich mit anderen zielgerichtet über Dinge auszutauschen und so in die soziokulturellen Gepflogenheiten der Gemeinschaft hineinzuwachsen – insbesondere in Bezug auf den Sprachgebrauch (Tomasello 2003) und den Erwerb kulturell akkumulierten Wissens (Csibra & Gergeley 2009).

Der nächste Abschnitt widmet sich der Frage, aus welchen Gründen Kleinkinder auf Dinge zeigen.

3.3 Warum kommunizieren Kleinkinder?

Einer der auffälligsten Wesenszüge des Menschen ist sein „ultra"-soziales Verhalten. Die relativ lange Reifungsphase des Menschen bedingt eine lange Abhängigkeit von anderen und eine enge Bindung an Bezugspersonen. Ausgeprägt kooperative und altruistische Verhaltensweisen scheinen einzigartig menschlich zu sein und eine Grundbedingung unserer sozialen Entwicklung darzustellen (Tomasello

2010). Wie mehrere Studien zur vorsprachlichen Kommunikation belegen, lassen sich in der Interaktion von Kleinkindern kooperative und altruistische Motive beobachten. Man kann drei Hauptmotive unterscheiden: Kleinkinder zeigen auf etwas,

- um von anderen Hilfe einzufordern (Motiv des Forderns; „imperatives Zeigen", Bates et al. 1975);
- um anderen Hilfe anzubieten (Motiv des Helfens; „informatives Zeigen", Liszkowski et al. 2006);
- um ihr Interesse mitzuteilen (Motiv des Teilen-Wollens; „expressives Zeigen", Camaioni 1993; Liszkowski et al. 2004).

Diese vorsprachlichen Kommunikationsmotive legen den Grundstein für spätere Akte sprachlicher Kommunikation (Bates et al. 1975; Tomasello 2010).

Anfangs ging die Forschung noch davon aus, dass die frühen vorsprachlichen Akte der Kinder auf ein selbstbezogenes Fordern beschränkt seien (z. B. Vygotsky 1978). Obwohl andere Wissenschaftler schon damals erkannten, dass Kleinkinder auch auf Dinge zeigen, die sie nicht unbedingt haben wollen („protodeklaratives Zeigen", Bates et al. 1975), blieb unklar, was der Grund für dieses Zeigen sein könnte, und ob es nicht doch nur dazu diene, Aufmerksamkeit für sich selbst einzufordern (Moore & D'Entremont 2001). Spätere Studien lieferten jedoch positive Belege dafür, dass Kinder zeigen, um ihr Interesse mit anderen zu teilen oder andere hilfreich zu informieren.

3.3.1 Expressives Zeigen

Wenn die 12 Monate alten Kinder in der oben bereits beschriebenen Untersuchung (➤ Beispiel 1) auf ein interessantes Objekt oder Ereignis zeigten („expressives Zeigen"), sollte der Versuchsleiter entweder enthusiastisch oder uninteressiert darauf reagieren (Liszkowski et al. 2007a). Unter der letzteren Bedingung nahm die Zeigerate der Kinder im Vergleich zur ersteren Bedingung über mehrere Durchgänge hinweg signifikant ab. Das heißt, die Kinder wollten nicht nur ihre referentielle Absicht teilen (➤ Kap. 3.2.2), sondern auch ihre Einstellung zu (bzw. ihr Interesse an) dem Gezeigten.

Dieses affiliative Motiv, mit jemandem „auf einer Wellenlänge" sein zu wollen, scheint sehr tief in der Entwicklung verankert zu sein. Eine Vorstufe lässt sich in den Protokonversationen vermuten, in denen

Kinder offenbar die Gefühlszustände anderer (wenn auch unreflektiert) übernehmen. In der weiteren Entwicklung taucht das affiliative Motiv auch in Formen der wechselseitigen Imitation wieder auf, wenn Kinder gegen Ende des zweiten Lebensjahres miteinander interagieren, indem sie ihr Verhalten nachahmen und sich einander stark anpassen (Asendorpf & Baudonnière 1993; Fawcett & Liszkowski 2012). Zudem verstehen Kleinkinder vermutlich auch das expressive Zeigen von Erwachsenen, da sie positiv darauf reagieren oder ebenfalls auf den Gegenstand zeigen, um ihren Eindruck bzw. ihr Empfinden zu teilen (Camaioni et al. 2004; Brooks & Meltzoff 2002; Liszkowski & Tomasello 2011).

3.3.2 Informierendes Zeigen

Ein anderer Grund, die Aufmerksamkeit auf etwas zu lenken, kann darin bestehen, jemanden auf etwas Gesuchtes hinzuweisen („informierendes Zeigen"). In dem Fall muss der Gegenstand oder das Ereignis nicht notwendigerweise spannend oder interessant sein – es genügt zu wissen, dass jemand die Information benötigt. In einem Experiment konfrontierten wir 12 Monate alte Kinder mit Situationen, in denen jemand etwas suchte, und die Kinder wussten, wo sich der Gegenstand befand (Liszkowski et al. 2006). Eine Versuchsleiterin lochte z. B. Blätter, um sie abzuheften, und war dann zwischenzeitlich kurz abwesend. Währenddessen verstellte ein zweiter Versuchsleiter den Locher und ein weiteres, unbedeutendes Objekt. Als die erste Versuchsleiterin zurückkehrte und nonverbal nach dem Locher zu suchen begann, zeigten die Kinder zumindest in einem Drittel der Durchgänge auf das verschwundene Objekt. Sie zeigten häufiger auf das relevante als auf das irrelevante Objekt. Daraus lässt sich folgern, dass sie nicht nur einfach ihr Interesse daran bekundeten, dass etwas verlegt worden war. Ferner wollten die Kinder offenbar das Objekt auch nicht selbst haben, da ihr Zeigen keinerlei Anzeichen eines systematischen Einforderns aufwies. In einer weiteren Studie (Liszkowski et al. 2008b) konnte die Versuchsleiterin entweder sehen, wohin ein Objekt gefallen war, oder nicht. Hier zeigten die Kinder signifikant häufiger auf das Objekt, wenn die Versuchsleiterin nicht wusste, wo es war. Diese Studien belegen also, dass Kleinkinder in be-

stimmten Situationen auf etwas zeigen, um anderen zu helfen, d. h. aus dem Motiv heraus, sie hilfreich zu informieren. Andere Studien, in denen eine Versuchsleiterin auf etwas zeigt, was die Kinder suchen (Behne et al. 2005, 2011), lassen auch ein Verstehen dieses informierenden Motivs vermuten.

3.3.3 Imperatives Zeigen

Unbestritten ist, dass Kinder auf etwas zeigen, weil sie es haben wollen („imperatives Zeigen"; Bates et al. 1975). Wenn ein einjähriges Kind z. B. fordernd auf einen Gegenstand zeigt, den es haben will, die Versuchsleiterin aber lediglich anerkennend nickt, wird das Kind solange wiederholt darauf zeigen, bis es den Gegenstand schließlich bekommt (Carpenter et al. 1998; Camaioni et al. 2004). Umgekehrt verstehen 12 Monate alte Kinder auch die imperative Absicht, wenn eine Versuchsleiterin ein Objekt einfordert (Camaioni et al. 2004). Umstrittener war bisher, inwieweit imperatives Zeigen tatsächlich als ein komplexer kommunikativer Akt, analog zu direktiven Sprechakten wie „Gib mir …!" (Searle 1969), aufzufassen ist, oder ob es einfach nur aus dem individuellen Versuch des Greifens heraus entsteht (Vygotsky 1978). So erschien es naheliegend, imperatives Zeigen als nicht besonders komplex anzusehen (Camaioni 1993), da es auch bei Schimpansen und bei Autisten (mit anderweitig gestörter Kommunikationsfähigkeit) vorkommen kann (Tomasello & Camaioni 1997; Gomez, Sarria & Tamarit 1993). Allerdings lässt sich das imperative Zeigen bei Schimpansen wohl kaum mit dem von typisch entwickelten Kleinkindern vergleichen: Zum einen wollen Affen weder ihr Interesse teilen noch anderen helfen etwas zu finden (Bullinger et al. 2011), d. h. sie scheinen offensichtlich nicht motiviert zu sein, kooperativ mit anderen zu kommunizieren. Zum anderen fordern Schimpansen – anders als 12 Monate alte Kinder – nur Dinge im Hier und Jetzt, sie können jedoch nicht anhand von leeren Plätzen mental auf abwesende Dinge verweisen (Liszkowski et al. 2009). Tatsächlich zeigen Schimpansen nur in Gefangenschaft und nur für Menschen, jedoch nie füreinander. So scheint imperatives Zeigen von Schimpansen eher als eine Art gelernte Strategie eingesetzt zu werden, um mit der Hand möglichst nah an den gewünschten Gegenstand (Futter oder Werkzeug zur Futterbeschaffung) außerhalb ihres Käfigs heranzukommen, zumindest wenn auf der anderen Seite des Käfigs ein kooperativer Mensch steht, der die Absicht erkennt und erfüllt (Leavens et al. 1996; Call & Tomasello 1994). Schimpansen verdeutlichen also mit ihren Greifversuchen durch die Käfiggitter hindurch, dass sie den Gegenstand dahinter haben wollen.

In einer Untersuchung von Van der Goot, Tomasello & Liszkowski (2013) stellte sich heraus, dass dies bei Kindern anders ist. Mit 12 Monaten zeigen Kinder imperativ auf Dinge, die sie sich auch selber holen könnten. In der Versuchsanordnung ging es darum, Bälle in eine „Musikmaschine" zu stecken. Etwa die Hälfte der 12 Monate alten Kinder zeigte auf Bälle, die offen in ca. 1,5 Meter Krabbeldistanz herumlagen, um sie von einer Versuchsleiterin gereicht zu bekommen – obwohl alle Kinder auf Aufforderung auch zu den Bällen hinkrabbeln konnten. Lagen die Bälle hinter Gittern (wie in der Versuchsanordnung mit Schimpansen), erhöhte sich die Zeigerate der Kinder. Schimpansen dagegen bewegten sich selbst aus größerer Distanz immer so nahe wie möglich an das Käfiggitter heran, hinter dem das Futter lag, obwohl sie nie dort, sondern immer nur in ihrer Ausgangsposition ihr Futter bekamen. Offenbar benutzen Schimpansen die Zeigegeste nicht freistehend, also um über eine Distanz hinweg zu kommunizieren, sondern äußern ihre Handlungsabsicht, dass sie einen Gegenstand haben möchten, durch ihr Annäherungsverhalten. Dieser Befund verdeutlicht den Unterschied im fordernden Zeigen von Kleinkindern und Schimpansen.

Diese Schlussfolgerung wird durch einen weiteren Befund unterstrichen. In einer Versuchsanordnung missverstand eine Versuchsleiterin die Forderung nach einem Spielzeug als Nachfrage nach einem anderen Gegenstand, reichte dem Kind aber dennoch das Spielzeug. Das heißt, die Kinder bekamen genau das, was sie gefordert hatten, obwohl die Versuchsleiterin sie missverstanden hatte. Trotzdem wiederholten sie ihren kommunikativen Akt, um die Versuchsleiterin zu korrigieren. Im Vergleich zu anderen Kontrollbedingungen zeigte sich deutlich, dass es den Kindern nicht nur wichtig war, ihr externes Ziel zu erreichen („Spielzeug haben"), sondern dass sie auch in ihrem fordernden Akt verstanden werden wollen (Grosse et al. 2010).

Die Kommunikation von Kleinkindern ist also tiefgreifend kooperativ motiviert und beinhaltet die kommunikative Absicht, den anderen in eine Interaktion einzubeziehen. Dies geschieht aus unterschiedlichen Gründen, z. B. um zu teilen, zu informieren oder etwas zu fordern. Möglicherweise geht es auch darum, zu fragen („interrogatives" Motiv; Liszkowski, 2005), obwohl keine eindeutigen Befunde vorliegen, dass Kinder die Absicht haben, Informationen über Objekte zu „erfragen" (Baldwin & Moses 1996). Entscheidend für unsere Annahme der kontinuierlichen kommunikativen Entwicklung ist, dass sich die angeführten vorsprachlichen Motive in den verschiedenen Sprechakten späterer sprachlicher Äußerungen wiederfinden.

Für Kleinkinder ist das imperative Zeigen ein kommunikatives Signal, mit dem sie aus einer Distanz heraus anderen verdeutlichen können, dass und was sie haben wollen. Sie wählen eine kooperative Strategie und fordern andere auf, ihnen zu helfen, selbst wenn ihnen eine individuelle Lösung möglich wäre. Schimpansen hingegen verfügen nur über eine individuelle Handlungsstrategie: Sie verdeutlichen ihre Absicht durch einen individuellen Handlungsversuch, nicht durch kooperative Kommunikation.
Beim fordernden Zeigen von Kleinkindern, das natürlich immer auch selbstbezogen ist, handelt es sich also eher um ein „kooperatives Fordern" in dem Sinne, dass es in einen vollständigen kommunikativen Akt eingebettet ist, der auf einem kooperativen Prozess beruht (Van der Goot, Tomasello & Liszkowski 2013).

3.4 Was verstehen Kleinkinder von den Handlungen ihrer Interaktionspartner?

Wie die erwähnten Studienergebnisse verdeutlichen, verwenden und verstehen Kleinkinder Zeigegesten mit ganz verschiedenen Bedeutungen. Obwohl diese hinweisende (deiktische) Form der Kommunikation den Vorteil hat, dass nicht für jede Referenz ein Wort bekannt sein muss, ist ihr Nutzen auch mit Kosten verbunden: Die Flexibilität in der Anwendung erfordert ein tieferes sozial-kognitives Verständnis von Handlungen. Warum zeigt die andere Person auf den Löffel? Was meint sie genau damit? Frühere Ansätze gingen davon aus, dass Kleinkinder noch nicht flexibel kommunizieren können (z. B. Shatz & O'Reilly 1990); dementsprechend nahm man an, ein flexibles, sozial-kognitives Verständnis der Handlungen anderer würde sich erst viel später entwickeln. Ein Hauptkriterium dafür waren die Antworten von Kindern auf „Theory-of-Mind"-Fragen. So können Kinder im Alter von vier Jahren z. B. berichten, dass eine Person nach etwas an einem Ort sucht, von dem sie denkt, es sei der richtige, selbst wenn es in Wirklichkeit der falsche Ort ist (vgl. Wellman et al. 2001). Neuere Befunde belegen jedoch, dass Kinder bereits vorsprachlich viel flexibler kommunizieren als bisher angenommen. Darüber hinaus können Kleinkinder die Handlungen anderer flexibler verstehen und besitzen schon viel früher „Theory-of-Mind"-Fähigkeiten.

—————— **Beispiel 2 und 3** ——————

In einer Verständnisaufgabe (Southgate et al. 2010) wurden 17 Monate alte Kleinkinder mit einer Versuchsleiterin vertraut gemacht, die von ihnen wiederholt ein Objekt aus je einer von zwei Kisten haben wollte. Als die Versuchsleiterin kurz das Zimmer verließ, kam eine zweite Versuchsleiterin und vertauschte die beiden Objekte in den Kisten. Dann kehrte die erste Versuchsleiterin zurück und zeigte wie zuvor auf eine der beiden Kisten, um das gewünschte Objekt zu bekommen. Nun öffneten die Kinder allerdings mehrheitlich die andere Kiste, um ihr das darin befindliche Objekt zu geben. Nach ihrem Verständnis musste die Versuchsleiterin das Objekt meinen, das jetzt in der anderen Kiste lag – weil sie nicht dabei war, als die beiden Objekte vertauscht wurden, und demzufolge eine falsche Vorstellung von der Wirklichkeit hatte. Wenn die Versuchsleiterin allerdings im Raum blieb und wusste, welches Objekt nach dem Tausch in der Kiste lag, auf die sie zeigte, öffneten die Kinder genau diese Kiste. In einem ganz ähnlichen Experiment (Buttelmann, Carpenter & Tomasello 2009) sahen 18 Monate alte Kleinkinder, dass der Versuchsleiter in einer von zwei Kisten ein Objekt aufbewahrte.

Während des Tests sollten die Kinder ihm helfen, eine der Kisten zu öffnen. Wenn der Versuchsleiter nicht wusste, dass das Objekt in seiner Abwesenheit in die andere Kiste gesteckt worden war, nahmen die Kinder an, er suche das Objekt, und öffneten für ihn die andere Kiste, in der sich das Objekt nun befand. Wenn der Versuchsleiter den Ortswechsel jedoch gesehen hatte, nahmen die Kinder offenbar an, er wolle einfach die leere Kiste öffnen, und halfen ihm entsprechend dabei.

Aus diesen Studien geht deutlich hervor, dass Kinder ein und dieselbe Handlung unterschiedlich interpretieren können, je nachdem, mit welcher Absicht und Vorstellung sie ausgeführt wird. Das heißt, Kleinkinder können sich offenbar handlungsrelevante, sozial-kontextuelle Informationen merken und sie mit dem kommunikativen Akt verknüpfen, um entscheidende Schlussfolgerungen daraus zu ziehen.

Dieses Verständnis nutzen Kleinkinder nicht nur reaktiv, sondern auch prospektiv.

—————— **Beispiel 4** ——————

In einem neuen „Interventionsparadigma" sahen 18 und 24 Monate alte Kinder zu, wie eine Versuchsleiterin ein Objekt suchte und es in einer von mehreren Kisten fand (Knudsen & Liszkowski 2012a). Während sie kurz den Raum verließ, versteckte eine zweite Versuchsleiterin das Objekt in einer anderen Kiste. Als die erste Versuchsleiterin zurückkam, zeigten die Kinder spontan und ohne Aufforderung auf den neuen Fundort des Objekts – offenbar in Erwartung, dass die Versuchsleiterin sonst einen Fehler begehen würde.

In Kontrollversuchen hatte die Versuchsleiterin entweder eine andere Absicht (eigentlich wollte sie nur die Kisten putzen und stieß zufällig auf das Objekt) oder wusste, wo sich das Objekt befand (weil sie gesehen hatte, dass es in eine andere Kiste gesteckt worden war). In diesen Situationen gab es keinen Grund anzunehmen, der Versuchsleiterin könnte ein Fehler unterlaufen – daher intervenierten die Kinder signifikant seltener.

In einer Nachfolgestudie zeigte sich, dass die Kinder nicht nur annahmen, die Versuchsleiterin wüsste nicht, wo das Objekt war, sondern hätte auch eine falsche Vorstellung, an welchem Ort es sich befände. Die Kinder erwarteten also eine spezifische falsche Handlung von ihr (Knudsen & Liszkowski 2012b).

Die Studien lassen den Schluss zu, dass Kleinkinder aktiv Informationen über Handlungsbedingungen und -kontexte benutzen, um zu verstehen, worauf sich die Gedanken (Absichten und Vorstellungen) einer anderen Person beziehen. Sie benutzen diese Informationen auch, um zu verstehen, warum sich eine Person auf etwas bezieht. In einer Studie von Liebal, Behne, Carpenter & Tomasello (2009) spielten 18 Monate alte Kinder mit einer Versuchsleiterin ein Puzzle, das sie mit einer anderen Versuchsleiterin aufräumten. Am Ende blieb ein Puzzlestück in der Mitte liegen, auf das entweder die eine oder die andere Versuchsleiterin zeigte. Je nachdem, von welcher Versuchsleiterin die Zeigegeste kam, interpretierten die Kinder sie als Aufforderung, das Teilchen noch ins Puzzle einzusetzen oder aber wegzuräumen. Diese Studie verdeutlicht, dass Kleinkinder ein und denselben Bezug (hier: auf das Puzzleteilchen) ganz unterschiedlich interpretieren können, und zwar je nach Hintergrundwissen über die gemeinsame Aktivität.

Die Flexibilität in der Interpretation von Handlungen ist deshalb so wichtig, weil sie die Grundlage unseres wechselseitigen Verstehens bildet. Um Sprache erwerben und sinnvoll benutzen zu können, muss bereits eine Form der Verständigung vorhanden sein. Diese Form der vorsprachlichen Kommunikation ist deiktisch, also auf Dinge verweisend. Um von dieser Art der Kommunikation zu profitieren, muss man verstehen, warum und worauf jemand verweist. Da das Signal allein wenig Aufschluss über die vielfältigen Gründe gibt (siehe dazu aber Liszkowski 2014), bedarf es einer großen Flexibilität in der Interpretation, bei der die Hintergründe und Bedingungen einer Handlung mitberücksichtigt werden müssen. Kleinkinder bringen diese sozial-kognitiven Fähigkeiten bereits in ihre vorsprachliche Kommunikation ein.

3.5 Ontogenetische Ursprünge, Modalität und weitere Entwicklung vorsprachlicher Kommunikation

Die gestisch-deiktische Kommunikation ist die ontogenetisch früheste Form referentieller Kommunikation. Dabei stellt die Zeigegeste eine kulturübergreifende, vorsprachliche Universalität dar (Liszkowski et al. 2012). Die ontogenetischen Ursprünge dieser Geste, die gegen Ende des ersten Lebensjahres auftritt, sind allerdings noch unklar. Einige Autoren gehen davon aus, dass sie sich aus individuellen Handlungen wie z. B. dem Greifen (Vygotsky 1978) oder der Objektexploration mit dem Zeigefinger (Carpendale & Carpendale 2010) entwickelt. Diesen Ansätzen zufolge wird die zunächst noch nonkommunikative Geste erst durch die sozialen Reaktionen eines kompetenten Gegenübers in eine kommunikative Geste überführt, also „sozialisiert". Das steht allerdings im Widerspruch zu Befunden, denen zufolge die Zeigegeste offenbar schon von Anfang an in kommunikativer Absicht benutzt wird (➤ Kap. 3.2.1). Aus der Sicht einiger Autoren (Werner & Kaplan 1963) entsteht das eigentliche Konzept der Bezugnahme (die referentielle Absicht, ➤ Kap. 3.2.2) in Episoden gemeinsam geteilter Aufmerksamkeit auf Gegenstände oder gemeinsamer Handlungen mit Gegenständen, die gegen Ende des ersten Lebensjahres zunehmen (Bakeman & Adamson 1984).

Ein Vorläufer der Zeigegeste kann im Darbieten eines in der Hand gehaltenen Objekts gesehen werden, das mit acht Monaten auftritt („showing", Bates et al. 1975). Kürzlich durchgeführte kulturvergleichende Untersuchungen legen den Schluss nahe, dass es große interkulturelle Unterschiede in Bezug auf die Zeit gibt, die Kleinkinder in gemeinsamer objektbezogener Aktivität mit anderen verbringen. Hiermit gehen auch Unterschiede in der Häufigkeit des Zeigens und dem Alter einher, in dem die Zeigegeste erstmals auftritt (Salomo & Liszkowski 2013). Weitere Studien deuten auf einen altersunabhängigen Zusammenhang zwischen elterlichem und kindlichem Zeigen hin (Liszkowski & Tomasello 2011; Liszkowski et al. 2012). Zusammengenommen stützen diese Befunde die Annahme eines frühen sozialen Einflusses auf die Entstehung der Zeigegeste.

Ein weiterer Schritt in der kommunikativen Entwicklung ist der Wechsel von der zunächst deiktischen, also auf der Präsentation sichtbarer Dinge oder ihrer Orte beruhenden, zur repräsentationalen Kommunikation. Repräsentationale Kommunikation beruht auf der Präsentation von Zeichen, die ihrerseits wiederum für etwas stehen, ohne notwendigerweise die visuelle Aufmerksamkeit hierauf lenken zu müssen. Repräsentationale Kommunikation beinhaltet ein kognitives Verständnis, dass ein Ding für ein anderes stehen kann (symbolisches Denken). Diese Fähigkeit lässt sich bei zweijährigen Kindern beobachten, wenn sie in Als-ob-Spielen Dingen eine andere Identität zuschreiben (Harris & Kavanaugh 1993) oder in Skalierungsmodell-Versuchen aus dem Modellbau eines Zimmers auf Orte im realen Zimmer schließen (DeLoache 2004). Dementsprechend beginnen Kinder im dritten Lebensjahr auch repräsentationale pantomimische Gesten zu verstehen. Wenn eine Versuchsleiterin z. B. die Handlung „Schreiben" mimte, gaben ihr 26 Monate alte Kinder daraufhin signifikant häufiger einen Stift als ein anderes Objekt (Namy 2008).

Kleinkinder benutzen schon ein gutes Jahr, bevor sie repräsentationale Gesten anderer verstehen oder produzieren, symbolische Lautäußerungen (Worte). Die Wortproduktion entwickelt sich nach der Zeigegeste und wird zunächst häufig mit ihr gekoppelt (Iverson & Goldin-Meadow 2005). In der Entwicklung von deiktischer zu repräsentationaler Kommunikation findet also ein Wechsel in der Gewichtung der Modalitäten statt.
- Deiktische Kommunikation ist zunächst gestisch, vermutlich weil deiktische Gesten das visuelle System leichter lenken können als Laute.
- Repräsentationale Kommunikation hingegen wird zunächst hauptsächlich in der Lautsprache benutzt (Iverson et al. 1994). Dies liegt sicherlich mit daran, dass der Input hauptsächlich aus gesprochener Sprache besteht.

In einem neuen Trend in der Entwicklungsfrühförderung wird mit sog. „Baby-sign-Trainingsprogrammen" geworben. Kleinkinder sollen – häufig aus einer Gebärdensprache abgeleitete – Zeichen lernen, da manuelle Bewegungen leichter auszuführen sind als die Artikulation von Worten. Angeblich soll die derart gesteigerte Kommunikationsmöglichkeit sogar Wutanfälle bei den Kindern reduzieren, da sie sich besser verständlich machen könnten. Allerdings fand sich bisher kein wissenschaftlicher Beleg für eine gesteigerte Kommunikationsfähigkeit (Johnston et al. 2005). Offenbar wird auch außer Acht gelassen, dass sich Gesten (zumindest deiktische) natürlicherweise entwickeln und ein vorsprachliches Verstehen ermöglichen. Entscheidend ist aber, dass der Übergang zu repräsentationaler Kommunikation nicht allein eine Frage der Motorik ist, sondern höhere kognitive Anforderungen stellt, sodass fraglich ist, ob Säuglinge bereits von „baby signs" profitieren. Dass sich im Laufe der kindlichen Entwicklung eine Modalitätsverschiebung von visuellen Gesten zum Sprechen hin ergibt, könnte mehrere Gründe haben:
- Zum einen konkurriert ein visuelles repräsentationales Zeichen mit der visuellen Aufmerksamkeit für den Referenten, d. h. es ist schwieriger, auf das Zeichen und den Referenten zu achten, als wenn das Zeichen auditiv dargeboten wird (Puccini & Liszkowski 2012).
- Zum anderen werden manuelle Bewegungen zunächst meist an Objekten ausgeführt und vermutlich bevorzugt als objektbezogene Handlungen interpretiert. Um als symbolische Handlungen verstanden zu werden, müssen sie von dieser Voreinstellung entkoppelt werden. Für Vokalisationen ist dieser Schritt hingegen nicht erforderlich.
- Letztendlich erfolgt der sprachliche Input in der typischen Entwicklung hörender Kinder in gesprochener Form. Bei einer Verschiebung dieser Gewichtung erwerben hörende Kinder von gebärdenden Eltern ebenfalls Gebärdensprache.

3.6 Zusammenfassung

Das vorliegende Kapitel gibt einen Überblick über neuere, vor allem experimentelle Studien, die untersucht haben, wie und warum Kleinkinder kommunizieren, bevor sie sprechen können. Wie deren Befunde belegen, beziehen sich Kleinkinder mit 12 Monaten in ihrer gestischen Kommunikation auf Dinge, sogar wenn diese nicht unmittelbar sichtbar sind, indem sie auf Dinge oder Orte verweisen und den Verweisen anderer folgen. Diese kommunikativen Akte sind kooperativ motiviert – um sich miteinander auszutauschen, anderen zu helfen oder deren Hilfe einzufordern. Die vorsprachliche Kommunikation beruht nicht auf festgelegten, kodierten Zeichen, sondern auf tiefer greifenden sozial-kognitiven Prozessen. Bei diesen Prozessen werden Informationen über Ziele und Vorstellungen verarbeitet, die in gerade ablaufende Handlungen und Interaktionen mit anderen eingebettet sind. Dieses sozial-kognitive Verständnis ermöglicht eine flexible Interpretation von kommunikativen Akten und Handlungen anderer, die über einfache Assoziationen hinausgehen. So kann dieselbe Handlung unterschiedlich interpretiert werden, je nach der Absicht, der Vorstellung und dem gemeinsamen Hintergrundwissen. Diese Flexibilität ist ausschlaggebend für den Erwerb und die Benutzung von Sprache (Tomasello 2003).

Der Weg zu lautsprachlichen Äußerungen führt über die gestische Modalität. Die deiktischen Gesten entstehen vermutlich in sozialer Interaktion und gemeinsamen Handlungen und sind kulturübergreifend bei Säuglingen zu finden. Repräsentationale Kommunikation entwickelt sich vornehmlich in der auditiven Modalität, wobei die ersten sprachlichen Lautäußerungen noch häufig mit deiktischen Gesten unterstützt werden. Spontane repräsentationale Gesten wie z.B. pantomimische Darstellungen treten erst später auf, nachdem Sprache bereits erworben ist, und sind meist von Sprache begleitet. Für die ontogenetische Entstehung vorsprachlicher Kommunikation spielen soziale Prozesse und die Handlungen anderer von Anfang an eine wesentliche Rolle. Diese interagieren vermutlich mit der Entwicklung sozial-kognitiver Verarbeitungsprozesse, die dem Spracherwerb kausal vorausgehen.

LITERATUR

Adamson, L.B., & Frick, J.E. (2003). The still-face: A history of a shared experimental paradigm. *Infancy, 4* (4), 451–473.

Asendorpf, J.B., & Baudonnière, P.M. (1993). Self-awareness and other-awareness: Mirror self-recognition and synchronic imitation among unfamiliar peers. *Developmental Psychology, 29* (1), 88–95.

Bakeman, R., & Adamson, L.B. (1984). Coordinating attention to people and objects in mother-infant and peer-infant interaction. *Child Development, 55,* 1278–1289.

Baldwin, D.A., & Moses, L.J. (1996). The ontogeny of social information gathering. *Child Development, 67,* 1915–1939.

Bates, E. (1979). *The emergence of symbols: Cognition and communication in infancy.* New York: Academic Press.

Bates, E., Camaioni, L., & Volterra, V. (1975). The acquisition of performatives prior to speech. *Merrill-Palmer Quarterly, 21,* 205–226.

Bateson, M.C. (1975). Mother – infant exchanges: The epigenesis of conversational interaction. *Annals of the New York Academy of Sciences, 263* (1), 101–113.

Behne, T., Carpenter, M., & Tomasello, M. (2005). One-year-olds comprehend the communicative intentions behind gestures in a hiding game. *Developmental Science, 8,* 492–499.

Behne, T., Liszkowski, U., Carpenter, M., & Tomasello, M. (2011). Twelve-month-olds' comprehension and production of pointing. *British Journal of Developmental Psychology.* Advance online publication. doi: 10.1111/j.2044-835X.2011.02043.x.

Brooks, R., & Meltzoff, A.N. (2002). The importance of eyes: How infants interpret adult looking behavior. *Developmental Psychology, 38,* 958–966.

Bruner, J.S. (1975). The ontogenesis of speech acts. *Journal of Child Language, 2,* 1–19.

Bruner, J.S. (1983). *Child's talk.* New York: Norton.

Bullinger, A.F., Zimmermann, F., Kaminski, J., & Tomasello, M. (2011). Different Social Motives in the Gestural Communication of Chimpanzees and Human Children. *Developmental Science, 14* (1), 58–68.

Buttelmann, D., Carpenter, M., & Tomasello, M. (2009). Eighteen-month-old infants show false belief understanding in an active helping paradigm. *Cognition, 112,* 337–342.

Butterworth, G., Franco, F., McKenzie, B., Graupner, L., & Todd, B.K. (2002). Dynamic aspects of visual event perception and the production of pointing by human infants. *British Journal of Developmental Psychology, 20* (1).

Call, J., & Tomasello, M. (1994). Production and Comprehension of Referential Pointing by Orang-utans (Pongo pygmaeus). *Journal of Comparative Psychology, 108* (4), 307–317.

Camaioni, L. (1993). The development of intentional communication: a re-analysis. In J. Nadel & L. Camaioni (Eds.), *New perspectives in early communicative development* (pp. 82–96). London: Routledge.

Camaioni, L., Perucchini, P., Bellagamba, F., & Colonnesi, C. (2004). The role of declarative pointing in developing a theory of mind. *Infancy, 5* (3), 291–308.

Carpendale, J.I.M., & Carpendale, A.B. (2010). The Development of Pointing: From Personal Directedness to Interpersonal Direction. *Human Development, 53,* 110–126.

Carpenter, M., Nagell, K., & Tomasello, M. (1998). Social cognition, joint attention, and communicative competence from 9 to 15 months of age. *Monographs of the Society of Research in Child Development, 63* (4), Serial No. 176.

Clark, H. (1996). *Uses of language.* Cambridge: Cambridge University Press.

Csibra, G. (2010). Recognizing communicative intentions in infancy. *Mind & Language, 25,* 141–168.

Csibra, G., & Gergely, G. (2009). Natural pedagogy. *Trends in Cognitive Sciences, 13,* 148–153.

Csibra, G., & Volein, A. (2008). Infants can infer the presence of hidden objects from referential gaze information. *British Journal of Developmental Psychology, 26,* 1–11.

Deak, G. O., Flom, R. A., & Pick, A. D. (2000). Effects of gesture and target on 12- and 18-month-olds' joint visual attention to objects in front of or behind them. *Developmental Psychology, 36* (4), 511–523.

DeLoache, J. S. (2004). Becoming symbol-minded. *Trends in Cognitive Sciences, 8,* 66–70.

Desrochers, S., Morissette, P., & Ricard, M. (1995). Two perspectives on pointing in infancy. In C. Moore & P. J. Dunham (Eds.), *Joint attention: Its origins and role in development* (pp. 85–101). Hillsdale/NJ: Lawrence Erlbaum.

Evans, N., & Levinson, S. C. (2009). The myth of language universals: Language diversity and its importance for cognitive science. *Behavioral and Brain Sciences, 32* (5), 429–492. doi: 10.1017/S0140525X0999094X.

Fawcett, C., & Liszkowski, U. (2012). Observation and initiation of joint action in infants. *Child Development, 83,* 434–441.

Franco, F., & Butterworth, G. (1996). Pointing and social awareness: Declaring and requesting in the second year. *Journal of Child Language, 23,* 307–336.

Gomez, J. C., Sarria, E., & Tamarit, J. (1993). The comparative study of early communication and theories of mind: Ontogeny, phylogeny, and pathology. In S. Baron-Cohen, H. Tager-Flusberg & D. J. Cohen (Eds.), *Understanding other minds: Perspectives from autism* (pp. 397–426). New York: Oxford University Press.

Grosse, G., Behne, T., Carpenter, M., & Tomasello, M. (2010). Infants communicate in order to be understood. *Developmental Psychology, 46* (6), 1710–1722.

Grünloh, T., Manko, P., & Liszkowski, U. (2012). *Prelinguistic vocal communication is coupled to gesture.* Poster presented at the Budapest CEU Conference on Cognitive Development (BCCCD), Budapest, Hungary.

Harris, P. L., & Kavanaugh, R. D. (1993). Young children's understanding of pretense. *Society for Research in Child Development Monographs,* Serial No. 231.

Hockett, C. F. (1960). The origin of speech. *Scientific American, 203,* 88–96.

Iverson, J. M., & Goldin-Meadow, S. (2005). Gesture Paves the Way for Language Development. *Psychological Science, 16* (5), 367–371.

Iverson, J. M., Capirci, O., & Caselli, M. C. (1994). From communication to language in two modalities. *Cognitive Development, 9,* 23–43.

Johnston, J. C., Durieux-Smith, A., & Bloom, K. (2005). Teaching gestural signs to infants to advance child development: A review of the evidence. *First Language, 25* (2), 235–251. doi: 10.1177/0142723705050340.

Knudsen, B., & Liszkowski, U. (2012a). Eighteen- and 24-month-old infants correct others in anticipation of action mistakes. *Developmental Science, 15,* 113–122.

Knudsen, B., & Liszkowski, U. (2012b). 18-month-olds predict specific action mistakes through attribution of false belief, not ignorance, and intervene accordingly. *Infancy, 17,* 672–691.

Leavens, D. A., Hopkins, W. D., & Bard, K. A. (1996). Indexical and referential pointing in chimpanzees (Pan troglodytes). *Journal of Comparative Psychology, 110* (4), 346–353.

Liebal, K., Behne, T., Carpenter, M., & Tomasello, M. (2009). Infants use shared experience to interpret pointing gestures. *Developmental Science, 12* (2), 264–271.

Liszkowski, U. (2005). Human twelve-month-olds point cooperatively to share interest with and helpfully provide information for a communicative partner. *Gesture, 5* (1–2), 135–154. doi: 10.1075/gest.5.1.11lis.

Liszkowski, U. (2014). Two sources of meaning in infant communication: Preceding action contexts and act-accompanying characteristics. *Philosophical Transactions of the Royal Society of London. Series B, Biological Sciences, 369* (1651). doi: 10.1098/rstb.2013.0294.

Liszkowski, U., Albrecht, K., Carpenter, M., & Tomasello, M. (2008). Twelve- and 18-month-olds' visual and auditory communication when a partner is or is not visually attending. *Infant Behavior and Development, 31* (2), 157–167. doi: 10.1016/j.infbeh.2007.10.011.

Liszkowski, U., Brown, P., Callaghan, T., Takada, A., & De Vos, C. (2012). A prelinguistic gestural universal of human communication. *Cognitive Science, 36,* 698–713.

Liszkowski, U., Carpenter, M., Henning, A., Striano, T., & Tomasello, M. (2004). Twelve-month-olds point to share attention and interest. *Developmental Science, 7* (3), 297–307.

Liszkowski, U., Carpenter, M., Striano, T., & Tomasello, M. (2006). Twelve- and 18-month-olds point to provide information for others. *Journal of Cognition and Development 7* (2), 173–187.

Liszkowski, U., Carpenter, M., & Tomasello, M. (2007a). Pointing out new news, old news, and absent referents at 12 months of age. *Developmental Science, 10* (2), F1–F7.

Liszkowski, U., Carpenter, M., & Tomasello, M. (2007b). Reference and attitude in infant pointing. *Journal of Child Language, 34* (1), 1–20.

Liszkowski, U., Carpenter, M., & Tomasello, M. (2008). Twelve-month-olds communicate helpfully and appropriately for knowledgeable and ignorant partners. *Cognition, 108* (3), 732–739. doi: 10.1016/j.cognition. 2008.06.013.

Liszkowski, U., Schäfer, M., Carpenter, M., & Tomasello, M. (2009). Prelinguistic infants, but not chimpanzees, communicate about absent entities. *Psychological Science, 20,* 654–660.

Liszkowski, U., & Tomasello, M. (2011). Individual differences in social, cognitive, and morphological aspects of infant pointing. *Cognitive Development, 26,* 16–29.

3

3

Moore, C., & D'Entremont, B. (2001). Developmental changes in pointing as a function of attentional focus. *Journal of Cognition & Development, 2,* 109–129.

Namy, L. L. (2008). Recognition of Iconicity Doesn't Come for Free. *Developmental Science, 11,* 841–846.

Puccini, D., & Liszkowski, U. (2012). 15-month-old infants fast map words but not representational gestures of multimodal labels. *Frontiers in Psychology, 3,* 101.

Salomo, D., & Liszkowski, U. (2013). Sociocultural settings influence the emergence of prelinguistic deictic gestures. *Child Development, 84* (4), 1296–1307. doi: 10.1111/cdev.12026.

Searle, J. (1969). *Speech acts: An essay in the philosophy of language.* Cambridge: Cambridge University Press.

Senju, A., & Csibra, G. (2008). Gaze following in human infants depends on communicative signals. *Current Biology, 18,* 668–671.

Shatz, M., & O'Reilly, A. W. (1990). Conversational or communicative skill? A reassessment of two-year-olds' behaviour in miscommunication episodes. *Journal of Child Language, 17,* 131–146.

Southgate, V., Chevallier, C., & Csibra, G. (2010). Seventeen-month-olds appeal to false beliefs to interpret others' referential communication. *Developmental Science, 16,* 907–912.

Striano, T., Henning, A., & Stahl, D. (2005). Sensitivity to social contingencies between 1 and 3 months of age. *Developmental Science, 8,* 509–518.

Tomasello, M. (2002). *Die kulturelle Entwicklung des menschlichen Denkens. Zur Evolution der Kognition.* Frankfurt: Suhrkamp (Original work published 1999).

Tomasello, M. (2003). *Constructing a Language: A Usage-Based Theory of Language Acquisition.* London: Harvard University Press.

Tomasello, M. (2008/09). *Die Ursprünge der menschlichen Kommunikation.* Frankfurt: Suhrkamp (Original work published 2008).

Tomasello, M. (2009). Universal grammar is dead. *Behavioral and Brain Sciences, 32* (5), 470–471.

Tomasello, M. (2010). *Warum wir kooperieren.* Frankfurt: Suhrkamp (Original work published 2009).

Tomasello, M., & Camaioni, L. (1997). A comparison of the gestural communication of apes and human infants. *Human Development, 40,* 7–24.

Quine, W. (1960). *Word and object.* Cambridge/MA: Harvard University Press.

Van der Goot, M. H., Tomasello, M., & Liszkowski, U. (2013). Differences in the nonverbal requests of Great Apes and human infants. *Child Development.* Advance online publication. doi: 10.1111/cdev.12141.

Vygotsky, L. S. (1978). *Mind in society: The development of higher psychological processes.* Cambridge/MA: Harvard University Press.

Wellman, H. M., Cross, D., & Watson, J. (2001). A meta-analysis of theory of mind development: The truth about false belief. *Child Development, 72,* 655–684.

Werner, H., & Kaplan, B. (1963). *Symbol formation: An organismic-developmental approach to language and the expression of thought.* New York: Wiley.

KAPITEL

4

Annette Fox-Boyer und Blanca Schäfer

Die phonetisch-phonologische Entwicklung von Kleinkindern (0–3 Jahre)

Die ersten drei Lebensjahre stellen die spannendste Zeit im Hinblick auf den Erwerb der phonetisch-phonologischen Kompetenzen von Kindern dar. Von der Schreiäußerung als einer ersten willentlichen Vokalisation ausgehend, erwirbt und erarbeitet sich das Kind ein großes Repertoire an Lauten, Silbenstrukturen und prosodischen Regeln, und es lernt, diese in Wörtern korrekt anzuwenden. Am Ende des dritten Lebensjahres kann das Kind sich verständlich verbal äußern, auch wenn vielleicht noch nicht alle phonemischen Kontraste vollständig erworben sind.

Im folgenden Kapitel wird zunächst die perzeptive Entwicklung dargestellt. Hier zeigt sich, dass Kinder bereits von Geburt an wichtige Perzeptionsleistungen besitzen und kontinuierlich weiter entwickeln, die für die spätere phonologische Produktion und allgemeine Sprachentwicklung eine entscheidende Grundlage bilden. Im Anschluss werden die verschiedenen Erwerbsphasen der phonetisch-phonologischen Produktion während der ersten drei Lebensjahre beschrieben.

4.1 Perzeption

Im Folgenden soll der aktuelle Forschungsstand mit methodischen und theoretischen Ansätzen hinsichtlich der Entwicklung der perzeptiven phonetisch-phonologischen Fähigkeiten von Kindern dargestellt werden. Dabei muss auch bedacht werden, dass nicht-linguistische, allgemein kognitive Leistungen ebenfalls in die Sprechperzeption hineinspielen. Kinder müssen lernen, nicht-sprachrelevante Informationen, inkl. phonetischer Signale, die nicht zu ihrer Muttersprache gehören, auszublenden und sich auf spezifisch muttersprachliche Signale zu fokussieren (vgl. Conboy, Sommerville & Kuhl 2008).

4.1.1 Methoden der Sprechperzeptionsmessung

In den vergangenen Jahren wurden verschiedene Methoden gewählt, um Einblick in die Sprechperzeption von sehr jungen Kindern zu erhalten. Eine klassische Methode, die Sprechperzeption anhand von Verhaltensänderungen zu untersuchen, ist die Messung der Saugrate mit einem speziellen Schnuller. Zunächst wird dem Kind mehrfach ein Stimulus angeboten und die Saugrate gemessen. Sobald diese abnimmt, wird ein neuer Stimulus präsentiert. Erhöht sich die Saugrate daraufhin erneut, wird dies als Hinweis interpretiert, dass das Kind den neuen Stimulus vom alten differenzieren konnte.

Bei einer zweiten Methode geht es um eine Verhaltensänderung als Reaktion auf auditive und visuelle Reize, die als Anzeichen einer gelungenen Sprechperzeption gewertet wird. Zunächst hört das Kind einen akustischen Reiz. Sobald dieser verändert wird, kommt eine visuelle Verstärkung hinzu, damit das Kind seinen Kopf in diese Richtung dreht (so genannte head turn preference procedures). Durch wiederholte Darbietung verknüpft das Kind neue akustische Reize mit einer bestimmten Blickrichtung. Die Kopfdrehung bei Veränderung des akustischen Signals wird als Ausdruck einer gelungenen Differenzierung der Reize gewertet.

Darüber hinaus finden neuere, objektive, neurophysiologische Messmethoden Anwendung. Mit der funktionellen magnetresonanztomografischen (fMRT-)Bildgebung wird versucht, den Blutstrom im Gehirn (bzw. die Durchblutung) zu untersuchen und daraus Rückschlüsse auf die Gehirnaktivität zu ziehen. Eine visuelle Darstellung der Messwerte erlaubt es, die aktiven Hirnareale während eines Experiments zu lokalisieren. Eine visuelle Darstellung der Gehirnaktivitäten ermöglicht auch die Nahinfrarotspektroskopie (Near-Infrared Spectroscopy [NIRS]), bei der mit Hilfe von elektromagnetischer Strahlung im nahen Infrarotbereich Hirnstrukturen sichtbar gemacht werden. Mit Verfahren wie der Elektroenzephalografie (EEG) und der Messung ereigniskorrelierter Potenziale (Event-Related Potentials [ERP]) lassen sich die Hirnströme zeitgleich zu einer Stimuluspräsentation aufzeichnen. Eine erhöhte Aktivität wird als Reaktion auf den Reiz gewertet. Diese Methoden sind gut dazu geeignet, zeitliche Beziehungen zwischen Reizpräsentation und Reaktion darzustellen (eine ausführlichere Beschreibung der Methoden findet sich u. a. in Kuhl 2010 oder in Rvachew & Brosseau-Lapré 2012).

4.1.2 Pränatale und frühe postnatale Sprechperzeption (0–12 Monate)

Es ist bekannt, dass ungeborene Babys bereits auf Töne und Laute der Außenwelt reagieren und dass im letzten Drittel der Schwangerschaft die Hörentwicklung beginnt. In Studien konnte gezeigt werden, dass sich 12–13 Wochen vor der Geburt bereits die Vokalwahrnehmung der ungeborenen Kinder zuverlässig messen ließ (z. B. Groome et al. 2000).

In den ersten Lebensmonaten können Kinder auch phonetische Kontraste wahrnehmen, die nicht in ihrer Muttersprache auftreten (z. B. Best & McRoberts 2003; Rivera-Gaxiola et al. 2012). In einem Experiment untersuchten Tsao, Liu & Kuhl (2006) die Fähigkeit von 37 Englisch- und 32 Mandarin-sprechenden Kindern, alveolo-palatale Lautkontraste aus dem Mandarin zu differenzieren. Für diese Diskriminierungsaufgabe wurden die Kinder in zwei Altersgruppen aufgeteilt, zum einen 19 Englisch- und 16 Mandarin-sprechende Kinder im Alter von 6–8 Monaten und zum anderen 18 bzw. 16 Kinder im Alter von 10–12 Monaten.

In der jüngeren Gruppe ergaben sich keine Leistungsunterschiede, während in der zweiten Altersgruppe die Mandarin-sprechenden Kinder eine bessere Differenzierungsleistung zeigten. Dies stützt die Annahme, dass Kinder in der ersten Hälfte des ersten Lebensjahres zunächst auch nicht-muttersprachliche, fremde Lautkontraste wahrnehmen können. Dennoch gibt es Belege, dass dies nicht pauschal für alle Lautkontraste gilt und dass Faktoren wie der Grad an Wahrnehmbarkeit *(saliency)* sich auf die Diskriminierungsleistungen auswirken.

Narayan, Werker & Speeter Beddor (2010) präsentierten Englisch-sprechenden Kindern im Alter von 4–5, 6–8 und 10–12 Monaten einen phonemischen Lautkontrast im Silbenonset aus dem Tagalog (Sprache der Philippinen), d. h. [na] versus [ŋa]. In keiner Altersstufe war es den Kindern möglich, diesen Unterschied wahrzunehmen.

In einer weiteren Studie konnte gezeigt werden, dass sich bereits durch die pränatale Wahrnehmung der Umgebungssprache Perzeptionspräferenzen ausprägen, die direkt nach der Geburt zu beobachten sind (vgl. Byers-Heinlein, Burns & Werker 2010). Moon, Lagercrantz & Kuhn (2013) unterzogen 40 schwedische und 40 amerikanische Neugeborene wenige Stunden nach der Geburt einem klassischen Saugfrequenz-Experiment. Die erste Erhebung führten sie sieben Stunden und die letzte 75 Stunden nach der Entbindung durch, indem sie den Kindern Vokalvarianten des schwedischen /y/ (vergleichbar mit dem Laut „ü" wie in „Bügel") und des amerikanischen /i/ (vergleichbar mit dem Laut „i" wie in „Igel") präsentierten. Der Prototyp bestand aus den üblichen Formantfrequenzen des Vokals, die Vokalvarianten wurden durch Manipulation des ersten und zweiten Formanten generiert. Während die Kinder die verschiedenen Vokale vorgespielt bekamen, wurde ihr Nuckeln am Schnuller gemessen. Nach der Hypothese der Autoren würden die Kinder häufiger am Schnuller saugen, wenn sie unbekannte Vokale hörten, da diese von größerem Interesse wären. Im Gegenzug erwarteten die Forscher, dass die Vokale der Muttersprache weniger Aufmerksamkeit erregen und die Kinder daher weniger an ihrem Schnuller nuckeln würden. Tatsächlich wurden in beiden Gruppen niedrigere Saugraten bei den muttersprachlichen als bei den jeweiligen fremden Vokalen gemessen. Während der Präsentation der muttersprachlichen Vokale blieb die Saugfrequenz gleich, unabhängig davon, welche Vokalvariante vorgespielt wurde. Dieses Ergebnis zeigt, dass infolge der pränatalen Wahrnehmung ähnliche Vokalproduktionen zu Clustern zusammengefasst und als ein Vokal interpretiert werden. Im Gegensatz dazu erhöhte sich die Saugrate, wenn der prototypische Vokal der Fremdsprache vorgespielt wurde. Dies deutet darauf hin, dass die Varianten des fremden Vokals noch deutlich voneinander abgegrenzt und dass Vokalprototypen einer Fremdsprache besser wahrgenommen werden als abweichende Vokalvarianten.

Die Fähigkeit, auch nicht-muttersprachliche Kontraste wahrzunehmen, verringert sich zwischen dem 6. und 12. Monat, und die Sprechperzeption richtet sich zunehmend auf die Umgebungssprache aus (z. B. Rivera-Gaxiola et al. 2012; Tsao et al. 2006). Die Perzeption von Vokalen aus der Umgebungssprache bildet sich um den 6. Monat und die von Konsonanten mit ca. 11 Monaten aus (Kuhl 2004).

Modelle zur Entwicklung der Sprechperzeption

Durch welche Mechanismen es zu dieser Verschiebung der Aufmerksamkeit auf die Umgebungssprache kommt, wird unterschiedlich diskutiert. Frühe Modelle zur Entwicklung der Sprechperzeption gingen von linguistischen Selektionsprozessen aus (vgl. Eimas 1975; Liberman & Mattingly 1985). Dem liegt die Annahme zugrunde, dass Kinder am Anfang der Sprechperzeptionsentwicklung in der Lage sind, alle phonetischen Kontraste zu erkennen. Durch den Kontakt zur Muttersprache werden deren phonetische Merkmale und Kontraste erkannt, selektiert und gespeichert. Die nicht-muttersprachlichen phonetischen Merkmale dagegen, die das Kind in seiner Umgebung nicht hört, werden ab einem bestimmten Alter nicht mehr erkannt.

Zusätzlich zu diesem domänenspezifischen Ansatz, der einen spezifisch linguistischen Mechanismus für die Erkennung phonetischer Kontraste postuliert, wurde seit den 1970er-Jahren ein genereller Ansatz der kategorialen Sprechperzeption diskutiert. Nach diesem Ansatz sind nicht spezifisch linguistische, sondern allgemein kognitive, auditive Wahrnehmungsprozesse anzunehmen. Das würde auch empirische Ergebnisse erklären, die zeigten, dass nicht nur eine Ausrichtung zur Muttersprache hin stattfindet, sondern dass sich auch die Sprechperzeption ab dem sechsten Lebensmonat deutlich verbessert (z. B. Kuhl et al. 2006). Dieser Ansatz lässt Raum für die Beobachtung, dass selbst Erwachsene noch fähig sind, nicht-muttersprachliche Kontraste wahrzunehmen, wenn auch nur stark eingeschränkt.

Als Vertreterin des zweiten Ansatzes fasst Patricia Kuhl die Entwicklung der frühen Sprechperzeption

in ihrem **Native Language Magnet Model (NLM)** wie folgt zusammen (Kuhl 2000; Kuhl et al. 2008):

- In Phase 1 sind die Kinder in der Lage, aufgrund genereller auditiver Verarbeitungsmechanismen alle Sprachlaute zu differenzieren.
- In Phase 2 ist es den Kindern möglich, die Vorkommenshäufigkeit der im Umfeld gehörten Laute zu bestimmen und entsprechende phonetische Repräsentationen aufzubauen.

Parallel dazu nimmt die Wahrnehmungsfähigkeit für ähnlich klingende Laute ab und die Wahrnehmungsfähigkeit für Lautkategorien zu. Dies bedeutet z. B., dass ähnlich produzierte stimmlose alveolare Frikative (z. B. /s/) einer Lautklasse zugeordnet und im Unterschied zu stimmlosen alveolaren Plosiven (/t/) als verschiedenartige Lautkategorie erkannt werden.

Basierend auf diesen Grundannahmen schlagen Kuhl et al. (2008) ein erweitertes Modell vor, das fünf generelle Grundprinzipien vereint:

1. Zwei Komponenten sollen entscheidend dafür sein, dass Kinder ihre Sprechperzeption an der Umgebungssprache ausrichten: a) ihre Fähigkeit, mentale Statistiken über die Auftretenswahrscheinlichkeit von Lauten zu erstellen (dies bedeutet, Kinder merken sich, welche Laute in ihrem Umfeld in welchem Ausmaß produziert werden [vgl. McMurray & Aslin 2005]); b) die kindgerechte Sprechweise der Menschen, die das Kind umgeben. Im Englischen wird diese Art des Sprechens *motherese* oder *child directed speech* genannt. Dabei werden für die Sprechperzeption relevante phonetische Unterschiede hervorgehoben, z. B. die Vokale länger und Konsonanten deutlicher gesprochen, sodass Wörter für die Kinder leichter zu erkennen sind (u. a. Englund 2005; Liu, Kuhl & Tsao 2003).

2. Die zweite Grundannahme lautet, dass durch das Hören und Wahrnehmen von Sprache in der frühen Kindheit neuroanatomische Veränderungen ausgelöst werden, die wiederum das spätere Sprachlernen mitbestimmen (z. B. Deniz Can, Richards & Kuhl 2013; Kuhl 2004). Auf die Wahrnehmung der Muttersprache spezialisierte neuronale Netzwerke bilden die Basis für das Erkennen größerer Spracheinheiten (lexikalische und morphologische Einheiten; vgl. Kuhl 2004). Im Gegenzug geht die Wahrnehmungsfähigkeit

4

für phonetische Kontraste in anderen Sprachen verloren. Dies erschwert das Erlernen einer neuen Sprache im Erwachsenenalter, da diese Kontraste erst wieder aufgebaut werden müssen. Dennoch ist es möglich, die verloren gegangene Diskriminationsfähigkeit durch gezieltes Training wieder zu aktivieren (Zhang et al. 2009).

3. Die dritte Annahme besagt, dass das Lernen von phonetischen Kontrasten entscheidend durch soziale Interaktion beeinflusst wird. In einer Studie von Kuhl et al. (2003) zeigte sich, dass englischsprachige Kinder Mandarin-spezifische Silben und Lautkontraste erlernen konnten, wenn sie ihnen durch eine direkte soziale Interaktion vermittelt wurden, aber nicht, wenn die Präsentation durch Audio- oder Filmaufnahmen stattfand. Soziale Interaktion scheint also bereits auf der Ebene der Lautdifferenzierung entscheidenden Einfluss auf die Sprachentwicklung zu nehmen.

4. Die vierte Annahme geht davon aus, dass zwischen Sprechperzeption und dem akustischen Resultat eine Verbindung besteht, die einen ständigen Abgleich mit der Sprechproduktion erlaubt. Rezeptiv wahrgenommene Sprechmuster werden zunächst gesammelt, abgespeichert und schließlich als Grundlage und Orientierung genutzt, um motorische Muster aufzubauen (➤ Kap. 4.2.1). Die Sprechperzeption geht der gezielten Sprechproduktion voraus. Die eigenen Sprachproduktionen werden akustisch bewusst wahrgenommen und mit den abgespeicherten Mustern sowie mit den Artikulationsmustern der Umgebungssprache verglichen. Damit geht auch eine Verbesserung der motorischen Programme einher.

5. Die letzte Annahme geht davon aus, dass Sprechperzeption einen wichtigen Prädiktor für die Sprachentwicklung darstellt (➤ Kap. 4.1.3).

4.1.3 Entwicklung der Sprechperzeption nach dem ersten Lebensjahr

Im Laufe der Zeit findet ein Übergang von der phonetischen zur phonologischen Wahrnehmung statt. Kinder nutzen ihre perzeptiven Fähigkeiten und phonetischen Kenntnisse, um bedeutungsunter-scheidende Einheiten (Phoneme) und lexikalische Einheiten (Wörter) zu identifizieren und von anderen Einheiten abzugrenzen. Ein wichtiger Prozess, der durch diese Differenzierung angestoßen wird, ist das Erlernen von neuen Wörtern. Daher gibt es eine Reihe von Wortlernexperimenten, um zu erfassen, wie Kinder Wörter mit Objekten verknüpfen.

—————— **Beispiel** ——————

Switch Task

Ein häufig angewandter Versuchsaufbau ist der sog. „**Switch Task**". Dem Kind werden zwei Wort-Objekt-Kombinationen präsentiert (Objekt A z. B. mit dem Pseudowort [pul] und Objekt B mit dem Pseudowort [wif]). Nach längerer Präsentation dieser Wort-Objekt-Kombinationen werden dem Kind entweder a) die bekannte Wort-Objekt-Kombination (Objekt A und [pul]), b) die vertauschte Wort-Objekt-Kombination (Objekt A und [wif]) oder c) eine neue Wort-Objekt-Kombination (z. B. Objekt C und [gan]) präsentiert.

Schaut das Kind länger auf die vertauschte Wort-Objekt-Kombination, wird angenommen, dass es die ursprünglichen Wort-Objekt-Kombinationen erlernt hatte und deren Vertauschung bemerkt.

Eine solche Aufgabe kann zwischen dem 14. und 20. Monat bewältigt werden, wenn die erlernten Stimuli phonetisch sehr unterschiedlich sind, nicht jedoch, wenn die Pseudowörter Minimalpaare darstellen (vgl. Pater, Stager & Werker 2004; Werker, Fennell, Corcoran & Stager 2002). Diese Beobachtung steht in Einklang mit der Annahme, dass Wortformen zunächst ganzheitlich abgespeichert werden (➤ Kap. 4.2.3). Allerdings sind die Kinder durchaus in der Lage, die Aufgabe mit Minimalpaaren zu bewältigen, wenn sie die präsentierten Wörter bereits kennen (Fennell & Werker 2003; Swingley & Aslin 2000). Dieses Ergebnis stützt die Hypothese, dass sich phonetisch-phonologische Kenntnisse und semantisch-lexikalisches Wissen wechselseitig beeinflussen. Mit zunehmendem Alter lernen die Kinder schließlich, immer feinere Unterschiede zu identifizieren und Wörter schrittweise zu vergleichen. So konnten Swingley, Pinto & Fernald (1999) in einer Studie mit 24 Monate alten Kindern nachweisen, dass Zweijährige zwar noch keine Minimalpaare mit gleichem Onset, wohl aber Items, die sich im Reim unterschieden, differenzieren konnten. Im zweiten Lebensjahr bildet sich auch die Fähigkeit aus, falsch artikulierte Wörter zu erkennen und unbekannte Wörter unbekannten Objekten zuzuordnen (Bion, Borovsky & Fernald 2013; Swingley & Aslin 2000). Interessant ist hier anzumerken, dass bilinguale Kinder offenbar abhängig von ihren lexikalischen Fähigkeiten diese Zuordnung (unbekanntes Wort und unbekanntes Objekt) zeigen oder nicht (vgl. Byers-Heinlein & Werker 2013).

Wie Kinder bei falsch ausgesprochenen Wörtern reagieren, haben Höhle, Van De Vijver & Weissenborn (2006) in einer Studie genauer untersucht. Kinder, die im Alter von 19 Monaten längere Fixationszeiten aufwiesen, wenn zu einem Objekt der falsch ausgesprochene Name präsentiert wurde, zeigten mit 30 Monaten schlechtere sprachliche Leistungen. Diese Ergebnisse stimmen mit Kuhls Hypothese überein, dass die Sprechperzeption ein wichtiger Prädiktor für die Sprachentwicklung ist (vgl. auch Tsao et al. 2004; Kuhl et al. 2005; Friedrich, Weber & Friederici 2004). Höhle et al. (2006) diskutieren, ob die längere Fixierung eher ein Zeichen für generelle Verarbeitungsdefizite der Kinder ist oder ob sie noch zu instabile phonologische Repräsentationen haben, um bekannte Wörter direkt zu erkennen. Die zweite Annahme deckt sich mit Ergebnissen, die belegen, dass Kinder mit Sprach- und/oder Sprechauffälligkeiten schlechtere phonologische Repräsentationen und eine schwächere phonologische Bewusstheit zeigen (u. a. Rvachew & Grawburg 2006; Schaefer 2009).

Bei diesen Untersuchungen darf allerdings nicht vergessen werden, dass die Aufgabenstellung starken Einfluss darauf hat, ob ein Kind die Aufgabe lösen kann oder nicht. So ist es z. B. eine falsche Artikulation einfacher zu erkennen als eine ABX-Aufgabe zu lösen. (Der Tester zeigt dem Kind zwei Puppen: „Diese Puppe sagt [lop] und diese Puppe sagt [mop]", und fragt dann: „Welche Puppe hat [lop] gesagt?") Auch mit Störgeräuschen im Hintergrund ist eine solche Aufgabe schwerer zu lösen (Vance & Martindale 2012; Vance, Rosen & Coleman 2009). Zudem spielt es eine Rolle, welche segmentalen oder suprasegmentalen Merkmale verändert werden. Laut McNeill & Hesketh (2010) z. B. fällt es Kindern besonders schwer, Vokalersetzungen zu erkennen. Diese Aspekte müssen auch im schulpädagogischen und sprachtherapeutischen Bereich berücksichtigt werden.

Wahrnehmung von Lautkontrasten und Sprachentwicklung

In einer Langzeitstudie wurden Kinder im Alter von sechs Monaten hinsichtlich ihrer Diskriminationsfähigkeit von Vokalen getestet (vgl. Tsao, Liu & Kuhl 2004). Die dort gezeigte Leistung korrelierte signifikant mit den Sprachleistungen der Kinder im Verlauf der folgenden 18 Monate. Die Studie konnte allerdings nicht klären, ob die gemessenen Unterschiede auf generelle kognitive oder auditive Wahrnehmungsprozesse zurückzuführen waren.

In einer Studie von Kuhl et al. (2005) wurde daher der Einfluss sprechperzeptioneller Leistungen in Bezug auf muttersprachliche und fremdsprachliche Lautkontraste überprüft. Kinder, die im Alter von sieben Monaten eine bessere Differenzierung muttersprachlicher Kontraste zeigten, hatten auch bessere Sprachleistungen im Alter von 14–30 Monaten. Im Gegensatz dazu hatten Kinder, die mit sieben Monaten bessere Diskriminationsleistungen von nicht-muttersprachlichen Lautkontrasten zeigten, schlechtere Sprachleistungen in der weiteren Entwicklung. Generell kognitive oder auditive Leistungen konnten nicht für die unterschiedlichen Ergebnisse verantwortlich sein, da beide Gruppen gute Differenzierungsleistungen gezeigt hatten. Die Studie stützt die Annahme, dass eine Ausrichtung auf die Umgebungssprache ein wichtiger Faktor für eine allgemein gute Sprachentwicklung ist. Eine Studie mit deutschsprachigen Kindern stützt ebenfalls die Hypothese, dass Diskriminationsfähigkeiten eine entscheidende Grundlage für die Sprachentwicklung darstellen. Es zeigte sich, dass Kinder mit einem Risiko für eine spezifische Sprachentwicklungsstörung (SSES) sich in ihrem ERP-Muster bei der Diskrimination von Silbenlängen bereits im Alter von zwei Monaten von Kindern ohne SSES-Risiko unterschieden (Friedrich, Weber & Friederici 2004).

!

Bei der Diskussion um die verbesserte Wahrnehmung von Lautkontrasten aus der Umgebungssprache und einer verschlechterten Wahrnehmung von Lautkontrasten aus Fremdsprachen darf allerdings nicht vergessen werden, dass diese Wahrnehmungsunterschiede auch stark mit den beobachteten Lautkontrasten zusammenhängen. So werden manche Kontraste sowohl von Kindern als auch Erwachsenen gut wahrgenommen, während andere für alle oder bestimmte Altersgruppen schwierig sind.

Sprechperzeption von muttersprachlichen und nicht-muttersprachlichen Sprachkomponenten bei mono- und bilingualen Kindern

Polka, Colantonio & Sundara (2001) untersuchten die Wahrnehmungsleistung zwischen dem interdentalen Frikativ [ð] und dem alveolaren Plosiv [d]. Die Lautkombination ist im Englischen, aber nicht im Französischen kontrastiv. Englisch- und Französisch-sprechenden Kindern im Alter von 6–8, 10–12 Monaten und Französisch-sprechenden Erwachsenen fiel es sehr schwer, diesen Lautkontrast zu identifizieren. Englisch-sprechende Erwachsene hingegen zeigten Deckeneffekte bei der Differenzierungsaufgabe. Dies lässt darauf schließen, dass manche Lautkontraste erst zu einem späteren Zeitpunkt erkannt und aktiv diskriminiert werden können, wenn sie in der Umgebungssprache vorkommen. Ein vergleichbares Resultat fanden Narayan, Werker & Speeter Beddor (2010). In ihrer Studie konnten Tagalog lernende Kinder zwar im Alter von 10–12 Monaten einen bekannten Lautkontrast differenzieren, nicht aber zu einem früheren Zeitpunkt (zwischen 6. und 8. Monat).

Warum manche (nicht-muttersprachlichen) Lautkontraste einfacher wahrzunehmen sind als andere, versuchen Best und Kollegen mit dem **Perceptual Assimilation Model (PAM)** zu erklären (Best 1994; Best & McRoberts 2003). Nach der Grundannahme des Modells neigen erwachsene Hörer dazu, nicht-muttersprachliche Lautkontraste in die ihnen aus der Muttersprache bekannten Lautkategorien zu integrieren bzw. einzuordnen. Dabei fließen artikulatorische Informationen, z.B. der Grad der Kieferöff-

nung, mit in die Bewertung ein, ob Laute ähnlich sind oder nicht. Eine Differenzierung ist schwierig, wenn nicht-muttersprachliche und muttersprachliche Laute als vergleichbare Produktionen eingestuft werden. Best & McRoberts (2003) führen das Beispiel zweier Hindi-Laute (unaspirierter dentaler Plosiv [tʰ] und retroflexer Plosiv [ʈ]) an, die Englisch-sprechende Erwachsene schwer differenzieren können, da sie als vergleichbare Beispiele des im Englischen vorkommenden /d/ wahrgenommen (d.h. derselben Lautkategorie zugeordnet) werden. Dagegen werden die Hindi-Laute [tʰ] (unaspirierter dentaler Plosiv) und [dʱ] (behauchter stimmhafter dentaler Plosiv) den zwei im Englischen getrennten Lautkategorien /t/ und /d/ zugeordnet und somit gut differenziert.

In diesem Zusammenhang stellt sich die Frage, welche phonetisch-phonologischen Repräsentationen sich bei bi- bzw. multilingualen Kindern ausbilden und welche Lautdifferenzierungen dort zu beobachten sind. Die Entwicklung der Sprechperzeption bei bi- bzw. multilingualen Kindern ist bislang weniger erforscht als bei monolingualen und die empirische Evidenz entsprechend gering.

Während monolinguale Kinder lernen müssen, die sprachspezifischen Merkmale ihrer Muttersprache zu erkennen, bevorzugt wahrzunehmen und zu differenzieren, müssen bi- bzw. multilinguale Kinder dies für mehr als eine Sprache leisten. Hierbei müssen die Kinder lernen, die verschiedenen Sprachen voneinander abzugrenzen, indem sie die entsprechenden Parameter, wie z.B. Rhythmus, Intonation und Voice Onset Time (VOT), richtig zuordnen.

Eine wichtige Komponente in diesem Prozess ist die Erkennung der sprachspezifischen prosodischen Merkmale. Diese prosodischen Informationen werden zum großen Teil schon pränatal erkannt (vgl. Kisilevsky et al. 2009; Lecanuet et al. 1998) und dienen nach der Geburt als Grundlage, um Wort- und Phrasengrenzen zu erkennen und schließlich phonetische, lexikalische und semantische Informationen zu erwerben (vgl. Höhle et al. 2009; Nazzi & Ramus 2003). Auch für die Erkennung syntaktischer Einheiten, z.B. Satzgrenzen, ist die Erfassung prosodischer Merkmale von Bedeutung (z.B. Johnson & Seidl 2009; Seidl 2007). Eine besondere Rolle scheinen metrische Merkmale in der Silbenbetonung zu spielen. Es gibt empirische Belege, dass Kinder zur Bestimmung von Wortgrenzen metrische Charakteristika ihrer Muttersprache nutzen. In einer Studie konnte gezeigt werden, dass Kinder die im Englischen dominant vorkommende trochäische Wortbetonung (d. h. Betonung auf der ersten Silbe, wie z. B. in *candle*) früher erkennen und zur Wortsegmentierung nutzen konnten als die jambische, bei der die Wortbetonung auf die zweite Silbe fällt (wie z. B. in dem Wort *guitar*; Jusczyk, Houston & Newsome 1999). Für deutschsprachige Kinder zeigte sich, dass sie bereits mit vier Monaten zwischen jambischen und trochäischen Silben differenzieren konnten (Herold et al. 2008) und ab ca. sechs Monaten das trochäische Muster bevorzugten (Höhle et al. 2009).

Verschiedene Studien heben die Wichtigkeit von rhythmischen Merkmalen für die Differenzierung sprechperzeptiver Merkmale hervor (z. B. Sundara & Scutellaro 2011). Unterschieden werden allgemein drei Klassen: a) akzentzählende Sprachen (u. a. Deutsch), b) silbenzählende Sprachen (u. a. Spanisch) und c) morazählende Sprachen (u. a. Japanisch; vgl. Nazzi, Jusczyk & Johnson 2000). Über diese doch recht grobe Einteilung wird allerdings kontinuierlich diskutiert. Ramus (2002) z. B. plädiert für weitere Grundlagenforschung, um entscheidende akustische Parameter bei der Klassifizierung des Rhythmus zu erfassen.

Dieser Ansatz bezüglich rhythmischer Merkmale/Klassen wurde differenziert u. a. von Sundara & Scutellaro (2011) umgesetzt. Sie konnten in ihrer Studie zeigen, dass es bilingualen Kindern leichter fiel, einen vokalischen Kontrast zu differenzieren, wenn beide Sprachen unterschiedlichen Rhythmusklassen zugeordnet werden konnten. Demnach ist anzunehmen, dass Kinder die Sprachen zunächst anhand rhythmischer Merkmale voneinander abgrenzen, um dann sprachspezifische Sprechperzeptionsmerkmale zu erkennen und abzuspeichern. Die Anwendung dieser Strategie gelingt bei Sprachen gleicher Rhythmusklassen nur bedingt. Voraussetzung ist, dass eine der präsentierten Sprachen die Muttersprache der Kinder ist (siehe dazu u. a. Nazzi et al. 2000).

Byers-Heinlein, Burns & Werker (2010) haben ebenfalls eine Reihe von Experimenten zur bilingualen Sprechperzeption durchgeführt und u. a. untersucht, inwieweit pränataler Sprachinput die Aufmerksamkeitsausrichtung auf die Muttersprache beeinflusst. An der Studie nahmen monolingual Englisch- und bilingual Englisch-Tagalog-sprechende Kinder teil. Es wurde postuliert, dass die monolingualen Kinder ihre Aufmerksamkeit ausschließlich auf das Englische richten und die bilingualen Kinder sich beiden Sprachen zuwenden würden. Diese Annahme bestätigte sich. Die Präferenz für die eine oder beide Muttersprachen war somit erlernt. In einem zweiten Experiment untersuchte die Forschergruppe, ob die bilingualen Kinder dennoch zwischen beiden Muttersprachen differenzieren könnten. Auch diese Annahme wurde bestätigt. Insgesamt sprechen die Ergebnisse dafür, dass sowohl mono- als auch bilinguale Kinder gleiche Wahrnehmungs- und Lernmechanismen hinsichtlich Sprache anwenden und dass sich bei bilingualen Kindern bereits pränatal die Sprechperzeption auf beide Muttersprachen auszurichten beginnt (vgl. Burns, Yoshida, Hill & Werker 2007).

Conboy & Kuhl (2011) zeigten, dass monolinguale Kinder aber durchaus Lautkontraste einer ihnen fremden Sprache erlernen können. So waren englischsprachige Kinder, die in der Studie an 12 Spielsitzungen in Spanisch teilnahmen, nach dem Training imstande, einen phonemischen Kontrast aus dem Spanischen zu differenzieren, was ihnen vor dem Training nicht möglich war. Zugleich verbesserte sich auch ihre Sprechperzeption für das Englische. Dies deutet darauf hin, dass sich parallel zur Erweiterung der Sprechperzeption für nicht-muttersprachliche Laute auch die muttersprachliche Perzeption weiter entwickelte. Da die Studie keine Kontrollgruppe einschloss, kann nicht beurteilt werden, ob sich a) die Sprechperzeption für muttersprachliche Kontraste bei monolingualen Kindern ohne Training besser entwickelt hätte oder ob b) die Sitzungen in Spanisch die Sprechperzeption für muttersprachliche Kontraste gefördert haben, da die Kindern lernen mussten, zwei Sprachen zu differenzieren.

Generell aber stützen diese Ergebnisse die bereits empirisch untermauerte Annahme einer großen Plastizität des Gehirns und einer Flexibilität der Sprechperzeption, die abhängig vom sprachlichen Umfeld ist (für eine umfangreichere Darstellung des Zusammenhangs zwischen neuroanatomischen

Strukturen und Sprachentwicklung siehe z. B. Deniz Can et al. [2013] und Ortiz-Mantilla et al. [2010]).

> Zusammenfassend lässt sich sagen, dass Kinder in den ersten drei Lebensjahren wichtige sprechperzeptive Fähigkeiten erwerben, die sich auf die weitere Entwicklung phonologischer, metaphonologischer und (schrift)sprachlicher Fähigkeiten auswirken. Diese Fähigkeiten entwickeln sich kontinuierlich und müssen abhängig vom Alter des Kindes unterschiedlich untersucht werden. Sie werden stark von Einflüssen der Umwelt geprägt, vor allem durch die Umgebungssprache und die Personen, die mit dem Kind kommunizieren.

4.2 Produktion

4.2.1 Produktion im Alter bis 12 Monaten

Die ersten Monate der Sprechentwicklung werden als prälinguistische oder präverbale Phase bezeichnet, da es noch keine Verbindung zwischen Lautproduktion und semantischen Inhalten gibt (vgl. Yavas 1998). Die frühesten Beschreibungen und Hypothesen über die präverbale Phase stammen von Jakobson (1969), der von der Diskontinuitätshypothese ausging, d. h. keinen Zusammenhang zwischen der präverbalen und der verbalen Phase annahm. Nach aktuellen Theorien zur Erklärung der präverbalen Phase findet ein kontinuierlicher Übergang vom Lallen zum Sprechen statt (Davis & MacNeilage 1995; Storkel & Morrisette 2002). Es wird angenommen, dass „Selbstorganisation" und Prinzipien der „natürlichen Logik" für die Entwicklung der Vokalisationen, von vokalartigen Produktionen über Konsonant-Vokal-(CV-)artige Kombinationen hin zu Silben, die der Erwachsenensprache ähneln, verantwortlich sind (Nathani, Ertmer & Stark 2006) und dass die vorsprachliche Entwicklung einen wichtigen Prädiktor für die spätere Sprachentwicklung darstellt (Lang-Schnarr, Westhofen & Willmes-von Hinckeldey 2013; Stoel-Gammon 2011). Ausgelöst und begleitet wird diese Entwicklung durch sich verändernde perzeptive (➤ Kap. 4.1.2), anatomische, kognitive und motorische Bedingungen sowie zu-

sätzlich durch interaktive Kommunikationssituationen. So ist z. B. ein Zusammenhang zwischen der Art der kindlichen Vokalisation und der mütterlichen Reaktion beschrieben: Mütter reagierten auf vokalartige Äußerungen anders als auf Äußerungen, die aus CV-Kombinationen bestehen (Gros-Luis, West, Goldstein & King 2006). Bei letzteren ließen sich bis zu achtmal häufiger Imitationen der kindlichen Äußerungen beobachten, auch erweiterten die Mütter die Äußerungen und benannten häufiger Objekte (Gros-Luis et al. 2006). Vermehrte mütterliche Reaktionen führten im Gegenzug zu vermehrten kindlichen Vokalisationen (Veneziano 1988). Bleses et al. (2008) konnten allerdings zeigen, dass dieser Kreislauf vom Grad der mütterlichen Bildung abhängig war, d. h. je höher der Bildungsgrad der Mütter, desto mehr vokalische Interaktionen ließen sich beobachten.

Durch das Wachstum des kindlichen Schädels, insbesondere durch das Absinken des Kehlkopfs während der ersten sechs Monate und durch die größeren räumlichen Verhältnisse im Ansatzrohr, erweitern sich die motorischen Möglichkeiten der Artikulationsorgane (Koopmans-van Beinum, Clement & van den Dikkenberg-Pot 2001). Mit zunehmender Reifung werden die Artikulationsbewegungen immer präziser, die Bewegungsabläufe geübt und schließlich automatisiert (Davis & Bedore 2013; Ertmer & Nathani Iyer 2010).

Entwicklungsphasen und -ebenen

Die Produktionsebene der präverbalen Phase beginnt mit dem Säuglingsschrei, von dem lange Zeit angenommen wurde, dass er „international" identisch sei. Zu unterscheiden ist grundsätzlich der sog. „Normalschrei" vom „Schmerzschrei" (Wegner, Etz & Reetz 2012). Wie Mampe et al. (2009) erstmalig zeigen konnten, scheint der Normalschrei „national" geprägt, d. h. in Abhängigkeit vom intrauterinen Input dem Sprachrhythmus der Muttersprache angepasst zu sein. So steigt beim Schrei eines französischsprachigen Kindes die Lautstärke an, während sie beim Schrei eines deutschsprachigen Kindes abfällt, was jeweils der typischen Sprachmelodie des Französischen (Jambus) und des Deutschen (Trochäus) zugeordnet wird.

In der Literatur werden in der Regel zwei Autoren zur präverbalen Vokalisation zitiert, zum einen Oller (1980) und zum anderen Stark (1980). Beide beziehen sich in ihrer Darstellung auf Untersuchungen des Englischen.

- Laut Oller sind im Säuglings- bzw. Kleinkindalter fünf Phasen zu unterscheiden: das Phonationsstadium (0–1 Monate), das Gurr-Stadium (*coo stage;* 2–3 Monate), das Erweiterungsstadium (*expansion stage;* 4–6 Monate), die kanonische Lallphase (6–10 Monate) und als *variegated babbling stage* (10–12 Monate) eine Phase des vielgestaltigen, polymorphen Lallens (Piske 2001).
- Stark (1980) beschreibt ebenfalls fünf Phasen: die Phase der reflexiven Laute (0–2 Monate), die Gurr- und Lachphase (*cooing and laughter;* 2–4 Monate), die Phase des vokalischen Spiels (*vocal play;* 4–8 Monate), des reduplizierenden Lallens (8–10 Monate) und des nicht-reduplizierenden Lallens in Kombination mit den ersten Wörtern (10–14 Monate).

Die von Oller (1980) und Stark et al. (1993) beschriebenen Phasen zeigen Überschneidungen und Unterschiede, lassen aber keine standardisierte Untersuchung, Eingruppierung und Beschreibung der Entwicklung kindlicher Vokalisationen zu.

Um aber die Vokalisationen von Kindern mit besonderen Bedingungen, z. B. Spaltbildungen, Cochlea-Implantat etc. darzustellen, wurde 2000 das „Stark Assessment of Early Vocal Development – SAEVD" entwickelt und 2006 überarbeitet (SAEVD-R, Nathani, Ertmer & Stark 2006). Die darin beschriebenen fünf Ebenen der vorsprachlichen Entwicklung beruhen auf den ursprünglichen Modellen und Erfahrungen von Oller (1980) und Stark (1980). Durch die Verwendung verschiedener operationalisierter Definitionen zur Beschreibung der Vokalisationsarten ermöglichen sie die Bewertung kindlicher Äußerungen im Alter zwischen 0 und 20 Monaten. Diese werden im Folgenden dargestellt und durch vertiefende Informationen ergänzt:

Ebene 1 = reflexive Ebene (0–2 Monate)

Sie ist gekennzeichnet durch Laute des Unbehagens, Schreien, „Knötern", durch vegetative Laute wie Schmatzen, Aufstoßen, Atemgeräusche, Husten beim Verschlucken etc. (Überblick in Vihman 1996),

aber auch durch erste Protophone wie quasi-resonante Nuklei in Isolation oder in Silben (Nathani, Ertmer & Stark 2006). Protophone werden im infraphonologischen Ansatz entsprechend ihrer Ähnlichkeit mit den Charakteristika reifer, kanonischer Silben klassifiziert. Die vier Typen von Protophonen sind „quasi-resonant nuclei", „fully resonant nuclei", „marginal syllables" und „canonical syllables" (Oller 2000).

Oller (1980) beschreibt quasi-resonante Nuklei als Laute, die mit geschlossenem Mund, nasalartig produziert werden. Laut Irwin (1947a/b, 1948, zitiert in Mowrer 1980) finden sich in dieser Zeit vor allem die quasi-resonanten Nuklei [ɛ] (43 %), [ʌ] (27,4 %) und [ɪ] (25,4 %). Des Weiteren finden sich hechelnde Geräusche wie [h] (44,2 %) und Ventiltönchen [ʔ] (42,9 %).

Ebene 2 = Kontrolle der Phonation (1–4 Monate)

Kontrolle heißt in diesem Fall, dass Lautäußerungen nicht mehr ausschließlich als reflexartige Reaktion auf z. B. Unbehagen erfolgen. Für Lautproduktionen bedarf es einer beginnenden, willentlichen Kontrolle über den Vokalisationstrakt. Alle auf dieser Ebene produzierten Laute, außer Lachen und Glucksen, fallen in die Kategorie der Protophone. Sie können in Form von ersten voll-resonanten Nuklei, z. B. als vokal- oder konsonantartige Laute (z. B. Verschlüsse, Klicks und einfache Verschluss-Öffnungs-Kombinationen) auftreten (Nathani et al. 2006).

Bei konsonantartigen Lauten kommt es zu Frikativ-ähnlichen Gurrlauten zwischen Velum und Rachen. Ventiltönchen treten gehäuft auf, ein Hecheln ist hörbar, und mit 3 Monaten werden erste Vokale produziert. Tönendes Lachen beginnt mit ca. 4 Monaten (Vihman 1996).

Ebene 3 = Erweiterungsphase (3–8 Monate)

Sie umfasst ausschließlich Protophone. Die Kinder produzieren nun Vokale, die als erwachsenenartig angesehen werden können. Sie experimentieren mit Tönen (z. B. Quietschen, vokalische Gleitlaute mit Veränderung der Vokalqualität), da sie durch eine verlängerte Ausatmungsdauer länger phonieren können, wobei sich Tonhöhen- und Lautstärkevariationen zeigen. Bei ersten marginalen Lallversuchen werden konsonant- und vokalartige Laute verbunden. Diese Verbindungen ähneln CV-Silben, auch wenn der Formantenübergang (>120 ms) zwischen Konsonant und Vokal langsamer erfolgt als bei erwachsenen Silben oder bei Verbindungen von zwei oder mehr vokalähnlichen Lauten im Sinne eines Diphthongs (Nathani et al. 2006; Piske 2001). Folgende konsonantartige Produktionen sind beobachtbar: Friktionen, nasales Gemurmel, bilabiale und uvulare Trills (Stark 1980).

Ebene 4 = einfache kanonische Silben (5–10 Monate)

Auch auf dieser Ebene finden sich ausschließlich Protophone. Ihr wird allerdings eine besondere Bedeutung in Bezug auf den Übergang zum bedeutungsvollen Sprechen zugeschrieben. Im Unterschied zum marginalen Lallen entspricht hier der zeitliche Übergang vom Konsonanten zum Vokal dem bei erwachsenen Silben. Es lassen sich Einsilber (CV bzw. CVC), Zweisilber (CVCV) und Silbenketten beobachten (Nathani et al. 2006).

Bedeutsam ist hier die wiederholende Produktion von CV-Silben, die alle einen echten Konsonanten beinhalten, gefolgt von einem vollresonanten Nukleus. Der Übergang von einem Laut zum nächsten gleicht dabei zeitlich gesehen den entsprechenden Produktionen Erwachsener (Vihman 1996). In der Regel bleiben bei den Wiederholungen Konsonant und Vokal identisch *(reduplicated babbling)*, während sie im anschließenden Stadium des *variegated babbling* (Ebene 5) systematisch variiert werden (Oller 1980; Stark 1980).

Mit Beginn des kanonischen Lallens nähern sich die Vokalisationen der Kinder immer mehr der Muttersprache an. Wie Boysson-Bardies, Sagart & Durand (1984) zeigen konnten, gelingt es Phonetikern, das Lallen von sechs Monate alten Kindern, und Laien das Lallen von acht Monate alten Kindern der passenden Muttersprache zuzuordnen. Dieses Erkennen wird offenbar durch spezifische muttersprachliche Phonationstypen, Tonhöhenanordnungen und Intensitätskonturen ermöglicht. Boysson-Bardies, Halle, Sagart & Durand (1989) konnten sprachspezifische Vokalproduktionen bei Kindern im Alter von zehn Monaten nachweisen. Bei der Analyse von Konsonantenproduktionen zehn Monate alter Kinder mit verschiedenen Muttersprachen stellten Boysson-Bardies & Vihman (1991) fest, dass die Kinder abhängig von der Muttersprache Konsonanten in unterschiedlicher Häufigkeit produzierten.

> **!**
> Die Phase des kanonischen Lallens ist hinsichtlich der Frühförderung von besonderer Bedeutung, da es sich hierbei um einen Prädiktor für spätere Aussprache- bzw. Sprachentwicklungsstörungen handeln könnte.

So konnten z. B. Oller, Eilers, Neal & Schwartz (1999) nachweisen, dass Kinder mit verzögertem Beginn des kanonischen Lallens einen deutlich verringerten Wortschatz im Alter von 1;6, 2;0 und 3;0 Jahren hatten. In einem Review zu Lallstudien, die insgesamt 207 Kinder untersuchten, stellte Morris (2010) einen kausalen Zusammenhang zwischen verspätetem Sprechbeginn und niedriger Lallrate fest. Kinder, die erst mit 24 Monaten zu sprechen begannen, waren zuvor durch geringer ausgeprägtes Lallen aufgefallen. Auch Stoel-Gammon (1989) und Fasolo, Majorano & D'Odorico (2008) konnten belegen, dass Late-Talker weniger kanonisches Lallen im Alter von 9–21 Monaten produzierten als sich regelrecht entwickelnde Kinder.

Ebene 5 = fortgeschrittene Formen (9–18 Monate)

Hierzu zählen komplexe Silben, die sich von CV-Silben unterscheiden (VC, CCV, CCVC etc.), oder zweisilbige Äußerungen und multisyllabische Ketten mit unterschiedlichen Intonations- und Betonungsmustern bei gleich bleibenden Vokalen und Konsonanten (Nathani et al. 2006). Letztere werden als kanonischer Jargon bezeichnet. Vermehrt treten nun auch Diphthonge auf.

In diese Phase fallen auch die ersten Wortproduktionen, die den Lallproduktionen noch sehr ähnlich oder sogar identisch sein können (Stoel-Gammon 2011). Sendlmeier & Sendlmeier (1991) beschrieben für das Deutsche die Lallentwicklung von sieben Kindern im Alter von 8–14 Monaten. Am häufigsten produzierten die Kinder alveolare, am zweithäufigsten labiale und am dritthäufigsten velare Konsonanten. Dabei nahm die Dominanz der alveolaren Konsonanten immer mehr zu. Während des Untersuchungszeitraums zeigten sich bevorzugt Plosive, wobei mehr stimmhafte als stimmlose Plosive artikuliert wurden. Sehr häufig waren auch Frikative zu beobachten, Nasale und Laterale hingegen eher selten. Als häufigster Vokal ist [a] zu nennen (50 % aller Vokale), gefolgt von <e>-ähnlichen Lauten wie [ɛ] und [ə] (33 %) sowie [i] (10 %).

Zur Vereinfachung haben Ertmer & Mellon (2001) und Ertmer, Young, Grohne et al. (2002) die ersten drei hier beschriebenen Phasen als präkanonische Vokalisationen zusammengefasst und sie den kanonischen (Ebene 4) und postkanonischen Vokalisationen (Ebene 5) gegenübergestellt. Wichtig zu beachten ist, dass auch wenn im Schwerpunkt jede Ebene durch das gehäufte Auftreten einer spezifischen Outputform gekennzeichnet ist, dies nicht bedeutet, dass nicht auch Äußerungstypen früherer oder vereinzelt auch späterer Ebenen zu beobachten sind.

4.2.2 Vom Lallen zum Sprechen: die Übergangsphase (1;0–2;0 Jahre)

Die postkanonische Lallphase fällt zeitlich mit der Produktion der ersten Wörter zusammen, die ca. um den ersten Geburtstag erworben werden. Vihman (1996) spricht hier von einer „Übergangsphase" *(transition phase),* in der das Kind realisiert, dass es Konventionen für Wortbedeutungen in der Erwachsenensprache gibt. Erst während des zweiten Lebensjahres stellt sich zunächst sehr langsam ein referentieller und symbolischer Wortgebrauch ein. Das Kind entdeckt den Zusammenhang zwischen Worttypen und Worttoken, sodass mit Erreichen eines produktiven Wortschatzes von 50 Wörtern mit ca. 1;6 Monaten häufig eine explosionsartige Steigerung des Wortschatzerwerbs einsetzt. Damit geht eine Verlagerung der phonetischen zur phonologischen Struktur der kindlichen Wortproduktionen einher (Vihman 1996; ➤ Kap. 1 zum Wortschatzerwerb).

In der kindlichen Produktion während des zweiten Lebensjahres finden sich daher nebeneinander Lalläußerungen, denen kein bedeutungstragender Inhalt zugeordnet werden kann, und erste bedeutungstragende Wörter. Nathani et al. (2006) konnten zeigen, dass mit dem Alter auch die sprachlichen, d. h. wortähnlichen Äußerungen der Kinder zunehmen, während sich die nichtsprachlichen bzw. dem Lallen zuzuordnenden Äußerungen deutlich verringern.

Eine Sprachproduktion wird laut Ferguson (1986) im Vergleich zum Lallen als sprachliche Äußerung bzw. Wort definiert, wenn einer bestimmten Lautfolge eine Bedeutung zugeordnet werden kann. Oder, wie es Vihman (1988) erläutert: Wenn eine spezifische phonetische Form mehrfach in einem bestimmten Kontext angewandt wird, Ähnlichkeit mit dem Zielwort der Erwachsenensprache aufweist und die Phonemkette eine gewisse phonetische Stabilität besitzt, kann man von einem Wort sprechen. In einigen Fällen kann eine identische Äußerung je nach situativem Kontext als Lalläußerung oder als Wort gewertet werden: [baba] mit Blick auf einen Ball und mit dorthin gerichtetem Finger steht dann z. B. für <Ball>, während [baba] ohne Kontext und Ansprache an eine andere Person einfach eine Lalläußerung sein kann. Des Weiteren bestehen erste Wörter oft aus onomatopoetischen Formen (Lautimitation von Tieren, Fahrzeugen, Geräten, z. B. „ticktack" für <Uhr> oder „wauwau" für <Hund>) und Protowörtern, deren phonologische Form völlig von der Erwachsenenform abweichen kann (z. B. ['babu] für <Spielplatz>) oder ihr auch sehr nahe kommt (z. B. ['tatə] für <Katze>).

Betrachtet man die phonologische Struktur der ersten Wörter von Kindern, so lässt sich feststellen, dass sie in ihrer Form kanonischen Lalläußerungen entsprechen, sowohl im Hinblick auf die bevorzugten Laute als auch auf die bevorzugten Strukturen (CV, CVCV oder CVC). Studien aus dem Amerikanischen zeigen, dass es sich bei den Konsonanten in CV-Lallsequenzen am häufigsten um [m], [b] und [d] handelt, wobei einsilbige (CV) oder zweisilbige (CVCV) Konstruktionen zu beobachten sind (Bernhardt & Stoel-Gammon 1996; Robb & Bleile 1994; Oller, Wiemann, Doyle & Ross 1976). Als häufigste Artikulationsart werden die Plosive meist labial und alveolar gebildet. In diesem Alter beherrschen die Kinder eher Konsonanten in wortinitialer als in wortfinaler Position (Robb & Bleile 1994). Finale Konsonanten werden im Amerikanischen meistens ausgelassen oder durch einen Vokal ergänzt (<dog> wird zu <doggy>; zitiert in McLeod 2013), was sich für das Deutsche nicht bestätigte (Piske 2001). Eine aktuelle amerikanische Studie mit 1.700 Kindern ergab, dass sie im Alter von 1;0 Jahren im Mittel 4,4 Konsonanten verwenden (Median = 4, Spanne

0–16), und zwar typischerweise /m d b n/ (Ttofari-Ecen, Reilly & Eadie 2007).

Festzuhalten ist, dass sich die kindspezifischen prälinguistischen Vokalisationsmuster im Hinblick auf Ort und Art der Konsonantenartikulation, die Silbenform und die Vokalisationslänge offenbar auf die Produktion der ersten Wörter übertragen (Stoel-Gammon 1985, 2011; Vihman et al. 1985). Dies führt dazu, dass erste phonologische Prozesse/Phänomene (➤ Kap. 4.4.4) zu beobachten sind: z. B. Reduplikationen von Silben, Tilgung finaler Konsonanten, Assimilationen, Vorverlagerungen und Reduktion von Konsonantenverbindungen (Fox & Dodd 1999; Piske 2001; McLeod 2013).

Die Übergangsphase vom Lallen zum Sprechen scheint von physiologischen und kindspezifischen Faktoren ebenso wie von der zu erlernenden Sprache geprägt zu sein. Sie ist gekennzeichnet durch eine extreme inter- und intraindividuelle Variabilität (Grunwell 1992; Piske 2001). Zum einen unterscheiden sich die Kinder darin, welche konsonantischen und vokalischen Segmente sie bevorzugen (z. B. Davis & MacNeilage 1995; Ferguson & Farwell 1975; Piske 2001; Vihman & Greenlee 1987). Zum anderen variieren kindliche Wortäußerungen häufig in Bezug auf die phonetische Struktur ein und desselben Wortes, indem sich sowohl die produzierte Silbenstruktur als auch die verwendeten Segmente pro Äußerung unterscheiden können (vgl. McLeod 2013).

Vihman & Greenlee (1987) schlugen vor, auf einem Kontinuum der „Toleranz der Variabilität" Kinder als eher „systematische" oder eher „explorative" (variable) Lerntypen einzuordnen. Ein ähnliches Vorgehen auch für andere sprachliche Ebenen empfahlen Bates, Dale & Thal (1995). Sie gehen davon aus, dass die „systematischen" Lerntypen wortorientiert seien – mit einer hohen Verständlichkeit, einem segmentalen Schwerpunkt und einer konsequenten Wortproduktion. Im Gegensatz dazu seien die „explorativen" Lerntypen eher intonationsorientiert – mit geringer Verständlichkeit, einem suprasegmentalen Schwerpunkt und einer inkonsequenten Wortrealisation (vgl. McLeod 2013). Nicht geklärt ist bislang, ob sich die Kinder hier tatsächlich gleichmäßig über das ganze Spektrum verteilen oder ob sie sich in der Masse eher der einen oder der anderen Gruppe zuordnen lassen. Des Weiteren ist un-

geklärt, ob der jeweilige Lerntyp nicht mit anderen Faktoren, wie z. B. der Wortschatzgröße, zusammenhängt.

Piske (2001) konnte dies indirekt an zwei untersuchten Kindern aufzeigen. Das eine Kind (Isa) wäre mit sehr hoher intraindividueller Variabilität dem „explorativen" Lerntyp zuzuordnen. Im Gegensatz zum anderen Kind (Leo) verwendete Isa aber eine viel größere Anzahl an Konsonanten und Vokalen, produzierte schon früher wesentlich komplexere Strukturen und deutlich mehr Wörter als Leo. Eine weitere Form der Variabilität fand sich bei einem dritten Kind (Jul), das, z. B. für den Laut /b/, abhängig von der phonetischen Lautumgebung unterschiedliche Realisationsregeln zeigte. Aufgrund der bei vielen Kindern zu beobachtenden hohen Variabilität der Wortproduktion hinterfragt Piske (2001), ob es in diesem Alter überhaupt sinnvoll sei, von phonologischen Prozessen zu sprechen, die die Realisation einzelner Lautgruppen auf der Segment-Ebene bestimmen.

Krüger (1998) vertritt eine andere Sichtweise als Vihman & Greenlee (1987). Sie geht nicht von grundsätzlich unterschiedlichen Lerntypen, sondern von unterschiedlichen Arten der Variabilität – der sog. (a)- und (b)-Variation – zu verschiedenen Zeiten aus.

- Zum einen definiert sie die Produktion eines Wortes mit konsequenten Abweichungen von der Erwachsenensprache als (a)-Variation, d. h. ein Wort wird nicht korrekt, aber immer in gleicher Form ausgesprochen.
- Zum anderen beschreibt sie die variable Aussprache ein und desselben Wortes als (b)-Variation.

Während (a)-Variationen bereits bei den ersten Wörtern auftreten könnten und im Verlauf der Entwicklung stetig zunähmen, würden (b)-Variationen mit zunehmendem Alter seltener. Besonders unter drei Bedingungen seien (b)-Variationen zu beobachten: 1) am Anfang der Wortentwicklung, insbesondere bei sehr frühen Wörtern, 2) bei konsonantisch komplexen Wörtern mit z. B. vielen CC-Strukturen und 3) vor allem bei Wörtern, die mehr als zwei Silben beinhalten. Letzteres konnten auch Schäfer & Fox (2006) zeigen. Laut Krüger (1998) lässt sich zwischen der Häufigkeit eines Worttokens im Korpus eines Kindes und dem Variationstyp eindeutig ein Zusammenhang feststellen. Seltene Token seien deutlich häufiger von (b)-Variationen betroffen. Aus Wörtern mit einer anfänglichen (b)-Variation könnten sich Wörter mit (a)-Variation entwickeln. Daraus schlussfolgert Krüger, dass die regelhafte, konsequente Realisation eines Wortes bzw. dessen (a)-Variation unter anderem durch die Häufigkeit seiner Produktion gefördert wird.

4.2.3 Phonologischer Erwerb im Alter bis 2;5 Jahren: die zweite Übergangsphase

Die sich ändernde Variabilität in der Aussprache eines Kindes wird in der Literatur mit den wachsenden Perzeptions- und Speicherfähigkeiten erklärt. Ferguson & Farwell (1975) und Vihman (1996) gehen davon aus, dass es bei den ersten Wörtern zunächst noch zu einer Ganzwortspeicherung ohne wortübergreifende phonologische Regeln kommt. Vihman (1996) nimmt an, dass zu Beginn der phonologischen Entwicklung eine rein phonetische Organisation des Lexikons vorliegt. So wie am Anfang einzelne Wörter ohne jegliche Verknüpfung rezeptiv abgespeichert werden (Jusczyk 1986), scheinen auch die expressiven Wortformen zunächst ganzheitlich und lose ohne Bezug zueinander repräsentiert zu sein. Diese Auffassung einer „word-based phonology" (vgl. Ferguson & Farwell 1975) wird von verschiedenen Autoren vertreten. Stackhouse & Wells (1997) sprechen von einer „whole word phase". Ob die Sichtweise der ganzheitlichen Wortspeicherung zutrifft, ist allerdings ebenso umstritten wie die Art, in der Wörter im mentalen Lexikon abgespeichert werden. Andere Autoren gehen z. B. eher von einer ganzheitlichen Speicherung der Silben aus (vgl. Piske 2001). Für eine ausführliche Diskussion von Theorien der sprechmotorischen Kontrolle und der zugrundeliegenden Mechanismen sei z. B. auf Rvachew & Brosseau-Lapré (2012) verwiesen.

Die Untersuchungen von Piske (2001) bestätigten allerdings nicht die Annahme, die ganzheitlich abgespeicherten Wörter wären völlig ohne Bezug zueinander. Die untersuchten Kinder produzierten Wörter vielmehr immer nach ähnlichen artikulatorischen Mustern. Piske greift Mackens (1979) Idee der Lautschablonen (word templates) auf. Diese besäßen eine grobe, festgelegte Struktur und beeinflussten die kindliche Laut- und Wortproduktion. Die vom Kind zu produzierenden Wörter würden diesen Schablonen angepasst, d. h. Wörter der Erwachsenensprache den kindlichen Produktionsmöglichkeiten angeglichen (vgl. Macken 1979). Da sie auf der Wortebene strukturiert seien und somit eine große linguistische Einheit darstellten, ermöglichten die Schablonen eine flexible Anwendung von phonologischen Prozessen in Form von z. B. Silbenauslassungen. So käme es zu inkonsequenten Wortformen ein und derselben zugrundeliegenden phonologischen Repräsentation (vgl. Vihman 1996). Wenn Wörter für das Kind eine große semantische Bedeutung haben – und es sie deswegen auch unbedingt äußern möchte –, aber aus phonologischer Sicht zu komplex sind, um in die kindlichen Wortschablonen eingefügt zu werden, werden sie laut Mackens (1979) Untersuchungen mit einer noch größeren Inkonsequenz realisiert als die in Wortschablonen passenden Wörter.

Wenn im Laufe der weiteren Entwicklung die Schablonen nicht mehr ausreichen, um die Menge an phonologischen Informationen zu verarbeiten, beginnt sich das Wissen um die Wortformen zu erweitern. Es werden zunehmend differenziertere linguistische Einheiten verarbeitet. So gelangt das Kind von einer holistischen Ganzwortverarbeitung schrittweise zu einem segmental geprägten Umgang mit phonologischen Wortformen und einer systematischen Vereinfachung der Wörter (vgl. Vihman 1996). In dieser Phase der Sprachentwicklung vollzieht sich der Übergang von einer inkonsequenten hin zu einer konsequenten Wortproduktion. Der hier geschilderte Prozess läuft bei jedem Kind anders ab, sodass es zu interindividuellen qualitativen und quantitativen Unterschieden kommt, die bei der Betrachtung der Entwicklungsschritte bedacht werden müssen. Neben einer Veränderung auf der Ebene der Verarbeitung und Speicherung von phonologischem Material spielt im Erwerbsprozess auch die Veränderung und Präzisierung der sprechmotorischen Fähigkeiten eine zentrale Rolle. Dies kann im Rahmen des vorliegenden Kapitels jedoch nur erwähnt, aber nicht weiter ausgeführt werden (siehe auch Davis & Bedore 2013).

Verschiedene Autoren beschreiben den Übergang von einer holistischen zu einer segmentalen Verarbeitung. Ingram (1976) z. B. geht davon aus, dass dieser Prozess stattfindet, sobald das Kind die ersten

4

50 Wörter erworben hat. Er begründet auch den Wortschatzspurt mit den segmentalen Verarbeitungsfähigkeiten. Aktuellere Studien, z. B. von Vogel Sosa & Stoel-Gammon (2006), gehen allerdings von einem viel späteren Zeitpunkt der Reorganisation aus, nämlich erst dann, wenn das Kind bereits 200 Wörter erworben hat und auch mehrsilbige Wörter produzieren kann, was typischerweise mit ca. 2;0 Jahren der Fall ist.

In jedem Fall besteht Einigkeit darüber, dass mit dem wachsenden Vokabular und der zunehmenden Vielfalt an phonologischen Wortformen die kindlichen Hypothesen bezüglich der Wortstruktur immer präziser werden. Dabei finden Anpassungsprozesse statt, wie bereits bei den Untersuchungen von Macken (1979) erwähnt. Alte Annahmen werden überarbeitet und korrigiert bzw. spezifiziert (vgl. Dodd 1995). Auch Goswami (1999) beschreibt die Notwendigkeit, dass mit wachsendem Vokabular die einzelnen Einträge differenzierter abgespeichert werden müssen, um sie besser voneinander abgrenzen zu können. So treten schließlich phonologische Prozesse auf, die Lautklassen oder Einzelphoneme betreffen, somit die Wortbildung systematisch beeinflussen (vgl. u. a. Fox 2003/05/09) und zur Überwindung der Inkonsequenz führen (vgl. Vihman 1996). Diese Phase wird von Ingram (1989) als „Phase der Phonologie der einfachen Morpheme" und von Stackhouse & Wells (1997) als „systematic simplification phase" bezeichnet. Sie endet mit der Überwindung der inkonsequenten Wortrealisation (oder auch der Variabilität der Wortproduktion) und der Ausprägung eindeutig beobachtbarer phonologischer Prozesse.

Laut Teizel & Ozanne (1999) ist eine kontinuierliche Reduktion der Wortrealisationsinkonsequenz bei englischsprachigen Kindern zu beobachten, sodass diese spätestens mit 2;5 Jahren nur noch eine Inkonsequenzrate von < 40 % aufweisen. Für deutschsprachige Kinder konnten Schäfer & Fox (2006) zeigen, dass ebenfalls zwischen 2;0–2;5 Jahren die Inkonsequenzrate z. T. deutlich unter 40% lag (Median = 32). Lediglich vier von 16 Kindern zeigten noch einen Wert, der über 40% lag. Es ließ sich allerdings eine große Variabilität unabhängig vom Alter der Kinder feststellen (Spannweite 14–54 %). In der Gruppe der 2;6–2;11 Jahre alten Kin-

der lag der Mittelwert bei 21 % mit einer Standardabweichung von 12 % (Spannweite 10–40 %). Aufgrund der hohen Produktionsvariabilität bis zum Alter von 2;5 Jahren schließen sich Fox-Boyer & Schäfer (in Vorb.) der Kritik von Piske (2001) an: Es empfiehlt sich, bis zu diesem Zeitpunkt auf die ausschließliche Darstellung phonologischer Prozesse zu verzichten. Man sollte sich vielmehr zusätzlich an der Inkonsequenzrate des Kindes orientieren sowie das phonetische Inventar, die Stimulierbarkeit von Phonen und die Komplexität der vorhandenen Silbenstrukturen mit einbeziehen. Trotz aller beobachtbaren Variabilität können jedoch für das Deutsche typische phonologische Phänomene in diesem Alter beschrieben werden (➤ Tab. 4.1 und Fox-Boyer & Schäfer, 2014a). Die Bezeichnung „Phänomene" statt „Prozesse" soll signalisieren, dass sich nur bei einem Teil der Kinder dieser Altersgruppe schon kontinuierlich regelhafte Ersetzungen und Auslassungen zeigen, während andere Kinder bei wiederholter Benennung eines Wortes variable Formen produzieren.

Dodd & McIntosh (2010; McIntosh & Dodd 2008) betonen allerdings, dass kein quantitatives Testergebnis in ihrer Erhebung bei Zweijährigen prädiktive Aussagen über den phonologischen Status der Kinder mit drei Jahren machen konnte, sondern dass dies rein über die qualitative Beschreibung der

Tab. 4.1 Typische phonologische Phänomene im Alter von 2;0–2;5 Jahren

Typische phonologische Veränderungen
Assimilationen
Tilgung unbetonter Silben in präbetonter Position
Reduktion initialer Konsonantenverbindungen
Vorverlagerung von /ʃ/ → [s]
Rückverlagerung /ʃ/ → [ç]
Vorverlagerung von /ç/ → [s]
Vorverlagerung von /k g/ → [t d]
Vorverlagerung von /ŋ/ → [n]
Tilgung wortfinaler Konsonanten
Tilgung silbenfinaler Konsonanten
Glottale Ersetzung /ʁ/ → [h oder ʔ]
Deaffrizierung von /pf ts/ → [f s]
Plosivierungen (selten, oft auch als Assimilation beschreibbar: z. B. Pferd /feat/ [teat])

phonologischen Prozesse des Kindes möglich war. Wenn Zweijährige für das Englische pathologische, d. h. nicht der physiologischen Entwicklung entsprechende Prozesse zeigten, war dies der eindeutigste Hinweis auf eine unphysiologische Entwicklung, die sich mit drei Jahren noch beobachten ließ. Auch Schäfer & Fox (2006) fanden keinen Hinweis darauf, dass sich eine hohe Inkonsequenzrate bei Zweijährigen negativ auf die weitere phonologische Entwicklung auswirken würde. Bei einem Kind, das mit 2;7 Jahren noch eine sehr hohe Variabilität von 67,9 % gezeigt hatte, verringerte sich diese im Laufe der nächsten drei Monate deutlich auf 26,7 %. Bei einem anderen Kind, das im Alter von 2;2 Jahren noch über der 40 %-Marke lag, gelang es nicht, innerhalb von drei Monaten seine Variabilität zu senken. Es zeigten sich aber keine klaren pathologischen Prozesse, und da keine weitere Follow-up-Untersuchung mehr möglich war, ließ sich nicht klären, ob sich die Inkonsequenzrate noch weiter reduzierte oder ob sich eine inkonsequente phonologische Störung ausprägte. In Einklang mit der Einschätzung von McIntosh & Dodd (2008/2010) fanden sich allerdings bei drei der untersuchten Kinder deutliche Hinweise auf eine phonologische Störung. Dass die beobachteten Prozesse (Anlautprozesse, Plosivierungen und Auslassung von Frikativen) auch bei der Nachuntersuchung drei Monate später noch deutlich zu erkennen waren, deutet auf eine frühe Manifestierung pathologischer phonologischer Prozesse hin.

4.2.4 Phonologischer Erwerb im Alter von 2;6–2;11 Jahren

Mit dem Überwinden der Wortrealisationsinkonsequenz geht eine Zunahme an Stabilität und vertiefender Systematik in den Wortproduktionen eines Kindes einher. Daher ist es spätestens ab diesem Alter eindeutig möglich, phonologische Prozesse zu bestimmen, auch wenn weiterhin eine gewisse Anzahl nicht (eindeutig) interpretierbarer Abweichungen zu finden ist. In welcher Frequenz diese Abweichungen auftreten, ist individuell bei jedem Kind unterschiedlich, auch hier zeigt sich eine hohe Variabilität. Die folgenden Abbildungen geben Daten einer Langzeitstudie von sechs Kindern wieder. ➤ Abbildung 4.1 zeigt die Anzahl der nicht (eindeutig) interpretierbaren Abweichungen während des dritten Lebensjahres (Fox-Boyer & Schäfer, in Vorb.). In ➤ Abbildung 4.2 ist die Anzahl der phonologischen Prozesse bei diesen sechs Kindern dargestellt. Deutlich wird, dass beide Kategorien (nicht eindeutig interpretierbare Abweichungen und phonologische Prozesse) eine große Variabilität aufweisen und unterschiedliche Entwicklungsmuster zu beobachten sind. Während sich z. B. bei MW zunächst eine hohe Anzahl an Abweichungen/Prozessen zeigt, die aber im Laufe der Monate in beiden Kategorien deutlich abnehmen, finden sich bei JN fast keine Abweichungen, dafür aber eine relativ konstante Anzahl phonologischer Prozesse, die erst gegen Ende des dritten Lebensjahres erkennbar sinkt.

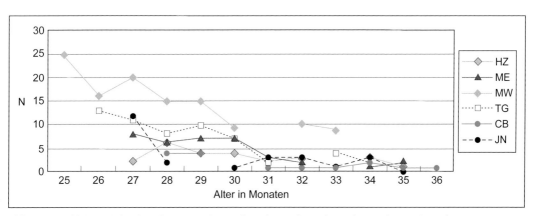

Abb. 4.1 Anzahl der nicht (eindeutig) interpretierbaren Abweichungen bei sechs Kindern im dritten Lebensjahr

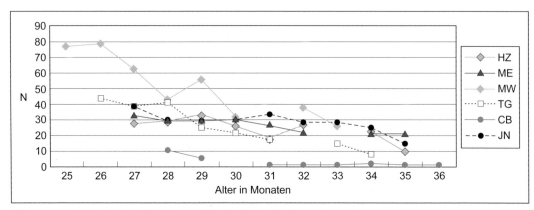

Abb. 4.2 Anzahl der phonologischen Prozesse bei sechs Kindern im dritten Lebensjahr

Betrachtet man die Daten einer Querschnittsstudie mit 86 Kindern im Alter von 2;6–2;11 Jahren (Fox-Boyer & Schäfer, in Vorb.), lag die Anzahl der phonologischen Prozesse (Token) pro Kind im Mittel bei N = 23 (SD = 16). Bei den Prozessarten (Types) pro Kind betrug die Anzahl im Mittel 2,4 (SD = 1,9). Demnach zeigt sich bei einem Teil der Kinder bereits in diesem Alter eine abgeschlossene Ausspracheentwicklung. Folgende phonologische Prozesse konnten laut dieser Datenerhebung bei Kindern im Alter von 2;6–2;11 Jahren beobachtet werden (➤ Tab. 4.2).

Die wenigen hier beschriebenen phonologischen Prozesse sind bereits als phonologische Phänomene bei Kindern im Alter von 2;0–2;5 beschrieben und bestehen z. T. auch noch später fort (Fox-Boyer 2014a). Sie treten nicht bei allen Kindern, sondern zumeist bei weniger als 50 % der Kinder auf, und

dann nur sehr selten noch zu 100 %. Dies zeigt, dass die meisten Laute bereits vor dem dritten Geburtstag teilweise oder vollständig erworben sind. Lediglich der Laut /ʃ/ wird noch von einer großen Gruppe von Kindern nicht korrekt realisiert.

Auch die Konsonantenverbindungen (CC) sind bereits in großen Anteilen erworben und können gegen Ende des dritten Lebensjahres als hochgradig stabil angesehen werden (für eine ausführliche Darstellung der Daten siehe Fox-Boyer & Schäfer, in Vorb.). Betrachtet man den Prozentsatz der CC, die zu 100 % in dieser Altersgruppe produziert werden, handelt es sich im Mittel um 52 % (SD = 31) korrekt produzierte. Betrachtet man im Wesentlichen die korrekt realisierte Struktur einer CC und akzeptiert dabei sowohl leichte phonetische Variationen wie z. B. /ʁ/ oder Veränderungen der Stimmhaftigkeit als auch eine Vor- oder Rückverlagerung des /ʃ/ als kor-

Tab. 4.2 Physiologische phonologische Prozesse im Deutschen bei Kindern im Alter von 2;6–2;11 Jahren

Prozesse im Alter von 2;6–2;11 Jahren (N = 86)	Auftreten 100 %	Auftreten 10–90 %	Summe
Vorverlagerung /ʃ/ → [s]	10,0 %	48 %	58 %
Rückverlagerung /ʃ/ → [ç]	3,5 %	29 %	32,5 %
Reduktion von silbeninitialen CC[1]		29 % < 50 % d. Items 12 % 10–50 % d. Items	41 %
Vorverlagerung /k g/ → [t d]	1,0 %	11 %	12 %
Vorverlagerung /ç/ → [s]	9,0 %		9 %
Assimilation		15 % (3–5 Items)[2]	15 %
Tilgung unbetonter Silben		16 % (3–7 Items)[2]	16 %
Kontaktassimilation /dʁ tʁ/ → [gʁ kʁ]	12 %		12 %
[1] CC = Konsonantenverbindungen			
[2] = gerechnet auf ca. 100 Items			

rekt, erhöht sich der Mittelwert deutlich auf 71 %, während die Standardabweichung gleich bleibt. Auch hier wird deutlich, dass im dritten Lebensjahr von einer großen Variabilität ausgegangen werden kann. Die erhobenen Langzeitdaten zeigen allerdings, dass alle sechs Kinder am Ende des dritten Lebensjahres fast 100 % aller CC in ihrer Struktur und auch mit der korrekten Lautproduktion erworben hatten (vorausgesetzt, dass /ʃ/-Cluster auch dann als korrekt gewertet werden, wenn Vor- und Rückverlagerungen von /ʃ/ auftraten, z. B. [sl, çl] anstatt [ʃl]).

Bei der Betrachtung phonologischer Prozesse sind drei Prozesse von besonderer Bedeutung, auf die daher genauer eingegangen werden soll:
- die Assimilation,
- die Tilgung unbetonter Silben und
- die Kontaktassimilation.

Assimilationen und Tilgungen unbetonter Silben sind von Bedeutung, da sie bereits bei den ersten Wortäußerungen auffällig häufig vorkommen, ab dem Alter von 2;6 Jahren aber nur noch bei sehr wenigen Items pro Kind. Unter der Tilgung unbetonter Silben, einem in der internationalen Literatur häufig beschriebenen Phänomen, versteht man die Auslassung von unbetonten Silben, die vor einer betonten Silbe stehen, z. B. /ba/ in <Banane>, /e/+/lə/ in <Elefant>. Empirisch sind unterschiedliche Alterszeiträume belegt, in denen der Prozess überwunden wird. So beschrieb Grimm (2010), dass Kinder im zweiten Lebensjahr (1;0–1;11) unbetonte Silben zunächst tilgen, aber mit zunehmendem Alter auch beginnen, diese in Teilen korrekt zu realisieren. Während van den Boom (2013) zeigte, dass auch im dritten Lebensjahr (2;0–2;11) noch ein Großteil dieser Silben getilgt wurde, konnte Altemeier (2013) anhand seiner Daten eine fast vollständige Überwindung dieses Phänomens ab dem Alter von 3;0 Jahren feststellen. Die Betrachtung dieses Prozesses ist insofern interessant, als die korrekte Realisation unbetonter Silben in präbetonter Position anzeigt, dass das Kind in der Lage ist, die unterschiedlichen Wortbetonungsmuster, die das Deutsche neben dem Trochäus erfordert, korrekt zu realisieren.

Ob die Kontaktassimilation als physiologischer Prozess zu sehen ist, bleibt zu diskutieren, da es sich um ein Artefakt handeln könnte, das durch die zu überprüfenden Items entstanden ist. Kontaktassimilation wird als die Ersetzung der Konsonantenverbindungen /tʁ dʁ/ durch [kʁ gʁ] definiert. Im Rahmen von Tests wurden diese beiden Konsonantenverbindungen durch folgende Items überprüft: <Drachen>, <Trecker> oder <Traktor> und <Zitrone>. Auffallend häufig ließ sich beobachten, dass die Realisation des Wortes <Zitrone> für Regelkinder unproblematisch war, bei den beiden anderen Wörtern jedoch eine Angleichung stattfand. Hier stellt sich die Frage, ob es sich wirklich um das Phänomen der Kontaktassimilation oder lediglich um eine einfache Form der Assimilation handelt, ausgelöst durch den velaren Laut in der Mitte des Wortes (/x/ bzw. /k/). Auch Bartels (2012) diskutiert die Frage, sodass zur Klärung eine weitere Studie mit mehr Testitems erforderlich ist. Sollten sich auch bei anderen Testitems Rückverlagerungen der Konsonantenverbindungen /tʁ dʁ/ zeigen, müsste die Kontaktassimilation, wie von Fox (2005) dargestellt, nicht den physiologischen, sondern den pathologischen Prozessen zugeordnet werden.

4.3 Untersuchung des Phon- und Phoneminventars

Für die deutsche Sprache liegt bislang nur eine Untersuchung zur Fehlerhäufigkeit (PPI = Prozentwert der inkorrekten Phoneme) und zum Phon- und Phoneminventar bei insgesamt 57 Kindern im Alter von 1;6–2;11 Jahren vor (Fox & Dodd 1999).

Der **Prozentwert der inkorrekten Phoneme (PPI),** der in der jüngsten Altersgruppe zunächst ca. ein Drittel aller Phoneme betraf, sank in der zweiten Altersgruppe geringfügig und halbierte sich dann fast in der dritten Altersgruppe (➢ Tab. 4.3). Dass kein Unterschied für initiale und finale Wortpositionen beschrieben werden konnte, widerspricht den Daten aus dem Englischen, wo sich die finale Position als die deutlich schwächere Position gezeigt hat (z. B. McLeod 2013; ➢ Kap. 4.2.2).

Das **konsonantische Phoninventar** wurde mit Hilfe eines Benenntests bzw. bei Kindern zwischen 1;6 und 1;11 Jahren anhand von Spontansprachäußerungen bestimmt. Ein Phon galt als erworben, wenn es mindestens 2× phonetisch korrekt produ-

Tab. 4.3 Prozentuale Phonemfehlbildungshäufigkeit in Abhängigkeit vom Alter

Alter	1;6–1;11	2;0–2;5	2;6–2;11
PPI	26,05	21,19	12,59
SA	11,1	10,5	8,1
WI	28,05	26,14	15,40
WF	25,71	31,73	14,93

PPI = Prozent Phoneme Inkorrekt; WI/WF = wortinitiale/wortfinale Fehlbildungen (in %), SA = Standardabweichung

Tab. 4.4 Erwerb des phonemischen Inventars

Altersgruppen	Alter	75 %-Kriterium	90 %-Kriterium
1	1;6–1;11	m b p d t n	m p d
2	2;0–2;5	v h s/z*	b n
3	2;6–2;11	f l j ŋ ʁ x g k pf	v f l t ŋ x h k s/z*

* Für das phonemische Inventar wurde auch die interdentale oder addentale Realisation der Laute als korrekt gewertet.

ziert wurde, aber nicht notwendigerweise an korrekter Stelle im Wort. 75 % der Kinder im Alter von 1;6–1;11 hatten die Laute /m n b p v f d t ʊ l g k h/ bereits erworben. Bis auf /ʃ/ wurden alle weiteren Phone in den nächsten beiden Altersgruppen (2;0–2;5 und 2;6–2;11) verwendet. Bei Anwendung eines strengeren Kriteriums, d. h. 90 % einer Altersgruppe mussten ein Phon mindestens 2× produziert haben, waren alle Phone bis auf die Laute /j/, /ŋ/, /ʃ/ und /ç/ mit 2;11 Jahren erworben. Lediglich die Laute /s, z, ts/ konnten zu keinem Testzeitpunkt im Kindesalter als erworben betrachtet werden, da in jeder Altersgruppe 25–40 % der Kinder diese Laute konstant durch /θ, ð, tθ/ ersetzten.

Um als erworben zu gelten, musste ein **konsonantisches Phonem** von einem Kind in zwei Drittel aller Auftretensmöglichkeiten korrekt realisiert werden. ➤ Tabelle 4.4 zeigt, welche Phoneme bis zum Alter von 2;11 dem 75 %- und 90 %-Kriterium entsprechend erworben sind. Obwohl die Laute /s, z, ts/ phonetisch von vielen Kindern nicht korrekt realisiert werden können, sind sie phonemisch als früh erworben anzusehen.

Der **Vokalerwerb** stellte für die deutschsprachigen Kinder kein Problem dar (Fox & Dodd 1999).

Nur 3 % der Kinder in allen drei Altersgruppen zeigten Vokalfehler, wobei sich die Diphthonge als fehleranfälliger erwiesen.

4.4 Klinische Marker für Aussprachestörungen und Sprachentwicklungsstörungen

Aus Präventionssicht ist eine Zusammenstellung von Hinweisen, die sich aus der aktuellen Forschungslage bei Kindern im Alter von 0–3 Jahren für mögliche spätere sprachliche Auffälligkeiten ergeben, sinnvoll. Generell lässt sich sagen, dass bereits Auffälligkeiten in der Sprechperzeption als Prädiktoren genutzt werden können. Da die Untersuchung dieser Aspekte nur unter Babylabor-Bedingungen möglich ist, soll hier nicht erneut darauf eingegangen werden.

4.4.1 Der Säuglingsschrei

Die aktuelle Forschung zum Thema Säuglingsschrei macht deutlich, dass dieser bei Kindern mit Hörstörungen, Cri-du-chat-Syndrom etc. anders klingt als bei gesunden Kindern. Wenn sie im Zuhören geübt sind, können z. B. das Säuglings-Pflegepersonal oder Hebammen im Säuglingsschrei ein Risiko für organische Auffälligkeiten entdecken (Wegner et al. 2013).

4.4.2 Lallen

Wie in ➤ Kapitel 4.2.1 beschrieben, hat sich der Beginn des kanonischen Lallens ebenso wie dessen Variabilität als ein Prädiktor für die Äußerung der ersten Wörter herausgestellt. Ein verspätet auftretendes kanonisches Lallen ist nicht nur als Prädiktor für angeborene Hörstörungen bekannt (Eilers & Oller 1994; Nathani, Oller & Neal 2007), sondern spricht ebenso für das Risiko einer späteren Late-Talker-Entwicklung (siehe Review in Stoel-Gammon 2011; Fasolo et al. 2008). Ausbleibendes oder sehr eingeschränktes Lallen gilt ebenfalls als Hinweis auf eine mögliche verbale Entwicklungsdyspraxie (z. B. Fox-Boyer 2014b; Birner-Janusch 2010) oder auf eine inkonsequente phonologische Störung (Fox-Boyer 2014b).

4.4.3 Inkonsequenzrate

Kinder sollten spätestens ab 2;5 Jahren eine Inkonsequenzrate von < 40 % aufweisen, d. h. von einem spezifischen Set von ca. 30 Wörtern weniger als 40 % bei dreimaliger Benennung unterschiedlich aussprechen (Fox 2009; Dodd 2005). Auch wenn sich die Inkonsequenzrate alleine nicht als Prädiktor erwiesen hat, scheint sie insbesondere in Kombination mit einem eingeschränkten Wortschatz (Late-Talker) einen Risikofaktor darzustellen. Aus einer deutlich inkonsequenten Aussprache in Verbindung mit Suchbewegungen beim Sprechakt kann sich aber durchaus ein Hinweis auf eine verbale Entwicklungsdyspraxie ergeben (ASHA 2007; Moriarty, Gillon & Moran 2005; Velleman 2011).

4.4.4 Pathologische phonologische Prozesse

Im Alter von 2;0–2;11 und insbesondere im Alter von 2;0–2;5 Jahren befinden sich Kinder phonologisch gesehen in ihrer stärksten Lernphase. Ihre phonologischen Kompetenzen verändern sich schnell, da sie zum einen stetig ihren Wortschatz erweitern und die dazugehörigen motorischen Programme mit jeder Wortproduktion stabilisieren und zum anderen Wörter immer korrekter auszusprechen beginnen. Das heißt, sie scheinen ihre bereits bestehenden motorischen Programme konstant zu überarbeiten. Das führt zu einer stetig absinkenden Inkonsequenzrate, aber auch zu Äußerungen mit abwechselnd noch physiologisch vereinfachten und bereits korrekten Formen. Nicht alle Produktionsfehler von jungen Kindern (2;0–2;5 Jahre) sind eindeutig interpretierbar. Dennoch lassen sich regelhafte Veränderungsmuster erkennen, die es zu beobachten gilt. Sollten diese allerdings pathologischer Art sein, müssen sie, wie oben beschrieben (➤ Kap. 4.2.3), als stärkster Prädiktor für Aussprachestörungen im Alter von drei Jahren gewertet werden.

4.4.5 Verständlichkeit

In der Literatur spielt zunehmend der Faktor Verständlichkeit *(intelligibility)* eine Rolle. Metz et al. (1985) definierten sie als „the single most practical measurement of oral communication competence". Die Verständlichkeit eines Kindes kann sowohl durch phonologische, artikulatorische, prosodische als auch syntaktisch-morphologische Faktoren beeinträchtigt sein – und sie wird unterschiedlich eingeschätzt. So sind die kindlichen Äußerungen in der Regel für die jeweiligen Bezugspersonen (z. B. Erzieher oder Eltern) meist verständlicher als für Fremde. In den ersten drei Lebensjahren steigt die Verständlichkeitsrate deutlich an (Überblick in McLeod 2013), was sich auch daraus schließen lässt, dass gegen Ende kaum noch phonologische Prozesse zu beobachten sind und fast alle Laute als erworben anzusehen sind (➤ Kap. 4.2.4). Bernthal & Bankson (1998) stellten fest, dass Kinder spätestens wenn sie ab drei Jahren noch als unverständlich einzustufen sind, in jedem Fall einer Behandlung bedürfen. McLeod, Harrison & McCormack (2012) haben ein Untersuchungsinstrument zur elterlichen Einschätzung der Verständlichkeit entwickelt, das auch in deutscher Übersetzung vorliegt (Neumann 2012) und auf folgender Seite zur Verfügung steht: http://www.csu.edu.au/research/multilingual-speech/ics (letzter Zugriff am 15.01.2015).

4.5 Ausspracheentwicklung in anderen Sprachen und bei mehrsprachigen Kindern

Die Website von Prof. Sharynne McLeod bietet einen hervorragenden Überblick über Studien und Literatur zum Thema Ausspracheentwicklung in den verschiedensten Sprachen, ebenso wie ein Positionspapier internationaler Experten zum Thema Aussprachestörungen bei mehrsprachigen Kindern (http://www.csu.edu.au/research/multilingual-speech, letzter Zugriff am 15.01.2015). Fox-Boyer & Salgert (2014) haben den aktuellen, noch immer sehr begrenzten Wissensstand zum bilingualen Ausspra-

4

cheerwerb und dessen Störungen erstmalig zusammenfassend für die deutsche Sprache beschrieben. Es zeigt sich, dass gerade im Hinblick auf Aussprachestörungen bei mehrsprachigen Kindern das Wissen bislang eher kontrovers ist und dieses interessante und relevante Thema somit weiterer Forschung bedarf.

LITERATUR

Altemeier, A. (2013). *Die Realisation unbetonter Silben von 3–4-jährigen Kindern mit Aussprachestörungen.* Unveröffentlichte Bachelorarbeit, Hochschule Fresenius, Hamburg.

ASHA – American Speech-Language-Hearing Association (2007). *Childhood Apraxia of Speech.* Technical Report unter http://www.asha.org/policy/TR2007-00278.htm (letzter Zugriff am 19.9.2014).

Bartels, M. (2012). *Prozessanalyse und constraintbasierte Betrachtung des Erwerbs initialer Konsonantenverbindungen bei zweijährigen Kindern.* Unveröffentlichte Masterarbeit, Hochschule Fresenius, Idstein.

Bates, E., Dale, P., & Thal, D. J. (1995). Individual differences and their implications for theories of language development. In P. Flechter, B. MacWhinney (Eds.), *Handbook of Child Language* (pp. 96–151). Oxford: Basil Blackwell.

Best, C. (1994). The emergence of native-language phonological influences in infants: A perceptual assimilation model. In H. C. Nusbaum (Ed.), *The Development of Speech Perception: The Transition From Speech Sounds to Spoken Words* (pp. 167–224). Cambridge: MIT Press.

Best, C., & McRoberts, G. W. (2003). Infant perception of non-native consonant contrasts that adults assimilate in different ways. *Language and Speech, 46* (2–3), 183–216.

Bernhardt, B., & Stoel-Gammon, C. (1996). Underspecification and markedness in normal development and disordered phonological development. In C. E. Johnson & J. H. V. Gilbert (Eds.), *Children's Language* (Vol. 9, pp. 33–54). Mahwah/NJ: Lawrence Erlbaum Ass.

Bernthal, J. E., & Bankson, N. W. (1998). *Articulation and Phonological Disorders* (4th ed.). Englewood Cliffs/NJ: Prentice Hall.

Bion, R. A. H., Borovsky, A., & Fernald, A. (2013). Fast mapping, slow learning: Disambiguation of novel word-object mappings in relation to vocabulary learning at 18, 24, and 30 months. *Cognition, 126* (1), 39–53.

Birner-Janusch, B. (2010). Sprechapraxie im Kindesalter. In N. Lauer & B. Birner-Janusch (Hrsg.), *Sprechapraxie im Kindes- und Erwachsenenalter* (S. 72–144). Stuttgart: Thieme.

Bleses, D., Vach, W., Slott, M., Wehberg, S., Thomsen, P., Madsen, T., & Basboll, H. (2008). Early vocabulary development in Danish and other languages: a CDI-based comparison. *Journal of Child Language, 35,* 651–50.

Boysson-Bardies, B., Sagart, L., & Durand, C. (1984). Discernible differences in the babbling of infants according to target language. *Journal of Child Language, 11* (1), 1–15.

Boysson-Bardies, B., Halle, P., Sagart, L., & Durand, C. (1989). A cross-linguistic investigation of vowel formants in babbling. *Journal of Child Language, 16,* 1–17.

Boysson-Bardies, B., & Vihman, M. M. (1991). Adaptation to language: Evidence from babbling and first words in four languages. *Language, 67,* 297–319.

Burns, T. C., Yoshida, K. A., Hill, K., & Werker, J. F. (2007). The development of phonetic representation in bilingual and monolingual infants. *Applied Psycholinguistics, 28,* 455–474.

Byers-Heinlein, K., Burns, T. C., & Werker, J. F. (2010). The roots of bilingualism in newborns. *Psychological Science, 21* (3), 343–348.

Byers-Heinlein, K., & Werker, J. F. (2013). Lexicon structure and the disambiguation of novel words: Evidence from bilingual infants. *Cognition, 128* (3), 407–416.

Conboy, B. T., & Kuhl, P. K. (2011). Impact of second-language experience in infancy: Brain measures of first- and second-language speech perception. *Developmental Science, 14* (2), 242–248.

Conboy, B. T., Sommerville, J. A., & Kuhl, P. K. (2008). Cognitive control factors in speech perception at 11 months. *Developmental Psychology, 44* (5), 1505–1512.

Davis, B. L., & MacNeilage, P. F. (1995). The articulatory basis of babbling. *Journal of Speech and Hearing Research, 38* (6), 1199–1211.

Davis, B. L., & Bedore, L. M. (2013), *An Emergence Approach to Speech Acquisition: Doing and Knowing.* New York: Psychology Press.

Deniz Can, D., Richards, T., & Kuhl, P. K. (2013). Early gray-matter and white-matter concentrations in infancy predict later language skills: A whole brain voxel-based morphometry study. *Brain and Language, 124* (1), 34–44.

Dodd, B. (1995/2005). *Differential Diagnosis and Treatment of Children with Speech Disorder.* London: Whurr Publisher.

Dodd, B., & McIntosh, B. (2010). Two-year-old phonology: Impact of input, motor and cognitive abilities on development. *Journal of Child Language, 37* (5), 1027–1046.

Eilers, R. E., & Oller, D. K. (1994). Infant vocalizations and the early diagnosis of severe hearing impairment. *The Journal of Pediatrics, 124,* 199–203.

Eimas, P. D. (1975). Auditory and phonetic coding of the cues for speech: Discrimination of the /r-l/ distinction by young infants. *Perception and Psychophysics, 18,* 341–347.

Englund, K. T. (2005). Voice onset time in infant directed speech over the first six months. *First Language, 25* (2), 219–234.

Ertmer, D., & Mellon, J. E. (2001). Beginning to talk at 20 months: Early vocal development in a young cochlear implant recipient. *Journal of Speech, Language, and Hearing Research, 44,* 192–206.

Ertmer, D., & Nathani Iyer, S. (2010). Prelinguistic vocalizations in infants and toddlers with hearing loss: Identifying and stimulating auditory-guided speech development. In M. Marschark & P. Spencer (Eds.), *Oxford Handbook of Deaf Studies, Language, and Education* (Vol. 2, pp. 360–374). New York: Oxford University Press.

4

Ertmer, D., Young, N., Grohne, K., Mellon, J. A., Johnson, C., Corbett, K., et al. (2002). Vocal development in young children with cochlear implants: Profiles and implications for intervention. *Language, Speech, and Hearing Services in Schools, 33,* 184–195.

Fasolo, M., Majorano, M., & D'Odorico, L. (2008). Babbling and first words in children with slow expressive development. *Clinical Linguistics & Phonetics, 22* (2), 83–94.

Fennell, C. T., & Werker, J. F. (2003). Early word learners' ability to access phonetic detail in well-known words. *Language and Speech, 46,* 245–264.

Ferguson, C. A. (1986). Discovering sound units and constructing sound systems: It's a child's play. In J. S. Perkell & D. H. Klatt (Eds.), *Invariance and Variability of Speech Processes* (pp. 36–51). Hillsdale/NJ: Lawrence Erlbaum.

Ferguson, C. A., & Farwell, C. B. (1975). Words and sounds in early language acquisition. *Language, 51,* 419–439.

Fox, A. V. (2003/05/09). *Kindliche Aussprachestörungen.* Idstein: Schulz-Kirchner.

Fox, A. V., & Dodd, B. (1999). Der Erwerb des phonologischen Systems in der deutschen Sprache. *Sprache–Stimme–Gehör, 23,* 183–191.

Fox-Boyer, A. (2014a). Der Erwerb der Phonologie bei Kindern im Alter von 3;0–4;11 Jahren. In A. Fox-Boyer (Hrsg.), *Handbuch Spracherwerb und Spracherwerbsstörungen – Kindergartenphase* (S. 9–14). München: Elsevier.

Fox-Boyer, A. (2014b). Aussprachestörungen. In A. Fox-Boyer (Hrsg.), *Handbuch Spracherwerb und Spracherwerbsstörungen – Kindergartenphase* (S. 41–54). München: Elsevier.

Fox-Boyer, A., & Salgert, K. (2014). Erwerb und Störungen der Aussprache bei mehrsprachigen Kindern. In S. Chilla & S. Haberzettl (Hrsg.), *Handbuch Spracherwerb und Spracherwerbsstörungen – Mehrsprachigkeit.* München: Elsevier.

Fox-Boyer, A., & Schäfer, B. (in Vorb.). *Der Phonologieerwerb im Deutschen – neue Normdaten.*

Fox-Boyer, A., & Schäfer, B. (in Vorb.). *The acquisition of initial consonant clusters in German.*

Friedrich, M., Weber, C., & Friederici, A. D. (2004). Electrophysiological evidence for delayed mismatch response in infants at-risk for specific language impairment. *Psychophysiology, 41* (5), 772–782.

Goswami, U. (1999). The "phonological representations" hypothesis in dyslexia. In G. Schulte-Körne (Hrsg.), *Legasthenie: Erkennen, Verstehen, Fördern* (S. 67–74). Bochum: Dr. Dieter Winkler.

Grimm, A. (2010). *The Development of Early Prosodic Word Structure in Child German: Simplex Words and Compounds.* Universitätsverlag Potsdam. http://opus.kobv.de/ubp/volltexte/2010/4319/

Groome, L. J., Mooney, D. M., Holland, S. B., Smith, Y. D., Atterbury, J. L., & Dykman, R. A. (2000). Temporal patterns and spectral complexity as stimulus parameters for eliciting a cardiac orienting reflex in human fetuses. *Perception & Psychophysics, 62,* 313–320.

Gros-Luis, J., West, M., Goldstein, M. H., & King, A. P. (2006). Mothers provide differential feedback to infants' prelinguistic sounds. *International Journal of Behaviour Development. 30,* 509–516

Grunwell, P. (1992). Assessment of child phonology in the clinical context. In C. A. Ferguson, L. Menn & C. Stoel-Gammon (Eds.), *Phonological Development: Models, Research, Implications* (pp. 457–483). Timonium/MD: York Press.

Herold, B., Höhle, B., Walch, E., Weber, T., & Obladen, M. (2008). Impaired word stress pattern discrimination in very-low birthweight infants during the first 6 months of life. *Developmental Medicine & Child Neurology, 50,* 678–683.

Höhle, B., Van De Vijver, R., & Weissenborn, J. (2006). Word processing at 19 months and its relation to language performance at 30 months: A retrospective analysis of data from German learning children. *International Journal of Speech-Language Pathology, 8,* 356–363.

Höhle, B., Bijeljac-Babic, R., Herold, B., Weissenborn, J., & Nazzi, T. (2009). Language specific prosodic preferences during the first half year of life: Evidence from German and French infants. *Infant Behavior and Development, 32,* 262–274.

Ingram, D. (1976). *Phonological Disability in Children.* London: Cole and Whurr.

Ingram, D. (1989). *First Language Acquisition: Method, Description and Explanation.* Cambridge: University Press.

Irwin, O. C. (1947a). Infant speech: consonant sounds according to manner of articulation. *Journal of Speech Disorders, 12,* 402–404.

Irwin, O. C. (1947b). Infant speech: consonantal sounds according to place of articulation. *Journal of Speech Disorders, 12,* 397–401.

Irwin, O. C. (1948). Infant speech: Development of vowel sounds. *Journal of Speech and Hearing Disorders, 13,* 31–34.

Jakobson, R. (1941/1969). *Kindersprache, Aphasie und allgemeine Lautgesetze.* Frankfurt: Suhrkamp.

Johnson, E. K., & Seidl, A. H. (2009). At 11 months, prosody still outranks statistics. *Developmental Science, 12,* 131–141.

Jusczyk, P. W. (1986). Toward a model of the development of speech perception. In J. S. Perkell & D. H. Klatt (Eds.), *Invariance and Variability in Speech Processes.* Hillsdale/NJ: Lawrence Erlbaum.

Jusczyk, P. W., Houston, D. M., & Newsome, M. (1999). The beginnings of word segmentation in English-learning infants. *Cognitive Psychology, 39,* 159–207.

Kisilevsky, B. S., Hains, S. M. J., Brown, C. A., Lee, C. T., Cowperthwaite, B., Stutzman, S., et al. (2009). Fetal sensitivity to properties of maternal speech and language. *Infant Behavior and Development, 32,* 59–71.

Koopmans-van Beinum, F. J., Clement, C. J., & van den Dikkenberg-Pot, I. (2001). Babbling and the lack of auditory speech perception: A matter of coordination? *Developmental Science, 4,* 61–70.

Krüger, B. (1998). *Produktionsvariationen im frühen Lauterwerb: Eine Typologie kindlicher Abweichungen von Modellwörtern.* Unveröffentlichte Doktorarbeit, Christian-Albrechts-Universität, Kiel.

4

Kuhl, P. K. (2000). A new view of language acquisition. *Proceedings of the National Academy of Sciences of the United States of America, 97* (22), 11850–11857.

Kuhl, P. K. (2004). Early language acquisition: Cracking the speech code. *Nature Reviews Neuroscience, 5,* 831–843.

Kuhl, P. K. (2010). Brain mechanisms in early language acquisition. *Neuron, 67,* 713–727.

Kuhl, P. K., Conboy, B. T., Padden, D., Nelson, T., & Pruitt, J. (2005). Early speech perception and later language development: Implications for the "Critical Period". *Language Learning and Development, 1,* 237–264.

Kuhl, P. K., Conboy, B. T., Coffey-Corina, S., Padden, D., Rivera-Gaxiola, M., & Nelson, T. (2008). Phonetic learning as a pathway to language: New data and native language magnet theory expanded (NLM-e). *Philosophical Transactions of the Royal Society of Biological Sciences, 363* (1493), 979–1000.

Kuhl, P. K., Stevens, E., Hayashi, A., Deguchi, T., Kiritani, S., & Iverson, P. (2006). Infants show a facilitation effect for native language phonetic perception between 6 and 12 months. *Developmental Science, 9,* F13–F21.

Kuhl, P. K., Tsao, F. M., & Liu, H. M. (2003). Foreign-language experience in infancy: Effects of short-term exposure and social interaction on phonetic learning. *Proceedings of the National Academy of Sciences of the United States of America, 100* (15), 9096–9101.

Lang-Schnarr, S., Westhofen, M., & Willmes-von Hinckeldey, K. (2013). *Einschätzung der vorsprachlichen Entwicklung – Ein Untersuchungsverfahren.* Posterpräsentation, dbl Jahreskongress, Erfurt 1.6.2013.

Lecanuet, J.-P., Gautheron, B., Locatelli, A., Schaal, B., Jacquet, A.-Y., & Busnel, M.-C. (1998). What sounds reach fetuses: Biological and nonbiological modeling of the transmission of pure tones. *Developmental Psychobiology, 33,* 203–219.

Liberman, A. M., & Mattingly, I. G. (1985). The motor theory of speech perception revised. *Cognition, 21,* 1–36.

Liu, H. Y., Kuhl, P. K., & Tsao, F.-M. (2003). An association between mothers' speech clarity and infants' speech discrimination skills. *Developmental Science, 6,* F1–F10.

Macken, M. A. (1979). Developmental reorganisation of phonology: A hierarchy of basic units of acquisition. *Lingua, 49,* 11–49.

Mampe, B., Friederici, A. D., Christophe, A., & Wermke, K. (2009). Newborns' cry melody is shaped by their native language. *Current Biology, 19,* 1994–1997.

McIntosh, B., & Dodd, B. J. (2008). Two-year-olds' phonological acquisition: Normative data. *International Journal of Speech-Language Pathology, 10,* 460–469.

McLeod, S. (2013). Speech sound acquisition. In J. Bernthal, N. W. Bankson & P. Flipsen (Eds.), *Articulation and Phonological Disorders – Speech Sound Disorders in Children* (pp. 58–113). Boston: Pearson.

McLeod, S., Harrison, L. J., & McCormack, J. (2012). Intelligibility in context scale: Validity and reliability of a subjective rating measure. *Journal of Speech, Language, and Hearing Research, 55,* 648–656.

McMurray, B., & Aslin, R. N. (2005). Infants are sensitive to within-category variation in speech perception. *Cognition, 95,* B15–B26.

McNeill, B. C., & Hesketh, A. (2010). Developmental complexity of the stimuli included in mispronounciation detection tasks. *International Journal of Language & Communication Disorders, 45,* 72–82.

Metz, D., Samar, V. J., Schiavetti, N., Sitler, R. W., & Whitehead, R. L. (1985). Acoustic dimensions of hearing-impaired speakers' intelligibility. *Journal of Speech and Hearing Research, 28,* 345–355.

Moon, C., Lagercrantz, H., & Kuhl, P. K. (2013). Language experienced in utero affects vowel perception after birth: A two-country study. *Acta Paediatrica, 102,* 156–160.

Moriarty, B., Gillon, G., & Moran, C. (2005). Assessment and treatment of Childhood Apraxia of Speech (CAS): A clinical tutorial. *New Zealand Journal of Speech-Language Therapy, 60,* 18–30.

Morris, S. R. (2010). Clinical application of the mean babbling level and syllable structure level. *Language. Speech, and Hearing Services in Schools, 41,* 223–230.

Mowrer, D. E. (1980). Phonological development during the first year of life. *Speech and Language: Advances in Basic Research and Practice, 4,* 99–142.

Narayan, C. R., Werker, J. F., & Speeter Beddor, P. (2010). The interaction between acoustic salience and language experience in developmental speech perception: Evidence from nasal place discrimination. *Developmental Science, 13,* 407–420.

Nathani, S., Ertmer, D. J., & Stark, R. E. (2006). Assessing vocal development in infants and toddlers. *Clinical Linguistics & Phonetics, 20,* 351–369.

Nathani, S., Oller, D. K., & Neal, A. R. (2007). On the robustness of vocal development: An examination of infants with moderate-to-severe hearing loss and additional risk factors. *Journal of Speech, Language, and Hearing Research, 50,* 1425–1444.

Nazzi, T., Jusczyk, P. W., & Johnson, E. K. (2000). Language discrimination by English-learning 5-month-olds: Effects of rhythm and familiarity. *Journal of Memory and Language, 43,* 1–19.

Nazzi, T., & Ramus, F. (2003). Perception and acquisition of linguistic rhythm by infants. *Speech Communication, 41,* 233–243.

Neumann, S. (2012). Skala zur Verständlichkeit im Kontext Deutsch nach McLeod, Harrison & McCormack. http://www.csu.edu.au/__data/assets/pdf_file/0008/399977/ICS-German.pdf. Abgerufen am 24.9.2013.

Oller, D. K. (1980). The emergence of the sound of speech in infancy. In G. H. Yeni-Komshian, J. K. Kavanagh & C. A. Ferguson (Eds.), *Phonology, Vol. 1: Production* (pp. 93–112). New York: Academic Press.

Oller, D. K. (2000). *The Emergency of Speech Capacity.* New York: Lawrence Erlbaum.

Oller, D. K., Eilers, R. E., Neal, A. R., & Schwartz, H. K. (1999). Precursors to speech in infancy: The prediction of speech and language disorders. *Journal of Communication Disorders, 32,* 223–245.

Oller, D. K., Wiemann, L., Doyle, W., & Ross, C. (1976). Infant babbling and speech. *Journal of Child Language, 3*, 1–11.

Ortiz-Mantilla, S., Choe, M.-S., Flax, J., Grant, P. E., & Benasich, A. A. (2010). Associations between the size of the amygdala in infancy and language abilities during the preschool years in normally developing children. *Neuroimage, 49* (3), 2791–2799.

Pater, J., Stager, C., & Werker, J. (2004). The perceptual acquisition of phonological contrasts. *Language, 80*, 384–402.

Piske, T. (2001). *Artikulatorische Muster im frühen Laut- und Lexikonerwerb.* Tübingen: Narr.

Polka, L., Colantonio, C., & Sundara, M. (2001). A cross-language comparison of /d/-/ð/ perception: Evidence for a new developmental pattern. *The Journal of the Acoustical Society of America, 109* (5, Pt 1), 2190–2201.

Ramus, F. (2002). *Acoustic correlates of linguistic rhythm: Perspectives.* Konferenzvortrag, The Speech Prosody 2002, Aix-en-Provence.

Rivera-Gaxiola, M., Garcia-Sierra, A., Laraayala, L., Cadena, C., Jackson-Maldonado, D., & Kuhl, P. K. (2012). Event-related potentials to an English/Spanish syllabic contrast in Mexican 10–13-month-old infants. *ISRN Neurology,* Article ID 702986, 1–9.

Robb, M. P., & Bleile, K. M. (1994). Consonant inventories of young children from 8 to 25 months. *Clinical Linguistics & Phonetics, 8* (4), 295–320.

Rvachew, S., & Brosseau-Lapré, F. (2012). *Developmental Phonological Disorders: Foundations of Clinical Practice.* San Diego, Oxford, Melbourne: Plural Publishing Inc.

Rvachew, S., & Grawburg, M. (2006). Correlates of phonological awareness in preschoolers with speech sound disorders. *Journal of Speech, Language, and Hearing Research, 49* (1), 74–88.

Schaefer, B. (2009). *The Acquisition of Phonological Awareness Skills in German-speaking Preschool Children.* Unveröffentlichte Doktorarbeit, University of Sheffield, Sheffield.

Schäfer, B., & Fox, A. V. (2006). Der Erwerb der Wortproduktionskonsequenz bei Zweijährigen: Ein Mittel zur Früherkennung von Aussprachestörungen? *Sprache–Stimme–Gehör, 30*, 186–192.

Seidl, A. (2007). Infants' use and weighting of prosodic cues in clause segmentation. *Journal of Memory and Language, 57*, 24–48.

Sendlmeier, W. F., & Sendlmeier, U. M. (1991). Vom Lallen zum Sprechen: Die Entwicklung der Lautproduktion im Alter von 8 bis 14 Monaten. *Sprache und Kognition, 19*, 162–170.

Stackhouse, J., & Wells, B. (1997). *Children's Speech and Literacy Difficulties 1: A Psycholinguistic Framework.* London: Whurr Publisher.

Stark, R. E. (Ed.). (1980). *Stages of speech development in the first year of life. Vol. 1: Production.* New York: Academic Press.

Stark, R. E., Bernstein, L. E., & Demorest, M. E. (1993). Vocal communication in the first 18 months of life. *Journal of Speech and Hearing Research, 36*, 548–558.

Stoel-Gammon, C. (1985). Phonetic inventories, 15–24 months: A longitudinal study. *Journal of Speech and Hearing Research, 28*, 505–512.

Stoel-Gammon, C. (1989). Prespeech and early speech development in late talkers. First *language, 9,* 207–224.

Stoel-Gammon, C. (2011). Relationships between lexical and phonological development in young children. *Journal of Child Language, 38*, 1–34.

Storkel, H. L., & Morrisette, M. L. (2002). The lexicon and phonology: Interactions in language acquisition. *Language, Speech & Hearing Services in Schools, 33*, 24.

Sundara, M., & Scutellaro, A. (2011). Rhythmic distance between languages affects the development of speech perception in bilingual infants. *Journal of Phonetics, 39*, 505–513.

Swingley, D., & Aslin, R. N. (2000). Spoken word recognition and lexical representation in very young children. *Cognition, 76*, 147–166.

Swingley, D., Pinto, J. P., & Fernald, A. (1999). Continuous processing in word recognition at 24 months. *Cognition, 71*, 73–108.

Teizel, T., & Ozanne, A. (1999). *Variability in single word production of typically developing toddlers.* Konferenzvortrag, 20th Child Phonology Conference, Bangor, ME.

Tsao, F. M., Liu, H. M., & Kuhl, P. K. (2004). Speech perception in infancy predicts language development in the second year of life: A longitudinal study. *Child Development, 75*, 1067–1084.

Tsao, F. M., Liu, H. M., & Kuhl, P. (2006). Perception of native and non-native affricate-fricative contrasts: Cross-language tests on adults and infants. *Journal of the Acoustical Society of America, 120* (4), 2285–2294.

Ttofari-Ecen, K, Reilly, S., & Eadie, P. (2007). *Parent report of speech sound development at 12 months of age: Evidence from a cohort study.* Unpublished manuscript.

Vance, M., & Martindale, N. (2012). Assessing speech perception in children with language difficulties: Effects of background noise and phonetic contrast. *International Journal of Speech-Language Pathology, 14*, 48–58.

Vance, M., Rosen, S., & Coleman, M. (2009). Assessing speech perception in young children and relationships with language skills. *International Journal of Audiology, 48* (10), 708–717.

Van den Boom, M. (2013). *Die Behandlung der unbetonten Silbe in präbetonter Position bei Zweijährigen.* Unveröffentlichte BSc-Arbeit, Hochschule Fresenius, Hamburg.

Velleman, S. L. (2011). Lexical and phonological development in children with childhood apraxia of speech – A commentary on Stoel-Gammon's 'Relationships between lexical and phonological development in young children'. *Journal of Child Language, 38*, 82–86.

Veneziano, E. (1988). Vocal-verbal interaction and the construction of early lexical knowledge. In M. D. Smith & J. L. Locke (Eds.), *The Emergent Lexicon* (pp. 109–147). New York: Academic Press.

Vihman, M. (1988). Early phonological development. In J. E. Bernthal & N. W. Bankson (Eds.), *Articulation and Phono-*

4

logical Disorders (2nd ed.). Baltimore/MD: Williams & Wilkins.

Vihman, M. (1996). *Phonological Development: The Origins of Language in the Child.* Cambridge: Blackwell.

Vihman, M., & Greenlee, M. (1987). Individual differences in phonological development: Ages one and three years. *Journal of Speech and Hearing Research, 30,* 503–521.

Vihman, M., Macken, M. A., Miller, R., Simmons, H., & Miller, J. (1985). From babbling to speech: A re-assessment of the continuity issue. *Language, 61,* 397–443.

Vogel Sosa, A., & Stoel-Gammon, C. (2006). Patterns of intra-word phonological variability during the second year of life. *Journal of Child Language, 33,* 31–50.

Wegner, C., Etz, T., & Reetz, H. (2012). *Der Säuglingsschrei – Ein reliables Instrument für die Diagnostik.* Konferenzvortrag, ISES VII Leipzig November

Werker, J. F., Fennell, C. T., Corcoran, K. M., & Stager, C. L. (2002). Infants' ability to learn phonetically similar words: Effects of age and vocabulary size. *Infancy, 3,* 1–30.

Yavas, M. (1998). *Phonology: Development and Disorders.* San Diego: Singular.

Zhang, Y., Kuhl, P. K., Imada, T., Iverson, P., Pruitt, J., Stevens, E., et al. (2009). Neural signatures of phonetic learning in adulthood: A magnetoencephalography study. *Neuroimage, 46,* 226–240.

4

KAPITEL
5

Bettina Multhauf und Ann-Katrin Bockmann

Zusammenhang zwischen Sprachentwicklung und emotionaler Entwicklung

5.1 Zusammenhänge zwischen Emotionen und Sprache

Der Zusammenhang zwischen Sprache und Emotionen ist sowohl im Rahmen linguistischer als auch emotionspsychologischer Forschung von großer Relevanz. Einerseits wird angenommen, dass Kinder von Beginn an in ihrer Sprachentwicklung auf den emotional bestätigenden und kommunikativen Austausch mit der sozialen Umwelt angewiesen sind (Lüdtke 2006). Andererseits wird den sich entwickelnden sprachlichen Fähigkeiten im Kleinkindalter eine katalysierende Wirkung für die emotionale Entwicklung und die Herausbildung selbstregulativer Fähigkeiten zugesprochen. Claire B. Kopp (1989) hält Sprache für eines der wichtigsten Instrumente zum Verständnis von und zum Umgang mit Emotionen. Sowohl für sprachliche als auch emotionale Kompetenzen werden bereits sehr früh in der Entwicklung des Säuglings die Grundsteine gelegt. Im Kleinkindalter vollziehen sich weitere Fortschritte in sprachlichen und emotionalen Bereichen häufig zeitnah. Diese zeitliche Nähe, aber auch das gemeinsame Auftreten von Schwierigkeiten in beiden Entwicklungsbereichen sprechen dafür, die Zusammenhänge von Emotionen und Sprache näher zu betrachten. Im Allgemeinen werden Emotionen und Sprache bisher vor allem getrennt voneinander erforscht (Cole, Armstrong & Pemberton 2010). Arbeiten, die einen direkten Zusammenhang thematisieren, heben vor allem die Bedeutung der Sprache im Hinblick auf den Erwerb von emotionsbezogenem Wissen hervor. Der Zusammenhang zwischen Sprache und Emotionsregulation sowie emotionaler Intelligenz ist dagegen vergleichsweise weniger gut beleuchtet worden. Jedoch stellen sich in diesem interdisziplinären Forschungsgebiet eine Reihe relevanter Fragen:

- Determiniert Sprache den Erwerb emotionsbezogenen Wissens/die Emotionsregulation oder umgekehrt bzw. liegt beiden Kompetenzbereichen ein gemeinsamer beeinflussender dritter Faktor zugrunde?
- Können Eltern als „Emotionstrainer" die emotionale Entwicklung ihrer Kinder beeinflussen?
- Verfügen sprachlich begabtere Kinder über effektivere Strategien der Emotionsregulation?
- Trägt das Reden über die eigenen Gefühle zu deren Regulation bei?
- Welche Rolle spielen Selbstgespräche im Prozess der Emotionsregulation?

Zur Untersuchung dieser und weiterer Fragestellungen bieten sich unterschiedliche Herangehensweisen an. In methodischer Hinsicht dominiert die Betrachtung korrelativer Zusammenhänge in längsschnittlich oder querschnittlich angelegten Studien. Erschwert wird die Forschung in diesem Bereich nicht nur durch die z. T. kontroverse Definition der Begriffe Emotionen und Emotionsregulation, sondern auch durch deren Komplexität. Über verschiedene Emotionstheorien hinweg dominiert die Ansicht, dass es sich bei *Emotionen* um aktuelle psychische Zustände von bestimmter Dauer, Qualität und Intensität handelt. In der Regel sind sie objektgerichtet und mit einem charakteristischen Erleben, bestimmten Verhaltensweisen und physiologischen Veränderungen verbunden (Meyer, Reisenzein & Schützwohl 2003).

Auch in Bezug auf den Begriff *Emotionsregulation* lassen sich Kernmerkmale identifizieren. Er beinhaltet sowohl die Selbstregulation von Emotionen als auch deren Regulation durch andere Personen (z. B. Eltern) und kann sich auf positive oder negative Gefühle beziehen. Emotionsregulation beginnt mit der Überwachung und Bewertung emotionaler Zustände oder Umweltereignisse und greift dann – geleitet von individuellen Zielen – in emotionale Dynamiken ein, sodass Gefühle hinsichtlich ihrer Dauer und

Intensität verändert werden. Dieser multidimensionale Prozess, der sich auf das Erleben, das Verhalten und die physiologischen Reaktionen auswirken kann, bewegt sich in einem Kontinuum von bewusster, willentlicher und kontrollierter bis hin zu unbewusster und automatischer Emotionsregulation (Thompson 2011). Den unterschiedlichen Definitionen und Forschungsschwerpunkten entsprechend gibt es verschiedene Zugänge zur Messung dieser Konstrukte. Verbreitet sind insbesondere Selbstauskunftsmethoden, die allerdings neben einem gewissen Alter auch ein Bewusstsein für die untersuchten emotionalen Prozesse bei den Probanden voraussetzen. Alternativ werden Auskünfte von Eltern und Lehrern erfragt und als Indizien für die willentliche und automatische Regulation von Emotionen genutzt. Bei jüngeren Kindern sind neben der Messung physiologischer Parameter (Herzschlag oder Atmung) auch Beobachtungsverfahren zur Quantifizierung der Emotionsregulation einsetzbar. Insgesamt birgt die Messung einzelner Größen jedoch die Gefahr, dass nur bestimmte Komponenten der Emotionen (kognitive, physiologische oder verhaltensbezogene Aspekte) erfasst werden. Eine Kombination verschiedener Methoden im Sinne eines multimethodalen Ansatzes bietet vermutlich den besten Zugang zur Erfassung von Emotionen und Regulationsprozessen (Eisenberg & Morris 2002).

Neben unterschiedlichen methodischen Zugängen lassen sich zwei grundlegende Forschungslinien differenzieren.

- Zum einen werden Verbindungen zwischen Prozessen der Sprachentwicklung, dem Erwerb von Emotionswissen und der Entwicklung von Emotionsregulationsfähigkeiten in der Entwicklungspsychologie untersucht.
- Zum anderen erfolgt im klinischen Kontext die Betrachtung der Komorbidität von Sprachstörungen mit Verhaltensproblematiken und emotionalen Störungen.

Das Zusammenwirken von Emotionen und Sprache erscheint vor allem im Hinblick auf die frühkindliche Förderung und Interventionen besonders relevant. Denn nur wenn die differenziellen Einflüsse der Sprache auf die Regulation von Gefühlen bekannt sind, kann über Sprachförderung ein Weg zur frühen Prävention emotionaler Schwierigkeiten im Kindesalter beschritten werden.

5.2 Zusammenhänge in der Entwicklung von Sprache, Emotionswissen und Emotionsregulation

Im Rahmen der ersten Forschungslinie, die Zusammenhänge zwischen sprachlicher und emotionaler Entwicklung fokussiert, kristallisieren sich bereits mehrere Hinweise auf die Wechselwirkung bzw. das Zusammenwirken beider Prozesse heraus. Folgende fünf Bereiche sollen nun jeweils mit relevanten Forschungsergebnissen näher beschrieben werden (> Abb. 5.1).

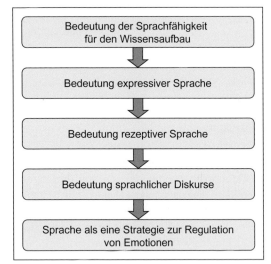

Abb. 5.1 Relevante Aspekte der Wechselwirkung zwischen Sprache und Emotionen

5.2.1 Bedeutung von Sprache für den Erwerb von Emotionswissen

Die Ausbildung symbolischer Repräsentationen wie Sprache hat große Bedeutung für den Wissenserwerb. Sprache strukturiert die Wahrnehmung und ist an Bewertungsprozessen beteiligt. Im Zuge des Spracherwerbs werden den Dingen nicht nur Wörter und Begriffe zugeordnet, sondern auch Bedeutungen damit assoziiert (Holodynski 2006). Das Erlernen eines emotionsbezogenen Vokabulars ermöglicht und erleichtert den Erwerb von Wissen rund um Gefühle, deren Ursachen und Folgen. Eine emotionsbezogene verbale Kommunikation setzt in der Regel zwischen dem 18. und 20. Lebensmonat ein. Kinder erwerben zunächst Wörter in Verbindung mit Basisemotionen wie „fröhlich" und „traurig" (Berk 2005). Danach erweitert sich ihr Wortschatz sehr schnell (Vallotton & Ayoub 2009), sodass Kinder im Alter von zwei Jahren bereits über ihre eigenen Gefühle und die Gefühle anderer reden können. Dreijährige sind dann in der Lage, über Emotionen in zukünftigen-hypothetischen Kontexten zu sprechen (Wellman, Harris, Banerjee & Sinclair 1995). Bis zum Ende des vierten Lebensjahres können sich Kinder ausführlicher zu Ursachen und Folgen von Emotionen äußern und zunehmend auch die Gefühle anderer Personen benennen (Petermann & Wiedebusch 2008). Die bedeutendsten Meilensteine der emotionsbezogenen Sprachentwicklung werden somit in den ersten Lebensjahren erreicht.

Die Relevanz des individuellen Sprachstandes für das Wissen über Emotionen belegen die positiven Korrelationen, die sich in vielen Studien zeigen. Eine fortgeschrittene sprachliche Entwicklung und ein umfangreicher Wortschatz gehen in der Regel mit einem differenzierteren Wissen über Emotionen, deren Ursachen und Erscheinungsformen einher (Cutting & Dunn 1999; Köckeritz, Klinkhammer & von Salisch 2010; Pons, Lawson, Harris & de Rosnay 2003; Schultz, Izard, Ackerman & Youngstrom 2001). Bereits im Alter von 14–36 Monaten hängen Kommunikationsbereitschaft, Gesten und Wortschatz mit dem Wissen über sozial-emotionale Situationen zusammen, was sich thematisch auch in kindlichen Spielszenen widerspiegelt (Vallotton & Ayoub 2009). Doch es zeigt sich nicht nur der direkte Einfluss von Sprache auf Emotionswissen. In der Emotionsforschung wird davon ausgegangen, dass emotionsbezogenes Wissen einen sehr wichtigen Prädiktor der Emotionsregulation darstellt. Da Wissen über Emotionen einen Überblick über die Ursachen und Konsequenzen emotionaler Erregung und deren Ausdrucksformen ermöglicht, können so Bemühungen zur Regulation der eigenen Gefühle ausgelöst oder gelenkt werden. Neben dem direkten Zusammenhang von Sprache und Emotionen gilt es daher auch, die Bedeutung der sprachlichen Fähigkeiten für die Entwicklung der Fähigkeit zur Emotionsregulation zu betrachten.

5.2.2 Bedeutung expressiver Sprache für die Emotionsregulation

Die Wurzeln der Emotionsregulation liegen in der frühesten Kindheit. Neugeborene bewirken durch eher zufälliges Handeln wie Kopfbewegungen oder Saugreflexe eine Reduktion negativer Empfindungen. Säuglingen im Alter von fünf Monaten gelingt es bereits, mittels Assoziationslernen eine Verbindung zwischen ihren eigenen Gefühlen und Verhaltensweisen sowie den Reaktionen der Umwelt und deren Rückwirkung auf den eigenen emotionalen Zustand zu erkennen. Daraus resultiert beim Säugling die Erwartungshaltung, dass seine Schreie erhört werden und seine Bezugspersonen in der Lage sind, unangenehme emotionale Zustände zu beseitigen oder zu mildern (Kopp 1989). Erste kommunikative Zeichen wie Blicke und Laute können nun gezielt eingesetzt werden, um positive Affekte hervorzurufen oder negative Erregung zu vermeiden. Dies stellt einen ersten wichtigen Entwicklungsschritt – weg von der elternabhängigen Emotionsregulation hin zur internalen Selbstregulation von Gefühlen – dar. Denn die Kommunikation mit anderen Menschen eröffnet neue Wege zur selbstständigen Kontrolle von Gefühlen (Dunn & Brown 2006). Zunächst stellt das Sprechen eine alternative Ausdrucksform für Emotionen und Bedürfnisse in sozialen Interaktionen dar. Durch sprachliche Äußerungen lassen sich Unterstützung und Hilfe zum Erreichen bestimmter Ziele oder zur Regulation von Gefühlen nun gezielt einfordern und mobilisieren. Auch das Mitteilen angenehmer Gefühle ist nützlich, da diese durch eine entsprechende Reaktion oder ein Feedback der Bezugspersonen noch gesteigert werden können. Mit zunehmendem Alter nutzen Kinder Sprache nicht nur zum Ausdrücken eigener Gefühle, sondern auch zum Verhandeln mit anderen und somit zur indirekten Erfüllung von Bedürfnissen (Kopp & Neufield 2002, zit. nach Eisenberg & Morris 2002).

5.2.3 Bedeutung rezeptiver Sprache für die Emotionsregulation

Neben der aktiven Sprache spielt auch das Sprachverständnis eine tragende Rolle in der Entwicklung der Fähigkeit zur Emotionsregulation. Denn Feedback zu bekommen und Hinweise aus dem sozialen Umfeld zu verstehen, ist nicht nur im frühen Kindesalter, sondern bis ins Jugendalter relevant. Kinder erhalten dadurch eine Rückmeldung hinsichtlich ihrer emotionalen Reaktionen und Verhaltensweisen sowie deren Angemessenheit. Dies regt sie dazu an, über eigene Gefühlsäußerungen und deren Regulation zu reflektieren und sie insbesondere mit sozialen Normen abzugleichen (Kopp 1989).

Darüber hinaus ermöglicht die rezeptive Sprache, Emotionsregulationsprozesse über Instruktionen und Erklärungen gezielt zu steuern. Das heißt, Eltern können ihren Kindern erklären, wie bestimmte emotionale Situationen entstehen, was sie zu bedeuten haben und welche Folgen sie mit sich bringen können. Darauf aufbauend ist es möglich, Kindern direkte Regulationsstrategien zu vermitteln. So könnten Eltern ihrem Kind beispielsweise raten, an gute Freunde oder etwas Schönes zu denken, wenn es traurig ist; sich Unterstützung zu holen, wenn es von einem anderen Kind geärgert wird; oder bei einem Zahnarztbesuch daran zu denken, was es zur Belohnung nach dem Termin machen wird, um die Angst zu reduzieren. Dies trägt nicht nur zur Erweiterung des kindlichen Emotionsverständnisses bei, sondern sorgt für eine bessere Kontrollierbarkeit von Gefühlen. Dies zeigt sich auch auf empirischer Ebene. Bei Vierjährigen scheinen die interindividuellen Unterschiede im Erkennen von Emotionen anderer und in der Empathiefähigkeit zum Teil durch ihre Sprachverständnisfähigkeiten erklärbar zu sein (Ruffman, Slade, Rowlands, Rumsey & Garnham 2002).

5.2.4 Bedeutung von Kommunikation für das Emotionswissen und die Emotionsregulation

Gespräche über emotionale Situationen oder Befindlichkeiten stellen eine wichtige Größe in der Entwicklung kindlicher Annahmen über Gefühle dar. Bereits im Alter von 18 Monaten beginnen Kinder, sich an familiären Gesprächen über Gefühlszustände zu beteiligen. Um den 28. Lebensmonat können viele Kinder schon über eine ganze Bandbreite von Emotionen, die sie selbst oder andere erlebt haben, sprechen und Erklärungen für emotionale Reaktionen abgeben (Wang 2001). Bis zum Ende der Vorschul-

zeit reift die Reflexionsfähigkeit für emotionale Situationen deutlich heran. Unabhängig vom sozialen Kontext (z. B. Eltern-Kind-Diskurs oder Spiel mit Peers) scheint das Reden über Gefühle nicht nur zur Reflexion, sondern auch zum Verstehen eigener und fremder Gefühle anzuregen (Dunn, Brown & Beardsall 1991). Dem Spielen kommt in diesem Zusammenhang eine besondere Bedeutung zu, da Kinder hier in einem geschützten Raum verschiedene sozial-emotionale Konzepte und den Umgang mit Gefühlen erproben können (Kopp 1989). Familiäre Diskurse über Gefühle erfüllen sowohl eine klärende als auch eine regulierende Funktion und tragen damit ebenso zur Entwicklung des Emotionswissens und der Fähigkeit zur Emotionsregulation bei (Bretherton, Fritz, Zahn-Wexler & Ridgeway 1986). Der verbale Austausch mit anderen über Ursachen, Ausdruck, Konsequenzen und Beeinflussbarkeit von Emotionen ermöglicht es einerseits, weiteres emotionsbezogenes Wissen zu erwerben und andererseits effektive Regulationsstrategien zu generieren (Kopp 2003).

Empirisch zeigt sich der angenommene Zusammenhang bzw. Wirkmechanismus z. B. darin, dass das Ausmaß der Mutter-Kind-Kommunikation über die Ursachen von Gefühlen im Vorschulalter positiv mit dem Emotionsverständnis des Kindes korreliert ($r = 0.35$, $p > 0.05$) (Denham, Zoller & Couchoud 1994). Merkmale der emotionsbezogenen Gespräche (Häufigkeit, Themenbreite, Dispute, Ursachensuche) zwischen Mutter und Kind im Alter von 36 Monaten lassen zudem eine Vorhersage bezüglich der Leistung in Emotionserkennungsaufgaben mit sechs Jahren zu. Dieser Zusammenhang zwischen Kommunikation und Emotionserkennung besteht dabei unabhängig von den verbalen Fähigkeiten des Kindes (Dunn et al. 1991).

> Kommunikation hat vor allem Einfluss auf das Emotionswissen, trägt aber indirekt auch zum Erwerb von Fähigkeiten der Emotionsregulation bei.

5.2.5 Sprache als eine Strategie der Emotionsregulation

Zwischen Sprache und Emotionsregulation verläuft außerdem ein direkter Pfad in dem Sinne, dass Sprechen als gezielte Strategie zur Regulation von Gefühlen eingesetzt werden kann. Selbstgespräche oder Selbstinstruktionen stellen eine Erweiterung des Strategierepertoires dar und sind ein wichtiger Schritt in Richtung einer selbstständigen Emotionsregulation (Gross & Muños 1995). Vor allem wenn Kinder in Wartesituationen Langeweile oder einen Belohnungsaufschub überstehen müssen, machen sie Wortspiele, führen Selbstgespräche oder singen Lieder, um sich abzulenken bzw. selbst zu beschäftigen. Dies trägt zu einer effektiven Regulation der Gefühle bei, da solche selbstbezogenen Gespräche die emotionalen Reaktionen verlangsamen oder unterbrechen und somit eine Unterdrückung, Verzögerung oder Veränderung von Emotionen ermöglichen.

Fallbeispiel

Frederike, 2;11 Jahre alt

Die knapp dreijährige Frederike darf nach längerem Bitten ausnahmsweise eine Nacht im Reisekinderbett im Schlafzimmer der Eltern schlafen. Ihre Mutter nimmt ihr vor dem Einschlafen jedoch das Versprechen ab, die Eltern erst zu wecken, wenn es draußen hell geworden sei. Frühmorgens, als es draußen noch dunkel ist, wacht die Mutter vom leisen Gemurmel aus dem Kinderbett auf. Bei genauerem Hinsehen erkennt sie, dass Frederike aufrecht im Bett sitzt, ihren Hampelmann mit beiden Händen vors Gesicht hält und auf ihn einredet: „Ich würd' mich hier rausholen. Also ich würd' mich bestimmt hier rausholen."

Zudem verbessert sich der Zugang zu exekutiven Funktionen; das hilft, sich leichter an frühere ähnliche Situationen zu erinnern und passende effektive Strategien zu wählen (Cole et al. 2010). Selbstgespräche können darüber hinaus der Verbalisierung innerer Gefühlszustände dienen und zur Reflexion der eigenen emotionalen Reaktionen anregen.

Empirisch hat sich gezeigt, dass Vierjährige, die Selbstgespräche in reifer und sicherer Form führen, über vergleichsweise höhere soziale und emotionale Kompetenzen verfügen (Winsler et al. 2003; zit. nach Cole et al. 2010: 66). Dennoch ist eine dysfunktionale Wirkung von Selbstinstruktionen nicht aus-

zuschließen. So könnten negative Selbstgespräche, übermäßiges Grübeln und destruktive Selbstinstruktionen mit einer ineffektiven Emotionsregulation einhergehen (Cole et al. 2010). Denkbar ist auch ein potenzieller Nutzen dieser Mechanismen im Hinblick auf Präventions- und Interventionsmaßnahmen. In der Therapie hyperkinetischer Störungen haben sich z. B. Selbstinstruktionstrainings (Lauth 2001) als effektiv erwiesen. Dabei lernen Kinder, innere Monologe zu führen und somit ihre Verhaltensweisen besser zu planen bzw. zu regulieren.

Letztlich legen viele Forschungsarbeiten den Schluss nahe, dass sprachliche Fähigkeiten neben anderen Einflussfaktoren wie Temperament und Bindungsqualität maßgeblich am Aufbau emotionsbezogener Wissensstrukturen beteiligt sind. Dem Emotionswissen wiederum wird große Bedeutung für die Entwicklung regulativer Fähigkeiten beigemessen. Indem es die Reflexion über Ursachen und Konsequenzen emotionaler Erregungen sowie über deren Ausdrucksformen ermöglicht, kann es Bestrebungen zur Selbstregulation von Gefühlen auslösen oder lenken. Sprachliche Fähigkeiten werden jedoch keinesfalls automatisch für emotionale und regulative Prozesse genutzt. Unter welchen Bedingungen dies geschieht, bedarf einer ausführlicheren Betrachtung. Angenommen wird, dass vor allem Umwelteinflüsse, wie die emotionsbezogene Sprache der Eltern und deren Beziehung zum Kind, in diese Entwicklungen hineinspielen (Cole et al. 2010).

5.3 Emotionale Entwicklung und Verhaltensprobleme bei Kindern mit Sprachauffälligkeiten

Leider finden sich in der deutschsprachigen und internationalen Literatur nicht immer einheitliche Begrifflichkeiten für primäre Sprachentwicklungsstörungen, und trotz der in der ICD-10 vorgeschriebenen Diagnosekriterien sind sehr unterschiedliche Diagnosepraktiken verbreitet. In internationalen Studien hat sich der Begriff *Specific Language Impairment (SLI)* für primäre Sprachentwicklungsstörungen durchgesetzt, während in Deutschland der Terminus *„umschriebene Sprachentwicklungsstörung" (USES)* bzw. synonym „spezifische Sprachentwicklungsstörung" (SSES) gebräuchlich ist (Szagun 2014). Kinder mit einer USES weisen gemäß den Kriterien der Internationalen Klassifikation psychischer Störungen (ICD-10; Dilling, Mombour & Schmidt 2011) eine Intelligenz auf, die im Unterschied zu den sprachlichen Fähigkeiten im Normbereich liegt. Sie haben keine Hörstörungen und keine massiven emotionalen und hirnorganischen Störungen. Die Diskrepanz zwischen ihren Leistungen in einem normierten Sprachtest und im Intelligenztest entspricht einer Standardabweichung von 1,5–2 (klinische Kriterien vs. Forschungskriterien) (Esser & Wyschkon 2008). Wir haben uns in diesem Kapitel entschieden, überwiegend Studien zu zitieren, in denen nach international anerkannten Standards Kinder mit umschriebenen Sprachentwicklungsstörungen untersucht wurden. In den Ausnahmefällen verwenden wir bewusst andere Begrifflichkeiten, um deutlich zu machen, welche Kinder untersucht wurden. In Übereinstimmung mit vielfältigen Untersuchungsergebnissen möchten wir an dieser Stelle betonen, dass umschriebene Sprachentwicklungsstörungen häufig keine isolierten Störungen sind, sondern neben zusätzlichen Teilleistungsstörungen wie Lese-Rechtschreib-Störungen, Verhaltensstörungen oder emotionalen Störungen auftreten (Noterdaeme & Amorosa 1999).

Die Darstellung der Zusammenhänge zwischen sprachlicher und emotionaler Entwicklung legt die Vermutung nahe, dass sprachliche Defizite Konsequenzen für die sozial-emotionale Entwicklung eines Kindes nach sich ziehen. So sind entsprechende Zusammenhänge zwischen Sprachschwierigkeiten und Auffälligkeiten in der psychischen Entwicklung bzw. im Verhalten empirisch gesichert (Noterdaeme 2008). Während bei rund der Hälfte der Kinder mit USES manifeste Verhaltensschwierigkeiten vorliegen, sind bei etwa 30 % dieser Kinder die Kriterien einer weiteren psychiatrischen Störung erfüllt (von Suchodoletz 2013). Am häufigsten werden hyperkinetische und emotionale Störungen sowie Störungen des Sozialverhaltens diagnostiziert. Auch wenn für die Korrelate zwischen Sprach- und psychiatrischen Auffälligkeiten verschiedene Erklärungsansätze diskutiert werden, steht eine eindeutige Klärung bisher aus. Ergebnisse aus Längsschnittstudien legen nahe, dass die negativen Effekte von Sprachauffälligkeiten auf das Verhalten bzw. die psychische Gesundheit über Lese-Rechtschreib-Schwierigkeiten, niedrigen Bildungserfolg, geringe verbale Selbstregulation und Schulversagen vermittelt werden, wobei ein niedriger sozioökonomischer Status und Aufmerksamkeitsprobleme risikoerhöhend wirken (Cohen 2001). Psychische Störungen von Kindern mit USES werden einerseits als sekundäre Begleitstörung und andererseits als zusätzliche komorbide Störung beschrieben.

5.3.1 Sekundäre Begleitstörungen bei Kindern mit umschriebener Sprachentwicklungsstörung

Nach einer verbreiteten Annahme scheinen Verhaltensproblemen u. a. Defizite in der Sprachentwicklung zugrunde zu liegen. Es wird davon ausgegangen, dass sich Kinder mit sprachlichen Defiziten in der Kommunikation mit anderen nicht adäquat äußern können, wodurch es zu Missverständnissen und einer Verunsicherung kommt. Als Reaktion auf diese Verunsicherung entwickelt sich häufig internalisierendes oder externalisierendes Problemverhalten. Hierbei zeichnen sich geschlechtsspezifische Unterschiede ab: Jungen werden vor allem als trotzig, unruhig und schwer lenkbar beschrieben, Mädchen dagegen als leicht irritierbar, übersensibel und zurückgezogen in sozialen Interaktionen wahrgenommen (von Suchodoletz 2003).

Verhaltensauffälligkeiten sind bei sprachentwicklungsgestörten Kindern deutlich häufiger zu beobachten als bei sprachgesunden Kindern, wobei ein vier- bis fünfmal erhöhtes Risiko für psychiatrische Auffälligkeiten besteht (von Suchodoletz 2008). Über unterschiedliche Altersgruppen hinweg wird sowohl internalisierendes als auch externalisierendes Problemverhalten nachgewiesen. Studien zum mittel- und langfristigen Entwicklungsverlauf bei sprachentwicklungsgestörten Kindern legen nahe, dass Sprachstörungen und sekundäre Begleitstörungen häufig über mehrere Jahre persistieren.

Die Ergebnisse der Studien variieren bezüglich Art und Ausprägung jedoch erheblich. Das Ausmaß der sekundären psychischen Folgen hängt offenbar von der Intensität und dem Verlauf der Sprachstörung ab. So zeigen Kinder und Jugendliche mit einer rezeptiven Sprachstörung im Unterschied zu Kindern und Jugendlichen mit expressiver Sprachstörung häufiger psychiatrische Einschränkungen und sind in ihrer kognitiven, sozialen und emotionalen Entwicklung stärker beeinträchtigt. Darüber hinaus sind ihre schulischen und beruflichen Perspektiven geringer (Noterdaeme 2008). Van Daal, Verhoeven & van Balkom (2007) konnten nachweisen, dass es schon in jungen Jahren differenzielle Zusammenhänge zwischen spezifischen Typen von Sprachstörungen und spezifischen Verhaltensauffälligkeiten gibt. So führen rezeptive und expressive Sprachstörungen zu sozial-emotionalen Problemen und niedrigerer Lebensqualität. Störungen der Pragmatik haben die weitreichendsten Konsequenzen, und Leseverständnisprobleme wirken sich negativ auf soziale Kompetenzen aus (Van Agt, Verhoeven, van den Brink & de Koning 2010). Für die Ausbildung der rein sprachlichen Fähigkeiten und für die Entwicklung der kognitiv-emotionalen Fähigkeiten ist das zeitliche Fortbestehen der Sprachentwicklungsstörung von erheblicher Bedeutung. Das frühe Schulalter erweist sich hierbei als entscheidender Meilenstein (von Aster 2007). In einer Längsschnittstudie mit 71 ehemals sprachauffälligen Jugendlichen (davon 55 mit USES) hatten diejenigen, die ihre sprachlichen Defizite bis zum Alter von 5;5 Jahren überwanden, eine deutlich positivere Prognose für die weitere Entwicklung. Bei Sprachauffälligkeiten, die in der Schulzeit noch persistierten, bestand dagegen ein erhöhtes Risiko für Aufmerksamkeitsstörungen und soziale Problematiken (Snowling, Bishop, Stothard, Chipchase & Kaplan 2006). Eine wesentliche Rolle für die Entwicklung psychischer Störungen spielen des Weiteren Stigmatisierungsprozesse (Lindsay, Dockrellb & Mackie 2008). So sind sprachgestörte Kinder häufiger von Bullying in der Schule betroffen und jedes dritte sprachgestörte Kind empfindet sich als „Prügelknabe" in der Klassengemeinschaft (von Suchodoletz 2008: 65).

5.3.2 Komorbide Störungen bei Kindern mit umschriebener Sprachentwicklungsstörung

Neben dem gehäuften Auftreten von externalisierenden und internalisierenden Störungen im Sinne einer sekundären Neurotisierung werden auch spezifische Komorbiditäten beschrieben. In einer klinischen Studie von Noterdaeme & Amorosa (1999) lag bei 66 der insgesamt 83 untersuchten Kinder mit USES eine weitere psychiatrische Diagnose vor. Die häufigste komorbide Störung war eine Aufmerksamkeitsdefizit-Hyperaktivitäts-Störung, gefolgt von emotionalen Störungen, Aufmerksamkeitsdefizitstörungen ohne Hyperaktivität und Bindungsstörungen. Aufmerksamkeitsdefiziten wird eine besondere Bedeutung für das Persistieren von Sprachauffälligkeiten beigemessen. Eine hyperkinetische Störung kann sich hemmend auf die Sprachentwicklung auswirken, indem Symptome wie eine verringerte Aufmerksamkeitsspanne oder Hyperaktivität die Aufnahme und Verarbeitung von Sprache erschweren, sodass geringere sprachliche Fortschritte gemacht werden. Externalisierende Verhaltensprobleme stellten sich auch in einer Untersuchung von Sachse (2007) als ungünstiger Faktor im Verlauf einer Sprachentwicklungsverzögerung heraus.

5.3.3 Sozial-emotionale Entwicklung und Verhaltensauffälligkeiten bei Kindern mit Sprachentwicklungsverzögerung

Bei Kindern, die im Alter zwischen zwei und drei Jahren eine Sprachentwicklungsverzögerung aufweisen, lassen sich häufig auch Beeinträchtigungen anderer Entwicklungsbereiche feststellen. Auf die Entwicklung von Late-Talkern bezogene Studien gibt es in vergleichsweise geringerer Zahl als Studien zu Kindern mit manifester Sprachentwicklungsstörung. Die Befunde stellen sich bisher eher als inkonsistent dar, was u. a. auf uneinheitliche diagnostische Kriterien der Sprachentwicklungsverzögerung sowie auf teils große Unterschiede zwischen den Altersspannen der untersuchten Kinder zurückzuführen ist (Desmarais, Sylvestre, Meyer, Bairati & Rouleau 2008).

Entwicklung sozialer Kompetenzen

Einer Metaanalyse zufolge besteht zwischen Sprachentwicklungsverzögerungen und Defiziten im Bereich sozialer Kompetenzen eine enge Verbindung (Desmarais et al. 2008). Late Talker wiesen ein bis zu 7-mal höheres Risiko für die Ausbildung geringerer sozialer Kompetenzen im Vergleich zu anderen Kindern auf. Zudem schnitten sie in standardisierten Tests bezüglich der Sozialisation signifikant schlechter ab als Gleichaltrige. In einer Untersuchung von Irwin, Carter & Briggs-Gowan (2002) wurden 14 Late-Talker von Eltern und Beobachtern als signifikant zurückgezogener und weniger kompetent in sozialen Interaktionen erlebt als 14 sprachunauffällige Kinder der Vergleichsgruppe.

Zur Erklärung dieses Zusammenhangs werden unterschiedliche Interpretationsansätze genannt (Desmarais et al. 2008). Einerseits wird angenommen, dass betroffene Kinder geringer motiviert seien, mit anderen Personen zu interagieren und soziale Austauschprozesse zu forcieren. Dementsprechend besitzt der Spracherwerb für diese Kinder eine geringere Relevanz bzw. bietet kaum Anreize. Andererseits ist denkbar, dass geringe soziale Kompetenzen zu sprachlichen Defiziten führen, da der soziale Austausch eine große Rolle für Spracherwerbsprozesse spielt. Die kausale Richtung der Beziehung zwischen sprachlicher und sozialer Entwicklung ist bisher unklar.

Emotionale Entwicklung

Auch in der emotionalen Entwicklung scheinen Late-Talker benachteiligt zu sein. In einer Münchener Stichprobe mit 78 Late-Talkern und 51 parallelisierten sprachgesunden Kindern im Alter von 24–28 Monaten zeigten sich signifikante Unterschiede u. a. hinsichtlich der emotionalen Resonanz der Kinder (von Aster 2007). Während in der Vergleichsstichprobe nur 6 % der Kinder eine unsichere emotionale Resonanz aufwiesen und ängstlich wirkten, wurden in der Late-Talker-Gruppe 40 % der Kinder so eingeschätzt. Unter den Late-Talkern fanden sich zudem deutlich weniger als emotional sicher und selbstbewusst wahrgenommene Kinder (60 % im Vergleich zu 94 % der sprachgesunden Kinder).

Verhaltensauffälligkeiten

In Bezug auf die Assoziation von Sprachentwicklungsverzögerungen und Verhaltensauffälligkeiten liegen inkonsistente Befunde vor. Zwei von vier in der Metaanalyse von Desmarais et al. (2008) untersuchten Studien deuten auf höhere Rückzugstendenzen und vermehrt internalisierendes Problemverhalten wie depressive Symptome und Ängstlichkeit bei Late-Talkern im Vergleich zu anderen Kindern hin (Irwin et al. 2002; Carson, Klee, Perry, Muskina & Donaghy 1998). Dagegen zeigten sich in einer Studie mit über 30 Monate alten Late-Talkern deutlich mehr externalisierende Auffälligkeiten im Sinne von destruktivem und aggressivem Verhalten (Horwitz et al. 2003). In einer Heidelberger Stichprobe mit 24 Monate alten Late-Talkern zeigten sich sowohl mehr internalisierende (z. B. Kontaktstörungen) als auch externalisierende Verhaltensauffälligkeiten (z. B. aggressives Verhalten) im Vergleich zu gleichaltrigen Kindern ohne sprachliche Beeinträchtigungen. Dabei waren Kinder mit rezeptiv-expressiver und expressiver Sprachentwicklungsverzögerung gleichermaßen betroffen. Fast 20 % der Late Talker zeigten klinisch relevante externalisierende Verhaltensauffälligkeiten (Sallinger, Buschmann, Jooss & Vonderlin 2010). Bei 24–29 Monate alten Late-Talkern (Horwitz et al. 2003) waren ebenso wie in einer Studie von Rescorla & Alley (2001) mit 24–26 Monate alten Late-Talkern keinerlei verhaltensbezogene Unterschiede zu sprachgesunden Vergleichsgruppen festzustellen. Die Befunde werden unterschiedlich interpretiert:

- Zum einen wird angenommen, dass Kinder, die geringe soziale Kompetenzen aufweisen, zunächst sprachliche Defizite und letztlich Verhaltensprobleme entwickeln (Irwin et al. 2002; Horwitz et al. 2003).
- Zum anderen wird postuliert, dass die sprachlichen Defizite aufgrund ihres negativen Effekts auf die Entwicklung direkt zu Verhaltensproblemen führen (Carson et al. 1998).

Insgesamt existiert keine eindeutige Befundlage dazu, wann und in welcher Form Verhaltensauffälligkeiten bei Kindern mit Sprachentwicklungsverzögerung auftreten. Sicher ist jedoch, dass ca. ein Drittel der Late-Talker nicht in der Lage ist, die sprachlichen Defizite bis zum Alter von drei Jahren zu überwinden, sodass sich eine USES ausbildet (Sachse 2007). Aufgrund des erhöhten Risikos für psychische und verhaltensbezogene Probleme bei Kindern mit USES besteht auch bei Late-Talkern die Gefahr einer ungünstigen Gesamtentwicklung.

─────────── Fallbeispiel ───────────

Kevin, 2;9 Jahre

Vorgeschichte

In einer kinder- und jugendpsychiatrischen Institutsambulanz wird der knapp dreijährige Kevin von seiner Mutter wegen ausgeprägter Verhaltensauffälligkeiten vorgestellt. Als jüngster von drei Brüdern besucht Kevin noch keinen Kindergarten. Bei den beiden älteren Brüdern sei bereits eine Aufmerksamkeitsdefizit-Hyperaktivitäts-Störung (ADHS) diagnostiziert worden. Bevor auch ihr jüngster Sohn eine ADHS entwickle, möchte die Mutter nun rechtzeitig professionelle Hilfe in Anspruch nehmen. Schwangerschaft, Geburt und Neugeborenenzeit sowie die weitere Entwicklung seien unauffällig verlaufen, und bis zu seinem 2. Geburtstag sei Kevin ein „besonders pflegeleichtes" Kind gewesen. Vor allem im letzten halben Jahr sei Kevin jedoch im häuslichen Umfeld und insbesondere im Zusammensein mit seinen Brüdern immer aggressiver geworden.

Diagnostik

Im Erstgespräch mit der Mutter wirkt Kevin altersentsprechend konzentriert, kooperativ und motorisch geschickt. Ohne Anzeichen motorischer Unruhe beschäftigt er sich ausdauernd alleine. Beim gemeinsamen Spiel führt Kevin alle sprachlichen Aufträge korrekt aus, ist kreativ und fröhlich. Er äußert sich jedoch überwiegend nonverbal und nimmt über Gestik und Mimik Kontakt mit der Untersucherin auf. Wenn sie ihn nicht versteht, verstärkt Kevin seine Bemühungen, sich verständlich zu machen, er wirkt bei Misserfolg frustriert und verhält sich dann aggressiv. Die Mutter bestätigt, dass Kevin nur sehr wenig spricht und dass auch sie ihn häufig schwer verstehen könne. Im Elternfragebogen

für Klein- und Vorschulkinder (CBCL 1½–5, Arbeitsgruppe Deutsche Child Behavior Checklist 2002) beschreibt die Mutter Kevin u. a. als „ist trotzig", „schreit viel", „schlägt andere Kinder", „schmollt" und „hat Wutausbrüche". Im Elternfragebogen zur Wortschatzentwicklung im frühen Kindesalter (ELAN-R, Bockmann & Kiese-Himmel 2012) ergibt sich ein expressiver Wortschatz von 18 Worten, wobei Kevin noch keine Wortkombinationen produziert. Diagnostisch werden Kevins Verhaltensauffälligkeiten als sekundäre Folge der Sprachentwicklungsverzögerung interpretiert.

Intervention

Auf Anraten der kinder- und jugendpsychiatrischen Institutsambulanz erhält Kevin schnellstmöglich einen Kindergartenplatz vor Ort, um regelmäßig Kontakt zu gleichaltrigen Kindern und hiermit geeignete Sprachmodelle zu haben. Kevins Mutter nimmt am Heidelberger Elterntraining zur frühen Sprachförderung (Buschmann 2011) teil, um Kevin auch im häuslichen Umfeld optimale sprachförderliche Anregungen bieten zu können. Schon nach wenigen Wochen überschreitet Kevins expressiver Wortschatz die 50-Wort-Schwelle, und er beginnt erste kurze Wortkombinationen zu äußern. Mit der Zunahme seiner sprachlichen Möglichkeiten vermindern sich die Verhaltensauffälligkeiten deutlich, sodass die Mutter bei der Wiedervorstellung nach sechs Monaten keinerlei Verhaltensauffälligkeiten ihres Kindes mehr berichtet.

5.3.4 Emotionale und Verhaltensauffälligkeiten bei Kindern mit umschriebener Sprachentwicklungsstörung

Zu psychischen Auffälligkeiten bei Kindern mit USES existiert eine vergleichsweise größere Fülle an Untersuchungen. Verschiedene Befunde deuten darauf hin, dass umschriebene Sprachentwicklungsstörungen mit Defiziten in der sozial-emotionalen Entwicklung einhergehen. In einer Studie von McCabe & Meller (2004) wurden 36 Kinder mit USES mit 35 sprachgesunden Kindern im Alter von 3–5 Jahren anhand der Einschätzungen von Erziehern, Eltern und Gleichaltrigen hinsichtlich verschiedener sozial-emotionaler Variablen beurteilt. In Bezug auf emotionsbezogenes Wissen, Durchsetzungsvermögen, Kontaktfreude, Selbstbeherrschung und internalisierendes Verhalten fanden sich bedeutsame Unterschiede zuungunsten der Kinder mit USES. Dagegen zeigten sich keinerlei Gruppenunterschiede beim Erkennen und Benennen von mimischen Emotionsausdrücken. In einer Studie mit strukturierten Beobachtungen versuchten Drei- bis Vierjährige mit Sprachentwicklungsstörung deutlich seltener mit anderen Kindern in Kontakt zu treten und reagierten signifikant negativer auf Kontaktversuche anderer Kinder (Qi & Kaiser 2004).

Hinsichtlich des Verhaltens ließen sich in einer Studie von Willinger et al. (2003) deutliche Unterschiede zwischen 94 Kindern mit USES und 94 sprachgesunden Kindern im Alter von 4–6 Jahren feststellen. So ergaben sich bei Kindern mit USES auf Basis der elterlichen Verhaltenseinschätzung deutlich höhere und damit auffälligere Werte in den Bereichen sozialer Rückzug, körperliche Beschwerden, Angst/Depressivität, soziale Probleme, Zwänge, Aufmerksamkeitsstörung, dissoziales und aggressives Verhalten. Klinisch bedeutsame Verhaltensauffälligkeiten wurden insgesamt bei 34 % der Kinder mit USES und bei 6 % der sprachgesunden Kinder diagnostiziert.

Spezifische Befunde liegen zudem für die phonologische Bewusstheit als einer sprachlichen Vorläuferfähigkeit für das Lesen und Schreiben vor. Hier zeigt sich, dass Kinder, die im Vorschulalter über eine vergleichsweise geringe phonologische Bewusstheit verfügen, deutlich mehr Verhaltensprobleme (Gasteiger-Klicpera, Klicpera & Schabmann 2006) insbesondere in den Bereichen Hyperaktivität, Aggressivität, emotionale Probleme und Umgang mit Gleichaltrigen aufweisen (Fröhlich, Koglin & Petermann 2010).

—————— **Fallbeispiel** ——————

Jan 5;2 Jahre

Vorgeschichte

In einer kinder- und jugendpsychiatrischen Institutsambulanz wird der fünfjährige Jan wegen ausgeprägter motorischer Unruhe und impulsivem Verhalten vorgestellt. Die Mutter bittet im Hinblick auf die Einschulung in knapp einem Jahr um eine Diagnostik und gegebenenfalls medikamentöse Behandlung, da Jans Vater an ADHS leide. Schwangerschaft, Geburt und die sonstige kindliche Entwicklung seien in allen Bereichen normal verlaufen, zum Zeitpunkt von Jans Geburt war die Mutter noch minderjährig. Jan wächst als Einzelkind auf, sei besonders willensstark und besuche regelmäßig und gerne einen Kindergarten.

Diagnostik

Schon im Erstgespräch mit der Mutter fällt auf, dass Jans Spontansprache fast unverständlich ist. Hierauf angesprochen erklärt die Mutter, dass Jan schon immer „so undeutlich" spreche, was sie aber nicht problematisch fände, da ihn „alle ja trotzdem verstehen und er sich schon durchzusetzen weiß". Die Untersuchung in der logopädischen Fachabteilung ergibt die Diagnose einer expressiven Sprachstörung (F 80.1) mit multipler Dyslalie und stark eingeschränkter Verständlichkeit. In der psychologischen Diagnostik zeigt sich eine normgerechte motorische und kognitive Entwicklung; Jan kann sich altersentsprechend konzentrieren und verhält sich kooperativ. Mit fünf Risikopunkten im Bielefelder Screening zur Früherkennung von Lese-Rechtschreib-Schwierigkeiten (BISC; Jansen, Mannhaupt, Marx & Skowronek 2002) liegt bei Jan allerdings ein Risiko zur Ausbildung einer Lese-Rechtschreib-Störung vor. Bei der Verhaltensbeobachtung im Kindergarten erweist sich Jan als ein beliebter Junge mit vielen Freunden, der von den Erzieherinnen als ausgeglichen geschildert wird und verantwortungsvolle Aufgaben übertragen bekommt (z. B. beim täglichen Brötchenkauf in der Kleingruppe am Zebrastreifen aufzupassen, dass kein Kind zu früh über die Straße läuft), was als Hinweis gegen die Hypothese einer ADHS gewertet wird. Die Erzieherinnen bedauern, dass Jan z. B. immer wieder mal nicht an schulvorbereitenden Aktivitäten teilnehmen könne, da Jans Mutter ihn nur sehr unregelmäßig in den Kindergarten bringe. Auf die Erzieherinnen wirkt Jan im Beisein seiner Mutter, die ihm keine klaren Grenzen setzen könne, „aufmüpfig und unruhig". Im Hörtest zeigt sich ein unauffälliger Befund.

Intervention

Die von der Mutter berichteten Verhaltensauffälligkeiten werden als spezifisch für die Mutter-Kind-Interaktion aufgrund wenig konsequenter Erziehung interpretiert. Der Mutter wird die Teilnahme an einem Erziehungstraining in der Ambulanz angeboten, damit sie lernen kann, mit positiv konsequenter Erziehung das Verhalten ihres Kindes positiv zu beeinflussen. Nach eingehender Aufklärung über den Befund wird der Mutter dringend eine intensive logopädische Therapie für Jan angeraten, um sekundären Folgestörungen wie emotionalen Auffälligkeiten oder Lernstörungen vorzubeugen. Allein schon über die Einschulung in eine Schule mit Förderschwerpunkt Sprache nachzudenken, lehnt die Mutter strikt ab. Ihr wird hierauf die Adresse einer Logopädin mitgeteilt und dort direkt ein Therapieplatz ohne Wartezeit vermittelt. Zur Prävention von Lese-Rechtschreib-Schwierigkeiten bietet der Kindergarten das Würzburger Trainingsprogramm (Küspert & Schneider 2006) an. Die Mutter sichert zu, Jan ab jetzt regelmäßig in den Kindergarten zu bringen, damit das Trainingsprogramm effektiv durchgeführt und Jan optimal auf die Schule vorbereitet werden kann. Doch die Mutter erscheint weder zu den engmaschig vereinbarten Wiedervorstellungsterminen in der Ambulanz noch nimmt sie die logopädische Therapie in Anspruch. Es gelingt ihr auch nicht, Jan regelmäßig in den Kindergarten zu bringen. Erst in der zweiten Hälfte des ersten Schuljahres wird sie wieder vorstellig und berichtet hilflos von massiven Problemen ihres Kindes beim Schriftspracherwerb („Jan und ich brauchen eine Stunde für vier kleine Sätze, die er

vorlesen soll!"), einer deutlich gestörten Mutter-Kind-Beziehung (besonders belastet durch die langen Hausaufgabenzeiten) und von Jans aggressivem und störendem Verhalten im Unterricht und auf dem Pausenhof. Bereits mehrfach sei sie zu Elterngesprächen in die Schule eingeladen worden, weil eine andere Beschulung von Jan in Erwägung gezogen würde. Die Mutter verfolgt weiter ihre Hypothese von einer ADHS, die medikamentöse Unterstützung benötige, was vor dem Hintergrund der bisherigen und aktuellen Diagnostik abgelehnt wird. Aufgrund der weiterhin bestehenden massiven expressiven Sprachstörung wird erneut der Besuch einer Schule mit dem Förderschwerpunkt Sprache angeraten. Dem stimmt die Mutter schließlich in einem gemeinsamen Gespräch mit der Klassenlehrerin zu, nachdem diese berichtet hat, dass Jans Lehrer und Mitschüler ihn nur schwer verstehen könnten und dass es Jan bis jetzt nicht gelungen sei, Freundschaften zu Mitschülern aufzubauen.

─────── Fallbeispiel ───────

Emma, 10;2 Jahre alt

Vorgeschichte

Emma, das vierte von acht Kindern, wird von ihren Eltern in der kinder- und jugendpsychiatrischen Institutsambulanz mit der Bitte um eine umfassende Diagnostik ihrer kognitiven Leistungsfähigkeiten vorgestellt. In der Schwangerschaft, bei der Geburt und in der weiteren kindlichen Entwicklung habe es keine Auffälligkeiten gegeben. Emma besuche die vierte Klasse einer Grundschule und habe nach Meinung der Lehrer einen intensiven Förderbedarf Lernen. Die Schulpsychologin hatte Emma vor zwei Jahren mit der deutschen Version der Kaufman Assessment Battery for Children (K-ABC; Melchers & Preuß 2009) getestet und einen unterdurchschnittlichen Gesamt-IQ-Wert von 83 attestiert. Die Eltern nehmen ihr Kind jedoch nicht als „dumm" wahr und möchten eine objektive Meinung einholen. Des Weiteren berichten die El-

5

tern, sie seien besorgt darüber, dass Emma häufig in sich gekehrt wirke, weine und traurig sei. Emma erzähle wenig von der Schule, habe kaum Freunde und verabrede sich nie, sondern hüte lieber zu Hause ihre kleine Nichte, die mit in der Familie lebe. Allgemein fühle sich Emma „zu jüngeren Kindern hingezogen". Emma, die bisher keinerlei Förderung (weder schulisch noch Logopädie oder Ergotherapie) erhalten habe, sei ein freundliches, schüchternes und fleißiges Mädchen, das mit jedem gut auskomme. Für ein halbes Jahr sei Emma aus familiären Gründen in eine Tagesgruppe gegangen, was ihr besonders gut gefallen habe.

Diagnostik

Emma zeigt sich sehr kooperativ in der Testsituation, baut schnell ein vertrauensvolles Verhältnis zur Untersucherin auf und scheint die alleinige Aufmerksamkeit sehr zu genießen. Bei sprachlichen Anforderungen fällt es ihr schwer zu antworten; immer wieder erklärt sie, „aber Mathe kann ich", und kaut an ihren Fingernägeln. Um eine aktuelle Einschätzung von Emmas kognitiven Fähigkeiten zu erhalten, wird eine Untersuchung mit der mehrdimensionalen Wechsler-Intelligence Scale for Children Fourth Edition (WISC IV; Petermann & Petermann 2012) durchgeführt. Hier zeigt sich ein unerwartetes Ergebnis. Emma erzielt in den Leistungsbereichen „Wahrnehmungsgebundenes logisches Denken" (Indexwert = 102), „Arbeitsgedächtnis" (Indexwert = 96) und „Verarbeitungsgeschwindigkeit" (Indexwert = 106) durchschnittliche Leistungen. Im Bereich „Sprachverständnis" erreicht sie jedoch lediglich einen Indexwert von 57, was einer massiven Einschränkung entspricht. So ergibt sich ein Gesamt-IQ-Wert von 84. Um Emmas sprachlichen Schwierigkeiten Rechnung zu tragen und eine wahrscheinlich realistischere Einschätzung ihrer kognitiven Leistungsfähigkeit zu erhalten, wird zusätzlich ein sprachfreies Intelligenzverfahren angewendet. Im Snijders-Oomen Nonverbalen Intelligenztest von 6 bis 40 Jahren (SON-R 6–40; Tellegen, Laros & Petermann 2012) erzielt Emma einen Gesamt-IQ-Wert von 104. Die ausführliche logopä-

dische Diagnostik ergibt gemäß den Kriterien der ICD-10 (Dilling et al. 2011) unter Verwendung des Gesamt-IQ-Wertes im nonverbalen Verfahren eine rezeptive Sprachstörung (F 80.2), wobei auffällt, dass Emma über einen deutlich eingeschränkten Wortschatz verfügt und ein hohes Störungsbewusstsein zeigt. In den Schulleistungstests erzielt sie in den Bereichen Lesen und Rechtschreiben weit unterdurchschnittliche Prozentränge von 1–2, wobei ihre mathematischen Fähigkeiten als durchschnittlich zu bewerten sind. Sie erfüllt unter Verwendung des Gesamt-IQ-Wertes im nonverbalen Verfahren somit die Kriterien für eine Lese- und Rechtschreibstörung (F 81.0) laut ICD-10. Auch für die ausgeprägten Lese-Rechtschreib-Probleme zeigt Emma ein hohes Störungsbewusstsein. Auf die Frage, was sie sich wünschen würde, wenn sie drei Wünsche frei hätte (Drei-Wünsche-Test), äußert sie als ersten Wunsch: „Erzieherin werden … aber bin zu doof in Deutsch." Im Satzergänzungstest beendet sie den Satzanfang „Ich finde scheußlich, dass …" mit „ich nicht richtig sprechen kann" zu Ende. Die Elternfragebögen über das Verhalten von Kindern und Jugendlichen (deutsche Bearbeitung der Child Behavior Checklist [CBCL 4–18], Arbeitsgruppe Deutsche Child Behavior Checklist 1998) ergeben übereinstimmend mit dem Lehrerurteil in der Teacher Report Form (TRF; Arbeitsgruppe Deutsche Child Behavior Checklist 1993) klinisch auffällige Werte auf den Syndromskalen „Sozialer Rückzug" und „Angst/Depressivität", der Skala zu internalisierendem Verhalten und im Gesamtwert für Problemverhalten. Die Ergebnisse im Depressionsinventar für Kinder und Jugendliche (DIKJ, Stiensmeier-Pelster, Braune-Krickau, Schürmann & Duda 2000) bestätigen das Vorliegen einer leichten depressiven Episode (F 32.0), wobei der Fragebogen aufgrund der ausgeprägten Lese-Rechtschreib-Störung vorgelesen wird. Die depressive Symptomatik wird als sekundäre Folge der lange übersehenen Sprach- und Lese-Rechtschreibstörung interpretiert. Auf intensives Nachfragen bei der Erläuterung des Befundes erinnern sich die Eltern wieder daran, dass Emma unter der Geburt einen Sauerstoffmangel erlitten und erst sehr spät (mit zwei Jahren) zu sprechen begonnen hatte. Emma habe immer schon wenig und „so durcheinander gesprochen, aber das hat nie jemand gestört".

Intervention

Im gemeinsamen Gespräch mit Eltern, Schulpsychologin und Klassenlehrerin wird entschieden, Emma in eine stationäre Sprachheilmaßnahme zu überweisen, damit sie im geschützten Rahmen ihre Sprachschwierigkeiten intensiv bearbeiten kann und eine spezifische Förderung im Lesen und Rechtschreiben erhält. Es wird erwartet, dass Emma aufgrund der kleinen Gruppengrößen und in Gesellschaft anderer sprachgestörter Kinder ihr ausgeprägtes Störungsbewusstsein relativieren kann, Kontakte mit Gleichaltrigen aufzubauen lernt und ihre depressiven Stimmungen infolgedessen abnehmen. Emma besucht bis zur Aufnahme in das Sprachheilzentrum eine Tagesgruppe, in der sie vielfältige Lernanregungen und Hausaufgabenbetreuung erhält; zudem nimmt sie eine ambulante logopädische Therapie auf (2× pro Woche). Nach der Befunderläuterung zeigt sie sich sichtbar erleichtert darüber, dass sie nicht dumm ist, und freut sich auf die Aufnahme in ein Sprachheilzentrum. Emmas Eltern berichten nach einem halben Jahr bei der Wiedervorstellung von Emmas Bruder, sie habe sich gut ins Sprachheilzentrum eingelebt und wirke bezüglich ihrer Traurigkeit und Zurückgezogenheit „wie ausgewechselt".

LITERATUR

Arbeitsgruppe Deutsche Child Behavior Checklist (1993). *Lehrerfragebogen über das Verhalten von Kindern und Jugendlichen; deutsche Bearbeitung der Teacher's Report Form der Child Behavior Checklist (TRF).* Einführung und Anleitung zur Handauswertung, bearbeitet von M. Döpfner & P. Melchers. Köln: Arbeitsgruppe Kinder-, Jugend- und Familiendiagnostik (KJFD).

Arbeitsgruppe Deutsche Child Behavior Checklist (1998). *Elternfragebogen über das Verhalten von Kindern und Jugendlichen; deutsche Bearbeitung der Child Behavior Checklist (CBCL 4–18).* Einführung und Anleitung zur Handauswertung mit deutschen Normen, bearbeitet von M. Döpfner, J. Plück, S. Bölte, K. Lenz, P. Melchers & K. Heim. 2. Aufl. Köln: Arbeitsgruppe Kinder-, Jugend- und Familiendiagnostik (KJFD).

Arbeitsgruppe Deutsche Child Behavior Checklist (2002). *Elternfragebogen für Klein- und Vorschulkinder (CBCL 1½–5).* Köln: Arbeitsgruppe Kinder-, Jugend- und Familiendiagnostik (KJFD).

Berk, L. E. (2005). *Entwicklungspsychologie.* München: Pearson Studium.

Bockmann, A., & Kiese-Himmel, C. (2012). *ELAN-R Eltern Antworten Revision. Elternfragebogen zur Wortschatzentwicklung im frühen Kindesalter.* Göttingen: Beltz.

Bretherton, I., Fritz, J., Zahn-Wexler, C., & Ridgeway, D. (1986). Learning to talk about emotions. A functionalist perspective. *Child Development, 57,* 529–548.

Buschmann, A. (2011). *Heidelberger Elterntraining zur frühen Sprachförderung. Trainermanual.* München: Elsevier Urban & Fischer.

Carson, D. K., Klee, T., Perry, C. K., Muskina, G., & Donaghy, T. (1998). Comparisons of children with delayed and normal language at 24 months of age on measures of behavioral difficulties, social and cognitive development. *Infant Mental Health Journal, 19,* 59–75.

Cohen, N. J. (2001). *Language Impairment and Psychopathology in Infants, Children and Adolescents.* California: Sage Publications.

Cole, P. M., Armstrong, L. M., & Pemberton, C. K. (2010). The role of language in the development of emotion regulation. In S. D. Calkins & M. A. Bell (Eds.), *Child development at the intersection of emotion and cognition* (pp. 59–77). Washington/DC: American Psychological Association.

Cutting, A. L., & Dunn, J. (1999). Theory of mind, emotion understanding, language, and family background. Individual differences and interrelations. *Child Development, 70,* 853–865.

Denham, S. A., Zoller, D., & Couchoud, E. A. (1994). Socialisation of preschooler's emotion understanding. *Developmental Psychology, 30,* 928–936.

Desmarais, C., Sylvestre, A., Meyer, F., Bairati, I., & Rouleau, N. (2008). Systematic review of the literature on characteristics of late-talking toddlers. *International Journal of Language and Communication Disorders, 43,* 631–689.

Dilling, H., Mombour, W., & Schmidt, M. H. (2011). *Internationale Klassifikation psychischer Störungen.* 8. Aufl. Bern: Huber.

Dunn, J., & Brown, J. (2006). Relationships, talk about feelings, and the development of affect regulation in early childhood. In J. Garber & K. A. Dodge (Eds.), *The development of emotion regulation and dysregulation* (pp. 3–11). Cambridge: Cambridge University Press.

Dunn, J., Brown, J., & Beardsall, L. (1991). Family talk about feeling states and children's later understanding of others' emotions. *Developmental Psychology, 27,* 448–455.

Eisenberg, N., & Morris, A. S. (2002). Children's emotion-related regulation. *Advances in Child Development and Behavior, 30,* 189–229.

Esser, G., & Wyschkon, A. (2008). Umschriebene Entwicklungsstörungen. In G. Esser (Hrsg.), *Lehrbuch der Klinischen Psychologie und Psychotherapie bei Kindern und Jugendlichen* (S. 159–181). 3. aktualisierte und erweiterte Aufl. Stuttgart: Thieme.

5

Fröhlich, L. P., Koglin, U., & Petermann, F. (2010). Zusammenhang zwischen phonologischer Bewusstheit und Verhaltensauffälligkeiten bei Kindern im Vorschulalter. *Zeitschrift für Kinder- und Jugendpsychiatrie und Psychotherapie, 38*, 283–290.

Gasteiger-Klicpera, B., Klicpera, C., & Schabmann, A. (2006). Der Zusammenhang zwischen Lese-Rechtschreib- und Verhaltensschwierigkeiten. *Kindheit und Entwicklung, 15*, 55–67.

Gross, J. J., & Muños, R. F. (1995). Emotion regulation and mental health. *Clinical Psychology: Science and Practice, 2*, 151–164.

Hart, K. I., Fujiki, M., Brinton, B., & Hart, C. H. (2004): The relationship between social behavior and severity of language impairment. *Journal of Speech, Language, and Hearing Research, 47*, 647–662.

Holodynski, M. (2006). *Emotionen – Entwicklung und Regulation.* Heidelberg: Springer Medizin Verlag.

Horwitz, S. M., Irwin, J. R., Briggs-Gowan M. J., Bosson Heenan, J. M., Mendoza, J., & Carter, A. S. (2003). Language delay in a community cohort of young children. *Journal of the American Academy of Child and Adolescent Psychiatry, 42*, 932–940.

Irwin, J. R., Carter, A. S., & Briggs-Gowan, M. J. (2002). The social-emotional development of "late-talking" toddlers. *Journal of the American Academy of Child and Adolescent Psychiatry, 41*, 1324–1332.

Jansen, H., Mannhaupt, G., Marx, H., & Skowronek, H. (2002). *Bielefelder Screening zur Früherkennung von Lese-Rechtschreibschwierigkeiten (BISC).* 2. überarb. Aufl. Göttingen: Hogrefe.

Köckeritz, M., Klinkhammer, J., & von Salisch, M. (2010). Die Entwicklung des Emotionswissens und der behavioralen Selbstregulation bei Vorschulkindern mit und ohne Migrationshintergrund. *Praxis der Kinderpsychologie und Kinderpsychiatrie, 59*, 529–544.

Kopp, C. B. (1989). Regulation of distress and negative emotions. A developmental view. *Developmental Psychology, 25*, 343–354.

Kopp, C. B. (2003). *Baby steps: a guide to your child's social physical, mental, and emotional development in the first two years.* New York: Holt Paperbacks.

Küspert, P., & Schneider, W. (2006). *Hören, lauschen, lernen. Anleitung: Sprachspiele für Vorschulkinder. Würzburger Trainingsprogramm zur Vorbereitung auf den Erwerb der Schriftsprache.* Göttingen: Vandenhoeck & Ruprecht.

Lauth, G. W. (2001). Selbstkontrollverfahren, kognitives Modellieren und Selbstinstruktionstraining. In G. W. Lauth, U. B. Brack, F. Linderkamp (Hrsg.), *Verhaltenstherapie mit Kindern und Jugendlichen* (S. 542–549). Weinheim: Beltz.

Lindsay, G., Dockrellb, J. E., & Mackie, C. (2008). Vulnerability to bullying in children with a history of specific speech and language difficulties. *European Journal of Special Needs Education, 23*, 1–16.

Lüdtke, U. M. (2006). Sprache und Emotion. Neurowissenschaftliche und linguistische Zusammenhänge. In R. Bahr

& C. Iven (Hrsg.), *Sprache Emotion Bewusstheit. Beiträge zur Sprachtherapie in Schule, Praxis, Klinik* (S. 17–26). Idstein: Schulz-Kirchner.

McCabe, P. C., & Meller, P. J. (2004). The relationship between language and social competence: How language impairment affects social growth. *Psychology in the Schools, 41*, 313–321.

Melchers, P., & Preuß, U. (2009). *Kaufman Assessment Battery for Children (deutsche Version).* 8. unveränderte Aufl. Frankfurt/M.: Pearson Assessment.

Meyer, W.-U., Reisenzein, R., & Schützwohl, A. (2003). *Einführung in die Emotionspsychologie 1/3: Die Emotionstheorien von Watson, Evolutionspsychologische Emotionstheorien, Kognitive Emotionstheorien.* Göttingen: Hans Huber.

Noterdaeme, M. (2008). Psychische Auffälligkeiten bei sprachentwicklungsgestörten Kindern. *Forum für Kinder- und Jugendpsychiatrie, Psychosomatik und Psychotherapie, 3*, 38–49.

Noterdaeme, M., & Amorosa, H. (1999). Evaluation of emotional and behavioral problems in language impaired children using the Child Behavior Checklist. *European Child and Adolescent Psychiatry, 8*, 71–77.

Petermann, F., & Petermann, U. (2012). *WISC-IV. Wechsler Intelligence Scale for Children – Fourth Edition* (deutschsprachige Adaption nach D. Wechsler). Frankfurt/Main: Pearson Assessment.

Petermann, F., & Wiedebusch, S. (2008). *Emotionale Kompetenz bei Kindern.* Göttingen: Hogrefe.

Pons, F., Lawson, J., Harris, P. L., & de Rosnay, M. (2003). Individual differences in children's emotion understanding. Effects of age and language. *Scandinavian Journal of Psychology, 44*, 347–353.

Qi, C. H., & Kaiser, A. P. (2004). Problem behaviors of low-income children with language delays: An observation study. *Journal of Speech, Language, and Hearing Research, 47*, 595–609.

Rescorla, L., & Alley, A. (2001). Validation of the Language Development Survey (LDS): A parent report tool for identifying language delay in toddlers. *Journal of Speech, Language, and Hearing Research, 44*, 434–445.

Ruffman, T., Slade, L., Rowlands, K., Rumsey, C., & Garnham, A. (2002). How language relates to belief, desire, and emotion understanding. *Cognitive Development, 18*, 139–158.

Sachse, S. (2007). *Neuropsychologische und neurophysiologische Untersuchungen bei Late Talkers im Quer- und Längsschnitt.* München: Verlag Dr. Hut.

Sallinger, C., Buschmann, A., Jooss, B., & Vonderlin, E. (2010). *Verzögerte Sprachentwicklung bei Zweijährigen – ein Risiko für Verhaltensauffälligkeiten?* Posterbeitrag auf dem Symposium der Fachgruppe Klinische Psychologie und Psychotherapie, Mainz.

Schultz, D., Izard, C. E., Ackerman, B. P., & Youngstrom, E. A. (2001). Emotions knowledge in economically disadvantaged children. Self-regulatory antecedents and relations to social difficulties and withdrawal. *Development and Psychopathology, 13*, 53–67.

Snowling, M. J., Bishop, D. V. M., Stothard, S. E., Chipchase, B., & Kaplan, C. (2006). Psychosocial outcomes at 15 years of children with a preschool history of speech-language impairment. Journal of Child Psychology and Psychiatry, 47, 759–765.

Stiensmeier-Pelster, J., Braune-Krückau, M., Schürmann, M., & Duda, K. (2000). *Depressions-Inventar für Kinder und Jugendliche (DIKJ).* Handanweisung. 2. überarb. u. neunormierte Aufl. Göttingen: Hogrefe.

Szagun, G. (2014). Beurteilung des Sprachstandes und die Indikation zur Sprachtherapie in der pädiatrischen Praxis. In BVKJ (Hrsg.), *Leitfaden zur Beurteilung der Sprachentwicklung in der kinder- und jugendärztlichen Praxis: Rationale Indikationshilfe für Beobachtung, Sprachförderung und Sprachtherapie* (S. 8–23). Köln: BVKJ.

Tellegen, P. J., Laros, J. A., & Petermann, F. (2012). *SON-R 6–40. Snijders-Omen Nonverbaler Intelligenztest für Kinder und Erwachsene im Alter von 6;0 bis 40;11 Jahren.* Göttingen: Hogrefe.

Thompson, R. A. (2011). Emotions and emotion regulation. Two sides of the developing coin. *Emotion Review, 3,* 53–61.

Vallotton, C. D., & Ayoub, C. C. (2009). Symbols build communication and thought. The role of gestures and words in the development of engagement skills and social-emotional concepts during toddlerhood. *Social Development, 19,* 601–626.

Van Agt, H., Verhoeven, L., Van Den Brink, G., & De Koning, H. (2010). The impact on socio-emotional development and quality of life of language impairment in 8-year-old children. *Developmental Medicine and Child Neurology, 53* (1), 81–88.

Van Daal, J., Verhoeven, L., & van Balkom, H. (2007). Behaviour problems in children with language impairment. *Journal of Child Psychology and Psychiatry, 48* (11), 1139–1147.

von Aster, D. (2007). *Verhaltensbesonderheiten bei sprachentwicklungsverzögerten zweijährigen Kindern.* Unveröffentl. Dissertation, Ludwig-Maximilians-Universität, München.

von Suchodoletz, W. (2003). Umschriebene Sprachentwicklungsstörungen. *Monatsschrift* Kinderheilkunde, 1, 31–37.

von Suchodoletz, W. (2008). Was wird aus Kindern mit umschriebenen Sprachentwicklungsstörungen? *Forum für Kinder- und Jugendpsychiatrie, Psychosomatik und Psychotherapie, 3,* 50–69.

von Suchodoletz, W. (2013). Sprech- und Sprachentwicklungsstörungen. In F. Petermann (Hrsg.), *Lehrbuch der klinischen Kinderpsychologie* (S. 229–244). Göttingen: Hogrefe.

Wang, Q. (2001). 'Did you have fun?' American and Chinese mother-child conversations about shared emotional experiences. *Cognitive Development, 16,* 693–715.

Wellman, H. M., Harris, P. L., Banerjee, M., & Sinclair, A. (1995). Early understanding of emotion. Evidence from natural language. *Cognition and Emotion, 9,* 117–149.

Willinger, U., Brunner, E., Diendorfer-Radner, G., Sams, J., Sirsch, U., & Eisenwort, B. (2003). Behavior in children with language development disorders. *The Canadian Journal of Psychiatry, 48,* 607–614.

5

Frühe Auffälligkeiten der Sprachentwicklung

6

Claudia Hachul

Frühe Auffälligkeiten der Sprachentwicklung

Die wichtigsten grundlegenden sprachlichen Fähigkeiten werden in den ersten vier Lebensjahren erworben. Dabei verläuft die Sprachentwicklung zwar nach einem bestimmten Muster, ist aber dennoch individuell sehr variabel. Insbesondere bei Kleinkindern ist die Unterscheidung zwischen *Sprachentwicklungsverzögerungen (SEV),* die das Kind unter Umständen selbständig wieder aufholen kann, und den ersten Symptomen einer behandlungsbedürftigen *Sprachentwicklungsstörung (SES)* nur schwer zu treffen. Wenn übergreifend von frühen Auffälligkeiten der Sprachentwicklung die Rede ist, handelt es sich also nicht zwangsläufig um Symptome einer umschriebenen Sprachentwicklungsstörung, sondern auch um Risikofaktoren und Prädiktoren, die deren Auftretenswahrscheinlichkeit erhöhen.

Definitionen

Bei sog. umschriebenen Sprachentwicklungsstörungen (USES), auch spezifische Sprachentwicklungsstörungen (SSES) genannt, liegt keine erkennbare Ursache für die Sprachentwicklungsstörung vor. International besteht Konsens darüber, dass die Diagnose erst nach dem dritten Geburtstag zuverlässig gestellt werden kann (Tager-Flusberg & Cooper 1999, Interdisziplinäre Leitlinie 2011).
Bei sekundären Sprachentwicklungsstörungen, die z. B. aufgrund einer Hörbeeinträchtigung, einer Störung der kognitiven Entwicklung oder aufgrund einer tiefgreifenden Entwicklungsstörung entstehen, sind Ursachen und mögliche Auswirkungen auf die seelische Gesundheit und die weitere Lebensqualität des betroffenen Kindes oft schon früher erkennbar.

Da bei sekundären Sprachentwicklungsstörungen vielfältige Ursachen und Auffälligkeiten mit unterschiedlicher Prognose und unterschiedlichem Förderbedarf vorliegen können, stehen diese in den folgenden Ausführungen nicht im Vordergrund.

Kinder, die im Alter von 24 Monaten weniger als 50 Wörter sprechen, werden auch in Deutschland als *Late-Talker* bezeichnet. Ähnlich wie bei der umschriebenen Sprachentwicklungsstörung darf der geringe Umfang des produktiven Wortschatzes nicht auf eine Primärbeeinträchtigung zurückzuführen sein. Als Ursache für den verzögerten Wortschatzerwerb sind also kognitive Entwicklungsverzögerungen, Hörschäden und andere sensorische und körperliche Beeinträchtigungen, neurologische Störungen, psychosoziale und emotionale Fehlentwicklungen sowie soziale, emotionale oder multiple Deprivation und tiefgreifende Entwicklungsstörungen (Autismus, Rett-Syndrom u. a.) auszuschließen.

In der klinischen und therapeutischen Praxis gilt es im Einzelfall abzuwägen, ob über die Feststellung der Sprachauffälligkeit hinaus in den ersten drei Lebensjahren eine Intervention durchgeführt werden soll, und wenn ja, in welcher Form, also z. B. als eher punktuelle Elternberatung, als Elterntraining, als frühe Sprachförderung in der Kindertagesbetreuung oder, wenn viele Auffälligkeiten vorliegen, die mehrere sprachliche Ebenen (lexikalische, phonologische, evtl. auch die frühe grammatische Entwicklung) und beide Modalitäten (Produktion und Verstehen) betreffen, auch in Form einer frühen Sprachtherapie (vgl. Hecking & Schlesiger 2010). In diese Entscheidung müssen neben der Prognose das Förderpotenzial und Schutzfaktoren des kindlichen Umfelds immer mit einbezogen werden. Auf jeden Fall sollten frühe sprachliche Auffälligkeiten nach dem Prinzip des *Watchful Waiting*, also des beobachtenden Abwartens mit Kontrolluntersuchungen in bestimmten Abständen, überwacht werden.

In den folgenden Abschnitten werden Sprachauffälligkeiten für den Altersbereich der ersten drei Lebensjahre (inkl. der vorgeburtlichen Phase) beschrieben.

6.1 Risiko- und Schutzfaktoren für die Sprachentwicklung

Bestimmte Risikofaktoren können die Auftretenswahrscheinlichkeit von Sprachauffälligkeiten bzw. Sprachentwicklungsstörungen erhöhen, so wie Schutzfaktoren ebendiese verringern, ohne dass ihre Wirkung monokausal zu interpretieren ist und für den Einzelfall nicht unbedingt zutreffen muss (Laucht et al. 2000). Zum besseren Verständnis von frühen Auffälligkeiten der Sprachentwicklung sollen im Folgenden die wichtigsten Risiko- und Schutzfaktoren kurz zusammengefasst werden.

6.1.1 Genetische bzw. biologische Risikofaktoren

Familiäre Disposition

Bei Sprachentwicklungsstörungen wird oft eine familiäre Häufung gefunden. So sind ungefähr 20–40 % der Kinder aus Familien, in denen bereits eine umschriebene Sprachentwicklungsstörung aufgetreten ist, ebenfalls betroffen (Choudhury & Benasich 2003). Diese familiäre Disposition für Sprachentwicklungsstörungen gilt als einer der größten Risikofaktoren (Tomblin et al. 1997b). Wie die Ausschlussdefinition der umschriebenen Sprachentwicklungsstörung nahe legt, beruht die familiäre Häufung nicht hauptsächlich auf Umweltfaktoren wie z. B. mangelnder sprachlicher Anregung. Obwohl das Sprachumfeld einen nicht zu unterschätzenden Einfluss auf die Entwicklung der Kinder hat, ist eine fehlende Sprachanregung (in den meisten Fällen) nicht die Ursache für eine Sprachentwicklungsstörung (Leonard 1998).

Im Gegensatz zu deutlich ausgeprägten und frühestens im vierten Lebensjahr diagnostizierbaren Sprachentwicklungsstörungen haben Umweltfaktoren beim späten und langsamen Wortschatzerwerb von Late-Talkern evtl. ein größeres Gewicht (Desmarais et al. 2008). Genetische Faktoren konnten in einer Zwillingsstudie bei einer großen Gruppe von Late-Talkern nicht identifiziert werden (Bishop et al. 2003). Erst bei einer umschriebenen Sprachentwicklungsstörung lässt sich ein starker genetischer Ein-

fluss nachweisen (Bishop et al. 2003; Viding et al. 2004). Allerdings sind die Befunde widersprüchlich, da Rescorla & Schwartz (1990), Paul (1991) sowie Zubrick et al. (2007) durchaus eine familiäre Veranlagung für einen verzögerten Wortschatzerwerb bei Late-Talkern fanden. Welche Umweltfaktoren einen späten und langsamen Wortschatzerwerb bedingen, und wie sie ggf. mit genetischen Faktoren zusammenwirken, kann beim heutigen Stand der Forschung nicht spezifiziert werden (Reilly et al. 2007). Die Unterschiede zwischen einem umwelt und einem genetisch bedingten oder einem sowohl umwelt als auch genetisch bedingten späten und langsamen Wortschatzerwerb sind im Alter von zwei Jahren zurzeit nicht identifizierbar.

Mittelohrentzündungen

Häufig wiederkehrende und beidseitige Mittelohrentzündungen im Kleinkindalter können in einer Schallleitungsschwerhörigkeit resultieren, die sich nachteilig auf die kindliche Sprachentwicklung auswirkt, wenn weitere Risikofaktoren wie z. B. ein geringes mütterliches Bildungsniveau oder ein wenig förderliches Sprachumfeld hinzukommen (Roberts et al. 2004).

Zwischen der Gruppe der Late-Talker und Kindern ohne Sprachentwicklungsverzögerung finden sich laut Desmarais et al. (2008) keine Unterschiede in der Auftretenshäufigkeit von Mittelohrentzündungen. Allerdings weisen Paul et al. (1993) darauf hin, dass sich die phonologischen Fähigkeiten von Kindern mit wiederkehrenden Mittelohrentzündungen im Vergleich zu anderen Kindern langsamer entwickeln.

Weitere biologische Risikofaktoren

In einer Stichprobe von Stanton-Chapman et al. (2002), die fast 6.000 Kinder mit einer umschriebenen Sprachentwicklungsstörung und mehr als 200.000 Kontrollkinder umfasste, zeigten sich neben dem Bildungsniveau und Familienstand der Mutter (unverheiratet) weitere biologische Risikofaktoren für Sprachentwicklungsstörungen, wie z. B. ein sehr niedriges Geburtsgewicht (< 1.500 g) und ein niedriger APGAR-Wert. Jungen sind häufiger von einer umschriebenen Sprachentwicklungsstörung betroffen als Mädchen (Tomblin et al. 1997a).

Ein niedrigerer APGAR-Wert sowie eine neonatale Intensivversorgung bei der Geburt sind mit einem unterdurchschnittlichen Wortschatz in der Mitte des zweiten Lebensjahres assoziiert (Marschik et al. 2007). Penner et al. (2006) sehen eine verlangsamte Reifung der Hörbahn im Alter von sechs Monaten als möglichen Frühindikator für Late-Talker. Genetische bzw. biologische Faktoren wirken sich offenbar auf den Erwerb der ersten Worte aus. Dass Frühgeborene ein erhöhtes Risiko für einen langsamen Wortschatzerwerb und Sprachentwicklungsstörungen haben, gilt auch für solche, die keine weiteren Auffälligkeiten zeigen (Jansson-Verkasalo et al. 2004). Mädchen erwerben ihre ersten Worte früher und bauen ihr frühkindliches Lexikon etwas schneller auf, der Vorsprung ist aber nicht sehr groß (Szagun et al. 2006). Ab einem Alter von ca. 30 Monaten sind im Wortschatzerwerb keine geschlechtsspezifischen Unterschiede mehr nachweisbar (Grimm 2000). Laut Fenson et al. (1994) erklären Geschlechtsunterschiede lediglich 1–2 % der Varianz im Wortschatzwachstum, während Geschwisterrang sowie sozioökonomischer Status einen noch geringeren Einfluss haben.

6.1.2 Psychosoziale Risiko- und Schutzfaktoren

Familiärer Hintergrund

An wissenschaftlichen Untersuchungen zu Sprachentwicklungsstörungen nehmen häufig Familien teil, die wenige psychosoziale Risiken aufweisen. Die Mütter stammen meist aus der Mittel- bis Oberschicht und verfügen über ein höheres Bildungsniveau als der Bevölkerungsdurchschnitt. Ein niedriges Bildungsniveau gilt ebenfalls als Risikofaktor für umschriebene Sprachentwicklungsstörungen. Da häufig noch andere Risikofaktoren hinzukommen, entstehen möglicherweise Risikoketten, wie sie Noterdaeme (2001: 157) beschreibt:

„So ist davon auszugehen, dass ein Kind mit einer guten Sprachentwicklung eine eher günstige Disposition

zeigt, biologisch wenig belastet ist und mit einer größeren Wahrscheinlichkeit in ein sprachliches Umfeld hineinwächst, das ihm besonders günstige Voraussetzungen für den Spracherwerb bietet. Umgekehrt haben Kinder mit einer Sprachstörung häufiger eine eher ungünstige genetische Disposition, sind biologisch mehr belastet und wachsen mit größerer Wahrscheinlichkeit in einem weniger optimalen sprachlichen Umfeld auf und sind somit mehrfach belastet. Es entstehen Risikoketten."

Die Ergebnisse zu Risikofaktoren eines verzögerten Wortschatzerwerbs im dritten Lebensjahr sind widersprüchlich. Während einige Studien keine oder nur geringe Korrelationen zwischen dem späten und langsamen Wortschatzerwerb zweijähriger Late-Talker und dem familiären sozioökonomischen Status, dem Bildungsstand der Eltern oder dem elterlichen Erziehungsverhalten fanden (Zubrick et al. 2007), kamen andere Studien zu dem Ergebnis, dass in Late-Talker-Familien häufiger Risikofaktoren wie z. B. ein geringer Bildungsstand, Armut oder eine hohe elterliche Stressbelastung vorliegen (Horwitz et al. 2003).

Eltern-Kind-Interaktion als Schutzfaktor

Desmarais et al. (2008) betonen, dass der Spracherwerb des Kindes nicht unmittelbar durch den sozioökonomischen Status bzw. das familiäre Bildungsniveau beeinflusst wird, sondern dass der Zusammenhang zwischen Bildungsniveau der Eltern und Sprachkompetenz der Kinder vielmehr vom elterlichen Sprachangebot abhängt. Eltern mit niedrigem Bildungsniveau kommunizieren weniger kindbezogen und nutzen einen weniger differenzierten Wortschatz (Hoff 2003). Auch hierbei handelt es sich um ein statistisches Ergebnis, das nicht auf den Einzelfall zutreffen muss.

Auf Kinder mit einem schwierigen Temperament oder mit frühkindlichen Regulationsstörungen (Schrei-, Fütter- oder Schlafstörungen) reagieren Eltern oft weniger intuitiv (NICHD Early Child Care Research Network 1999; Bornstein & Tamis-LeMonda 2010). Generell fällt es Bezugspersonen leichter, intuitiv zu reagieren, wenn das Kind aufmerksam

6

und aktiv – aber nicht überaktiv – ist, wenn es seine Interaktionsbereitschaft zeigt, indem es z. B. häufig den Blickkontakt sucht, und deutliche Signale aussendet, indem es z. B. nicht nur einmal kurz nach etwas greift, sondern diese Geste wiederholt und mit langgestrecktem Arm ausführt. Bei Kindern, die viele Stunden außerhäuslich betreut werden, ist die Eltern-Kind-Interaktion durch eine geringere mütterliche Sensitivität und eine geringere Interaktionsbereitschaft des Kindes gekennzeichnet (NICHD Early Child Care Research Network 1999). Weitere Risikofaktoren für eine geringe wechselseitige Abstimmung zwischen Kind und Eltern sind postnatale Trennung, erschöpfte Ressourcen und kumulative Belastungen (Papoušek 2006). Postpartale Depressionen werden ebenfalls häufig als Risikofaktor für die frühe Eltern-Kind-Interaktion genannt (NICHD Early Child Care Research Network 1999; Papoušek 2006; Waylen & Stewart-Brown 2010; Field 2010, Bornstein & Tamis-LeMonda 2010). Auch elterliche Einstellungen und das soziale Netzwerk spielen eine Rolle. Eltern, die sich selbstsicher und kompetent in ihrer Elternrolle fühlen, und Eltern, die von ihren Bezugspersonen Unterstützung erhalten, gehen angemessener und weniger strafend mit ihren Kindern um (Bornstein & Tamis-LeMonda 2010). Individuelle Unterschiede in den Interaktionsstilen der Eltern sind z. T. auch durch deren eigene Kindheitserlebnisse erklärbar (Bigelow et al. 2010).

Die Stellung in der Geschwisterreihe hat – wie bereits erwähnt nur einen geringen (> Kap. 6.1.1) – Einfluss auf die Sprachentwicklung, der wahrscheinlich über die Eltern-Kind-Interaktion vermittelt wird. So haben Eltern eher die Möglichkeit, sich intensiv und ohne Ablenkung mit ihren Erstgeborenen zu beschäftigen. Insgesamt zeigen Erstgeborene in den ersten 2–3 Lebensjahren ein etwas schnelleres Wortschatzwachstum und erwerben die ersten 50 Wörter im Durchschnitt einen Monat früher als jüngere Geschwister (Hoff-Ginsberg 2000). In einigen Studien waren Late-Talker häufiger Zweit- oder Drittgeborene als sprachlich normale Kinder (Grimm & Doil 2006). Dieser Vorsprung der Erstgeborenen lässt sich mit drei Jahren jedoch nicht mehr nachweisen (Grimm 2000).

Eine frühe nicht-elterliche Betreuung ab dem zweiten Lebensjahr über mindestens 20 Wochenstunden hat ebenfalls einen positiven Einfluss auf den Wortschatzerwerb, kann aber je nach Qualität der Betreuung und Anzahl der Wochenstunden auch zu Verhaltensauffälligkeiten bei den Kindern führen (Belsky 2006, Bradshaw & Wasoff 2009).

6.2 Sprachauffälligkeiten im ersten Lebensjahr

Da Kinder frühestens gegen Ende des ersten Lebensjahres ihre ersten Wörter äußern, kann man bis zu dem Zeitpunkt eigentlich noch nicht von Sprachauffälligkeiten sprechen. Bei Säuglingen geht es vielmehr um die Identifikation von vorsprachlichen Auffälligkeiten, die in einem Zusammenhang mit späteren Sprachentwicklungsverzögerungen oder Sprachentwicklungsstörungen stehen könnten.

6.2.1 Vokalisationen

Säuglinge äußern sich in den ersten Lebenswochen durch Geräusche und Schreie, mit denen sie bereits unterschiedliche Zustände wie Zufriedenheit, Hunger, Suche nach Geborgenheit oder Müdigkeit ausdrücken können. Im zweiten Lebensmonat treten stimmliche Modulationen (**Gurrphase**) auf, und ungefähr im vierten Lebensmonat beginnt die **Phase der stimmlichen Expansion,** in der das Baby Modulation, Melodik, Intensität und Klangfarbe variiert (Klann-Delius 1999). Mit ungefähr sechs Monaten setzt die **kanonische Lall- oder Babbelphase** ein, in der das Kind Konsonanten und Vokale miteinander kombiniert, zwischen acht und elf Monaten beginnt es beim **reduplizierenden Lallen** Silbenfolgen wie *dada* oder *gaga* aneinanderzureihen, und kurz vor dem ersten Geburtstag werden als **buntes Lallen** bezeichnete unterschiedliche Konsonant-Vokal-Kombinationen wie *gada* hörbar (Klann-Delius 1999). Bereits die Schreivokalisationen und auch die Phonemkombinationen der Lallphase weisen prosodische und phonologische Ähnlichkeiten mit der Erstsprache des Kindes auf, und individuelle Vorlieben für Silben in der Lallphase lassen sich auch in der Einwortphase noch erkennen (Oller et al. 1999).

Schreianalysen

Schreianalysen dienen in der Pädiatrie und Säuglingsforschung seit Jahrzehnten als probates Mittel, um Zusammenhänge zwischen spezifischen Charakteristika des Schreirepertoires eines Säuglings und bereits manifesten Krankheiten zu identifizieren. In ihrem Überblick berichten LaGasse et al. (2005) z. B. über auffällige Schreimuster bei Kindern mit Down-Syndrom, Cri-du-chat-Syndrom, Meningitis, Hydrozephalus, bei Frühgeborenen oder bei pränatal durch den Drogenkonsum der Eltern geschädigten Kindern. Auch prospektive Assoziationen zwischen auffälligen Schreimustern und bis zu dem Zeitpunkt noch nicht diagnostizierten Krankheiten wie dem plötzlichen Kindstod (LaGasse et al. 2005) oder Störungen aus dem autistischen Spektrum (Esposito & Venuti 2010) konnten aufgezeigt werden.

Wermke et al. (2007) fanden in einer Studie mit 34 Kindern Korrelationen zwischen der Komplexität der Schreimelodien und dem Wortschatzumfang mit 2½ Jahren. Während in den ersten Lebenswochen einfach steigende und fallende Melodien vorherrschen, entwickeln sich in der Folge zunehmend komplexere Schreimelodien mit mehreren auf- und absteigenden Bögen innerhalb eines Schreis (Wermke 2008). Bei Säuglingen, deren Schreiphasen im zweiten Lebensmonat weniger als 45 % komplexe Melodien aufwiesen, war mit fünffach erhöhter Wahrscheinlichkeit eine Sprachentwicklungsverzögerung im dritten Lebensjahr zu erwarten. Eine mögliche Erklärung für die prädiktive Aussagekraft der Schreikomplexität sehen Wermke et al. (2007) darin, dass sich im zweiten Lebensmonat Reifungsprozesse vollziehen, die dem Kind ein willentliches Variieren der Schreimelodie erlauben, was mit der späteren Kontrolle von sprachlich relevanten Vokalisationen zusammenhängen könnte. Dies könnte auf eine genetische Komponente hindeuten, die eine wichtige Rolle im Spracherwerb spielt (Wermke 2008). In Schreianalysen, die vor oder nach dem zweiten Lebensmonat durchgeführt wurden, zeigten sich jedoch keine Assoziationen zu späteren sprachlichen Kompetenzen. Das liegt vermutlich daran, dass im ersten Lebensmonat interindividuelle postnatale Adaptationsprozesse und ab dem dritten Lebensmonat bereits erste artikulatorische Prozesse die Schreimelodie maskieren (Wermke et al. 2007).

Babbelanalysen

Einige Autoren bringen ein vermindertes kanonisches Babbeln oder ungewöhnliche Lautpräferenzen während der Babbelphase mit einem geringen Wortschatz im Alter von zwei Jahren in Zusammenhang (Stoel-Gammon 1989; Schulz 2007a, 2007b).

Kanonisches Babbeln lässt sich in einem relativ engen Zeitfenster im Alter zwischen sechs und zehn Monaten zum ersten Mal beobachten. Dies gilt für normal entwickelte Kinder ohne weitere Risikofaktoren genauso wie für Frühgeborene, für Kinder aus Familien mit niedrigem sozioökonomischem Status oder für Kinder aus mehrsprachigen Familien (Oller et al. 1999).

In einer Studie mit 3.469 Kindern im Alter von 10–12 Monaten überprüften Oller et al. (1999) die prädiktive Aussagekraft eines verzögert beginnenden kanonischen Lallens. In einem telefonischen Interview wurden die Eltern befragt, welche Laute ihr Baby von sich gibt (offene Fragestellung) und ob es Laute wie *gaga* oder *dada* äußert (geschlossene Fragestellung). Für eine Validierung der Elternaussagen wurden als „nicht-kanonisch" eingestufte Kinder sowie einige Kontrollkinder zu einem Face-to-face-Interview mit Spontanbabbelanalyse eingeladen. Die Sensitivität des Elterninterviews betrug 0.46, d. h. ungefähr die Hälfte der späten Babbler, die auch in der direkten Analyse auffällig waren, wurde telefonisch korrekt eingeschätzt (richtig positive Einschätzung). Die Spezifität des Elterninterviews betrug 0.95, d. h. ungefähr 95 % der Kinder mit altersgerechtem Beginn des kanonischen Babbelns konnten über das Elterninterview herausgefiltert werden (richtig negative Einschätzung).

Eine zuverlässige Einschätzung des kanonischen Babbelns mittels telefonischer Elterninterviews ist aufgrund der unzureichenden Sensitivität nicht gegeben. Dies könnte laut Oller et al. (1999) u. a. an dem zeitlichen Abstand von durchschnittlich drei Wochen zwischen Telefonat und direkter Analyse gelegen haben.

In der Längsschnittanalyse zeigte sich, dass ungefähr die Hälfte der späten Babbler an schwerwiegenden Krankheiten oder Entwicklungsstörungen wie z. B. infantiler Zerebralparese oder Epilepsie litt. Als die Sprachentwicklung der späten Babbler, die keine ernsthaften medizinischen Komplikationen aufwiesen, im zweiten und dritten Lebensjahr nachuntersucht wurde, fanden sich signifikante Verzögerungen im expressiven Wortschatz, nicht aber im rezeptiven Wortschatz.

6.2.2 Sprachperzeption

Säuglinge besitzen erstaunliche Fähigkeiten in der prosodischen und phonologischen Verarbeitung, die sich unter bestimmten experimentellen Bedingungen beobachten lassen (Jusczyk 1997, 1999; Weissenborn 2000; Höhle 2005; Friederici 2006). Einen Überblick über die experimentellen Methoden der Säuglings-, Sprachwahrnehmungs- und frühkindlichen Spracherwerbsforschung geben Jusczyk (1997), Klann-Delius (1999) und Hennon et al. (2000).

Die Hörfähigkeit des Fötus entwickelt sich bereits in der 24. Gestationswoche (Rauh 1998). Säuglinge erinnern sich an Reime, die sie im Mutterleib gehört haben, bevorzugen die Stimme der Mutter, wenn diese kindgerichtet spricht, und können einzelne Laute und Phoneme unterscheiden (Hennon et al. 2000). Die Lautperzeption ist zunächst noch universell und unabhängig von der Muttersprache. Dies ändert sich ungefähr ab dem sechsten Lebensmonat: Nun entwickeln Säuglinge zunehmend die Fähigkeit, muttersprachliche Laute zu verarbeiten (Jusczyk 1999), und verlieren in den nächsten Monaten die Fähigkeit, nicht-muttersprachliche Phoneme zu differenzieren. Nach Jusczyk (1999) orientieren sich Säuglinge auch an prosodischen Mustern und wiederkehrenden Lautmustern, um Wortgrenzen zu segmentieren. Deutschsprachige Kinder erkennen im Alter von sechs Monaten, dass der Trochäus im Deutschen das dominierende Betonungsmuster darstellt, was ihnen hilft, Wortgrenzen und damit Wortformen zu identifizieren (Höhle 2005; Weissenborn 2005). Mit 6–9 Monaten lässt sich ein erstes Wortverstehen für Substantive bei Säuglingen nachweisen (Bergelson & Swingley 2012).

Prosodische und phonologische Fähigkeiten

Die Zusammenhänge zwischen unzureichenden oder verzögerten **Lautverarbeitungsfähigkeiten** und späteren Sprachentwicklungsverzögerungen wurden mehrfach untersucht. Bereits bei Neugebo-

renen lassen sich mittels ereigniskorrelierter Potenziale im Elektroenzephalogramm (EEG) Unterschiede in der Verarbeitung von Silben erkennen, die insbesondere mit den rezeptiven sprachlichen Fähigkeiten im Alter von 2–5 Jahren korrelieren (Guttorm et al. 2005).

Auch in der schnellen auditiven Verarbeitung von hintereinander dargebotenen Tönen mit variierenden Intervallen zeigten sich Unterschiede zwischen Säuglingen, die als Zwei- und Dreijährige über gute bzw. weniger gute Sprachkompetenzen verfügten (Benasich & Tallal 2002).

Weber et al. (2005) untersuchten die prosodischen Verarbeitungsfähigkeiten von fünf Monate alten deutschsprachig aufwachsenden Säuglingen ebenfalls mittels ereigniskorrelierter Potenziale im EEG. Dabei stellte sich heraus, dass Kinder, die das für das Deutsche typische Betonungsmuster des Trochäus weniger gut erkannten, mit 12 und 24 Monaten auch über einen sehr geringen produktiven Wortschatz verfügten. Weber et al. (2005) sehen in der prosodischen Verarbeitungsschwäche einen frühen Marker für eine umschriebene Sprachentwicklungsstörung.

Für die **Lautdifferenzierungsfähigkeit** im Säuglingsalter konnte eine prädiktive Aussagekraft im Hinblick auf das Wort- und Satzverstehen sowie den produktiven Wortschatz im Alter zwischen 13 und 24 Monaten nachgewiesen werden.

Tsao et al. (2004) untersuchten bei 28 Säuglingen im Alter von sechs Monaten die Fähigkeit, unterschiedliche Vokale zu differenzieren. Sie nutzten hierzu das sog. *head turn paradigm*, bei dem vorausgesetzt wird, dass Säuglinge neuen Reizen vermehrte Aufmerksamkeit schenken und sich diesen zuwenden. Säuglinge, denen die Differenzierung von Vokalen besser gelang, zeigten im zweiten Lebensjahr bessere sprachliche Leistungen. Hierauf aufbauende Studien (zusammenfassend in Kuhl 2009) untersuchten die Differenzierungsfähigkeit von Säuglingen für muttersprachliche und nicht-muttersprachliche Silben. Sowohl anhand ereigniskorrelierter Potenziale im EEG als auch anhand der Reaktionen der Säuglinge (z. B. *head turn paradigm*) konnte nachgewiesen werden, dass bessere Differenzierungsleistungen in Bezug auf muttersprachliche Silben im Alter von ungefähr sieben Monaten mit besseren Sprachfähigkeiten im zweiten Lebensjahr einhergingen. Dies galt nicht für bessere Differenzierungsfähigkeiten bei nicht-muttersprachlichen Silben. Kinder, die diese universelle Lautdifferenzierungsfähigkeit im Säuglingsalter weniger gut zugunsten der Muttersprache unterdrücken konnten, wiesen im dritten Lebensjahr schwächere sprachliche Leistungen auf. Kuhl (2009) betrachtet diese Auffälligkeiten in der phonologischen Verarbeitungsfähigkeit im Säuglingsalter als frühe Marker für umschriebene Sprachentwicklungsstörungen, Lese-Rechtschreib-Schwäche und Autismus.

6.2.3 Kommunikativ-pragmatische Fähigkeiten

Neben den oben beschriebenen sprachspezifischen Kompetenzen des Säuglings im ersten Lebensjahr bilden insbesondere die kommunikativ-pragmatischen Kompetenzen eine Grundlage für den Spracherwerb. Die Entwicklung kommunikativ-pragmatischer Kompetenzen zeigt sich in dyadischen Interaktionssituationen und muss immer zweiseitig, also mit Blick auf das Kind und von der Bezugsperson aus, beurteilt werden. In der zweiten Hälfte des ersten Lebensjahres erwerben Kinder wichtige kommunikativ-pragmatische Kompetenzen wie gemeinsame bzw. geteilte Aufmerksamkeit *(joint attention)*, auch Triangulierung genannt (Zollinger 1997), Dialogregeln *(turn-taking)* und intentionale Kommunikation (vgl. Schlesiger 2009).

Kommunikationsverhalten

Insbesondere die Fähigkeit zur gemeinsamen (geteilten) Aufmerksamkeit ist als Vorläuferfähigkeit für den Spracherwerb gut untersucht. Die Aufmerksamkeit von sechs Monate alten Säuglingen für die Blickrichtung des Gesprächspartners korreliert mit der rezeptiven und produktiven lexikalischen Entwicklung im Alter von 1;6 und 2;0 Jahren (Tomasello & Farrar 1986). Auch anhand experimenteller Methoden wie dem Habituationsparadigma konnte nachgewiesen werden, dass die visuelle Aufmerksamkeit im Säuglingsalter, hier insbesondere die visuelle Informationsverarbeitungsgeschwindigkeit, mit dem späteren Wortschatzwachstum korreliert (Colombo et al. 2009).

In der Mannheimer Risikokinderstudie wurden 108 Kinder mit organischen (prä- und perinatalen Komplikationen) und psychosozialen Risikofaktoren (bei der Geburt bestehende ungünstige familiäre Lebensverhältnisse) im Alter von 10 Monaten mit den REEL-Skalen (Bzoch & League 1970) im Hinblick auf ihre vorsprachlichen und kommunikativen Fähigkeiten untersucht (Weindrich et al. 2005). Die Items wurden zum Teil direkt administriert und zum Teil über Elternbefragung beantwortet. Hier fanden sich mittlere Korrelationen (0.47 bzw. 0.63) zwischen rezeptiven bzw. expressiven Items und dem Sprachentwicklungsstand mit 24 Monaten. Die Autoren diskutieren die aus ihrer Sicht ausreichende prognostische Validität dahingehend, dass eine sprachliche Frühdiagnostik vor allem im unteren Leistungsbereich valide und somit als Früherkennung späterer Sprachauffälligkeiten geeignet sei.

Eltern-Kind-Interaktion

Zahlreiche Studien belegen, dass sich die mütterliche Feinfühligkeit für einen gemeinsamen Aufmerksamkeitsfokus mit ihrem Kind und die kontingente verbale Responsivität positiv auf das Wortschatzwachstum auswirken (Hampson & Nelson 1993; Papoušek 1994; Baumwell et al. 1997; Bornstein et al. 1999; Hoff-Ginsberg 2000; Tamis-LeMonda et al. 2001; Tamis-LeMonda & Bornstein 2002; Masur et al. 2005).

> Responsivität wird als die prompte, inhaltlich kontingente und verhältnismäßig passende Reaktion der Bezugsperson auf ein Signal, also eine Verhaltensänderung wie z. B. Blickrichtungs-, Körperpositionsänderung oder Vokalisationen des Säuglings definiert (Bornstein & Tamis-LeMonda 1989; Bornstein et al. 2008).

Als prompt werden Reaktionen gewertet, die innerhalb eines bestimmten Zeitintervalls auf das kindliche Signal folgen. Nach Keller et al. (1999) kann ein Säugling bei einem Abstand von ca. 500–800 Millisekunden eine Kontingenz, d. h. inhaltliche Zusammengehörigkeit erkennen. Inhaltlich kontingent und verhältnismäßig passend ist eine Reaktion dann, wenn sie für das Kind potenziell wahrnehmbar ist, z. B. auditiv, visuell oder haptisch. Die responsive Reaktion ist also immer kindgerichtet. Das Ausmaß der Responsivität, das Eltern ihrem Kind gegenüber zeigen, kann einen Unterschied von bis zu fünf Monaten im Erreichen des Lexikonumfangs von 50 Wörtern bei einem einjährigen Kind bewirken (Tamis-LeMonda et al. 2001; Hoff 2006). Bornstein et al. (2008) stellen zudem die Multidimensionalität und Spezifität der mütterlichen Responsivität heraus und betonen, dass z. B. responsive Reaktionen auf kindliche Lautäußerungen eher die Sprachentwicklung und responsive Reaktionen auf Spielhandlungen eher die Spielentwicklung fördern.

6.3 Sprachauffälligkeiten im zweiten Lebensjahr

Zu Beginn des zweiten Lebensjahres sprechen Kinder keine oder nur wenige erste Wörter, dies ist die sog. **Einwortphase**. Bates et al. (1995) vermuten, dass der Einstieg in den **referenziellen bzw. symbolischen Wortgebrauch** um den ersten Geburtstag herum durch einen Engpass („bottleneck") gekennzeichnet ist, der sich nicht rascher überwinden lässt. Nach dem ersten Geburtstag wächst der Wortschatz individuell sehr unterschiedlich schnell oder langsam (Fenson et al. 1994; Bates et al. 1995). Tendenziell ist die Variabilität der Sprachentwicklung zwischen 1;9 und 2;3 Jahren am größten, danach gleicht sich das individuelle Erwerbstempo wieder an (Szagun et al. 2006).

Häufig wird die individuelle Variabilität des frühkindlichen Spracherwerbs auch mit unterschiedlichen Spracherwerbsstilen in Verbindung gebracht (Shore 1995). Während einige Kinder eher einen analytischen Stil bevorzugen, also in der Einwortphase überwiegend Nomen äußern und ein schnelles Wortschatzwachstum mit verständlicher Artikulation zeigen, nutzen andere Kinder eher einen holistischen Stil mit einem geringeren Nomenanteil unter den ersten 50 Wörtern und zeigen im Vergleich zu Kindern mit analytischem Stil ein langsameres Wortschatzwachstum mit intonationsorientierter, inkonsequenter und wenig verständlicher Artikulation (Bates et al. 1994, 1995). Dass der eher holistische Stil einen schlechteren Zugang zum Spracherwerb darstellt, konnten Bates et al. (1994, 1995) nicht bestätigen. Obwohl Kinder mit eher holistischem Spracherwerbsstil eine langsamere lexikalische Entwicklung

durchlaufen, verfügen sie letztendlich über die gleiche Sprachkompetenz wie Kinder mit einem eher analytischen Spracherwerbsstil.

Thal et al. (1997) weisen darauf hin, dass sich nicht bei jedem einjährigen Kind mit einer verzögerten Entwicklung auch eine Sprachentwicklungsverzögerung ausbildet, dass sich aber bei Late-Talker-Kindern bereits ein halbes Jahr vor ihrem zweiten Geburtstag ein langsamerer Aufbau der sprachproduktiven, sprachrezeptiven und symbolischen Fähigkeiten zeigen kann. Insgesamt erschwert die hohe Variabilität der Sprachentwicklung insbesondere im zweiten Lebensjahr die Unterscheidung zwischen Sprachauffälligkeiten und langsamen Entwicklungsverläufen im Normbereich.

6.3.1 Wortschatz

Ellis & Thal (2008) beschreiben die Ergebnisse einer Subgruppenanalyse bei Kindern, die im Alter von 1;4 Jahren anhand des amerikanischen Elternfragebogens CDI (Fenson et al. 1993, 2007) entweder als isoliert expressiv sprachentwicklungsverzögert *(late producers)* oder als rezeptiv-expressiv sprachentwicklungsverzögert *(late comprehenders)* klassifiziert wurden. Sprachtherapeutinnen diagnostizierten bei 3,7 % der isoliert expressiv und bei 8,6 % der rezeptiv-expressiv sprachentwicklungsverzögerten Kinder im Alter von sechs Jahren umschriebene Sprachentwicklungsstörungen (Ellis & Thal 2008).

Allerdings deuten einige Ergebnisse darauf hin, dass frühe Sprachverständnisfähigkeiten durch eine Elternbefragung nicht reliabel und valide ermittelt werden können (Doil 2002). Auch rezeptive Wortschatztests mit „klassischen" Bildauswahlverfahren lassen sich bei einjährigen Kindern nur schwer durchführen, da sie die notwendige Aufmerksamkeit, Kooperationsbereitschaft und Motivation noch nicht aufbringen (Hachul & Schönauer-Schneider 2012). In einigen Sprachentwicklungsstudien wird deshalb das Blickpräferenzparadigma zur Erhebung sprachrezeptiver Maße eingesetzt.

In einem Experiment mit dem Blickpräferenzparadigma (Höhle et al. 2006) zeigte sich, dass sprachentwicklungsverzögerte zweijährige Kinder mit 19 Monaten bereits Wörter und Nichtwörter, die sich in nur einem Phonem unterscheiden, weniger gut den Bildern der passenden Referenten zuordnen konnten als Kinder, die im Alter von zwei Jahren sprachunauffällig sind. Höhle et al. (2006) vermuten daher, dass Late-Talker entweder instabilere phonologische Repräsentationen aufbauen oder dass bei ihnen ein generelles Informationsverarbeitungsdefizit vorliegt. In einem ähnlich aufgebauten Experiment verglichen Fernald & Marchman (2012) die Wortverständnisleistungen von Kindern mit und ohne Sprachentwicklungsverzögerung im Alter von 18 Monaten. Kinder mit besseren rezeptiven Kompetenzen holten den Rückstand zu sprachunauffälligen Kindern eher auf als sprachentwicklungsverzögerte Kinder, die Defizite im Wortverstehen aufwiesen.

6.3.2 Kommunikativ-pragmatische Fähigkeiten

Nach Nelson (1973, zit. in Szagun 2006: 189) hemmt ein direktiver Interaktionsstil, der das Verhalten durch Instruktionen und Aufforderungen lenkt, den Wortschatzaufbau bei Kleinkindern. Dass genau wie im Säuglingsalter auch in der Einwortphase durch die mütterliche Feinfühligkeit, z. B. für die kindlichen Interessen und den kindlichen Aufmerksamkeitsfokus, sowie die mütterliche kontingente verbale Responsivität, die sich z. B. durch fokussiertes Benennen von Gegenständen, Handlungen, Ereignissen oder Eigenschaften in Situationen der gemeinsamen/geteilten Aufmerksamkeit zeigt, der kindliche Wortschatzerwerb positiv unterstützt wird, berichten übereinstimmend zahlreiche Studien (Hampson & Nelson 1993; Papoušek 1994; Baumwell et al. 1997; Bornstein et al. 1999; Hoff-Ginsberg 2000; Hollich et al. 2000; Hirsh-Pasek et al. 2000, 2004; Tamis-LeMonda et al. 2001; Tamis-LeMonda & Bornstein 2002; Masur et al. 2005).

6.3.3 Symbolische Fähigkeiten

Retrospektiv stellten Lyytinen et al. (2001) fest, dass sprachentwicklungsverzögerte Kinder mit 14 Monaten weniger ausgeprägte symbolische Fähigkeiten zeigen als sprachunauffällige Kinder. Ellis Weismer et al. (1994) beobachteten bei vier Late-Talkern im Alter von 13 Monaten vergleichbare kognitive, symbolische

und sprachrezeptive Fähigkeiten wie bei altersparallelisierten sprachunauffälligen Kindern. In der Längsschnittanalyse zeigte sich jedoch, dass die Late-Talker ungefähr ab der Mitte des zweiten Lebensjahres in ihren kognitiven, symbolischen und sprachrezeptiven Fähigkeiten deutlich langsamere Fortschritte machten als die Kontrollkinder. Allerdings waren diese Entwicklungsbereiche – anders als die sprachproduktiven Leistungen – zu fast jedem Zeitpunkt knapp altersgerecht (Ellis Weismer et al. 1994).

6.4 Sprachauffälligkeiten im dritten Lebensjahr

Im Durchschnitt mit 18 und spätestens mit 26 Monaten produzieren Kinder bei unauffälligem Spracherwerb ihre ersten flexiblen **Zweiwortäußerungen** (Bates et al. 1995). Szagun (2006) fand für das Deutsche bestätigt, dass mehr als 75 % der Kinder mit 24 Monaten Zwei- oder Mehrwortäußerungen produzieren. Die Phase zwischen 18 und 24 Monaten ist eine Zeit mit vielen Umbrüchen, das Baby wird zum Kleinkind mit zunehmend zielorientierten Handlungen, bei deren Störung es häufig mit Trotzanfällen reagiert (Rauh 1998). Auch sprachlich durchlaufen Kinder in dieser Phase nicht nur einen, sondern zeitgleich mehrere Umbrüche. Der Wortschatz wächst so rasch, bei einigen Kindern explosionsartig, dass man von einer **Wortschatzexplosion** oder einem **Wortschatzspurt** spricht. Die interne Struktur des Lexikons wird differenzierter (Rothweiler & Kauschke 2007). Mit ersten Zweiwortäußerungen beginnt der Erwerb des **syntaktischen Prinzips** (Clahsen 1986) und parallel dazu auch der Erwerb des **phonologischen Systems** (Hacker 1999). Das Kind macht in dieser Phase also wesentliche Fortschritte in den Bereichen Lexikon, Semantik, Syntax und Phonologie und orientiert sich vermehrt auch an sprachlichen Hinweisreizen für das weitere Wortlernen (nicht mehr nur an nicht-sprachlichen Hinweisreizen wie z. B. der Blickrichtung).

Kinder, die im Alter von 24 Monaten weniger als 50 Wörter sprechen, werden wie eingangs erwähnt, auch in Deutschland als Late-Talker bezeichnet, wenn keine weiteren Primärbeeinträchtigungen oder erkennbare Ursachen für die Sprachentwicklungsverzöge-

6

rung vorliegen. Die Identifikation dieser 50-Wort-Grenze erfolgt in der Regel anhand von Elternfragebögen. Ein anderer Zugang zur Identifikation des späten Wortschatzerwerbs ist die 10. Perzentile im Wortschatzumfang im Vergleich zur Altersgruppe. In den Studien, die sich zur Definition eines geringen Wortschatzes an der 10. Perzentile orientierten, lag die Altersspanne der untersuchten Late-Talker bei 18–30 Monaten (Heilmann et al. 2005). In diesen Studien variierte der produktive Wortschatzumfang der Kinder in Abhängigkeit vom Alter und Geschlecht. Es wird deutlich, dass der „Meilenstein der 50 Wörter" lediglich eine grobe Orientierungshilfe für das Alter von 24 Monaten bieten kann.

Eine Sprachentwicklungsverzögerung äußert sich im dritten Lebensjahr, neben möglichen Auffälligkeiten auf weiteren sprachlichen und nicht-sprachlichen Ebenen, immer auch durch einen geringen Umfang des expressiven Wortschatzes. Jedoch ist ein geringer produktiver Wortschatzumfang nicht nur charakteristisch für Late-Talker. Auch Kinder mit bis dahin unerkannten Entwicklungsstörungen weisen Verzögerungen im Wortschatzerwerb auf. Eine solche Differenzialdiagnose lässt sich im Kleinkindalter jedoch oftmals schwer stellen. Einige Studien, auch aus Deutschland, deuten darauf hin, dass sich hinter einem geringen Wortschatz mit zwei Jahren auch kognitive und/oder motorische Entwicklungsverzögerungen oder tiefgreifende Entwicklungsstörungen verbergen können, die erst nach einer fundierten Differenzialdiagnostik oder mit zunehmendem Alter der Kinder erkennbar sind (Girolametto et al. 2001; Grimm & Doil 2006; Miniscalco et al. 2006; Buschmann et al. 2008; Schlesiger 2009). In den deutschen Studien wiesen 13–22 % der Zweijährigen mit geringem Wortschatz allgemeine oder tiefgreifende Entwicklungsstörungen auf (Buschmann et al. 2008; Schlesiger 2009). Diese Kinder benötigen auf jeden Fall eine weitere medizinische, therapeutische und pädagogische Betreuung.

Die Weiterentwicklung von Late-Talkern verläuft unterschiedlich. Ein Teil der Kinder (sog. *late bloomer*) zeigt im Alter von drei Jahren einen unauffälligen Spracherwerb. Ob es sich um ein tatsächliches Aufholen handelt oder nur um ein scheinbares Aufholen *(illusionary recovery)*, sodass bei späteren sprachlichen Anforderungen wie Schrift- oder Fremdspracherwerb wieder Defizite zutage treten,

ist unklar. Die anderen ehemaligen Late-Talker entwickeln mit drei Jahren eine umschriebene Sprachentwicklungsstörung oder Sprachauffälligkeiten.

Im Folgenden werden sprachproduktive sowie weitere sprachliche und nicht-sprachliche Fähigkeiten der Late-Talker beschrieben.

6.4.1 Wortschatz

Late-Talker erwerben Wörter in einer ähnlichen Reihenfolge wie sprachunauffällige Kinder, nur eben Monate oder Jahre später (Rescorla et al. 2001; Rescorla 2005; Kauschke 2008). Wenige Studien gehen von qualitativen Unterschieden in der Lexikonkomposition bei Late-Talkern aus (Schulz 2007a, 2007b).

Bezüglich der sprachrezeptiven Fähigkeiten von Late-Talkern liegen nur wenige Daten vor. Laut Desmarais et al. (2008) beziehen sich diese Aussagen auf ungefähr 10 % der bislang in der Literatur beschriebenen Fälle. In ihrem systematischen Review nennen Desmarais et al. (2008) fünf Studien, die die sprachrezeptive Ebene rund um den zweiten Geburtstag der Late-Talker mitberücksichtigen, nämlich Paul (1991), Thal et al. (1991), Carson et al. (1998); Rescorla & Alley (2001) sowie Irwin et al. (2002). Auch die Längsschnittstudien von Rescorla et al. (1997), Rescorla (2005), Miniscalco et al. (2005), Chilosi et al. (2006), Ellis Weismer (2007) und die deutschsprachigen Studien von Sachse (2007), Buschmann et al. (2008) und Kauschke (2008) beschreiben sprachrezeptive Fähigkeiten von Late-Talkern im Vergleich zur Altersnorm. Insgesamt zeigt die Gruppe der Late-Talker im Durchschnitt signifikant schlechtere Werte in Aufgaben zum Wort- und/oder Satzverstehen als altersparallelisierte Kinder.

Bereits Zollinger (1987) und auch die ersten Late-Talker-Studien (Fischel et al. 1989; Whitehurst & Fischel 1994) wiesen darauf hin, dass der Unterschied zwischen Late-Talkern mit und ohne zusätzliche rezeptive Auffälligkeiten von großer Bedeutung sei. Auch Desmarais et al. (2008) betonen in ihrem systematischen Review die Notwendigkeit von Subgruppenanalysen. Whitehurst & Fischel (1994: 631) warnen sogar davor, die Gruppe der Late-Talker mit und ohne zusätzliche rezeptive Auffälligkeiten zu vermischen: *„Longitudinal outcome studies that do not make distinctions between specific and secondary delay, and do* *not further divide specific language delay into expressive vs. receptive-expressive variants, obscure prognostic accuracy and an understanding of underlying processes."*

Bishop et al. (2003) vermuten, dass sich Late-Bloomer, die aufgrund von Umweltfaktoren eine langsame Sprachentwicklung zeigen, und Late-Talker bzw. spezifisch sprachentwicklungsgestörte Kinder, deren Störung erblich bedingt ist, phänotypisch unterscheiden. Diese Unterschiede, z. B. Defizite im Sprachverstehen oder in der Artikulation, werden bei Erhebungen mittels Elternfragebögen weniger gut abgebildet: *„This suggests that there may be phenotypic differences, not captured by our parental report measures, which lead parents to seek help, and which distinguish heritable from nonheritable language problems. These may include difficulties with language comprehension and with speech production"* (Bishop et al. 2003: 573).

Die Gruppenstudien mit jeweils mehr als zehn Late-Talkern von Paul (1991), Miniscalco et al. (2005), Chilosi et al. (2006), Ellis Weismer (2007), Sachse (2007), Buschmann et al. (2008) und Schlesiger (2009) lassen eine erste Einschätzung des Anteils an Late-Talkern mit zusätzlichen rezeptiven Auffälligkeiten, die mit mindestens einer Standardabweichung unter der Altersnorm in einem Untertest oder einer Verzögerung von mindestens sechs Monaten als klinisch relevant einzustufen sind, an der Gesamtgruppe der Late-Talker zu. Die Angaben variieren in diesen Publikationen zwischen 11 % und 60 %. Im Durchschnitt ist ca. ein Drittel der Late-Talker zusätzlich von sprachrezeptiven Defiziten betroffen.

Die Unterscheidung, ob die rezeptiven Auffälligkeiten von Late-Talkern **klinisch relevant** sind, also mindestens eine Standardabweichung unter der Altersnorm liegen, trägt viel zur Prädiktion und auch zur Prognose im Einzelfall bei. Sachse (2007) kommt zu dem Schluss, dass der Untertest zum rezeptiven Lexikon aus dem Sprachentwicklungstest für Zweijährige (Grimm 2000) neben dem Schulabschluss der Mutter der wichtigste Prädiktor der Sprachentwicklung bei Late-Talkern ist, wenn die Kinder herausgefiltert werden, die hier einen klinisch relevanten Wert von mindestens einer Standardabweichung unter der Altersnorm erzielen. Late-Talker mit zusätzlichen Defiziten im Wortverstehen sind wesentlich stärker gefährdet, eine umschriebene Sprachentwicklungsstörung auszubilden.

6.4.2 Fast-mapping und weitere Sprachlernmechanismen

Ellis Weismer & Evans (2002) und Ellis Weismer (2007) verglichen Fast-mapping-Prozesse bei Late-Talkern und sprachunauffälligen Kindern. Late-Talker zeigen hier weniger gute Fähigkeiten, und zwar in der Produktion neu erlernter Wörter, nicht aber im Verstehen unbekannter Wörter. Die Ergebnisse deuten darauf hin, dass Wortlernprozesse bei Late-Talkern zumindest verlangsamt und evtl. auch anders ablaufen als bei sprachunauffälligen Kindern.

Bezüglich weiterer Spracherwerbsmechanismen, wie z. B. lexikalischem und syntaktischem Bootstrapping, zeigten sich bei Late-Talkern ebenfalls abweichende Muster (Ellis Weismer 2007; Jones Moyle et al. 2007; Schlesiger 2013). Die schwächeren Korrelationen zwischen dem produktiven Lexikonumfang und der mittleren Äußerungslänge, die sich bei Late-Talkern fanden, deuten nach Ellis Weismer (2007) auf einen späteren Einstieg in die produktive Grammatik – trotz ausreichend großer lexikalischer Masse, also ausreichend großem expressivem Wortschatz – hin. Zwar lassen sich auch bei Late-Talkern lexikalische und syntaktische Bootstrapping-Mechanismen nachweisen, jedoch erst in späteren Entwicklungsphasen (Schlesiger 2013) und mit tendenziell weniger effektivem syntaktischem Bootstrapping (Jones Moyle et al. 2007).

6.4.3 Grammatik

Eine genaue Beschreibung früher expressiver grammatischer Fähigkeiten findet sich für die Gruppe der Late-Talker kaum. Dies liegt wahrscheinlich auch daran, dass in manchen Studien zusätzlich zum geringen Wortschatzumfang als weiteres Einschlusskriterium das Fehlen von Wortkombinationen vorliegen muss. Im Laufe des dritten Lebensjahres ist bei vielen Late-Talkern ein typisches Muster zu beobachten: Der Rückstand in den lexikalischen Fähigkeiten verkleinert sich, während Defizite auf der grammatischen Ebene sichtbar werden (Schlesiger 2009). Der Anteil an Late-Talkern, die grammatische Auffälligkeiten zeigen, variiert dabei in Abhängigkeit von den diagnostischen Kriterien. Beispielsweise verfügen mehr Kinder über eine angemessene mittlere Äußerungslänge als über die Fähigkeit zum flexiblen Gebrauch morphologischer und syntaktischer Regeln (Paul 1991, 1993; Rescorla et al. (1997). Kauschke (2013) weist darauf hin, dass auch Late-Talker erst über einen ausreichend großen Wortschatzumfang und eine altersgerechte Lexikonkomposition einschließlich Verben und Funktionswörtern verfügen müssen, bevor der Einstieg in die Mehrwortphase beginnen kann.

Bis ins Vorschul- und Schulalter hinein lassen sich bei früheren Late-Talkern häufig grammatische Auffälligkeiten sowie verminderte Erzählfähigkeiten erkennen (Paul & Alforde 1993; Paul & Smith 1993; Manhardt & Rescorla 2002; Rescorla & Roberts 2002; Rescorla 2005).

Auch bezüglich des Satzverstehens liegen für Late-Talker nur wenige Daten vor. Zum Teil ist nicht klar, ob bei rezeptiven Defiziten das Wort- und/oder das Satzverstehen gemeint ist. Nach Kauschke (2013) zeigen viele deutschsprachige Late-Talker im dritten Lebensjahr deutliche Defizite im Satzverstehen.

6.4.4 Phonologische Fähigkeiten

Studien zu den phonetischen und phonologischen Fähigkeiten von Late-Talkern fanden deutliche Entwicklungsverzögerungen in diesem Bereich. So verfügen Late-Talker über ein geringeres Konsonanten- und Vokalinventar, produzieren weniger komplexe Silben, die häufig nur aus einem Vokal oder einem Konsonanten und einem Vokal bestehen, artikulieren weniger verständlich und sind weniger sprechfreudig (Stoel-Gammon 1989; Scarborough & Dobrich 1990; Paul & Jennings 1992; Rescorla & Ratner 1996; Mirak & Rescorla 1998; Pharr et al. 2000; Carson et al. 2003; Williams & Elbert 2003; Fasolo et al. 2008; Kauschke 2008). Besonders interessant ist in diesem Zusammenhang auch die detaillierte phonologische Analyse von deutschsprachigen Late-Talkern (Drüge 2008): In einer Stichprobe von 42 Late-Talkern waren im Laufe des dritten Lebensjahres bei knapp 50 % nicht nur Verzögerungen im Erwerb des phonologischen Systems erkennbar, sondern pathologische phonologische Prozesse. Drüge (2008) weist zudem darauf hin, dass sich die Late-Talker in der Produktion von Wörtern, die den für das Deutsche typischen Schwa-Laut enthalten, deutlich unterschieden. Einige Late-Talker zeigten einen sehr hohen Schwa-Anteil von über 40 %, während andere deutlich unter dem von Penner et al. (2006a; b)

ermittelten „Risikowert" lagen. Auffällig war auch, dass die Late-Talker mit geringem Schwa-Anteil zusätzlich in anderen phonetischen und phonologischen Fähigkeiten deutliche Defizite aufwiesen (Drüge 2008).

Wie Geissmann et al. (2013) berichten, lag bei 25 % der Late-Bloomer und 75 % der ehemaligen Late-Talker, die mit drei Jahren als sprachlich auffällig oder sprachentwicklungsgestört klassifiziert wurden, eine phonetisch-phonologische Aussprachestörung vor. In der Züricher Late-Talker-Studie stellte sich heraus, dass Late-Talker, die mit 30 Monaten über ein Lautinventar von weniger als 16 Konsonanten verfügen, ein höheres Risiko für eine Sprachentwicklungsstörung haben. Mirak & Rescorla (1998) fanden keine Zusammenhänge zwischen dem phonetischen Inventar von Late-Talkern im Alter von 2;1 Jahren und deren grammatischen Fähigkeiten (mittlere Äußerungslänge und andere Bereiche) mit 3;0 Jahren. Nach Whitehurst et al. (1991) dagegen ist der Anteil an konsonantischen Lalläußerungen bei Late-Talkern im Alter von 2;3 Jahren mit dem expressiven Sprachentwicklungsstand fünf Monate später korreliert.

Zu den Lautdifferenzierungsfähigkeiten von Late-Talkern liegen in der Literatur kaum empirische Befunde vor. Tendenziell ist dieser Bereich bei einem geringen Wortschatz auch schwer überprüfbar. Im Umgang zeigt sich jedoch manchmal, dass Late-Talker-Kinder Schwierigkeiten mit der Differenzierung ähnlich klingender Wörter wie z. B. „Hund", „Huhn" und „Kuh" haben.

6.4.5 Kommunikativ-pragmatische Fähigkeiten

Im dritten Lebensjahr unterscheiden sich nicht nur die sprachlichen, sondern auch einige nichtsprachliche Fähigkeiten der Late-Talker von denen sprachunauffälliger Kinder.

Kommunikationsverhalten

Generell gilt, dass viele Late-Talker Auffälligkeiten im Kommunikationsverhalten zeigen (Paul et al. 1991; Horwitz et al. 2003; Zubrick et al. 2007). Sie ergreifen seltener die Initiative zur Kommunikation (Paul 1991; Bonifacio et al. 2007) und ziehen sich aus Kommunikationssituationen eher zurück als Zweijährige mit durchschnittlichem Wortschatz (Carson et al. 1998; Irwin et al. 2002; Bonifacio et al. 2007; Rescorla et al. 2007). Rescorla & Merrin (1998) fanden bei Late-Talkern eine geringer ausgeprägte Fähigkeit zur gemeinsamen (geteilten) Aufmerksamkeit.

Soziale Fähigkeiten

Bei Late-Talkern wird im Vergleich zu anderen Zweijährigen über verminderte soziale Fähigkeiten berichtet (zusammenfassend Desmarais et al. 2008). Einige Studien untersuchten den Zusammenhang zwischen internalisierenden und externalisierenden Verhaltensproblemen bei Late-Talkern. Rescorla & Alley (2001) fanden keine Unterschiede im Verhalten und den sozialen Fähigkeiten von Late-Talkern und sprachunauffälligen Kindern. Carson et al. (1998) und Irwin et al. (2002) beschrieben einen erhöhten Anteil an internalisierendem, nicht aber an externalisierendem Verhalten. Im Gegensatz dazu konnten Horwitz et al. (2003) bei Late-Talkern bis 2;5 Jahren keine Unterschiede im Vergleich zur Altersgruppe beobachten, während bei Late-Talkern ab 2;6 Jahren deutlich mehr externalisierende Verhaltensprobleme wie z. B. Destruktivität oder Aggressivität zutage traten. Ob sich bei der Gruppe der Late-Talker auch verstärkt soziale Auffälligkeiten oder Verhaltensprobleme zeigen, bleibt somit unklar. In der Studie von Sachse (2007) trug neben der Fähigkeit im Wortverstehen sowie der Schulbildung der Mutter auch das Vorliegen von externalisierenden Verhaltensproblemen bei Late-Talkern zu einem höheren Risiko für eine umschriebene Sprachentwicklungsstörung bei.

Eltern-Kind-Interaktion

In Studien zur Interaktion von Late-Talker-Kindern und ihren Müttern fanden sich nur wenige Unterschiede zur Mutter-Kind-Interaktion mit sprachlich normal entwickelten Kindern. In ihrem systematischen Review kommen Desmarais et al. (2008) zu dem Schluss, dass sich das Sprachangebot von Eltern mit Late-Talkern im Vergleich zu dem von Eltern mit sprachlich durchschnittlich entwickelten Kindern nicht unterscheidet. In einigen Fällen fiel jedoch auf, dass Eltern gegenüber ihren Late-Talker-Kindern et-

was zu lange Äußerungen machten (Paul & Elwood 1991) und dass sie weniger häufig auf sprachliche Initiierungen seitens ihrer Kinder reagierten (Vigil et al. 2005). Auch in anderen Studien nutzten die Mütter von Late-Talkern weniger Expansionen und Extensionen als Mütter von sprachunauffälligen altersparallelisierten Kindern (Whitehurst et al. 1988; Paul & Elwood 1991; Rescorla & Fechnay 1996). Dieses Kommunikationsverhalten der Eltern lässt sich auch als nachvollziehbare Konsequenz der Kommunikation mit einem Late-Talker beschreiben.
- Zum einen besteht die Möglichkeit, dass sich die Eltern mit ihrer mittleren Äußerungslänge eher an das wesentlich höhere Sprachverständnisniveau ihrer Kinder anpassen wollen.
- Zum anderen sind viele Kommunikationsversuche von Late-Talkern schwer verständlich, sodass ihre Bezugspersonen eher überlegend abwartend reagieren. Solange die Bezugspersonen nicht wissen, was das Kind meint, können sie nicht auf die Intention des Kindes eingehen, die Äußerung des Kindes nicht sprachlich erweitern und kein korrektives Feedback geben.

Auch Rescorla & Ratner (1996) sowie Pharr et al. (2000) wiesen auf das Problem der Verständlichkeit bei Late-Talkern und die dadurch erschwerte Kommunikation sowie die reduzierten Wortlernmöglichkeiten hin. Whitehurst et al. (1988) betonen, dass sich die Eltern der Late-Talker ähnlich wie bei spezifisch sprachentwicklungsgestörten Kindern an die reduzierten kindlichen Sprachfähigkeiten anpassen. So können die Mütter von Late-Talkern aufgrund der geringeren sprachlichen Reaktionen ihrer Kinder zwangsläufig weniger sprachförderliche Strategien anwenden, wie Paul & Elwood (1991: 982) erklären: *„The proportion of expansions and extensions relative to the number of child utterances is not different, indicating that when late talkers give their mothers something to expand, the mothers do so, but that the late talkers do not give their mothers as much speech to work with as the normal toddlers."*

Interessant ist auch die einzig auffindbare Studie zur Bedeutung der Prosodie in der Eltern-Kind-Interaktion mit Late-Talkern. Die Mütter von italienischen Late-Talkern zeigten im Gespräch mit ihnen eine signifikant weniger ausgeprägte Prosodie als die Mütter von sprachlich unauffälligen italienischen Kindern in diesem Alter (D'Odorico & Jacob 2006).

6.4.6 Konzeptuelle und symbolische Fähigkeiten

Late-Talker haben größere Schwierigkeiten, eher abstrakt und wenig realistisch aussehende Spielzeuge zu erkennen als sprach- und altersparallelisierte Kinder (Jones & Smith 2005). In Freispielsituationen nutzen Late-Talker häufiger deiktische statt symbolische Gesten und generell mehr Gesten als sprachunauffällige Kinder (Kauschke 2008). Bei Imitationsaufgaben (symbolische Gesten, Gestensequenzen) sowie bei evozierten und spontanen symbolischen Gesten zeigen Late-Talker ähnliche oder leicht bessere Fähigkeiten als sprachparallelisierte Kinder, aber weniger gut ausgeprägte Symbolisierungsfähigkeiten als sprachlich unauffällige Zweijährige (Thal & Bates 1988; Thal et al. 1991). Bei Late-Talkern mit isoliert expressiven Wortschatzeinschränkungen fanden sich im Vergleich zu altersparallelisierten Kindern keine Unterschiede bei einfachen symbolischen Handlungen (Thal & Tobias 1994). Diese Late-Talker hatten aber Probleme mit elaborierteren Symbolisierungsfähigkeiten, wie dezentriertes und sequenzielles Symbolspiel oder aktives Ersetzen eines Gegenstandes (Rescorla & Goossens 1992). „*These results provide support for the hypothesis that late talkers are not lacking in the ability to represent objects and events symbolically. Instead, they appear to have difficulty using their symbolic capacity spontaneously and flexibly, and in situations that require more abstract applications of that symbolic ability*" – lautet das Fazit von Thal & Tobias (1994: 167).

6.5 Zusammenfassung und Ausblick

Es muss nochmals betont werden, dass Sprachauffälligkeiten in den ersten drei Lebensjahren nicht mit der Diagnose von Sprachentwicklungsstörungen gleichgesetzt werden dürfen. In den ersten beiden Lebensjahren können sich Sprachauffälligkeiten auf unterschiedlichen Ebenen zeigen. Neben unreifen oder abweichenden Schrei- und Babbelmustern lassen sich bei Kindern mit Sprachauffälligkeiten z.B. ebenso Verzögerungen in der kommunikativ-pragmatischen oder symbolischen Entwicklung beobachten. Es fehlen jedoch größer angelegte Längsschnittstudien, und sichere Aussagen zur individuellen sprachlichen Prognose sind in den ersten beiden Lebensjahren bis dato nicht möglich. Eine Früherkennung von Sprachentwicklungsstörungen ist frühestens im Alter von zwei Jahren reliabel und valide durchführbar. Hier gilt insbesondere der expressive Wortschatzumfang als stabiler Prädiktor für die weitere sprachliche Entwicklung.

Late-Talker, die mit zwei Jahren über einen unterdurchschnittlichen Wortschatzumfang verfügen, sind besonders gefährdet, eine umschriebene oder spezifische Sprachentwicklungsstörung auszubilden. Ähnlich wie bei Kindern mit manifesten Sprachentwicklungsstörungen können bei Late-Talkern verschiedene weitere Sprachauffälligkeiten festgestellt werden. So zeigt sich bei einigen Late-Talkern zusätzlich ein reduzierter rezeptiver Wortschatz oder eine verlangsamte oder abweichende phonologische Entwicklung. Auch ihre kommunikativ-pragmatischen, sozialen und symbolischen Fähigkeiten können in unterschiedlichem Maße eingeschränkt sein. Sprachauffälligkeiten im dritten Lebensjahr sollten also nicht auf das Zählen von Wörtern beschränkt werden. Ausschlaggebend für das therapeutische Vorgehen in der Frühintervention – nicht nur – bei Late-Talkern ist das jeweilige individuelle Fähigkeitsprofil.

LITERATUR

Bates, E., Marchman, V., Thal, D., Fenson, L., Dale, P., Reznick, S., Reilly, J., & Hartung, J. (1994). Developmental and stylistic variation in the composition of early vocabulary. *Journal of child language, 21,* 85–124.

Bates, E., Dale, P. S., & Thal, D. (1995). Individual differences and their implications for theories of language development. In P. Fletcher & B. MacWhinney (Eds.), *The Handbook of Language* (pp. 96–151). Oxford: Blackwell.

Baumwell, L., Tamis-LeMonda, C. S., & Bornstein, M. H. (1997). Maternal sensitivity and child language comprehension. *Infant Behavior and Development, 20* (2), 247–258.

Belsky, J. (2006). Early Child Care and Early Child Development: Major Findings of the NICHD Study of Early Child Care. *European Journal of Developmental Psychology, 3,* 95–110.

Benasich, A. A., & Tallal, P. (2002). Infant discrimination of rapid auditory cues predicts later language impairment. *Behavioral Brain Research, 136,* 31–49.

Bergelson, E., & Swingley, D. (2012). At 6 to 9 months, human infants know the meanings of many common nouns. *Proceedings of the National Academy of Sciences of the USA, 109,* 3253–3258. www.pnas.org/cgi/doi/10.1073/pnas.1113380109.

Bigelow, A. E., MacLean, K., Proctor, J., Myatt, T., Gillis, R., & Power, M. (2010). Maternal sensitivity throughout infancy: Continuity and relation to attachment security. *Infant Behavior and Development, 33,* 50–60.

Bishop, D. V. M., Price, T. S., Dale, P. S., & Plomin, R. (2003). Outcomes of early language delay: II. Etiology of transient and persistent language difficulties. *Journal of Speech, Language, and Hearing Research, 46,* 561–575.

Bonifacio, S., Girolametto, L., Bulligan, M., Callegari, M., Vignola, S., & Zocconi, E. (2007). Assertive and responsive conversational skills of Italian-speaking Late Talkers. *International Journal of Language and Communication Disorders, 42* (5), 607–623.

Bornstein, M. H., & Tamis-LeMonda, C. S. (1989). Maternal responsiveness and cognitive development in children. In: M. H. Bornstein (Ed.), *Maternal Responsiveness: Characteristics and Consequences. New Directions for Child Development* (pp. 49–61). San Francisco: Jossey-Bass.

Bornstein, M. H., & Tamis-LeMonda, C. S. (2010). Parent-Infant Interaction. In J. G. Bremner & T. D. Wachs (Eds.), *The Wiley-Blackwell Handbook of Infant Development,* 2nd ed. (pp. 458–482). Chichester: Wiley & Blackwell.

Bornstein, M. H., Tamis-LeMonda, C. S., & Haynes, O. M. (1999). First words in the second year: Continuity, stability, and models of concurrent and predictive correspondence in vocabulary and verbal responsiveness across age and context. *Infant Behavior and Development, 22* (1), 65–85.

Bornstein, M. H., Tamis-LeMonda, C. S., Hahn, C. S., & Haynes, O. M. (2008). Maternal responsiveness to young children at three ages: Longitudinal analysis of a multi-dimensional, modular, and specific parenting construct. *Developmental Psychology, 44* (3), 867–874.

Bradshaw, P., & Wasoff, F. (2009). *Growing Up in Scotland: Year 3 – Multiple Childcare Provision and its Effects on Child Outcomes.* Edinburgh: Scottish Government.

Buschmann, A., Jooss, B., Rupp, A., Dockter, S., Blaschtikowitz, H., Heggen, I., & Pietz, J. (2008). Children with developmental language delay at 24 months of age: Results of a diagnostic work-up. *Developmental Medicine and Child Neurology, 50,* 223–229.

Bzoch, K. R., & League, R. (1971). *The Bzoch-League Receptive-Expressive Emergent Language Scale (REEL Scale) – Assessing Language Skills in Infancy.* Ohio: The Tree of Life Press.

Carson, D. K., Klee, T., Perry, C. K., Muskina, G., & Donaghy, T. (1998). Comparisons of children with delayed and normal language at 24 months of age on measures of behavioral difficulties, social and cognitive development. *Infant Mental Health Journal, 19* (1), 59–75.

Carson, C. P., Klee, T., Carson, D. K., & Hime, L. K. (2003). Phonological profiles of 2-year-olds with delayed language development: Predicting clinical outcome at age 3. *American Journal of Speech-Language Pathology, 12,* 28–39.

Chilosi, A. M., Cipriani, P., Pfanner, L., Pecini, C., & Fapore, T. (2006). The natural history of early language delay: From late talking to specific language impairment. In D. Riva, I. Rapin & G. Zardini (Eds.): *Language: Normal and pathological development* (pp. 229–238). Montrouge: John Libbey Eurotext.

Choudhury, N., & Benasich, A. A. (2003). A family aggregation study: The influence of family history and other risk factors on language development. *Journal of Speech, Language, and Hearing Research, 46,* 261–272.

Clahsen, H. (1986). *Die Profilanalyse. Ein linguistisches Verfahren für die Sprachdiagnostik im Vorschulalter.* Berlin: Spiess.

Colombo, J., Shaddy. D. J., Blaga, O. M., Anderson, C. J., Kannass, K. N., & Richman W. A. (2009). Early attentional predictors of vocabulary in childhood. In J. Colombo, P. McCardle & L. Freund (Eds.): *Infant pathways to language. Methods, models, and research directions* (pp. 143–168). New York: Lawrence Erlbaum.

Desmarais, C., Sylvestre, A., Meyer, F., Bairati, I., & Rouleau, N. (2008). Systematic review of the literature on characteristics of late-talking toddlers. *International Journal of Language and Communication Disorders, 43* (4), 361–389.

D'Odorico, L., & Jacob, V. (2006). Prosodic and lexical aspects of maternal linguistic input to late-talking toddlers. *International Journal of Language and Communication Disorders, 41* (3), 293–311.

Doil, H. (2002). *Die Sprachentwicklung ist der Schlüssel. Frühe Identifikation von Risikokindern im Rahmen kinderärztlicher Vorsorgeuntersuchungen.* Dissertation, Universität Bielefeld, Fakultät für Psychologie und Sportwissenschaft. http://bieson.ub.uni-bielefeld.de/volltexte/2003/250/ [Download 28.9.2008].

Drüge, K. (2008). *Zum Umfang und zur Entwicklung phonologischer Fähigkeiten bei Late Talker-Kindern.* Unveröffentlichte Diplomarbeit, Technische Universität Dortmund, Fakultät Rehabilitationswissenschaften.

Ellis, E. M., & Thal, D. (2008). Early language delay and risk for language impairment. *Perspectives on Language Learning and Education, 15,* 93–100.

Ellis Weismer, S. (2007). Typical talkers, Late Talkers, and children with specific language impairment: A language endowment spectrum? In R. Paul (Ed.): *Language disorders from a developmental perspective. Essays in honor of Robin S. Chapman* (pp. 83–101). Mahwah: Lawrence Erlbaum.

Ellis Weismer, S., & Evans, J. L. (2002). The role of processing limitations in early identification of specific language impairment. *Topics in Language Disorders, 22* (3), 15–29.

Ellis Weismer, S., Murray-Branch, J., & Miller, J. F. (1994). A prospective longitudinal study of language development in Late Talker s. *Journal of Speech and Hearing Research, 37,* 852–867.

Esposito, G., & Venuti, P. (2010). Developmental changes in the fundamental frequency (f0) of infants' cries. A study of children with Autism Spectrum Disorder. *Early Child Development and Care, 180* (8), 1093–1102.

Fasolo, M., Majorano, M., & D'Odorico, L. (2008). Babbling and first words in children with slow expressive development. *Clinical Linguistics and Phonetics, 22* (2), 83–94.

Fenson, L., Dale, P. S., Reznick, J. S., Thal, D., Bates, E., Hartung, J., Pethick, S., & Reilly, J. S. (1993). *Guide and technical manual for the MacArthur communication development inventories.* San Diego/CA: Singular Press.

6

Fenson, L., Dale, P. S., Reznick, J. S., Bates, E., Thal, D. J., & Pethick, S. J. (1994). Variability in early communicative development. *Monographs of the Society for Research in Child Development, 59* (5).

Fenson, L., Marchman, V. A., Thal, D. J., Dale, P. S., Reznick, J. S., & Bates, E. (2007). *MacArthur-Bates communicative development inventories. Users guide and technical manual,* 2nd ed. Baltimore: Brookes.

Fernald, A., & Marchman, V. A. (2012). Individual differences in lexical processing at 18 months predict vocabulary growth in typically developing and late-talking toddlers. *Child Development, 83* (1), 203–222.

Field, T. (2010). Postpartum depression effects on early interactions, parenting, and safety practices: A review. *Infant Behavior and Development, 33,* 1–6.

Fischel, J. E., Whitehurst, G. J., Caulfield, M. B., & DeBaryshe, B. (1989). Language growth in children with expressive language delay. *Pediatrics, 82* (2), 218–227.

Friederici, A. D. (2006). The neural basis of language development and its impairment. *Neuron, 52,* 941–952.

Geissmann, H., Fahrländer, E., Margelist, T., & Jenni, O. (2013). Wie entwickeln sich Late Talkers? In T. Hellbrügge & B. Schneeweiß (Hrsg.), *Sprache, Kommunikation und soziale Entwicklung – Frühe Diagnostik und Therapie* (S. 52–67). Stuttgart: Klett-Cotta.

Girolametto, L. E., Wiigs, M., Smyth, R., Weitzman, E., & Pearce, P. S. (2001). Children with a history of expressive vocabulary delay: Outcomes at 5 years of age. *American Journal of Speech-Language Pathology, 10,* 358–369.

Grimm, H. (2000). *Sprachentwicklungstest für zweijährige Kinder (SETK-2). Diagnose rezeptiver und produktiver Sprachverarbeitungsfähigkeiten.* Göttingen: Hogrefe.

Grimm, H., & Doil, H. (2006). *ELFRA – Elternfragebögen für die Früherkennung von Risikokindern* (2. überarb. Aufl.). Göttingen: Hogrefe.

Guttorm, T. K., Leppänen, P. H. T., Poikkeus, A.-M., Eklund, K. M., Lyytinen, P., & Lyytinen, H. (2005). Brain event-related potentials (ERPs) measured at birth predict later language development in children with and without familial risk for dyslexia. *Cortex, 41,* 291–303.

Hachul, C., & Schönauer-Schneider, W. (2012). *Sprachverstehen bei Kindern: Grundlagen, Diagnostik und Therapie.* München: Elsevier.

Hacker, D. (1999). Phonologie. In S. Baumgartner & I. Füssenich (Hrsg.), *Sprachtherapie mit Kindern. Grundlagen und Verfahren* (S. 13–62). 4. Aufl. München: Ernst Reinhardt.

Hampson, J., & Nelson, K. (1993). The relation of maternal language to variation in rate and style of language acquisition. *Journal of Child Language, 20,* 313–342.

Hecking, M., & Schlesiger, C. (2010). Late Bloomer oder Sprachentwicklungsstörung? Diagnostik und Beratung für Familien mit Late Talkern nach dem Dortmunder Konzept. *Forum Logopädie, 24,* 6–15.

Heilmann, J.; Ellis Weismer, S.; Evans, J. & Hollar, C. (2005): Utility of the MacArthur-Bates communicative development inventory in identifying language abilities of late talking and typically developing toddlers. American journal of speech-language patholgoy, 14, 40–51.

Hennon, E., Hirsh-Pasek, K., & Golinkoff, R. M. (2000). Die besondere Reise vom Fötus zum spracherwerbenden Kind. In H. Grimm (Hrsg.), *Sprachentwicklung. Enzyklopädie der Psychologie* CIII, Bd. 3 (S. 41–103). Göttingen: Hogrefe.

Hirsh-Pasek, K., Golinkoff, R. M., & Hollich, G. (2000). An emergentist coalition model for word learning: Mapping words to objects is a product of the interaction of multiple cues. In R. M. Golinkoff, K. Hirsh-Pasek, N. Akthar, L. Bloom, G. Hollich, L. Smith, M. Tomasello & A. Woodward (Eds.), *Becoming a word learner: A debate on lexical acquisition* (pp. 136–164). Oxford: University Press.

Hirsh-Pasek, K., Golinkoff, R. M., Hennon, E. A., & Maguire, M. J. (2004). Hybrid theories at the frontier of developmental psychology: The emergentist coalition model of word learning as a case point. In D. G. Hall & S. R. Waxman (Eds.), *Weaving a lexicon* (pp. 173–204). Cambridge/MA: MIT Press.

Höhle, B. (2005). Der Einstieg in die Grammatik: Spracherwerb während des ersten Lebensjahres. *Forum Logopädie, 19* (6), 16–21.

Höhle, B., van de Vijver, R., & Weissenborn, J. (2006). Word processing at 19 months and its relation to language performance at 30 months. A retrospective analysis of data from German learning children. *Advances in Speech-Language Pathology, 8* (4), 356–363.

Hoff, E. (2003). The specificity of environmental influence: Socioeconomic status affects early vocabulary development via maternal speech. *Child Development, 74* (5), 1368–1378.

Hoff, E. (2006). How social contexts support and shape language development. *Developmental Review, 26,* 55–88.

Hoff-Ginsberg, E. (2000). Soziale Umwelt und Sprachlernen. In H. Grimm (Hrsg.), *Sprachentwicklung. Enzyklopädie der Psychologie* CIII, Bd. 3 (S. 463–494). Göttingen: Hogrefe.

Hollich, G. J., Hirsh-Pasek, K., & Golinkoff, R. M. (2000). Breaking the language barrier: An emergentist coalition model for the origins of word learning. *Monographs of the Society for Research in Child Development, 262,* 65 (3).

Horwitz, S. M., Irwin, J. R., Briggs-Gowan, M. J., Bosson Heenan, J. M., Mendoza, J., & Carter, A. S. (2003). Language delay in a community cohort of young children. *Journal of the American Acadamy of Child and Adolescent Psychiatry, 42* (8), 932–940.

Interdisziplinäre S2k-Leitlinie (2011). *Diagnostik von Sprachentwicklungsstörungen (SES),* unter Berücksichtigung umschriebener Sprachentwicklungsstörungen (USES) (Synonym: Spezifische Sprachentwicklungsstörungen (SSES)). Registernummer 049–006. http://www.awmf.org/leitlinien/detail/ll/049-006.html [Download 23.3.2012].

Irwin, J. R., Carter, A. S., & Briggs-Gowan, M. J. (2002). The social-emotional development of "late-talking" toddlers. *Journal of the American Academy of Child and Adolescent Psychiatry, 41* (11), 1324–1332.

Jansson-Verkasalo, E., Valkama, M., Vainionpää, L., Pääkkö, E., Ilkko, E., & Lehtihalmes, M. (2004). Language development in very low birth weight preterm children: A follow-up study. *Folia phoniatrica et logopaedica, 56,* 108–119.

Jones, S.S., & Smith, L.B. (2005). Object name learning and object perception: A deficit in Late Talkers. *Journal of Child Language, 32,* 223–240.

Jones Moyle, M., Ellis Weismer, S., Evans, J.L., & Lindstrom, M.J. (2007). Longitudinal relationships between lexical and grammatical development in typical and late-talking children. *Journal of Speech, Language, and Hearing Research, 50,* 508–528.

Jusczyk, P.W. (1997). *The discovery of spoken language.* Cambridge/MA: MIT Press.

Jusczyk, P.W. (1999). Narrowing the distance to language: One step at a time. *Journal of Communication Disorders, 32,* 207–222.

Kauschke, C. (2008). Frühe lexikalische Verzögerung als Indikator für SSES? Entwicklungsverläufe von Late Talkern. In M. Wahl, J. Heide & S. Hanne (Hrsg.), *Spektrum Patholinguistik,* Bd. 1 (S. 19–38). Potsdam: Universitätsverlag. http://opus.kobv.de/ubp/volltexte/2008/1890/ [Download 6.10.2008].

Kauschke, C. (2013). The interrelation between lexical and grammatical abilities in early language acquisition. In S. Bartsch & D. Bittner (Eds.), *Lexical Bootstrapping – the Role of Lexics and Semantics in Child Language Development* (pp. 143–164). Berlin, Boston: Mouton de Gruyter.

Keller, H., Lohaus, A., Völker, S., Cappenberg, M., & Chasiotis, A. (1999). Temporal contingency as an independent component of parenting behavior. *Child Development, 70,* 474–485.

Klann-Delius, G. (1999). *Spracherwerb.* Stuttgart: Metzler.

Kuhl, P.K. (2009). Linking speech perception to language acquisition. Phonetic learning predicts language growths. In J. Colombo, P. McArdle & L. Freund (Eds.), *Infant pathways to language. Methods, models, and research directions* (pp. 213–244). New York: Lawrence Erlbaum.

LaGasse, L.L., Neal, A.R., & Lester, B.M. (2005). Assessment of infant cry: Acoustic cry analysis and parental perception. *Mental Retardation and Developmental Disabilities, 1,* 83–93.

Laucht, M., Esser, G., & Schmidt, M.H. (2000). Längsschnittforschung zur Entwicklungsepidemiologie psychischer Störungen: Zielsetzung, Konzeption und zentrale Befunde der Mannheimer Risikokinderstudie. *Zeitschrift für Klinische Psychologie und Psychotherapie, 29* (4), 246–262.

Leonard, L.B. (1998). *Children with specific language impairment.* Cambridge/MA: MIT Press.

Lyytinen, P., Poikkeus, A., Laakso, M., Eklund, K., & Lyytinen, H. (2001). Language development and symbolic play in children with and without familial risk for dyslexia. *Journal of Speech, Language, and Hearing Research, 44,* 873–885.

Manhardt, J., & Rescorla, L. (2002). Oral narrative skills of Late Talker s at ages 8 and 9. *Applied Psycholinguistics, 23,* 1–21.

Marschik, P.B., Einspieler, C., Garzarolli, B., & Prechtl, H.F.R. (2007). Events at early development: Are they associated with early word production and neurodevelopmental abilities at the preschool age? *Early Human Development, 83,* 107–114.

Masur, E.F., Flynn, V., & Eichorst, D.L. (2005). Maternal responsive and directive behaviours and utterances as predictors of children's lexical development. *Journal of Child Language, 32,* 63–91.

Miniscalco, C., Westerlund, M., & Lohmander, A. (2005). Language skills at 6 years of age in Swedish children screened for language delay at 2½ years of age. *Acta paediatrica, 94,* 1798–1806.

Miniscalco, C., Nygren, G., Hagberg, B., Kadesjö, B., & Gilberg, C. (2006). Neuropsychiatric and neurodevelopmental outcomes of children at age 6 and 7 years who were screened positive for language problems at 30 months. *Developmental Medicine and Child Neurology, 48,* 361–366.

Mirak, J., & Rescorla, L. (1998). Phonetic skills and vocabulary size in Late Talkers: Concurrent and predictive relationships. *Applied Psycholinguistics, 19,* 1–17.

Nelson, K. (1973). Structure and strategy in learning to talk. *Monographs of the Society for Research in Child Development, 149,* 38 (1–2).

NICHD Early Child Care Research Network (1999). Child care and mother-child interaction in the first 3 years of life. *Developmental Psychology, 33* (6), 1399–1413.

Noterdaeme, M. (2001). Die Bedeutung genetischer, biologischer und psychosozialer Risiken. In W. von Suchodoletz (Hrsg.), *Sprachentwicklungsstörungen und Gehirn* (S. 148–159). Stuttgart: Kohlhammer.

Oller, D.K., Eilers, R.E., Neal, R., & Schwartz, H.K. (1999). Precursors to speech in infancy: the prediction of speech and language disorders. *Journal of Communication disorders, 32,* 223–245.

Papoušek, M. (1994). *Vom ersten Schrei zum ersten Wort: Anfänge der Sprachentwicklung in der vorsprachlichen Kommunikation.* Bern: Huber.

Papoušek, M. (2006). Adaptive Funktionen der vorsprachlichen Kommunikations- und Beziehungserfahrungen. *Frühförderung interdisziplinär, 25,* 14–25.

Paul, R. (1991). Profiles of toddlers with slow expressive language development. *Topics in Language Disorders, 11,* 1–13.

Paul, R. (1993). Pattern of development in Late Talkers: Preschool years. *Journal of Childhood Communication Disorders, 15* (1), 7–14.

Paul, R., & Alforde, S. (1993). Grammatical morpheme acquisition in 4-year-olds with normal, impaired, and late-developing language. *Journal of Speech and Hearing Research, 36,* 1271–1275.

Paul, R., & Elwood, T.J. (1991). Maternal linguistic input to toddlers with slow expressive language development. *Journal of Speech and Hearing Research, 34,* 982–988.

Paul, R., & Jennings, P. (1992). Phonological behavior in toddlers with slow expressive language development. *Journal of Speech and Hearing Research, 35,* 99–107.

6

Paul, R., & Smith, R. L. (1993). Narrative skills in 4-year-old with normal, impaired, and late-developing language. *Journal of Speech and Hearing Research, 36,* 592–598.

Paul, R., Spangle Looney, S., & Dahm, P. S. (1991). Communication and socialization skills at ages 2 and 3 in "late-talking" young children. *Journal of Speech and Hearing Research, 34,* 858–865.

Paul, R., Lynn, T. F., & Lohr-Flanders, M. (1993). History of middle ear involvement and speech/language development in Late Talkers. *Journal of Speech and Hearing Research, 36,* 1055–1062.

Penner, Z., Krügel, C., Gross, M., & Hesse, V. (2006a). Sehr frühe Indikatoren von Spracherwerbsverzögerungen bei gesunden, normalhörenden Kindern. *Frühförderung interdisziplinär, 25,* 37–48.

Penner, Z., Fischer, A., & Krügel, C. (2006b). *Von der Silbe zum Wort.* Troisdorf: Bildungsverlag EINS.

Pharr, A. B., Ratner, N. B., & Rescorla, L. (2000). Syllable structure development of toddlers with expressive specific language impairment. *Applied Psycholinguistics, 21,* 429–449.

Rauh, H. (1998). Frühe Kindheit. In R. Oerter & L. Montada (Hrsg.), *Entwicklungspsychologie. Ein Lehrbuch* (S. 167–248). 4. Aufl. Weinheim: Psychologie Verlags Union.

Reilly, S., Wake, M., Bavin, E. L., Prior, M., Williams, J., Bretherton, L., Eadie, P., Barret, Y., & Ukoumunne, O. C. (2007). Predicting language at 2 years of age: A prospective community study. *Pediatrics, 120* (6), 1441–1449.

Rescorla, L. (2005). Age 13 language and reading outcomes in late-talking toddlers. *Journal of Speech, Language, and Hearing Research, 48,* 459–472.

Rescorla, L., & Alley, A. (2001). Validation of the language development survey (LDS): A parent tool for identifying language delay in toddlers. *Journal of Speech, Language and Hearing Research, 44,* 434–445.

Rescorla, L., & Fechnay, T. (1996). Mother-child synchrony and communicative reciprocy in late-talking toddlers. *Journal of Speech and Hearing Research, 39,* 200–208.

Rescorla, L., & Goossens, M. (1992). Symbolic play development in toddlers with expressive specific language impairment (SLI-E). *Journal of Speech and Hearing Research, 35,* 1290–1302.

Rescorla, L., & Merrin, L. (1998). Communicative Intent in Late-Talking Toddlers. *Applied Psycholinguistics, 19,* 393–414.

Rescorla, L., & Ratner, N. B. (1996). Phonetic profiles of toddlers with specific expressive language impairment (SLI-E). *Journal of Speech and Hearing Research, 39,* 153–165.

Rescorla, L., & Roberts, J. (2002). Nominal versus verbal morpheme use in Late Talker s at ages 3 and 4. *Journal of Speech, Language, and Hearing Research, 45,* 1219–1231.

Rescorla, L., & Schwartz, E. (1990). Outcome of toddlers with specific expressive language delay. *Applied Psycholinguistics, 11,* 393–407.

Rescorla, L., Alley, A., & Christine, J. B. (2001). Word frequencies in toddlers lexicons. *Journal of Speech, Language and Hearing Research, 44,* 598–609.

Rescorla, L., Roberts, J., & Dahlsgaard, K. (1997). Late Talkers at 2: Outcome at age 3. *Journal of Speech, Language and Hearing Research, 40,* 556–566.

Rescorla, L., Ross, G. S., & McClure, S. (2007). Language delay and behavioral/emotional problems in toddlers: Findings from two developmental clinics. *Journal of Speech, Language and Hearing Research, 50,* 1063–1078.

Roberts, J. E., Rosenfeld, R. M., Zeisel, S. A. (2004). Otitis media and speech and language: a meta-analysis of prospective studies. *Pediatrics, 113* (3), e238–e248.

Rothweiler, M., & Kauschke, C. (2007). Lexikalischer Erwerb. In H. Schöler & A. Welling (Hrsg.), *Handbuch Sonderpädagogik, Bd. 1, Sonderpädagogik der Sprache* (S. 42–57). Göttingen: Hogrefe.

Sachse, S. (2007). *Neuropsychologische und neurophysiologische Untersuchungen bei Late Talkers im Quer- und Längsschnitt.* München: Dr. Hut.

Scarborough, H. S., & Dobrich, W. (1990). Development of children with early language delay. *Journal of Speech and Hearing Research, 33,* 70–83.

Schlesiger, C. (2009). *Sprachtherapeutische Frühintervention für Late Talkers. Eine randomisierte und kontrollierte Studie zur Effektivität eines direkten und kindzentrierten Konzeptes.* Idstein: Schulz-Kirchner.

Schlesiger, C. (2013). Continuity of lexical, grammatical, phonetic and phonological development in German Late Talkers – a longitudinal study. In S. Bartsch & D. Bittner (Eds.), *Lexical Bootstrapping – the Role of Lexics and Semantics in Child Language Development* (pp. 165–186). Berlin, Boston: Mouton de Gruyter.

Schulz, P. (2007a). Frühdiagnostik: Frühindikatoren und Verfahren zur Früherkennung von Risikokindern. In H. Schöler & A. Welling (Hrsg.), *Handbuch Sonderpädagogik, Bd. 1, Sonderpädagogik der Sprache* (S. 688–704). Göttingen: Hogrefe.

Schulz, P. (2007b). Verzögerte Sprachentwicklung: Zum Zusammenhang zwischen Late Talker, Late Bloomer und Spezifischer Sprachentwicklungsstörung. In H. Schöler & A. Welling (Hrsg.), *Handbuch Sonderpädagogik, Bd. 1, Sonderpädagogik der Sprache* (S. 178–190). Göttingen: Hogrefe.

Shore, C. M. (1995). *Individual differences in language development.* Thousand Oaks: Sage Publications.

Stanton-Chapman, T. L., Chapman, D. A., Bainbridge, N. L., & Scott, K. G. (2002). Identification of early risk factors for language impairment. *Research in Developmental Disabilities, 23* (6), 390–405.

Stoel-Gammon, C. (1989). Prespeech and early speech development of two Late Talkers. *First Language, 9,* 207–224.

Szagun, G. (2006). *Sprachentwicklung beim Kind. Ein Lehrbuch.* Weinheim: Beltz.

Szagun, G., Steinbrink, C., Franik, M., & Stumper, B. (2006). Development of vocabulary and grammar in young German-speaking children assessed with a German language development inventory. *First Language, 26* (3), 259–280.

Tager-Flusberg, H., & Cooper, J. (1999). Present and future possibilities for defining a phenotype for specific language impairment. *Journal of Speech, Language and Hearing Research, 42,* 1275–1278.

Tamis-LeMonda, C. S., & Bornstein, M. H. (2002). Maternal responsiveness and early language acquisition. *Advances in Child Development and Behavior, 29,* 89–127.

Tamis-LeMonda, C. S., Bornstein, M. H., & Baumwell, L. (2001). Maternal responsiveness and children's achievement of language milestones. *Child Development, 72,* 748–767.

Thal, D., & Bates, E. (1988). Language and gesture in Late Talker s. *Journal of Speech and Hearing Research, 31,* 115–123.

Thal, D., & Tobias, S. (1994). Relationships between language and gesture in normally developing and late-talking toddlers. *Journal of Speech and Hearing Research, 37,* 157–170.

Thal, D., Bates, E., Goodman, J., & Jahn-Samilo, J. (1997). Continuity of language abilities: An exploratory study of late- and early-talking toddlers. *Developmental Neuropsychology, 13* (3), 239–273.

Thal, D., Tobias, S., & Morrison, D. (1991). Language and gesture in Late Talker s: A 1-year-follow-up. *American Speech-Language-Hearing Association, 34,* 604–612.

Tomasello, M., & Farrar, J. (1986). Joint attention and early language. *Child Development, 57,* 1454–1463.

Tomblin, J. B., Records, N. L., Buckwalter, P., Zhang, X., Smith, E., & O'Brien, M. (1997a). Prevalence of specific language impairment in kindergarten children. *Journal of Speech, Language and Hearing Research, 40,* 1245–1260.

Tomblin, J.B., Smith, E., & Zhang, X. (1997b). Epidemiology of specific language impairment: Prenatal and perinatal risk factors. *Journal of Communication Disorders, 30,* 325–344.

Tsao, F., Liu, H., & Kuhl, P. (2004). Speech Perception in Infancy Predicts Language Development in the Second Year of Life: a longitudinal study. *Child Development, 75* (4), 1067–1084.

Viding, E., Spinath, F. M., Price, T. S., Bishop, D. V. M., Dale, P. S., & Plomin, R. (2004). Genetic and environmental influence on language impairment in 4-year-old same-sex and opposite-sex twins. *Journal of Child Psychology and Psychiatry, 45* (2), 315–325.

Vigil, D. C., Hodges, J., & Klee, T. (2005). Quantity and quality of parental language input to late-talking toddlers during play. *Child Language Teaching and Therapy, 21* (2), 107–122.

Waylen, A., & Stewart-Brown, S. (2010). Factors influencing parenting in early childhood: a prospective longitudinal study focusing on change. *Child Care, Health and Development, 36,* (2), 198–207.

Weber, C., Hahne, A., Friedrich, M., & Friederici, A. D. (2005). Reduced stress pattern discrimination in 5-month-olds as a marker of risk for later language impairment: neurophysiologial evidence. *Cognitive Brain Research, 25,* 180–187.

Weindrich, D., Jennen-Steinmetz, C., Rellum, T., Laucht, M., & Schmidt, M. H. (2005). Sprachentwicklungsstand mit 10 Monaten. Prognostische Validität für spätere Sprachentwicklungsdefizite? *Monatsschrift Kinderheilkunde, 2,* 150–156.

Weissenborn, J. (2000). Der Erwerb von Morphologie und Syntax. In H. Grimm (Hrsg.), *Sprachentwicklung. Enzyklopädie der Psychologie* CIII, Bd. 3 (S. 141–169). Göttingen: Hogrefe.

Weissenborn, J. (2005). Sprachentwicklung und Sprachförderung in den ersten drei Lebensjahren. *Frühe Kindheit, 8* (1), 8–13.

Wermke, K. (2008). Melodie und Rhythmus in Babylauten und ihr potentieller Wert zur Frühindikation von Sprachentwicklungsstörungen. *Logos Interdisziplinär, 16* (3), 190–195.

Wermke, K., Leising, D., & Stellzig-Eisenhauer, A. (2007). Relation of Melody Complexity in Infants' Cries to Language Outcome in the Second Year of Life: a longitudinal study. *International Journal of Clinical Phonetics & Linguistics, 21* (11–12), 961–973.

Whitehurst, G. J., & Fischel, J. E. (1994). Practitioner review: Early developmental language delay: What, if anything, should the clinician do about it? *Journal of Child Psychology and Psychiatry, 35* (4), 613–648.

Whitehurst, G. J., Fischel, J. E., Lonigan, C. J., Valdez-Menchaca, M. C., DeBaryshe, B. D., & Caulfield, M. B. (1988). Verbal interaction in families of normal and expressive-language-delayed children. *Developmental Psychology, 24* (5), 690–699.

Whitehurst, G. J., Smith, M., Fischel, J. E., Arnold, D. S., & Lonigan, C. J. (1991). The continuity of babble and speech in children with specific expressive language delay. *Journal of Speech and Hearing Research, 34,* 1121–1129.

Williams, A. L., & Elbert, M. (2003). A prospective longitudinal study of phonological development in Late Talkers. *Language, Speech, and Hearing Services in Schools, 34,* 138–153.

Zollinger, B. (1987). *Spracherwerbsstörungen. Grundlagen zur Früherfassung und Frühtherapie.* Bern: Haupt.

Zollinger, B. (1997). *Die Entdeckung der Sprache.* 3. Aufl. Bern: Haupt.

Zubrick, S. R., Taylor, C. L., Rice, M. L., & Slegers, D. W. (2007). Late language emergence at 24 months: An epidemiological study of prevalence, predictors and covariates. *Journal of Speech, Language, and Hearing Research, 50,* 1562–1592.

6

7

Prognose und Prädiktion der weiteren Sprachentwicklung bei Late-Talkern

7.1 Entwicklungswege von Late-Talkern

Leslie Rescorla

Eine verzögerte expressive Sprachentwicklung zählt zu den häufigsten Gründen, aus denen Kleinkinder zur Untersuchung überwiesen werden (Rescorla 2013; Rescorla & Lee 2000; Whitehurst & Fischel 1994). Eine frühe expressive Sprachentwicklungsverzögerung ist oft Folge einer globaleren primären Störung (Rescorla & Lee 2000; Whitehurst & Fischel 1994), wie einer geistigen Behinderung/Intelligenzminderung oder einer Autismus-Spektrum-Störung. Auch aufgrund von Hörstörungen, neurologischen Störungen oder starker Vernachlässigung beginnen Kinder oft später zu sprechen. Wenn keine anderen Ursachen vorliegen, werden Kinder, die erst im Alter von 18–36 Monaten zu sprechen beginnen, oft als „Late-Talker" bezeichnet. Bei einigen ist lediglich die expressive, bei anderen auch die rezeptive Sprachentwicklung verzögert.

Obwohl sich differenzialdiagnostisch leicht verschiedene Gruppen einer expressiven Sprachentwicklungsverzögerung (Kleinkinder mit Intelligenzminderung, Autismus-Spektrum-, Hörstörungen etc.) abgrenzen lassen, ist ihr Prozentanteil an der Gesamtbevölkerung weniger gut dokumentiert. In Deutschland ging eine Studie von Buschmann et al. (2008) dieser Frage nach; sie untersuchten 100 Zweijährige, bei denen niedergelassene Kinderärzte eine expressive Sprachentwicklungsverzögerung festgestellt hatten (65 % Jungen): 78 der 100 Kinder waren Late-Talker, bei 18 ging die Sprachentwicklungsverzögerung mit einer kognitiven Störung einher, bei vier Kindern lag ein Autismus vor. Bezüglich der Geschlechterverteilung, der Stellung in der Geschwisterreihe und des Bildungsgrads der Mutter bestanden keine Unterschiede zwischen den drei Gruppen. Für 40 % der Kinder mit verzögerter Sprachentwicklung, aber nur für 4 % der Kinder mit typischem Erwerb wurde eine familiäre Sprachstörung in der Anamnese angegeben. Von den 78 Late-Talkern hatten 61 eine rein expressive und 17 eine kombinierte rezeptiv-expressive Entwicklungsverzögerung. Nur bei Late-Talkern mit einer rezeptiv-expressiven Verzögerung lag der nonverbale IQ unter dem von typisch entwickelten Kindern, nicht hingegen bei Late-Talkern mit rein expressiver Verzögerung.

Kinder mit sekundärer Sprachentwicklungsverzögerung infolge einer Autismus-Spektrum-Störung bzw. Intelligenzminderung machen tendenziell nur langsame Fortschritte und erreichen mitunter nie ein normales Sprachniveau. Dagegen haben Late-Talker trotz variabler Entwicklungsverläufe im Allgemeinen prognostisch bessere Aussichten. In diesem Kapitel werden die Ergebnisse unterschiedlicher Studiendesigns zusammengefasst:

- kleinformatige Längsschnittstudien mit Late-Talkern und
- groß angelegte epidemiologische Studien mit Kleinkindern.

Typische Ausschlusskriterien für die kleineren Studien waren Hörstörungen, neurologische Störungen, Autismus-Spektrum-Störungen und Intelligenzminderung. In einigen Stichproben wurden auch Kinder mit rezeptiver Sprachentwicklungsverzögerung ausgeschlossen, so etwa in der Kohortenstudie von Rescorla (2013). Wie unten erläutert, liegen zwar aus mehreren kleineren Late-Talker-Studien Daten für Siebenjährige vor, doch für höhere Altersgruppen hat bisher nur Rescorla (2002, 2005, 2009) erste Untersuchungsergebnisse veröffentlicht. In den groß angelegten epidemiologischen Studien sind möglicherweise Kinder mit einer sekundären Sprachentwicklungsverzögerung (infolge einer primären Störung) nicht ausgeschlossen worden. Meines Wissens erstreckt sich der längste Nachbeobachtungszeitraum (Follow-up) dieser epidemiologischen Studien derzeit bis zu einem Alter von sieben Jahren.

7.1.1 Ergebnisse kleiner Late-Talker-Studien

Ergebnisse (Outcomes) bei Kindern im Vorschulalter

Wie im Folgenden näher beschrieben, zeigen kleinere Late-Talker-Längsschnittstudien im Vorschulalter, dass die meisten Kinder bei Sprachtests im Alter von 4–5 Jahren innerhalb des Normalbereichs abschnitten und dass grammatikalische Entwicklungsverzögerungen länger anhielten als lexikalische. Da sich die signifikanten (Outcome-)Prädiktoren der Studien unterschieden, bleiben die Gründe für die Varianz der Outcomes ungeklärt.

Fischel, Whitehurst, Caulfield & De Baryshe (1989) berichteten über eine der ersten Late-Talker-Studien mit 22 Kindern, deren Ergebnisse im Expressive One-Word Picture Vocabulary Test (EOPVT; Gardner 1981) mehr als zwei Standardabweichungen (standard deviation, SD) unter dem Durchschnitt lagen und deren mittlerer Wortschatz im Alter von 24–38 Monaten weniger als 20 Wörter umfasste. Mit 3;6 Jahren erreichten 88 % ein Ergebnis über 85 im EOPVT[1], mit 5;6 Jahren schafften 95 % diesen Wert (Whitehurst, Fischel, Arnold & Lonigan 1992).

Laut Thal, Tobias & Morrison (1991) waren vier von zehn Kindern, die im Alter von zwei Jahren als Late-Talker diagnostiziert wurden, auch ein Jahr später noch in ihrer Entwicklung verzögert, die sechs anderen dagegen nicht. Als beste Prädiktoren erwiesen sich das Sprachverständnis und die Verwendung kommunikativer Gesten. Thal, Miller, Carlson & Vega (2005) berichteten über die weitere Entwicklung von 20 Kindern, deren expressiver Wortschatz im Alter von 16 Monaten unterhalb der 10. Perzentile des Communicative Development Inventory (CDI; Fenson et al. 1993) lag. Obwohl die Late-Talker-Gruppe im Alter von vier Jahren in Sprach- und kognitiven Tests Ergebnisse im Normalbereich erzielte, schnitt sie gegenüber den 44 Kindern einer Vergleichsgruppe mit typischem Spracherwerbsverlauf signifikant schlechter ab.

Feldman et al. (2005) dokumentierten den Entwicklungsverlauf von 113 Dreijährigen, deren Wortschatz im Alter von zwei Jahren unterhalb der 10. Perzentile des CDI getestet wurde; über die Hälfte der Kinder kam aus einkommensschwachen Familien. Dass viele Kinder mit früher lexikalischer Entwicklungsverzögerung diesen Rückstand bis zum dritten Lebensjahr aufholten und viele Kinder mit vermeintlich normaler Entwicklung im Alter von zwei Jahren als Dreijährige Verzögerungen aufwiesen, spricht für eine geringe Sensitivität von lediglich 50 % und einen positiven Vorhersagewert (predictive value) von lediglich 64 %.

Mittels CDI-Messungen verfolgten Lyytinen, Poikkeus, Laakso, Eklund & Lyytinen (2001) die sprachliche Entwicklung von 200 finnischen Kindern im Alter von 14, 24, 30 und 42 Monaten; etwa 50 % der Kinder stammten aus Familien, in denen bereits Legasthenie aufgetreten war. In einer Untergruppe von 34 Late-Talkern (20 aus Familien mit anamnestisch bekannter Legasthenie) lagen die expressiven Sprachtestergebnisse eine Standardabweichung unter dem Mittelwert für Zweijährige. Mit 42 Monaten erzielten die Late-Talker aus Familien ohne Fälle von Legasthenie in den Sprachtests Durchschnittswerte, während die expressive und rezeptive Sprachentwicklung der anderen Kinder weiterhin verzögert war.

Fernald & Marchman (2012) untersuchten die lexikalische Entwicklung im Alter von 18–30 Monaten. Ihre Stichprobe umfasste 36 Late-Talker, die mit 18 Monaten unterhalb der 20. Perzentile des CDI getestet wurden, und 46 typisch entwickelte Kinder. Auch mit 30 Monaten blieben 39 % der 36 Late-Talker noch unterhalb der 20. Perzentile, während die Ergebnisse der übrigen 61 % oberhalb dieses Cutoff-/Grenzwerts lagen. Für den LWL-Test (looking while listening), mit dem sich online die bevorzugte Blickrichtung bei lexikalischen Verarbeitungsaufgaben feststellen lässt, gaben Fernald & Marchman (2012) zudem an, dass Late-Talker mit 18 Monaten niedrigere Genauigkeits- und Geschwindigkeitswerte erzielten als Kinder mit typischer Sprachentwicklung. Schnellere Reaktionszeiten und eine größere Genauigkeit im LWL-Test im Alter von 18–30 Monaten konnten hier einen steileren Anstieg des Wortschatzzuwachses in der Late-Talker-Gruppe vorhersagen.

---

[1] und damit innerhalb des Normbereichs (Anm. d. Hrsg.)

Paul und Kollegen untersuchten im Alter von 20–34 Monaten als Late-Talker diagnostizierte Kinder und eine altersentsprechende Vergleichsgruppe (Paul 1993, 1996; Paul, Murray, Clancy & Andrews 1997). In der Late-Talker-Gruppe waren rund 25 % der 30 Kinder sowohl in der rezeptiven als auch der expressiven Sprachentwicklung verzögert. Im Alter von drei und vier Jahren erzielten sämtliche Late-Talker dieser Studie (Paul 1993) durchschnittliche Ergebnisse in den Bereichen Wortschatz (rezeptiv und produktiv) sowie Grammatik (rezeptiv). Eine als „Leistung oberhalb der 10. Perzentile im DSS" (Developmental Sentence Score; Lee 1974) definierte Verbesserung (Recovery) erreichten 41 % dieser Stichprobe mit drei Jahren und 57 % mit vier Jahren.

Rescorla führte eine Kohortenstudie mit 40 Kindern der mittleren bis oberen Mittelschicht (36 Jungen und 4 Mädchen) durch, die im Alter zwischen 24 und 31 Monaten als Late-Talker diagnostiziert worden waren. Die hinsichtlich des sozioökonomischen Familienstatus und der nonverbalen Fähigkeiten „gematchte" Vergleichsgruppe bestand aus 39 Kindern (38 Jungen und 1 Mädchen) mit normaler Sprachentwicklung. Zu den Ausschlusskriterien für die Late-Talker-Gruppe gehörten ein Wert über 85 auf den Bayley Mental Development Scales[2] (BMDS; Bayley 1969), ein maximal drei Monate vom chronologischen Alter (CA) abweichender Wert auf Reynells Receptive Language Scale (Reynell 1977), wobei ein Late-Talker fast vier Monate vom CA abwich, sowie ein mindestens sechs Monate unter dem chronologischen Alter liegender Wert auf Reynells Expressive Language Scale. In der Vergleichsgruppe mussten die beiden ersten Kriterien erfüllt sein, und zudem durften die Kinder auf Reynells Expressive Language Scale nur drei Monate vom chronologischen Alter abweichen (bei einem Kind waren es allerdings knapp vier Monate). Obwohl es innerhalb des Beobachtungszeitraums von 15 Jahren – hauptsächlich durch den Wegzug von Familien – zu gewissen Änderungen kam, blieb die Zusammensetzung der Late-Talker- und der

Vergleichsgruppe während der gesamten Follow-up-Periode und in allen Altersstufen unverändert in Bezug auf die Aufnahmekriterien für die ursprünglichen Kohorten (d. h. sozioökonomischer Status, Bayley- und Reynell-Werte, Language Development Survey).

Durch Rescorlas Ausschlusskriterien ergaben sich zwei Gruppen, die zwar hinsichtlich ihres sozioökonomischen Status und ihrer nonverbalen Fähigkeiten gut zueinander passten, sich in ihren sprachlichen Ausdrucksfähigkeiten jedoch stark unterschieden. Die Differenz (d) zwischen der Late-Talker- und der Vergleichsgruppe betrug fast 2 Standardabweichungen vom z-Wert in Reynells Expressive Language Scale. Zudem verfügten die Kinder der Late-Talker-Gruppe nach dem Language Development Survey (LDS; Rescorla 1989) auch nur über einen mittleren Wortschatz von 20,75 Wörtern gegenüber durchschnittlich 226,79 Wörtern in der Vergleichsgruppe ($d>2,0$). Um Rescorlas Follow-up-Daten richtig interpretieren zu können, ist zu beachten, dass die Kinder der Late-Talker-Gruppe trotz rezeptiv-sprachlicher Fähigkeiten im mittleren Bereich um mehr als eine ¾-Standardabweichung bzw. mit einem Gruppenunterschied von $d=0,78$ (Cohen 1988) schlechter abschnitten als die Kinder der Vergleichsgruppe, deren Sprachverständnis für ihr Alter weiter fortgeschritten war.

Rescorla, Dahlsgaard & Roberts (2000) berichteten über den Entwicklungsstand der Late-Talker-Kohorte (34 Kinder) im Alter von drei und vier Jahren: Mit drei Jahren erzielten 41 % von ihnen Ergebnisse oberhalb der 10. Perzentile in Bezug auf die mittlere Äußerungslänge (MLU) und 34 % in Bezug auf den Index of Productive Syntax (IPSyn; Scarborough 1990). Mit vier Jahren betrug der jeweilige Anteil 71 % bzw. 29 %, was vermuten lässt, dass der IPSyn in dem Alter eine größere Trennschärfe besitzt als die MLU. Für dieselbe Stichprobe teilten Rescorla, Roberts & Dahlsgaard (1997) folgende Befunde bei den Dreijährigen mit: Ergebnisse über der 16. Perzentile erzielten jeweils 79 % der Late-Talker im EOPVT, 58 % auf Reynells Expressive Language Scale (Reynell 1977), 35 % in Bezug auf die MLU und 24 % in Bezug auf den IPSyn. Das bedeutet, dass der Rückstand der grammatischen Fähigkeiten besonders lange persistiert.

Um signifikante Prädiktoren für die Ergebnisse von Dreijährigen identifizieren zu können, arbeite-

---

[2] Ab einem Wert von 85, der eine Standardabweichung unter dem Durchschnitt liegt, spricht man von unterdurchschnittlichen kognitiven Fähigkeiten im Sinne einer Lernbehinderung, ab einem Wert <70 von einer Intelligenzstörung/geistigen Behinderung (Anm. d. Hrsg.)

7

ten Rescorla et al. (2000) mit Regressionsanalysen. Während die Einbeziehung von Reynells (1977) expressivem z-Wert in die Berechnungen 21–34 % der Varianz in den Testergebnissen der Dreijährigen erklären konnte, erwies sich Reynells rezeptiver z-Wert als ebenso wenig signifikant wie die Bewertung nonverbaler Fähigkeiten in dieser Altersgruppe. Wichtig ist anzumerken, dass sich bei den 34 Late-Talkern (im Alter von 24–31 Monaten) ganz ähnliche Rohwerte unter Einbeziehung von Reynells Expressive Language Scale zeigten. Reynells z-Werte sind jedoch altersbasiert, sodass sie bei älteren Kindern niedriger als bei jüngeren waren (Rescorla et al. 1997). Weil sich bei ungestörter Entwicklung die expressiven sprachlichen Fähigkeiten im Alter zwischen 24 und 36 Monaten in einer steil ansteigenden Kurve rasch verbessern, fallen Late-Talker in dieser Phase, je älter sie werden, umso stärker dahinter zurück. Das kommt in dem negativen Korrelationskoeffizienten (–0,76) zwischen Alter und Reynells expressivem z-Wert zum Ausdruck (Rescorla et al. 2000).

Ergebnisse für Kinder im Schulalter

Wie unten näher erläutert, deuten die Ergebnisse von kleineren Late-Talker-Studien im Schulalter darauf hin, dass die meisten Late-Talker, obwohl sie mit sechs oder sieben Jahren im Normalbereich liegen, durchgängig schlechter abschneiden als ihre Peers mit typischer Sprachentwicklung. Hinzu kommt, dass nur etwa die Hälfte der Ergebnisvarianz in diesen Studien erklärbar war, da die als signifikante Prädiktoren für das Schulalter verwendeten Variablen variierten.

Girolametto, Wiigs, Smyth, Weitzman & Pearce (2001) berichteten über eine Follow-up-Studie mit 21 Kindern, die im Alter von 24–33 Monaten anhand von CDI-Ergebnissen unterhalb der 5. Perzentile als Late-Talker diagnostiziert worden waren und als Zweijährige an einem 11-wöchigen elternbasierten Interventionsprogramm teilgenommen hatten. Auch wenn die meisten von ihnen bei der Nachuntersuchung mit fünf Jahren durchschnittliche Messergebnisse in verschiedenen Sprachtests erzielten, schnitten sie deutlich schlechter ab als Kinder mit typischem Erwerbsverlauf, besonders wenn es um

die Erhebung komplexerer sprachlicher Fähigkeiten (z. B. Erzählen einer Geschichte) ging.

In der Kohortenstudie von Paul (1996; Paul et al. 1997) erreichten 74 % der Late-Talker im Kindergarten-/Vorschulalter und 84 % im Grundschulalter Ergebnisse oberhalb der 10. Perzentile des DSS (Lee 1974). Nach den Kriterien der TOLD-P2 Expressive Language Scale (Newcomer & Hammill 1988) schnitten jedoch selbst die als „Aufholer" (Recovery) eingestuften Late-Talker mit sieben Jahren schlechter ab als die ungestört entwickelten Kinder der Vergleichsgruppe. Während sich diejenigen, die „aufgeholt" hatten, in Bezug auf Sprachverständnis, Lesen, Buchstabieren, IQ und phonologische Fähigkeiten nicht mehr von der Kontrollgruppe unterschieden, hatten Kinder, deren Sprachentwicklung weiterhin verzögert war (unterhalb der 10. Perzentile des DSS), sich in allen Bereichen, außer im Sprachverständnis und Lesen/Buchstabieren, gegenüber der Vergleichsgruppe verschlechtert (Paul et al. 1997). Das lässt vermuten, dass bei Kindern mit einer fortbestehenden sprachlichen (Entwicklungs-)Verzögerung später umfangreichere und schwerere Defizite vorliegen als bei Kindern, die den Rückstand aufholen konnten.

Moyle, Ellis Weismer, Evans & Lindstrom (2007) berichteten über 30 Kinder, die aufgrund von CDI-Werten unterhalb der 10. Perzentile im Alter von zwei Jahren als Late-Talker diagnostiziert worden waren. Als Fünfjährige erzielten sie in drei Subtests des TOLD-P3 (Newcomer & Hammill 1997) signifikant schlechtere Ergebnisse als die nach Alter, sozioökonomischem Status, Geschlecht und nonverbalen kognitiven Fähigkeiten „gematchte" Vergleichsgruppe. Dabei zeigten sich in den Testbereichen mündlicher Wortschatz, grammatische Ergänzung und Imitation von Sätzen Gruppenunterschiede (Cohen-Differenz) von $d=0{,}97$ bzw. 1,46 bzw. 1,52. Für die Altersgruppe von 5;6 Jahren veröffentlichte Ellis Weismer (2007) die Ergebnisse einer Vergleichsstudie mit 40 Late-Talkern, die – als solche mit 2 Jahren diagnostiziert – in ca. 11 % eine verzögerte Entwicklung ihres Sprachverständnisses aufwiesen, sowie mit 43 typisch entwickelten Peers. Nur bei drei Kindern fand sich noch eine Standardabweichung (mind. 1 SD) vom durchschnittlichen Sprechquotienten (Speaking Quotient) des TOLD-P3. Doch selbst wenn diese drei ausgeschlossen wurden, schnitten alle anderen Kinder der Late-Talker-Gruppe sowohl beim Zuhören *(Listening Quotient)* als auch beim Sprechen (TOLD-P3-Quotienten) signifikant schlechter ab als die Vergleichsgruppe. Die größten Unterschiede ergaben sich bei Satzimitationsaufgaben.

Rescorla (2002) untersuchte eine Late-Talker-Gruppe von 33 Fünfjährigen und eine Vergleichsgruppe von 24 gleichaltrigen Kindern mit der Stanford-Binet Intelligence Scale IV (SB-IV; Thorndike, Hagen & Sattler 1986) und dem Patterned Elicitation Syntax Test (PEST; Young & Perachio 1983). Dabei zeigte sich ein großer und signifikanter Gruppenunterschied in Bezug auf den verbalen IQ (106,09 vs. 129,62; d=1,58), obwohl alle Kinder der Late-Talker-Gruppe durchschnittliche Ergebnisse im SB-IV-Test erzielten. Auch beim nonverbalen IQ lagen die Durchschnittswerte der Late-Talker-Gruppe unter denen der Vergleichsgruppe (95,76 vs. 105,17; d=0,88); dies war das einzige Mal, dass sich ein Unterschied zwischen den nonverbalen Fähigkeiten von Late-Talkern und Vergleichskindern fand. Zur Beurteilung der grammatischen Fähigkeiten diente ein Elizitierungsverfahren (PEST), bei dem es sich um ein Satzmusterwiederholungsformat handelt. Obwohl die Ergebnisse der Late-Talker-Gruppe im Mittelfeld (52. Perzentile) rangierten, lagen sie deutlich (fast 1 SD) unter den höheren Durchschnittswerten (82. Perzentile) der Vergleichsgruppe.

Im Rahmen von Mutter-Kind-Spielsituationen untersuchten Lee & Rescorla (2008) den Gebrauch von Wörtern zur psychischen Zustandsbeschreibung, um anhand dessen die Entwicklung von 30 Late-Talkern und 15 Vergleichskindern als Drei-, Vier- und Fünfjährige zu verfolgen. Mit fünf Jahren unterschieden sich beide Gruppen nicht länger hinsichtlich der Gesamtzahl oder der lexikalischen Vielfalt der verwendeten Wörter. Dennoch war weiterhin ein signifikanter Unterschied festzustellen: Bezüglich der mittleren Äußerungslänge (MLU) erreichten nur 53 % der fünfjährigen Late-Talker Werte innerhalb einer Standardabweichung. In beiden Gruppen nahm im Alter zwischen drei und fünf Jahren die Verwendung von Wörtern zur Beschreibung des kognitiven Zustands signifikant zu. Von Begriffen wie „think" und „know" machten die Late-Talker allerdings deutlich weniger Gebrauch als Vergleichskinder jeden Alters. Tatsächlich verwendeten Late-Talker solche kognitiven Zustandsbeschreibungen als Fünfjährige in etwa so häufig wie Dreijährige mit einem ähnlichen MLU-Level. Darüber hinaus unterschieden sich die Kinder der Late-Talker- und der Vergleichsgruppe hinsichtlich ihres Gebrauchs von Satzergänzungen wie Komplementsätzen, z. B. „I thought *that the policeman was riding a motorcycle*". Obwohl der prozentuale Anteil der Kinder, die Komplementsätze benutzten, in beiden Gruppen im Alter zwischen drei und fünf Jahren deutlich anstieg, blieb in jeder Altersstufe doch ein signifikanter Unterschied zwischen ihnen bestehen (mit fünf Jahren: 55 % vs. 100 %).

Rescorla (2002) berichtete auch über ihre Untersuchungsergebnisse zur Sprachentwicklung bis zum Alter von sechs Jahren (Test of Language Development, TOLD; Newcomer & Hammill 1988). Die Late-Talker-Gruppe umfasste 34, die Vergleichsgruppe 26 Kinder. Während nur zwei Kinder der Late-Talker-Gruppe (6 %) die untere Leistungsgrenze (10. Perzentile) in zwei TOLD-Subtests unterschritten, ließ die Spontansprache von sechs Late-Talkern (17 %) eine spezifische Sprachentwicklungsstörung (SSES) vermuten. Während ihr Sprachverständnis normal entwickelt war, machten diese Sechsjährigen viele Fehler bei grammatischen Morphemen; neben einer begrenzten Verständlichkeit zeigten sich Wortfindungsstörungen, Formulierungsschwächen und gering ausgeprägte Erzählfähigkeiten. Fünf von ihnen nahmen logopädische Betreuungsangebote der Schule (school-based speech-language services) in Anspruch.

Die von Rescorla (2002) publizierten Ergebnisse für Sechs-, Sieben-, Acht- und Neunjährige beruhen auf summierten Messungen („Aggregaten") zur Einschätzung einzelner Fähigkeiten.

- Im Alter von **sechs Jahren** betrugen die Unterschiede (d) zwischen Late-Talker- und Vergleichsgruppe: d=0,85 für den Wortschatz (Aggregat aus TOLD Oral Vocabulary and Picture Vocabulary), d=0,64 für die Grammatik (Aggregat aus TOLD Grammatic Completion and Grammatic Understanding), d=0,91 für die Phonologie (Aggregat aus TOLD Word Discrimination plus Aufgaben wie Phonem-Auslassung und Angleichen initialer Konsonanten) sowie d=1,26 für das Imitieren von Sätzen (TOLD Sentence Imitation). Keine Unterschiede zeigten sich beim Redefluss, bei Schnellbenennungs- oder Leseaufgaben.

7

- Im Alter von **sieben Jahren** unterschieden sich Late-Talker- und Vergleichsgruppe signifikant (d=1,53) im Wortschatz, einem Aggregat aus dem Vokabular-Subtest der Wechsler Intelligence Scale for Children-Revised (WISC-R; Wechsler 1974) und dem Boston Naming Test (Kaplan, Goodglass & Weintraub 1983). Keine Unterschiede zwischen den Gruppen zeigten sich in Bezug auf die Grammatik, wobei das Aggregat die Subtests Formulieren von Sätzen[3], Wortstruktur[4] und Satzstruktur[5] der Clinical Evaluation of Language Fundamentals-Revised (CELF-R; Semel, Wiig, Secord & Sabers 1987) beinhaltete, sowie in Bezug auf Phonologie- oder Lese-Aggregate. Dass sich auch keine Gruppenunterschiede in den drei WISC-R-Subtests Block-Design, Bildanordnung und Arithmetik fanden, weist auf vergleichbar gute nonverbale und mathematische Fähigkeiten der Siebenjährigen hin.
- Im Alter von **acht Jahren** schnitten die Kinder der Late-Talker-Gruppe in allen vier „Test-Aggregaten" deutlich schlechter ab: In Bezug auf den Wortschatz (CELF-R Wörter assoziieren[6] und Wortarten[7]) betrug der Unterschied zur Vergleichsgruppe d=1,05, in Bezug auf die Grammatik (CELF-R Linguistische Konzepte[8], Formulieren von Sätzen[9], Anordnung von Sätzen[10]) d=0,94, in Bezug auf das Hörverständnis (CELF-R Semantische Relationen[11] und Hören von Textabschnitten[12]) d=1,24 und in Bezug auf das Le-

sen, gemessen mit den Subtests Buchstaben-Wort-Erkennen und Verstehen von Textpassagen der Woodcock-Johnson Psychoeducational Battery-Revised (WJ-R; Woodcock & Johnson 1989), d=0,84.
- Im Alter von **neun Jahren** war zwischen beiden Gruppen ein signifikanter Unterschied von d=0,72 hinsichtlich der Subtests Basales Lesen und Leseverständnis des Wechsler Individual Achievement Test (WIAT; Wechsler 1992) sowie der Subtests Diktat und Schreibproben der WJ-R festzustellen.

Mit acht und neun Jahren nahmen die Kinder jeweils auch an einer Erzählaufgabe teil, bei der ihre Narrative zum „Frosch"-Bilderbuch *Frog, Where Are You* (Manhardt & Rescorla 2002) hinsichtlich folgender Faktoren bewertet wurden: fortgeschrittene syntaktische Strukturen (z. B. Komplement- und Relativsätze), Elemente der Makrostruktur von Erzählungen (initiales Ereignis, zielgerichtete Handlung, Konsequenz, Lösung und formales Ende der Geschichte), Kohäsion (Pronominalisierung, Konjunktionen) sowie bewertende Informationen (Kausalzusammenhang, emotionale/kognitive Bezüge, direkte oder indirekte Rede). Bei drei der vier Faktoren (außer der Kohäsion) fanden sich signifikante Gruppenunterschiede, wobei die Differenz *(d)* bei den syntaktischen Strukturen mit acht Jahren kleiner als mit neun Jahren war. In beiden Altersgruppen besaßen die Aspekte der Textgrammatik eine beträchtliche Effektgröße (0,50–0,65), was auch auf die bewertenden Informationen zutraf.

Wie Manhardt & Rescorla (2002) feststellen konnten, verwendeten die Kinder der Late-Talker-Gruppe in geringerem Umfang als die Kinder der Vergleichsgruppe komplexe syntaktische Elemente. Zu diesen Elementen gehören erweiterte Nominalphrasen ("He was a little green frog") und Satzergänzungen bzw. Komplementsätze ("He thought the frogs were sitting on the log"), Relativsätze ("The frog who climbed out of the jar was green"), ergänzende Komplementsätze zu Nominalphrasen ("There were ripples spreading through the pond"), ergänzende Komplementsätze zu Adjektivphrasen ("They were happy that they had found it"), adverbiale Komplementsätze ("After the boy fell asleep, the frog escaped") und Wh-Sätze ("He saw the frog was missing when he woke up"). Den Erzählungen der

---

[3] Vorgabe eines Bildes und eines Zielwortes, zu denen ein Satz formuliert werden soll (Anm. d. Hrsg.)

[4] Satzergänzungsaufgabe, bei der ein Wort mit passender morphologischer Endung ergänzt werden soll (Anm. d. Hrsg.)

[5] Satz-Bild-Zuordnungsaufgabe (Anm. d. Hrsg.)

[6] Wortflüssigkeitsaufgabe (Anm. d. Hrsg.)

[7] Nach Vorgabe von 3 oder 4 Wörtern soll das inhaltlich assoziierte Wortpaar genannt werden (Anm. d. Hrsg.)

[8] Verständnis von Funktionswörtern wie Konjunktionen, Quantoren etc. (Anm. d. Hrsg.)

[9] Zu einem vorgegebenen Wort soll ein Satz formuliert werden (Anm. d. Hrsg.)

[10] Vorgabe von Sätzen mit falscher Wortstellung, die korrigiert werden sollen (Anm. d. Hrsg.)

[11] Vorgabe eines oder mehrerer Sätze, danach soll eine Frage dazu beantwortet werden (Anm. d. Hrsg.)

[12] Vorgabe eines Textes, danach sollen Fragen dazu beantwortet werden (Anm. d. Hrsg.)

Late-Talker fehlten weitgehend die komplexen Satzstrukturen, die einer Geschichte mehr Perspektive und Tiefe verleihen, die sie abwechslungsreich und kunstvoll machen. Es sind dieselben (Stil-)Mittel, die sich in der Schriftsprache, in der formaleren, elaborierten Bildungssprache und in Schul- bzw. Lehrbuchtexten finden. Diese syntaktischen Strukturen werden allerdings normalerweise weder bei einer basalen klinischen Sprachuntersuchung erfasst noch durch Diagnostikinstrumente (z. B. CELF) in entsprechender Tiefe abgebildet, was erklären würde, weshalb standardisierte Tests gewöhnlich ein „Aufholen" von Late-Talkern anzeigen.

Die in Rescorlas Kohortenstudie für Acht- und Neunjährige erhobenen Daten deuten darauf hin, dass Late-Talker ihren Rückstand etwa bis zur Mitte der Grundschulzeit aufholen und dann altersgemäße Anforderungen in den Bereichen Wortschatz, basale Syntax/Morphologie und Artikulation erfüllen. Im Allgemeinen reichen ihre Fähigkeiten daher für durchschnittliche Leistungen in standardisierten Testverfahren aus, sodass sie einem zufälligen Beobachter nicht „sprachgestört" vorkommen. Erst bei anspruchsvolleren Erzählaufgaben treten die manifesten sprachlichen Schwächen von Late-Talkern im Vergleich zu Peers mit sozioökonomisch ähnlichem Hintergrund offen zutage, sobald die zur Vermittlung komplexer Gedanken nötigen differenzierten Sprachstrukturen mit empfindlicheren Instrumenten erfasst werden.

In den Messwerten („Aggregaten") der Sechs- bis Neunjährigen fanden sich, wie Rescorla (2002) berichtet, zahlreiche signifikante Korrelationen, sowohl zwischen den Domänen (z. B. $r=0{,}50$ zwischen Wortschatz und Grammatik mit 8 Jahren) als auch innerhalb der Domänen (z. B. ein longitudinaler Korrelationskoeffizient von $r=0{,}70$ zwischen dem Wortschatz mit 6 und mit 7 Jahren). Rescorla (2002) legte auch Ergebnisse ihrer Regressionsanalyse vor. So konnten bei den Achtjährigen drei Variablen – der Wortschatz mit zwei Jahren (LDS-Punktzahl; Rescorla 1989), die grammatischen Fähigkeiten mit drei Jahren (MLU- und IPSyn-Werte; Scarborough 1990) und die grammatischen Fähigkeiten mit fünf Jahren (PEST-Wert; Young & Perachio 1983) – zusammengenommen 35 % der Varianz in den CELF-R-Testergebnissen (Semel, Wiig, Secord & Sabers 1987) erklären.

Ergebnisse bei Jugendlichen

Wie die weitere Entwicklung von Late-Talkern im Jugendalter verläuft, ist nur für Rescorlas Kohorte untersucht worden. Die bisher vorliegenden Studien lassen das gleiche Muster wie im Schulalter erkennen: Nämlich dass sich trotz durchschnittlicher Testergebnisse der Late-Talker-Gruppen noch immer signifikante sprachliche Schwächen im Vergleich zu ihren Peers mit ähnlichem sozioökonomischem Hintergrund und typischer Sprachentwicklungsgeschichte zeigen. Wie für die Ergebnisse im Schulalter galt auch für das Jugendalter, dass die fortgesetzt zu beobachtenden Gruppenunterschiede in Rescorlas Kohorten nicht durch das schlechte Abschneiden einiger weniger „Ausreißer" in der Late-Talker-Gruppe zu erklären waren.

Dass sich die 28 Kinder der Late-Talker-Gruppe und die 25 ungestört entwickelten Kinder der Kontrollgruppe, über deren Sprach- und Leseergebnisse im Alter von 13 Jahren Rescorla (2005) berichtete, nicht signifikant im Block-Design-Test des WISC-III unterschieden, spricht für vergleichbare nonverbale kognitive Fähigkeiten. Auch ähnlich gute Leistungen beider Gruppen im Zahlen- bzw. Digit-Span-Test des WISC-III lassen auf vergleichbare Kapazitäten ihres numerischen Arbeitsgedächtnisses schließen.

Obwohl sie in allen standardisierten Sprach- und Lese-Testaufgaben durchschnittliche Ergebnisse erzielten, schnitten die 13-Jährigen der Late-Talker-Gruppe bei den meisten Messwerten schlechter ab als Gleichaltrige mit ähnlichem sozioökonomischem Hintergrund. Zur Beurteilung des Wortschatzes wurde ein „Aggregat" aus dem Vokabular-Subtest der Wechsler Intelligence Scale for Children (WISC-III; Wechsler 1991) und den Subtests Hören: Wortschatz und Lesen: Wortschatz[13] des Sprachtests für Jugendliche und Erwachsene (Test of Adolescent and Adult Language, TOAL-3; Hammill, Brown, Larsen & Wiederholt 1994) verwendet. Hier rangierten die Ergebnisse der Late-Talker-Gruppe zwar im mittleren Bereich, blieben aber deutlich unter denen der Vergleichsgruppe ($d=0{,}67$). Ähnliches galt hin-

---

[13] Zu einem schriftlich vorgegebenen Wort sollen aus einer Auswahl mehrerer weiterer Wörter zwei zum Stimuluswort passende Wörter gefunden werden (Anm. d. Hrsg.)

sichtlich der Grammatik-Untersuchung mit einem „Aggregat" aus den TOAL-3-Subtests Hören: Grammatik[14] und Lesen: Grammatik[15], dem CELF-R-Subtest Formulieren von Sätzen[16] und dem Subtest Ambige Sätze[17] des TLC Sprachkompetenztests (Test of Language Competence, expanded edition; Wiig & Secord 1989): Trotz durchschnittlicher Ergebnisse schnitt die Late-Talker-Gruppe wesentlich schlechter ab als die Vergleichsgruppe ($d=0{,}64$). Dasselbe Muster ($d=0{,}83$) zeichnete sich auch in Bezug auf die verbale Arbeitsgedächtniskapazität ab, wobei das „Test-Aggregat" aus dem Digit-Span-Test der WISC-III sowie den CELF-R-Subtests Nachsprechen von Sätzen und Nachsprechen von Pseudowörtern bestand.

Bei den Lese- und Schreibfunktionen der 13-Jährigen ließen sich keine signifikanten Unterschiede zwischen Late-Talker- und Vergleichsgruppe erkennen. Die „Test-Aggregate" umfassten Leseaufgaben (Dekodieren, schnelles Lesen von Wörtern und Nichtwörtern, Buchstabieren, Lesegeschwindigkeit und Fehlerquote) bzw. drei schriftsprachliche TOWL-3-Subtests (Test of Written Language, 3rd edition; Hammill & Larsen 1996). Signifikant schlechter als die Vergleichsgruppe schnitt die Late-Talker-Gruppe allerdings in einem Test zum Leseverständnis ab ($d=0{,}84$), bei dem Verständnisfragen aus dem Qualitative Reading Inventory-II (QRI-II; Leslie & Caldwell 1995) gestellt wurden. Hier ergab sich folgendes Muster: Während die Dekodierungsfähigkeiten beider Gruppen vergleichbar waren, wurden die detaillierten Erläuterungen zu Peter dem Großen in einem Sekundarstufentext von den Late-Talkern weniger gut verstanden als von ihren Peers in der Vergleichsgruppe. Dies beruht höchstwahrscheinlich auf fortbestehenden Wortschatz- und Grammatikschwächen.

Da die Testergebnisse im Alter von 13 Jahren recht hohe Korrelationen erkennen ließen, scheint eine beträchtliche gemeinsame Varianz in den diversen (Lese- und Schrift-)sprachlichen Messwerten vorzuliegen. So war der Wortschatz in signifikanter Weise mit Grammatik ($r=0{,}59$), Lesefunktion (0,59) und Leseverständnis (0,64) korreliert. Ähnliche Korrelationen fanden sich zwischen Grammatik und verbalem Arbeitsgedächtnis (0,58) bzw. Grammatik und Lesefunktion (0,60) sowie zwischen verbalem Arbeitsgedächtnis und Lesefunktion (0,50). Regressionsanalysen ergaben, dass der Wortschatz im Alter von zwei Jahren (LDS-Wert) als signifikanter Prädiktor mit einem Bestimmtheitsmaß (R^2) von 14 %, 13 %, 21 % bzw. 14 % die Testergebnisse in den Bereichen Wortschatz, Grammatik, verbales Arbeitsgedächtnis und Leseverständnis im Alter von 13 Jahren vorhersagen kann. Das deutet darauf hin, dass eine verzögerte Sprachentwicklung im Alter von 2;0 bis 2;6 Jahren noch bis ins Jugendalter nachwirkt und mit schwächeren sprachlichen Fähigkeiten als bei typisch entwickelten Gleichaltrigen verbunden ist. Keine anderen Variablen, weder der sozioökonomische Hintergrund noch Bayleys nonverbale oder Reynells rezeptive Sprachskalenwerte im Alter von zwei Jahren, erwiesen sich als signifikante Prädiktoren.

Rescorla (2009) veröffentlichte weitere Sprach- und Lese-Testergebnisse für 17-Jährige. Hinsichtlich ihrer nonverbalen kognitiven Fähigkeiten waren die Jugendlichen in den demografisch „gematchten" Gruppen (26 in der Late-Talker- und 23 in der Kontrollgruppe) noch immer vergleichbar und unterschieden sich weder im Block-Design-Test der Wechsler Intelligence Scale for Adults (WAIS-III; Wechsler 1997a) noch im Math-Fluency-Subtest der WJ-III signifikant voneinander. Beide Gruppen schnitten im Block-Design-Test leicht überdurchschnittlich und im Math-Fluency-Test durchschnittlich ab.

Wie in den vorhergehenden Follow-up-Studien gab es auch bei den 17-Jährigen nur sehr wenige „Ausreißer" mit Ergebnissen unterhalb der 10. Perzentile in einem der Sprach- und Lesetests, doch gegenüber den Peers mit typischer Sprachentwicklung schnitten alle Late-Talker in den Bereichen Wortschatz, Grammatik und verbales Arbeitsgedächtnis signifikant schlechter ab. Die größten Gruppenunter-

---

[14] Aus drei auditiv präsentierten Sätzen sollen die beiden Sätze mit identischer Bedeutung ausgewählt werden (Anm. d. Hrsg.)

[15] Aus fünf schriftlich präsentierten Sätzen sollen die beiden Sätze mit identischer Bedeutung ausgewählt werden (Anm. d. Hrsg.)

[16] siehe Fußnote 9

[17] Nach Vorgabe eines ambigen Satzes sollen die beiden möglichen Bedeutungen paraphrasiert werden (Anm. d. Hrsg.)

schiede fanden sich im WAIS-III-Subtest Vokabular mit $d=0,80$, bei Grammatikalitätsurteilen des Comprehensive Assessment of Spoken Language (CASL; Carrow-Woolfolk 1999) mit $d=0,80$ und im Subtest Logisches Gedächtnis (sich an Erzähltes erinnern) der Wechsler Memory Scale (WMS-III; Wechsler 1997b) mit $d=1,08$. Signifikant schlechter als die Vergleichsgruppe schnitt die Late-Talker-Gruppe mit 17 Jahren in Bezug auf die Faktoren Wortschatz/Grammatik ($d=0,92$) und verbales Arbeitsgedächtnis ($d=0,93$) ab. Lediglich beim Faktor Lesen/Schreiben (Mittelwert in den WJ-III-Subtests Buchstaben-Wort-Identifikation, Flüssiges Lesen/Schreiben) war der Gruppenunterschied nicht signifikant.

Während bei den 17-Jährigen der Faktor Wortschatz/Grammatik hoch mit den Faktoren verbales Arbeitsgedächtnis ($r=0,65$; $p<0,001$) und Lesen/Schreiben ($r=0,64$; $p<0,001$) korrelierte, bestand zwischen den Faktoren verbales Arbeitsgedächtnis und Lesen/Schreiben nur eine Korrelation von 0,37 ($p<0,05$). Bei der Regressionsanalyse zeigte sich, dass der Punktwert im LDS-Wortschatztest mit 2 Jahren, der als Erstes in die Berechnung einfloss, 17 % der Varianz im Faktor Wortschatz/Grammatik mit 17 Jahren erklären konnte. Die als zweite Variable einbezogenen expressiven und rezeptiven Reynell-Werte erwiesen sich als nichtsignifikante Prädiktoren. Erstmals konnte jedoch der zuletzt noch addierte nonverbale Bayley-Score weitere 13 % der Varianz erklären. Ähnlich fielen die Ergebnisse in Bezug auf den Faktor verbales Arbeitsgedächtnis aus: Hier ließen sich mit dem LDS-Punktwert 17 % und mit dem nonverbalen Bayley-Score weitere 11 % der Varianz erklären. Somit konnte die Varianz in den Sprachtestergebnissen der 17-Jährigen zu 28–30 % mit zwei Messwerten im Alter von zwei Jahren erklärt werden.

7.1.2 Ergebnisse epidemiologischer Studien

Sprachtestergebnisse bis zum Alter von 18–24 Monaten

Wie unten dargestellt, haben groß angelegte epidemiologische, prospektive Studien zur sprachlichen Entwicklung von Kindern bis zum Alter von 18–24 Monaten in Australien, Norwegen und den Nieder-

landen gezeigt, dass demografische und Geburtsvariablen nur zu einem geringen Prozentsatz die Ergebnisvarianz mit 18 oder 24 Monaten erklären können. Selbst wenn sich der Prozentsatz durch die Einbeziehung von früheren oder mitwirkenden Entwicklungsvariablen in die Vorhersage etwas verbesserte, blieb ein Großteil der Varianz noch immer unerklärbar.

In der Early Language in Victoria Study (ELVS; Reilly et al. 2007) wurden 20 % der Kinder einer 1.720 Zweijährige umfassenden Gemeinde-Stichprobe anhand ihres expressiven Wortschatzes (CDI-Werte unterhalb der 10. Perzentile nach US-Normen [Fenson et al. 1993]) als Late-Talker diagnostiziert. Variablen wie Geschlecht, Frühgeburt, Geburtsgewicht, Geburtsrang (Geschwisterreihe), sozioökonomischer Status, mentale Gesundheit der Mutter, mütterlicher Wortschatz, Bildung und Alter der Mutter, Sprech-/Sprachstörungen in der Familienanamnese sowie nicht-englischsprachiger Familienhintergrund konnten nur 7 % der Varianz in den CDI-Werten der Zweijährigen erklären. Wurden Kommunikationsverhalten und Sprachtestwerte im Alter von 12 Monaten in das Vorhersagemodell einbezogen, erhöhte sich das partielle Bestimmtheitsmaß (R^2) auf 14 %, doch die Varianz in den expressiven Sprachergebnissen mit 24 Monaten blieb dennoch zum Großteil ungeklärt.

In einer anderen großen australischen Studie untersuchten Zubrick, Taylor, Rice & Slegers (2007) die rezeptiven und expressiven Sprachfähigkeiten von 1.766 Kindern im Alter von 24 Monaten. In dieser Stichprobe erfolgte ein Screening anhand der Angaben in einem von den Eltern auszufüllenden Fragebogen (mit 6 Items). Bei 13 % der Kinder lagen die Ergebnisse mehr als eine Standardabweichung (SD >1) unter dem Mittelwert und führten zur Diagnose einer „späten Sprachentwicklung" (late language emergence, LLE). Variablen wie Bildungsniveau, mentale Gesundheit und Erziehungsstil der Eltern, mütterliches Alter, sozioökonomischer Status und „funktionierende" Familie erwiesen sich nicht als signifikant. Dagegen stellten sich Variablen wie LLE-Familienanamnese, Geschwisterzahl, männliches Geschlecht, Frühgeburt, niedriges Geburtsgewicht und gleichzeitig vorhandene nonverbale Entwicklungsverzögerungen als geeignete Prädiktoren einer LLE heraus. Zubrick et al. (2007) interpretierten ihre Befunde dahingehend, dass sie eher neurobiologische und genetische Erklärungsansätze für eine Sprachentwicklungsverzögerung unterstützen würden statt auf mütterliche/familiäre Faktoren fokussierte Modelle.

Die norwegische Mutter-Kind-Kohortenstudie (Schjolberg, Eadie, Zachrisson, Øyen & Prior 2011) untersuchte Prädiktoren einer Sprachentwicklungsverzögerung mit 18 Monaten an 42.107 Kindern. Durch ein Regressions- bzw. Vorhersagemodell mit zahlreichen Variablen (männliches Geschlecht, niedriges Geburtsgewicht/Schwangerschaftsalter, Mehrlingsgeburt, ältere Geschwister, geringes Bildungsniveau und Distress/Depression der Mutter sowie nicht-norwegischer Sprachhintergrund) ließen sich lediglich 4–7 % der Ergebnisvarianz erklären, sodass die Varianz in den sprachlichen Leistungen mit 18 Monaten weitgehend ungeklärt blieb.

Mit einer 112 Wörter umfassenden holländischen Wortschatz-Checkliste, einer Kurzform des MacArthur Communicative Inventory (MCDI-N; Zink & Lejaegere 2003), testeten Henrichs et al. (2011) mögliche Prädiktoren für das Abschneiden mit 18 Monaten. Dabei zeigte sich, dass mütterliches Alter, elterlicher (Erziehungs-)Stress und ethnische Zugehörigkeit des Kindes 1 % der Varianz im expressiven Wortschatz mit 18 Monaten erklären konnten. Da Schwangerschaftsalter und Geburtsgewicht ebenfalls 1 %, Geschlecht und Alter zusätzlich 4 % sowie der rezeptive MCDI-N-Punktwert mit 18 Monaten weitere 16 % erklärten, ergab sich insgesamt ein Prozentsatz von 22 %.

Sprachtestergebnisse von Kindern ab 16–18 Monaten

Die unten zusammengefassten Ergebnisse großer epidemiologischer, prospektiver Studien zur sprachlichen Entwicklung von Kindern in den USA, Schweden und den Niederlanden deuten darauf hin, dass der Sprachstatus im Alter von 16–18 Monaten nur einen geringen positiven Vorhersagewert für spätere Sprachentwicklungsverzögerungen (SEV) hat und dass Kinder mit einer späteren SEV im Alter von 16–18 Monaten meist noch unauffällig waren (geringe Sensitivität). Die Varianz in den Ergebnissen mit 30 Monaten ließ sich nur zu einem kleinen Pro-

zentsatz durch demografische und Geburtsvariablen erklären. Auch wenn sich der Prozentsatz unter Einbeziehung des früheren Sprachstatus leicht erhöhte, blieb die Varianz zum Großteil ungeklärt.

Für ihre Stichprobe mit 1.189 US-amerikanischen Kindern (35 % aus armen Familien, 15 % aus einem zwei-/mehrsprachigen häuslichen Umfeld, 37 % Nichtweiße) veröffentlichten Horwitz, Irwin, Briggs-Gowan, Heenan, Mendoza & Carter (2003) folgende Ergebnisse ihres CDI-Kurzform-Tests: 12,5 % der Kinder erzielten mit 18–23 Monaten, 15 % mit 24–29 Monaten und 18 % mit 30–35 Monaten Ergebnisse unterhalb der 10. Perzentile. Obwohl ihre sprachliche Verzögerung mit demografischen Risikofaktoren (niedriges Bildungsniveau der Mutter, Armut, Minderheitenstatus etc.) verbunden war, lag das relative Risiko bzw. der RR-Quotient jeweils unter 2,0 und nur bei bilingualer Herkunft darüber (RR=2,78).

Ellis & Thal (2008) berichteten zusammenfassend über ihre Studienergebnisse: Von 577 US-amerikanischen Kindern, die sie mit 16 Monaten untersuchten, stuften sie 461 als typisch entwickelt, 81 als Late-Talker und 35 als expressiv/rezeptiv verzögert ein. Bei 13 Kindern (2,2 %) der Stichprobe wurde mit 6 Jahren eine spezifische Sprachentwicklungsstörung (SSES) diagnostiziert. Mit 16 Monaten wurden sieben dieser Kinder noch als „typisch entwickelt" beurteilt und bei den anderen sechs Kindern eine rein expressive (3 Fälle) bzw. eine gemischte expressiv-rezeptive Sprachentwicklungsverzögerung (3 Fälle) festgestellt. Für Kinder, die mit sechs Jahren eine SSES entwickelten, wurde das relative Risiko gemäß der prozentualen Gruppenverteilung mit 8,5 % (gemischte Form), 3,7 % (expressive SEV), 1,5 % (typischer Entwicklungsverlauf) berechnet. Hier zeigte sich, dass eine frühe rezeptiv-expressive SEV ein größeres Risiko darstellte als eine rein expressive SEV, dass die Sprachentwicklung von mehr als der Hälfte dieser Kinder jedoch bis zur SSES-Diagnose im Alter von 6 Jahren unauffällig verlaufen war.

Westerlund, Berglund & Eriksson (2006) untersuchten die Sprachentwicklung von Kindern mit 18 Monaten und mit drei Jahren. Ihre Stichprobe bestand aus 891 Patienten, die in schwedischen Kindergesundheitszentren betreut wurden und deren Eltern den 90 Wörter umfassenden Fragebogen des Swedish Communication Screening für 18 Monate alte Kinder (SCS18; Eriksson, Westerlund & Berglund 2002) ausgefüllt hatten, in dem weniger als acht Wörter als Cut-off-/Grenzwert für eine expressive SEV definiert sind. Bei Dreijährigen setzte eine SEV-Diagnose voraus, dass sie keine Dreiwortsätze produzierten oder drei von fünf Verständnisfragen der Kinderschwestern nicht verstanden. Nur bei der Hälfte der betroffenen Dreijährigen lag die SEV bereits mit 18 Monaten vor (Sensitivität von 50 %). Bei den meisten Dreijährigen war eine mit 18 Monaten festgestellte SEV nicht mehr nachweisbar (positiver Vorhersagewert von 18 %). Die meisten Kinder, die als Dreijährige keine SEV hatten, waren auch mit 18 Monaten unauffällig gewesen (Spezifität von 90 %). Eine mittels Receiver-operating Characteristics (ROC) berechnete AUC-Fläche (area under the curve) von 77 % deutete lediglich auf eine leidlich gute Vorhersagbarkeit hin.

Henrichs et al. (2011) veröffentlichten Daten zur sprachlichen Entwicklung von 3.759 holländischen Kindern, bei denen mit 18 Monaten eine Verzögerung des expressiven und rezeptiven Wortschatzerwerbs (<10. Perzentile des MCDI-N) diagnostiziert wurde. Für die inzwischen 30 Monate alten Kinder definierten sie eine expressive Wortschatzverzögerung als Ergebnis unterhalb der 10. Perzentile der holländischen Version des LDS (Rescorla 1989). Zwischen den expressiven MCDI-N-Werten mit 18 Monaten und den LDS-Werten mit 30 Monaten bestand eine viel schwächere Korrelation (0,34) als zwischen den MCDI-N- und den LDS-Werten (0,95) von Zweijährigen (Rescorla, Ratner, Jusczyk & Jusczyk 2005). Die meisten Kinder (71 %), die mit 18 Monaten anhand der MCDI-N-Werte als verzögert eingestuft wurden, erzielten mit 30 Monaten LDS-Ergebnisse im Normalbereich (positiver Vorhersagewert von 29 %), während die meisten Kinder (70 %), die mit 30 Monaten eine Verzögerung erkennen ließen, mit 18 Monaten noch keine auffälligen Befunde (<10. Perzentile) zeigten (Sensitivität von 30 %). Bei den meisten Kindern, die mit 18 Monaten normal abgeschnitten hatten, rangierten die Ergebnisse auch mit 30 Monaten weiterhin im Normalbereich (negativer Vorhersagewert von 93 %), während die meisten Kinder mit normalen Testergebnissen mit 30 Monaten auch schon mit 18 Monaten normal entwickelt waren (Spezifität von 93 %). Um die LDS-Werte bzw. den Status der Verzögerung mit 30 Mo-

naten vorherzusagen, wurden die MCDI-N-Werte (expressiver Wortschatz) mit 18 Monaten zur Berechnung der ROC-Kurve verwendet. Unter der Kurve ergab sich eine Fläche (AUC), die mit 0,74 nur eine leidlich gute prognostische Genauigkeit anzeigte. Mütterliches Alter und Bildungsniveau, Familienstand, Familieneinkommen, ethnische Zugehörigkeit und elterlicher (Erziehungs-)Stress konnten 5 % der Varianz in den LDS-Wortschatz-Ergebnissen mit 30 Monaten erklären. Darüber hinaus erklärten Schwangerschaftsalter und Geburtsgewicht 0,2 % sowie Geschlecht und Alter (zu beiden Erhebungszeitpunkten) 1 %, die expressiven z-Werte des MCDI-N mit 18 Monaten weitere 11 % sowie die rezeptiven z-Werte mit 18 Monaten zusätzlich 0,5 %. Im Unterschied zu den Kindern, die zu keinem Zeitpunkt oder lediglich eine frühe Sprachentwicklungsverzögerung (mit 18 Monaten) aufwiesen, kamen die Kinder, die zu beiden Zeitpunkten oder erst später (bei der Erhebung mit 30 Monaten) eine SEV hatten, tendenziell aus einkommensschwachen Familien mit weniger gebildeten Müttern und größeren elterlichen Erziehungsschwierigkeiten.

Sprachtestergebnisse über 24 Monate alter Kinder

Wie die unten dargestellten epidemiologischen, prospektiven Studien zur sprachlichen Entwicklung von Kindern über 2;0 Jahren zeigen, haben sechs- und siebenjährige Late-Talker trotz durchschnittlicher Testwerte noch immer signifikant schwächere sprachliche Fähigkeiten als typisch entwickelte Gleichaltrige. Bei über zweijährigen Kindern fanden sich nur wenige signifikante Prädiktoren, deren positiver Vorhersagewert zudem im Allgemeinen niedrig war.

Anhand der Datensammlung des Early Child Care Research Network des National Institute of Child Health and Human Development (NICHD) verfolgten Armstrong, Marchman & Owen (2007) die sprachliche Entwicklung von 689 Kindern bis zur 5. Klasse: Die erste Gruppe bestand aus 131 Late-Talkern, die mit 36 und 54 Monaten jeweils Werte unterhalb der 10. Perzentile des CDI und Werte unter 85 auf Reynells Expressive Language Scale (Reynell & Gruber 1990) erreichten; die zweite Gruppe bildeten 39 Late-Bloomer (CDI-Werte <10. Perzentile und Reynell-Werte >85 bei der Erhebung mit 54 Monaten), die dritte Gruppe umfasste 558 typisch entwickelte Kinder (CDI-Werte >10. Perzentile mit 2;0 Jahren und Reynell-Werte >85 mit 4;6 Jahren). Diese drei Gruppen unterschieden sich in der 5. Klasse in drei Subtests der Woodstock-Johnson Psychoeducational Battery (WJ-R; Woodcock & Johnson 1989): im Bilderwortschatz, im Buchstaben-Wort-Erkennen und im Behalten von Sätzen. Auch wenn die Late-Talker-Gruppe in den ersten beiden Subtests zu allen Erhebungszeitpunkten durchschnittliche Leistungen zeigte, schnitt sie in allen Messungen am schlechtesten ab. Die typisch entwickelte Gruppe erzielte stets die besten Ergebnisse, während die Leistungen der Late-Bloomer-Gruppe zwischen diesen beiden Gruppen lagen. Dies wäre mit einem Gradienten- oder dimensionalen Modell sprachlicher Fähigkeiten vereinbar.

Berichte über die sprachliche Entwicklung im Alter von 2–4 Jahren liegen auch für 1.596 Kinder der australischen ELVS-Kohorte vor (Reilly et al. 2010). Bei der klinischen Beurteilung der sprachlichen Grundlagen im Vorschulalter (Clinical Evaluation of Language Fundamentals CELF-P2; Wiig, Secord & Semel 2006) galt eine Standardabweichung von 1,25 unter dem Mittelwert als Schwellenwert einer Sprachentwicklungsverzögerung. Nach dieser Definition lag bei 13 % der Vierjährigen eine expressive und bei 16 % eine rezeptive SEV vor. Nach dem Ausschluss von Kindern mit einem niedrigen nonverbalen IQ, einer Autismus-Spektrum-Störung, Hörschwäche und nicht-englischsprachigem Hintergrund wurde bei 17 % der Kinder aufgrund ihrer rezeptiven und/oder expressiven SEV eine SSES diagnostiziert. Mit einem multivariaten Regressionsmodell ließen sich unter Einbeziehung von 12 Variablen (männlich, Zwilling, Frühgeburt, geringes Geburtsgewicht, ältere Geschwister, nicht-englischsprachiger Hintergrund, niedriger sozioökonomischer Status, familiäre Sprachstörungen, Bildung, psychische Probleme, Alter und Wortschatz der Mutter) 19–21 % der Varianz in den CELF-P2-Ergebnissen erklären. Wurde als weitere Variable eine SEV mit zwei Jahren addiert, erhöhte sich der Prozentsatz auf 24–30 %. Das heißt, die Befunde mit zwei Jahren erlaubten eine präzisere Prognose hinsichtlich der sprachlichen Entwicklung von Vierjäh-

rigen als die Befunde mit 12 Monaten für die sprachliche Entwicklung von Zweijährigen. Dennoch blieb die Varianz zum Großteil ungeklärt. Die stärksten Prädiktoren für eine expressive SEV mit vier Jahren waren fremdsprachiges häusliches Umfeld, männliches Geschlecht, viertgeborenes Geschwisterkind und familiär gehäuftes Vorkommen von Sprachstörungen.

In einer britischen Zwillingsstudie untersuchten Dale, Price, Bishop & Plomin (2003) den expressiven Wortschatz. Zweijährige Kinder, die weniger als 15 Wörter beherrschten und damit die 10. Perzentile der 100 Wörter umfassenden Kurzform des MacArthur Communicative Development Inventory (MCDI-UKSF; Dionne, Dale, Boivin & Plomin 2003) unterschritten, identifizierten sie als Late-Talker. Bei 802 der 8.386 Kinder (9,6 % der Stichprobe, 65 % Jungen) wurde aufgrund von Angaben der Eltern eine frühe Sprachverzögerung (early language delay, ELD) diagnostiziert. Kinder mit einer ELD schnitten in Bezug auf nonverbale Fähigkeiten, Grammatik und Referenz auf Dinge (Objekte oder Ereignisse) außerhalb des Hier und Jetzt („displaced references") schlechter ab und hatten zudem weniger gebildete Mütter. Mit einer Effektgröße von 5,7 % erwiesen sich die nonverbalen Fähigkeiten als einflussreichste Variable. Wenn ein Punktwert unterhalb der 15. Perzentile in zwei von drei Sprachtests (Wortschatz, Grammatik, abstrakte Sprache) als ELD-Kriterium angesetzt wurde, waren 11 % der Stichprobe (835 Kinder) mit drei Jahren als „sprachverzögert" einzustufen: 61 % von ihnen waren es als Zweijährige noch nicht gewesen, bei 44 % der Dreijährigen bestand eine früher (mit zwei Jahren) diagnostizierte ELD auch weiterhin. Wurde dasselbe Kriterium bei Vierjährigen angelegt, waren 12 % (746 Kinder) sprachverzögert. Nur bei 34 % von ihnen war dies bereits mit zwei Jahren entdeckt worden; bei 40 % der Kinder lag eine mit zwei Jahren diagnostizierte ELD auch mit vier Jahren noch vor. Logistische Regressionsanalysen, die sich auf die Testergebnisse im Alter von zwei Jahren stützten, ergaben eine Sensitivität von 42 % hinsichtlich des Abschneidens mit drei Jahren bzw. von 52 % für das Abschneiden mit vier Jahren. Das bedeutet, dass sich mit diesem Modell nur für knapp die Hälfte oder noch weniger Kinder eine Sprachentwicklungsverzögerung an späteren Nachuntersuchungszeitpunkten vorhersagen ließ. Es zeigte sich auch, dass die sprachliche Verzögerung, die das Modell prognostizierte, nur bei 57 % der Dreijährigen und bei 64 % der Vierjährigen tatsächlich eintrat (positiver Vorhersagewert). Insgesamt sind eine Sprachentwicklungsverzögerung mit zwei Jahren und eine Reihe zusätzlicher Faktoren daher wenig geeignet, spätere Sprachbefunde vorherzusagen. Denn mehr als die Hälfte der Kinder, bei denen mit zwei Jahren eine ELD diagnostiziert wurde, erzielten mit drei oder vier Jahren normale Testergebnisse, während die meisten Drei- oder Vierjährigen, bei denen eine Verzögerung festgestellt wurde, in Sprachtests mit zwei Jahren noch normale Ergebnisse erzielt hatten.

Rice, Taylor & Zubrick (2008) berichteten, wie Kinder mit einer LLE und mit normaler Sprachentwicklung (NLE) aus der Studie von Zubrick et al. (2007) im Alter von sieben Jahren abschnitten. Mit zwei Jahren war bei 128 Kindern (19 % der Stichprobe) eine expressive und bei 88 von ihnen zusätzlich eine rezeptive Sprachentwicklungsverzögerung festgestellt worden. Zu den Ausschlusskriterien gehörten Intelligenzminderung, Autismus-Spektrum-Störung, Hörstörungen, Down-Syndrom und Zerebralparese. Als Siebenjährige unterschieden sich die Kinder der LLE-Gruppe weder in Bezug auf sozioökonomische bzw. demografische Variablen noch in Bezug auf ihre nonverbale Intelligenz von den Kindern der NLE-Gruppe; in allen Sprachtests lagen ihre Ergebnisse im Normalbereich. Signifikant schlechter als die NLE-Gruppe schnitten sie jedoch in den Bereichen rezeptiver Wortschatz, Artikulation und Grammatik (mehrere Subtests) ab. Der größte Unterschied zwischen beiden Gruppen zeigte sich bei morphosyntaktischen Aufgaben. Der Prozentsatz der LLE-Kinder, die mindestens eine Standardweichung unter dem Durchschnitt lagen, schwankte in allen gemessenen Parametern zwischen 4 und 23 %. Als signifikant erwiesen sich dabei die Gruppenunterschiede in 7 der insgesamt durchgeführten 17 Subtests.

7.1.3 Zusammenfassung und Diskussion der Ergebnisse

Trotz einer gewissen Variationsbreite in den veröffentlichten Sprachtestergebnissen erreichen die meisten Late-Talker mit fünf, sechs oder sieben Jah-

ren durchschnittliche Werte (Ellis & Thal 2008; Ellis Weismer 2007; Girolametto et al. 2001; Paul et al. 1997; Rescorla 2002, 2005, 2009; Rice et al. 2008; Whitehurst et al. 1989). Wichtig ist hierzu anzumerken, dass die meisten Late-Talker im Grundschulalter selbst bei Testaufgaben, die ihnen offenbar besondere Schwierigkeiten bereiten, d. h. bei Grammatik- und verbalen Gedächtnisaufgaben, im Mittelfeld rangierten (Rescorla 2002; Rice et al. 2008).

Obwohl Late-Talker also meistens durchschnittliche Ergebnisse während der Grundschulzeit erzielten, schnitten sie als Gruppe in vielen Sprachtests signifikant schlechter ab als Kinder mit typischem Sprachentwicklungsverlauf. Zu den Ersten, die darüber berichteten, gehörten Paul (1996) und Rescorla (2002). In späteren Studien konnte dieser Befund unter anderem von Moyle et al. (2007), Ellis Weismer (2007), Rescorla (2005, 2009), Thal et al. (2005), Armstrong et al. (2008) und Rice et al. (2008) reproduziert werden.

Dass sich Late-Talker in Bezug auf ihre rezeptiven Sprachfähigkeiten signifikant und substanziell (d=0,78) von den typisch entwickelten Kindern der Vergleichsgruppe unterschieden, obwohl zur Aufnahme in die Studie (mit 24–31 Monaten) bei allen altersgemäße rezeptive Sprachtestwerte vorausgesetzt wurden, ist ein wichtiges Forschungsergebnis von Rescorla. Dies lässt den Schluss zu, dass nicht nur die expressive Sprachentwicklung der Late-Talker von Anfang an verzögert war, sondern dass sie generell schwächere sprachliche Fähigkeiten hatten. Der beträchtliche Unterschied in den rezeptiven sprachlichen Fähigkeiten persistierte bis ins Jugendalter und ist daher vermutlich eher als nachhaltig stabiler statt nur temporärer individueller Unterschied zu betrachten (Rescorla 2009, 2013). Ein anderer wichtiger Befund von Rescorlas Untersuchungen war, dass sich der große Gruppenunterschied in den expressiven Sprachkenntnissen, der zu Beginn der Studie rund zwei Standardabweichungen betrug, bei 0,80–1,00 SD stabilisierte, sobald die Late-Talker aufholten und bezüglich ihres Wortschatzes Werte im Normalbereich erreichten. Die anfänglich starke Verzögerung im Wortschatzerwerb blieb somit nicht dauerhaft bestehen, sondern stellte sich als Frühsymptom einer in abgeschwächter Form bis ins Jugendalter (17 Jahre) anhaltenden expressiven Sprachschwäche heraus.

Sprachbegabungsspektrum – ein (mehr)dimensionaler Erklärungsansatz

Dass Late-Talker als Gruppe durchschnittliche Ergebnisse erzielen, aber dennoch hinter dem sprachlichen Leistungsniveau von Gleichaltrigen mit typischer Sprachentwicklung zurückbleiben, ist eine Tatsache, die ein dimensionales Modell der Sprachverzögerung stützt. Nach dieser Vorstellung wären Late-Talker aufgrund von quantitativen Unterschieden gegenüber Kindern mit typischer Sprachentwicklung in einem hypothetischen Sprachbegabungsspektrum links von diesen anzusiedeln (Rescorla 2009, 2013). Indem er eher einen quantitativen statt qualitativen Unterschied zwischen Late-Talkern und typisch entwickelten Kindern postuliert, impliziert der (mehr)dimensionale Ansatz auch, dass nicht ein einzelnes Defizit oder eine einzige Abweichung ein Kind zum Late-Talker macht. Die Modellierung von Sprachfähigkeiten als Spektrum steht mit den Vorstellungen von Leonard (1991) und von Bishop & Edmundson (1987) im Einklang. Ellis Weismer (2007) verbindet den Begriff „Sprachbegabungsspektrum" mit der breiteren theoretischen Debatte über die Charakterisierung von Sprachstörungen als Kontinuum oder Dichotomie (Dollaghan 2004).

Wie Rescorla (2002, 2005, 2009) argumentiert, lässt sich das Sprachbegabungsspektrum – ähnlich wie Intelligenz – als Variation verschiedener Fähigkeiten konzeptualisieren, die eigenständig, aber miteinander verbunden zur Sprachbegabung beitragen. Hierbei scheinen auditive Wahrnehmung/Verarbeitung, Wortfindung, verbales Arbeitsgedächtnis, sprechmotorische Planung, phonologische Diskrimination und das Erlernen grammatischer Regeln eine Rolle zu spielen. Während besonders sprachbegabte Kinder in allen Bereichen ausgezeichnete Fähigkeiten haben dürften, könnten mäßig sprachbegabte Kinder in allen Bereichen durchschnittliche Fähigkeiten oder eine Mischung aus stärker und schwächer entwickelten Fähigkeiten besitzen. Dass sich eine Sprachentwicklungsverzögerung manifestiert, wird umso wahrscheinlicher, je mehr sprachliche Fähigkeiten/Bereiche eines Kindes betroffen sind. Da die Fähigkeitsprofile von Late-Talkern gewisse Variationen erkennen lassen, liegen bei einigen möglicherweise auditive Verarbeitungsdefizite vor, und bei anderen könnte statt der auditiven Verarbeitung z. B. die verbale Arbeitsgedächtnis- oder die Wortfindungskapazität eingeschränkt sein.

Ein Argument für das (mehr)dimensionale Sprachbegabungsmodell ist der bei Messungen bzw. in Sprachtests kontinuierlich vorfindbare Zusammenhang zwischen unterschiedlichen Sprachfähigkeiten. In Rescorlas Late-Talker-Studie waren Parameter wie Wortschatz, Grammatik, verbales Arbeitsgedächtnis, phonologische und Lesefähigkeiten stets miteinander korreliert; zwischen den Faktoren Wortschatz/Grammatik und verbales Gedächtnis bestand z. B. bei 17-Jährigen eine Korrelation von 0,65 und mit dem Faktor Lesen/Schreiben eine Korrelation von 0,64 (Rescorla 2009). Dieses Muster erinnert an die konstant erkennbaren positiven Korrelationen in kognitiven (IQ-)Tests, deren Muster als „g" oder manchmal auch als „positive Mannigfaltigkeit" bezeichnet wird. Rescorlas Studien lassen einen gemeinsamen Kernkomplex sprachverwandter Fähigkeiten vermuten, der zum großen Teil von den über einen Nachbeobachtungszeitraum von 15 Jahren ermittelten Messwerten in den Bereichen Wortschatz, Grammatik, verbales Gedächtnis und Lesen abgedeckt wird, wobei zwischen den drei explizit „sprachlichen" Fähigkeiten eine engere Verbindung als zu den Lesefähigkeiten besteht. Dieser gemeinsame Kernkomplex von Sprachfähigkeiten ist der Grund, weshalb sich 17 % der Varianz in den Wortschatz-/Grammatikkompetenzen von 17-Jährigen aus ihrem 15 Jahre früher gemessenen LDS-Wert im Alter von zwei Jahren prognostizieren ließen. Da dem Erwerb des expressiven Wortschatzes mit 12–24 Monaten eine Schlüsselfunktion in der Sprachentwicklung zukommt, liegt bei den Kindern, die langsamere Fortschritte machen, wahrscheinlich ein – wenn auch nur leichtes – Defizit vor. Dieses zugrunde liegende Defizit tritt als verspäteter Sprechbeginn (Late-Talking) in Erscheinung und manifestiert sich danach fortlaufend als schlechteres Abschneiden der Kinder in Sprachtests im Vergleich zu typisch entwickelten Peers, selbst wenn sie durchschnittliche Ergebnisse erzielen und daher strenggenommen nicht „verzögert" sind.

Die Vorstellung von einem persistierenden Sprachbegabungsdefizit milder Ausprägung erhält zusätzliche Evidenz durch Rescorlas (2013) Entdeckung, dass sich das auffälligste Defizit von Late-

Talkern im Laufe der Zeit seinem Wesen nach verändert. Genauer gesagt war die verzögerte Sprachentwicklung von Late-Talkern zunächst in der Phonologie (sie verwendeten weniger Konsonantenlaute oder komplexe Silben) und im Wortschatz (unter der 50-Wort-Grenze mit 24–31 Monaten) erkennbar. Im Alter von drei Jahren hatten fast 80 % der Late-Talker ihren Rückstand im expressiven Wortschatz bzw. rund 50 % den Rückstand in der Phonologie aufgeholt, doch nun verfügten nur 25 % von ihnen über altersgemäße grammatische Kompetenzen. Mit fünf Jahren schienen die grammatischen Fähigkeiten der meisten Late-Talker den altersgemäßen Erwartungen zu entsprechen, obwohl ihre Testergebnisse noch immer ca. 1 SD unter denen der Vergleichsgruppe lagen. Jetzt trat ihre verzögerte (Sprach-)Entwicklung beim Gebrauch von anspruchsvolleren Grammatik- und Wortschatzstrukturen zutage, wie etwa Komplementsätzen und kognitiven Zustandsbeschreibungen. Mit acht Jahren zeigten sich eher Defizite in den Erzählfähigkeiten und bei der Verwendung komplexer syntaktischer Strukturen (erweiterte Nominalphrasen, Relativ- und W-Sätze bzw. propositionale Komplementsätze, Komplementsätze zu Nominal- und Adverbialphrasen), die zur abwechslungsreichen Ausgestaltung von Geschichten nötig sind. Verglichen mit typisch entwickelten Peers, die sich bei Narrationen, Definitionen, Erklärungen, Beschreibungen oder Darstellungen einer komplexeren, differenzierteren Sprache bedienen können, stellt dieses Defizit bei Late-Talkern am nachhaltigsten ihre kontinuierlich schwächere Sprachbegabung unter Beweis.

Dass sich bei bestimmten Fähigkeiten am ehesten in der Mitte der jeweiligen Lernkurve Gruppenunterschiede ausbilden, ist ein weiteres wichtiges Forschungsergebnis aus Rescorlas Late-Talker-Studien. So unterschieden sich Late-Talker- und Vergleichsgruppen mit fünf Jahren z. B. nicht in ihrer phonologischen Bewusstheit, die Kinder in dem Alter noch nicht voll beherrschen. Bei Sechsjährigen zeigte sich ein signifikanter Unterschied zwischen beiden Gruppen, der jedoch ein Jahr später nicht mehr erkennbar war, da sich bei allen Kindern mit sieben Jahren phonologische Bewusstheitsfähigkeiten – zumindest in den verwendeten Tests – nachweisen ließen. Dasselbe Muster zeichnete sich beim dekodierenden Lesen ab: Bei den Sechs- und Siebenjährigen

waren keine signifikanten Unterschiede erkennbar, da es sich in beiden Gruppen um Leseanfänger handelte. Mit 8–9 Jahren hatten sich beträchtliche Unterschiede zwischen den flüssig lesenden Kindern der Vergleichsgruppe und den eher gemischten Lesekompetenzen der Late-Talker-Gruppe herauskristallisiert. Mit 13 Jahren unterschieden sich beide Gruppen nicht mehr signifikant, da alle Kinder geübte „Dekodierer" geworden waren. Dennoch lassen große Unterschiede im Leseverständnis vermuten, dass die Late-Talker auch mit 13 Jahren weniger versierte Leser als die Kinder der Vergleichsgruppe waren (Rescorla 2005). Dieses Muster ähnelt der von Scarborough & Dobrich (1990) beschriebenen „illusorischen Verbesserung" (illusory recovery) der sprachlichen Fähigkeiten von Kindern, die ihren Rückstand nach einer anfänglichen Verzögerung aufzuholen scheinen, während das eigentliche Defizit in Wirklichkeit fortbesteht und sich später in etwas veränderter Form erneut manifestieren kann.

Wie die großen epidemiologischen Studien von Zubrick et al. (2007) und Reilly et al. (2010) belegen, erhöht sich durch eine Familienanamnese mit verzögerter Sprachentwicklung die Wahrscheinlichkeit, dass Kinder zu Late-Talkern werden. Darüber hinaus wird über ein familiär gehäuftes Vorkommen solcher Verzögerungen auch im Rahmen kleinerer Late-Talker-Längsschnittstudien berichtet. Lyytinen et al. (2001) fanden heraus, dass das genetische Dyslexie- bzw. Legasthenie-Risiko bei Late-Talkern, die im Alter von zwei Jahren als solche diagnostiziert wurden, eng mit einer persistierenden Sprachentwicklungsverzögerung verbunden war. Diese Befunde lassen eine gewisse Erblichkeit der Sprachbegabung vermuten, wobei biologische bzw. genetische Faktoren ihren stärksten Einfluss offenbar in frühen Entwicklungsphasen entfalten. Angeborene Eigenschaften werden aber immer von Umgebungseinflüssen (mit) geprägt, sodass sich in der Lernfähigkeit von Kindern, die gerade zu sprechen beginnen, sowohl ihre Begabung als auch der linguistische Einfluss ihrer Umgebung widerspiegelt. Wenn Kinder heranwachsen, wird es für ihre sprachlichen Fähigkeiten zunehmend wichtiger und entscheidender, wie viel und wie gut die Eltern mit ihnen reden.

Der (mehr)dimensionale Erklärungsansatz von Sprachbegabung steht mit den kürzlich von Plomin (2013) formulierten Thesen zur Genetik von Verhaltens- bzw. Entwicklungsstörungen im Einklang. Plomin diskutiert ein von ihm als „fehlende Erblichkeit" (missing heritability) bezeichnetes Problem, dass nämlich Verhaltensmerkmale wie der IQ in hohem Maße erblich sein sollen, wobei die einzigen Gene, die bisher mit dem IQ in Verbindung gebracht wurden, allerdings lediglich einen kleinen Teil der Varianz erklären konnten. Daraus folgert Plomin, dass Anlagen oder Merkmale (Traits) wie der IQ oder die Lesefähigkeit (und sogar die Körpergröße) erst durch viele kleine, unterschiedliche genetische Einflüsse erblich werden. Wenn solche Merkmale durch viele kleine Effekte determiniert werden, impliziert dies auch, dass es sich um inhärente, quantitative oder mehrdimensionale Eigenschaften handeln muss. Daher konstatiert Plomin, *„from a genetic perspective there are no common disorders, just the extremes of quantitative traits"* [„Aus genetischer Perspektive gibt es keine allgemeinen Störungen, sondern lediglich Extreme in der Ausprägung quantitativer Merkmale"] (Plomin 2013: 115).

Sprachbegabung und sprachliche Leistungen

Nach diesem Konzept von Sprachbegabung führen individuell unterschiedlich gut entwickelte Fähigkeiten, die die Sprachentwicklung unterstützen, auch zu individuell unterschiedlichen sprachlichen Leistungen (Performanz). Dass es zwischen den mutmaßlichen „Sprachbegabungs-Skills" und den tatsächlichen sprachlichen Leistungen eine Verbindung geben könnte, wird allerdings erst allmählich evident. Die Verbindung zwischen auditiver Wahrnehmung/Verarbeitungsfähigkeit und sprachlichen Leistungen dürfte am besten belegt sein. So deuten z. B. die Befunde von Fernald & Marchman (2012) und von Marchman & Fernald (2008) darauf hin, dass die schwächere Sprachverarbeitungsfähigkeit eines der entscheidenden Defizite von Late-Talkern darstellen könnte. Bei einer lexikalischen Verarbeitungsaufgabe im Alter von 18 Monaten erwiesen sich insbesondere Reaktionszeit und Genauigkeit als prognostisch signifikant für das spätere Wortschatzwachstum, bei typisch entwickelten Kindern ebenso wie bei Late-Talkern.

Gut belegt ist auch der Zusammenhang zwischen verbalem Arbeitsgedächtnis, einer weiteren mutmaßlichen Sprachbegabungsfähigkeit, und sprachlichen Leistungen. Zu den robust und konstant nachweisbaren Schwächen, die sich bei Late-Talkern manifestieren, zählen verbale Gedächtnisdefizite, trotz sprachlicher Leistungen im Normalbereich bei der Nachuntersuchung. Fernalds Studien konnten darüber hinaus eine signifikante Verbindung zwischen den lexikalischen Verarbeitungsfähigkeiten mit 18 Monaten und dem verbalen Arbeitsgedächtnis mit acht Jahren aufzeigen. Insbesondere die Kinder, die im Krabbelalter lexikalische Verarbeitungsaufgaben langsamer und weniger genau lösten, hatten noch mehr als sechs Jahre danach schwächer entwickelte verbale Arbeitsgedächtniskapazitäten.

Wenn Late-Talker Begriffe wie „Auto", „Hund" oder „Saft" offensichtlich gut verstehen, die Wörter selbst aber nicht produzieren, könnten Wortfindungsschwierigkeiten vorliegen. Auch die von Ratner (2013) beschriebenen subklinischen Unflüssigkeiten bei Late-Talkern gehen möglicherweise mit einer Wortfindungsschwäche einher. Zudem scheinen auch bei den Late-Talkern, die in der Grundschulzeit durchschnittliche sprachliche Ergebnisse erzielen, in Gesprächs- und Untersuchungssituationen häufiger Wortfindungsstörungen aufzutreten. Dieses Restsymptom einer sprachlichen Schwäche bei (ehemaligen) Late-Talkern wäre gut als Schwerpunkt zukünftiger Forschung geeignet.

Zu einer verzögerten Entwicklung des Wortschatzes scheinen auch Schwierigkeiten mit der sprechmotorischen Planung (Lautbildung in Wörtern) und der phonologischen Diskrimination (Unterscheidung verwandter Phoneme) beizutragen. Im Hinblick auf Late-Talker sind diese Aspekte allerdings noch nicht gründlich untersucht worden. Dass Late-Talker über ein eher begrenztes Repertoire an Konsonanten verfügen, einfache Silbenformen bevorzugen und manchmal Artikulations- und Redeflussstörungen zeigen, wenn sie älter werden, lässt auf Probleme mit der Wahrnehmung und/oder Produktion von Lauten schließen; sie wären es wert, näher erforscht zu werden.

Als mutmaßliche Sprachbegabungsfähigkeit ist schließlich noch das grammatische Regelwissen zu erwähnen. Für Verzögerungen der frühen Wortschatzentwicklung scheint es weniger relevant zu sein, doch die später bei Late-Talkern auftretenden Verzögerungen auf der Syntaxebene könnten eng damit zusammenhängen. Der „Erweiterte optionale Infinitiv"-Ansatz (extended optional infinitive) von Rice & Wexler (1996) soll hier stellvertretend für Theorien genannt werden, denen zufolge sich in einer – gewöhnlich erst im Alter ab vier Jahren diagnostizierten – spezifischen Sprachentwicklungsstörung (SSES) das Unvermögen widerspiegelt, zu realisieren, dass in bestimmten grammatikalischen Kontexten keine unflektierten Verbformen (Infinitive) im Englischen erlaubt sind (z. B. „he run-*s*"). Obwohl die mangelhafte Beherrschung grammatischer Regeln für Late-Talker im Vorschul- und für Kinder mit SSES bis zum Grundschulalter (7 Jahre) gut dokumentiert ist, fehlen bislang Studien, die mit experimentellen Methoden (z. B. Lernen künstlicher Grammatiken) untersuchen, wie es Kindern mit SSES gelingt, sprachlichen Stimuli Regeln zu entnehmen. Auch hier böte sich ein gutes Feld für zukünftige Forschungen.

Es mag sein, dass sich in den Fähigkeiten, die das Sprachbegabungsspektrum konstituieren sollen, weniger modulare, sprachspezifische Kompetenzen als vielmehr allgemeine kognitive und Wahrnehmungsfunktionen widerspiegeln. So gab es z. B. heftige Diskussionen um die Frage, ob bei Kindern mit Lese- und/oder Sprachschwierigkeiten sprachspezifische auditive Verarbeitungsprobleme oder eher generalisierte auditive Verarbeitungsdefizite für Stimuli unterschiedlicher Art vorlägen (u. a. Mody, Studdert-Kennedy & Brady 1997). Wie oben erwähnt, schließt der Grammatikerwerb die Fähigkeit ein, aus der Sprache von anderen bestimmte Gesetz- und Regelmäßigkeiten ableiten bzw. folgern zu können (z. B. dass im Englischen die meisten Pluralformen auf -s enden oder dass die 3. Person Singular im Präsens meist ein -s erfordert). Obwohl es sein kann, dass es Kindern mit Sprachproblemen einfach schwerfällt, Grammatikregeln zu lernen, könnte sich hinter dieser Schwäche auch ein größeres Defizit verbergen, das allgemein die Mustererkennung (Pattern Recognition) und das inferierende (folgernde) Lernen von Regeln betrifft; dazu muss unter einer Vielzahl völlig verschiedener Exemplare eine Gemeinsamkeit entdeckt werden können. Meines Wissens hat bisher noch niemand untersucht, ob sich individuell unterschiedliche Grammatikkompetenzen vielleicht auch

mit individuellen Unterschieden in der Mustererkennung und im inferierenden Lernen erklären lassen.

Man könnte auch damit argumentieren, dass assoziatives Lernen beim Wortschatzerwerb eine Rolle spielt (d. h. das Kind muss dahin kommen, die Laute /h-u-n-d/ in seiner Vorstellung mit einem felltragenden, vierbeinigen, bellenden Lebewesen zu verbinden). Deshalb könnten Wortfindungsstörungen ein generelleres assoziatives Lerndefizit widerspiegeln. Während bei manchen Kindern schon nach wenigen Präsentationen eine starke Verbindung zwischen Wort und Bezugsobjekt (Referent) entsteht, benötigen andere Kinder ein wiederholtes Angebot solcher „Objekt-Begriffs-Paarungen". Individuelle Unterschiede der assoziativen Lernfähigkeiten sind möglicherweise auch prognostisch für die (Wortschatz-)Erwerbsrate von Bedeutung.

7.1.4 Fazit und Ausblick

Ellis Weismer (2007) unterstreicht das verwirrende Missverhältnis zwischen dem geringen Prozentsatz an Late-Talkern mit manifester SSES im Alter von fünf Jahren und den 7 %, bei denen im Kindergartenalter eine SSES bzw. SLI diagnostiziert wird (Tomblin et al. 1997), was sie zwingend folgern lässt: *„Given the relatively low proportion of late talkers who display clinical language impairment at school entry, we must continue to ask where those 7 % of kindergarten children with SLI come from if not from the ranks of late talkers"* (Ellis Weismer 2007: 95). [„Angesichts des relativ geringen Anteils an Late-Talkern, die beim Schuleintritt eine klinisch manifeste Sprachstörung aufweisen, müssen wir uns fragen, woher die 7 % Kindergartenkinder mit spezifischer Sprachentwicklungsstörung (SSES) kommen, wenn nicht aus den Reihen der Late-Talker"].

Schulkinder und Jugendliche mit einer SSES-Diagnose stellen vermutlich eine gemischte Gruppe aus weniger sprachbegabten Kindern (die bereits seit dem Krabbelalter sprachverzögert sind) und Kindern mit psychosozialen Risikofaktoren dar. Obwohl beide Untergruppen auf unterschiedlichen Wegen und mit unterschiedlicher Zusammensetzung der jeweiligen genetisch bzw. umgebungsbedingten Kausalfaktoren zu einer manifesten SSES gelangen,

7

sehen sich ihre Störungsbilder am Ende recht ähnlich: mit gering entwickelter Konzentrationsfähigkeit (beim Zuhören), einem begrenzten Wortschatz und schwachen Grammatikkompetenzen. Daneben lassen sich Schwierigkeiten auf höheren sprachlichen Ebenen (erklären, beschreiben, erzählen können) beobachten, die alle zu einem intellektuell schwächeren Leistungsprofil beitragen.

Wie oben bereits erwähnt, gibt es bei den Kindern, die erst im Alter von 18–36 Monaten zu sprechen beginnen, verschiedene Untergruppen (z. B. mit Autismus-Spektrum-Störung, Intelligenzminderung, Hörstörungen, Late-Talker mit rezeptiver oder rein expressiver Verzögerung). Erwähnt wurde auch, dass nur sehr wenige epidemiologische Studien, die Kinder mit expressiver Sprachentwicklungsverzögerung untersuchten, sich mit deren prozentualer Verteilung auf die genannten Untergruppen befassten. Das legt den Schluss nahe, dass sich der Fokus zukünftiger Forschungen stärker auf die Differenzialdiagnosen richten sollte, um alle Kinder mit einer expressiven Sprachentwicklungsverzögerung in solchen (epidemiologischen) Kohortenstudien identifizieren zu können.

Die Ergebnisse kleiner Längsschnittstudien mit Late-Talkern aus Mittelschichtsfamilien deuten daraufhin, dass sich die Störung „auswächst" und dass die Kinder bis zum Schuleintritt ihren Rückstand aufholen; nur bei einer Minderheit wird eine SSES diagnostiziert. Um festzustellen, bei welchen Late-Talkern die Sprachverzögerung persistieren und sich eine SSES manifestieren wird und bei welchen Kindern sich im Grundschulalter oder später eine SSES entwickelt, obwohl sie keine Late-Talker waren, sind allerdings größere Bevölkerungsstudien erforderlich. Die bislang vorliegenden Studien lassen vermuten, dass bei älteren Kindern mit Sprachstörungen der sozioökonomische Status offenbar zunehmend mehr Bedeutung als ätiologischer Faktor gewinnt. Es bedarf jedoch weiterer Forschung, um herauszufinden, wie Sprachbegabung und Risiken des sozialen Umfelds zu einer Sprachverzögerung beitragen und wie sich deren relative Bedeutung als ätiologische Faktoren möglicherweise verändert, wenn die Kinder älter werden.

Forschungsbedarf besteht auch hinsichtlich der Abgrenzung von Untergruppen in der Population sprachgestörter Kinder. Zur Differenzierung einzelner Untergruppen könnten folgende Faktoren wichtig sein: Familienanamnese mit Sprach-/Lesestörungen, prä-/perinatale Vorgeschichte (Geburtsverlauf), Geschlecht, frühe Sprachentwicklung, sozioökonomischer Status/bilingual als demografische Faktoren, nonverbale kognitive Fähigkeiten, Sprache und Sprachprofil (rezeptive vs. expressive, phonologische, lexikalische, grammatische, pragmatisch-diskursive Fähigkeiten).

- Eine Untergruppe könnte z. B. aus Jungen der Mittelschicht (aus Familien mit mittlerem sozioökonomischem Status und mit Fällen von Sprach- bzw. Leseschwierigkeiten) bestehen, die als Late-Talker diagnostiziert wurden und normale kognitive Fähigkeiten haben, die jedoch bei anspruchsvolleren Aufgaben gewisse Schwächen (in Bezug auf verbales Arbeitsgedächtnis/Sprachverarbeitung, höhere Grammatikebenen, Leseverständnis) erkennen lassen – was in etwa den von Rescorla, Thal, Marchman, Tomblin, Paul und Ellis Weismer beschriebenen „recovered late talkers" entsprechen würde, die ihren Rückstand aufgeholt haben.
- Eine andere Untergruppe könnten Kinder aus der Unterschicht (Familien mit niedrigem sozioökonomischem oder Minderheitenstatus, in denen noch keine Sprachverzögerung vorkam, das Bildungsniveau der Eltern aber generell niedrig ist) bilden, die nicht als Late-Talker eingestuft wurden und durchschnittliche phonologische Fähigkeiten haben, während ihre nonverbalen Fähigkeiten im unteren Normalbereich liegen. Wenn sie älter werden, bleiben ihre lexikalischen, grammatischen und diskursiven Fähigkeiten jedoch zunehmend hinter den Altersanforderungen zurück.

In der Literatur wird noch eine weitere Schwierigkeit angesprochen. Die verfügbaren Diagnostikinstrumente stoßen an ihre Grenzen, wenn es um den Nachweis anhaltender sprachlicher Leistungsschwächen geht. Wie bereits erwähnt, scheinen die höheren sprachlichen Fähigkeiten von Late-Talkern beschränkter zu sein als die ihrer Peers. Trotzdem erzielen sie in umfassenden, grob skalierten Sprachtests (wie TOLD und CELF) oft durchschnittliche Ergebnisse. Dies unterstreicht die Notwendigkeit, feinere und empfindlichere Messinstrumente zu entwickeln, mit denen dann auch die komplexeren syntaktischen und diskursiven Fähigkeiten beurteilt werden können. Es zeichnet sich immer deutlicher ab, dass Sprachprobleme im mittleren Kindes- und Jugendalter weniger mit einfachen grammatischen Defiziten (wie dem Gebrauch von Vergangenheitsmarkern) zusammenhängen als vielmehr mit einer Sprache, die zu einfach strukturiert ist, um komplexe Gedanken verstehen und ausdrücken zu können. Das bezieht sich sowohl auf syntaktische Merkmale, z. B. einfache zusammengesetzte und komplexe Sätze, Relativsätze, Wh-Sätze und Komplementsätze, als auch auf die gekonnte Nuancierung der Satzbedeutung durch lexikalische Elemente wie „dennoch", „obwohl", „jedoch" und „trotzdem".

Auch wenn wir schon viel über die Entwicklungswege von Late-Talkern wissen, müssen wir noch viel hinzulernen: Wie können Late-Talker erkannt und eingestuft werden? Welche ätiologischen Faktoren sind in den verschiedenen Altersstufen am wichtigsten? Was hat Einfluss auf den Langzeitverlauf? Und welche Subtypen einer SSES gibt es im Schulalter? Andere Fragestellungen wie die Wirksamkeit unterschiedlicher Interventionen sowie der Nutzen/Erfolg von Public-Health-Maßnahmen bei Sprachstörungen sind in diesem Kapitel nicht speziell behandelt worden – sie bleiben zukünftigen Forschungen überlassen.

7.2 Vorhersage der weiteren Entwicklung von Late-Talkern mit besonderer Berücksichtigung von deutschsprachigen Studien
Steffi Sachse

Rescorla (➤ Kap. 7.1) und Hachul (➤ Kap. 6) haben frühe Auffälligkeiten der Sprachentwicklung, die Late-Talker charakterisieren, sowie Befunde zum weiteren Entwicklungsverlauf dieser Kinder beschrieben.

Rescorla hält als Ergebnis kleinerer Late-Talker-Studien fest, dass sich im weiteren Entwicklungsverlauf der Kinder die sprachlichen Auffälligkeiten mehr und mehr im durchschnittlichen Bereich be-

wegen, wobei sich gleichzeitig aber über alle Phasen hinweg in den Altersgruppen-spezifischen sprachlichen Leistungen deutliche Unterschiede zu Kontrollgruppen zeigen (also zu Kindern, die im Alter von 24 Monaten nicht als Late-Talker identifiziert wurden). Die Aussagen beziehen sich vorrangig auf Mittelschichtsfamilien und betreffen Kinder mit rein expressiven Auffälligkeiten. Entsprechend Rescorlas dimensionalem Modell der Sprachbegabung kann sich, wenn diese gering ausgeprägt ist und ungünstige psychosoziale Faktoren hinzukommen, eine spezifische Sprachentwicklungsstörung (SSES) ausbilden. Doch es sind auch andere Verläufe bei der Betrachtung von Kindern aus niedrigeren sozialen Schichten oder mit zusätzlichen Auffälligkeiten im Sprachverständnis denkbar.

7.2.1 Late-Talker-Längsschnittstudien aus dem deutschen Sprachraum

Auch im deutschen Sprachraum wurden in den letzten Jahren Längsschnittstudien mit Late-Talkern durchgeführt, die alle eher den von Rescorla beschriebenen „kleinformatigen Late-Talker-Studien" entsprechen. Im deutschen Sprachraum findet sich bisher keine groß angelegte epidemiologische Studie, die z. B. die Auswirkungen sprachlicher Früherkennungsprogramme oder Interventionen systematisch untersucht hat.

In der Münchner Längsschnittstudie (Sachse & v. Suchodoletz 2009; Sachse 2007; Kademann 2009; Kühn 2010) wurde eine Stichprobe von ca. 50 Late-Talkern mit einer Kontrollgruppe von Kindern mit völlig unauffällig entwickelten sprachlichen Leistungen und einer Gruppe von Kindern mit sprachlichen Leistungen im Grenzbereich verglichen. Im Alter zwischen zwei und drei Jahren ergab sich in Bezug auf den spontanen Verlauf der sprachlichen Entwicklung (nur 6% der Kinder erhielten in dem Alter eine eltern- oder kindbasierte Intervention), dass ein Drittel der ehemaligen Late-Talker sprachlich völlig unauffällig war, bei einem weiteren Drittel wurde eine Sprachentwicklungsstörung diagnostiziert, während sich beim letzten Drittel unterdurchschnittliche sprachliche Leistungen zeigten, die aber nicht so gravierend waren, dass sie die Kriterien einer Störung erfüllten (Sachse & v. Suchodoletz 2009). Geissmann,

Fahrländer, Margelist & Jenni (2013) untersuchten eine vergleichbar große Stichprobe mit ähnlichen Einschlusskriterien in der deutschsprachigen Schweiz und konnten diese Ergebnisse für die Altersgruppe zwischen zwei und drei Jahren replizieren: Von 59 Late-Talkern entwickelten sich 21 völlig unauffällig, bei 19 Kindern lag eine SSES vor und 12 Kinder wiesen sprachliche Schwächen auf. Auch in der Therapiestudie, die von Buschmann, Jooss, Rupp et al. (2008) durchgeführt wurde, hatte in der Kontrollgruppe ca. ein Drittel der Kinder alle Rückstände bis zum Alter von drei Jahren aufgeholt, während sich bei den restlichen Kindern Sprachentwicklungsstörungen bzw. leichtere Auffälligkeiten zeigten.

Alle drei Studien verwendeten ein ähnliches Untersuchungsinstrumentarium und ähnliche Kriterien zur Definition einer Auffälligkeit bzw. Störung. Das lässt die Daten in Bezug auf den Verlauf in diesem Altersbereich zum einen verlässlicher erscheinen und deutet zum anderen darauf hin, dass widersprüchliche Ergebnisse oftmals durch methodische Unterschiede in den Studiendesigns zu erklären sind.

Bis zum Alter von 5;10 Jahren fanden sich in der Münchner Stichprobe der ehemaligen Late-Talker noch in ca. 34 % unterdurchschnittliche sprachliche Leistungen, die bei 16 % der Kinder als umschriebene Sprachentwicklungsstörung (USES) klassifiziert wurden. Für die Interpretation der weiteren Verlaufsdaten gilt es jedoch zu beachten, dass ab dem Alter von drei Jahren beim Vorliegen einer Sprachentwicklungsstörung eine logopädische Therapie empfohlen und diese bei ca. 60 % der Late-Talker-Kinder im Alter zwischen drei und fünf Jahren auch durchgeführt wurde (Kühn 2010). Man kann somit davon ausgehen, dass der Anteil der Kinder mit der Diagnose USES ohne Intervention noch höher läge. Beim Vergleich der sprachlichen Leistungen schnitt die Gruppe der ehemaligen Late-Talker, wie von Rescorla beschrieben, durchgängig schlechter ab als die Kontrollgruppe, während die Kinder mit grenzwertigen sprachlichen Leistungen zwischen diesen beiden Gruppen einzuordnen waren. Selbst wenn ehemalige Late-Talker im Alter von 5;7 Jahren Leistungen im Normbereich erzielten, lagen diese signifikant unter denen der Kontrollgruppe.

Marschik et al. (2007, 2009) berichten über 15 Late-Talker und 15 Kontrollkinder, die sie im Alter von 18 Monaten rekrutierten und längsschnittlich untersuchten. Die mit 24 Monaten als transiente und konsistente Late-Talker klassifizierten Kinder wurden mit 5;7 Jahren nachuntersucht. Nur für einen konsistenten Late-Talker ergaben sich noch immer sehr auffällige Sprachleistungen, die Leistungen der Gesamtgruppe der Late-Talker bewegten sich dagegen im unteren Durchschnittsbereich. Zur Nachuntersuchung wurde allerdings ausschließlich ein passiver Wortschatztest eingesetzt, sodass über die Entwicklung der expressiven Sprachfähigkeiten bzw. entsprechende Störungen und Auffälligkeiten keine Aussagen möglich sind.

> Zusammenfassend bestätigen die Studien aus dem deutschen Sprachraum, dass ein verspäteter Sprechbeginn einen Risikofaktor für die spätere Ausbildung einer Sprachentwicklungsstörung darstellt. Gleichzeitig wird auch aus den deutschsprachigen Late-Talker-Studien offensichtlich, dass längst nicht alle Kinder dauerhafte Probleme beim Spracherwerb haben, sondern dass im längerfristigen Verlauf der Anteil an Kindern mit Sprachentwicklungsstörungen sinkt. Zudem gibt es offenbar auch Kinder mit Sprachentwicklungsstörungen, die nicht schon im Alter von zwei Jahren durch einen verminderten Wortschatz auffallen (vgl. Ullrich & v. Suchodoletz 2011a; Westerlund, Berglund & Eriksson 2006).

Um diesem Dilemma zu begegnen und auch für die klinische Praxis handhabbare Strategien zu entwickeln, ist es vor allem nötig, Faktoren zu identifizieren, die den weiteren Verlauf der sprachlichen Entwicklung vorhersagen und im Einzelfall Aussagen darüber ermöglichen, bei welchen Kindern mit hoher Wahrscheinlichkeit dauerhafte sprachliche Auffälligkeiten zu erwarten sind.

7.2.2 Wie entwickeln sich Late-Talker in anderen Bereichen?

Nicht unbedeutend ist zunächst ein Blick auf andere Entwicklungsbereiche sowie auf begleitende Auffälligkeiten, die sich bei Late-Talkern im weiteren Verlauf ihrer Entwicklung zeigen können. Wie oben von Rescorla beschrieben, erbrachten Nachuntersuchungen der von ihr einbezogenen Late-Talker bis zum Alter von 13 Jahren signifikant schlechtere, im unteren Durchschnittsbereich liegende Lese- und

Rechtschreibleistungen (Rescorla 2002, 2005). Dies ließ sich bei den 17-Jährigen nicht mehr erkennen, wobei allerdings auch keine komplexeren Lese- und Rechtschreibleistungen (z. B. Leseverständnis) geprüft wurden (Rescorla 2009). In einer Studie von Preston et al. (2010) fanden sich bei achtjährigen Kindern mit (rückwirkend eingeschätzter) früh verzögerter Sprachentwicklung in 30 % Lese- und Rechtschreibstörungen gegenüber 4 % innerhalb einer Gruppe von „frühen Sprechern". In der Studie von Kühn (2010) zeigten sich bei den ehemaligen Late-Talkern im Vorschulalter verminderte Leistungen im Bereich der phonologischen Bewusstheit als einer wichtigen Vorläuferfähigkeit späterer Lese- und Rechtschreibleistungen. In der Stichprobe von Paul (2001) erzielten die längerfristig auffälligen Late-Talker auch niedrigere Werte im Bereich Mathematik und Allgemeinwissen.

Im Hinblick auf die Entwicklung nonverbaler intellektueller Leistungen stellten Paul et al. (1996), Rescorla (2000) sowie Thal et al. (2005) – trotz Parallelisierung der Untersuchungsgruppen hinsichtlich dieser Merkmale im frühen Kindesalter – niedrigere (wenn auch noch durchschnittliche) Werte fest. Obwohl Late-Talker also mit einem ähnlichen Entwicklungsniveau starten, fallen sie im weiteren Verlauf als Gesamtgruppe hinter die Entwicklung der untersuchten Vergleichsgruppen zurück.

Betrachtet man die sozioemotionale Entwicklung sprachentwicklungsverzögerter Kinder, weisen die Daten von Paul, Spangle Looney & Dahm (1991) auf andauernde Auffälligkeiten von Late-Talkern hin. Eine Verbesserung der sprachlichen Leistungen führte nicht automatisch zum Verschwinden von Verhaltensauffälligkeiten. So ließen sich in einer Folgestudie von Paul & Kellogg (1997) bei ehemaligen Late-Talkern im Alter von sechs Jahren ein ausgeprägteres Rückzugsverhalten und Schüchternheit beobachten. Auch Henrichs et al. (2013) berichten über Assoziationen zwischen einem verzögerten Sprechbeginn und internalisierendem bzw. externalisierendem Problemverhalten im Alter von drei Jahren. Bei Nachuntersuchungen zur populationsbasierten australischen Studie von Whitehouse, Robinson & Zubrick (2011) fanden sich demgegenüber allerdings keine signifikanten Unterschiede in Bezug auf externalisierendes oder internalisierendes Verhalten (erfasst über die Child Behavior Checklist,

CBCL). Ebenso wenig zeigten sich Auffälligkeiten in der Nachuntersuchung der Münchner Late-Talker-Studie (Kademann 2009; Kühn 2010).

7.2.3 Vorhersage der weiteren Entwicklung bei Late-Talkern

Eine verlässliche Vorhersage der weiteren sprachlichen Entwicklung ist nach wie vor schwierig und gelingt nur teilweise. In diesem Zusammenhang wurde eine ganze Reihe von Variablen (meist in unterschiedlichen Studien) untersucht. Dazu zählen neben sprachbezogenen Prädiktoren, der Verwendung kommunikativer Gesten sowie Sprachverarbeitungsfähigkeiten weitere kindbezogene Variablen wie nonverbale Fähigkeiten, biologische Faktoren, sozioemotionale Variablen, familiäre Vorbelastungen, Merkmale der familiären Umwelt sowie der sozioökonomische Status. Dabei muss oft differenziert werden, ob diese Variablen bei Late-Talkern zum späteren Sprachentwicklungsstand (z. B. in Form einer Korrelation zwischen der Wortschatzgröße mit zwei Jahren und sprachlichen Testwerten mit fünf Jahren) in Beziehung stehen oder ob sie eine Vorhersage über die spätere Gruppenzugehörigkeit (auffällig oder unauffällig) ermöglichen. Deutlich häufiger lassen sich hierbei korrelative Beziehungen herstellen als wirklich spätere Auffälligkeiten vorhersagen.

Vorhersage über sprachbezogene Prädiktoren

Inwieweit die expressiven Sprachleistungen der Late-Talker eine Vorhersage erlauben, ist aus der Studienlage nicht eindeutig ablesbar. Für den produktiven Wortschatz finden sich uneinheitliche Daten. Laut Westerlund et al. (2006), Thal et al. (1991) sowie Fischel et al. (1998) entwickeln sich Late-Talker mit besonders kleinem Wortschatz schlechter, während Dale et al. (2003) angeben, dass *late bloomer* nur einen geringfügig höheren aktiven Wortschatz aufweisen. In den Auswertungen der Münchner Längsschnittstudie fand sich keine Möglichkeit, anhand des aktiven Wortschatzes mit zwei Jahren die Diagnose einer Sprachentwicklungsstörung mit drei Jahren vorherzusagen (Sachse 2007, Sachse & v. Suchodoletz 2009). Auch bei Buschmann & Neubauer (2012) war es nicht die absolute Größe des Wortschatzes mit zwei Jahren, die eine Vorhersage erlaubte, sondern die Fähigkeit zur Produktion von Wortverbindungen spielte eine Rolle. Geissmann et al. (2013) untersuchten Late-Talker im Alter von 2;3 Jahren erneut und stellten dabei fest, dass die zum zweiten Mal erhobene Wortschatzgröße im Gegensatz zum Wortschatz mit 2;0 Jahren eine Vorhersage der weiteren Entwicklung erlaubte.

Nimmt man phonologische Fähigkeiten in den Blick, zeigen verschiedene internationale Studien (z. B. Williams & Elbert 2003; Carson et al. 2003; Chiat & Roy 2008) ebenso wie die Schweizer Studie von Geissmann et al. (2013), dass Late-Talker mit dauerhaften sprachlichen Störungen sehr früh phonologische Auffälligkeiten aufweisen. Dazu gehören z. B. ein geringeres Lautinventar oder die eingeschränkte Produktion von Konsonantenclustern.

Besonderes Augenmerk sollte auf dem Sprachverständnis liegen. Sowohl die Münchner Längsschnittstudie (Sachse & v. Suchodoletz 2009) als auch die Daten von Buschmann & Neubauer (2012) sowie von Geissmann et al. (2013) belegen, dass Late-Talker mit auffälligem Sprachverständnis in besonderer Weise gefährdet sind, ihre sprachlichen Rückstände nicht aufzuholen und persistierende Sprachentwicklungsstörungen auszubilden. In allen drei Untersuchungen sind es insbesondere Sprachverständnisdefizite in Form eines eingeschränkten bzw. relativ geringen Wortverständnisses im SETK-2 (Grimm, Aktas & Frevert 2000), die eine ungünstige Entwicklung bei Late-Talkern vorhersagen. Internationale Daten (z. B. von Henrichs et al. 2011; Flax et al. 2008; Lyytinen et al. 2005; Thal et al. 1991) bestätigen die besondere Relevanz der Sprachverständnisleistungen von Late-Talkern für deren weitere Entwicklung. In einer Studie von Fernald & Marchman (2012) wurde das frühe Sprachverständnis anhand sprachverarbeitender Maße erhoben. Hier fanden sich Hinweise darauf, dass die Genauigkeit und die Geschwindigkeit, mit der 18-monatige Kinder auf präsentierte Wörter reagierten, die Wortschatzentwicklung im kommenden Lebensjahr vorhersagten.

Vorhersage über nonverbale Fähigkeiten

Welchen Vorhersagewert nonverbale Fähigkeiten (die ja definitionsgemäß altersgerecht ausgebildet sein müssen) haben, lässt sich nicht eindeutig aus der internationalen Literatur beantworten. Paul (2001) sowie Rescorla (2005) konnten keinen Einfluss früher nonverbaler Fähigkeiten auf die weitere Entwicklung der Late-Talker nachweisen. Dagegen waren laut Rescorla (2008) entsprechende Fähigkeiten im Alter von zwei Jahren prädiktiv für die sprachlichen Fähigkeiten von 17-Jährigen. In den deutschsprachigen Studien zeigte sich ein positiver Vorhersagewert nonverbaler Fähigkeiten im Alter zwischen zwei und drei Jahren (erfasst über die Münchner Funktionelle Entwicklungsdiagnostik mit den Skalen Handgeschicklichkeit und Perzeption [Sachse & v. Suchodoletz 2009; Sachse 2007] bzw. über die Bayley Scales, BSID-II-NL [Buschmann & Neubauer 2012]). In der Studie von Geissmann et al. (2013) wurden die kognitiven Fähigkeiten erst mit drei Jahren erfasst.

Die besondere Bedeutung von Maßen des phonologischen Arbeitsgedächtnisses für die weitere Entwicklung ist für ältere sprachentwicklungsgestörte Kinder sehr gut dokumentiert, bei Kindern im Alter von zwei Jahren allerdings auf der Verhaltensebene schwer erfassbar (z. B. Sachse 2007). Wenn die (ehemaligen) Late-Talker im Vorschulalter sind, erweisen sich Testergebnisse zum Arbeitsgedächtnis auch für diese Gruppe als prädiktiv (z. B. Rescorla 2011; Kühn 2010).

Vorhersage über sozioemotionale Variablen

In der Münchner Längsschnittstudie entwickelten sich Late-Talker mit höheren Werten auf der Skala Externalisierendes Verhalten der CBCL 1½–5 im Alter zwischen zwei und drei Jahren schlechter als Kinder mit geringeren Werten. Dies betraf vor allem Kinder, deren Eltern eine geringere Ausdauer und Konzentrationsfähigkeit im Fragebogen angegeben hatten. Allerdings konnten sozioemotionale Variablen die weitere Entwicklung im Vorschulalter nicht vorhersagen (Kademann 2009; Kühn 2010). Auch international sind die Befunde hierzu nicht eindeutig (z. B. Oliver et al. 2004).

Vorhersage über eine familiäre Vorbelastung mit Sprachauffälligkeiten

Im Rahmen der Anamneseerhebung wird fast immer darauf eingegangen, inwieweit in der Familie, insbesondere bei Verwandten ersten Grades, ebenfalls Sprach-, Lese- oder Rechtschreibschwierigkeiten vorliegen. Kühn (2010) zufolge erhöht sich bei einer familiären Vorbelastung mit Sprachproblemen bei Verwandten ersten Grades das Risiko für dauerhafte sprachliche Auffälligkeiten von Late-Talkern um das Vierfache. Die familiäre Vorbelastung war in dieser Studie die einzige Variable, die bei Late-Talkern eine Vorhersage der Entwicklung bis zum Alter von knapp sechs Jahren erlaubte.

Obwohl laut Buschmann & Neubauer (2012) eine familiäre Vorbelastung nicht zur Unterscheidung zwischen „Aufholern" und „Nichtaufholern" bei Late-Talkern beiträgt, finden sich in internationalen Studien mehrere Belege für die Relevanz einer genetischen Vorbelastung für die weitere Entwicklung von Late-Talkern (z. B. Lyttinen et al. 2005; Flax et al. 2008; Reilly et al. 2009; Zubrick et al. 2007). Denn es zeigte sich jeweils ein erhöhtes Risiko für dauerhafte sprachliche Auffälligkeiten bei diesen Kindern.

Vorhersage über biologische Risikofaktoren

In der österreichischen Untersuchung von Marschik et al. (2007, 2009) wurden auch biologische Risikofaktoren in den Blick genommen. Gestationsalter und Geburtsgewicht hatten keinen Einfluss, doch der weitere Verlauf der Sprachentwicklung bei Late-Talkern war mit einem niedrigeren Apgar-Score sowie einer notwendigen neonatalen Intensivversorgung korreliert. Einen weiteren Hinweis auf biologische Risikofaktoren lieferte in dieser Untersuchung der Befund, dass alle Kinder der Stichprobe, die im Vorschulalter eine minimale neurologische Dysfunktion aufwiesen, zur Gruppe der ehemaligen Late-Talker gehörten. Insgesamt ist aber auch hier die Datenlage uneinheitlich (Rescorla 2011). So fanden Henrichs et al. (2011) zwar einen zusätzlichen Erklärungswert prä- und perinataler Risikofaktoren, der allerdings sehr gering und für eine Vorhersage in Einzelfällen nicht geeignet war. Rice (2012) diskutiert die Bedeutung von pränatalen Wachstumsfaktoren. In den Daten der Münchner Längsschnittstudie sind nur sehr geringe Zusammenhänge zu anamnestisch erfragten frühen biologischen Risikofaktoren erkennbar. Da biologische Risikofaktoren in einer engen Wechselwirkung mit Merkmalen der sozialen Umwelt stehen, die kompensierend wirken oder das Risiko erhöhen können, lässt sich ihr Einfluss auf die weitere Entwicklung von Late-Talkern im Einzelnen nicht eindeutig aufzeigen.

Vorhersage über sozioökonomische Faktoren

In allen Late-Talker-Studien aus dem deutschsprachigen Raum finden sich Hinweise darauf, dass der elterliche Bildungsstand eine Vorhersage der weiteren Entwicklung von Late-Talkern erlaubt. Bestätigt wird dieser Befund z. B. durch die Studie von Law et al. (2012). In großen populationsbasierten Studien ergaben sich ebenfalls (wenn auch nur kleinere) Belege für die prädiktive Aussagekraft des elterlichen Bildungsniveaus (Reilly et al. 2010; Henrichs et al. 2011). Rescorla (2011) stellt zusammenfassend fest, dass der Einfluss sozioökonomischer Variablen auf das Vorliegen und die Ausprägung von sprachlichen Auffälligkeiten mit dem Alter der Kinder eher noch zunimmt.

Unabhängig vom sozioökonomischen Status erwies sich responsives elterliches Verhalten als Prädiktor der weiteren Sprachentwicklung (z. B. Hudson et al. 2014). Dies leitet über zu den Interventionsmöglichkeiten in Bezug auf das Interaktionsverhalten von Bezugspersonen, die in ➤ Kapitel 11 aufgegriffen werden.

7.2.4 Zusammenfassung und Fazit

Betrachtet man die sprachlichen Entwicklungsverläufe von Late-Talkern insgesamt (und nicht vorrangig die Vorhersage bestimmter Diagnosekategorien wie im letzten Abschnitt), zeigen sich deutliche Zusammenhänge zwischen frühen und späteren sprachlichen Leistungen. Dazu gehören frühe sprachliche und sprachassoziierte Leistungen wie Sprachverarbeitungsfähigkeiten, aktiver Wortschatz, rezeptive Sprachleistungen und die Verwendung von Gesten. Rescorla (2009) gelingt in diesem Zusammenhang eine Varianzaufklärung von 17 % der Sprachleistungen der 17-Jährigen. Werden nonverbale kognitive Maße hinzugenommen, lassen sich sogar 28–30 % der Varianz in den Daten von Late-Talkern aufklären. Lyttinen et al. (2001) berichten, dass 53 % der Sprachfähigkeiten mit fünf Jahren aus früheren Sprachmaßen und anderen Faktoren wie dem Bildungsstand und dem familiären Risiko für Lese-Rechtschreib-Störungen vorhergesagt werden können. Zwischen den Einzelvariablen bestehen für sich genommen aber jeweils nur sehr geringe Zusammenhänge. Nimmt man das Gesamtbedingungsgefüge in den Blick, berücksichtigt also die Gesamtheit der Risiko- und Schutzfaktoren, sind bessere Vorhersagen möglich.

Diese Betrachtung bezieht sich aber vorrangig auf die sprachliche Entwicklung einer Gruppe von Late-Talkern und führt nicht zwangsläufig zu einer klinisch relevanten Vorhersage von zukünftigen Sprachauffälligkeiten im Einzelfall. Genau das aber wird in der klinischen Praxis benötigt, um für jedes einzelne Kind im Alter von zwei Jahren, z. B. im Rahmen der Vorsorgeuntersuchungen, die richtigen Entscheidungen hinsichtlich der weiteren Diagnostik und vor allem einer evtl. erforderlichen Intervention ableiten zu können.

Frühe sprachliche Leistungen haben einen Bezug und sicher eine Relevanz für spätere sprachliche Leistungen und andere kognitive Fähigkeiten, gleichwohl ist es immer noch sehr schwierig, bestimmte Diagnosen vorherzusagen, also frühzeitig Kinder zu identifizieren, die später tatsächlich überdauernde Sprachentwicklungsstörungen haben werden. Für Late-Talker im Einzelfall eine Prognose abzuleiten, ist immer noch mit großen Unsicherheiten verbunden. Einzelne Variablen, wie das Sprachverständnis, haben sich als relevant herausgestellt und lassen sich auch gut bei Zweijährigen erfassen, während andere Variablen, wie sprachliche Verarbeitungsleistungen, bei jungen Kindern derzeit nur schwerlich zu erheben sind.

Late-Talker können verlässlich identifiziert werden, allerdings ist „Late Talking" nicht zwangsläufig das erste Symptom einer späteren Sprachentwicklungsstörung, wie Untersuchungen gezeigt haben. Für den deutschen Sprachraum belegen die Daten von Ullrich & v. Suchodoletz (2011a, b), dass manche Kinder bei einer Frühdiagnostik im Alter von 24 Monaten auch übersehen werden. Das heißt, bei ihnen kann sich später eine Sprachentwicklungsstörung ausbilden, ohne dass sie Late-Talker gewesen sind. Ähnliche Angaben finden sich international z. B. bei Feldman et al. (2005) oder bei Poll & Miller (2013).

Insgesamt bleibt aus den Längsschnittuntersuchungen zu Late-Talkern im deutschen Sprachraum festzuhalten, dass ihr Risiko für spätere Sprachauffälligkeiten im Vergleich zu sprachlich unauffällig entwickelten Kindern deutlich erhöht ist (z. B. Sachse & v. Suchodoletz 2013). Für bestimmte Untergruppen, wie etwa Kinder mit Auffälligkeiten im Sprachverständnis oder mit familiären Vorbelastungen, ist die Prognose ungünstiger einzuschätzen. Als Gruppe bleiben Late-Talker im weiteren Entwicklungsverlauf hinsichtlich ihrer sprachlichen Leistungen signifikant hinter den Leistungen unauffällig entwickelter Kinder zurück. Unter erschwerten Bedingungen, die im Kind selbst oder in der Umwelt liegen können, ist es möglich, dass manifeste Sprachentwicklungsstörungen auftreten oder dass sich im weiteren Entwicklungsverlauf auch bestimmte (schrift-)sprachliche Leistungen als auffällig herausstellen. Nicht immer gelingt es mit den derzeit zur Verfügung stehenden Verfahren, komplexere Sprachleistungen und eventuelle Defizite mit ausreichender Sicherheit zu erfassen.

Wegen der hohen Bedeutung für die Gesamtentwicklung eines Kindes ist es notwendig, weitere Studien zur sprachlichen Entwicklung durchzuführen, um noch mehr über eine frühe Diagnosestellung, Prädiktoren und Entwicklungsverläufe bei Kindern mit frühen Auffälligkeiten zu erfahren und dies für die klinische Praxis nutzbar zu machen.

LITERATUR

Armstrong, E.S., Marchman, V.A., & Owen, M.T. (2007). *School age cognitive and achievement outcomes for late talkers and late bloomers: Do late bloomers really bloom?* Poster presented at the American Speech-Hearing Association Annual Conference, Boston, November 2007.

Bayley, N. (1969). *The Bayley Scales of Infant Development.* San Antonio/TX: The Psychological Corporation.

Bishop, D.V.M., & Edmundson, A. (1987). Language impaired 4-year-olds: Distinguishing transient from persistent impairment. *Journal of Speech and Hearing Disorders, 52,* 156–173.

Buschmann, A., & Neubauer, M. (2012). Prädiktoren für den Entwicklungsverlauf. *Sprache – Stimme – Gehör, 36,* 135–141.

Buschmann, A., Jooss, B., Rupp, A., Dokter, S., Blaschtikowitz, H., Heggen, I., & Pietz, J. (2008). Children with developmental language delay at 24 months of age: Results of a diagnostic work-up. *Developmental Medicine and Child Neurology, 50,* 223–229.

Buschmann, A., Jooss, B., Rupp, A., Feldhusen, F., Pietz, J., & Philippi, H. (2009). Parent-based language intervention for two-year-old children with specific expressive language delay: a randomised controlled trial. *Archives of Disease in Childhood, 94,* 110–116.

Carrow-Woolfolk, E. (1999). *Comprehensive Assessment of Spoken Language.* Circle Pines/MN: American Guidance Service.

Chiat, S., & Roy, P. (2008). Early phonological and socio-cognitive skills as predictors of later language and social communication outcomes. *Journal of Child Psychology and Psychiatry, 49,* 635–645.

Cohen, J. (1988). *Statistical power analysis for the behavioral sciences* (2nd ed.). New York: Academic Press.

Dale, P.S., Price, T.S., Bishop, D.V., & Plomin, R. (2003). Outcomes of early language delay: I. Predicting persistent and transient language difficulties at 3 and 4 years. *Journal of Speech, Language and Hearing Research, 46* (3), 544–560.

Dionne, G., Dale, P.S., Boivin, M., & Plomin, R. (2003). Genetic evidence for bidirectional effects of early lexical and grammatical development. *Child Development, 74,* 391–412.

Dollaghan, C.A. (2004). Evidence-based practice in communication disorders: what do we know, and when do we know it? *Journal of Communication Disorders, 37* (5), 391–400.

Ellis Weismer, S. (2007). Typical talkers, late talkers, and children with specific language impairment: A language endowment spectrum? In R. Paul (Ed.), *The influence of developmental perspectives on research and practice in communication disorders: A festschrift for Robin S. Chapman* (pp. 83–101). Mahwah/NJ: Lawrence Erlbaum Associates.

Ellis, E.M., & Thal, D.J. (2008). Early language delay and risk for language impairment. *Perspectives, 15,* 93–100.

Eriksson, M., Westerlund, M., & Berglund, E. (2002). A screening version of the Swedish Communicative Development Inventories designed for use with 18-month-old children. *Journal of Speech, Language and Hearing Research, 45,* 948–960.

Feldman, H.M., Dale, P.S., Campbell, T.F., Colborn, D.K., Kurs-Lasky, M., Rockette, H.E., et al. (2005). Concurrent and predictive validity of parent reports of child language at ages 2 and 3 years. *Child Development, 76* (4), 856–868.

Fenson, L., Dale, P.S., Reznick, J.S., Thal, D., Bates, E., Hartung, J.P., Pethick, S., & Reilly, J.S. (1993). *The MacArthur Communicative Development Inventories: User's Guide and Technical Manual.* Baltimore: Paul H. Brookes Publishing.

Fernald, A., & Marchman, V.A. (2012). Individual differences in lexical processing at 18 months predict vocabulary growth in typically developing and late-talking toddlers. *Child Development, 83,* 203–222.

Fischel, J.E., Whitehurst, G.J., Caulfield, M.B., & DeBaryshe, B. (1989). Language growth in children with expressive language delay. *Pediatrics, 83* (2), 218–227.

Flax, J.F., Realpe-Bonilla, T., Roesler, C., Choudhury, N., & Benasich, A. (2008). Using early standardized language measures to predict later language and early reading outcomes in children at high risk for language-learning impairments. *Journal of Learning Disabilities, 42* (1), 61–75.

Gardner, M.F. (1981). *Expressive One-Word Picture Vocabulary Test.* Novato/CA: Academic Therapy Publications.

Geissmann, H., Fahrländer, E., Margelist, T., & Jenni, O. (2013). Wie entwickeln sich Late Talkers? In B. Schneeweiß & T. Hellbrügge (Hrsg.), *Sprache, Kommunikation und soziale Entwicklung: Frühe Diagnostik und Therapie* (S. 52–67). Stuttgart: Klett-Cotta.

Girolametto, L., Wiigs, M., Smyth, R., Weitzman, E., & Pearce, P.S. (2001). Children with a history of expressive language delay: Outcomes at 5 years of age. *American Journal of Speech-Language Pathology, 10,* 358–369.

Grimm, H. (2001). *Sprachentwicklungstest für zweijährige Kinder – SETK 2.* Göttingen: Hogrefe.

Grimm, H., Aktas, M., & Frevert, S. (2000). *SETK-2: Sprachentwicklungstest für zweijährige Kinder.* Göttingen: Hogrefe.

Hammill, D.D., Brown, V.L., Larsen, S.C., & Wiederholt, J.L. (1994). *Test of Adolescent and Adult Language* (3rd ed.). Austin/TX: Pro-Ed.

Hammill, D.D. & Larsen, S.C. (1996). *Test of Written Language* (3rd ed.). Austin/TX: Pro-Ed.

Henrichs, J., Rescorla, L., Schenk, J.J., Schmidt, H.G., Jaddoe, V.W.V, Hofman, A., & Tiemeier, H. (2011). Examining continuity of early expressive vocabulary development: the Generation R Study. *Journal of Speech, Language, and Hearing Research, 54,* 854–869.

Henrichs, J., Rescorla, L., Donkersloot, C., Schenk, J.J., Raat, H., Jaddoe, V.W., & Tiemeier, H. (2013). Early vocabulary delay and behavioral/emotional problems in early childhood: the Generation R Study. *Journal of Speech, Language, and Hearing Research, 56,* 553–566.

Horwitz, S.M., Irwin, J.R., Briggs-Gowan, M.J., Bosson Heenan, J.M., Mendoza, J., & Carter, A.S. (2003). Language delay in a community cohort of young children. *Journal of the American Academy of Child and Adolescent Psychiatry, 42* (8), 932–940.

7

Hudson, S., Levickis, P., Down, K., Nicholls, R., & Wake, M. (2014). Maternal responsiveness predicts child language at ages 3 and 4 in a community-based sample of slow-to-talk toddlers. *International Journal of Language & Communication Disorders* (online Vorabveröffentlichung, 11.9.2014).

Kademann, S. (2009). *Was wird aus Late Talkers? Neuropsychologische Untersuchungen im Quer- und Längsschnitt von früher Kindheit bis Kindergartenalter.* Dissertation. München: Verlag Dr. Hut.

Kaplan, E., Goodglass, H., & Weintraub, S. (1983). *Boston Naming Test.* Philadelphia: Lea & Febiger.

Klee, T., Carson, D. K., & Hime, L. K. (2003). Phonological profiles of 2-year olds with delayed language development: Predicting clinical outcomes at age 3. *American Journal of Speech-Language Pathology, 12* (1), 28–39.

Kühn, P. (2010). *Wie entwickeln sich Late Talkers ? Eine Längsschnittstudie zur Prognose der sprachlichen, kognitiven und emotionalen Entwicklung von Late Talkers bis zum Einschulungsalter.* Dissertation. http://edoc.ub.unimuenchen.de/11717/1/Kuehn_Philipp.pdf (Zugriff am 15.10.2013).

Law, J., Rush, R., Anandan, C., Cox, M., & Wood, R. (2012). Predicting language change between 3 and 5 years and its implications for early identification. *Pediatrics, 130* (1), e132–137.

Lee, L. (1974). *Developmental sentence analysis: A grammatical assessment procedure for speech and language clinicians.* Evanston/IL: Northwestern University Press.

Lee, E., & Rescorla, L. (2008). The use of psychological state words by late talkers at ages 3, 4, and 5 years. *Applied Psycholinguistics, 29*, 21–39.

Leonard, L B. (1991). Specific language impairment as a clinical category. *Language, Speech, and Hearing Services in Schools, 22*, 66–68.

Leslie, L., & Caldwell, J. (1995). *Qualitative Reading Inventory II.* New York: Harper Collins.

Lyytinen, H., Ahonen, T., Eklund, K., Guttorm, T. K., Laakso, M.-L., Leinonen, S., Leppinen, P. H. T., Lyytinen, P., Poikkeus, A.-M., Puolakanaho, A., Richardson, U., & Viholainen, H. (2001). Developmental pathways of children with and without familial risk for dyslexia during the first years of life. *Developmental Neuropsychology, 20*, 535–554.

Lyytinen, P., Poikkeus, A., Laakso, M., Eklund, K., & Lyytinen, H. (2001). Language development and symbolic play in children with and without familial risk for dyslexia. *Journal of Speech, Language, and Hearing Research, 44* (4), 873–885.

Lyytinen, P., Eklund, K., & Lyytinen, H. (2005). Language development and literacy skills in late-talking toddlers with and without familial risk for dyslexia. *Annals of Dyslexia, 55* (2), 166–192.

Manhardt, J., & Rescorla, L. (2002). Oral narrative skills of late talkers at ages 8 and 9. *Applied Psycholinguistics, 23* (1), 1–21.

Marchman, V. A., & Fernald, A. (2008). Speed of word recognition and vocabulary knowledge in infancy predict cognitive and language outcomes in later childhood. *Developmental Science, 11*, F9–F16.

Marschik, P. B., Einspieler, C., Garzarolli, B., & Prechtl, H. F. R. (2007). Events at early development: are they associated with early word production and neurodevelopmental abilities at the preschool age? *Early Human Development, 83* (2), 107–114.

Marschik, P. B., Pansy, J. D., Vollman, R., & Einspieler, C. (2009). Entwicklungsauffälligkeiten bei transienten und konsistenten Late Talkers. *Kinderärztliche Praxis, 80*, 330–340.

Mody, M., Studdert-Kennedy, M., & Brady, S. (1997). Speech perception deficits in poor readers: auditory processing or phonological coding? *Journal of Experimental Child Psychology, 64* (2), 199–231.

Moyle, M. J., Ellis Weismer, S, Lindstrom, M., & Evans, J. (2007). Longitudinal relationships between lexical and grammatical development in typical and late talking children. *Journal of Speech, Language, and Hearing Research, 50*, 508–528.

Newcomer, P., & Hammill, D. (1988). *Test of Language Development-2 (Primary).* Austin/TX: Pro-Ed.

Newcomer, P., & Hammill, D. (1997). *Test of Language Development-3 (Primary).* Austin/TX: Pro-Ed.

Oliver, B., Dale, P. S., & Plomin, R. (2004). Verbal and nonverbal predictors of early language problems: an analysis of twins in early childhood back to infancy. *Journal of Child Language, 31* (3), 609–631.

Paul, R. (1993). Outcomes of early expressive language delay. *Journal of Childhood Communication Disorders, 15*, 7–14.

Paul, R. (1996). Clinical implications of the natural history of slow expressive language development. *American Journal of Speech-Language Pathology, 5*, 2, 5–21.

Paul, R. (2001). Predicting outcomes of early expressive language delay: Ethical implications. In D. V. M. Bishop & L. B. Leonard (Eds.), *Speech and Language Impairments in Children: Causes, Characteristics, Intervention and Outcome* (pp. 195–210). Hove: Psychology Press.

Paul, R., & Kellogg, L. (1997). Temperament in late talkers. *Journal of Child Psychology and Psychiatry, and Allied Disciplines, 38* (7), 803–811.

Paul, R., Spangle Looney, S., & Dahm, P. S. (1991). Communication and socialization skills at ages 2 and 3 in "latetalking" young children. *Journal of Speech and Hearing Research, 34* (4), 858–865.

Paul, R., Hernandez, R., Taylor, L., & Johnson, K. (1996). Narrative Development in Late Talkers: Early School Age. *Journal of Speech, Language, and Hearing Research, 39*, 1295–1303.

Paul, R., Murray, C., Clancy, K., & Andrews, D. (1997). Reading and metaphonological outcomes in late talkers. *Journal of Speech, Language, and Hearing Research, 40*, 1037–1047.

Plomin, R. (2013). Child development and molecular genetics: 14 years later. *Child Development, 84*, 104–120.

Poll, G. H., & Miller, C. A. (2013). Late talking, typical talking, and weak language skills at middle childhood. *Learning and Individual Differences, 26*, 177–184.

Preston, J. L., Frost, S. J., Mencl, W. E., Fulbright, R. K., Landi, N., Grigorenko, E., & Pugh, K. R. (2010). Early and late talkers: school-age language, literacy and neurolinguistic differences. *Brain, 133* (8), 2185–2195.

Ratner, N. B. (2013). Using fluency to measure formulation effort in late talkers. In L. A. Rescorla & P. S. Dale (Eds.), *Late talkers: Language development, interventions, and outcomes.* Baltimore: Paul H. Brookes Publishing Company.

Reilly, S., Bavin, E. L., Bretherton, L., Conway, L., Eadie, P., Cini, E., & Wake, M. (2009). The Early Language in Victoria Study (ELVS): A prospective, longitudinal study of communication skills and expressive vocabulary development at 8, 12 and 24 months. *International Journal of Speech-Language Pathology, 11* (5), 344–357.

Reilly, S., Wake, M., Bavin, E. L., Prior, M., Williams, J., Bretherton, L., et al. (2007). Predicting language at 2 years of age: a prospective community study. *Pediatrics, 120* (6), 1441–1449.

Reilly, S., Wake, M., Ukoumunne, O. C., Bavin, E., Prior, M., Cini, E., & Bretherton, L. (2010). Predicting language outcomes at 4 years of age: findings from Early Language in Victoria Study. *Pediatrics, 126* (6), e1530–1537.

Rescorla, L. (1989). The Language Development Survey: a screening tool for delayed language in toddlers. *Journal of Speech and Hearing Disorders, 54* (4), 587–599.

Rescorla, L. (2000). Do late-talking toddlers turn out to have reading difficulties a decade later? *Annals of Dyslexia, 50* (1), 87–102.

Rescorla, L. (2002). Language and reading outcomes to age 9 in late-talking toddlers. *Journal of Speech, Language and Hearing Research, 45* (2), 360–371.

Rescorla, L. (2005). Age 13 language and reading outcomes in late-talking toddlers. *Journal of Speech, Language, and Hearing Research, 48,* 459–472.

Rescorla, L. (2009). Age 17 language and reading outcomes in late-talking toddlers: support for a dimensional perspective on language delay. *Journal of Speech, Language and Hearing Research, 52* (1), 16–30.

Rescorla, L. (2011). Late talkers: do good predictors of outcome exist? *Developmental Disabilities Research Reviews, 17* (2), 141–150.

Rescorla, L. A. (2013). Late-talking toddlers: A 15-year follow-up. In L. A. Rescorla & P. S. Dale (Eds.), *Late talkers: Language development, interventions, and outcomes.* Baltimore: Paul H. Brookes Publishing Company.

Rescorla, L., Dahlsgaard, K., & Roberts, J. (2000). Late-talking toddlers: MLU and IPSyn outcomes at 3;0 and 4;0. *Journal of Child Language, 27,* 643–664.

Rescorla, L., & Lee, E. C. (2000). Language impairments in young children. In T. Layton & L. Watson (Eds.), *Handbook of early language impairment in children: Volume I: Nature.* New York: Delmar Publishing Company.

Rescorla, L., Ratner, N. B., Jusczyk, P., & Jusczyk, A. M. (2005). Concurrent validity of the language development survey: associations with the MacArthur-Bates communicative development inventories: words and sentences. *American Journal of Speech-Language Pathology, 14* (2), 156–163.

Rescorla, L., Roberts, J., & Dahlsgaard, K. (1997). Late talkers at 2: Outcome at age 3. *Journal of Speech and Hearing Research, 40,* 556–566.

Reynell, J. K. (1977). *Reynell Developmental Language Scales.* Windsor (UK): NFER.

Reynell, J. K., & Gruber, C. P. (1990). *Reynell Developmental Language Scales,* U. S. edition. Los Angeles: Western Psychological Services.

Rice, M. L. (2012). Toward epigenetic and gene-regulation models of specific language impairment: Looking for links among growth, genes, and impairments. *Journal of Neurodevelopmental Disorders, 4,* 4–27.

Rice, M., & Wexler, K. (1996). Toward tense as a clinical marker of specific language impairment in English-speaking children. *Journal of Speech & Hearing Research, 39,* 1239–1257.

Rice, M. L., Taylor, C. L., & Zubrick, S. R. (2008). Language outcomes of 7-year-old children with or without a history of late language emergence at 24 months. *Journal of Speech, Language, and Hearing Research, 51,* 394–407.

Sachse, S. (2007). *Late Talkers im Quer- und Längsschnitt.* Dissertation. München: Verlag Dr. Hut.

Sachse, S., & von Suchodoletz, W. (2009). Prognose und Möglichkeiten der Vorhersage der Sprachentwicklung bei Late Talkers. *Kinderärztliche Praxis, 5,* 318–328.

Sachse, S., & von Suchodoletz, W. (2013). Sprachentwicklung von der U7 bis zur U7a bei Kindern mit und ohne Sprachentwicklungsverzögerungen. *Klinische Pädiatrie, 225,* 194–200.

Scarborough, H. S. (1990). Index of Productive Syntax. *Applied Psycholinguistics, 11,* 1–12.

Scarborough, H. S., & Dobrich, W. (1990). Development of children with early language delays. *Journal of Speech and Hearing Research, 33,* 70–83.

Schjolberg, S., Eadie, P., Zachrisson, H., Øyen, A. S., & Prior, M. (2011). Predicting language development at 18 months: Data from the Norwegian Mother and Child Cohort Study. *Journal of Developmental and Behavioral Pediatrics, 32,* 375–383.

Semel, E., Wiig, E., Secord, W., & Sabers, D. (1987). *Clinical Evaluation of Language Fundamentals-Revised.* San Antonio/TX: Psychological Corporation.

Thal, D. J., Tobias, S., & Morrison, D. (1991). Language and gesture in late talkers: a 1-year follow-up. *Journal of Speech and Hearing Research, 34,* 604–612.

Thal, D. J., Miller, S., Carlson, J., & Vega, M. M. (2005). Nonword repetition and language development in 4-year-old children with and without a history of early language delay. *Journal of Speech, Language, and Hearing Research, 48* (6), 1481–1495.

Thorndike, R. L., Hagen, E. P., & Sattler, J. M. (1986). *The Stanford-Binet Intelligence Scale* (4th edition). Chicago: Riverside.

Tomblin, J. B., Records, N. L., Buckwalter, P., Zhang, X., Smith, E., & O'Brien, M. (1997). The prevalence of specific language impairment in kindergarten children. *Journal of Speech Language Hearing Research, 40,* 1245–1260.

7

Ullrich, K., & von Suchodoletz, W. (2011a). Möglichkeiten und Grenzen der Früherkennung von Sprachentwicklungsstörungen. *HNO, 59* (1), 55–60.

Ullrich, K., & von Suchodoletz, W. (2011b). Früherkennung von Sprachentwicklungsstörungen bei der U7. Diagnostische Validität der Elternfragebögen SBE-2-KT und ELF-RA-2. *Monatsschrift Kinderheilkunde, 159* (5), 461–467.

Wechsler, D. (1974). *The Wechsler Intelligence Scale for Children-Revised.* San Antonio/TX: Psychological Corporation.

Wechsler, D. (1991). *The Wechsler Intelligence Scale for Children* (3rd ed.). San Antonio/TX: Psychological Corporation.

Wechsler, D. (1992). *The Wechsler Individual Achievement Test.* San Antonio/TX: Psychological Corporation.

Wechsler, D. (1997a). *The Wechsler Adult Intelligence Scale* (3rd ed.). San Antonio/TX: Psychological Corporation.

Wechsler, D. (1997b). *The Wechsler Memory Scale* (3rd ed.). San Antonio/TX: Psychological Corporation.

Westerlund, M., Berglund, E., & Eriksson, M. (2006). Can Severely Language Delayed 3-Year-Olds Be Identified at 18 Months ? Evaluation of a Screening Version of the MacArthur-Bates Communicative Development Inventories. *Journal of Speech, Language, and Hearing Research, 49,* 237–247.

Whitehouse, A. J. O., Robinson, M., & Zubrick, S. R. (2011). Late talking and the risk for psychosocial problems during childhood and adolescence. *Pediatrics, 128* (2), e324–332.

Whitehurst, G., & Fischel, J. (1994). Early developmental language delay: What, if anything, should the clinician do about it? *Journal of Child Psychology and Psychiatry, 35,* 613–648.

Whitehurst, G. J., Fischel, J. E., Arnold, D. S., & Lonigan, C. J. (1992). Evaluating outcomes with children with expressive language delay. In S. F. Warren & J. Reichle (Eds.), *Causes and effects in communication and language intervention, Vol. 1* (pp. 277–313). Baltimore: Brookes Publishing.

Wiig, W. H., & Secord, W. (1989). *Test of Language Competence – Expanded Edition.* San Antonio/TX: Psychological Corporation.

Wiig, E., Secord, W., & Semel, E. (2006). *Clinical Evaluation of Language Fundamentals, Preschool-2.* San Antonio/TX: Psychological Corporation.

Williams, A. L., & Elbert, M. (2003). A Prospective Longitudinal Study of Phonological Development in Late Talkers. *Language, Speech, and Hearing Services in Schools, 34,* 138–154.

Woodcock, R. W., & Johnson, M. B. (1989). *Woodcock-Johnson Psychoeducational Battery-Revised.* Chicago: Riverside Publishing.

Young, E. C., & Perachio, J. J. (1983). *Patterned Elicitation Syntax Test, Revised.* Tucson/AZ: Communication Skill Builders.

Zink, I., & Lejaegere, M. (2003). *N-CDIs: Korte vormen, aanpassing en hernormering van de MacArthur Short Form Vocabulary Checklists van Fenson et al.* [N-CDIs: Short forms, adaptation and norms of the Dutch version of the MacArthur Short Form Vocabulary Checklists of Fenson, et al.]. Leuven (Belgium): Acco.

Zubrick, S. R., Taylor, C. L., Rice, M. L., & Slegers, D. W. (2007). Late language emergence at 24 months: an epidemiological study of prevalence, predictors, and covariates. *Journal of Speech, Language, and Hearing Research, 50* (6), 1562–1592.

Diagnostik und Therapie bzw. Förderung der frühen Sprachentwicklung

Waldemar von Suchodoletz

8

Elternfragebögen zur Früherkennung von Sprachentwicklungsstörungen

8.1 Charakteristika von Elternfragebögen zur Beurteilung des Sprachentwicklungsstands

Eltern sind die eigentlichen Experten, wenn es um die Entwicklung ihres Kindes geht. Sie erleben unmittelbar, wie dieses seine kommunikativen Fähigkeiten schrittweise erweitert, und beobachten dessen sprachliche und nicht-sprachliche Interaktionen in vielfältigen Situationen. Dadurch haben sie ein umfassenderes Bild von ihrem Kind, als es ein Untersucher in dem ihm zur Verfügung stehenden begrenzten Zeitfenster gewinnen kann. Eine Befragung der Eltern zur sprachlichen Entwicklung des Kindes und dessen derzeitigen kommunikativen Fähigkeiten ist deshalb ein wesentlicher Schritt zur Früherkennung von Auffälligkeiten beim Spracherwerb. Die Beobachtungen der Eltern können auf unterschiedliche Weise erfasst werden. Folgende Methoden stehen zur Beurteilung des Sprachentwicklungsstands aufgrund von Elternangaben zur Verfügung:

- Erhebung anamnestischer Daten zur Sprachentwicklung
- Tagebuchprotokolle der sprachlichen Äußerungen
- Standardisierte Elternfragebögen

Erhebung anamnestischer Angaben

Eine Erhebung anamnestischer Angaben zu sprachlichen Fähigkeiten kann erste Hinweise auf den Sprachentwicklungsstand eines Kindes liefern. Wenn nur anamnestische Angaben vorliegen, wird im Vorschulalter allerdings etwa ein Drittel der sprachgestörten Kinder übersehen (Erb & Werner 2003). Werden Eltern von drei- bis vierjährigen Kindern gebeten, die Sprachfähigkeiten ihres Kindes auf einer Skala von „sehr schlecht" bis „sehr gut" zu bewerten, werden 57 % der sprachauffälligen Kinder

erkannt, aber nur 17 % der von den Eltern als sprachauffällig eingestuften Kinder sind dies auch nach dem klinischen Urteil (Van Agt et al. 2007). Eine Bewertung und Einordnung ihrer Beobachtungen gelingt Eltern somit nur unvollkommen.

Tagebuchprotokolle der sprachlichen Äußerungen

In der linguistischen Forschung haben sich zur Erfassung sprachlicher Entwicklungsschritte Tagebuchprotokolle bewährt. Die Eltern werden gebeten, während eines umschriebenen Zeitraums jede Äußerung ihres Kindes unmittelbar aufzuschreiben. Zu Beginn des Spracherwerbs lassen sich auf diese Weise die sprachlichen Fähigkeiten und Sprachfortschritte detailliert erfassen und Einzelheiten im Spracherwerbsprozess beurteilen. Dieses Vorgehen ist jedoch zeitaufwändig, nicht standardisierbar und somit zur Früherkennung sprachauffälliger Kinder ungeeignet.

Standardisierte Elternfragebögen

Standardisierte Elternfragebögen werden im anglo-amerikanischen Sprachraum in Forschung und Praxis seit über 20 Jahren erfolgreich zur Sprachbeurteilung eingesetzt (Klee 1992; Feldman et al. 2005; Hart 2004; Rescorla & Alley 2001; Fenson et al. 1993). Solche Elternfragebögen eignen sich sowohl zur quantitativen Einschätzung sprachlicher und nicht-sprachlicher Kommunikationsfähigkeiten (*dimensionale* Diagnostik) als auch zur Erkennung von Kindern mit Auffälligkeiten beim Spracherwerb (*kategoriale* Diagnostik). In den letzten Jahren wurden auch im deutschsprachigen Raum mehrere Sprachfragebögen publiziert.

Sprachfragebögen enthalten in der Regel eine Liste alterstypischer Wörter zur Beurteilung des aktiven Wortschatzes sowie Wort- und Satzbeispiele in mehreren grammatischen Varianten zur Einschätzung grammatischer Fähigkeiten. Die Eltern sollen ankreuzen, welche Wörter ihr Kind bereits spricht und welche grammatische Form es vorwiegend benutzt. In Sprachbögen für Kinder unter 1½ Jahren sollen die Eltern zusätzlich angeben, welche der aufgeführten Wörter ihr Kind versteht und welche präverbalen Kommunikationsmittel es einsetzt. Das Sprachverständnis ihres Kindes wird von den Eltern allerdings häufig überschätzt, sodass Angaben zu diesem Aspekt der Sprachentwicklung, insbesondere bei Kindern mit einem Wortschatz über 100 Wörtern, wenig verlässlich sind. Elternfragebögen für Kinder über 1½ Jahren beschränken sich deshalb auf eine Beurteilung sprachproduktiver Fähigkeiten.

Der mit Elternfragebögen ermittelte **Wortschatzwert** ist von der Länge der Wortliste abhängig und entspricht nicht dem tatsächlichen Wortschatz des Kindes. So wurde z. B. bei 24 Monate alten Kindern mit dem ELFRA-2, der 260 Wörter enthält, ein mittlerer Wortschatzwert von 130 gefunden (Sachse & v. Suchodoletz 2007a), während sich mit dem CDI II, dessen Liste aus 680 Wörtern besteht, ein mittlerer Wortschatzwert von 312 ergab (Fenson et al. 1993). Trotz solcher Diskrepanzen ist bei einer ausreichenden Normierung aber durchaus ein Rückschluss auf den Sprachentwicklungsstand eines Kindes möglich.

Gegenüber einer direkten Untersuchung der sprachlichen Fähigkeiten eines Kindes haben Elternfragebögen einige Vorteile:

- Berücksichtigung des Sprachverhaltens in vertrauter Umgebung
- Berücksichtigung unterschiedlicher Kommunikationssituationen
- Erfassung sprachlicher Äußerungen über einen längeren Zeitraum
- Keine Notwendigkeit einer Mitarbeit des Kindes während der Untersuchung
- Keine linguistischen Vorkenntnisse erforderlich
- Geringer Zeit- und Kostenaufwand

Die **Lautbildungsfähigkeit** wird durch Sprachfragebögen nicht erfasst, da die Entwicklung von Kindern mit Aussprachestörungen ohne Auffälligkeiten im Wortschatz und/oder der Grammatik weitgehend unbeeinträchtigt verläuft. Eine Früherkennung umschriebener Lautbildungsstörungen durch ein universelles Sprachscreening ist deshalb kein klinisches Erfordernis.

8.1.1 Voraussetzungen für den Einsatz eines Elternfragebogens

Voraussetzung für den Einsatz eines Sprachfragebogens in der klinischen Praxis ist eine ausreichende Zuverlässigkeit der Aussage. Nur Fragen, die sich auf das aktuelle Verhalten des Kindes beziehen und keine Einschätzung früherer Sprachleistungen verlangen, werden von Eltern hinlänglich zutreffend beantwortet. Die abgefragten Verhaltensweisen sollten zudem durch die Eltern gut beobachtbar sein. Fragen sollten im Wiedererkennungsformat gestellt und offene Fragen vermieden werden, da die Auswertung individuell formulierter Antworten wenig objektiv ist (Dale 1991).

!

Unter folgenden Voraussetzungen eignet sich ein Elternfragebogen als universelles Screening zur Früherkennung von Kindern mit Sprachentwicklungsstörungen
- Ausreichend zuverlässige Erfassung sprachlicher Fähigkeiten
- Vorliegen verlässlicher Normwerte
- Ausreichende Treffsicherheit bei der Früherkennung von Kindern mit Sprachentwicklungsstörungen
- Geringer Zeitaufwand (nicht mehr als 10 Minuten)

Dass Elternfragebögen grundsätzlich dazu geeignet sind, den aktiven Wortschatz eines Kindes ausreichend genau zu beurteilen, geht aus einer Arbeit von Robinson & Mervis (1999) hervor. Sie baten die Eltern eines Jungen, einen Elternfragebogen (MacArthur Communicative Development Inventories – CDI) wiederholt auszufüllen und zusätzlich vom 9. bis 24. Lebensmonat alle Äußerungen zu protokollieren. Bis zu einem Wortschatz von etwa 100 Wörtern stimmten die Tagebucheintragungen der Eltern und die Ergebnisse im Fragebogen weitgehend überein. Je größer der Wortschatz des Kindes wurde, desto deutlicher unterschätzten ihn die Eltern. Mit 24 Monaten hatten sie etwa 1.200 Wörter als erworben protokolliert, während sie laut Fragebogen die Zahl auf etwa 500 schätzten. Mit Elternfragebögen kann der Wortschatz somit sehr genau beurteilt werden, solange er unter 100 Wörtern liegt. Sie eignen sich demnach gut zu Beginn der Wortschatzentwicklung und zur Erfassung von Kindern mit einem geringen Wortschatz. Weniger zuverlässig wird das Ergebnis, wenn ein Kind bereits über einen größeren Wortschatz verfügt und seine Fähigkeiten genauer auf einer dimensionalen Skala eingeordnet werden sollen.

Testgütekriterien

Wie zutreffend das Ergebnis eines Elternfragebogens den Sprachentwicklungsstand eines Kindes beurteilt (dimensionaler Aspekt), geht aus Testgütekriterien (Validität, Objektivität, Reliabilität, Fairness u. a.) hervor, die für jeden Sprachfragebogen möglichst ausführlich erhoben werden sollten.

Zur Beurteilung der **Validität** eines Elternratings wurde das Ergebnis im Sprachfragebogen mit dem von Sprachtestergebnissen verglichen. Hier zeigte sich, dass ein Elternrating ähnlich aussagekräftig sein kann wie eine Untersuchung des Kindes mit einem Sprachtest (Heilmann et al. 2005; Sachse & v. Suchodoletz 2008; Tippelt et al. 2011). Die Vermutung, dass Mütter generell dazu neigen, die Sprachleistungen ihres Kindes zu positiv zu sehen, und dass das Ergebnis im Fragebogen eher das Wunschbild der Eltern als die tatsächlichen Fähigkeiten des Kindes widerspiegelt, kann somit als widerlegt gelten.

Auch wurde die **Fairness** von Elternfragebögen überprüft. Dies war erforderlich, da sich in mehreren Studien gezeigt hatte, dass in Sprachfragebögen Mütter mit geringer Schulbildung die Sprachfähigkeiten ihrer Kinder schlechter beurteilten als Mütter mit höherer Schulbildung (Feldman et al. 2000; Pan et al. 2004). Dies ließ vermuten, dass nur aufmerksame und differenzierte Eltern mit einem höheren Bildungsstand über die sprachlichen Fähigkeiten ihres Kindes ausreichend Auskunft geben können. Ein Vergleich der Übereinstimmung zwischen Elternbeurteilung und Sprachtestergebnissen hat jedoch ergeben, dass diese relativ unabhängig vom Bildungsstand der Mütter ist (Sachse & v. Suchodoletz 2008; Tippelt et al. 2010; Stokes 1997). Schlechtere Ergebnisse bei Kindern von Müttern mit geringer Schulbildung sind somit ein Zeichen für schwächere Sprachleistungen und kein Hinweis auf eine fehlerhafte Einschätzung des Sprachstands durch Mütter mit niedrigem Bildungsniveau. In die genannten Studien waren allerdings nur Mütter einbezogen worden, die mindestens einen Hauptschulabschluss hatten. Ob auch Eltern ohne Schulabschluss in der

Lage sind, Sprachfragebögen verlässlich auszufüllen, ist ungeklärt.

Soll ein Elternfragebogen zur Erfassung von Kindern mit Spracherwerbsstörungen eingesetzt werden (kategorialer Aspekt), müssen zusätzlich zu den klassischen Testgütekriterien noch Gütekriterien zur Beurteilung der **diagnostischen Treffsicherheit** erhoben werden (> Tab. 8.1). Nur wenn bei einem diagnostischen Instrument bekannt ist, wie häufig auffällige Kinder übersehen (falsch negatives Ergebnis) und unauffällige Kinder fälschlich als auffällig klassifiziert werden (falsch positives Ergebnis) und diese Fehlklassifikationen in einem akzeptablen Bereich liegen, ist sein Einsatz in der klinischen Praxis gerechtfertigt. Für einen Sprachtest gelten eine Spezifität und Sensitivität von über 90 % als gut, zwischen 80 und 89 % als akzeptabel und unter 80 % als unzureichend (Plante & Vance 1994). Bei Screening-Tests werden die Anforderungen etwas niedriger angesetzt. Damit möglichst alle auffälligen Kinder durch das Screening erkannt werden (hohe Sensitivität), muss in Kauf genommen werden, dass etwas zu viele Kinder als Risikokinder eingestuft und zu einer ausführlichen Untersuchung überwiesen werden (etwas niedrigere Spezifität).

Elternfragebögen, die als universelles Sprachscreening eingesetzt werden sollen, müssen nicht nur gut normiert und zuverlässig in der Aussage sein, sondern auch das Kriterium der **Ökonomie** erfüllen. Nur dann werden sie Eingang in die Früherkennungspraxis finden. Die meisten Elternfrage-

Tab. 8.1 Gütekriterien zur Beurteilung der diagnostischen Zuverlässigkeit eines Verfahrens

Sensitivität	prozentualer Anteil der auffälligen Kinder, die auch vom Test als auffällig klassifiziert werden (richtig positiv)
Spezifität	prozentualer Anteil der unauffälligen Kinder, die auch vom Test als unauffällig klassifiziert werden (richtig negativ)
positiver Vorhersagewert	prozentualer Anteil der auffälligen Kinder im Test, die tatsächlich auffällig sind
negativer Vorhersagewert	prozentualer Anteil der unauffälligen Kinder im Test, die tatsächlich unauffällig sind
RATZ-Index	relativer Anstieg der Trefferquote gegenüber der Zufallstrefferquote

8

bögen haben den Anspruch, möglichst viele Wortkategorien und grammatische Dimensionen zu erfassen. Bei so umfangreichen Bögen dauern Ausfüllen und Auswertung jedoch zu lange, um sie routinemäßig einsetzen zu können.

Kurzfragebögen

Für ein universelles Sprachscreening wurden deshalb Kurzfragebögen entwickelt, die in wenigen Minuten auszufüllen und auszuwerten sind. Kurzfragebögen haben auch den Vorteil, dass Eltern aus bildungsfernen Schichten weniger vor dem Ausfüllen zurückscheuen. Allerdings werden gegen solche kurzen Fragebögen Bedenken geäußert. In einem Kurztest könnten in Anbetracht der großen Variationsbreite des Spracherwerbs nicht für jedes Kind die individuell erworbenen Sprachbausteine enthalten sein. Dies führe bei Kindern mit Abweichungen vom üblichen Spracherwerbsverlauf zu Fehleinschätzungen, insbesondere zu einer falschen Zuordnung zur Gruppe sprachgestörter Kinder. Bei einer Überprüfung der Zuverlässigkeit von kurzen im Vergleich zu langen Elternfragebögen hat sich jedoch gezeigt, dass Kurztests genauso aussagefähig sein können (Fenson et al. 2000; Sachse & v. Suchodoletz 2007b; von Suchodoletz & Held 2009). Voraussetzung ist allerdings eine sorgfältige Auswahl der einzelnen Items nach der Zuverlässigkeit, mit der sie eine Unterscheidung zwischen Kindern mit und ohne Sprachauffälligkeit erlauben. Dazu ist es erforderlich, die Diskriminationsfähigkeit eines großen Pools von Wörtern und Grammatikbeispielen in einer umfangreichen und repräsentativen Stichprobe zu überprüfen.

8.1.2 Mögliche Nachteile von generellen Sprachscreenings

Vor einem generellen Sprachscreening zur Früherkennung von Kindern mit Spracherwerbsproblemen müssen nicht nur die Vorteile, sondern auch mögliche Risiken und negative Auswirkungen bedacht werden. Früherkennungsuntersuchungen sind nur gerechtfertigt, wenn sich Sprachauffälligkeiten mit der angewandten Methode ausreichend zuverlässig erfassen lassen. Dies ist selbst bei Sprachfragebögen, die sorgfältig konstruiert wurden und

theoretisch gut fundiert sind, nicht immer der Fall. Sprachtests und Sprachscreenings sind derzeit nur in Ausnahmefällen auf ihre diagnostische Treffsicherheit überprüft (IQWiG 2009).

!

Ein generelles Sprachscreening kann unter Umständen auch negative Auswirkungen haben:
- Bei einem falsch positiven Ergebnis
  - Vergeudung von Ressourcen durch unnötige Folgeuntersuchungen und Interventionen
  - Stigmatisierung des Kindes
  - Verunsicherung der Eltern
  - Ungünstige Auswirkungen auf die Eltern-Kind-Beziehung
- Bei einem falsch negativen Ergebnis
  - Unberechtigte Beruhigung der Eltern
  - Unzureichende Beobachtung der weiteren sprachlichen Entwicklung
  - Verspätetes Erkennen einer Sprachentwicklungsstörung mit verspätet einsetzender Therapie

Dass ein Sprachscreening tatsächlich zu einer Verunsicherung der Eltern führen kann, ergaben Elternbefragungen. Zur Erfassung von Sprachauffälligkeiten wurden bei einjährigen Kindern der ELFRA-1, bei zweijährigen der ELFRA-2 und bei dreijährigen der SBE-3-KT eingesetzt. Ergänzend wurde u. a. danach gefragt, ob sich die Eltern durch die Beantwortung des Fragebogens verunsichert fühlten. Diese Frage bejahten 24 % der Eltern beim ELFRA-1, 6 % beim ELFRA-2 und 1,4 % beim SBE-3-KT. Verunsichert zeigten sich somit insbesondere Eltern sehr junger Kinder. Beim ELFRA-1 war ihre Verunsicherung zudem unabhängig davon, ob das Fragebogenergebnis eine Sprachentwicklungsauffälligkeit des Kindes auswies oder nicht. Beim ELFRA-2 und SBE-3-KT hingegen fühlten sich insbesondere diejenigen Eltern verunsichert, deren Kinder sich sprachlich auffällig entwickelten, sodass die Beunruhigung gerechtfertigt war.

Insgesamt lässt sich sagen, dass Elternfragebögen zur Beurteilung des Sprachentwicklungsstands und zur Erfassung von Sprachentwicklungsverzögerungen in den ersten drei Lebensjahren prinzipiell geeignet sind. Ihr Einsatz setzt keine logopädische oder linguistische Ausbildung voraus, ist mit geringen Kosten verbunden und kann in der ambulanten Praxis realisiert werden. Mütter mit geringer Schulbildung schätzen den Sprachentwicklungsstand ihres

Kindes nicht weniger zuverlässig ein als solche mit Hochschulreife. Kurztests sind bei einer sorgfältigen Auswahl der Items nach ihrer diagnostischen Trennschärfe genauso aussagefähig wie lange Elternfragebögen. Sie sind in der Früherkennungspraxis als universelles Screening einsetzbar und treffen bei Eltern auf eine hohe Akzeptanz.

8.2 Elternfragebögen zur Sprachbeurteilung

8.2.1 International verbreitete Elternfragebögen

International haben die *MacArthur Communicative Development Inventories – CDI* (Fenson et al. 1993), die in etwa 60 Sprachen übertragen wurden, und der *Language Development Survey – LDS* (Rescorla 1989) die größte Verbreitung gefunden. CDI und LDS sind die Grundlage der meisten deutschsprachigen Bögen.

MacArthur Communicative Development Inventories (CDI)

Die CDIs (Fenson et al. 1993; Dale 2003) gibt es für die Altersbereiche 8.–16. Monat (CDI I: Words and Gestures; Infant Form), 16.–30. Monat (CDI II: Words and Sentences; Toddler Form) und 30.–42. Monat (CDI III). Eine Normierung erfolgte an großen, bevölkerungsbezogenen Stichproben.

Mit der Wortliste der **Infant Form (CDI I)** werden sowohl Wortproduktion als auch Wortverständnis abgefragt. Andere Items beziehen sich auf das nicht-sprachliche Kommunikationsverhalten. Das Ergebnis des CDI I gibt aber kaum Hinweise auf den weiteren Verlauf des Spracherwerbs. Die Korrelation zwischen den CDI-Werten im Alter von 1 und 2 Jahren betrug in einer Stichprobe von 2.156 Kindern lediglich 0,18–0,39 (Feldman et al. 2000). Wegen der hohen intra- und interindividuellen Variabilität der Ergebnisse sowie der geringen prognostischen Validität wird die Eignung der Infant Form des CDI zur Früherkennung von Sprachentwicklungsstörungen angezweifelt.

Die **Toddler Form (CDI II)** findet international breite Anwendung. Deutschsprachige Versionen sind FRAKIS und A-CDI. Die Toddler Form besteht aus zwei Parallelformen mit jeweils 680 Wörtern und Fragen zur Grammatikentwicklung. Da ein solch umfangreicher Elternfragebogen für viele Anwendungen ungeeignet ist, wurden Kurzformen mit je 100 Wörtern und einer Frage zur Satzbildung erstellt. Die Wörter wurden nach theoretischen Erwägungen (Zeitpunkt des Auftretens in der Sprachentwicklung, semantische und linguistische Kategorie, Eindeutigkeit u. a.) aus der Langform entnommen. Die Kurzformen werden sowohl für den praktischen Einsatz als auch für die Forschung als geeignet angesehen (Fenson et al. 2000).

Dass sowohl die Lang- als auch die Kurzformen des CDI II den Sprachstand eines Kindes zuverlässig einschätzen, konnten mehrere Studien belegen. Die Korrelationen zu anderen Sprachtestergebnissen waren zufriedenstellend (r=0,6–0,8). Daten zur Sensitivität und Spezifität liegen für 30 Monate alte Kinder vor (Heilmann et al. 2005). Bei einer Grenzwertfestlegung auf einen Prozentrang von 11 wurden mit dem CDI II 68 % der Kinder, die anhand von Außenkriterien (Spontansprachrating und Sprachtestergebnisse) als Late-Talker eingestuft worden waren, richtig erkannt (Sensitivität) und 98 % der Nicht-Late-Talker (Spezifität).

Der **CDI III** besteht aus einer Wortliste mit 100 Wörtern und 25 Grammatik-Items, verbunden mit der Bitte an die Eltern, drei der längsten Äußerungen des Kindes aufzuschreiben. Bei einer Überprüfung der Aussagefähigkeit des Bogens zeigten sich geringe bis mittlere Zusammenhänge zwischen den CDI-III-Skalen und den Ergebnissen in Sprachentwicklungstests bzw. von Spontansprachanalysen (r=0,26–0,49; Feldman et al. 2005). Unklar ist allerdings, ob sich mit dem Bogen tatsächlich rein sprachliche Fähigkeiten erfassen lassen oder ob nicht vorwiegend die Intelligenz beurteilt wird (Validität). Die Werte im CDI III waren stärker mit denen eines allgemeinen kognitiven Leistungstests korreliert als mit Sprachtestergebnissen. Die diagnostische Treffsicherheit des CDI III wurde in einer Stichprobe mit 58 Kindern im Alter von 30–45 Monaten untersucht. Dabei konnten durch den Elternfragebogen 48 der 49 normal entwickelten und 8 der 9 sprachgestörten Kinder korrekt klassifiziert werden (Skarakis-Doyle, Campbell & Dempsey 2009). Eine Überprüfung der diagnostischen Aussagefähigkeit in einer bevölkerungsbezogenen Stichprobe, um Sensitivität und Spezifität zu bestimmen, erfolgte bislang nicht.

Language Development Survey (LDS)

Der LDS (Rescorla 1989) ist ein an 278 Kindern im Alter von 18–35 Monaten normierter Elternfragebogen, der die Grundlage für die Entwicklung des ELAN bildete. Im LDS werden zuerst allgemeine Fragen zur Entwicklung gestellt. Danach folgt eine Wortliste, die 310 Wörter aus 14 semantischen Kategorien (z. B. Essen, Tiere) umfasst und auf der Basis von Tagebuchaufzeichnungen von Eltern junger Kinder erstellt wurde. Mit dem LDS wird auch erfragt, ob das Kind bereits Wortkombinationen äußert. Wenn die Eltern dies bejahen, sollen sie die fünf längsten und besten Äußerungen ihres Kindes aufschreiben. Kinder mit einem Wortschatzwert-Prozentrang unter 16 oder einem Grammatikwert-Prozentrang unter 21 werden als sprachverzögert klassifiziert.

Die Korrelationen zwischen LDS-Werten und den Ergebnissen anderer sprachdiagnostischer Verfahren waren relativ hoch (r=0,66–0,87). Der LDS wurde in mehreren Studien bezüglich seiner diagnostischen Treffsicherheit bei der Erfassung von Late-Talkern überprüft. Für die Sensitivität ergaben sich Werte von 87–100 % und für die Spezifität von 85–95 % (Rescorla & Alley 2001; Klee et al. 1998).

Zusammenfassend lässt sich sagen, dass sowohl für den CDI II als auch für den LDS eine ausreichende Zuverlässigkeit bei der Beurteilung des Sprachentwicklungsstands und der Erfassung von Late-Talkern als erwiesen angesehen werden kann.

Elternfragebögen für dreijährige Kinder

Von den international eingesetzten Elternfragebögen für Dreijährige sind neben dem oben beschriebenen CDI III die Bögen „Parent questionnaire to detect speech and language disabilities" und „General Language Screen" hinsichtlich ihrer diagnostischen Treffsicherheit untersucht.

Der Elternfragebogen *Parent questionnaire to detect speech and language disabilities* (Stokes 1997) besteht aus drei Ja/Nein-Fragen zu Satzlänge, Verständlichkeit und Besorgnis der Eltern um die Sprachentwicklung. Ursprünglich war im Fragebogen auch ein Item zum Sprachverständnis enthalten, das sich jedoch als wenig treffsicher erwies. Wenn eine der drei Fragen als auffällig angekreuzt wird, legt dies den Verdacht auf eine Sprachentwicklungsstörung nahe. In einer Stichprobe von 398 Kindern im Alter zwischen 25 und 40 Monaten ergab sich eine hohe Spezifität (95 %) und ein hoher negativer Vorhersagewert (97 %) bei deutlich niedrigerer Sensitivität (78 %) und niedrigerer positiver Vorhersagekraft (72 %). Als Außenkriterium war eine Spontansprachanalyse gewählt worden. Die Trefferquote im Elternrating war unabhängig vom Bildungsstand der Mütter. Das Elternrating schnitt nicht schlechter ab als ein Rating durch Fachleute aus Gesundheitsvorsorgeeinrichtungen. Von der US-amerikanischen Arbeitsgruppe Prävention wird der Bogen allerdings als unzureichend standardisiert und validiert eingestuft und damit als für die Praxis nicht geeignet angesehen (Nelson et al. 2006).

Im *General Language Screen – GLS* sind elf Fragen zu expressiven und rezeptiven Sprachfähigkeiten des Kindes und eine zwölfte Frage zu Hörstörungen enthalten (Stott et al. 2002). Wird eines der Items als auffällig bewertet, liegt ein positiver Screeningbefund vor. Eine Überprüfung der diagnostischen Zuverlässigkeit des GLS bei 596 Kindern im Alter von 37 Monaten zeigte, dass fast alle auffälligen Kinder mit dem Fragebogen erfasst wurden. Von den unauffälligen Kindern wurden jedoch viel zu viele als sprachauffällig klassifiziert. Auch wenn zwei statt lediglich ein Item als Kriterium für auffällige Befunde gewählt wurden, blieb die Trefferquote unbefriedigend. Die Ergebnisse des GLS korrelierten mittelhoch (r=0,55) mit einem Außenkriterium (Skala „Kommunikation" eines strukturierten Elterninterviews).

Die diagnostische Aussagefähigkeit einer niederländischen Version des GLS, die neun Fragen enthält, wurde von Van Agt et al. (2007) bei 8.877 Kindern im Alter von 3–4 Jahren überprüft (Außenkriterium: klinische Einschätzung). Wurde als Grenzwert ein Prozentrang von 10 gewählt, ergaben sich eine Sensitivität von 66 %, ein positiver Vorhersagewert von 9 %, eine Spezifität von 90 % und ein negativer Vorhersagewert von 99,5 %. Die Zuverlässigkeit des Bogens erwies sich somit insbesondere wegen der viel zu hohen Zahl falsch positiver Zuordnungen (niedriger positiver Vorhersagewert) als gering.

8.2.2 Deutschsprachige Elternfragebögen für einjährige Kinder

Für einjährige Kinder im deutschsprachigen Bereich wurden mehrere Elternfragebögen entwickelt (> Tab. 8.2).

Die *CSBS-DP Säugling/Kleinkind Checkliste* (Schelten-Cornish 2006) ist eine deutsche Version der *Communication and Symbolic Behavior Scales – Developmental Profile: CSBS-DP* (Wetherby & Prizant 2002). Mit den CSBS-DP soll das Kommunikationsverhalten von Kindern im Alter von 6–18 Monaten erfasst werden. Von den Eltern werden unter anderem Informationen zum Blickkontakt, zum Sprachverständnis, zur Benutzung von Gegenständen sowie zum Gebrauch von Lauten, Wörtern und Gesten eingeholt. Außer dem relativ kurzen Elternfragebogen (Parent-Report Checklist) bestehen die CSBS-DP aus einem vierseitigen Fragebogen für Erzieher (Caregiver Questionnaire – CQ) und einem standardisierten Beobachtungsbogen (Behavior Sample – BS).

Die Retest-Reliabilität nach vier Monaten war bei der amerikanischen Originalversion für alle drei Bestandteile hoch (r=0,8–0,9). Aus den Ergebnissen der CSBS-DP lassen sich aber nur unsichere Hinweise auf spätere sprachliche Fähigkeiten ableiten. Der aktive und passive Wortschatz im Alter von zwei Jahren korrelierte nur mittelhoch mit den Untersuchungsergebnissen, die mit den CSBS-DP im Alter von 12–16 Monaten erhoben worden waren, d. h. für den Elternfragebogen r=0,47 bzw. 0,51; für den Erzieherfragebogen r=0,62 bzw. 0,55 und für die Verhaltensbeobachtung r=0,59 bzw. 0,59 (Wetherby et al. 2002).

Eine Überprüfung der Zuverlässigkeit der CSBS-DP bei der Erfassung von Kindern mit späteren Sprachentwicklungsstörungen erfolgte bislang nicht. Für die deutsche Version gibt es weder Normwerte noch Daten zu Gütekriterien, sodass ein Einsatz in der Früherkennungspraxis bislang nicht empfohlen werden kann.

Der *Elternfragebogen 1 (ELFRA-1): Sprache, Gesten, Feinmotorik* (Grimm & Doil 2006) ist für den routinemäßigen Einsatz bei der Früherkennungsuntersuchung U6 (10.–12. Lebensmonat) gedacht. Zur Auswertung liegen für 12 Monate alte Kinder kritische Werte vor. Der ELFRA-1 besteht aus vier Skalen: Sprachproduktion, Sprachverständnis, Gesten und Feinmotorik. Auf den Skalen zur Sprachentwicklung, die 164 Wörter enthalten, sollen die Eltern ankreuzen, ob ihr Kind das jeweilige Wort „versteht" oder „versteht und spricht". Weitere 67 Ja/Nein-Fragen beziehen sich auf die Produktion von Lauten und Sprache (Lallen, Geräuschimitation, Spielen mit Sprache) und auf Reaktionen beim Ansprechen des Kindes. Kinder, die den kritischen Wert auf den Skalen „Sprachproduktion" und/oder „Sprachverständnis" unterschreiten, werden als Risikokinder eingestuft. Wird auch auf den Skalen „Gesten" und/oder „Feinmotorik" der kritische Wert nicht erreicht, gilt das Kind als besonders schwer gestört. Für eine Kurzversion wurde die Wortliste um 30 Wörter auf 134 Wörter gekürzt.

Um die diagnostische Treffsicherheit des ELFRA-1 bei der Früherkennung von Kindern mit länger anhaltenden Sprachauffälligkeiten zu überprüfen, wurden den Eltern von 12 Monate alten Kindern der ELFRA-1 sowie ein Jahr später der ELFRA-2 zugeschickt. Bei der Auswertung zeigte sich, dass jeder zweite Junge und jedes vierte Mädchen als Risikokind eingestuft wurde. Die Korrelationen zwischen den ELFRA-1-Skalen und dem Wortschatz mit zwei Jahren waren niedrig bis mittelhoch (Sprachproduktion: r=0,41; Sprachverständnis r=0,35; Gesten r=0,42; Feinmoto-

Tab. 8.2 Elternfragebögen zur Beurteilung des präverbalen und verbalen Entwicklungsstands am Ende des ersten Lebensjahres

Fragebogen	Itemzahl	Altersbereich
CSBS-DP	25	6.–18. Monat
ELFRA-1 (Lang- und Kurzversion)	274/134	12. Monat
Entwicklungscheck	16	12. Monat
ZEF	24	10.–12. Monat

rik r=0,24; alle Korrelationen: p<0,01) und lagen etwas über den Werten im ELFRA-Handbuch. Von den Kindern, die mit dem ELFRA-1 als Risikokinder klassifiziert wurden, waren mit zwei Jahren lediglich 24% Late-Talker (positiver Vorhersagewert). 87% der Nicht-Risikokinder hatten mit zwei Jahren einen altersgerechten Sprachentwicklungsstand (negativer Vorhersagewert). Von den späteren Late-Talkern waren nur 52% mit dem ELFRA-1 als Risikokinder (Sensitivität) und 65% der Nicht-Late-Talker als unauffällig (Spezifität) eingestuft worden. Die Übereinstimmung der Zuordnung in sprachauffällig versus unauffällig im Alter von einem bzw. zwei Jahren war statistisch nicht signifikant (Sachse et al. 2007a).

Die Zuverlässigkeit des ELFRA-1 bei der Früherkennung von Late-Talkern ist somit insgesamt unzureichend und der Bogen zur Früherkennung sprachgestörter Kinder ungeeignet.

Auf dem ELFRA-1 und ELFRA-2 beruhen zwei Kurztests, die für das Internet erstellt wurden („*Entwicklungscheck. Wie gut spricht Ihr Kind?*" [Grimm 2009]). Eltern von ein- bzw. zweijährigen Kindern können diese Bögen online ausfüllen und erhalten sofort eine Rückmeldung über den sprachlichen Entwicklungsstand ihres Kindes mit Empfehlungen für das weitere Vorgehen.

Die Aussagefähigkeit dieser Internetbögen ist nicht überprüft. Bisherige Erfahrungen mit Sprachscreenings bei einjährigen Kindern sprechen dafür, dass solche Internetangebote eher zu einer Verunsicherung der Eltern führen statt zur Früherkennung von Kindern mit Sprachproblemen beizutragen.

Ein *Zusammenfassender Elternfragebogen (ZEF)* (Betz-Morhard & v. Suchodoletz 2011), der aus verschiedenen Fragebögen und Entwicklungstests für das erste Lebensjahr besonders relevante Fragen zur Sprachentwicklung enthält, wurde als übergreifender Sprachfragebogen mit 24 Items an Eltern von 10 bzw. 12 Monate alten Kindern verschickt. Im Alter von zwei Jahren wurde deren Sprachentwicklungsstand dann mit dem ELFRA-2 erneut erfasst. Die Auswertung der Bögen von 732 Kindern ergab hochsignifikante (p<0,001), aber relativ niedrige Zusammenhänge zwischen dem Sprachentwicklungsstand im Alter von einem Jahr (Gesamtwert im ZEF) und zwei Jahren (Wortschatzwert im ELFRA-2). Eine ausreichend sichere Vorhersage einer Sprachent

wicklungsverzögerung im Alter von zwei Jahren gelang jedoch nicht (Sensitivität 35%, Spezifität 86%). Um zu überprüfen, wie aussagefähig die Items sind, wenn sie nicht zu einem Gesamtwert im ZEF zusammengefasst werden, wurden sie nach ihrer Herkunft auf die einzelnen Ursprungsfragebögen aufgeteilt. Es zeigte sich, dass die Trefferquote der aufgeteilten Items niedriger war als die des Gesamtwerts. Die von Ward (1992) berichtete hohe Treffsicherheit der Items ihres Elternfragebogens hinsichtlich späterer Sprachstörungen konnte somit nicht bestätigt werden.

> Zusammenfassend haben sich alle bislang verfügbaren Elternfragebögen für Kinder im Alter von einem Jahr zur Früherkennung sprachgestörter Kinder als ungeeignet erwiesen. Zu viele Kinder mit einer im weiteren Verlauf unauffälligen Sprachentwicklung werden als Risikokinder eingestuft und zu viele später sprachauffällige nicht als Risikokinder erkannt. Die normale Variabilität des Spracherwerbs ist in den ersten 1½ Lebensjahren so groß, dass die momentanen sprachlichen Fähigkeiten eines Kindes keine verwertbaren Vorhersagen zu seiner weiteren Sprachentwicklung erlauben. Zusammenhänge zwischen der frühen und späteren Sprachentwicklung sind zwar nachgewiesen (signifikante Korrelationen), jedoch zu gering, um im Einzelfall eine prognostische Aussage zu ermöglichen.

8.2.3 Deutschsprachige Elternfragebögen für zweijährige Kinder

Für die Altersgruppe vom Ende des zweiten bis Anfang des dritten Lebensjahres stehen inzwischen mehrere Elternfragebögen zur Verfügung (> Tab. 8.3). Sie unterscheiden sich insbesondere hinsichtlich ihres Umfangs sowie der Güte von Standardisierung und Normierung.

ELFRA-2, der „Elternfragebogen für zweijährige Kinder: Sprache und Kommunikation" (Grimm & Doil 2006), ist für 24 Monate alte Kinder normiert. Die Langform enthält eine Liste mit 260 Wörtern (Skala: produktiver Wortschatz) sowie 36 Wörter bzw. Sätze in verschiedenen grammatischen Varianten (Skalen: Syntax und Morphologie). Für die einzelnen Skalen werden kritische Werte angegeben, die auf einer kleinen, nicht repräsentativen Kinder

Tab. 8.3 Elternfragebögen zur Beurteilung des Sprachentwicklungsstands Ende des zweiten und Anfang des dritten Lebensjahres

Fragebogen	Itemzahl		Alters-bereich
	Wörter	Grammatik	
ELFRA-2 (Lang-/Kurz-version)	260/260	36/–	24. Monat
A-CDI-2	693	86	18.–30. Monat
ELAN	250	Beispielsätze	16.–26. Monat
SBE-2-KT	57	1	21.–24. Monat
FRAKIS/ FRAKIS-K	600/102	79/3	18.–30. Monat

gruppe beruhen. Inzwischen wurden auf der Grundlage einer bevölkerungsbezogenen Stichprobe von 1.371 Kindern neuere Normwerttabellen publiziert (Sachse & v. Suchodoletz 2007a). Die Kurzversion entspricht der Wortliste der Langversion (260 Wörter) ohne Grammatikteil.

Bei einem Vergleich der ELFRA-2-Ergebnisse mit denen in einem Sprachtest (SETK-2) zeigte sich eine hohe Übereinstimmung sowohl hinsichtlich der Einschätzung des Sprachentwicklungsstands als auch der Klassifikation in Late-Talker versus Nicht-Late-Talker (Sachse et al. 2007b). Die Korrelationen zu Sprachparametern ein Jahr später (r=0,5–0,6) waren mittelhoch (Sachse & v. Suchodoletz 2008; Grimm & Doil 2006). Sensitivität und Spezifität wurden bislang nur unzureichend überprüft. Die bisher publizierten Werte (Sachse & v. Suchodoletz 2008) beruhen nicht auf bevölkerungsbezogenen Stichproben und können deshalb nur als Näherungswerte angesehen werden.

Der *A-CDI* ist als Elternfragebogen zur Erfassung der frühen Sprachentwicklung für (österreichisches) Deutsch (Vollmann et al. 2000) eine direkte Übertragung der amerikanischen CDIs ins Österreichische. Der A-CDI-2 besteht aus vier Bereichen: einer Wortliste mit 693 Wörtern aus 23 Kategorien, drei Items zu Strategien, fünf Items zum Wortgebrauch und 86 Items zum Grammatikerwerb. Derzeit wird eine Kurzversion erprobt. Der A-CDI ist für den deutschsprachigen Raum bislang weder standardisiert noch normiert.

Beim *ELAN – Eltern antworten* (Bockmann & Kiese-Himmel 2006) handelt sich um einen achtseitigen Elternfragebogen zur Wortschatzentwicklung im frühen Kindesalter (16–26 Monate). Bei der Testkonstruktion wurde wie beim LDS von Tagebuchaufzeichnungen ausgegangen. So ergab sich eine Liste mit 402 Wörtern, aus der nach theoretischen Gesichtspunkten (Wortkategorie u. ä.) 250 Wörter entnommen wurden.

Der ELAN enthält allgemeine Fragen zur kindlichen Entwicklung und zur familiären Situation sowie eine Wortliste mit 250 Wörtern in 17 Kategorien. Außerdem werden Beispiele für Mehrwortäußerungen abgefragt. Eine Normierung erfolgte an 270 deutschsprachigen Kindern (n=6–73 pro Monat). Die geschlechtsspezifischen Normwerte wurden in zwei Altersgruppen zusammengefasst (16.–20. bzw. 21.–26. Lebensmonat). Einheitliche Normwerte für eine Altersspanne von 5–6 Monaten sind allerdings wenig aussagefähig, da sich in diesem Alter der Wortschatz eines Kindes innerhalb von 6 Monaten fast verdoppelt. Zu den Testgütekriterien wurden umfangreiche Daten erhoben (u. a. interne Konsistenz, Split-Half- und Retest-Reliabilität, Interkorrelationen, Akzeptanz durch die Eltern). Die prognostische Validität wurde in einer Längsschnittstudie bis zum achten Lebensjahr bei 53 unauffällig entwickelten Kindern ermittelt. Die Wortschatzwerte im ELAN korrelierten bis zum Alter von vier Jahren signifikant, allerdings nur niedrig bis mittelhoch (4;0 Jahre: r=0,38–0,66, p<0,05) mit späteren Sprachleistungen (Bockmann 2008). Daten zur Treffsicherheit bei der Erfassung sprachauffälliger Kinder liegen nicht vor.

FRAKIS, der „Fragebogen zur frühkindlichen Sprachentwicklung" (Szagun et al. 2009), entspricht weitgehend dem CDI II. Die Standardform des FRAKIS besteht aus einer Wortliste mit 600 Wörtern aus 22 Kategorien und einem Grammatikteil mit 79 Items zur Flexionsmorphologie und Satzkomplexität. Das Ausfüllen des Fragebogens dauert etwa 45 Minuten. Eine Normierung erfolgte an 1.240 Kindern im Alter von 18–30 Monaten. Für die Wortschatz- und die Grammatikskala werden für jeden Lebensmonat geschlechtsspezifische Normwerte in Prozenträngen angegeben. Kinder, die auf der Wortschatzskala nur einen Prozentrang unter 11 erreichen und die außerdem keine Wortkombinationen

8

oder Flexionen bilden, werden als „späte Sprecher" (Late-Talker) klassifiziert. Wie viele Kinder dieses kombinierte Kriterium erfüllen (Störungsrate), wird nicht angegeben.

Testgütekriterien wurden umfangreich untersucht (interne Konsistenz, Split-Half- und Retest-Reliabilität, Interkorrelationen). Die Validität hinsichtlich der Einschätzung des Wortschatzes und grammatischer Fähigkeiten ist durch einen Vergleich mit Spontansprachdaten belegt (Korrelationen >0,9). Die Retest-Reliabilität war nach 8–10 Tagen sehr hoch (r>0,9) und nach 4–7 Monaten mittelhoch (r=0,58–0,64). Wie zuverlässig sich Late-Talker erfassen lassen, wurde nicht überprüft.

Die Kurzform FRAKIS-K wird für den routinemäßigen Einsatz bei der Früherkennungsuntersuchung U7 (21.–24. Lebensmonat) empfohlen. Sie besteht aus einer Wortliste mit 102 Wörtern und weiteren fünf leichten Einstiegswörtern, die bei der Auswertung nicht berücksichtigt werden. Der Grammatikteil enthält drei Items zum Gebrauch von Plural, Artikel und Wortkombinationen. Die Wörter für die Kurzform wurden aus der Langversion extrahiert.

Eine Normierung der Kurzform erfolgte anhand der Daten von 356 Kindern und durch eine Simulation aus den Werten der Langfassung. Wie die Normwerttabellen zeigen, sind die ausgewählten Wörter für die jüngeren Kinder (18.–24. Lebensmonat) zu schwer, um eine Differenzierung im unteren Leistungsbereich zu ermöglichen. Für Jungen im 18./19. Lebensmonat reicht ein einziges angekreuztes Wort aus, um als altersgerecht eingestuft zu werden. Bei 24 Monate alten Jungen sind dies vier Wörter. Eine ausreichend sichere Abgrenzung von Late-Talkern scheint deshalb in der Altersspanne der U7 (21.–24. Lebensmonat) kaum möglich. Daten zur diagnostischen Treffsicherheit liegen nicht vor.

Der Elternfragebogen *SBE-2-KT* „Sprachbeurteilung durch Eltern: Kurztest für die U7" (von Suchodoletz & Sachse 2008; von Suchodoletz 2012) wurde als Sprachscreening zur Erfassung von Late-Talkern bei 21–24 Monate alten Kindern (Zeitraum der U7) entwickelt. Der Bogen enthält 57 Wörter und eine Frage zu Mehrwortäußerungen. Der SBE-2-KT kann in wenigen Minuten ausgefüllt und ausgewertet werden. Er ist somit für einen routinemäßigen Einsatz in der ambulanten Praxis und bei Früherkennungsuntersuchungen gut geeignet.

Die Auswahl der Items erfolgte nicht nach theoretischen Gesichtspunkten, sondern danach, wie gut ein Item eine Unterscheidung zwischen sprachlich altersgerecht bzw. verzögert entwickelten Kindern ermöglicht. Die aussagefähigsten Items wurden in umfangreichen Vorstudien aus einer langen Wortliste ermittelt. Die Items sind für Kinder am Ende des zweiten Lebensjahres insgesamt relativ leicht. Dadurch differenziert der Bogen im unteren Leistungsbereich sehr gut, während bei sprachlich weit entwickelten Kindern keine weitere Unterteilung in Leistungsniveaus möglich ist.

Die Normwerte des SBE-2-KT beruhen auf einer bevölkerungsbezogenen Stichprobe von 685 einsprachig deutsch aufwachsenden Kindern. Geschlechtsspezifische Prozentrangtabellen ermöglichen im unteren und mittleren Leistungsbereich eine genauere Zuordnung des sprachlichen Entwicklungsstands.

Für mehrsprachig aufwachsende Kinder wurden SBE-2-KT-Bögen in 30 Sprachen erstellt. Mit diesen fremdsprachigen Versionen werden die sprachlichen Fähigkeiten sowohl im Deutschen als auch in der Muttersprache erhoben. Von einer Sprachentwicklungsverzögerung ist auszugehen, wenn unter Berücksichtigung beider Sprachen (Gesamtzahl der erworbenen Wörter) der kritische Wert unterschritten wird.

In mehreren Studien wurden zahlreiche Testgütekriterien erhoben. Dabei zeigte sich, dass die Werte zur inneren Konsistenz (Cronbachs Alpha) sowie zur Split-Half-Reliabilität deutlich über dem geforderten Wert von 0,9 liegen. Die Abhängigkeit der SBE-2-KT-Werte vom Alter, Geschlecht und der Wohnortgröße spricht für die Validität des Bogens (Konstruktvalidität). Bei Überprüfungen der konkurrierenden Validität (Vergleich mit einer Langfassung von 406 Wörtern und mit dem ELFRA-2) wurde nachgewiesen, dass die Zuverlässigkeit bei der Erfassung von Late-Talkern und der Beurteilung des sprachlichen Entwicklungsstands im unteren und mittleren Leistungsbereich vergleichbar mit der von deutlich umfangreicheren Sprachbögen ist. Kinder mit Sprachentwicklungsverzögerungen werden mit hoher Zuverlässigkeit erkannt (von Suchodoletz & Held 2009). Auch die prognostische Validität (Vorhersage des sprachlichen Entwicklungsstands und von Sprachentwicklungsstörungen im Alter von drei

Jahren) entspricht der von umfangreichen Elternfragebögen (Ullrich & von Suchodoletz 2011a).

Der SBE-2-KT ist in allen Versionen im Internet abrufbar (http://www.kjp.med.uni-muenchen.de/sprach stoerungen/sprachentwicklung.php; http://www.ph-heidelberg.de/sachse-steffi/professur-fuer-entwick lungspsychologie/team/steffi-sachse.html). Er kann uneingeschränkt kopiert und in der Praxis eingesetzt werden.

8.2.4 Deutschsprachiger Elternfragebogen für dreijährige Kinder

Der *SBE-3-KT* „Sprachbeurteilung durch Eltern: Kurztest für die U7a" (von Suchodoletz 2012; von Suchodoletz et al. 2009) ist als Sprachscreening für 32–40 Monate alte Kinder geeignet. Als bislang einziger Elternfragebogen, den es für dreijährige Kinder im deutschsprachigen Raum gibt, besteht er aus einer Wortliste mit 82 Wörtern und 15 Fragen zu grammatischen Fähigkeiten. Die Anzahl der angekreuzten Wörter ergibt einen Wortschatz- und die der erworbenen Grammatikregeln einen Grammatikwert. Aus beiden Werten wird ein Gesamtwert berechnet.

Bei der Entwicklung des SBE-3-KT wurden aus einem umfangreichen Itempool diejenigen Items ausgewählt, die nach Vorstudien besonders gut zwischen Kindern mit und ohne Sprachentwicklungsstörung unterscheiden, unabhängig davon, ob die ausgewählten Items alle Wortkategorien und Grammatikregeln berücksichtigen. Dadurch ermöglicht der Bogen eine gute Differenzierung im unteren Leistungsbereich und eine zuverlässige Abgrenzung von Kindern mit Sprachauffälligkeiten, aber keine Einschätzung der Sprachfähigkeiten auf allen linguistischen Ebenen und keine differenzierte Beurteilung des Sprachentwicklungsstands eines sprachlich überdurchschnittlich gut entwickelten Kindes.

Eine Normierung erfolgte anhand einer großen, bevölkerungsbezogenen Stichprobe mit über 1.700 einsprachig deutsch aufwachsenden Kindern. Bei einer Überprüfung auf mögliche Verzerrungen, z. B. durch den nicht ganz vollständigen Rücklauf (Rücklaufquoten 73 %), ergaben sich keine Hinweise darauf, dass die Normierungsstichprobe nennenswert von einer repräsentativen, deutschsprachigen Stichprobe abweicht.

Zur Auswertung stehen altersbezogene kritische Werte sowie alters- und geschlechtsspezifische Prozentrangtabellen zur Verfügung. Als sprachauffällig werden Kinder eingestuft, die den kritischen Wert auf der Grammatikskala und/oder der Gesamtskala unterschreiten. Fällt nur der Wortschatzwert unterdurchschnittlich aus, spricht dies für eine allgemeine kognitive Entwicklungsverzögerung bzw. unzureichende Förderung und ist nicht als Zeichen einer umschriebenen Sprachentwicklungsstörung zu werten. Die Prozentrangtabellen erlauben eine genauere Einschätzung der sprachlichen Fähigkeiten eines Kindes im unteren und mittleren Leistungsbereich.

Der SBE-3-KT kann in wenigen Minuten ausgefüllt und ausgewertet werden und lässt sich daher in der ambulanten Praxis unkompliziert einsetzen. Wie sich gezeigt hat, ist er bei Müttern ohne höhere Schulbildung genauso aussagekräftig wie bei Müttern mit Abitur.

Bei einem auffälligen SBE-3-KT-Befund ist eine weitere Diagnostik erforderlich. Nur etwa jedes zweite Kind mit einem unterdurchschnittlichen SBE-3-KT-Ergebnis hat nach den Kriterien der internationalen Klassifikation der Erkrankungen (ICD-10) der WHO eine Sprachentwicklungsstörung. Die sprachlichen Leistungen der anderen mit dem Fragebogen als sprachauffällig klassifizierten Kinder rangieren innerhalb der normalen Variationsbreite, allerdings im unteren Bereich (Tippelt et al. 2010). Ob ein Kind eine Sprachentwicklungsstörung hat und somit einer Sprachtherapie bedarf, oder ob die sprachlichen Auffälligkeiten weniger ausgeprägt sind, sodass eine pädagogische Sprachförderung als ausreichend anzusehen ist, muss durch eine nachfolgende, breiter angelegte Untersuchung entschieden werden.

Testgütekriterien wurden umfangreich ermittelt (Konstrukt- und Kriteriumsvalidität, innere Konsistenz, Split-Half-Reliabilität). Die Ergebnisse sprechen für eine hohe Zuverlässigkeit des Bogens. Sprachentwicklungsauffällige Kinder werden, wie eine Evaluationsstudie belegt, mit hoher Treffsicherheit erfasst. Die diagnostische Zuverlässigkeit des SBE-3-KT erwies sich als vergleichbar mit der eines ausführlichen Sprachtests (*Sprachentwicklungstest für drei- bis fünfjährige Kinder – SETK 3–5* [Grimm

2001]), und er war deutlich treffsicherer als eine Untersuchung des Kindes mit dem *Sprachscreening für das Vorschulalter – SSV* (Grimm 2003), einer Kurzversion des SETK 3–5 (Tippelt et al. 2011).

Eine Befragung von Eltern ergab, dass 80 % einen routinemäßigen Einsatz des Bogens bei der U7a befürworten und 87 % der Eltern betonten, dass sie den Bogen gerne ausgefüllt hätten. Die Akzeptanz des SBE-3-KT bei Eltern ist somit hoch.

8.3 Zusammenfassung

Elternfragebögen haben als diagnostisches Instrument zur Beurteilung der sprachlichen Fähigkeiten von Kleinkindern weite Verbreitung gefunden. Sie sind zeit- und kostengünstig einsetzbar, und das Kommunikationsverhalten des Kindes findet in unterschiedlichen Situationen und in vertrauter Umgebung Berücksichtigung. Im deutschsprachigen Raum stehen standardisierte Elternfragebögen für Kinder im Alter von 6–40 Monaten zur Verfügung.

Sprachfragebögen bestehen aus einer Liste von Items zum Kommunikationsverhalten. Die Eltern sollen ankreuzen, ob sie das entsprechende Verhalten bei ihrem Kind beobachtet haben oder nicht. In Bögen für 6–18 Monate alte Kinder sind Fragen zum nichtsprachlichen Kommunikationsverhalten sowie zum aktiven und passiven Wortschatz enthalten. Fragebögen für Kinder, die älter als 18 Monate sind, beschränken sich auf eine Beurteilung der Sprachproduktion und enthalten eine mehr oder weniger lange Liste von Wörtern und Items zur Erfassung grammatischer Fähigkeiten. Zur Einschätzung des Sprachentwicklungsstands ist bei 19–30 Monate alten Kindern der Wert auf der Wortschatzskala und bei 31–40 Monate alten Kindern der Wert auf der Grammatikskala am aussagefähigsten.

Elternfragebögen werden sowohl in der klinischen Praxis als auch in der Forschung zur genaueren Beurteilung sprachlicher Fähigkeiten (dimensionale Diagnostik) und zur Erfassung von Kindern mit Spracherwerbsproblemen (kategoriale Diagnostik) herangezogen. Zur dimensionalen Diagnostik werden vorwiegend umfangreiche Fragebögen eingesetzt, während zur kategorialen Diagnostik häufig Kurzfragebögen als universelles Screening zur Früherkennung von Kindern mit Sprachentwicklungsstörungen zur Anwendung kommen.

Voraussetzung für den Einsatz eines Elternfragebogens in der Praxis ist ein Nachweis seiner Zuverlässigkeit. Bei einem Bogen zur dimensionalen Diagnostik muss belegt sein, dass sich der Sprachentwicklungsstand eines Kindes ausreichend genau beurteilen lässt. Dies kann anhand psychometrischer Testgütekriterien (Validität, Objektivität, Reliabilität usw.) überprüft werden. Zudem müssen aussagefähige Normwerte vorliegen. Bei Bögen zur Erfassung sprachauffälliger Kinder muss zusätzlich ihre Treffsicherheit hinsichtlich der Kategorisierung in sprachunauffällig versus sprachauffällig erwiesen sein (diagnostische Gütekriterien wie Sensitivität, Spezifität usw.).

Für 6–18 Monate alte Kinder wurden mehrere Elternfragebögen publiziert (CSBS-DP, ELFRA-1, Entwicklungscheck). Bei einer Überprüfung der prognostischen Aussagefähigkeit der Langform des ELFRA-1 zeigte sich, dass zwischen den Ergebnissen und den Sprachleistungen ein Jahr später zwar signifikante, aber nur niedrige bis mittelhohe Korrelationen bestehen. Bei der Klassifikation in Risikokinder versus Nicht-Risikokinder war die Zahl falsch positiver und falsch negativer Zuordnungen sehr hoch und lag nur geringfügig über dem Zufallsniveau. Für die CSBS-DP (Originalversion) wurden mittelhohe Korrelationen zum Wortschatz im Alter von zwei Jahren gefunden. Ob Kinder mit länger anhaltenden Sprachproblemen ausreichend sicher erkannt werden, ist nicht untersucht. Alle bisher verfügbaren Bögen für einjährige Kinder sind unzureichend normiert.

Bei Kindern, die jünger als 18 Monate sind, gelingt es nach den bisherigen Erfahrungen durch Elternfragebögen nicht mit ausreichender Sicherheit, Sprachentwicklungsstörungen zu erkennen. Deshalb ist deren Einsatz in der Früherkennungspraxis nicht zu empfehlen. Ein Sprachscreening führt in dieser Altersstufe eher zu einer Verunsicherung der Eltern als zu einer effektiven Frühförderung.

Für Kinder im Alter zwischen 19 und 30 Monaten stehen zahlreiche Elternfragebögen zur Auswahl (Lang- und Kurzform des ELFRA-2, A-CDI-2, ELAN, SBE-2-KT, FRAKIS und FRAKIS-K). Sie unterscheiden sich hinsichtlich des zugrunde liegenden theoretischen Konzepts, der Anzahl der Items, des Umfangs der Überprüfung von Testgütekriterien sowie des Altersbereichs und der Güte der Normierung.

Zur Beurteilung des Sprachentwicklungsstands auf allen Leistungsstufen und zur genaueren Erfassung der erworbenen Wortkategorien und Grammatikregeln (dimensionale Diagnostik) eignet sich der umfangreiche FRAKIS und für Kinder im Alter von 24 Monaten auch der ELFRA-2. A-CDI-2 und ELAN sind unzureichend normiert. Werden die Fragebögen anhand ihrer psychometrischen Kriterien für den Einsatz als Sprachscreening bewertet, ergibt sich folgende Reihenfolge: SBE-2-KT, ELAN, Kurzversion des ELFRA-2, ELFRA-2, FRAKIS-K, FRAKIS (Rosenfeld & Kiese-Himmel 2011). Im Rahmen der Früherkennungsuntersuchung U7 (21.–24. Lebensmonat) empfiehlt sich der SBE-2-KT als Screeninginstrument, da er zeitökonomisch einsetzbar ist und sich als zuverlässig bei der Erfassung von Late-Talkern erwiesen hat. Bei 25–30 Monate alten Kindern kann der FRAKIS-K als Sprachscreening eingesetzt werden. Der FRAKIS-K ermöglicht ab diesem Alter, nicht aber bei jüngeren Kindern, eine Differenzierung im unteren Leistungsbereich. Der Bogen ist allerdings nicht hinsichtlich seiner Treffsicherheit bei der Erfassung sprachauffälliger Kinder überprüft.

Für Kinder im Alter von 32–40 Monaten ist der SBE-3-KT der einzige zur Verfügung stehende Elternfragebogen. Der SBE-3-KT wurde ausführlich hinsichtlich seiner Testgütekriterien untersucht. Anhand einer bevölkerungsbezogenen Stichprobe mit weit über 1.000 Kindern erfolgte eine differenzierte, geschlechtsspezifische Normierung. Belegt ist auch die Zuverlässigkeit des Bogens bei der Erkennung von Kindern mit Sprachauffälligkeiten. Der SBE-3-KT eignet sich somit als Screeninginstrument und sollte routinemäßig bei der Früherkennungsuntersuchung U7a eingesetzt werden.

Die Ergebnisse von Sprachfragebögen für zwei- bis dreijährige Kinder stimmen gut mit anderen Sprachmaßen überein (konkurrierende Validität). Wie sich gezeigt hat, sind die Ergebnisse bei Müttern mit geringer Schulbildung nicht weniger zuverlässig als bei Müttern mit Abitur. Sprachfragebögen können demzufolge auch für Familien aus bildungsferneren Schichten verwendet werden.

Im Alter von zwei Jahren werden im Rahmen eines Sprachscreenings nicht alle Kinder mit Sprachentwicklungsstörungen erkannt, da nur jedes zweite sprachgestörte Kind ein Late-Talker ist (Ullrich & v. Suchodoletz 2011a, 2011b). Bei Zweijährigen wird die Größe des Wortschatzes beurteilt, deshalb lassen sich in diesem Alter sprachgestörte Kinder ohne gravierende Wortschatzdefizite mit einem Elternfragebogen nicht als Risikokinder erkennen. Dazu ist ein erneutes universelles Sprachscreening im Alter von drei Jahren mit einem Elternfragebogen, der grammatische Fähigkeiten erfasst, erforderlich.

Ein Sprachscreening mit einem Elternfragebogen ist im diagnostischen Prozess ein erster Schritt. Ein auffälliger Befund ist nicht gleichbedeutend mit der Diagnose „Sprachentwicklungsstörung", sondern bedarf einer Bestätigung durch eine nachfolgende ausführliche Diagnostik. In diesem zweiten Schritt ist zum einen zu klären, welche Sprachdimensionen im Einzelnen betroffen sind (u. a. Lautbildung, Sprachproduktion, Sprachverständnis), und zum anderen, welche Ursache den Sprachauffälligkeiten zugrunde liegt (u. a. spezifische oder sekundäre Sprachentwicklungsstörung, unzureichender Kontakt zur deutschen Sprache). Erst anhand der Ergebnisse dieses zweiten Schritts kann eine Entscheidung über die Notwendigkeit und Art einer Therapie bzw. Förderung getroffen werden.

LITERATUR

Betz-Morhard, K., & von Suchodoletz, W. (2011). Sprachscreening im Säuglingsalter. Früherkennung von Sprachentwicklungsstörungen? *Pädiatrische Praxis, 77,* 623–632.

Bockmann, A.-K. (2008). ELAN – mit Schwung bis ins Grundschulalter: Die Vorhersagekraft des frühen Wortschatzes für spätere Sprachleistungen. *Forum Logopädie, 22,* 20–23.

Bockmann, A.-K., & Kiese-Himmel, C. (2006). *ELAN – Eltern antworten. Elternfragebogen zur Wortschatzentwicklung im frühen Kindesalter.* Göttingen: Hogrefe.

Dale, P.S. (1991). The validity of a parent report measure of vocabulary and syntax at 24 months. *Journal of Speech and Hearing Research, 34,* 565–571.

Dale, P.S. (2003). CDI III. Verfügbar unter: http://mb-cdi.stanford.edu/cdi3_e.htm. Zugriff am 7.10.2014.

Erb, J., & Werner, M. (2003). Prävalenz von Entwicklungsauffälligkeiten bei Vorschulkindern. *Kinderärztliche Praxis, 74,* 368–375.

Feldman, H.M., Dollaghan, C.A., Campbell, T.F., Kurs-Lasky, M., Janosky, J.E., & Paradise, J.L. (2000). Measurement properties of the MacArthur Communicative Development Inventories at the ages one and two years. *Child Development, 71,* 310–322.

8

Feldman, H.M., Dale, P.S., Campbell, T.F., Colborn, D.K., Kurs-Lasky, M., Rockette, H.E., et al. (2005). Concurrent and predictive validity of parent reports of child language at ages 2 and 3 years. *Child Development, 76*, 856–868.

Fenson, L., Dale, P., Reznick, J.S., Thal, D., Bates, E., Hartung, J.P., et al. (1993). *MacArthur Communicative Development Inventories. User's guide and technical manual.* San Diego/CA: Singular Publishing Group.

Fenson, L., Pethick, S., Renda, C., Cox, J.L., Dale, P.S., & Reznick, J.S. (2000). Short-form versions of the MacArthur Communicative Development Inventories. *Applied Psycholinguistics, 21*, 95–116.

Grimm, H. (2001). *Sprachentwicklungstest für drei- bis fünfjährige Kinder – SETK 3–5.* Göttingen: Hogrefe.

Grimm, H. (2003). *Sprachscreening für das Vorschulalter – SSV. Kurzform des SETK 3–5.* Göttingen: Hogrefe.

Grimm, H. (2009). *Entwicklungscheck: Wie gut spricht Ihr Kind?* Verfügbar unter: http://www.baby-und-familie.de/Entwicklung/Entwicklungscheck-Wie-gut-spricht-Ihr-Kind-51216.html. Zugriff am 7.10.2014.

Grimm, H., & Doil, H. (2006). *ELFRA: Elternfragebögen für die Früherkennung von Risikokindern* (2. Aufl.). Göttingen: Hogrefe.

Hart, B. (2004). What toddlers talk about. *First Language, 24*, 91–106.

Heilmann, J., Weismer, S.E., Evans, J., & Hollar, C. (2005). Utility of the MacArthur-Bates Communicative Development Inventory in identifying language abilities of late-talking and typically developing toddlers. *American Journal of Speech-Language Pathology, 14*, 40–51.

IQWiG, Institut für Qualität und Wirtschaftlichkeit im Gesundheitswesen (2007). *Früherkennungsuntersuchung auf umschriebene Entwicklungsstörungen des Sprechens und der Sprache.*Berichtsplan S06–01 vom 5.11.2007. Verfügbar unter: https://www.iqwig.de/download/S06-01_Berichtsplan_V_1_0_Frueherkennung_umschriebener_Stoerungen_des_Sprechens_und_der_Sprache.pdf, Zugriff am 7.10.2014.

Klee, T. (1992). Developmental and diagnostic characteristics of quantitative measures of children's language production. *Topics in Language Disorders, 12*, 28–41.

Klee, T., Carson, D.K., Gavin, W.J., Hall, L., Kent, A., & Reece, S. (1998). Concurrent and predictive validity of an early language screening program. *Journal of Speech, Language, and Hearing Research, 41*, 627–641.

Nelson, H.D., Nygren, P., Walker, M., & Panoscha, R. (2006). Screening for speech and language delay in preschool children: Systematic evidence review for the U.S. preventive services task force. *Pediatrics, 117*, e298–319.

Pan, B.A., Rowe, M.L., Spier, E., & Tamis-LeMonda, C. (2004). Measuring productive vocabulary of toddlers in low-income families: Concurrent and predictive validity of three sources of data. *Journal of Child Language, 31*, 587–608.

Plante, E., & Vance, R. (1994). Selection of preschool language tests: A data-based approach. *Language, Speech, and Hearing Services in Schools, 25*, 15–24.

Rescorla, L. (1989). The language development survey: A screening tool for delayed language in toddlers. *Journal of Speech and Hearing Disorders, 54*, 587–599.

Rescorla, L., & Alley, A. (2001). Validation of the language development survey (LDS): A parent report tool for identifying language delay in toddlers. *Journal of Speech, Language, and Hearing Research, 44*, 434–445.

Robinson, B.F., & Mervis, C.B. (1999). Comparing productive vocabulary measures from the CDI and a systematic diary study. *Journal of Child Language, 26*, 177–185.

Rosenfeld, J., & Kiese-Himmel, C. (2011). Vergleichende Analyse aktueller Untersuchungsinstrumente zur Früherkennung von Sprachentwicklungsretardationen in den pädiatrischen Vorsorgeuntersuchungen U7/U7a. *Das Gesundheitswesen, 73*, 668–679.

Sachse, S., Pecha, A., & von Suchodoletz, W. (2007a). Früherkennung von Sprachentwicklungsstörungen. Ist der ELFRA-2 für einen generellen Einsatz bei der U7 zu empfehlen? *Monatsschrift Kinderheilkunde, 155*, 140–145.

Sachse, S., Saracino, M., & von Suchodoletz, W. (2007b). Prognostische Validität des ELFRA-1 bei der Früherkennung von Sprachentwicklungsstörungen. *Klinische Pädiatrie, 219*, 17–22.

Sachse, S., & von Suchodoletz, W. (2007a). Diagnostische Zuverlässigkeit einer Kurzversion des Elternfragebogens ELFRA-2 zur Früherkennung von Sprachentwicklungsverzögerungen. *Klinische Pädiatrie, 219*, 76–81.

Sachse, S., & von Suchodoletz, W. (2007b). Variabilität expressiver Sprachleistungen bei zweijährigen Kindern erfasst mit dem ELFRA-2. *Sprache Stimme Gehör, 31*, 118–125.

Sachse, S., & von Suchodoletz, W. (2008). Early identification of language delay by direct language assessment or parent report? *Journal of Developmental and Behavioral Pediatrics, 29* (1), 34–41.

Schelten-Cornish, S. (2006). *CSBS-DP Säugling/Kleinkind Checkliste.* Deutsche Version der Communication and Symbolic Behavior Scales – Developmental Profile (CSBS-DP). Verfügbar unter: URL, http://firstwords.fsu.edu/pdf/CSBSDPI-TChcklstGerm.pdf. Zugriff am 10.10.2014.

Skarakis-Doyle, E., Campbell, W., & Dempsey, L. (2009). Identification of children with language impairment: Investigating the classification accuracy of the MacArthur-Bates Communicative Development Inventories, Level III. *American Journal of Speech-Language Pathology, 18* (3), 277–288.

Stokes, S.F. (1997). Secondary prevention of paediatric language disability: A comparison of parents and nurses as screening agents. *European Journal of Disorders of Communication, 32*, 139–158.

Stott, C.M., Merricks, M.J., Bolton, P.F., & Goodyer, I.M. (2002). Screening for speech and language disorders: The reliability, validity and accuracy of the general language screen. *International Journal of Language and Communication Disorders, 37*, 133–151.

Szagun, G., Stumper, B., & Schramm, S.A. (2009). *FRAKIS. Fragebogen zur frühkindlichen Sprachentwicklung: FRAKIS*

8

(Standardform), FRAKIS-K (Kurzform). Frankfurt am Main: Pearson.

Tippelt, S., Kademann, S., & v. Suchodoletz, W. (2010). Diagnostische Zuverlässigkeit eines Elternfragebogens (SBE-3-KT) zur Erfassung von Kindern mit Sprachentwicklungsstörungen bei der U7a. *Klinische Pädiatrie, 222,* 437–442.

Tippelt, S., Kühn, P., Großheinrich, N., & v. Suchodoletz, W. (2011). Diagnostische Zuverlässigkeit von Sprachtests und Elternrating bei Sprachentwicklungsstörungen. *Laryngo-Rhino-Otologie, 90,* 421–427.

Ullrich, K., & von Suchodoletz, W. (2011a). Früherkennung von Sprachentwicklungsstörungen bei der U7. Diagnostische Validität der Elternfragebögen SBE-2-KT und ELFRA-2. *Monatsschrift Kinderheilkunde, 159,* 461–467.

Ullrich, K., & von Suchodoletz, W. (2011b). Möglichkeiten und Grenzen der Früherkennung von Sprachentwicklungsstörungen. *HNO, 59,* 55–60.

Van Agt, H.M.E., van der Stege, H.A., de Ridder-Sluiter, J.G., & de Koning, H.J. (2007). Detecting language problems: Accuracy of five language screening instruments in preschool children. *Developmental Medicine and Child Neurology, 49,* 117–122.

Vollmann, R., Marschik, P., & Einspieler, C. (2000). Elternfragebogen für die Erfassung der frühen Sprachentwicklung für (österreichisches) Deutsch. *Grazer Linguistische Studien, 54,* 123–144.

von Suchodoletz, W. (2012). *Früherkennung von Sprachentwicklungsstörungen. Der SBE-2-KT und SBE-3-KT für zwei- bzw. dreijährige Kinder.* Stuttgart: Kohlhammer.

von Suchodoletz, W., & Held, J. (2009). Früherkennung von Late Talkers bei der U7. Ist ein kurzer Elternfragebogen zur Früherkennung geeignet? *Kinderärztliche Praxis, 80,* 398–403.

von Suchodoletz, W., Kademann, S., & Tippelt, S. (2009). *Sprachbeurteilung durch Eltern: Kurztest für die U7a (SBE-3-KT).* Verfügbar unter: http://www.kjp.med.uni-muenchen.de/sprachstoerungen/sprachentwicklung.php; http://www.ph-heidelberg.de/sachse-steffi/professur-fuer-entwicklungspsychologie/team/steffi-sachse.html. Zugriff am 15.01.2015.

von Suchodoletz, W., & Sachse, S. (2008). *SBE-2-KT: Sprachbeurteilung durch Eltern – Kurztest für die U7.* Verfügbar unter: http://www.kjp.med.uni-muenchen.de/sprachstoerungen/SBE-2-KT.php; http://www.ph-heidelberg.de/sachse-steffi/professur-fuer-entwicklungspsychologie/forschung/fruehdiagnostik-sprachlicher-auffaelligkeiten.html. Zugriff am 15.01.2015.

Ward, S. (1992). The predictive validity and accuracy of a screening test for language delay and auditory perceptual disorder. *European Journal of Disorders of Communication, 27,* 55–72.

Wetherby, A., & Prizant, B. (2002). *Communication and Symbolic Behavior Scales Developmental Profile – First Normed Edition.* Baltimore: Paul H. Brookes.

Wetherby, A.M., Allen, L., Cleary, J., Kublin, K., & Goldstein, H. (2002). Validity and reliability of the Communication and Symbolic Behavior Scales Developmental Profile with very young children. *Journal of Speech, Language, and Hearing Research, 45* (6), 1202–1218.

Bettina Jooss, Anke Buschmann und Steffi Sachse

9

Diagnostisches Vorgehen bei verzögerter Sprachentwicklung

Wie in den vorangegangenen Kapiteln gezeigt wurde, ist die Sprache eng mit kognitiven, sozialen und Verhaltensaspekten verbunden und stellt einen zentralen Faktor der Persönlichkeitsentwicklung dar. Gleichzeitig zählen Verzögerungen und Störungen der Sprachentwicklung jedoch zu den häufigsten Auffälligkeiten im Kindesalter. Ausgeprägte Sprachentwicklungsstörungen können bis ins Erwachsenenalter persistieren und zu gravierenden Folgen z.B. im sozial-emotionalen Bereich führen (➤ Kap. 5, ➤ Kap. 6 und ➤ Kap. 7). Unter diesen Gesichtspunkten sollte die Prävention von spezifischen Sprachentwicklungsstörungen einen zentralen Stellenwert einnehmen. Nach Grimm (2003) bedeutet dies eine frühestmögliche Identifikation von Risikokindern, verbunden mit sekundärpräventiven Maßnahmen, um der Manifestation einer Sprachentwicklungsstörung entgegenzuwirken. Störungsspezifische kindzentrierte Interventionen und eine adäquate Elternberatung sind jedoch nur auf der Basis einer interdisziplinären differenzialdiagnostischen Abklärung der verzögerten Sprachentwicklung durchführbar.

Im folgenden Kapitel werden die wesentlichen Hintergründe und zentralen Merkmale der Frühdiagnostik sowie ein standardisiertes Vorgehen zur differenzialdiagnostischen Abklärung einer verzögerten Sprachentwicklung vorgestellt.

9.1 Diagnostische Kriterien

Als Sprachentwicklungsverzögerung (SEV) gilt gemäß der Interdisziplinären Leitlinie zur Diagnostik von Sprachentwicklungsstörungen bei Kindern bis zum 36. Lebensmonat *„eine zeitliche Abweichung der Sprachentwicklung um mindestens sechs Monate von der Altersnorm nach unten"* (Interdisziplinäre S2k-

Leitlinie 2011: 12). Eine verlangsamte Sprachentwicklung kann im Rahmen verschiedener Primärerkrankungen auftreten. Hierzu gehören sensorische Probleme, neurologische und stoffwechselbedingte Störungen sowie kognitive Beeinträchtigungen oder Autismus-Spektrum-Störungen. Diese Primärerkrankungen sind klar diagnostizierbar und auf der Basis der Internationalen statistischen Klassifikation der Krankheiten und verwandter Gesundheitsprobleme (ICD-10, Dilling et al. 2011) der WHO mit spezifischen Diagnoseschlüsseln kodierbar. Ist die Sprachentwicklung infolge einer zugrundeliegenden Erkrankung verzögert, wird dementsprechend von einer sekundären Sprachentwicklungsverzögerung gesprochen. Differenzialdiagnostisch abzugrenzen sind Kinder ohne nachweisbare Grunderkrankung, bei denen die Sprachentwicklungsverzögerung als umschrieben, isoliert, spezifisch oder primär bezeichnet wird. Diese Untergruppe der Kinder mit einer umschriebenen Sprachentwicklungsverzögerung umfasst die sog. „Late-Talker" im Alter von 24–36 Lebensmonaten. Vor diesem Alter ist, aufgrund der hohen Variabilität sprachlicher (und anderer) Leistungen, bislang keine ausreichend sichere Identifikation von sprachlichen Verzögerungen möglich (Sachse & v. Suchodoletz 2011).

Nach der Definition von Rescorla (1989) gilt ein Kind als Late-Talker, wenn es im Alter von 24 Monaten über einen aktiven Wortschatz von weniger als 50 Wörtern verfügt und/oder noch keine Zweiwortkombinationen bildet, gleichzeitig aber eine altersentsprechende allgemeine Entwicklung aufweist. Im Alltag kommunizieren diese Kinder meist mit wenigen Einzelwörtern sowie über lautliche und mimisch-gestische Äußerungen. Durch das Ausbleiben oder deutlich verzögerte Einsetzen des Wortschatzspurts erfolgt der Wortschatzaufbau im weiteren Verlauf sehr langsam, sodass erste Wortkombinationen häufig erst im Alter von drei Jahren produziert werden (Dale et al. 2003). Das Sprachverständnis ist in der Regel besser ausgebildet als die Sprachproduktion. Zusätzliche Defizite in den rezeptiven Sprachfähigkeiten zeigen sich bei 20–40 % der Kinder (Buschmann et al. 2008; Paul et al. 1991; Sachse 2007). Neben dieser spezifisch sprachlichen Problematik des verspäteten und verlangsamten Spracherwerbs besitzen die Kinder altersentsprechend entwickelte nonverbale kognitive Fähigkeiten (ausführliche Charakteristik ➤ Kap. 6).

Im Alter zwischen 24 und 29 Monaten sind etwa 15 % der Kinder von einer verzögerten Sprachentwicklung betroffen (Horwitz et al. 2003; Reilly et al. 2007; Sachse et al. 2007; Zubrick et al. 2007). Ein Drittel der Kinder holt den Sprachrückstand jedoch innerhalb des dritten Lebensjahres wieder auf (Sachse & v. Suchodoletz 2009). Als sog. *late bloomer* verfügen sie im Alter von drei Jahren über altersentsprechende sprachliche Fähigkeiten und bedürfen daher keiner sprachtherapeutischen Intervention. Bei den übrigen Kindern kommt es jedoch zur Ausbildung einer manifesten Sprachentwicklungsstörung. Die Diagnose „Late-Talker" stellt demnach zunächst eine Risikodiagnose dar. Erst im Alter von drei Jahren können sprachliche Spätstarter (Late Bloomer) und Kinder mit manifester Sprachentwicklungsstörung differenziert und weitgehend sicher diagnostiziert werden (von Suchodoletz 2004).

Die Diagnosestellung erfordert gemäß der Interdisziplinären S2k-Leitlinie (2011) auch im Alter von drei Jahren eine zuverlässige Abgrenzung von Sprachentwicklungsstörungen im Rahmen von Primärerkrankungen und umschriebenen bzw. spezifischen Sprachentwicklungsstörungen. Nach der ICD-10 (Dilling et al. 2011) fallen isolierte Defizite sprachlicher Fähigkeiten, denen keine Primärerkrankung zugrunde liegt, in die Kategorie F80 „Umschriebene Entwicklungsstörungen des Sprechens und der Sprache" (USES). In internationalen Fachkreisen hat sich dafür die Bezeichnung „*Specific Language Impairment" (SLI)* durchgesetzt.

In der ICD-10 (Dilling et al. 2011) werden USES in expressive (F80.1) und rezeptive Sprachentwicklungsstörungen (F80.2) eingeteilt. Gemäß der diagnostischen Kriterien liegen bei einer expressiven Sprachstörung die produktiven Sprachfähigkeiten deutlich unterhalb der Altersnorm. Nach den Forschungskriterien der ICD-10 ist eine solche Abweichung mit mehr als 2 Standardabweichungen unter

dem Mittelwert definiert. In der Interdisziplinären S2k-Leitlinie werden 1,5 Standardabweichungen vorgeschlagen. Das Sprachverständnis ist altersentsprechend entwickelt oder nur geringfügig beeinträchtigt, auch die nonverbale Kommunikation ist relativ ungestört. Bei einer rezeptiven Sprachstörung liegt das Sprachverständnis unterhalb der Altersnorm. Dies geht zumeist mit deutlichen Beeinträchtigungen der expressiven Fähigkeiten einher. Für die Risikodiagnose „Late-Talker" findet sich in der ICD-10 kein spezifischer Diagnoseschlüssel. Im klinischen Setting wird sie üblicherweise als „Entwicklungsstörung des Sprechens oder der Sprache, nicht näher bezeichnet" (F80.9) kodiert.

9.2 Differenzialdiagnostische Abklärung der verzögerten Sprachentwicklung

Kinder mit verzögerter Sprachentwicklung werden über das bisher übliche Vorgehen zur Früherkennung von Sprachauffälligkeiten im Rahmen der kinderärztlichen Vorsorgeuntersuchungen nur unzureichend identifiziert. In der Studie von Sachse, Pecha & v. Suchodoletz (2007) zeigte sich, dass lediglich jeder vierte Late-Talker bei der U7 im Alter von 21–24 Monaten erkannt wurde. Dies macht die Notwendigkeit des Einsatzes standardisierter Sprachscreenings zur gezielten Früherkennung einer verzögerten Sprachentwicklung deutlich (➤ Kap. 8). Erschwerend kommt hinzu, dass die Gesamtgruppe der Kinder mit verzögerter Sprachentwicklung im Alter von zwei Jahren heterogen ist und sowohl Kinder mit zugrundeliegenden Primärerkrankungen als auch Late-Talker umfasst. Aufgrund der deutlichen Unterschiede hinsichtlich der Prognose von Kindern mit primärer versus sekundärer Sprachentwicklungsverzögerung sollte möglichst frühzeitig eine differenzialdiagnostische Abgrenzung der beiden Störungsbilder erfolgen.

Eine wissenschaftliche Studie am Zentrum für Kinder- und Jugendmedizin des Universitätsklinikums Heidelberg konnte die Notwendigkeit einer differenzialdiagnostischen Abklärung bei verzögerter Sprachentwicklung belegen (Buschmann et al.

2008). Im Rahmen der Studie fand bei 100 Kindern, die zum Zeitpunkt der kinderärztlichen Vorsorgeuntersuchung U7 laut Angaben im Elternfragebogen für die Früherkennung von Risikokindern (ELFRA-2, Grimm & Doil 2000) über einen aktiven Wortschatz von weniger als 50 Wörtern verfügten, eine umfassende differenzialdiagnostische Abklärung statt:

- Bei allen Kindern wurde eine standardisierte Erfassung des rezeptiven und expressiven Sprachentwicklungsstandes mit dem Sprachentwicklungstest für zweijährige Kinder (SETK-2, Grimm 2000) durchgeführt.
- Die nonverbalen kognitiven Fähigkeiten wurden mit den Bayley Scales of Infant Development (BSID-II-NL, van der Meulen et al. 2002) beurteilt.
- Neben einer körperlich-neurologischen und pädaudiologischen Untersuchung wurden emotionale und Verhaltensaspekte im häuslichen Umfeld mittels standardisiertem Verhaltensfragebogen (CBCL 1½–5, Achenbach & Rescorla 2000) erfasst.

Die Studie lieferte folgende Ergebnisse: Mit 24 Monaten verfügten die Kinder im ELFRA-2 im Mittel über einen produktiven Wortschatz von 15 Wörtern (Spanne 0–47). Diese unterdurchschnittlichen expressiven Sprachfähigkeiten bestätigten sich erwartungsgemäß im SETK-2. Die mittleren T-Werte lagen im Bereich der Einzelwortproduktion bei 30,5 (SD 3,7) und bei der Produktion von Sätzen bei 34,6 (SD 3,8). Zudem zeigten sich bei 35 % der Kinder auch Defizite im Sprachverständnis und 18 % wiesen einen unterdurchschnittlichen sprachfreien kognitiven Entwicklungsstand (12 % 1 SD, 6 % 2 SD unterhalb der Norm) auf. Darüber hinaus ergab sich bei 4 % die Verdachtsdiagnose einer Autismus-Spektrum-Störung, die sich im weiteren Entwicklungsverlauf und im Rahmen einer weiterführenden Diagnostik bei allen Kindern bestätigte. Eine detaillierte Individualanalyse hinsichtlich der rezeptiven Auffälligkeiten verdeutlicht, wie wichtig eine Abklärung des Sprachverständnisses im differenzialdiagnostischen Prozess ist. Während 100 % der Kinder mit Verdacht auf eine Autismus-Spektrum-Störung und 78 % der Kinder mit unterdurchschnittlichen kognitiven Fähigkeiten Sprachverständnisprobleme zeigten, wiesen nur 22 % der Kinder mit einem altersgemäßen nonverbalen kognitiven Entwicklungsstand zusätzliche Defizite in den rezeptiven Sprachfähigkeiten auf.

> Die Ergebnisse der differenzialdiagnostischen Abklärung von 100 Kindern, die im Rahmen der kinderärztlichen Vorsorgeuntersuchung U7 durch eine verzögerte expressive Sprachentwicklung auffielen, zeigten, dass sich lediglich bei 56 % der Kinder die Verdachtsdiagnose einer isoliert expressiven Sprachentwicklungsverzögerung bestätigte.
> 22 % der Kinder wiesen eine zugrundeliegende Primärerkrankung auf (Beeinträchtigung in den nonverbalen kognitiven Fähigkeiten oder Autismus-Spektrum-Störung) und erfüllten damit nicht die Kriterien der Risikodiagnose Late-Talker.
> In der Gesamtgruppe der Late-Talker zeigten zudem 22 % der Kinder zusätzlich Defizite in den rezeptiven Sprachfähigkeiten. Eine Individualanalyse verdeutlichte, dass sich rezeptive Sprachdefizite als ein sensibler Indikator für globale und tiefgreifende Entwicklungsstörungen erwiesen. Aus diesen Ergebnissen lässt sich schlussfolgern, dass eine Abklärung der rezeptiven Sprachfähigkeiten mittels eines standardisierten Testverfahrens bei eingeschränkter Entwicklung der aktiven Sprache frühzeitig erfolgen sollte.

In der Gruppe der Kinder mit eingeschränktem Sprachverständnis lagen bei jedem zweiten Kind unterdurchschnittliche nonverbale kognitive Fähigkeiten oder der Verdacht auf eine Autismus-Spektrum-Störung vor. Vor dem Hintergrund einer ungünstigeren Entwicklungsprognose für Late-Talker mit begleitenden rezeptiven Defiziten sowie der Notwendigkeit störungsspezifischer Interventionen bei Kindern mit Primärerkrankungen kommt somit der differenzialdiagnostischen Abklärung einer verzögerten Sprachentwicklung eine zentrale Rolle zu. Auf Basis dieser Studienergebnisse haben Buschmann et al. (2008) ein pragmatisches mehrstufiges Vorgehen zur differenzialdiagnostischen Abklärung einer Sprachentwicklungsverzögerung entwickelt (➤ Abb. 9.1).

Als erster Schritt im Rahmen dieses pragmatischen diagnostischen Prozesses sollte bei allen Kindern, die bei der pädiatrischen Vorsorgeuntersuchung U7 im Elternfragebogen zum aktiven Wortschatz durch eine verzögerte Sprachentwicklung auffallen, obligatorisch eine pädaudiologische Untersuchung erfolgen. Aufgrund der oben

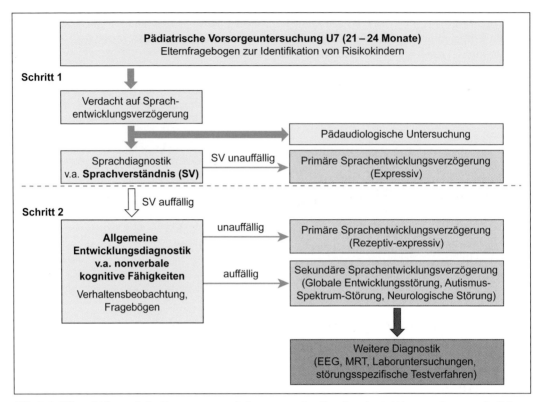

Abb. 9.1 Differenzialdiagnostische Abgrenzung von primären versus sekundären Sprachentwicklungsverzögerungen im Rahmen eines pragmatischen diagnostischen Prozesses

beschriebenen Schlüsselfunktion des Sprachverständnisses hinsichtlich der differenzialdiagnostischen Abgrenzung von Primärerkrankungen und der ungünstigen Prognose von Late-Talkern mit begleitenden rezeptiven Defiziten nimmt die standardisierte Überprüfung der Sprachverstehensfähigkeiten eine zentrale Rolle ein. Erweist sich das Sprachverständnis als unauffällig, ist die Wahrscheinlichkeit einer zugrundeliegenden Primärerkrankung relativ gering und die Durchführung einer zeit- und kostenintensiven weiteren Abklärung nicht zwangsläufig notwendig. Bei bestehenden rezeptiven Defiziten ist jedoch im zweiten Schritt eine Überprüfung der sprachfreien kognitiven Fähigkeiten in einer dafür spezialisierten Einrichtung (wie z. B. einem Sozialpädiatrischen Zentrum) erforderlich. Als Goldstandard ist dies zur sicheren differenzialdiagnostischen Abgrenzung von primären und sekundären Sprachentwicklungsverzögerungen unerlässlich. In Abhängigkeit von den Untersuchungsergebnissen kön-

nen weitere diagnostische Schritte wie EEG- oder MRT-Untersuchung, Labordiagnostik sowie der Einsatz störungsspezifischer Fragebogen- und Testverfahren zur spezifischeren Abklärung u. a. einer globalen Entwicklungsstörung oder des Verdachts auf eine Autismus-Spektrum-Störung indiziert sein.

9.3 Merkmale standardisierter Diagnostik

Im Rahmen des diagnostischen Prozesses sind standardisierte Diagnostikverfahren von informellen Untersuchungsverfahren abzugrenzen. Ein wichtiges Unterscheidungsmerkmal stellen dabei die Testgütekriterien dar. Im Folgenden werden die Hauptgütekriterien standardisierter Tests skizziert (weiterführend hierzu Amelang & Schmidt-Atzert 2006

Tab. 9.1 Unterschiede informeller und standardisierter Diagnostik

Informelle Diagnostik	Standardisierte Diagnostik
keine Normwerte	Vergleich mit Normwerten möglich
individuelle Durchführung	festgelegte, standardisierte Durchführung
keine nachgewiesene Unabhängigkeit vom Untersucher (Objektivität)	hohe Objektivität in Durchführung, Auswertung und Interpretation (Ergebnis vom Testleiter weitgehend unabhängig)
keine nachgewiesene Reliabilität	hohe Reliabilität, Zuverlässigkeit des Verfahrens
zur Hypothesenbildung geeignet	(hohe) Validität, diagnostische Treffsicherheit für bestimmte Auffälligkeiten

und Lienert & Raatz 1998) und ein Überblick über die zentralen Unterschiede zwischen informellen und standardisierten Diagnostikverfahren gegeben (➤ Tab. 9.1).

Als **Objektivität** wird die Unabhängigkeit der Testergebnisse von äußeren Faktoren wie dem Testleiter und den Untersuchungsbedingungen bezeichnet. Für Sprachentwicklungstests ist insbesondere die Durchführungsobjektivität von Bedeutung. Im Testhandbuch muss die exakte Durchführung des Verfahrens beschrieben sein. Auch bezüglich der Auswertungs- und Interpretationsobjektivität sind eindeutige Bewertungskriterien im Handbuch notwendig, um den individuellen Interpretationsspielraum des Testleiters so gering wie möglich und die Objektivität so hoch wie möglich zu halten.

Reliabilität bezieht sich auf die Zuverlässigkeit/Genauigkeit eines Tests. Hierzu gehört z.B., dass die ermittelten Werte unabhängig vom Zeitpunkt der Messung sind und bei einer Testwiederholung eine weitgehende Übereinstimmung der Ergebnisse erzielt wird (Retest-Reliabilität). Zudem sollten die einzelnen Testitems hoch miteinander und mit dem Gesamtergebnis korrelieren (interne Konsistenz).

Die **Validität** eines Tests gibt Auskunft über die Gültigkeit der Messung. Als wichtigstes Testgütekriterium beschreibt sie, in welchem Grad der Test das misst, was er vorgibt zu messen. Zum Nachweis der Validität müsste z.B. gezeigt werden, dass der Test tatsächlich die zu messende Fähigkeit erfasst (ein Test zum Grammatikverständnis also keinen Wortschatz enthält, der für Kinder dieser Altersklasse zu schwer ist) oder dass der Test zu vergleichbaren Ergebnissen führt wie ein ähnliches Verfahren bzw. ein Expertenurteil.

Für Testverfahren zur Identifikation von Kindern mit Sprachentwicklungsverzögerungen und -störungen sind **diagnostische Validitätskriterien** als Maß der Treffsicherheit hinsichtlich der Klassifikation in auffällig versus unauffällig zu ermitteln. Als zentrale Kriterien bezüglich der diagnostischen Zuverlässigkeit gelten Sensitivität und Spezifität eines Verfahrens, dessen positiver wie negativer Vorhersagewert sowie der RATZ-Index (➤ Kap. 8). Die meisten derzeit eingesetzten Verfahren konnten ihre diagnostische Treffsicherheit für Kinder mit Sprachentwicklungsstörungen bisher nicht unter Beweis stellen (vgl. IQWiG 2009).

Ein weiteres wichtiges sog. „Nebengütekriterium" ist die **Normierung** der Verfahren. Im Unterschied zur ausschließlich subjektiven Einschätzung der Leistungen bei informellen Verfahren ermöglichen standardisierte Testverfahren eine Beurteilung individueller Testergebnisse im Vergleich zur Gruppe der Gleichaltrigen. Hinsichtlich der Zuverlässigkeit der Normwerte ist jedoch auf die Aktualität (nicht älter als zehn Jahre), die Größe (Mindestgröße von n=100 pro Altersgruppe) und die Repräsentativität (bevölkerungsbezogen, geringe Ausfallquoten, kleine Normintervalle) der Normierungsstichprobe zu achten.

Die am häufigsten verwendeten Normwerte sind IQ, T-Werte und Prozentränge. Werte, die eine Standardabweichung (SD) oberhalb bzw. unterhalb des Mittelwerts liegen, werden als durchschnittlich bzw. im Normbereich liegend bezeichnet (IQ 85–115, T-Wert 40–60, Prozentrang 16–84). Von unterdurchschnittlichen Fähigkeiten spricht man, wenn die Werte mehr als 1 SD unter dem Mittelwert liegen. Weit unterdurchschnittliche Fähigkeiten liegen vor bei einer SD von 1½–2 unter dem Mittelwert.

9

9.4 Wichtige Rahmenbedingungen der Frühdiagnostik

Die Diagnostik junger Kinder mit verzögerter Sprachentwicklung ist mit besonderen Anforderungen verbunden. Aussagekräftige Ergebnisse lassen sich nur gewinnen, wenn ein optimaler Untersuchungsablauf gewährleistet ist. Dabei gilt es spezifische Rahmenbedingungen zu beachten, die neben Umgebungsfaktoren und notwendigen Kompetenzen des Testleiters auch Voraussetzungen beim Kind und die Rolle der Eltern mit einschließen. Im Folgenden werden zentrale Aspekte hinsichtlich einer erfolgreichen standardisierten Diagnostik bei Kindern mit verzögerter Sprachentwicklung beschrieben. Eine ausführliche Darstellung allgemeiner Bedingungen kinderpsychologischer Diagnostik findet sich in Irblich & Renner (2009).

Umgebung

Während Kinder im Schulalter bereits gut mit Situationen vertraut sind, in denen sie in einer unbekannten Umgebung fremdbestimmte Aufgaben erledigen, stellt dies für Zweijährige in der Regel eine neue Erfahrung dar. Daher ist die Schaffung einer angenehmen, vertrauensvollen und angstfreien Atmosphäre eine wichtige Voraussetzung für valide diagnostische Ergebnisse. Der Untersuchungsraum ist hell, freundlich und wegen der noch flüchtigen Aufmerksamkeit zweijähriger Kinder vor allem reizarm zu gestalten und sollte angenehm temperiert sein. Um optimale Untersuchungsbedingungen zu gewährleisten, sind potenzielle Störquellen wie Lärm, Hall, Telefon, ablenkendes Spielzeug, auffälliger Schmuck sowie Essen und Trinken von vornerein auszuschalten. Kommt das Kind in Begleitung von Geschwistern, ist für diese ein separater Raum mit altersadäquaten Spielmaterialien anzubieten. Die standardisierten Sprachentwicklungstests werden möglichst am Tisch durchgeführt. Um die Füße fest aufsetzen zu können, benötigt das Kind einen höhenverstellbaren Kinderstuhl. Günstig ist eine Sitzposition über Eck, damit sowohl auf das Kind eingegangen als auch das Testmaterial optimal gehandhabt werden kann. Die nicht unmittelbar verwendeten Materialien liegen, stets außerhalb der Sicht- und Reichweite des Kindes, für den Testleiter griffbereit z. B. auf einem zusätzlichen Tisch.

Testleiter

Der Erstkontakt bzw. der Einstieg in die Situation ist von entscheidender Bedeutung für den Aufbau einer vertrauensvollen Beziehung und einer kooperativen Arbeitshaltung des Kindes. Wichtig ist eine freundliche Begrüßung, bei der man sich auf die Höhe des Kindes begibt, Blickkontakt herstellt und es mit seinem Namen anspricht. In der unbekannten Situation und fremden Umgebung brauchen kleine Kinder in der Regel eine Warming-up-Phase. Da ihre Aufmerksamkeit sehr schnell nachlässt, darf diese Phase jedoch nicht zu lang ausgedehnt werden. Idealerweise wird das Warming-up so gestaltet, dass es bereits erste Beobachtungen zur Spontansprache sowie zum Kommunikations- und Interaktionsverhalten des Kindes erlaubt. Weist die Aufwärmphase eine gewisse Ähnlichkeit mit dem Testmaterial auf, kann ein nahtloser Übergang in die Untersuchungssituation erfolgen. Hierfür hat sich das gemeinsame Anschauen von Bilderbüchern als besonders geeignet erwiesen (> Kap. 9.5.2). Wichtig ist, die Diagnostiksituation insgesamt klar zu strukturieren und auf spielerische Art einzuführen, wobei auf einen freundlichen Tonfall zu achten und jeglicher Druck für das Kind zu vermeiden ist. Die noch begrenzte Ausdauer von Zweijährigen erfordert ein zügiges Arbeitstempo, damit die Diagnostik auch zu Ende geführt werden kann. Dies setzt beim Testleiter umfassende Kenntnisse und Sicherheit im Umgang mit dem Diagnostikmaterial sowie mit zweijährigen sprachentwicklungsverzögerten Kindern voraus. Um die Verlässlichkeit der Untersuchungsergebnisse zu gewährleisten, müssen vorgegebene Testinstruktionen, -reihenfolge und -materialien genau eingehalten werden. Dies betrifft insbesondere die Aspekte Wiederholung, Betonung, Verstärkung, Feedback und Unterbrechungen. Sicherheit im Umgang mit dem Diagnostikmaterial trägt wesentlich dazu bei, die Nervosität des Testleiters zu reduzieren und sich besser auf das zu untersuchende Kind zu fokussieren. Als Auswertungshilfe haben sich Videoaufzeichnungen von Testsituationen, mit Einverständnis der Eltern, als sehr sinnvoll erwiesen.

Kind

Um zu gewährleisten, dass die Untersuchungsergebnisse den Entwicklungsstand des Kindes möglichst realistisch abbilden, gilt es optimale Voraussetzungen für den Aufbau einer guten Kooperationshaltung des Kindes zu schaffen. Neben einer freundlichen und vertrauensvollen Atmosphäre stellt insbesondere das körperliche Wohlbefinden des Kindes eine wichtige Voraussetzung für die Diagnostik dar. Für die Untersuchung ist daher eine Uhrzeit zu wählen, die sich nicht mit den Schlafens- oder Essenszeiten des Kindes überschneidet. Am Untersuchungstermin sollte das Kind keine akute Erkrankung haben und ggf. benötigte Seh- oder Hörhilfen unbedingt tragen.

Eltern

Auch für die Eltern stellt eine standardisierte Diagnostiksituation in der Regel eine neue Erfahrung dar. Es empfiehlt sich, bereits im Vorfeld über den zeitlichen Umfang sowie den Ablauf der Untersuchung zu informieren, um eventuelle Berührungsängste oder Unsicherheiten aufzufangen. Bei jungen Kindern sind die Bezugspersonen während der Un-

tersuchung anwesend. Um möglichst verlässliche Testergebnisse zu erhalten, sind die Eltern vorab über ihre passive Rolle in der Untersuchungssituation zu instruieren. Es ist wichtig, dass sie sich ruhig verhalten und ihr Kind nicht zwischendurch verbessern, fragen, übertrieben motivieren oder Testinstruktionen umformulieren. Entlastend wirkt in der Regel, wenn die Bezugspersonen vorab erfahren, dass ihr Kind nicht alle vorgegebenen Items korrekt lösen muss.

9.5 Diagnostisches Vorgehen

Wie in ➤ Kapitel 9.2 beschrieben, haben sich frühe sprachliche Verzögerungen als sensible Indikatoren für unterschiedliche Entwicklungsstörungen erwiesen (Buschmann et al. 2008). Um störungsspezifische Interventionen und adäquate Elternberatungen einzuleiten, ist nach der Interdisziplinären Leitlinie zur Diagnostik von Sprachentwicklungsstörungen (2011) eine mehrstufige, interdisziplinäre Differen-

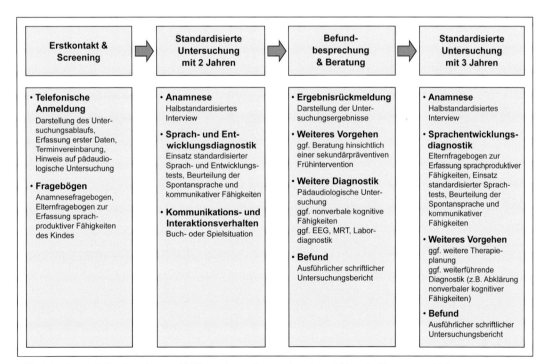

Abb. 9.2 Diagnostisches Vorgehen zur Abklärung der verzögerten Sprachentwicklung im Alter von zwei Jahren

zialdiagnostik erforderlich. Im Folgenden werden die einzelnen Untersuchungsschritte einer differenzialdiagnostischen Abklärung der verzögerten Sprachentwicklung im Alter von zwei Jahren detailliert beschrieben. Entsprechend der Vorgaben von Kany & Schöler (2010), handelt es sich um ein mehrstufiges Vorgehen, bei dem alle drei wesentlichen diagnostischen Methoden – Befragung, Beobachtung und Elizitation – zum Einsatz kommen (➤ Abb. 9.2).

9.5.1 Erstkontakt und Screening

Der Einstieg in den diagnostischen Prozess kann bereits im Rahmen des ersten telefonischen Kontakts mit der betroffenen Familie erfolgen. Zur gezielten Planung der einzelnen Untersuchungsschritte sowie zur Auswahl adäquater Diagnostikverfahren ist die Erhebung wichtiger anamnestischer Daten im Vorfeld erforderlich. Hierzu zählen neben den Kontaktdaten der Familie Name und Geburtsdatum des Kindes, der Vorstellungsgrund und insbesondere zentrale Meilensteine der sprachlichen und motorischen Entwicklung sowie Angaben zu Vorbefunden und zu bisherigen Förder- und Therapiemaßnahmen.

Irblich & Renner (2009) empfehlen, die Familie bereits vorab über den zeitlichen Umfang sowie den Ablauf der Untersuchungstermine zu informieren, um einer eventuellen Unsicherheit der Eltern bezüglich der Untersuchungssituation entgegenzuwirken.

Im Anschluss dienen Screeninginstrumente zur Vorbereitung der weiteren diagnostischen Schritte. Im Bereich der frühen Sprachdiagnostik haben sich Elternfragebögen als reliabel erwiesen, sodass ihr Einsatz zur Erfassung der expressiven Sprachfähigkeiten des Kindes zu empfehlen ist (Sachse et al. 2007). Daneben können mit einem Anamnesefragebogen weitere wichtige Daten zur Entwicklung des Kindes und zum Lebensumfeld erhoben werden. ➤ Tabelle 9.2 gibt einen Überblick über gängige Elternfragebögen zur Erfassung der frühen expressiven Sprachentwicklung. Für eine ausführliche Beschreibung und Bewertung dieser Screeningverfahren sei auf v. Suchodoletz (2012; ➤ Kap. 8) verwiesen.

9.5.2 Standardisierte Untersuchung mit zwei Jahren

Aufgrund der noch begrenzten Ausdauer und Aufmerksamkeitsspanne zweijähriger Kinder empfiehlt es sich, das **Anamnesegespräch** nicht unmittelbar vor der Untersuchung des Kindes durchzuführen. Die Anamnese könnte vorab an einem separaten Termin mit den Eltern ohne Anwesenheit des Kindes erhoben werden. Wenn ein gesonderter Termin nicht möglich ist, sollte das Anamnesegespräch im Anschluss an die Untersuchung des Kindes stattfinden. Zentrale anamnestische und soziodemografische Daten können sehr gut in einem halbstrukturierten Interview erfragt werden. Von besonderem Interesse sind folgende Angaben:

- Aktueller Vorstellungsgrund
- Schwangerschaft und Geburt (Spontan/Kaiserschnitt, Schwangerschaftswochen, Apgar-Score, Nabel-pH, Geburtsgewicht, Körperlänge, Kopfumfang)
- Neugeborenen- und Säuglingszeit (Schlaf-, Trink- und Schreiverhalten)
- Erkrankungen (Diagnosen, Krankenhausaufenthalte, Medikamenteneinnahme)
- Frühkindliche Entwicklung (Motorik, Kognition, Spielverhalten, Emotion, soziale Kommunikation)
- Sprachentwicklung (Lautieren, Lallphase, erste Wörter, Wortschatzspurt, aktuelles Kommunikationsverhalten und Sprachverständnis im Alltag, Ein- oder Mehrsprachigkeit, Schnullerentwöhnung)
- Besuch einer Kleinkindeinrichtung (Art, Frequenz, Integration)
- Befunde aus Voruntersuchungen (z. B. pädiatrische Vorsorgeuntersuchungen, pädaudiologische Untersuchung, Visusprüfung, Kognition)
- Bisherige Therapie- oder Fördermaßnahmen (Art, Frequenz)
- Familiäre Daten (Familienkonstellation, Stellung in der Geschwisterreihe, Schul- und Berufsausbildung der Eltern, belastende Lebensereignisse, familiäre Prädisposition für Sprachentwicklungsstörungen)

Ausführliche Darstellungen zur Anamneseerhebung finden sich u. a. bei Kubinger & Deegener (2001).

Aufgrund der besonderen Herausforderungen einer Diagnostik bei zweijährigen Kindern (➤ Kap.

Tab. 9.2 Eltern-/Screeningfragebögen zur Erfassung sprachproduktiver Fähigkeiten

Alter	Screeningverfahren	Messbereich	Normierung
18–26 Monate	Eltern antworten-Revision – Elternfragebogen zur Wortschatzentwicklung im frühen Kindesalter (ELAN-R, Bockmann & Kiese-Himmel 2012)	Expressiver Wortschatz, differenziert nach Wortkategorien	*Stichprobengröße:* 512 Kinder (254 Jungen, 258 Mädchen) *Normen:* geschlechtsspezifisch für drei Altersklassen (18–20, 21–23, 24–26 Monate) Normen von 2010/2011
18–30 Monate	Fragebogen zur frühkindlichen Sprachentwicklung (FRAKIS, Szagun et al. 2009)	Expressiver Wortschatz, Flexionsmorphologie, Satzkomplexität	*Stichprobengröße:* 1.240 Kinder (635 Jungen, 605 Mädchen) *Normen:* geschlechtsspezifisch und -unspezifisch für 13 Altersklassen in monatlichen Abständen T-Werte, Perzentilränge Normen von 2005–2007
21–24 Monate	Sprachbeurteilung durch Eltern – Kurztest für die U7 (SBE-2-KT, v. Suchodoletz & Sachse 2009)	Expressiver Wortschatz	*Stichprobengröße:* 685 Kinder (349 Jungen, 336 Mädchen) *Normen:* geschlechtsspezifisch und -unspezifisch für zwei Altersklassen (21–22, 23–24 Monate) Kritische Werte, Prozentränge Normen von 2008
24 Monate	Elternfragebogen für die Früherkennung von Risikokindern (ELFRA-2, Grimm & Doil 2006)	Produktiver Wortschatz, Syntax und Morphologie	*Stichprobengröße:* 140 Kinder (68 Jungen, 72 Mädchen) *Normen:* Itemschwierigkeiten für 24 und 36 Monate Kritische Werte
32–40 Monate	Sprachbeurteilung durch Eltern – Kurztest für die U7a (SBE-3-KT, v. Suchodoletz et al. 2009)	Expressiver Wortschatz, Grammatik	*Stichprobengröße:* 1.743 Kinder (928 Jungen, 815 Mädchen) *Normen:* geschlechtsspezifisch für drei Altersklassen (32–34, 35–37, 38–40 Monate) Normen von 2010

9.4) empfiehlt es sich, die **Sprachentwicklungsdiagnostik** mit einer gemeinsamen Bilderbuchbetrachtung von Kind und Bezugsperson zu beginnen. Das Buchanschauen mit den Eltern stellt für viele Kinder eine vertraute Kommunikationssituation dar, sodass es sich gut als „Eisbrecher" eignet. Zudem bietet es die Möglichkeit, ergänzend zur späteren standardisierten Überprüfung der sprachlichen Fähigkeiten, das spontane Sprach- und Kommunikationsverhalten des Kindes zu erfassen. Besonderes Augenmerk liegt dabei auf der Produktion von Einzelwörtern, Mehrwortkombinationen, dem Einsatz non- und präverbaler Kommunikationsstrategien wie (symbolischer) Gesten und Lautmalereien sowie den Reaktionen des Kindes auf das Kommunikationsangebot der Bezugspersonen. Zudem bietet diese Interaktionssituation die Möglichkeit, das Kommunikations- und Interaktionsverhalten der Bezugspersonen zu beobachten und dadurch erste Ansatzpunkte

für die Beratung hinsichtlich einer alltagsintegrierten Sprachförderung im Anschluss an die diagnostische Abklärung zu erhalten. Folgende linguistische und dialogische Aspekte des elterlichen Kommunikationsverhaltens sind hierbei von Interesse: Komplexität des Sprachinputs (Sätzlänge, Wortwahl, Betonung, Tempo, Lautäußerungen und Gesten), gemeinsamer Aufmerksamkeitsfokus, Reaktionen auf Äußerungen des Kindes (Einsatz gezielter Sprachlehrstrategien) sowie der Fragestil.

Die Ähnlichkeit mit dem Testmaterial ermöglicht einen nahtlosen Übergang von der Bilderbuchsituation zur Durchführung des standardisierten Sprachentwicklungstests. Aufgrund der oben (➤ Kap. 9.2) beschriebenen Schlüsselfunktion des Sprachverständnisses ist es von zentraler Bedeutung, neben der Erfassung der aktiven Wort- und Satzproduktion insbesondere eine standardisierte Überprüfung des Sprachverständnisses für Einzelwörter sowie für einfache und komplexe syntaktische Strukturen durchzuführen. Da sich die Eltern im Alltag häufig intuitiv auf die Schwierigkeiten des Kindes einstellen, indem sie das Sprachangebot unbewusst vereinfachen, während sich die Kinder als Kompensationsstrategie stärker am Kontext sowie begleitender Mimik und Gestik orientieren, bleiben Defizite im Sprachverständnis im häuslichen Alltag häufig unerkannt. Im klinischen Alltag und in wissenschaftlichen Studien bestätigt sich immer wieder, dass Eltern die Sprachverständnisfähigkeiten ihres Kindes nicht zuverlässig einschätzen (Möller et al. 2008). Zur objektiveren Beurteilung des Sprachverständnisses ist daher der Einsatz standardisierter Verfahren unabdingbar. Die expressiven Fähigkeiten des Kindes werden zusätzlich zum Einsatz von Elternscreeningfragebögen ebenfalls mit einem standardisierten Sprachentwicklungstest überprüft. Neben der standardisierten Erfassung der aktiven Produktion von Einzelwörtern und Sätzen sind hierbei wichtige zusätzliche Beobachtungen zum Kommunikationsverhalten des Kindes möglich, z. B. der Einsatz non- und präverbaler Kommunikationsstrategien wie Gesten, Gebärden und Lautmalereien. Derzeit stehen mehrere standardisierte Verfahren im Bereich der Sprachentwicklungsdiagnostik für zwei- bis dreijährige Kinder zur Verfügung (➤ Tab. 9.3). Detaillierte Beschreibungen und Bewertungen der diagnostischen Verfahren finden sich z. B. bei Kany & Schöler (2010), IQWIG (2009) sowie in der Interdisziplinären S2k-Leitlinie (2011).

Die Ergebnisse der standardisierten Testung werden durch eine Einschätzung der **Spontansprache** ergänzt. Dies erfolgt anhand von Beobachtungen zum Kommunikationsverhalten des Kindes, die in der standardisierten Testsituation, beim Buchanschauen und freien Spiel zusammengetragen wurden. Der Fokus richtet sich dabei auf die Frage nach dem grundsätzlichen Interesse des Kindes an Kommunikation und Sprache, seine Reaktion auf das prägnante, mit Mimik, Gestik und Lautäußerungen unterstützte Spontansprachangebot des Testleiters sowie den Gesamteindruck zum situationsgebundenen Sprachverständnis in der Untersuchungssituation. Darüber hinaus wird das aktive Kommunikations- und Sprachverhalten des Kindes analysiert. Hierzu zählen spontane mimisch-gestische und lautliche Kommunikationsbeiträge, die Produktion

von Einzelwörtern und ggf. Mehrwortkombinationen sowie gestische, lautliche oder sprachliche Spontanimitationen.

Zur Einordnung der Testergebnisse sowie der Erfassung eventuell bedeutsamer differenzialdiagnostischer Hinweise stellt die **Verhaltensbeobachtung** des Kindes eine wichtige Ergänzung des diagnostischen Gesamtprozesses dar. Von Interesse sind hierbei nach Bracken (2007) insbesondere die Beobachtungen zum Interaktionsverhalten des Kindes gegenüber den Bezugspersonen und dem Testleiter, wie Aufgeschlossenheit, Kontaktfreudigkeit und Blickkontakt. Beobachtet werden auch das Arbeitsverhalten des Kindes und der Umgang mit dem Testmaterial. Bedeutsame Aspekte sind dabei Motivation, Kooperation, Ausdauer, Aufmerksamkeitsspanne, das Verstehen von Anweisungen, die Herangehensweise an Aufgaben und die Frustrationstoleranz.

Für die differenzialdiagnostische Abgrenzung zwischen einer primären, umschriebenen Sprachentwicklungsverzögerung und einer sekundären Sprachentwicklungsverzögerung (z. B. im Rahmen einer globalen Entwicklungsstörung) ist eine **Überprüfung der nonverbalen kognitiven Fähigkeiten** erforderlich. Aufgrund der sprachlichen Schwierigkeiten des Kindes muss hierfür ein sprachfreies Verfahren bzw. ein Verfahren, das eine separate Auswertung sprachlicher und nicht-sprachlicher Aufgaben ermöglicht, gewählt werden. Hinsichtlich der Erfassung früher kognitiver Fähigkeiten kommt insbesondere den Bayley Scales of Infant and Toddler Development (BSID-III, Beyley 2006; Reuner & Rosenkranz 2014) ein hoher Stellenwert zu. Die Arbeitsgemeinschaft der Wissenschaftlichen Medizinischen Fachgesellschaften e. V. (2013) empfiehlt in ihrer Leitlinie zur sozialpädiatrischen Nachsorge Frühgeborener, die Bayley Scales im Rahmen der Verlaufskontrolle im Alter von zwei Jahren einzusetzen.

Während sich beim Bayley-II (BSID-II, Bayley 1993; Reuner et al. 2008) lediglich erfassen lässt, wie viel Prozent der sprachlichen und nicht-sprachlichen Aufgaben gelöst wurden, ist Bayley-III (Bayley 2006; Reuner & Rosenkranz 2014) aufgrund einer normierten Sprachskala in optimaler Weise zur Differenzierung zwischen einer globalen kognitiven Entwicklungsbeeinträchtigung und einer spezifisch die sprachlichen Fähigkeiten betreffenden Verzöge-

Tab. 9.3 Standardisierte Verfahren zur Sprachentwicklungsdiagnostik

Alter	Diagnostikverfahren	Messbereich	Normierung
2;0–2;11 Jahre	Sprachentwicklungstest für zweijährige Kinder (SETK-2, Grimm 2000)	Sprachverständnis für Einzelwörter und Sätze, Sprachproduktion von Einzelwörtern und Sätzen	*Stichprobengröße:* 283 Kinder (135 Jungen, 148 Mädchen) *Normen:* geschlechtsunspezifisch für zwei Altersklassen (24–29, 30–35 Monate) T-Werte, Prozentränge
2;0–6;11 Jahre	Patholinguistische Diagnostik bei Sprachentwicklungsstörungen (PDSS, Kauschke & Siegmüller 2010)	Phonologie, Lexikon/Semantik, Grammatik, Sprachverständnis	*Stichprobengröße:* 450 unauffällige, 150 auffällige Kinder *Normen:* geschlechtsunspezifisch in Jahresabständen T-Werte, Prozentränge
2;0–8;11 Jahre	Test zum Satzverstehen von Kindern (TSVK, Siegmüller et al. 2011)	Rezeptive syntaktische und morphologische Verarbeitung	*Stichprobengröße:* 120 Kinder *Normen:* subtestspezifische T-Werte
3;0–5;5 Jahre	Aktiver Wortschatztest (AWST-R, Kiese-Himmel 2006)	Produktiver Wortschatz	*Stichprobengröße:* 551 Kinder (284 Jungen, 267 Mädchen) *Normen:* geschlechtsunspezifisch in Halbjahresabständen T-Werte, Prozentränge Normen von 2003/2004
3;0–5;11 Jahre	Sprachentwicklungstest für drei- bis fünfjährige Kinder (SETK 3–5, Grimm 2001)	Sprachverständnis, Sprachproduktion, Sprachgedächtnis	*Stichprobengröße:* 495 Kinder (265 Jungen, 230 Mädchen) *Normen:* geschlechtsunspezifisch für fünf Altersklassen in fünfmonatigen Abständen T-Werte, Prozentränge
3;0–10;11 Jahre	Test zur Überprüfung des Grammatikverständnisses (TROG-D, Fox 2007)	Verständnis für grammatische Strukturen	*Stichprobengröße:* 870 Kinder (416 Jungen, 454 Mädchen) *Normen:* geschlechtsunspezifisch in Jahresabständen T-Werte Normen von 2005

rung geeignet. ➤ Tabelle 9.4 zeigt einen Überblick über ausgewählte standardisierte und normierte Verfahren im Bereich der kognitiven Entwicklungsdiagnostik, die eine Differenzierung zwischen sprachlichen und nicht-sprachlichen Items ermöglichen.

Um differenzialdiagnostische Hinweise auf emotionale und Verhaltensschwierigkeiten sowie auf das Vorliegen einer Autismus-Spektrum-Störung zu erhalten, eignet sich der Einsatz von Elternfragebögen (➤ Tab. 9.5).

In Abhängigkeit von den Untersuchungsergebnissen und dem Entwicklungsprofil des Kindes kön-

nen weitere diagnostische Schritte wie eine EEG- oder MRT-Untersuchung sowie eine Labordiagnostik indiziert sein. Diesbezüglich bedarf es einer Absprache im interdisziplinären Team mit erfahrenen Neuropädiatern.

9.5.3 Befundbesprechung und Beratung

Für die Befundbesprechung und Beratung eignet sich am besten ein gesonderter, von der diagnostischen Untersuchung abgekoppelter persönlicher

Tab. 9.4 Standardisierte Verfahren zur kognitiven Entwicklungsdiagnostik

Alter	Testverfahren	Messbereich	Normierung
0;1–3;6 Jahre	Bayley Scales of Infant Development, Second Edition (BSID-II, Bayley 1993, dt. Übersetzung Reuner et al. 2008)	Kognitive Skala einschließlich rezeptiver und expressiver Sprachfähigkeiten, motorische Skala und Verhaltensskala	*Stichprobengröße:* 1.700 Kinder (je 50 Jungen und 50 Mädchen aus 17 Altersklassen) *Normen:* geschlechtsunspezifisch für 38 Altersklassen Indexwerte, 90- und 95 %-Konfidenzintervalle, Entwicklungsalter US-amerikanische Normen von 2004
	Bayley Scales of Infant and Toddler Development, Third Edition (BSID-III, Beyley 2006; Reuner & Rosenkranz 2014)	Skala für: Kognition, Sprache (rezeptiv und expressiv), Motorik (Grob- und Feinmotorik), sozial-emotionale Entwicklung, adaptives Verhalten	*Stichprobengröße (deutsche Version):* 1.009 Kinder, Ergänzung um 131 holländische Säuglinge *Normen:* Deutsche Normen, inkl. normierter Sprachskala, 17 Altersgruppen, seit 2014 verfügbar (Reuner & Rosenkranz)
0;6–5;11 Jahre	Entwicklungstest für Kinder von 6 Monaten bis 6 Jahren, Revision (ET 6–6 R, Petermann & Macha 2013)	Körpermotorik, Handmotorik, kognitive Entwicklung, Sprachentwicklung sowie (über die Elternauskunft) Sozialentwicklung und emotionale Entwicklung	*Stichprobengröße:* 1.053 Kinder *Normen:* Entwicklungsprofil mit bereichsspezifischen Entwicklungsquotienten
2;6–7;11 Jahre	Snijders-Oomen-Nonverbaler Intelligenztest (SON-R 2½–7, Tellegen et al. 1998)	Sprachfreie kognitive Fähigkeiten, differenzierte Handlungs- und Denkskala	*Stichprobengröße:* 1.027 Kinder (514 Jungen, 513 Mädchen) *Normen:* geschlechtsunspezifisch in Halbjahresabständen Standardwerte für SON-IQ, Referenzalter Deutsche Normen von 2005/2006
3;0–18 Jahre	Kaufman-Assessment Battery for Children, Second Editon (K-ABC-II, Kaufman & Kaufman, in Vorb.)	Kognitive Fähigkeiten, nonverbale Skala, einzelheitliches und ganzheitliches Denken	*Normen:* Für die deutsche K-ABC-II wurden bevölkerungsrepräsentative Normen für 16 Altersgruppen in Deutschland, Österreich und der Schweiz erhoben (in Vorb. für Winter 2014)
3;0–7;2 Jahre	Wechsler Preschool and Primary Scale of Intelligence-III (WPPSI, dt. Version Petermann 2009)	Kognitive Fähigkeiten, Verbal- und Handlungsteil, Verarbeitungsgeschwindigkeit, allgemeine Sprachskala	*Stichprobengröße:* 710 Kinder (356 Jungen, 354 Mädchen) *Normen:* geschlechtsspezifisch für 15 Altersklassen in Dreimonatsabständen Gesamt-IQ, Skalenwerte, Prozentränge Normen von 2009

Termin mit den Eltern ohne Anwesenheit des Kindes. Straßburg et al. (2008) empfehlen, den Termin so zu wählen, dass beide Eltern ihn gemeinsam wahrnehmen können, um sie mit der Weitergabe komplexer Informationen nicht zu überfordern und Konflikte zu vermeiden. Der Beratungstermin umfasst insbesondere zwei Elemente:

- ausführliche Besprechung der Untersuchungsergebnisse und

- gemeinsame Planung des weiteren therapeutischen oder differenzialdiagnostischen Vorgehens.

Bei der Befundbesprechung werden alle im Rahmen des diagnostischen Prozesses gewonnenen Daten zu den Fähigkeiten und Schwierigkeiten des Kindes (Anamnese, Fragebögen, Testverfahren, Verhaltens- und Interaktionsbeobachtung, Spontansprache) zusammengefasst und den Eltern in gut verständlicher Form vermittelt.

Tab. 9.5 Elternfragebögen zur Erfassung von Verhaltensaspekten bzw. des Risikos für Autismus-Spektrum-Störungen (ASS)

Alter	Diagnostikverfahren	Messbereich	Normierung
1½–5 Jahre	Child Behavior Checklist for Ages 1½–5 (CBCL 1½–5, Achenbach & Rescorla 2000)	7 Problemskalen: emotionale Reaktivität, Angst/Depressivität, körperliche Beschwerden, sozialer Rückzug, Schlafprobleme, Aufmerksamkeitsprobleme und aggressives Verhalten sowie 3 übergeordnete Skalen: externalisierende Auffälligkeiten, internalisierende Auffälligkeiten und Gesamtauffälligkeit	*Stichprobengröße:* 700 Kinder (362 Jungen, 338 Mädchen) *Normen:* alters- und geschlechtsspezifische Perzentilwerte, T-Werte US-amerikanische Normen von 1999/2000, deutsche Feldstichprobe weist auf Übertragbarkeit auf dt. Sprachraum hin
2 Jahre	Modified Checklist for Autism in Toddlers (M-CHAT, Bölte 2005)	Hinweise bzgl. des Risikos einer Autismus-Spektrum-Störung (ASS) Geeignet für den Einsatz in der kinderärztlichen Vorsorgeuntersuchung U7 mit 21–24 Monaten	*Stichprobengröße:* 1.293 Kinder *Normen:* Kritische Werte, empfohlen für 24 Monate, einsetzbar von 16–30 Monaten
2 Jahre (bei altersentsprechendem Intelligenzalter, klassischer Einsatzbereich ab 4 Jahren)	Fragebogen zur Sozialen Kommunikation, Autismus-Screening (FSK, Bölte & Poustka 2006)	2 Versionen: Lebenszeit-Fassung und Aktuell-Fassung Schweregradmessung klinisch relevanter autistischer Symptomatik in 3 Bereichen: soziale Interaktion, Kommunikation, stereotype Verhaltensweisen	*Stichprobengröße:* 364 Probanden *Normen:* Cut-off-Werte
3–6 Jahre	VBV 3–6 Verhaltensbeurteilungsbogen für Vorschulkinder (Döpfner et al. 1993)	Elternfragebogen und Erzieherfragebogen zu 4 Dimensionen: soziale Kompetenzen, oppositionell-aggressives Verhalten, Hyperaktivität/Konzentrationsprobleme, emotionale Auffälligkeiten	*Stichprobengröße:* Elternfragebogen: Repräsentativstichprobe: 189–194 Vergleichsstichproben: 57 introversive Störungen, 116 expansive Störungen Erzieherfragebogen: Repräsentativstichprobe: 236–239 Vergleichsstichproben: 61 introversive Störungen, 132–134 expansive Störungen *Normen:* geschlechts- und altersspezifische Stanine-Werte

Daran schließt sich die gemeinsame Planung des weiteren Vorgehens mit den Eltern an. In Abhängigkeit von den Untersuchungsergebnissen können dabei Fragen hinsichtlich der Notwendigkeit einer sekundärpräventiven Frühintervention oder weiterer differenzialdiagnostischer Untersuchungsschritte und ggf. zusätzlicher störungsspezifischer Interventionen im Fokus stehen. Sollte bisher noch keine Abklärung der Hörfähigkeit des Kindes erfolgt sein, ist im Rahmen des Beratungsgesprächs explizit auf die Notwendigkeit einer pädaudiologischen Untersuchung hinzuweisen. Im Beratungsgespräch ist zudem ausreichend Zeit für Fragen oder Themen der Eltern einzuplanen. Am Ende des Beratungstermins wird eine Verlaufskontrolle bezüglich der weiteren sprachlichen und kognitiven Entwicklung des Kindes vereinbart. Der optimale Nachuntersuchungszeitpunkt hängt vom Entwicklungsprofil und Alter des Kindes ab. Für Late-Talker empfiehlt sich eine Nachuntersuchung mit drei Jahren, da ab diesem Alter eine weitgehend sichere Diagnosestellung hinsichtlich einer manifesten Sprachentwicklungsstörung möglich ist (➤ Kap. 9.5.4).

Zum Abschluss des diagnostischen Prozesses wird ein detaillierter schriftlicher **Untersuchungsbericht** für den überweisenden Kinderarzt sowie die betroffene Familie erstellt, der folgende Angaben enthält:

- Persönliche Daten, Entwicklungs- und Aktualanamnese (➤ Kap. 9.5.2).
- Diagnostische Untersuchung (Kurzbeschreibung der eingesetzten Verfahren, tabellarische Darstellung und eindeutige, gut verständliche Bewertung der Ergebnisse des Kindes, Angaben zur Verhaltensbeobachtung, zur Spontansprache und zum Kommunikationsverhalten des Kindes während der Untersuchung; ➤ Kap. 9.5.2).
- Zusammenfassung und weiteres Vorgehen (Zusammenfassung aller wichtigen Daten aus dem diagnostischen Prozess: Fragestellung, eingesetzte Testverfahren, Bewertung der Untersuchungsergebnisse, indizierte Interventionsmaßnahmen, Empfehlung für weitere Untersuchungen [wie pädaudiologische Untersuchung, globale Entwicklungsdiagnostik etc.] sowie Zeitpunkt des Nachuntersuchungstermins).

9.5.4 Standardisierte Untersuchung mit drei Jahren

Da die Chance einer Spontanremission jenseits des dritten Geburtstags abnimmt und im Alter von drei Jahren eine manifeste und damit therapiebedürftige Sprachentwicklungsstörung weitgehend zuverlässig diagnostiziert werden kann, empfiehlt die Interdisziplinäre S2k-Leitlinie (2011) zu diesem Alterszeitpunkt bei ehemaligen Late-Talkern eine standardisierte Verlaufsdiagnostik durchzuführen. Der Gesamtablauf dieses diagnostischen Prozesses entspricht dem in den vorhergehenden Abschnitten beschriebenen Vorgehen bei der Erstdiagnostik (aktuelle Anamnese, Fragebögen, Testverfahren, Verhaltens- und Interaktionsbeobachtung, Spontansprachbeurteilung, Beratung, weiteres Vorgehen, schriftlicher Befund). Je nach Störungsbild und Alter des Kindes kommen jedoch z. T. andere diagnostische Testverfahren zum Einsatz (➤ Tab. 9.2 und ➤ Tab. 9.3). Die Verlaufsuntersuchung dient dazu,

die sprachlichen Fortschritte des Kindes zu beurteilen und ein präzises Sprachentwicklungsprofil zu erstellen, um – wenn nötig – eine sprachtherapeutische Intervention oder/und eine spezifische Elternberatung zur alltagsintegrierten Sprachförderung einzuleiten. Im Beratungsgespräch mit den Eltern werden die Entwicklungsfortschritte des Kindes besprochen und gemeinsam das weitere Vorgehen geplant. In Abhängigkeit von den Untersuchungsergebnissen liegt der Beratungsschwerpunkt entweder auf der Einleitung störungsspezifischer Therapiemaßnahmen und ggf. weiterführender differenzialdiagnostischer Untersuchungsschritte oder dem Verzicht auf weitere Maßnahmen aufgrund des Aufholens der sprachlichen Verzögerung. Abschließend wird ein detaillierter schriftlicher Untersuchungsbericht für den überweisenden Kinderarzt sowie die betroffene Familie erstellt (➤ Kap. 9.5.3).

9.6 Zusammenfassung

Verzögerungen und Störungen in der Sprachentwicklung zählen zu den häufigsten Auffälligkeiten im Kindesalter. Der Frühidentifikation von Kindern mit einem Risiko für Sprachentwicklungsstörungen kommt somit ein besonderer Stellenwert zu.

- Zum einen können auf der Basis eines mehrstufigen differenzialdiagnostischen Prozesses Kinder mit einer Sprachentwicklungsverzögerung im Rahmen von Primärerkrankungen frühzeitig erkannt und störungsspezifischen Interventionen zugeführt werden, da bei vielen Auffälligkeiten eine verzögerte Sprachentwicklung das erste gut erfassbare Symptom darstellt.
- Zum anderen liefert eine ausführliche diagnostische Abklärung der verzögerten Sprachentwicklung die Basis für die Implementierung spezifischer Frühinterventionen. Die Früherkennung von Late-Talkern ermöglicht, sekundärpräventive Frühinterventionen einzuleiten und z. B. durch eine gezielte Elternanleitung zu einem sprachförderlichen Alltagsverhalten die Rate an manifesten Sprachentwicklungsstörungen im Alter von drei Jahren zu reduzieren (Buschmann et al. 2009).

* Für eine sichere Abgrenzung zwischen primärer und sekundärer Sprachentwicklungsverzögerung spielt neben einer pädaudiologischen Überprüfung des Hörvermögens die standardisierte Beurteilung des Sprachverständnisses sowie die Abklärung des nonverbalen kognitiven Entwicklungsstandes eine zentrale Rolle im diagnostischen Gesamtprozess. Da Defizite im Sprachverständnis sowie in den kognitiven Fähigkeiten bei Kleinkindern noch häufig übersehen werden, empfiehlt sich hier der Einsatz standardisierter und normierter Diagnostikverfahren.

Die Auswahl des Testverfahrens hängt vom Alter des Kindes sowie der spezifischen Fragestellung ab. Im Vorfeld der Diagnostik ist stets zu prüfen, ob das Verfahren über eine aktuelle Normierung verfügt und ob es den messmethodischen Standards genügt sowie hinsichtlich seiner diagnostischen Zuverlässigkeit bei der Erfassung von Kindern mit Sprachentwicklungsverzögerungen und -störungen überprüft wurde.

Obwohl bereits seit einigen Jahren die Möglichkeit besteht, Verzögerungen im Spracherwerb im Alter von zwei Jahren mit Hilfe standardisierter Elternfragebögen zum aktiven Wortschatz der Kinder zuverlässig zu erfassen, findet im deutschsprachigen Raum kein flächendeckendes Sprachscreening z. B. im Rahmen der pädiatrischen Vorsorgeuntersuchung U7 statt. Dies birgt die Gefahr, dass zum einen wertvolle Zeit bis zum Einsatz sekundärpräventiver Frühinterventionen für Late-Talker verstreicht, und dass zum anderen der Bedarf an störungsspezifischen Therapieangeboten für Kinder mit Primärerkrankungen übersehen wird.

LITERATUR

Achenbach, T. M., & Rescorla, L. (2000). *Manual for the ASEBA Preschool Forms and Profiles.* Burlington: University of Vermont.

Amelang, M., & Schmidt-Atzert, L. (2006). *Psychologische Diagnostik und Intervention* (4., überarb. und erw. Aufl.). Heidelberg: Springer.

Arbeitsgemeinschaft der Wissenschaftlichen Medizinischen Fachgesellschaften e. V. (2013). *Leitlinie Sozialpädiatrische Nachsorge extrem unreifer Frühgeborener mit einem Geburtsgewicht unter 1.000 Gramm.* Registernummer 071/013, verfügbar unter: http://www.awmf.org/uploads/tx_szleitlinien/073-003l_S2k_Sozialpaediatrische_Nachsorge_extrem_unreifer_Fruehgeborener_2013-11.pdf.

Bayley, N. (1993). *Bayley Scales of Infant Development II* (2nd ed.). San Antonio: Psychological Corporation.

Bayley, N. (2006). *Bayley Scales of Infant and Toddler Development III* (3rd ed). San Antonio: Psychological Corporation.

Bockmann, A. K., & Kiese-Himmel, C. (2012). *ELAN-R – Eltern antworten-Revision. Elternfragebogen zur Wortschatzentwicklung im frühen Kindesalter.* Göttingen: Hogrefe.

Bölte, S. (2005). *M-CHAT. Deutschsprachige Adaptation der Modified Checklist for Autism in Toddlers.* http://www.mchatscreen.com/Official_M-CHAT_Website_files/M-CHAT_German.pdf.

Bölte, S., & Poustka, F. (2006). *FSK, Fragebogen zur sozialen Kommunikation, Autismus-Screening.* Bern: Huber.

Bracken, B. A. (2007). Clinical observation of preschool assessment behaviour. In B. A. Bracken & R. J. Nagel (Eds.), *Psychoeducational assessment of preschool children* (4th ed.). Mahwah: Erlbaum.

Buschmann, A., Jooss, B., Rupp, A., Dockter, S., Blaschtikowitz, H., Heggen, I., & Pietz, J. (2008). Children with developmental language delay at 24 months of age: results of a diagnostic work-up. *Developmental Medicine & Child Neurology, 50,* 223–229.

Buschmann, A., Jooss, B., Rupp, A., Feldhusen, F., Pietz, J., & Philippi, H. (2009). Parent-based language intervention for two-year-old children with specific expressive language delay: a randomized controlled trial. *Archives of Diseases in Childhood, 94,* 110–116.

Dale, P. S., Price, T. S., Bishop, D. V. M., & Plomin, R. (2003). Outcomes of early language delay: I. Predicting persistent and transient language difficulties at 3 and 4 years. *Journal of Speech, Language, and Hearing Research, 46,* 544–560.

Dilling, H., Mambour, W., & Schmidt, M. H. (Hrsg.) (2011). *Internationale Klassifikation psychischer Störungen. ICD-10 Kapitel V (F). Klinisch-diagnostische Leitlinien.* (8. überarb. Aufl.). Bern: Huber.

Döpfner, M., Berner, W., Fleischmann, T., & Schmidt, M. (1993). *VBV 3–6. Verhaltensbeurteilungsbogen für Vorschulkinder.* Weinheim: Beltz.

Fox, A. V. (2006). *TROG-D – Test zur Überprüfung des Grammatikverständnisses.* Idstein: Schulz-Kirchner.

Grimm, H. (2000). *Sprachentwicklungstest für zweijährige Kinder – SETK-2.* Göttingen: Hogrefe.

Grimm, H. (2001). *Sprachentwicklungstest für 3–5-jährige Kinder – SETK-3-5.* Göttingen: Hogrefe.

Grimm, H. (2003). *Störungen der Sprachentwicklung* (2., überarb. Aufl.). Göttingen: Hogrefe.

Grimm, H. & Doil, H. (2000/2006). *Elternfragebögen zur Früherkennung von Risikokindern – ELFRA.* Göttingen: Hogrefe.

Horwitz, S. M., Irwin, J. R., Briggs-Gowan, M., Bosson Heenan, J. M., Mendoza, J., & Carter, A. (2003). Language delay in a community cohort of young children. *Journal of the American Academy of Child and Adolescent Psychiatry, 43,* 932–940.

Interdisziplinäre S2k-Leitlinie (2011). *Diagnostik von Sprachentwicklungsstörungen (SES), unter Berücksichtigung umschriebener Sprachentwicklungsstörungen (USES).* Registernummer 049–006. http://www.awmf.org/leitlinien/detail/ll/049-006.html.

IQWiG, Institut für Qualität und Wirtschaftlichkeit im Gesundheitswesen (2009). *Früherkennungsuntersuchung auf umschriebene Entwicklungsstörungen des Sprechens und der Sprache.* IQWiG-Berichte, 57. Verfügbar unter: http://www.iqwig.de/download/S0601_Abschlussbericht_Frueherkennung_umschriebener_Stoerungen_des_Sprechens_und_der_Sprache.pdf.

Irblich, D., & Renner, G. (2009). Wie untersucht man Kinder? In D. Irblich & G. Renner (Hrsg.), *Diagnostik in der klinischen Kinderpsychologie.* Göttingen: Hogrefe.

Kany, W., & Schöler, H. (2010). *Fokus: Sprachdiagnostik. Leitfaden zur Sprachstandsbestimmung im Kindergarten* (2., erw. Aufl.). Berlin: Cornelsen Scriptor.

Kaufman, A. S., & Kaufman, N. L. (in Vorb.). *Kaufman Assessment Battery for Children, K-ABC-II* (2nd ed.). Amsterdam: Swets & Zeitlinger.

Kauschke, C., & Siegmüller, J. (2010). *Patholinguistische Diagnostik bei Sprachentwicklungsstörungen (PDSS).* 2. Aufl. München: Urban & Fischer bei Elsevier.

Kiese-Himmel, C. (2006). *Aktiver Wortschatztest für 3–5-jährige Kinder AWST-R.* Göttingen: Hogrefe.

Kubinger, K. D., & Deegener, G. (2001). *Psychologische Anamnese bei Kindern und Jugendlichen.* Göttingen: Hogrefe.

Lienert, G., & Raatz, U. (1998). *Testaufbau und Testanalyse* (6., überarb. Aufl.). Weinheim: Psychologie Verlags Union.

Möller, D., Furche, S., Slabon-Lieberz, G., Gaumert, A., Breitfuss, A., & Licht, A. K. (2008). Blickdiagnose Sprachverständnisstörungen – Die diagnostische Güte von Experten- und Elternurteilen. *Sprache – Stimme – Gehör, 32,* 129–135.

Paul, R., Looney, S. S., & Dahm, P. S. (1991). Communication and socialization skills at ages 2 and 3 in "late talking" young children. *Journal of Speech, Language and Hearing Research, 43,* 858–865.

Petermann, F. (Hrsg.) (2009). *Wechsler Preschool and Primary Scale of Intelligence – Third Edition (WPPSI-III). Deutsche Version.* Manual. Frankfurt a. M.: Pearson.

Petermann, F., & Macha, T. (2013). *Entwicklungstest für Kinder von 6 Monaten bis 6 Jahren – Revision (ET 6–6 R).* Frankfurt a. M.: Pearson.

Reilly, S., Wake, M., Bavin, E. L., Prior, M., Williams, J., Bretherton, L., Eadie, P., Barrett, Y., & Ukoumunne, O. C. (2007). Predicting language at 2 years of age: A prospective community study. *Pediatrics, 120,* 1441–1449.

Rescorla, L. (1989). The language development survey: A screening tool for delayed language in toddlers. *Journal of Speech and Hearing Disorders, 54,* 587–599.

Reuner, G., & Rosenkranz, J. (2014). *Bayley Scales of Infant and Toddler Development (Bayley-III). Deutsche Fassung und Normierung.* Frankfurt a. M.: Pearson.

Reuner, G., Rosenkranz, J., Pietz, J., & Horn, R. (2008). *Bayley Scales of Infant and Toddler Development (Bayley-II).* 2. korr. Aufl. Frankfurt: Pearson.

Sachse, S. (2007). *Neuropsychologische und neurophysiologische Untersuchungen bei Late Talkers im Quer- und Längsschnitt.* München: Verlag Dr. Hut.

Sachse, S., Pecha, A., & v. Suchodoletz, W. (2007). Früherkennung von Sprachentwicklungsstörungen. *Monatsschrift Kinderheilkunde, 2,* 140–145.

Sachse, S., & v. Suchodoletz, W. (2009). Prognose und Möglichkeiten der Vorhersage der Sprachentwicklung bei Late Talkers. *Kinderärztliche Praxis, 80,* 318–328.

Sachse, S., & v. Suchodoletz, W. (2011). Möglichkeiten der Früherkennung von Sprachentwicklungsstörungen im Säuglingsalter und zum Zeitpunkt der U6. In T. Hellbrügge & B. Schneeweiß (Hrsg.), *Frühe Störungen behandeln – Elternkompetenz stärken* (S. 187–203). Stuttgart: Klett-Cotta.

Siegmüller, J., Kauschke, C., Minnen, S. v., & Bittner, D. (2011). *TSVK – Test zum Satzverstehen von Kindern. Eine profilorientierte Diagnostik der Syntax.* München: Elsevier.

Straßburg, H. M., Dacheneder, W., & Kreß, W. (2008). *Entwicklungsstörungen bei Kindern* (4. Aufl.). München: Elsevier.

Szagun, G., Stumper, B., & Schramm, S. A. (2009). *Fragebogen zur frühkindlichen Sprachentwicklung FRAKIS.* Frankfurt a. M.: Pearson.

Tellegen, P. J., Winkel, M., & Wijnberg-Williams, B. J. (1998). *Snijders-Oomen Non-verbaler Intelligenztest (SON-R 2½–7).* Göttingen: Hogrefe.

von Suchodoletz, W. (2004). Zur Prognose von Kindern mit umschriebenen Sprachentwicklungsstörungen. In W. v. Suchodoletz (Hrsg.), *Welche Chancen haben Kinder mit Entwicklungsstörungen?* Göttingen: Hogrefe.

von Suchodoletz, W. (2012). *Früherkennung von Sprachentwicklungsstörungen. Der SBE-2-KT und SBE-3-KT für zwei- bzw. dreijährige Kinder.* Stuttgart: Kohlhammer.

von Suchodoletz, W., & Sachse, S. (2009). *Sprachbeurteilung durch Eltern. Kurztest für die U7 (SBE-2-KT).* http://www.kjp.med.uni-muenchen.de/download/SBE-2-KT-Handbuch.pdf. von Suchodoletz, W., Kademann, S., & Tippelt, S. (2009). *Sprachbeurteilung durch Eltern. Kurztest für die U7a (SBE-3-KT).* http://www.kjp.med.uni-muenchen.de/download/SBE-3-KT_Handbuch.pdf.

Zubrick, S., Taylor, C., Rice, M., & Slegers, D. (2007). Late Language Emergence at 24 months: an epidemiological study of prevalence, predictors and covariates. *Journal of Speech, Language and Hearing Research, 50,* 1562–1592.

10

Julia Siegmüller und Svenja Ringmann

Kindzentrierte Ansätze in der frühen Therapie

10.1 Kindzentrierte vs. elternorientierte Sprachtherapieansätze früher Sprachentwicklungsstörungen

Die Therapieforschung zu Sprachentwicklungsstörungen hat seit den 1970er-Jahren Ergebnisse zu verschiedenen Ansätzen erbracht. Als eine der frühesten Forschergruppen zur Sprachtherapie bei Kindern gilt die Gruppe um Paula Tallal (Tallal & Piercy 1973; Tallal, Stark & Curtiss 1976), die Sprachentwicklungsstörungen als auditives Verarbeitungsproblem betrachtet. Um zu untersuchen, ob eine nonverbale Therapie die Sprachentwicklung insgesamt unterstützen kann, wurde eine Therapiestudie mit Kindern im späten Grundschulalter durchgeführt. Die Methode war sehr übungslastig und zeitraubend, sodass die Therapie teilweise mehrere Stunden pro Tag dauerte (Tallal 2000). Tallal selbst fasste ihre Arbeit als experimentelle Therapiestudien auf, sodass ein Übertragen in Alltagstherapien nicht unbedingt intendiert war. Auch aktuell ist eine Fremdnutzung[1] von Therapiestudien, d. h. die Erzeugung eines Nutzens, der nicht den teilnehmenden Probanden zugutekommt, in der Therapieforschung zu Sprachentwicklungsstörungen noch häufig das Ziel. Die Zielsetzungen der Studien schwanken zwischen

- dem Belegen einer Theorie zur Ursache von Sprachentwicklungsstörungen bzw. eines Ansatzes für eine theoretische Diskussion über die

Trainierbarkeit von Anteilen der Sprachverarbeitung und

- dem Belegen eines Ansatzes zur klinischen Nutzung (patientenorientierte Forschung), ggf. durch einen Vergleich verschiedener Therapiemethoden, einen Vergleich von Kindern mit verschiedenen Störungsbildern innerhalb eines Ansatzes und die Bestimmung von Faktoren, die Einfluss auf das Therapieergebnis nehmen wie z. B. die Therapiefrequenz.

Der patientenorientierten Forschung als jüngstem Zweig der Forschung (ausführliche Darstellung in Siegmüller, in Vorb.) geht es um Evidenzen für eine bestimmte Herangehensweise an Therapie. Ziel dieser *clinical governance* ist es, die Versorgung der Betroffenen zu verbessern (Sackett, Rosenberg, Gray, Haynes & Richardson 1997). Theoretische Fragestellungen (wie in a) bilden lediglich den Hintergrund der Forschung (Guralnick 2005) bzw. müssen zu einem früheren Zeitpunkt beantwortet werden, um den entsprechenden Interpretationsrahmen für die patientenorientierte Forschung stellen zu können.

Das zentrale Thema der Studien zur Sprachentwicklungsstörung – und auch ihrer Therapie – war von Beginn an die Behandlung grammatischer Störungen bei Kindern bzw. des *Dysgrammatismus* (Rice 2004). Dabei stellt sich allerdings das Problem der Übertragbarkeit von Ergebnissen in andere Sprachen, da sich die Forschung vorrangig auf das englische Grammatiksystem bezieht. Infolge dieser Fokussierung werden häufig die grammatischen Probleme der englischsprachigen Kinder als Leitmotiv für die Symptomsuche in anderen Sprachen verwendet. In der deutschsprachigen Forschung sind die Ergebnisse von patientenorientierten Studien für alle logopädischen Störungsbilder noch rudimentär. So konnten Motsch & Berg (2003) einige Evidenz für die Kontextoptimierung belegen. Für Teilbereiche der Patholinguistischen Therapie liegen ebenfalls kleinere Studienergebnisse vor (für grammatische Therapie

---

[1] Die Begriffe „Fremdnutzen" und „Eigennutzen" werden in der Forschungsethik verwendet und in diesen Kontext übertragen, da sie unseres Erachtens den Studiennutzen aus Patientensicht besser beschreiben als die traditionellen Begriffe der Psycholinguistik („klinische Studie" oder „experimentelle Therapiestudie"). Die patientenorientierte Therapiestudie (b in der Aufzählung) wäre demnach eine Studie mit Eigennutzen für die teilnehmenden Patienten.

z. B. Watermeyer & Kauschke 2009; Ringmann, 2014). Ein Großteil der Interventionen, die täglich in der Sprachtherapie bei Kindern mit Sprachentwicklungsstörungen zur Anwendung kommen, ist jedoch gar nicht wissenschaftlich belegt.

Die Forschung zur Therapie von Sprachentwicklungsstörungen wird seit den 90er-Jahren auf die Therapie des frühkindlichen Lexikons bei Late-Talkern ausgeweitet. Hierbei geht es zum einen um die Behandlung einer anderen sprachlichen Ebene (Lexikon, Phonologie) und zum anderen um wesentlich jüngere Kinder als bisher in den Therapiestudien zur Sprachentwicklungsstörung üblich. Gerade wegen des Alters der Kinder stehen dabei methodische Fragen des therapeutischen Vorgehens im Vordergrund. So können elternorientierte und kindzentrierte Therapieansätze bei Late-Talkern unterschieden werden (➤ Kap. 10.3). Elterntrainings erscheinen vielen Autoren für zweijährige Kinder adäquater, so wie das kanadische *Hanen Program* (Girolametto, Pearce & Weitzman 1996), dessen deutsche Version zu den wenigen evidenzbasierten Interventionsprogrammen im deutschen Sprachraum gehört (Buschmann, Jooss & Pietz 2009). Allerdings sind Elterntrainings in Deutschland kein Bestandteil der Heilmittelversorgung, die auf die Therapie am Kind ausgerichtet ist. Für kindorientierte Therapien liegen aktuell nur wenige Wirksamkeitsbelege vor. Diese sind jedoch wichtig, um eine frühere und bessere Versorgung der Kinder im Gesundheitssystem zu etablieren.

10.2 Klassifikation von kindzentrierten Therapieansätzen

Therapieansätze werden häufig in *clinician-directed approaches* und *child-centered approaches* unterteilt (Paul 2007). Diese Klassifikation ist an sich für die Behandlung älterer sprachentwicklungsgestörter Kinder konzipiert, lässt sich jedoch genauso auf Late-Talker-Therapien anwenden. Im Folgenden wird zunächst Pauls Einteilung vorgestellt. Danach stellen wir methodische Entwicklungen in Deutschland im Vergleich zu denen in den USA dar. Im Anschluss daran werden die deutschen Sprachtherapieansätze für Late-Talker in Pauls Klassifikation eingeordnet und besprochen.

10.2.1 *Clinician-directed approaches*

In diesen Ansätzen bestimmt die Therapeutin das Ziel der Therapie und die methodische Vorgehensweise: Wie wird das Ziel erreicht, wie häufig soll die Therapie stattfinden, wie viel Zeit wird pro Therapiesitzung bzw. jeweils über eine Therapiephase dafür eingeplant? Da alle Inhalte der Therapiesitzungen von der Therapeutin festgelegt werden, ist jede Therapiesitzung in hohem Maße strukturiert und möglichst optimal in ihrer Effektivität (Paul 2007). Die Rolle des Kindes hängt von den methodischen Überlegungen der Therapeutin ab. Paul zufolge sind *clinician-directed approaches* als relativ künstlich und strikt, aber hocheffektiv einzuschätzen:

„*Clinician-directed approaches tend to be less naturalistic than other approaches (…), since they involve so much control on the part of the clinician and since they purposely eliminate main of the natural contexts and contingencies of the use of language for communication*" (Paul 2007: 74).

In den USA sind diese Ansätze vorrangig auf die sprachliche Produktion des Kindes ausgerichtet. So beschreibt einer der bekanntesten Ansätze die normale therapeutische Vorgehensweise als Drill: Zunächst wird ein Wort benannt/eine Zielstruktur vorgesprochen, dann die Produktion des Patienten durch ein verstärkendes Feedback (materielle oder verbale Belohnung) unterstützt und (nach Ende der Übungseinheit) in einer anschließenden Reflexion bewertet (Roth & Worthington 2005). Insgesamt zeigt die Aufstellung von Paul (2007), dass drei Methoden innerhalb von *clinician-directed approaches* zur Anwendung kommen: *drill* (entspricht im Deutschen der Satzmusterübung), *drill play* (unterscheidet sich durch die Hereinnahme einer spielerischen Motivation in die Situation vom Drill) und aus der phonologischen Therapie stammendes *modeling* (Inputspezifizierung; Fey 1986, zit. nach Paul 2007: 76).

Grundsätzlich zielt die Inputspezifizierung darauf ab, die relevanten linguistischen Stimuli hoch salient anzubieten und gleichzeitig irrelevante Anteile in Interaktion und Sprache zu reduzieren.

10

10.2.2 *Child-centered approaches*

Bei diesen Therapieansätzen ist die Therapeutin weniger auf die Kooperation des Kindes angewiesen. Von Paul (2007) als allgemeinere, kommunikationsfördernde, die Pragmatik fokussierende Ansätze betrachtet, stellen sie letztendlich für die Autorin die unerwünschtere Alternative zu *clinician-directed approaches* dar. Wie Paul betont, erhält das Kind in *child-centereded approaches* eine handlungsbestimmende Rolle, sodass die einzige Möglichkeit, die therapeutische Situation zu steuern, in der Vorauswahl des Materials besteht, das dem Kind angeboten wird. Paul selbst beschreibt nur eine spezifischere Methode als *child-centered approach*, die den Modellierungstechniken Dannenbauers (1994) gleicht (*linguistic mapping*). Nach der Grundbedingung *follow the child's lead* wartet die Therapeutin auf die Produktion des Kindes anstatt sie zu elizitieren. Sobald die Produktion erfolgt, kann anhand einer Auswahl von *linguistic mappings* korrigierend oder verstärkend darauf geantwortet werden.

10.2.3 Besondere Entwicklungen im deutschen Sprachraum

Paul (2007) beschreibt in eindrucksvoller Weise das Dilemma, in dem sie die amerikanische Sprachtherapie sieht: Die wirkungsvolleren Therapiemaßnahmen der *clinician-directed approaches* seien weitgehend auf die Sprachproduktion beschränkt und sehr stark auf die Kooperation der Kinder angewiesen. Zudem bedienen sich die Autoren methodisch häufig der Übung (definiert nach der Patholinguistischen Therapie, Siegmüller & Kauschke 2006). Alle drei Faktoren schränken die Wirksamkeit von therapeutischen Maßnahmen ein.

Als natürliche Alternative müssten Sprachtherapieansätze die Sprachrezeption fokussieren, ohne ihre Spezifität aufzugeben. Die einzige rezeptive Methode der *clinician-directed approaches* – *modeling/Inputspezifizierung* – wird in diesem Zusammenhang in der amerikanischen Literatur wenig diskutiert. Unter den *child-centered approaches* existieren keine solchen Ansätze; beschrieben sind vielmehr Vorgehensweisen, in denen systematische Therapieziele weitgehend aufgegeben und durch allgemeinere Ziele in der Kommunikation ersetzt werden. Hier liegt es nahe anzunehmen, dass letztere Ansätze aus anderen theoretischen Paradigmen stammen als übungsbetonte, produktionslastige Interventionen. Die Diskussion über eine notwendige theoretische Einbettung von therapeutischem Handeln wird in den USA jedoch nicht auf das methodische Vorgehen ausgeweitet geführt.

Im deutschen Sprachraum stellt sich die Landschaft der Therapieansätze deutlich anders dar. Viele in den USA noch verbreitete Methoden, wie z. B. der *drill,* kommen nicht mehr oder nur noch selten zur Anwendung, und ihre Effektivität wird stark bezweifelt (Dannenbauer 1994; Penner & Kölliker Funk 1998). Rezeptiv orientierte Therapieansätze werden auch nicht generell als Gegenteil von *clinician-directed approaches* begriffen. Maßgeblich verantwortlich für diese Unterschiede sind die beiden Strömungen, welche die deutsche Sprachtherapie seit den 1980er-Jahren beeinflusst haben:

- Zum einen die Sprachheilpädagogik, in der F. M. Dannenbauer mit seiner deutschen Adaption des *linguistic mapping* (zu deutsch: Modellierungstechniken im Rahmen der entwicklungsproximalen Therapie, Dannenbauer 2002a) die Entwicklungsdynamik des kindlichen Grammatiksystems bei den therapeutischen Methoden in den Vordergrund rückte.
- Zum anderen die Psycholinguistik, deren stärker theoriegeleitete Therapieansätze in Deutschland nachhaltigeren Einfluss als im angloamerikanischen Raum ausüben konnten (z. B. Hansen 1994; Penner & Kölliker Funk 1998).

Modellierungstechniken

Aus der Theorie des Interaktionismus heraus verstand Dannenbauer (2002a) seine Modellierungstechniken als inszenierten Spracherwerb im Dialog. Damit vollzog die Sprachentwicklungstherapie eine Abkehr von übungsorientierten Therapievorgehen sowie von der Ausrichtung an der erwachsenen Zielsprache, die für den *drill* als Vergleichsdimension verwendet wurde. Wenn aber der Dialog als Prämisse für Fortschritte im Spracherwerb angenommen wird, heißt das, dass der Therapeutin das natürliche Gespräch mit dem Kind als Basis für jedes therapeutische Interventionsvorhaben vorgegeben wird. Die bis dahin gültige Grundidee des *übenden Therapie-*

10

rens (nach Dannenbauer [2002a: 136] auch „mechanistisches Einschleifen von Sprachroutinen") ist nicht mehr haltbar: Bisher wurde zunächst eine Therapiesprache aufgebaut, die sich stets auf einem besseren Sprachniveau befand als die Spontansprache des Kindes (heute nur noch in der klassischen Artikulationstherapie, z. B. nach Van Riper & Irwin 1976). Anschließend wurde die Therapiesprache gefestigt, bis das Kind in strukturierten Übungssituationen das neue Sprachniveau sicher beherrschte. Im Transfer erfolgte dann der Übergang von der Therapie- zur Spontansprache. Nach der neuen Prämisse der kindlichen Grammatiktherapie lässt sich die Therapiesprache umgehen, da sich die Wirkung der Therapie direkt in der Spontansprache zeigen soll (Dannenbauer 2002a). Dieser Anspruch kann als naturalistisch im Sinne von Pauls Klassifikation betrachtet werden, wobei sich Dannenbauer nicht direkt dazu äußert, ob das naturalistische Vorgehen in seinen Augen auch eine vollständige Umsetzung des Prinzips *follow the child's lead* bedeutet. In den Publikationen über die Modellierungstechniken findet sich kein Hinweis darauf, dass sich die Auswahl des Therapiegegenstands allein nach der sprachlichen Produktion des Kindes richtet (Dannenbauer 1998; Dannenbauer & Künzig 1991). Stattdessen soll die entwicklungsproximale Therapie durch Modellierung eine gezielte und schrittweise Steuerung des Geschehens ermöglichen, indem sie die Zufälligkeiten natürlicher Sprachlerngelegenheiten durch ein massiertes und ausgewähltes Angebot möglichst prägnanter Lernmöglichkeiten ergänzt (Dannenbauer 2002a: 139).

Aus den Ausführungen bis zu diesem Punkt wird deutlich, dass sich Pauls Einteilung in *approaches* eher auf methodische Vorgehensweisen als auf direkte Therapieansätze bezieht. Dies setzt sich bei Dannenbauer fort. Das heißt, bis zu diesem Zeitpunkt betrachtet die Sprachtherapieforschung vor allem die Frage, wie sich ein Ziel erreichen lässt. Die grundlegendere Frage, welche sprachlichen Fähigkeiten in der Therapie angestrebt bzw. verbessert werden sollen, kommt noch nicht auf.

Kontextoptimierung und Inputtherapie

Die Trennung von Therapiegegenstand und Therapiemethode wird in den 90er-Jahren durch die zweite Strömung in der Sprachtherapieforschung eingebracht. Hierbei handelt es sich um psycho- bzw. patholinguistische Einflüsse, die als originär linguistische Ansätze oder – im Falle der Kontextoptimierung (Motsch 2004) – im Rahmen sprachheilpädagogischer Sichtweisen auf psycholinguistischer Basis entstanden. In der Inputtherapie von Penner & Kölliker Funk (1998) wird die Notwendigkeit, Therapiegegenstand und Therapiemethode zu trennen, zum ersten Mal formuliert. Detlef Hansen trennte die bei Dannenbauer verbundenen Methoden Modellierung und Inputspezifizierung in seiner psycholinguistischen Therapie (Hansen 1994, 1996). In der Kontextoptimierung (Motsch 2004) wird die Grammatiktherapie bei Schulkindern fokussiert. Neben naturalistischen Methoden sollen auch metasprachliche Methoden Anwendung finden, die zuvor durch Dannenbauers Einfluss wie die übenden Therapieanteile zurückgedrängt wurden. Penner & Kölliker Funk (1998) veröffentlichten mit der Inputtherapie einen strikt entwicklungsproximalen Therapieansatz für syntaktische Störungen. Sie betrachten die Inputsequenz (als stringentere Umsetzung der Inputspezifizierung) als – ihrer theoretischen Annahme folgend – einzige therapeutisch wirksame Methode. Festgelegt werden zwei Therapieziele (Erwerb der Artikeleinsetzungsregel und Erwerb der Verbzweitstellung), die sich beide mit dieser Methode erreichen lassen, nur die Inputsequenzen werden inhaltlich jeweils anders aufbereitet. Mit diesem Ansatz wird die Grundannahme von Dannenbauer, dass der Dialog als Basis für Spracherwerbsfortschritte unter der Therapie notwendig sei, in Frage gestellt. Penner & Kölliker Funk (1998) zufolge ist überhaupt kein Dialog notwendig, um die Verarbeitung von entwicklungsauslösenden Elementen aus der Inputsequenz zu erreichen. Das Kind wird demnach aus einer nativistischen Perspektive auf den Spracherwerb als Input-konsumierend betrachtet.

Patholinguistischer Therapieansatz

Der einzige Therapieansatz, der die Methoden vollständig von den Therapiegegenständen trennt und deren Anwendbarkeit auf andere sprachliche Ebenen ausdehnt, ist der patholinguistische Therapieansatz PLAN – nach einer Vorveröffentlichung in Kauschke & Siegmüller (2000) schließlich vollständig veröffentlicht in Siegmüller & Kauschke (2006). Als logische Weiterentwicklung des Denkens von Penner und Kölliker Funk einerseits und der Grundannahmen von Dannenbauer andererseits kann der PLAN als hybrid betrachtet werden. Das Konzept beruht auf dem Emergenzmodell (Hollich et al. 2000). Nach dem Emergenzmodell ist der Spracherwerb durch eine Wechselwirkung zwischen biologischen Voraussetzungen im Kind (Verarbeitungsfähigkeit von Sprache) und umweltbedingten Faktoren (wie interaktive Hinweisreize, Quantität und Qualität des sprachlichen Inputs) erklärbar (Kauschke 2007). Bei Kindern mit einer Sprachentwicklungsstörung sind die sprachlichen Anlagen beeinträchtigt – ihre sprachlichen Lernmechanismen funktionieren nicht in der gleichen Art und Weise wie bei sprachlich unauffälligen Kindern (Bishop 2000). Daraus ergibt sich die therapeutische Konsequenz, den sprachlichen Input für ein Kind mit Sprachentwicklungsstörung besonders gut aufzubereiten, damit es diesen trotz seiner beeinträchtigten Spracherwerbskompetenz nutzen kann.

Als vereinheitlichender und nicht polarisierender Ansatz lässt der PLAN die rein naturalistische Methode des Modellierens gleichberechtigt neben der linguistischen Variante der Inputspezifizierung stehen und integriert ähnlich wie die Kontextoptimierung darüber hinaus metasprachliche Methoden. Im Unterschied zu allen anderen Therapieansätzen wird der Gebrauch der Methoden jedoch nicht programmatisch zu bestimmten Zeitpunkten vorgeschrieben. Stattdessen liegt die Entscheidung bei der Therapeutin, auf welche Weise in der jeweiligen Situation das Therapieziel erreicht werden soll.

Vergleicht man die Entwicklung der deutschen Sprachtherapie unter dem Einfluss von Sprachheilpädagogik und Psycho- bzw. Patholinguistik mit der Diskussion in den USA, wird ein qualitativer Fortschritt erkennbar. Dies mag daran liegen, dass sich Dannenbauers Einfluss in der wesentlich kleineren „Szene" der Sprachtherapeuten in Deutschland stärker durchsetzen konnte als ähnliche Ansätze in den USA (z. B. Marc Feys Responsivity Education, Fey et al. 2006) und dass sich die Abkehr von übenden Therapieansätzen als „sprachtherapeutischer Mainstream" etablieren konnte.

10.3 Kindzentrierte Therapie bei Late-Talkern

Die Therapieforschung zu Late-Talkern unterscheidet sich in ihrer Historie von der zu Sprachentwicklungsstörungen. Vor allem dienten Therapiestudien bei Late-Talkern zu keinem Zeitpunkt dazu, Kausalannahmen über das Störungsbild zu belegen. Der Grund hierfür liegt in der besonderen Form der Grundlagenforschung beim *Late Talking*: Sie befasste sich vor allem mit der Frage nach Prädiktoren, d. h. Risikofaktoren, die zu Beginn der Late-Talker-Phase anzeigen, ob bei einem Kind später eine Sprachentwicklungsstörung diagnostiziert wird (➤ Kap. 7). So erfolgte die Therapieforschung beim Late Talking von Beginn an als patientenorientierte Forschung mit Eigennutzen für die Patienten. Auch methodisch ist die Late-Talker-Therapieforschung andere Wege gegangen als die bei Sprachentwicklungsstörungen. So werden kaum Einzelfallstudien zu Late-Talkern publiziert, da sich die Therapieforschung wesentlich stärker an anwendungsorientierten, medizinischen Vorgaben wie z. B. den *levels of evidence* (Sackett et al. 1997) ausrichtet als bei Sprachentwicklungsstörungen.

Ähnlich wie die spezifische Sprachentwicklungsstörung (SSES) im Rahmen der Forschung zu Sprachentwicklungsstörungen stehen bei Late-Talker-Therapiestudien meist „spezifische" Late-Talker im Mittelpunkt, d. h. Kinder, die zu wenig Wörter im produktiven Lexikon aufweisen und/oder keine Wortkombinationen zeigen, aber sonst unter ähnliche Ausschlussdiagnosen fallen, wie man sie für die SSES aufgestellt hat (zu den Ausschlussdiagnosen bei SSES vgl. z. B. Leonard 1998). Die Besonderheit dieser Late-Talker-Gruppe besteht darin, dass die Kinder ihren Entwicklungsrückstand potenziell noch aufholen können (*late blooming*). So muss sich jeder Therapieansatz bei Late-Talkern mit der Frage auseinandersetzen, wie sich die Therapieeffekte vom *late blooming* unterscheiden lassen. Für Kinder mit komplexeren Störungsbildern, z. B. kombinierten umschriebenen Entwicklungsstörungen, die mit zwei Jahren ebenfalls ein Late-Talker-Sprachprofil aufweisen können, sind ähnliche Aufholmöglichkeiten nicht bekannt (Kouri 2005). Im LST-LTS-Projekt (➤ Kap. 10.3.2) werden diese

10

Kinder gemeinsam mit „spezifischen" Late-Talkern therapiert und verglichen.

Im deutschen Sprachraum finden sich mehrere Therapieansätze für Late-Talker, die in den folgenden Kapiteln dargestellt und auf der Basis von Pauls Einteilung sowie vor dem Hintergrund der Entwicklung in der Therapieforschung zur Sprachentwicklung reflektiert werden.

10.3.1 *Child-centered approaches* im deutschen Sprachraum

Therapie nach Zollinger

Theoretische Fundierung

Barbara Zollinger (1986, 1995) verortet ihren Therapieansatz in der *Theorie der kognitiven Entwicklung* von Piaget (1972, 1975a, 1975b, 1969, 1974, Piaget & Inhelder 1972), derzufolge sensomotorische und kognitive Entwicklung sowie die Sprachentwicklung untrennbar miteinander verbunden sind. Durch Hantieren und den aktiven Umgang mit Gegenständen bauen Kinder auf der Basis von Sensorik und Motorik Repräsentationen von Objekten auf. Dass sich solche geistigen Bilder und schließlich Symbole entwickeln, ist eine notwendige Voraussetzung für den Spracherwerb. Die Einsicht in die Symbolfunktion lässt sich daran erkennen, dass im Symbolspiel („So-tun-als-ob") nicht mehr wie beim Funktionsspiel die Handlung selbst im Vordergrund steht, sondern insbesondere das Resultat der Handlung. Auf sprachlicher Ebene zeigt sich die Einsicht in die Symbolfunktion dann im Verständnis referenziell gebrauchter Wörter, die sich also auf nicht anwesende Referenten beziehen können.

Dem Interaktionismus (Bruner 1983, 1987) entlehnt Zollinger die Auffassung, dass die soziale Kommunikation zwischen Eltern und Kind Voraussetzung für einen erfolgreichen Spracherwerb sei. Auch wenn sich in Situationen geteilter Aufmerksamkeit der gemeinsame Fokus auf bestimmte Objekte richtet, erfolgt das „echte Teilen" von Gegenständen Zollinger zufolge erst später, z. B. dann, wenn ein Kind von einem Erwachsenen einfordert, einen bestimmten Gegenstand zu reparieren. Der Kommunikationswunsch wirkt als Motor für den Spracherwerb. Für eine intentionale Kommunikation muss sich beim Kind laut Zollinger auf kognitiver Ebene erst eine Einsicht in Kausalität entwickeln: dass sich durch Einsetzen eines bestimmten Mittels ein Ziel erreichen lässt. So kann dann auch Sprache mit dem Ziel der Kommunikation „benutzt" werden. Entwicklungsförderlich wirkt es, wenn Eltern die Äußerungen ihrer Kinder „überinterpretieren", ihnen Bedeutung geben und damit Kausalität demonstrieren.

Die Ich-Entwicklung ist als Teil der sozial-kommunikativen Entwicklung nach Zollinger ein notwendiger Vorläufer der Sprachentwicklung: Das Bedürfnis nach Informationsaustausch kann erst entstehen, wenn Mutter und Kind sich als zwei unabhängige, selbstständige Interaktionspartner verstehen. Dies resultiert sowohl aus der wachsenden Kompetenz des Kindes, sich von der Mutter zu lösen, als auch aus der Fähigkeit der Mutter, sich selbst vom Kind zu lösen. Hier wird eine psychodynamische Komponente in Zollingers Ansatz ersichtlich, die sich auch in den 1995 beschriebenen Fallbeispielen zeigt, in denen die Lebenssituation der Kinder als möglicher Grund für Entwicklungsstagnationen interpretiert wird.

Eine Sprachentwicklungsstörung kann nach Zollinger durch das Ausbleiben bestimmter kognitiver oder sozial-kommunikativer Entwicklungsschritte bzw. durch die mangelnde Integration kognitiver und sozial-kommunikativer Prozesse verursacht werden. Möglich sei aber auch, dass es infolge einer Störung „neurolinguistischer Prozesse" zu einer Sprachentwicklungsstörung komme, die unabhängig von der restlichen kognitiven Entwicklung auftrete und vor allem formalsprachliche Symptome wie syntaktische oder phonologische Störungen auslösen könne (Zollinger 1986).

Beschreibung

Die diagnostische Grundlage für Zollingers Ansatz ist das „Entwicklungsprofil" (1995), das für Kinder mit einem sprachlich-kognitiven Entwicklungsalter von 1–3 Jahren erhoben wird. Anhand von Beobachtungen, wie ein Kind spontan mit bestimmten Gegenständen hantiert oder spielt bzw. wie es mit der Therapeutin kommuniziert, lassen sich gemäß Zollingers theoretischer Ausrichtung „praktisch-gnostische Fähigkeiten", die „symbolische Entwicklung", die „sozial-kommunikative Entwicklung" und die „sprachliche Entwicklung" beurteilen. Als Vergleichsbasis diente eine Stichprobe mit 93 Kindern. Mit dem 80 %-Kriterium wurde jeweils

10

das Entwicklungsalter für die einzelnen Fähigkeiten ermittelt (Zollinger 1995). Beispiele für die Items finden sich unter www.kinder.ch (→ Forschung → Videos). Die Interpretation der Ergebnisse bezieht sich vor allem auf mögliche Wechselwirkungen zwischen den einzelnen Entwicklungsbereichen. Therapiebedarf besteht laut Zollinger dann, wenn das Entwicklungsprofil unausgeglichen ist und das Kind in bestimmten Entwicklungsbereichen stagniert. Bei einer verzögerten, aber homogenen Entwicklung sei keine Intervention nötig, da das Kind sich aus eigenem Antrieb weiterentwickeln könne. Aus sprachlicher Perspektive sei eine Therapie nur bei einer gleichzeitig vorhandenen Störung des Sprachverständnisses erforderlich, da diese auf eine Verzögerung im kommunikativen und symbolischen Bereich bzw. eine nicht-altersgemäße Ich-Entwicklung hinweise.

Als Therapie empfiehlt Zollinger eine ganzheitliche Förderung der kindlichen Entwicklung unter Einbezug nicht-sprachlicher Bereiche. In ihrem Buch „Die Entdeckung der Sprache" (1995) beschreibt sie das Ziel der Therapie dahingehend, das Interesse des Kindes an anderen Menschen und Dingen zu wecken. Sobald dieses Interesse angestoßen sei, entwickle sich das Kind von selbst weiter und gelange aus seiner Stagnation heraus. Dem Kind soll dann Zeit und Gelegenheit gegeben werden, seine neuen „Entdeckungen" in vielfältigen Situationen zu erproben. Eine Therapie wird also immer dann notwendig, wenn das Kind spontan keine eigenen Entwicklungsschritte mehr unternimmt. Die Therapieinhalte definiert Zollinger gemäß den drei Bereichen „Entdeckung der Welt", „Entdeckung des Du" und „Entdeckung der Sprache".

Bei der „Entdeckung des Du" zeigt die Therapeutin dem Kind, dass es interessant sein kann, sein Gegenüber zu beobachten, Dinge zu erfragen oder um etwas zu bitten. Sie fungiert nicht als „verlängerter Arm des Kindes", sondern führt eine Handlung z. B. in ungewöhnlicher Weise aus, um die Aufmerksamkeit des Kindes zu gewinnen (z. B. indem sie eine Flasche nicht wie gewöhnlich mit der Hand, sondern mit einer Zange aufschraubt). Wenn das Kind spontan nicht in Interaktion tritt, kann sich die Therapeutin auch in die Handlungen des Kindes „einmischen", z. B. auf dem Blatt des Kindes malen, um eine Reaktion provozieren. Auch die Entdeckung von Grenzen kann ein Therapieinhalt sein, wenn die Therapeutin modellhaft mit einem „Nein!" ihre eigenen Bedürfnisse zum Ausdruck bringt.

Bei der „Entdeckung der Sprache" ist das Sprachverständnis Schwerpunkt der Therapie. Das Kind soll begreifen, dass Wörter bedeutungsvoll und interessant sind. Dazu konstruiert die Therapeutin z. B. Situationen, in denen das Kind merkt, dass es Sprachangebote nicht versteht und dass es sich bei Sprache nicht lediglich um einen „bedeutungslosen Klanghintergrund" handelt. Dabei verzichtet die Therapeutin auf begleitende Gestik und Mimik, damit das Kind eine Aufforderung nicht nur aus dem Kontext verstehen kann. Das Verbalisieren von Stimmungen und Gefühlen soll dem Kind vermitteln, dass der Inhalt von Sprache bedeutsam sein kann. Um dem Kind zu verdeutlichen, dass Wörter in einem Resultat enden, kann die Therapeutin einer Handlung z. B. immer ein bestimmtes Handlungswort voranstellen.

Beispiele

Bei der „Entdeckung der Welt" geht es z. B. um das Entdecken von Handlungsresultaten. Kinder sollen die Resultate ihrer eigenen Handlungen sowie die Resultate der Handlungen anderer wahrnehmen (z. B. Hämmern → hinterlässt einen Abdruck). Um ein Kind aus dem Funktionsspiel zum Symbolspiel zu führen, gibt die Therapeutin seinen Handlungen Bedeutung, indem sie z. B. so tut, als handle es sich bei aneinandergereihten Bauklötzen um Autos, die vor einer Schranke halten.

10

Der Ansatz von Zollinger trägt viele Züge von *child-centered approaches,* da sich das Kind in der Therapie so lange es möchte mit einem bestimmten Gegenstand auseinandersetzen darf, während die Aufgabe der Therapeutin darin besteht, diese Auseinandersetzung zu variieren und zu erweitern. Orientierungs- und Anknüpfungspunkt für die Therapeutin sind aber immer die spontanen Handlungen des Kindes. In diesem Sinne wird auch das Prinzip des *follow the child's lead* realisiert.

Interventionsstudien

In einer Einzelfallserie untersuchte Zollinger (1986) neun Late-Talker, die an einer Therapie teilgenommen hatten, durch die sie Handlungsresultate erkennen und Wörter mit bestimmten Handlungsresultaten zu verknüpfen lernen sollten. Sieben der neun Late-Talker waren nach der Therapie weder im Entwicklungsprofil noch in einem Wortschatztest auffällig, bei zwei Kindern lagen noch produktiv-syntaktische Symptome vor. Die fünf Kontrollkinder, die im selben Zeitraum keine Therapie erhalten hatten, zeigten nach wie vor ausgeprägte sprachliche Probleme in allen Bereichen.

Einen ersten Anlauf zur Evidenzbasierung hat die Forschungsgruppe um Barbara Zollinger zwar unternommen (Bürki et al. 2007), dann aber aufgrund ethischer Bedenken wegen einer untherapierten Kontrollgruppe doch auf eine entsprechende Studie verzichtet (Bürki et al. 2011). Stattdessen wurden die Daten von knapp 1.000 Kindern im Hinblick auf das Alter bei Therapiebeginn, die Störungsausprägung und die Dauer der Therapie ausgewertet. Ein Drittel der Kinder, die in den Praxen der Autorinnen logopädisch behandelt wurden, war unter drei Jahre alt, hierbei handelte es sich vermutlich um Late-Talker. Eine Häufung fand sich im Altersbereich von 2;10 bis 4;4 Jahren. Bei über drei Viertel der sprachentwicklungsauffälligen Kinder zeigten sich im Entwicklungsprofil verzögerte Fähigkeiten im symbolischen Bereich. Bei über 60 % der Kinder waren die Fähigkeiten im sozial-kommunikativen Bereich auffällig. Bürki et al. (2011) interpretierten beide Arten von Auffälligkeiten als ursächlich für die Sprachentwicklungsstörungen. In einer Intervalltherapie (dreimonatige Therapieintervalle mit je zwei Stunden pro Woche) benötigten die Kinder durchschnittlich 60 Therapieeinheiten, also 1½ Jahre, um „stabile Veränderungen" zu erreichen. Es wurde jedoch keine genaue Beschreibung des (sprachlichen) Zustands vor und nach der Therapie gegeben.

Fazit

Zollingers Therapie zeichnet sich dadurch aus, dass sie konsequent einen transparenten theoretischen Rahmen umsetzt und auch die Methodenwahl aus der Theorie ableitet. Den Interpretationsrahmen liefert die Theorie der kognitiven Entwicklung nach Piaget. Eine Verortung in dieser Theorie ist in den Sprachtherapieansätzen im deutschen Sprachraum relativ selten anzutreffen. Für grammatische Störungen lässt sich z. B. noch der Ansatz von Kruse (2002) dazuzählen, ebenso wie Schlesiger (siehe unten), die einige Inhalte aus dieser Theorie entlehnt hat.

Zollingers Ansatz fand zeitgleich mit der starken psycholinguistischen Strömung Eingang in die Sprachtherapie des deutschen Sprachraums. Als einer der ersten rückte er die Frühtherapie in Deutschland in den Fokus der Praktiker. In gewissem Sinne stellt er immer noch das Gegenmodell zur strikteren linguistisch orientierten Therapie dar.

Therapie nach Schlesiger

Theoretische Fundierung

Schlesiger (2007, 2009) gibt als theoretische Grundlage für ihren Therapieansatz das Emergenzmodell an (*emergentist coalition model for word learning;* Hollich et al. 2000; Hirsh-Pasek et al. 2000, 2004). Demnach ist Sprache ein Produkt aus entwicklungsbedingten Kompetenzen und Hinweisreizen aus der Umwelt, also aus der Interaktion von Anlage und Umwelt. Während sich Kinder im ungestörten Spracherwerb mit 18 Monaten noch verstärkt auf kommunikative Hinweisreize, wie z. B. geteilte Aufmerksamkeit, verlassen, stützen sich Zweijährige dem Emergenzmodell zufolge hauptsächlich auf sprachliche Hinweisreize für das weitere Wortlernen. Daran angelehnt vereinigt Schlesiger (2007, 2009) in ihrem Therapieansatz ein interaktionsorientiertes mit einem symbolfunktionsorientierten und sprachspezifischen Vorgehen.

Beschreibung

Die interaktionsorientierten Inhalte, die insbesondere auf die gemeinsam geteilte Aufmerksamkeit und das *turn-taking* abzielen, werden durch Methoden aus dem englischsprachigen Programm *It takes two to talk* (Pepper & Weitzman 2004) umgesetzt. Das Verhalten der Therapeutin ist grundsätzlich dadurch charakterisiert, dass sie dem Aufmerksamkeitsfokus des Kindes folgt, auf eine ausbalancierte Dialogstruktur achtet und Themen vertieft anstatt sie schnell zu wechseln.

Obwohl Schlesiger nicht wie Zollinger (1986, 1995) einem strengen Kognitivismus folgt, verwendet sie Methoden von Zollinger, die sich jedoch darauf beschränken, das Symbolspiel zu etablieren und die Funktion von Sprache als Kommunikationsmittel aufzuzeigen. Zur Anbahnung des Symbolspiels bietet die Therapeutin in vom Kind gewählten Spielsituationen modellhaft symbolische Sequenzen an. Die Komplexität des angebotenen Symbolspiels richtet sich dabei nach dem Entwicklungsstand des Kindes. Um die Aufmerksamkeit auf Sprache zu lenken, werden – wie oben im Abschnitt „Therapie nach Zollinger" beschrieben – Aufforderungen ohne begleitende Gestik oder Mimik geäußert.

Im sprachspezifischen Bereich bedient sich Schlesiger der *fokussierten Benennung* (u. a. nach Fey 1986 und Dannenbauer 2002b). Bei dieser Methode nennt die Therapeutin nach der Herstellung gemeinsamer Aufmerksamkeit mehrere Male das Zielwort. Bei Verben wird das Zielwort jeweils kurz vor oder kurz nach der entsprechenden Handlung genannt, da sprachunauffällige Kinder laut Tomasello & Krüger (1992) Verben auf diese Weise besser lernten, als wenn sie gleichzeitig zur Handlung präsentiert wurden. Die fokussierte Benennung erfolgt innerhalb von Wortfeldern (z. B. Essen und Trinken, Menschen und Tiere, Fahrzeuge). Für jedes Wortfeld gibt es eine Spielzeugkiste, aus der sich bestimmte Spielhandlungen ergeben. Rituale und sich wiederholende Rahmenhandlungen werden von der Therapeutin sprachlich begleitet und über 3–6 Sitzungen beibehalten, wobei sie pro Therapiesitzung maximal 3–5 neue Wörter in der Einwortphase und 5–10 Wörter in der Mehrwortphase einführt. Mit Daten aus experimentellen Therapiestudien oder auch experimentellen Versuchen belegt Schlesiger ihre Hinweise zum therapeutischen Verhalten:

- So soll die Therapeutin verlangsamt sprechen und Zielwörter besonders betonen, da dies in Studien SSES-Kindern das Wortlernen erleichterte (Ellis Weismer & Hesketh 1996; Ellis Weismer 1997).
- Pausen vor den Zielwörtern seien kontraproduktiv, da eine derartige Unterbrechung des Sprachflusses möglicherweise prosodische Lernmechanismen beeinträchtige (Rice, Buhr & Oetting 1992).
- Die Zielwörter sollen am Satzende genannt werden, da sie hier besser wahrnehmbar seien (vgl. Bedore & Leonard 1995).

- In sog. Extensionen greift die Therapeutin Äußerungen des Kindes oder eigene Äußerungen auf und erweitert diese. Mit gezielt eingesetzten Gesten solle sie die Wortsemantik von Einzelwörtern unterstreichen oder ein Modell für Wort-Geste-Kombinationen anbieten.

Schlesigers Methodenauswahl mischt rezeptionsorientierte mit evozierenden sprachproduktiven Methoden. Neben Lautmalereien, sozialen Wörtern und Ja/Nein-Fragen, die vorgegeben werden, um erste Äußerungen anzubahnen, sollen Routinen mit Ergänzungsmöglichkeiten produktionsanregend wirken (z. B. „Wir machen jetzt die Kiste …?"). Wenn Kinder bereits entsprechende sprachliche Äußerungen produzieren, werden zur gezielten Evozierung sprachlicher Strukturen auch Alternativfragen (z. B. „Möchtest du malen oder spielen?") und W-Fragen verwendet.

Auswahl und Gewichtung der Therapieinhalte sind in Schlesigers Ansatz an den kommunikativen, konzeptuellen und symbolischen Kompetenzen des Kindes sowie an der Größe und Komposition seines rezeptiven und produktiven Lexikons ausgerichtet.

Ziel der Therapie ist der Aufbau des Wortschatzes bis hin zur Produktion von Wortkombinationen. Den Hypothesen des lexikalischen Bootstrappings (Bates et al. 1988, 1995; Dale et al. 2000; Dionne et al. 2003) und der kritischen Masse (Marchman & Bates 1994; Bates et al. 1995; Locke 1994, 1997) zufolge soll das Kind im Anschluss an lexikalische Lernprozesse eigenaktiv grammatikalische Lernprozesse entwickeln. Genau wie alle anderen hier beschriebenen Therapieansätze versteht Schlesiger ihre Therapie also als „Anschubtherapie", die eine Entwicklungsdynamik im Kind in Gang setzen soll.

Interventionsstudien

Schlesiger (2009) evaluierte die Wirksamkeit ihres Therapiekonzepts mit einer randomisierten und kontrollierten Gruppenstudie. An dieser nahmen 34 Late-Talker teil, die durchschnittlich 2;4 Jahre alt waren und entweder rein expressive oder aber zusätzlich rezeptive Wortschatzeinschränkungen aufwiesen. Prä- und Postdiagnostik wurden verblindet durchgeführt. Die Kinder, die der Therapiegruppe zugelost wurden, erhielten über einen Zeitraum von 2–6 Monaten einmal wöchentlich eine 45-minütige Therapie, sofern sie das Therapie-

10

ziel von 200 gesprochenen Wörtern mit einer ausgewogenen Lexikonkomposition und einer stabilen und flexiblen Produktion von Zweiwortäußerungen mit Verben nicht bereits früher erreichten. Die Kinder der Kontrollgruppe erhielten keine Behandlung. Sechs Monate nach Therapiebeginn zeigte die Therapiegruppe ein signifikant größeres produktives Lexikon und signifikant bessere Werte im Elternfragebogen (ELFRA-2; Grimm & Doil 2000) als die Kontrollgruppe. Der standardisierte Sprachentwicklungstest (SETK-2; Grimm 2000) belegte ein besseres Grammatikverständnis und ein größeres produktives Lexikon bei den Kindern der Therapiegruppe, während sich die beiden Gruppen im Wortverständnis jedoch nicht unterschieden. Der Vorteil für die Therapiegruppe blieb auch noch 6–10 Monate später ohne weitere Therapie nachweisbar (gemessen mit dem SETK 3–5 [Grimm 2001] und dem AWST-R [Kiese-Himmel 2005]); die Kinder waren nun durchschnittlich 3;4 Jahre alt. Sowohl Late-Talker mit rein expressiven als auch Late-Talker mit zusätzlichen rezeptiven Einschränkungen profitierten von der Therapie.

Fazit

Der Ansatz von Schlesiger wird in diesem Kapitel als *child-centered* definiert, da der Therapieinhalt vom Interesse und Aufmerksamkeitsfokus des Kindes bestimmt wird. Mit diesem Vorgehen trägt Schlesiger der Beobachtung Rechnung, dass Kinder besser lernen, wenn Wörter für sie interessant sind (Hollich et al. 2000; Hirsh-Pasek et al. 2000) und wenn das Wortlernen am kindlichen Aufmerksamkeitsfokus orientiert ist (Tomasello & Farrar 1986). Laut Schlesiger soll die Therapeutin aber nicht nur eine abwartende oder passive Haltung einnehmen, sondern punktuell neue Handlungen initiieren oder durch Hinweisreize kurzfristig die Aufmerksamkeit lenken. Auch durch die „Spielzeugkisten" kann die Therapeutin eine gewisse Vorstrukturierung im Hinblick auf zu erlernende Wörter vornehmen. Daher hat der Ansatz auch hybride Anteile, d. h. er vereinigt Anteile von *clinician-directed* und *child-centered approaches*.

Schlesigers Ansatz kann als „Therapie der nächsten Generation" verstanden werden. Denn er schlägt wie selbstverständlich eine Brücke zwischen Therapie und Theorie, da Anteile der experimentellen Grundlagenforschung zu Sprachentwicklungsstörungen mit dem therapeutischen Vorgehen verbunden sind. Ansätze wie der von Schlesiger beziehen Dannenbauers grundlegende Weichenstellungen in der Therapie als natürliche Grundlage mit ein und entwickeln diese weiter. Für eine (Weiter-)Entwicklung der SES-Therapieansätze in den letzten Jahren spricht zudem, dass nun auch therapeutische Literatur als Grundlagenliteratur verwendet wird, etwa zur Ableitung von Therapiemethoden (siehe z. B. Dannenbauer 1994 für die Modellierung).

Kritisch anzumerken ist, dass durch die Zusammenführung verschiedener theoretischer Modelle in der Therapie möglicherweise Konflikte entstehen, wie eine Intervention aus der Theorie heraus strukturiert werden müsste. Ein Beispiel dafür wäre die Einbindung produktionsorientierter Methoden (Evozieren von Sprachproduktion) auf einer theoretischen Basis, die auf Zollingers Vorstellungen sowie auf dem Emergenzmodell beruht.

10.3.2 *Clinician-directed approaches* im deutschen Sprachraum

Therapie nach Penner

Theoretische Fundierung

Zvi Penner (2002) beschreibt aus einer nativistischen Position, dass der Spracherwerb einem rigiden Plan unterliegt. Phasenspezifisch sei beim Kind die Fähigkeit vorhanden, bestimmte *Trigger* aus dem Input für Spracherwerbsfortschritte zu nutzen. In der jeweiligen Phase stünden dem Kind auch entsprechende Lernmechanismen zur Verfügung. Für die Nutzung des Inputs seien insbesondere *Bootstrapping*-Mechanismen wichtig: Ausgehend von den Informationen einer sprachlichen Ebene könne das Kind Entwicklungsfortschritte auf einer anderen sprachlichen Ebene vollziehen.

> **Prosodisches Bootstrapping**
>
> Besondere Beachtung schenkt Penner dem prosodischen Bootstrapping: Das Kind nutzt den Erwerb prosodischer Regularitäten, um den Sprachstrom zu segmentieren, Wortstellungs- und morphologische Regularitäten zu erwerben. Von der Längung einer Silbe im

Sprachstrom kann z. B. auf eine Satz- bzw. Phrasengrenze geschlossen werden *(final syllable lengthening)*, das trochäische Betonungsmuster dient dem Setzen von Wortgrenzen jeweils vor einer betonten und nach einer unbetonten Silbe *(metrical segmentation strategy)* und die Betonung von Elementen in einer Phrase lässt das Kind auf die Wortstellung im Satz schließen *(head direction parameter)*, z. B. die unterschiedliche Betonung in *Äpfel* essen vs. manger *des pommes* bei rechtsköpfigen Verbalphrasen im Deutschen im Gegensatz zu linksköpfigen Verbalphasen im Französischen (vgl. Ambridge & Lieven 2011).

Auch morphologische Erwerbsprozesse sind durch prosodische Regularitäten bestimmt, so hängt z. B. die Art der Bildung von Pluralformen, Substantivierungen, Partizipformen, Diminutiven und Komposita von prosodischen Strukturen ab (Penner 2006).

Nach Penner besitzen Kinder mit Sprachentwicklungsstörungen (SES) eine reduzierte Bootstrapping-Kapazität, sodass sie in bestimmten Spracherwerbsphasen die Inputinformationen nicht ausreichend nutzen können. Dadurch ergeben sich, wie beim Late-Talking, zunächst Verzögerungen und später Stagnationen im Spracherwerb. Die Annahme reduzierter prosodischer Bootstrapping-Kapazitäten sieht Penner durch die Beobachtung prosodischer Auffälligkeiten in den Produktionen von Kindern mit SES bestätigt (vgl. Oller et al. 1999; Penner & Fischer 2000; Fikkert & Penner 1998; Fikkert et al. 1998; Penner & Wymann 1999). Er führt dieses Problem auf eine verlangsamte Reifung der Hörbahn zurück (Penner 2006). Untersuchungen mit der Brainstem Evoked Responses Audiology (BERA) zeigten retrospektiv, dass bei den Kindern mit auffälliger Sprachentwicklung im Alter von zwei Jahren bereits im Alter von sechs Monaten eine verzögerte Reizweiterleitung beim Hören zu beobachten gewesen war. Penner vermutet, dass die Kinder deshalb wichtige Informationen aus dem Input nicht aufnehmen konnten.

Neben Kapazitäten zum frühen Bootstrapping stehen Kindern im ungestörten Spracherwerb auch bestimmte Lernprinzipien für den Wortschatzaufbau zur Verfügung, die wie ein „Filter" für das frühe Wortlernen wirken und die Zahl möglicher Referenten für eine Wortform einschränken (vgl. Penner 2006):

- Prinzip der Objektganzheit (*whole object constraint*): Wörter beziehen sich primär auf ganze Gegenstände und nicht auf Teile, Substanzen oder Eigenschaften (Markman 1994).
- Prinzip der Formpräferenz (*shape bias*): Gegenstände, die die gleiche Form (Kontur) haben, tragen die gleiche Bezeichnung (Smith 2000).
- Bevorzugung taxonomischer Beziehungen (*taxonomic assumption*): Neue Wortbedeutungen werden in ein hierarchisches System geordnet; so gehören Pferde, Hunde und Katzen z. B. in die Gruppe der Tiere (Markman 1994).
- *Mutual exclusivity constraint:* Bei der Entdeckung neuer Bedeutungen schließt das Kind die bekannten Wörter aus und fokussiert sich auf unbekannte Wörter für neue Objekte (Markman 1994).

Nach Penners nativistischer Sichtweise sind solche angeborenen Wortschatzlernprinzipien bei Sprachentwicklungsstörungen beeinträchtigt, was den frühkindlichen Wortschatzerwerb negativ beeinflusst (Penner 2006). Auffälligkeiten beim Erwerb von Verben erklärt Penner damit, dass Kinder mit SES das *Event Structural Bootstrapping* nicht nutzen: Im ungestörten Spracherwerb analysieren Kinder demnach zunächst bei resultativen Verben nur den Endzustand innerhalb einer bestimmten Ereignisstruktur (z. B. etwas ist *zu*, etwas ist *auf*) und erwerben die restlichen Bedeutungskomponenten der Verben erst später. Zu dieser Zeit treten viele Verbpräfixe im kindlichen Lexikon auf. Kinder mit SES würden jedoch nicht zwischen resultativen Verben und nicht-resultativen Verben (z. B. ausmachen vs. spielen) unterscheiden, sodass resultative Präfixe in den kindlichen Produktionen zunächst ausbleiben und die Verbsemantik langfristig abweichend repräsentiert ist. Eine abweichende Repräsentation für resultative Verben fand sich bei Kindern mit SES zwischen 2;11 und 8;7 Jahren (Penner et al. 1998; Schulz et al. 2001).

Beschreibung

Diagnostisch empfiehlt Penner, bei Late-Talkern neben der Größe des Lexikons auch auf das Vorhandensein von resultativen Verben (wie z. B. aufmachen) zu achten, die ein erfolgreiches *Event Structural Bootstrapping* anzeigen. Um den Erwerb prosodischer Regularitäten einschätzen zu können, soll darauf geachtet werden, ob die Kinder Wörter mit trochäischem Betonungsmuster (also mit finaler Schwa-Silbe) produzieren. Nach Penners Ansicht

lässt sich aus Wortbildungen auf die zugrunde liegenden prosodischen Kompetenzen schließen.
Wenn Kinder bereits Wortkombinationen verwenden, soll auf das Vorhandensein von Äußerungen
mit „auch" und „nicht" geachtet werden, da diese
Penner zufolge eine zentrale Rolle für die Entwicklung der Satzgrammatik spielen (vgl. Penner, Tracy
& Wymann 1999). Nomen mit Genitiv-s (z. B. Lisa-s
Ball) deuten zudem auf den beginnenden Erwerb
der Artikeleinsetzungsregel hin (Penner 2006).

─────────── **Beispiele** ───────────

Das Vorgehen innerhalb des Förderprogramms
zielt auf eine höhere Nutzungseffizienz der Inputinformationen beim Kind. Das Kind soll erfahren,
in welchem Bereich der Sprache sich Regeln für
seinen nächsten Entwicklungsschritt finden lassen. Um es für die trochäische Grundbetonungs-
regel zu sensibilisieren, werden sprachrhythmi-
sche Regeln der Wortbildungen kontrastiv aufgezeigt (z. B. Tisch vs. Tische [Trochäus] bei der
Pluralbildung oder Monika – Moni bei Diminutiven). Die kontrastiven Wortformen werden in
den Input eingebettet, z. B. in vorstrukturierten
Situationen mit Bildkärtchen (ein Tisch – viele
Tische). Der Input wird gezielt auf die für das
Kind relevanten Informationen reduziert („Pipet-
te statt Sprachbad", Penner 2006), ohne jedoch
die grammatische Komplexität grundlegend zu
verändern.

Ein weiteres Element der Frühförderung ist das
Sortieren von Objekten, um so die Kategorien-
bildung als kognitive Basis für den Erwerb von
Wortbedeutungen zu fördern. Über das Sortieren
von Kärtchen mit unterschiedlichen Raumkon-
zepten sollen zudem die kognitiven Voraussetzungen für den Erwerb von Präpositionen geübt
werden. Um den Erwerb von Verben zu unterstützen, werden Handlungen mit einem natürlichen Endpunkt (resultativ) und Verben ohne
natürlichen Endpunkt (prozessorientiert) kon-
trastiert. Weitere Inhalte sind Wortschatzlernprinzipien (Objektganzheit, Taxonomien und
Formpräferenz) sowie ein Input mit Possessiv-
strukturen (z. B. Lisa-s Ball) für den Erwerb der
Artikeleinsetzungsregel und ein Input mit Sätzen
mit „auch" für den Erwerb der Verbzweitstellung.

Penners Konzept für die frühe Sprachförderung
hat das Erreichen des „Entwicklungsalters 2;6 Jahre"
zum Ziel, wobei aber nicht zwischen früher Förderung und früher Therapie unterschieden wird.
Penner (2006) fordert unterschiedliche Fachleute,
insbesondere Erzieherinnen, dazu auf, das Förderprogramm mit einer Frequenz von 10 Minuten täglich bei den betroffenen Kindern anzuwenden. Da
die Zielgruppe bereits sehr junge Kinder im Alter
von 12–18 Monaten sowie Kinder mit Deutsch als
Zweitsprache einschließt, ist das Förderprogramm
nicht auf Late-Talker beschränkt.

Interventionsstudien

Interventionsstudien für die Sprachförderung von
Late-Talkern nach Penner liegen bisher nicht vor.
Bei Kindern im letzten Kindergartenjahr wurde eine
externe Evaluation des Förderprogramms durchgeführt. Bei der Anwendung im Gruppenkontext zeigten sich keine Effekte der sprachspezifischen Förderung nach Penner im Vergleich zu einer unspezifisch
geförderten Kindergruppe (Hofmann et al. 2008).
Das methodische Vorgehen der Studie wurde allerdings u. a. im Hinblick auf die mangelnde Vergleich-
barkeit der Kindergruppen (unterschiedlich hoher
Anteil an Kindern mit Migrationshintergrund) kriti-
siert (Kaltenbacher & Stutterheim, unveröff.).

Fazit

Wegen der hohen Vorstrukturierung des Förderprogramms wird Penners Ansatz als *clinician-directed*
eingeordnet. Inhalte und methodisches Vorgehen
sind deutlich von der durchführenden Person bestimmt. Bei seinem strikt theoretisch abgeleiteten
Programm beschränkt sich Penner auf die theoretische Grundlagenliteratur, ohne auf therapeutische
Grundlagenliteratur, wie z. B. therapeutische Ablei-
tungsmodelle (Fey & Finestack 2009) oder verschiedene Definitionen von Therapiemethoden (Fey,
Long & Finestack 2003 allgemein für Grammatiktherapie; Dannenbauer 1994 für Inputspezifizierung
und Modellierung) Bezug zu nehmen. Zum Erreichen des therapeutischen Ziels hält Penner die theoriegeleitete Durchführung auf der Basis der nativistischen Sichtweise für wesentlicher als eine kindgerechte Umsetzung. So kommt es zu einer Vorgehensweise, die für junge Kinder starr und
trainingshaft wirkt. Tägliches Üben in einer Situ-

10

ation, in der die Sprache funktional reduziert und aus der natürlichen Kommunikation entfernt ist, konfligiert mit Ansätzen wie der Fördersystematik von Jampert et al. (2006), die einer Sprachförderung ohne die Einbettung in eine natürliche Handlung gerade innerhalb der Kita jegliche Effektivität absprechen.

Eine besondere Position nimmt Penners Ansatz insofern ein, als beim methodischen Vorgehen nicht zwischen Late-Talkern, mehrsprachigen Kindern oder auch älteren Kindern unterschieden wird. Penner sieht das Late-Talker-Stadium als Durchgangsstadium und von daher gibt es für ihn keinen Grund, eine andere therapeutische Vorgehensweise bei diesen Kindern zu wählen.

PLAN

Theoretische Fundierung

Der Patholinguistische Ansatz zur Therapie von Sprachentwicklungsstörungen (Siegmüller & Kauschke 2006), kurz PLAN genannt, ist ein theoretischer Rahmen zur Behandlung aller möglichen Störungsausprägungen innerhalb einer Sprachentwicklungsstörung. Für Late-Talker ist eine besondere Aufbereitung der Therapie auf der lexikalisch-semantischen Ebene vorgesehen. Ebenso wie bei Penner gelten Late-Talker nicht als eine besondere Gruppe neben der Gruppe sprachentwicklungsgestörter Kinder. Late-Talking wird vielmehr als eine frühe Ausprägung dieser Störung bzw. als Risikofaktor für die Entwicklung einer Sprachentwicklungsstörung betrachtet. Im Unterschied zu Penner wird jedoch auf die Late-Blooming-Problematik eingegangen und eine Therapie erst ab 2;6 Jahren empfohlen (Rescorla, Dahlgaard & Roberts 1997), wenn sich nach einer engmaschigen Beobachtung des Kindes ab dem zweiten Geburtstag keine Veränderung im Entwicklungsprofil erkennen lässt (vgl. Kauschke 2003, 2006a).

Der PLAN basiert auf emergenzorientierten Gedanken (Hirsh-Pasek & Golinkoff 1996; Hollich et al. 2000). Daher besteht die Vorgehensweise hauptsächlich darin, eigenaktives Lernen von Wörtern und Regeln in der rezeptiven Sprachverarbeitung zu etablieren und das Kind vom Erwerbsmoment bis zur Anwendung in der Produktion zu begleiten. Der PLAN vereinigt also rezeptive und produktive Methoden und definiert Erwerbsschritte folgendermaßen:

- Durch Inputspezifizierungen werden die Zielstrukturen hochfrequent präsentiert, was dem Kind die Verarbeitung vereinfacht.
- Mit der beginnenden Verarbeitung beginnt das Kind sich aus seinem aktuellen Sprachniveau herauszulösen.
- In der produktiven Erprobungsphase produziert es nebeneinander Strukturen des alten und des neuen Niveaus.
- Danach nimmt die Produktion von Strukturen, die der überwundenen Ebene entsprechen, allmählich ab.

Beschreibung

Therapiemethoden und Therapieziele/Therapiebereiche sind in zwei „Baukästen" (Siegmüller & Kauschke 2006: Kap. 3) organisiert, aus denen sich für jedes Kind individuell ein zielgerichtetes und methodisches Vorgehen zusammenstellen lässt. Ziele und Methoden sind im PLAN konsequent getrennt und entsprechend definiert: Das Therapieziel gibt die inhaltliche Richtung vor, in die sich die Therapie entwickeln soll (alternativ auch als Therapiegegenstand bezeichnet). Die Therapiemethode ist die Umsetzungsform, also der Weg, auf dem das Ziel erreicht werden soll (Siegmüller & Kauschke 2006: Kap. 5).

Insgesamt werden im PLAN fünf Methoden beschrieben und als *indirekt* (Inputspezifizierung, Modellierung, einfache Übung) oder *direkt* (metasprachliche Übung, Kontrastierung, Metasprache) unterteilt. In Bezug auf die Klassifikation von Paul (2007) kann der PLAN daher als hybrid bezeichnet werden. Um *child-centered* vorzugehen, kann man für ein spezifisches Kind ein indirektes Vorgehen wählen und dem Kind in freien Situationen durch Modellierung Feedback geben. Interaktive Inputspezifizierungen stehen als konsequente Umsetzung des *child-centered* Paradigmas zur Verfügung. Doch es lässt sich auch eine strikt *clinician-directed* Therapie konzipieren, bei der dem Kind Inputsequenzen präsentiert werden, ohne in eine aktive Interaktion mit dem Kind zu treten. Übungen können mit oder ohne metasprachlichen Anteil verwendet werden, ebenso wie das direkte Vorgehen Kontrastierungen umfassen kann. Da alle Methoden unter den Annahmen des Emergenzmodells interpretiert werden, bleibt trotz der Methodenvielfalt ein einheitlicher theoretischer Rahmen bestehen.

Für die Late-Talker-Therapie wird eine Auswahl an Methoden wie Inputspezifizierung, Modellierung und einfache Übung empfohlen. Bei der Late-Talker-Therapie handelt es sich um eine lexikalische Therapie, die phonologisch-prosodische oder syntaktisch ausgerichtete Vorgehensweisen ausschließt, teilweise aber semantische Anteile einbezieht (Siegmüller & Fröhling 2003). Die Therapieziele liegen im Therapiebereich „Erwerb und Festigung von Wörtern und Wortbedeutungen". Neben Late-Talkern können auch ältere Kinder mit einem Wortschatzdefizit in diesem Therapiebereich behandelt werden (durch andere Aufbereitung der Methoden und Zielwortgruppen). Das Ziel der Late-Talker-Therapie besteht darin, ein frühkindliches Lexikon mit einem Umfang von 50 Wörtern und beginnendem Übergang in den Wortschatzspurt aufzubauen. Die Auswahl der Zielwörter erfolgt auf empirischer Basis anhand der Arbeit von Kauschke (1999, 2000), welche die Entwicklung der verschiedenen Wortarten bis zum Einsetzen des Wortschatzspurts fokussiert. Kauschke (2006b) beschreibt verschiedene Entwicklungsphasen, die von den ersten Wörtern bis in den Wortschatzspurt reichen und die in der Therapie nachvollzogen werden, wobei Verben und Nomen vermehrt Gewicht erhalten (Kauschke & Konopatsch 2001; Siegmüller 2002). Vor allem Verben, die als Vorläufer der Grammatikentwicklung betrachtet werden, sollten innerhalb der ersten 50 Wörter im Inventar auftreten. Durch Inputspezifizierungen und rezeptive Übungen werden die Zielwörter im Verständnis und durch freie Situationen mit Modellierung und produktiven Übungen in der Sprachproduktion verankert. Die Late-Talker-Therapie endet, sobald schnelleres Wortlernen bzw. ein erkennbarer Wortschatzspurt einsetzt. Sie kann aber auch in den Übungsbereich „Auslösung des Fast-Mapping-Prozesses" übergehen, in dem der Wortschatzspurt therapeutisch unterstützt wird. Wenn das Kind trotz schnelleren Wortlernens die Zwei- und Mehrwortebene nicht erreicht, ist ein Übergang zu syntaktischen Therapiebereichen möglich (Therapiebereich „Aufbau von Wortkombinationen").

Interventionsstudien

PLAN ist mit Late-Talkern in einer kleineren Gruppenstudie (Siegmüller & Fröhling 2003) und einer Einzelfallstudie untersucht worden (Kauschke & Konopatsch 2001). In der Studie von Siegmüller & Fröhling (2003) waren Erwerbseffekte im Lexikon sowie die Beschleunigung des Wortlernens nach Abschluss der Therapie zu beobachten, während sich bei einer Kontrollgruppe ohne Therapie keine solchen Effekte zeigten. In der Therapie wurde die Kategorisierungsfähigkeit mit den Kindern trainiert. Kauschke & Konopatsch (2001) konnten aufzeigen, wie sich durch eine Therapie im Verblexikon, die das lexikalische Wissen vergrößert, auch die Entwicklung der Grammatik unterstützen lässt.

Fazit

Als einziger Therapieansatz im deutschen Sprachraum macht der PLAN alle Störungsausprägungen der Sprachentwicklungsstörung unter einem einheitlichen theoretischen Modell therapierbar. Dies stellt eine Weiterentwicklung in der Therapieforschung dar, denn zum einen tritt der PLAN aus der Konzeption einer Therapie als Programm heraus, indem die von anderen Autoren geforderte theoretische Basierung in individuell konzipierten Therapien in den Vordergrund rückt (Fey & Finestack 2009), und zum anderen wird die 1:1-Zuordnung von Therapieansatz und Störungsbild im deutschen Sprachraum zum ersten Mal überwunden. Kritisch zu sehen ist, dass die Umsetzung des Emergenzmodells in Methodik und Zielstellungen teilweise noch nicht konsequent gelingt und dass der PLAN teilweise noch in der nativistischen Sichtweise verhaftet bleibt. So folgen „produktive Übungen" z.B. nicht der Annahme des Emergenzmodells, dass Spracherwerbsfortschritte durch die (rezeptive) Analyse des Inputs ausgelöst werden, und der Übungsbereich „Auslösung des Fast-Mapping-Prozesses" basiert auf der Annahme angeborener Erwerbsmechanismen, die durch eine sehr kurze Intervention aktiviert werden können.

Late-Talker-Therapie nach dem THE-SES-Ansatz (LST-LTS-Projekt)

Theoretische Fundierung

Die THE-SES-Therapie („THEoriegeleitete Therapie bei SES") ist seit 2007 als Weiterentwicklung des PLAN aus verschiedenen Therapieforschungsprojekten hervorgegangen. Folgende Überlegungen liegen dem therapeutischen Handeln zugrunde:

- Die therapeutischen Schritte und die Methoden ihrer Umsetzung sind konsequent theoriegeleitet.
- Es handelt sich um eine an theoretisch abgeleiteten Entwicklungsprozessen und weniger an Symptomen orientierte Therapie.
- Therapeutische Traditionen, die nicht theoretisch begründet werden können (wie z. B. Übungen zum Transfer in die Spontansprache), werden vernachlässigt.

Die THE-SES-Therapie ist strikt am Emergenzmodell orientiert, woraus sich eine Präferenz für indirekte Methoden ergibt (nach der Definition von Siegmüller & Kauschke 2006): Neben der Inputspezifizierung, die im Vordergrund steht, kommen rezeptive Übungen zur Anwendung. Teilweise werden die Therapiesitzungen mit Modellierungen beendet. Methodisch wird somit der Schwenk zur rezeptiven Therapie noch stärker vollzogen als im PLAN. Nach einem zweistufigen Denkmodell werden auch direkte Methoden verwendet, wenn bei der Intervention Verarbeitungsaspekte und nicht Entwicklungsaspekte im Vordergrund stehen (z. B. bei der Therapie von Wortfindungsstörungen [Beier 2012] oder der Therapie textgrammatischer Störungen [Ringmann 2014]).

Die THE-SES-Therapie basiert auf der Grundannahme, dass das eigentliche Erwerbsmoment im Verstehen von Strukturen bzw. Regeln liegt. Durch verminderte Verarbeitungskapazitäten im Kind kann dieses Verständnis erschwert bzw. behindert sein (Bishop 2000; Kauschke 2007) und durch den Einsatz therapeutischer Methoden wieder angestoßen werden (Evans 2001). Nach der vollständigen rezeptiven Analyse überträgt das Kind es in die Produktion. Eine nicht erfolgende Produktion ist ein Hinweis darauf, dass die rezeptive Verarbeitung noch unvollständig ist (Weissenborn 2000). Die verbesserte Sprachproduktion der Kinder wird in Freispielsituationen modellierend unterstützt und lässt sich als Evaluationsmoment für den Therapieerfolg heranziehen.

Beschreibung

Die THE-SES-Therapie beinhaltet u. a. eine Therapie für Kinder mit weniger als 50 Wörtern im produktiven Wortschatz. Als Mindestalter zur Feststellung der Therapienotwendigkeit sind 24 Lebensmonate festgelegt, während nach oben keine chronologische Altersbegrenzung definiert ist. Zu Beginn der Therapie wird der gesamte produktive Wortschatz des Kindes erhoben und mit einer Wortliste abgeglichen, deren Wörter danach evaluiert sind, ob sie im natürlichen Erwerb sprachunauffälliger Kinder in der Phase des frühkindlichen Lexikons regelmäßig auftreten (Siegmüller & Pomnitz 2011). Auf dieser Liste sind die Zielwörter der Therapie nach der Wortartenfolge von Kauschke (2006) sortiert und in einer „optimalen Reihenfolge" durchnummeriert. Die Therapie beginnt mit dem Wort, das die niedrigste Zahl auf der Liste aufweist und noch nicht im produktiven Lexikon des Kindes zu finden ist.

Die Therapie ist als *Inputverstärkung* aufgebaut, d. h. die Zielwörter werden hochfrequent mit einem nach seiner Stärke kontrollierten Impuls präsentiert[2]. Im zugrundeliegenden LST-LTS-Projekt (*Lexikalische und syntaktische Therapie bei Kindern im Late-Talker-Stadium*), einem Projekt zum Testen der Therapiewirksamkeit, wurden die Wirksamkeitsbedingungen der Inputverstärkung untersucht (Siegmüller 2012), um die Effektivität der Methode zu optimieren. Dem häufiger geäußerten Vorwurf eines „Sprachbades" durch die Inputspezifizierung wurde auf diese Weise begegnet: Es zeigte sich, dass weniger die Dauer der Inputgabe als vielmehr die Stärke des Impulses für den Erwerbserfolg des Kindes verantwortlich war (Siegmüller 2012).

Die Inputverstärkungen fokussieren 1–3 Wörter pro Sitzung, und es werden fortwährend neue Wörter eingeführt. Nur wenn das Kind ein Zielwort trotz Inputverstärkung nicht verstanden hat (informelle Abprüfung in einem Spielkontext), wird das Zielwort in einer zweiten Sitzung noch einmal in einer Inputverstärkung angeboten. Das bedeutet, dass die Therapie voranschreitet, ohne die Produktion des Zielwortes abzuwarten. Diese erfolgt unkontrolliert

---

2 Der Unterschied zwischen einer Inputspezifizierung nach PLAN (Siegmüller & Kauschke 2006) und einer Inputverstärkung besteht darin, dass bei der Inputverstärkung das Ausmaß der Verstärkung kontrolliert wird. Inputverstärkungen werden als *stark*, *mittel* und *schwach* klassifiziert. Begleitende Analysen des Lernerfolgs im LST-LTS-Projekt belegten, dass sich je nach Inputstärkegrad unterschiedliche Lernerfolge erzielen lassen (Siegmüller, Otto, Herzog-Meinecke, Schröders & Sandhop 2009).

und situationsabhängig. Während der Therapie wird der im Alltag neu hinzugewonnene Wortschatz fortlaufend dokumentiert. Sobald sich das Wortlerntempo des Kindes (gemessen an neu gesprochenen Wörtern) beschleunigt hat, endet die Therapie. Wenn das Kind etwa 50 Wörter erworben hat, sollte es anfangen, Wortkombinationen zu produzieren. Diese Entwicklung wird durch den gezielten Einsatz von Verben und Funktionswörtern auf der Wortliste unterstützt[3].

Interventionsstudien

Im LST-LTS-Projekt, in dem die THE-SES-Therapie in einer groß angelegten Einzelfallserie (N=189 Kinder) evaluiert wurde, zeigte sich, dass bei 92 % der teilnehmenden Kinder mit einem Startwortschatz von durchschnittlich 16,5 Wörtern nach durchschnittlich 10,6 Sitzungen Verweildauer ein Wortschatzspurt einsetzte. Dieser galt als erreicht, wenn sich das Wortlerntempo des Kindes während der Therapie verdoppelte. Zur Berechnung wurden die neu produzierten Wörter kontinuierlich dokumentiert, die Anzahl über einen Zeitraum von vier Wochen addiert und mit der Summe der darauffolgenden vier Wochen verglichen. Nur wenn sich die Anzahl neuer Wörter in der zweiten Phase verdoppelt hatte, wurde von einem Wortschatzspurt ausgegangen. Es zeigte sich, dass extrem früh geborene Kinder (N=11) deutlich mehr Zeit zum Erreichen des Therapieziels benötigen und dass Kinder mit komplexen Störungsbildern (N=26) gut, aber im Tempo heterogener auf die Therapie reagieren (Siegmüller, in Vorb.). Die Einzelfallserie umfasste Kinder im Late-Talker-Alter (2;0 bis 3;0) und Kinder über 3;0 Jahre, die zu Therapiebeginn ebenfalls weniger als 50 Wörter im Wortschatz aufwiesen. Hinsichtlich der Verweildauer ergaben sich Alterseffekte (Ringmann et al. 2010), wenn die Inputstärke nicht kontrolliert wurde – ältere Kinder benötigten mehr Therapieeinheiten bis zum Erreichen des Wortschatzspurts als jüngere Kinder. Bei kontrollierter Inputstärke war kein Alterseffekt bis 3;6 mehr messbar, bei den älteren Kindern zeichnete sich jedoch ein Trend zu einer längeren Verweildauer in der Therapie ab, wenn zwischen den einzelnen Sitzungen durchschnittlich mehr als eine Woche Zeit lag (Siegmüller, in Vorb.).

Fazit

Die THE-SES-Therapie für Late-Talker basiert auf einem der umfangreichsten kindzentrierten Sprachtherapieforschungsprojekten, das bisher in Deutschland durchgeführt wurde, dem (*LST-LTS-Projekt* (Siegmüller et al. 2010; Herzog-Meinecke & Siegmüller 2008). Neben der theoretischen Ableitung aus dem Emergenzmodell und der theoretisch basierten Therapiemethodik besitzt die THE-SES-Therapie somit eine empirische Grundlage, die Aussagen über die Wirksamkeit der Therapie erlaubt.

Obwohl in der THE-SES-Therapie die nach dem PLAN als indirekt klassifizierten Therapiemethoden präferiert werden, handelt es sich um einen reinen *clinician-directed approach.* Empirische Vergleiche zwischen der interaktiven Inputspezifizierung (interaktive Handlungssituation zwischen Therapeutin und Kind) und der Inputsequenz (Vorlesen einer vorgeschriebenen Geschichte) zeigen, dass beide Präsentationsarten zu gleichen Effekten bei den behandelten Kindern führen (Siegmüller 2012), was die Hinwendung zum *clinician-directed approach* empirisch untermauert. Eine hohe Inputstärke kann in Inputsequenzen besser gewährleistet werden. Mit diesem Vorgehen steht die THE-SES-Therapie bisher allein da – während andere Therapieansätze entweder aus ethisch-moralischen Sichtweisen über das Kind, aus theoretischen Annahmen der Autoren oder aus der pädagogischen Tradition des Fachs eine *child-centered* bzw. *clinician-directed* Methodik wählen. Neben der theoretischen Ableitung der Therapieziele und empirischen Wirksamkeitsbelegen für die THE-SES-Therapie sind auch theoretische und empirische Legitimationen für die verwendete Therapiemethodik erbracht worden.

10.3.3 Reflexion

Theoriebezug

Im Gegensatz zu älteren Therapieansätzen bei Sprachentwicklungsstörungen (➤ Kap. 10.2.3) haben alle hier vorgestellten Ansätze bei Late-Talkern

---

[3] Erfolgt keine Produktion von Wortkombinationen, schließt sich eine syntaktische Therapie an.

einen klaren Theoriebezug (> Tab. 10.1). Dies mag darin begründet sein, dass die Therapieforschung zu Late-Talkern aus stärkerem theoretischem Wissen über den Spracherwerbsverlauf bzw. über das Risiko in der Entwicklung von Sprachentwicklungsstörungen hervorging, als dies zu Beginn bei diesem Störungsbild der Fall war. Darüber hinaus besteht inzwischen hinsichtlich der Frage, ob eine theoretische Fundierung therapeutischen Vorgehens notwendig ist, weitgehender Konsens (Duchan 2004). Die theoretischen Positionen der einzelnen Autoren unterscheiden sich jedoch.

Durch den kognitiven Determinismus hebt sich der Ansatz von Zollinger am stärksten von den anderen Therapieansätzen ab, die von einer Modularität sprachlicher Fähigkeiten ausgehen. In allen anderen Therapieansätzen ist die Sprache selbst Gegenstand der Therapie. Obwohl ausgewählte kognitive Fähigkeiten als notwendige Vorläufer für die Sprachentwicklung erachtet werden und somit das Kategorisieren von Objekten (Penner und PLAN), die Begriffsbildung (PLAN) oder das Symbolspiel (Schlesiger) ebenfalls Therapieinhalte sind, werden diese nicht zum vordringlichen Inhalt der Therapie. Sprachliche Entwicklungsprozesse besitzen einen unabhängigen Status. Zollinger geht davon aus, dass eine Vorläufertherapie eine Therapie der sprachlichen Fähigkeiten in den meisten Fällen unnötig macht.

Penners Therapieansatz ist der einzige, der sich auf nativistische Modellvorstellungen beziehen lässt.

Schlesigers Ansatz und der PLAN beziehen sich beide auf das Emergenzmodell. Trotz dieser gemeinsamen Grundlage unterscheiden sich sowohl die Therapieinhalte als auch das methodische Vorgehen. Da Schlesiger interaktive Therapieinhalte (*interactive cues*) und deren theoretische Position berücksichtigt, unterscheiden sich die Interpretationsrahmen für die einzelnen Methoden in ihrem Konzept. So beschreibt das Emergenzmodell *interactive cues* als relevant für die frühe Sprachentwicklung. Der konsequenter am Emergenzmodell orientierte PLAN berücksichtigt allerdings nicht alle *cues* dieses Modells, sondern fokussiert die verschiedenen linguistischen Hinweise, die Kinder verwenden können.

Die THE-SES-Therapie gibt für die Intervention bei Late-Talkern ein ausschließlich rezeptives Vorgehen vor. Auch sie begründet es mit dem Emergenzmodell, dass das Erwerbsmoment als solches, das im rezeptiven Verarbeiten des Kindes liegt, fokussiert wird. Das unterscheidet diese Therapie und die des PLAN von Schlesigers Ansatz, der produktivelizitierende Methoden bevorzugt.

Methoden und Wirksamkeitsbeleg

Die aussagekräftigsten Evidenzen in der kindzentrierten Late-Talker-Therapie ließen sich bisher für die Ansätze von Schlesiger und die THE-SES-Therapie durch das LST-LTS-Projekt erbringen. Für ein rezeptives Vorgehen spricht auch, dass im LST-LTS-Projekt die kürzeste Verweildauer der Kinder in der Phase des frühkindlichen Lexikons nachgewiesen wurde (Siegmüller, in Vorb.). Es könnte sein, dass die Produktionsorientierung ebenso wie direkte Methoden, die Penner bei jungen Kindern einsetzt, eine weniger erwerbsauslösende Wirkung haben als allgemein angenommen. Damit geht jedoch einher, dass die Therapeutinnen keine direkte Möglichkeit mehr haben, den Lernerfolg ihrer Therapie zu kontrollieren.

Während Zollinger methodisch kein genaues Vorgehen in der Therapie vorgibt, sondern eher mit Beispielen und Fallbeschreibungen arbeitet, sind die Ansätze von Penner, Schlesiger und PLAN in ihren Zielen und Methoden systematisch aufgebaut. Penners Förderansatz richtet sich weniger spezifisch an der konkreten Symptomatik einzelner Kinder aus und wirkt eher wie ein „Breitbandprogramm", während in Schlesigers Ansatz und PLAN eine Auswahl der Therapieinhalte anhand der Fähigkeiten und der Symptomatik des einzelnen Kindes getroffen wird. Für Schlesiger sind Ziel und Methode voneinander abhängig, während beim PLAN die Unabhängigkeit beider Bereiche im Vordergrund steht. In der THE-SES-Therapie wird ein festes Ziel aufgestellt, das sich aus bestimmten Symptomen ableitet: Anhand der Zuordnungskriterien wird jedem Kind ein individueller Einstieg in die Therapie ermöglicht, die anschließend einem vorgegebenen Raster folgt, dabei allerdings das Lerntempo jedes Kindes beachtet. So erfolgt in der Late-Talker-Therapie die Auswahl der anzubietenden Zielwörter und die Menge neuer Zielwörter am Kind orientiert. Eine Übersicht über die kindzentrierten Therapieansätze im deutschen Sprachraum findet sich in > Tabelle 10.1.

10

Tab. 10.1 Übersicht über Therapieansätze bei Late-Talkern

Therapie-ansatz	Theoretische Einbettung	Therapieziel	Therapieinhalte	Therapie-methoden	Evidenz-basierung
Zollinger (1986, 1995)	Theorie der kognitiven Entwicklung, Interaktionismus	Harmonisierung des Entwicklungs-profils	Praktisch-gnostische Entwicklung, kognitive Entwicklung, Ich-Entwicklung; soziale Kommunikation, Aufmerksamkeit auf Sprache lenken	Freies Spiel des Kindes wird durch Impulse seitens der Therapeutin ergänzt	Einzelfallserie (Zollinger 1986)
Schlesiger (2007, 2009)	Emergenzmodell	Aufbau des Lexikons, dadurch Auslösen des Wortschatzspurts und von Wortkombinationen	fokussierte Benennung, Gesten, Extensionen, evozierend-sprachliche Methoden		Randomisierte und kontrollierte Gruppenstudie (Schlesiger 2007, 2009)
			Geteilte Aufmerksamkeit	Therapeutin folgt dem Aufmerksamkeitsfokus des Kindes und achtet auf ausbalancierte Dialogstruktur (vgl. Pepper & Weitzman 2004)	
			Turn-taking		
			Symbolspiel	Variation des freien Spiels (vgl. Zollinger)	
			Interesse für Sprache wecken	Aufforderungen ohne Gestik und Mimik (vgl. Zollinger)	
Penner (2006)	Nativismus, eingeschränkte Bootstrapping-Kapazität und eingeschränkte sprachliche Lernmechanismen	Erreichen des „Entwicklungs-alters 2;6"	Verdeutlichung des Betonungsmusters der Sprache, Kategorienbildung, Wortschatzlernprinzipien, Bedeutung resultativer Verben, Raumkonzepte, Possessivstrukturen, Sätze mit „auch"	Input, Sortieraufgaben	–
PLAN (2006)	Emergenzmodell	Synchronisierung des Profils, Aufbau des frühkindlichen Lexikons; Übergang zu Wortkombinationen	Lexikalische, teilweise auch semantische Therapie, Vermittlung individuell zusammengestellter Zielwörter	Inputspezifizierung Modellierung Übung	Siegmüller & Fröhling (2003) Kauschke (2008)
THE-SES (2012)	Emergenzmodell	Aufbau des frühkindlichen Lexikons, Übergang in den Wortschatzspurt	Lexikalische Therapie anhand einer am ungestörten Lexikonerwerb orientierten Wortliste	Inputspezifizierung Modellierung	Siegmüller (in Vorb.) Ringmann et al. (2010) Siegmüller et al. (2010)

10

Einige Interventionsansätze für Late-Talker gibt es bereits im deutschen Sprachraum. Sie existieren nebeneinander her, und eine Wirksamkeitsdebatte steht noch aus. Trotzdem lässt sich ein hoffnungsvolles Fazit dieses Kapitels ziehen: Da Konzepte zur internen und externen Evaluation zur Verfügung stehen, sollte eine qualitativ hochwertige Versorgung der ganz jungen Kinder möglich sein. Daneben dürfen Praktiker und Therapieforscher die Grundlagenforschung nicht aus den Augen verlieren, hier ist vor allem die Late-Bloomer-Debatte zu nennen. Neue Erkenntnisse haben hier unmittelbaren Einfluss auf die Aussage aktueller Therapiestudien sowie auf die Versorgungskonzepte für Kinder ab dem 24. Lebensmonat.

LITERATUR

Ambridge, B., & Lieven, E. V. M. (2011). *Child Language Acquisition. Contrasting Theoretical Approaches.* Cambridge: Cambridge University Press.

Bates, E., Bretheron, I., & Snyder, L. (1988). *From first words to grammar: Individual differences and dissociable mechanisms.* New York: Cambridge University Press.

Bates, E., Dale, P. S., & Thal, D. (1995). Individual differences and their implications for the theories of language development. In P. Fletcher & B. MacWhinney (Eds.), *The Handbook of Child Language* (pp. 96–151). Oxford: Blackwell.

Bedore, L. M., & Leonard, L. B. (1995). Prosodic and syntactic bootstrapping and their clinical applications: A tutorial. *American Journal of Speech Language Pathology, 4,* 66–72.

Beier, J. (2012). *Therapie der kindlichen Wortfindungsstörung nach PLAN: Eine kontrollierte Einzelfallserie.* (Unveröffentlichte Masterarbeit). Hildesheim: Hochschule für Angewandte Wissenschaft und Kunst.

Bishop, D. V. M. (2000). How does the brain learn language? Insights from the study of children with and without language impairment. *Developmental Medicine and Child Neurology, 42,* 133–142.

Bruner, J. (1983). The acquisition of pragmatic commitments. In Golinkoff, R. M. (Ed.), *The transition from prelinguistic to linguistic communication* (pp. 27–42). Hillsdale/N.J: Erlbaum.

Bruner, J. (1987). *Wie das Kind sprechen lernt.* Bern: Huber.

Bürki, D., Mathieu, S., Sassenroth-Aebischer, S., & Zollinger, B. (2007). Erfassung und Therapie früher Spracherwerbsstörungen – eine Dokumentationsstudie. *Logos interdisziplinär, 2,* 97–102.

Bürki, D., Mathieu, S., Sassenroth-Aebischer, S., & Zollinger, B. (2011). Erfassung und Therapie früher Spracherwerbsstörungen: Resultate aus den Dokumentations- und Therapiestudien. *Logos interdisziplinär, 1,* 52–61.

Buschmann, A., Jooss, B., & Pietz, J. (2009). Verzögerte Sprachentwicklung bei der U7 – sensibler Indikator für die allgemeine Entwicklung. Ergebnisse aus der Heidelberger Sprachentwicklungsstudie. *Klinische Pädiatrie, 221.*

Dale, P. S., Dionne, G., Eley, T. C., & Plomin, R. (2000). Lexical and grammatical development: A behavioral genetic perspective. *Journal of Child Language, 27,* 619–642.

Dannenbauer, F. M. (1994). Zur Praxis der entwicklungsproximalen Intervention. In H. Grimm & S. Weinert (Hrsg.), *Intervention bei sprachgestörten Kindern* (S. 83–104). Stuttgart: Fischer.

Dannenbauer, F. M. (1998). Inszenierter Spracherwerb bei Dysgrammatismus: Zur Klarstellung eines Begriffs. *Die Sprachheilarbeit, 43,* 278–281.

Dannenbauer, F. M. (2002a). Grammatik. In S. Baumgartner & I. Füssenich (Hrsg.), *Sprachtherapie mit Kindern* 5. Aufl. (S. 105–161). München: Reinhardt.

Dannenbauer, F. M. (2002b). Prävention aus pädagogischer Sicht (inklusive linguistischer und psycholinguistischer Perspektiven). In M. Grohnfeldt (Hrsg.), *Lehrbuch der Sprachheilpädagogik und Logopädie, Bd. 3. Diagnostik, Prävention und Evaluation* (S. 100–111). Stuttgart: Kohlhammer.

Dannenbauer, F. M., & Künzig, A. (1991). Aspekte der entwicklungsproximalen Sprachtherapie und des Therapeutenverhaltens bei entwicklungsdysphasischen Kindern. In M. Grohnfeldt (Hrsg.), *Handbuch der Sprachtherapie, Bd. 4. Störungen der Grammatik* (S. 167–190). Berlin: Marhold Verlag.

Dionne, G., Dale, P. S., Boivin, M., & Plomin, R. (2003). Genetic evidence for bidirectional effects of early lexical and grammatical development. *Child Development, 74* (2), 394–412.

Duchan, J. F. (2004). *Frame work in language in literacy – how theory informs practice.* New York: Guilford Books.

Ellis Weismer, S. (1997). The role of stress in language processing and intervention. *Topics in Language Disorders, 17* (4), 41–52.

Ellis Weismer, S., & Hesketh, L. J. (1996). Lexical learning by children with specific language impairment: Effects of linguistic input presented at varying speaking rates. *Journal of Speech and Hearing Research, 39,* 177–190.

Evans, J. L. (2001). An emergent account of language impairments in children with SLI: implications for assessment and intervention. *Journal of Communication Disorders, 34,* 39–54.

Fey, M. E. (1986). *Language intervention with young children.* San Diego: College-Hill Press.

Fey, M. E., & Finestack, L. H. (2009). Research and development in child-language intervention: a five-phase model. In R. G. Schwartz (Ed.), *Handbook of child language disorders* (pp. 513–531). New York: Psychology Press.

Fey, M. E., Long, S. H., & Finestack, L. H. (2003). Ten principles of grammar facilitation for children with Specific Language Impairment. *American Journal of Speech-Language Pathology, 12,* 3–15.

Fey, M. E., Warren, S. F., Brady, N., Finestack, L. H., Bredin-Oja, S., Fairchild, M., Sokol, S., & Yoder, P. (2006). Early

10

Effects of Responsivity Education/Prelinguistic Milieu Teaching for Children with Developmental Delays and Their Parents. *Journal of Speech, Language, and Hearing Research, 49*, 526–547.

Fikkert, P., & Penner, Z. (1998). *Stagnation in prosodic development of language-disordered children. Proceedings of the 22nd Boston University Conference on Language Development.* Summerville: Cascadilla Press.

Fikkert, P., Penner, Z., & Wymann, K. (1998). Das Comeback der Prosodie. *Logos interdisziplinär, 6*, 84–97.

Girolametto, L., Pearce, P., & Weitzman, E. (1996). Interactive focused stimulation for toddlers with expressive vocabulary delays. *Journal of Speech and Hearing Research, 39*, 1274–1283.

Grimm, H. (2000). *Sprachentwicklungstest für zweijährige Kinder. Diagnose rezeptiver und produktiver Sprachverarbeitungsfähigkeiten (SETK-2).* Göttingen: Hogrefe.

Grimm, H. (2001). *Sprachentwicklungstest für drei- bis fünfjährige Kinder. Diagnose von Sprachverarbeitungsfähigkeiten und auditiven Gedächtnisleistungen (SETK 3–5).* Göttingen: Hogrefe.

Grimm, H., & Doil, H. (2000). *ELFRA – Elternfragebögen für die Früherkennung von Risikokindern. ELFRA-1 und ELFRA-2.* Göttingen: Hogrefe.

Guralnick, M. (2005). *The developmental systems approach to early intervention.* Baltimore: Brooks.

Hansen, D. (1994). Zur Wirksamkeit und Effizienz einer psycholinguistisch begründeten Methode der Sprachtherapie bei kindlichem Dysgrammatismus. *Sprache – Stimme – Gehör, 18*, 29–37.

Hansen, D. (1996). *Spracherwerb und Dysgrammatismus.* München: UTB.

Herzog-Meinecke, C., & Siegmüller, J. (2008). Intervention bei Kindern mit komplexen Störungsbildern: erste Ergebnisse des LST-LTS-Projektes. *Forum Logopädie, 22*, 14–21.

Hirsh-Pasek, K., & Golinkoff, R. (1996). *The origins of grammar: evidence for early language comprehension.* Cambridge/MA: MIT Press.

Hirsh-Pasek, K., Golinkoff, R. M., & Hollich, G. (2000). An emergentist coalition model for word learning: Mapping words to objects is a product of the interaction of multiple cues. In R. M. Golinkoff, K. Hirsh-Pasek, N. Akthar, L. Bloom, G. Hollich, L. Smith, M. Tomasello & A. Woodward (Eds.), *Becoming a word learner: A debate on lexical acquisition* (pp. 136–164). Oxford: University Press.

Hirsh-Pasek, K., Golinkoff, R. M., Hennon, E. A., & Maguire, M. J. (2004). Hybrid theories at the frontier of developmental psychology: The emergentist coalition model of word learning as a case point. In D. G. Hall & S. R. Waxman (Eds.), *Weaving a lexicon* (pp. 173–204). Cambridge/MA: MIT Press.

Hodapp, R. M., & Ricci, L. A. (2002). Behavioural phenotypes and educational praktice – the unrealized connection. In G. O'Brien (Ed.), *Behavioural phenotype in clinical practice* (pp. 137–151). London: MacKeith Press, Cambridge University Press.

Hodapp, R. M., DesJardin, J. L., & Ricci, L. A. (2003). Genetic syndromes of mental retardation – should they matter for the early interventionist? *Infants and Young Children, 16*, 152–160.

Hofmann, N., Polotzek, S., Roos, J., & Schöler, H. (2008). Sprachförderung im Vorschulalter – Evaluation dreier Sprachförderkonzepte. *Diskurs Kindheits- und Jugendforschung,* 291–300.

Hollich, G. J., Hirsh-Pasek, K., Golinkoff, R., in collaboration with R. Brand, E. Brown, H. L. Chung, E. Hennon & C. Rogroi (2000). Breaking the language barrier: an emergentist coalition model of the origins of word learning. *Monographs of the Society for Research in Child Development, 65.*

Jampert, K., Leuckelfeld, K., Zehnbauer, A., & Best, P. (2006). *Sprachförderung in der Kita.* Weimar: Verlag das Netz.

Kaltenbacher, E., & v. Stutterheim, C. (2009, unveröffentlicht). *Stellungnahme zur EVAS-Studie.* http://deutsch-fuer-den-schulstart.de/upload/stellungnahme1.pdf, Download am 25.2.2013.

Kauschke, C. (1999). Früher Wortschatzerwerb im Deutschen: Eine empirische Studie zum Entwicklungsverlauf und zur Komposition des frühkindlichen Lexikons. In J. Meibauer & M. Rothweiler (Hrsg.) *Das Lexikon im Spracherwerb* (S. 128–157). Tübingen, Basel: Francke.

Kauschke, C. (2000). *Der Erwerb des frühkindlichen Lexikons.* Tübingen: Narr Verlag.

Kauschke, C. (2003). Sprachtherapie bei Kindern zwischen 2 und 4 Jahren – ein Überblick über Ansätze und Methoden. In U. De Langen-Müller, C. Iven & V. Maihack (Hrsg.), *Früh genug, zu früh, zu spät?* (S. 152–175). Köln: Prolog.

Kauschke, C. (2006a). Late Talker. In J. Siegmüller & H. Bartels (Hrsg.), *Leitfaden Sprache – Sprechen – Stimme – Schlucken* (S. 65–68). München: Elsevier.

Kauschke, C. (2006b). Phasen der Wortartenentwicklung. In J. Siegmüller & H. Bartels (Hrsg.), *Leitfaden Sprache – Sprechen – Stimme – Schlucken* (S. 30). München: Elsevier.

Kauschke, C. (2007). Sprache im Spannungsfeld von Erbe und Umwelt. *Die Sprachheilarbeit, 52*, 4–16.

Kauschke, C., & Konopatsch, S. (2001). Einstieg in die Grammatikentwicklung über das Verblexikon – ein Therapiebeispiel. *Logos interdisziplinär, 9*, 280–293.

Kauschke, C., & Siegmüller, J. (2000). *Spezifische Sprachentwicklungsstörungen aus patholinguistischer Sicht.* Potsdam: Publikationsstelle der Universität Potsdam.

Kiese-Himmel, C. (2005). *Aktiver Wortschatztest für 3- bis 5-jährige Kinder (Revision) – AWST-R.* Göttingen: Beltz Test.

Kouri, T. A. (2005). Lexical training through modeling and elicitation procedures with late talkers who have specific language impairment and developmental disorders. *Journal of Speech, Language, and Hearing Research, 48*, 157–171.

Kruse, S. (2002). *Kindlicher Grammatikerwerb und Dysgrammatismus.* Bern, Stuttgart, Wien: Haupt.

Leonard, L. B. (1998). *Children with specific language impairment.* Cambridge: MIT Press.

Locke, J. (1994). Gradual emergence of developmental language disorders. *Journal of Speech and Hearing Research, 37,* 608–616.

Locke, J. (1997). A theory of neurolinguistic development. *Brain and Language, 58,* 265–326.

Marchman, V. A., & Bates, E. (1994). Continuity in lexical and morphological development: A test of the critical mass hypothesis. *Journal of Child Language, 21,* 339–366.

Markman, E. M. (1994). Constraints on word meaning in early language acquisition. In L. Gleitman & B. Landau (eds.), *Lexical acquisition* (pp. 199–227). Amsterdam: Elsevier.

Motsch, H.-J. (2004). *Kontextoptimierung.* München: Ernst Reinhardt Verlag.

Motsch, H.-J., & Berg, M. (2003). Therapie grammatischer Störungen – Interventionsstudie zur Kontextoptimierung. *Die Sprachheilarbeit, 48,* 151–156.

Oller, D. K., Eilers, R., Neal, R., & Schwartz, H. (1999). Precursors to speech in infancy. The prediction of speech and language disorders. *Journal of Communication Disorders, 32,* 223–245.

Paul, R. (2007). *Language disorders.* 3rd ed. Philadelphia: Mosby, Elsevier.

Penner, Z. (2002). Plädoyer für eine präventive Frühintervention bei Kindern mit Spracherwerbsstörungen. In W. v. Suchodoletz (Hrsg.), *Therapie von Sprachentwicklungsstörungen: Anspruch und Realität* (S. 106–142). Stuttgart: Kohlhammer.

Penner, Z. (2006). *Sehr frühe Förderung als Chance. Aus Silben werden Sätze.* Troisdorf: Bildungsverlag EINS.

Penner, Z., & Fischer, A. (2000). *Continuity in early phonology. The prosody of canonic babbling.* Vortrag auf dem Workshop „Development and Interaction of Linguistic and Non-Linguistic Cognition in Infants". Berlin.

Penner, Z., & Kölliker Funk, M. (1998). *Therapie und Diagnose von Grammatikstörungen: Ein Arbeitsbuch.* Luzern: Edition SZH/SPC.

Penner, Z., & Wymann, K. (1999). Constraints on word formation and prosodic disorders. In Z. Penner, P. Schulz & K. Wymann (Eds.), *Normal and impaired language acquisition. Studies in lexical, syntactic and phonological development II* (pp. 27–64). Arbeitspapiere Nr. 105 der Fachgruppe Sprachwissenschaft, Universität Konstanz.

Penner, Z., Tracy, R., & Wymann, K. (1999). Die Rolle der Fokuspartikel AUCH im frühen kindlichen Lexikon. In J. Meibauer & M. Rothweiler (Hrsg.), *Das Lexikon im Spracherwerb* (S. 229–251). Tübingen: Franke.

Penner, Z., Wymann, K., & Dietz, C. (1998). From verbal particles to complex object-verb constructions in early German. In Z. Penner & K. Wymann (Eds.), *Normal and impaired language acquisition. Studies in lexical, syntactic and phonological development* (pp. 4–109). Arbeitspapiere Nr. 89 der Fachgruppe Sprachwissenschaft, Universität Konstanz.

Pepper, J., & Weitzman, E. (2004). *It takes two to talk. A practical guide for parents of children with language delays.* Based on the first and second editions by Ayala Hanen Manolson. Toronto: The Hanen Centre.

Piaget, J. (1969). *Nachahmung, Spiel und Traum.* Stuttgart: Klett (Original: 1945).

Piaget, J. (1972). *Sprechen und Denken des Kindes.* Düsseldorf: Schwann (Original: 1923).

Piaget, J. (1974). *Psychologie der Intelligenz.* München: Kindler (Original: 1947).

Piaget, J. (1975a). *Das Erwachen der Intelligenz beim Kinde.* Stuttgart: Klett (Original: 1936).

Piaget, J. (1975b). *Der Aufbau der Wirklichkeit beim Kinde.* Stuttgart: Klett (Original: 1937).

Piaget, J., & Inhelder, B. (1972). *Die Psychologie des Kindes.* Frankfurt a. M.: Fischer (Original: 1966).

Rescorla, L., Dahlgaard, K., & Roberts, J. (1997). Late Talker at 2: outcome at age 3. *Journal of Speech, Language, and Hearing Research, 40,* 556–566.

Rice, M. L. (2004). Growth models of developmental language disorders. In M. L. Rice & S. F. Waren (Eds.), *Developmental language disorders: from phenotypes to etiologies* (pp. 207–240). Mahwah/NJ: Lawrence Erlbaum Ass.

Rice, M. L., Buhr, J., & Oetting, J. B. (1992). Specific-language-impaired children's quick incidental learning of words: The effect of a pause. *Journal of Speech and Hearing Research, 34,* 1040–1048.

Ringmann, S. (2014). Therapie der Erzählfähigkeit bei Kindern – eine Einzelfallserie. *Logos interdisziplinär, 1* (22), 16–29.

Ringmann, S., Dähn, S., Neumann, C., Lehnhoff, A., Rohdenburg, W., Schröders, C., & Siegmüller, J. (2010). Frühe inputorientierte Lexikontherapie – ein Vergleich zwei- und dreijähriger Kinder im Late Talker-Stadium. *Logos interdisziplinär, 18* (5), 358–369.

Roth, F., & Worthington, C. (2005). *Treatment resource manual for speech-language pathology.* 3rd ed. Clifton Park/NY: Delmar.

Sackett, D. L., Rosenberg, W. M., Gray, J. A., Haynes, R. B., & Richardson, W. S. (1997). Evidence-based medicine: what it is and what it isn't. *British Medical Journal, 312,* 71–72.

Schlesiger, C. (2007). Das Late-Talker-Therapiekonzept – Sprachtherapeutische Frühintervention bei zweijährigen Kindern. *Logos interdisziplinär, 15* (2), 119–128.

Schlesiger, C. (2009). *Sprachtherapeutische Frühintervention für Late Talkers. Eine randomisierte und kontrollierte Studie zur Effektivität eines direkten und kindzentrierten Konzepts.* Idstein: Schulz-Kirchner Verlag.

Schulz, P., Wymann, K., & Penner, Z. (2001). The acquisition of event structure in normally developing and language impaired children. *Brain and Language, 77,* 407–418.

Siegmüller, J. (2002). Patholinguistische Therapiekonzeption bei Störungen des Verblexikons. *Forum Logopädie, 16,* 11–16.

10

Siegmüller, J. (2012, eingereicht). *Wie wirkt mein therapeutischer Input? Vergleich der beiden Präsentationsformen der Inputspezifizierungen nach PLAN.*

Siegmüller, J. (in Vorb.). *Evidenzbasierung lexikalischer Therapie bei Kindern mit Sprachentwicklungsstörungen in der Einwortphase am Beispiel des LST-LTS-Projektes.* Rostock: Habilitationsschrift.

Siegmüller, J., & Fröhling, A. (2003). Therapie der semantischen Kategorisierung als Entwicklungsauslöser für den Erwerb des produktiven Wortschatzes bei Kindern mit Late-Talker-Vergangenheit. *Sprache – Stimme – Gehör, 27,* 135–141.

Siegmüller, J., & Kauschke, C. (2006). *Patholinguistische Therapie bei Sprachentwicklungsstörungen.* München: Elsevier.

Siegmüller, J., & Pomnitz, P. (2011). *Evaluation der projektinternen LST-LTS-Wortliste.* Poster, präsentiert auf der Tagung des Verbandes für Patholinguistik, VPL, Potsdam.

Siegmüller, J., Otto, M., Herzog-Meinecke, C., Schröders, C., & Sandhop, U. (2009). *Variationen der Inputstärke zur Optimierung des Wortlernens über einen Therapieverlauf von 20 Sitzungen.* Poster präsentiert auf dem 38. dbl-Kongress, Mainz.

Siegmüller, J., Schröders, C., Sandhop, U., Otto, M., & Herzog-Meinecke, C. (2010). Wie effektiv ist die Inputspezifizierung? Studie zum Erwerbsverhalten bei Late Talkern und Kindern mit kombinierter umschriebener Entwicklungsstörung und Late Talker-Sprachprofil in der inputorientierten Wortschatztherapie. *Forum Logopädie, 24* (1), 16–23.

Smith, L. B. (2000). Learning how to learn words. In R. Michnick Golinkoff, K. Hirsh-Pasek, L. Bloom, L. B. Smith, A. L. Woodward, N. Akhtar, M. Tomasello & G. Hollich (eds.), *Becoming a word learner. A debate on lexical acquisition* (pp. 19–50). Oxford, New York: Oxford University Press.

Smith, B., & Sechrest, L. (1991). Treatment of aptitude X treatment interactions. *Journal of Consulting and Clinical Psychology, 59,* 233–244.

Tallal, P. (2000). Experimental studies of language learning impairments: from research to remediation. In D. V. M. Bishop & L. B. Leonard (eds.), *Speech and language impairments in children: causes, intervention and outcome* (pp. 131–155). Hove, UK: Psychology Press.

Tallal, P., & Piercy, M. (1973). Defects of non-verbal auditory perception in children with developmental aphasia. *Nature, 241,* 468–469.

Tallal, P., Stark, R. E., & Curtiss, B. (1976). Relation between speech perception and speech production impairment in children with developmental dysphasia. *Brain & Language, 3,* 305–317.

Tomasello, M., & Farrar, J. (1986). Joint attention and early language. *Child Development, 57,* 1454–1463.

Tomasello, M., & Krüger, A. (1992). Joint attention on actions: Acquiring verbs in ostensive and non-ostensive contexts. *Journal of Child Language, 19,* 311–333.

Van Riper, C., & Irwin, J. (1976). *Artikulationsstörungen.* Berlin: Marhold.

Watermeyer, M., & Kauschke, C. (2009). Behandlung von Störungen beim Erwerb der Verbzweitstellungsregel nach dem Patholinguistischen Ansatz: eine Therapiestudie. *Die Sprachheilarbeit, 54,* 3–17.

Weissenborn, J. (2000). Der Erwerb von Morphologie und Syntax. In H. Grimm (Hrsg.), *Sprachentwicklung. Enzyklopädie der Psychologie* (S. 139–167). Göttingen: Hogrefe.

Zollinger, B. (1986). *Spracherwerbsstörungen. Grundlagen zur Früherfassung und Frühtherapie.* Bern: Haupt.

Zollinger, B. (1995). *Die Entdeckung der Sprache.* Bern: Haupt.

Anke Buschmann

KAPITEL 11

Gezielte Anleitung von Bezugspersonen zu sprachförderlichen Alltagsinteraktionen

Dieses Kapitel ist dem Thema Einbezug der engsten Bezugspersonen in die sprachliche Förderung von sprachauffälligen Klein- und Vorschulkindern gewidmet. Gemeint sind sowohl die Eltern als wichtigste Bezugspersonen und Kommunikationspartner eines Kindes als auch das pädagogische Fachpersonal in den Bereichen Tagespflege, Krippe und Kindergarten. Der Fokus liegt auf den zu beobachtenden Veränderungen in der Bezugsperson-Kind-Interaktion, wenn bei dem Kind eine verzögerte Sprachentwicklung vorliegt, sowie auf den Möglichkeiten zur alltagsintegrierten Sprachförderung über das Interaktionsverhalten der Bezugspersonen.

Das Kapitel gliedert sich in vier Bereiche. Zunächst erfolgt eine kurze Darstellung der Rolle der Bezugspersonen im normalen Spracherwerb. Der besseren Übersichtlichkeit wegen ist das Kapital anschließend in die Bereiche Eltern (> Kap. 11.2) und pädagogisches Fachpersonal (> Kap. 11.3) unterteilt. Für beide Bereiche werden jeweils Befunde zu den Auswirkungen einer verzögerten/auffälligen Sprachentwicklung auf die Interaktion diskutiert und Möglichkeiten der Frühintervention durch eine gezielte Verbesserung der Bezugsperson-Kind-Interaktion in alltäglichen Kommunikationssituationen aufgezeigt.

Als klar strukturierte und gut planbare Kommunikationssituation bietet die gemeinsame Betrachtung eines Bilderbuchs (> Kap. 11.4) unter Beachtung bestimmter Grundprinzipien eine hervorragende Gelegenheit zur alltäglichen Sprachförderung im häuslichen und institutionellen Kontext. Das Kapitel schließt mit Befunden zur Effektivität des „dialogic reading" und einer Darstellung, wie sich das gemeinsame Buchanschauen für die Gruppe der Late-Talker zu einer gezielten Sprachfördersituation gestalten lässt.

11.1 Die Rolle der Bezugspersonen im Spracherwerb

Der Spracherwerb vollzieht sich im Zusammenspiel von internen, d.h. im Kind liegenden Faktoren und externen Einflüssen. Jedes Kind ist mit erstaunlichen biologischen Fähigkeiten ausgestattet, die das Sprechenlernen ermöglichen (Überblick in Hennon et al. 2000). Diese können sich jedoch nur entfalten, wenn das Kind sprachliche Anregung aus der Umgebung erhält, d.h. sein Interesse an Kommunikation adäquat aufgegriffen und unterstützt wird (u.a. Kauschke 2007; von Suchodoletz 2013). Intuitiv verwenden Bezugspersonen eine spezielle „kindgerichtete Sprache" (Überblick in Szagun 2010), mit der sie sich sensibel an den allgemeinen und sprachlichen Entwicklungsstand des Kindes anpassen. Diese „kindgerichtete Sprache" weist spezifische Charakteristika auf. So wird mit Säuglingen in einer besonders emotionalen Sprache gesprochen, die u.a. durch einen höheren Tonfall, eine ausgeprägte Sprachmelodie sowie durch langsames und deutliches Sprechen mit mehr Pausen gekennzeichnet ist. Dieser sog. *baby talk* unterstützt die prosodische und phonologische Entwicklung des Kindes und ist zudem mit einem übertriebenen Gesichtsausdruck verbunden. Dadurch wird die Aufmerksamkeit des Säuglings verstärkt auf Sprache gelenkt. Säuglinge mögen diesen Sprachstil sogar dann, wenn sie ihn in einer Fremdsprache angeboten bekommen (Werker, Pegg & McLeod 1994). Denn dieser besondere Sprachstil ist gut an die Sprachverarbeitungsfähigkeiten der Säuglinge angepasst und hilft ihnen u.a. dabei, einzelne Wörter aus dem Lautstrom zu erkennen. In Untersuchungen wurde dementsprechend auch ein direkter positiver Zusammenhang zwischen diesem aufmerksamkeitsförderlichen Sprachangebot und dem späteren Wortschatzumfang im ersten und zweiten Lebensjahr gefunden (vgl. Dunham, Dunham & Curwin 1993; Tomasello & Todd 1983).

Als *scaffolding* (stützende Sprache) bezeichnet man die an Einjährige gerichtete Sprache. In dem Alter ist das Kind bereits in der Lage, den Lautstrom zu segmentieren und erste Wörter zu verstehen. Es profitiert nun von einem Sprachangebot, das insbesondere der Erweiterung des passiven und aktiven Wortschatzes dient. Die Erwachsenen nutzen bzw. schaffen wiederkehrende überschaubare Situationen im Alltag, um das Kind auf ein Objekt oder eine Handlung aufmerksam zu machen und zugleich die Bezeichnung dafür einzuführen. Diese wird ganz natürlich hochfrequent wiederholt, bis sie im rezeptiven und später expressiven Wortschatz verankert ist. So bauen die Erwachsenen dem Kind eine „Stütze" bzw. ein „Gerüst", das Wörter mit den Objekten und Handlungen zu verknüpfen hilft. Mit zunehmenden sprachlichen Fähigkeiten beginnen die Kinder ihrerseits, die Aufmerksamkeit auf sie interessierende Dinge zu lenken und Erwachsene dazu zu animieren, ihnen die Bezeichnung dafür zu nennen. Eine prototypische Situation zur Wortschatzerweiterung ist das gemeinsame Bilderbuchanschauen von Kind und Bezugsperson (> Kap. 11.4; vgl. Hoff 2010; Whitehurst et al. 1988).

Im dritten Lebensjahr rückt die Verbesserung der kindlichen grammatischen Kompetenzen in den Fokus der Aufmerksamkeit. Die Bezugspersonen passen ihre Äußerungslänge den sprachlichen Fähigkeiten des Kindes an, d.h. die Sätze werden länger und den Kindern werden mehr Fragen gestellt. Zudem greifen Bezugspersonen intuitiv auf Sprachlehrstrategien zurück, um die Äußerungen der Kinder zu modellieren. Durch diesen Sprachstil, der als „lehrende Sprache" *(motherese)* bezeichnet wird, erhält das Kind im natürlichen Kommunikationssetting ein wohlgeformtes Modell der Zielstruktur (> Tab. 11.1).

Die qualitativ besondere „kindgerichtete Sprache" ermöglicht Kindern offenbar einen guten Einstieg in das sprachliche System und hilft ihnen, die wesentlichen Aspekte der jeweiligen Muttersprache in den ersten 3–4 Lebensjahren zu erwerben. Doch selbstverständlich unterscheiden sich die sprachlichen Umwelten, in denen Kinder aufwachsen. Hart & Risley (1995) fanden in einer Längsschnittstudie sehr

Tab. 11.1 Intuitive Sprachlehrstrategien zur Modellierung kindlicher Äußerungen

Intuitive Sprachlehr-strategie	Modellierung kindlicher Äußerungen (Beispiele)
Umformulierung/Transformation	Kind: „Heute gehen wir baden." Erwachsener: „Du möchtest heute baden gehen?"
Erweiterung der kindlichen Äußerung um einen inhaltlichen Aspekt/Extension	Kind: „Da ist ein Auto." Erwachsener: „Ja, da ist ein rotes Auto."
Grammatikalische Vervollständigung des Satzes/Expansion	Kind: „Junge fährt." Erwachsener: „Der Junge fährt."
Aufgreifen der kindlichen Äußerung und Wiedergeben in verbesserter Form/korrektives Feedback	Kind: „Maus in Loch krabbelt is." Erwachsener: „Die Maus ist in das Loch gekrabbelt."

große Differenzen bezüglich der Erfahrungen, die Säuglinge und Kleinkinder in ihrer häuslichen Umgebung mit Sprache sammeln und in direkten sprachlichen Interaktionen erleben können. Zwischen diesen unterschiedlichen Spracherfahrungen und dem kindlichen Wortschatz mit drei Jahren stellten die Autoren einen deutlichen Zusammenhang fest. Je reichhaltiger der Input, desto besser waren die Sprachfähigkeiten eines Kindes. Zudem zeigte sich, dass Kinder aus Familien mit niedrigem Sozialstatus ein geringeres Sprachangebot mit weniger variierendem Wortschatz erhielten und daher im Vergleich zu Kindern aus Mittel- und Oberschichtsfamilien signifikant geringere Sprachfähigkeiten im Alter von drei Jahren aufwiesen. Bei einer Nachuntersuchung sieben Jahre später fand sich wiederum ein positiver Zusammenhang zwischen den sprachlichen Kompetenzen im Vorschulalter und den rezeptiven und expressiven Sprachfähigkeiten sowie der Lesekompetenz (Hart & Risley 2003). Ähnliche Ergebnisse lieferte die Studie von Dickinson & Tabors (2002). Aus Variablen des Sprachumfeldes (Elternhaus und Kindertagesstätte) ließen sich die späteren Sprach-, Lese- und Rechtschreibleistungen der Kinder vorhersagen. Der positive Einfluss hochwertiger sprachlicher Interaktionen wie z.B. des dialogischen Buchlesens wurde mehrfach bestätigt (Justice et al. 2005; Whitehurst et al. 1988).

11

Oshima-Takane & Robbins (2003) gingen der Frage nach, ob sich die mütterliche Sprache in einer Mutter-Kind-Dyade und einer Mutter-Kind-älteres Geschwisterkind-Triade unterscheidet. Diese Frage ist u. a. deswegen von klinischer Relevanz, weil sich in Late-Talker-Stichproben in der Regel ein höherer Anteil an zweit- und drittgeborenen Kindern findet (u. a. Buschmann et al. 2009; Sachse & v. Suchodoletz 2009). In der Studie wurden 14 Kinder im Alter von 21 Monaten in einer Freispielsituation mit ihrer Mutter bzw. mit der Mutter und dem älteren Geschwisterkind gefilmt. Die Analyse zeigte, dass die sprachlichen Äußerungen der Mütter im Spiel mit beiden Kindern eher zur Regulation der kindlichen Aktivitäten und des sozialen Miteinanders dienten. Im Vergleich dazu wies das Sprachangebot der Mütter in Dyaden mehr sprachlernunterstützende Elemente für das Kind auf. Die Autoren sehen sich dadurch in ihrer Hypothese bestätigt, dass sich die Sprachumwelt zweitgeborener Kinder qualitativ von der Sprachumgebung erstgeborener Kinder unterscheidet.

11.2 Elterliche Kommunikation und Interaktion bei Kindern mit verzögerter Sprachentwicklung

11.2.1 Forschungsergebnisse

Wie im vorangegangenen Abschnitt beschrieben, passen Bezugspersonen ihr Sprachangebot intuitiv und sensibel an den jeweiligen Sprachentwicklungsstand ihres Kindes an. Das heißt, normalerweise ist das elterliche Sprachangebot gut auf die kindlichen Sprachlernvoraussetzungen abgestimmt, und die Kinder bekommen genau die sprachlichen Strukturelemente angeboten, die sie aktuell für die weiteren Schritte im Spracherwerb benötigen. Wie Ritterfeld (2000) treffend formulierte, scheint diese natürliche Passung bei Kindern, die nicht zum üblichen Zeitpunkt anfangen zu sprechen, gefährdet zu sein. Interaktionsanalysen bestätigen diesen Verdacht: Tannock & Girolametto (1992) beobachteten, dass Eltern von Kindern mit Sprachentwicklungsstörungen

im Vergleich zu Eltern sprachunauffälliger Kinder einen weniger responsiven Interaktionsstil pflegten, d. h. ihr Sprachangebot weniger an den Äußerungen ihres Kindes ausrichteten und zudem direktiver und kontrollierender mit ihm sprachen. Die Mütter von Late-Talkern stellten weniger Fragen als die Mütter sprachunauffälliger Kinder, benutzten seltener Nomen und sprachen weniger moduliert (D'Odorico & Jacob 2006). Bondurant et al. (1983) fanden heraus, dass Eltern in Interaktionen mit sprachauffälligen Kindern mehr Anweisungen gaben und die Kinder weniger in Entscheidungen miteinbezogen. Dies ist vor dem Hintergrund der Forschungsbefunde, die einen negativen Zusammenhang von mütterlichen Anweisungen und der Sprachentwicklung des Kindes belegen, als besonders ungünstig zu bewerten (Dunham et al. 1993; Hoff-Ginsberg 1991). Anweisungen bieten keine ausreichende Grundlage für den Spracherwerb, da sie in der Regel keine neuen Informationen enthalten, das Kind nicht zur aktiven Gesprächsbeteiligung anregen und selten in Situationen der gemeinsamen Aufmerksamkeit formuliert werden. Die von Ritterfeld (2000) beschriebene Tendenz der Eltern, antizipierend auf kindliche Wünsche zu reagieren, birgt die Gefahr, dass dem sprachentwicklungsverzögerten Kind auf diese Weise wichtige Übungsmöglichkeiten für die Kommunikation vorenthalten werden.

In einer eigenen Untersuchung wurde die Mutter-Kind-Kommunikation mit Late-Talkern im Vergleich zu sprachlich altersgemäß entwickelten zweijährigen Kindern während einer Bilderbuchbetrachtung analysiert (Jooss et al. in Vorber.). Die Stichprobe bestand aus zwei Gruppen einsprachig Deutsch aufwachsender Kinder im Alter von 24–25 Monaten: 18 Kinder mit deutlich verzögertem (Sprachgruppe) und 18 Kinder mit altersgemäßem Sprachentwicklungsstand (Kontrollgruppe). Sprach- und Kontrollgruppe waren hinsichtlich soziodemografischer Merkmale (Alter, Geschlecht, Stellung in der Geschwisterreihe und Bildungsstand der Mütter) parallelisiert. Als sprachentwicklungsverzögert galten Kinder, die im Elternfragebogen ELFRA-2 (Grimm & Doil 2006) einen produktiven Wortschatz von weniger als 50 Wörtern und keine altersentsprechenden Ergebnisse in den Bereichen Syntax und Morphologie aufwiesen. In die Kontrollgruppe wurden Kinder aufgenommen, deren aktiver Wortschatz mehr als 80 Wörter umfasste und

11

die gleichzeitig die kritischen Werte in Syntax und Morphologie nicht unterschritten. Alle Kinder verfügten über ein altersentsprechendes Sprachverständnis sowohl für Wörter als auch für Sätze (SETK-2, Grimm 2000). Ausgeschlossen wurden Kinder mit Beeinträchtigungen der Hör- und Sehfähigkeit, mit sprechmotorischen Defiziten, unterdurchschnittlichen nonverbal-kognitiven Fähigkeiten, mit tiefgreifender Entwicklungsstörung oder anderen Störungen, die sich auf die Sprach- und Intelligenzentwicklung auswirken.

Die Vorerfahrungen mit Bilderbuchbetrachtungen waren in beiden Gruppen vergleichbar. Die Mütter der Late-Talker gaben an, im Mittel 7,5-mal in der Woche gemeinsam mit ihrem Kind ein Buch anzuschauen, die Mütter der Kontrollgruppe durchschnittlich 6,7-mal wöchentlich. Die qualitative Analyse dieser für alle Mütter offenbar sehr vertrauten Kommunikationssituation erbrachte folgende Ergebnisse hinsichtlich verschiedener linguistischer und dialogischer Variablen:

> Die Mütter der Late-Talker gaben ihren Kindern im Vergleich zu den Müttern der sprachunauffälligen Kinder weniger Möglichkeiten zur aktiven Beteiligung an der Kommunikation, denn sie ergriffen z. B. nach dem Umblättern einer Seite häufiger selbst das Wort. Sie verwendeten zudem ein ähnlich komplexes linguistisches Sprachangebot wie die Mütter der sprachunauffälligen Kinder. Dies ist gut nachvollziehbar, weil die Late-Talker sowohl kognitiv als auch im Sprachverständnis über genauso gute Fähigkeiten verfügten wie die sprachunauffälligen Kinder. Da das Sprachangebot allerdings signifikant weiter von der Zone des nächsten Entwicklungsschritts im expressiven Sprachbereich entfernt lag, war es nicht sensitiv genug an die sprachproduktiven Fähigkeiten der Late-Talker angepasst. Die Late-Talker-Mütter setzten in geringerem Maße Sprachlehrstrategien ein. Sie verpassten häufiger die Gelegenheit, eine Äußerung des Kindes mit einer adäquaten Modellierungstechnik optimal sprachförderlich aufzugreifen, sodass den Late-Talkern prozentual weniger wohlgeformte Modelläußerungen zum Aufbau ihres Sprachwissens zur Verfügung standen.
> Auch das Frageverhalten der Mütter unterschied sich in den beiden Gruppen: Die Mütter der Late-Talker verwendeten signifikant weniger offene Fragen, sondern häufiger geschlossene Fragen (z. B. Ja/Nein-Fragen), die keine oder lediglich eingeschränkte verbale Antwortmöglichkeiten zulassen.

> Abbildung 11.1 veranschaulicht, wie der verspätete Sprechbeginn eines Kindes verbunden mit einer sehr zögerlichen Zunahme des aktiven Wortschatzes zur Verunsicherung der Eltern führen kann. Weshalb die sprachliche Entwicklung des Kindes bei gleichzeitig altersentsprechender motorischer, kognitiver und sozial-emotionaler Entwicklung so verlangsamt ist, können sich die Eltern in der Regel nicht erklären. Dies löst insbesondere bei den Müttern oft Schuldgefühle aus, und sie fragen sich, worin der eigene Anteil an diesem sprachlichen Unvermögen besteht. Hierzu tragen auch die gut gemeinten Erklärungsversuche aus der Umwelt bei. Die Eltern müssen sich unter Umständen Kommentare anhören, wie: „Kein Wunder, dass er nicht spricht, ihr versteht ja auch immer alles." Oder: „Mit dem Kind stimmt doch irgendetwas nicht." Zusätzlich sorgen sich viele Eltern um die weitere Entwicklung ihres Kindes: Wird es im Kindergarten zurechtkommen? Kann es den Rückstand bis zum Schuleintritt aufholen?

Diese unheilvolle Allianz aus Unsicherheit, Schuldgefühlen und Sorgen, verbunden mit dem ehrlichen Wunsch, dem eigenen Kind zu helfen, kann zu einer Veränderung in der natürlichen Interaktion führen. Die optimale Passung zwischen kindlichen Sprachlernvoraussetzungen und elterlichem Sprachangebot scheint zum Teil verloren zu gehen:

- Linguistisch ist das Sprachangebot der Eltern zu komplex und zu weit vom Sprachentwicklungsstand der Kinder entfernt.
- Dialogisch bietet es den Kindern zu wenig Anreize hinsichtlich eigenständiger aktiver Kommunikationsbeiträge sowie einem spontanen Agieren gemäß deren eigenen Interessen.

Viele Eltern reflektieren in der Beratung darüber, dass sie ihr Sprachangebot aktiv gesteigert hätten, um ihrem Kind möglichst viel Sprache anzubieten. Dadurch werden allerdings die aktiven Kommunikationsanteile des Kindes reduziert und die für diese Kinder so wichtigen Übungsmöglichkeiten eingeschränkt. Andere Eltern berichten wiederum, dass sie mit dem sprachverzögerten Kind eher weniger als mit den älteren Geschwisterkindern sprechen würden, und führen dies auf die geringen verbalen Reaktionen des Kindes auf ihre Fragen, Kommentare, Anregungen usw. zurück. Diese Reduktion der von den Eltern initiierten Kommuni-

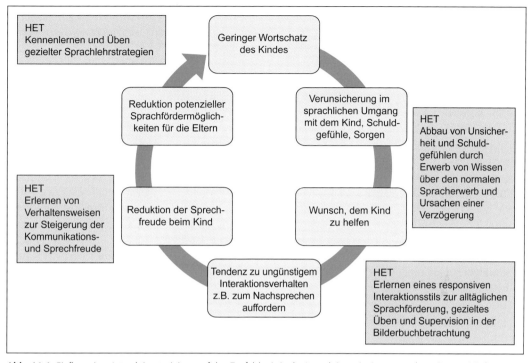

Abb. 11.1 Einfluss eines Interaktionstrainings auf den Teufelskreis in der Interaktion mit einem sprachverzögerten Kind

kationssituationen bedeutet ebenfalls eine Verringerung der Übungsmöglichkeiten für das Kind. Hinzu kommen häufig explizit ungünstige Verhaltensweisen, wie z. B. das Kind direkt zum Nachsprechen von Wörtern oder zur Präsentation eines neu erworbenen Wortes aufzufordern. Viele Eltern versuchen zudem den sicherlich gut gemeinten, aber unüberlegten Rat zu befolgen: „Einfach so tun, als ob man das Kind nicht verstanden hätte, dann muss es ja sprechen." Die Erfolgsaussichten sind gering und die Frustration auf beiden Seiten vorhersehbar. Solche Versuche können leicht die allgemeine Kommunikations- und Sprechfreude des Kindes trüben – mit fatalen Folgen: Es entstehen weniger „echte" Dialoge zwischen Kind und Eltern. Das Kind erhält seltener Gelegenheit, an einem guten Sprachvorbild zu lernen. Die Eltern haben weniger Gelegenheit, sprachmodellierend die Äußerungen des Kindes aufzugreifen. So bekommen Kinder, die eigentlich ein besonders gut auf sie abgestimmtes Sprachangebot und viele positive Interaktionssituationen benötigen, zunehmend weniger davon.

11.2.2 Anleitung der Eltern zu einem sprachfördernden Umgang mit dem sprachverzögerten Kind

Entscheidend für den Spracherwerb ist die Interaktion zwischen genetischer Steuerung und Anregung durch die Umwelt (u. a. Kauschke 2007; von Suchodoletz 2013). Bei verzögerter Sprachentwicklung liegt es daher nahe, die Sprachumwelt des Kindes zu optimieren. Da verbale Interaktionen insbesondere bei Kleinkindern meistens mit den engsten Bezugspersonen stattfinden, wird eine frühe Anleitung der Eltern zu einem sprachfördernden Umgang mit dem sprachentwicklungsverzögerten Kind inzwischen mehrheitlich als wichtig erachtet, zumal sie das Potenzial bietet, präventiv der Manifestation von Sprachauffälligkeiten entgegenzuwirken (u. a. Grimm 2003; Sarimski 2009; von Suchodoletz 2013). Zwingend erscheint dies gerade auch vor dem Hintergrund der oben genannten Befunde zum Interaktionsverhalten der Eltern – damit das Kind nicht Gefahr läuft, ein Sprachangebot zu erhalten, das nicht sensiv genug an seinen Sprachstand und seine Sprachverarbeitungsfähigkeiten angepasst ist.

Wie wichtig ein responsiver Interaktionsstil für die Entfaltung der sprachlichen Fähigkeiten der Kinder ist, konnte eine groß angelegte australische Studie (Hudson et al. 2014) belegen. Im Rahmen der Studie wurde spezifisch der Frage nachgegangen, inwieweit sich aus der mütterlichen Responsivität die sprachlichen Fähigkeiten der Kinder im Alter von drei und vier Jahren vorhersagen lassen. 301 zweijährige sprachverzögerte Kinder (≤20. Perzentile im Wortschatzfragebogen) wurden mit ihren Müttern in einer Freispielsituation gefilmt und das mütterliche Interaktionsverhalten global auf einer einfachen Fünf-Punkte-Likert-Skala bewertet:

- Sehr niedrige Responsivität (1) bedeutete, dass die Mutter selten in einer dem Entwicklungsstand des Kindes angemessenen Weise verbal oder nonverbal auf seine Äußerungen (Gesten oder Lautsprache) reagiert und das Verhalten des Kindes zu steuern versucht hatte, statt sich von seinen Interessen leiten zu lassen.
- Im Gegenzug war eine sehr hohe Responsivität (5) dadurch gekennzeichnet, dass die Mutter häufig in entwicklungsangemessener Weise auf die kindlichen Äußerungen (Gesten oder Lautsprache) reagiert und nicht versucht hatte, das Kind von seiner Aktivität wegzulenken, sondern seinen Interessen gefolgt war (Herstellung eines gemeinsamen Aufmerksamkeitsfokus).

Die Baseline-Messung ergab im Rating der mütterlichen Responsivität einen Mittelwert von 3,3 (SD 0,9). Bei 43 % der Mütter wurde die Responsivität als „hoch" oder „sehr hoch" und bei 18 % als „niedrig" oder „sehr niedrig" eingestuft. Die im Alter von drei und vier Jahren durchgeführten Untersuchungen der sprachlichen Fähigkeiten der Kinder bestätigten eindrücklich den Zusammenhang zwischen der mütterlichen Responsivität und dem Spracherwerb der Kinder. Es zeigte sich ein signifikant positiver Zusammenhang zwischen dem globalen fünfstufigen Rating und den rezeptiven und expressiven Sprachfähigkeiten der Kinder sowohl mit drei als auch mit vier Jahren.

Einen ähnlichen Befund lieferten Mahoney et al. (1985). Diese analysierten 20 Mutter-Kind-Dyaden in einer Freispielsituation im Hinblick auf das Interaktionsverhalten der Mütter im Umgang mit zweijährigen, in der Gesamtentwicklung beeinträchtigten Kindern. Zu 25 % ließ sich die Variabilität des sprachlichen Entwicklungsstandes dieser Kinder auf die Art und Weise, wie die Mütter mit ihnen interagierten, zurückführen. Als entscheidendes Merkmal kristallisierte sich die Responsivität des mütterlichen Interaktionsstils heraus. Die Kinder von Müttern, die ihre Äußerungen an den kindlichen Beiträgen ausrichteten und die Kinder weniger zu lenken versuchten, zeigten in der Freispielsituation mehr nonverbale und verbale Initiativen, imitierten mehr und produzierten mehr Wörter. Insgesamt wiesen sie einen höheren Sprachentwicklungsstand auf als die Kinder, deren Mütter in der erfassten Freispielsituation weniger responsiv agierten.

Aus den oben genannten Befunden lassen sich folgende Hauptziele für die Elternarbeit zur frühen Sprachförderung ableiten: Stärkung der elterlichen Kompetenz im sprachlichen Umgang mit dem Kind und Erhöhung der elterlichen Responsivität. Eltern sollen nicht zu „Therapeuten" ausgebildet, sondern für sprachförderliche Interaktionen im Alltag sensibilisiert werden, damit sie wiederkehrende Situationen bewusst zur Sprachförderung nutzen und gleichzeitig negative Interaktionsformen reduzieren (Ritterfeld 2000). So lernen die Eltern einerseits ihrem Kind gegenüber einen responsiven Interaktionsstil einzunehmen und andererseits ihr Sprachangebot an den Sprachentwicklungsstand und die weniger günstigen Sprachlernvoraussetzungen ihres Kindes anzupassen (siehe Kasten). Sarimski fasst dies treffend zusammen: *„Für Kinder mit beeinträchtigter Sprachverarbeitungsfähigkeit soll der sprachliche Input durch die Eltern so gestaltet werden, dass die Aufmerksamkeit des Kindes auf die Elternsprache gelenkt und es ihnen möglichst leicht gemacht wird, Wortbedeutungen zu erfassen und sprachliche Regeln abzuleiten. Dieser lernbegünstigende Input soll mit möglichst hoher Frequenz angeboten werden und die Kinder zur Beteiligung an sprachlichen Dialogen motivieren. Dabei werden die Elemente genutzt, die die Eltern als intuitive didaktische Kompetenzen für den natürlichen Dialog mitbringen"* (Sarimski 2009: 69).

Hinweise zur Verbesserung des Sprachangebots
• Langsam und deutlich sprechen • Auf gut modulierte Sprache achten • Zentrale Wörter betonen • Zentrale Wörter wiederholt und in unterschiedlichen Kontexten anbieten • Kurze, einfache Sätze verwenden • Kurze Pausen nach jeder Information lassen • Lautsprache mit Mimik und Gestik begleiten oder Kindern, die noch kaum über Lautsprache verfügen, Gesten, Geräusche und Lautmalereien anbieten Erfolgreiches Sprachlernen findet leichter in positiven Kommunikationssituationen statt. Zur Anregung des nächsten Entwicklungsschritts ist ein Sprachangebot, das leicht über dem Sprachniveau des Kindes liegt, besonders geeignet.

Sprachförderliche Grundhaltung
Für eine erfolgreiche Kommunikation mit einem Klein- oder Vorschulkind ist es zunächst wichtig, mit dem Kind auf Augenhöhe zu gehen, es evtl. leicht zu berühren und das Kind anzuschauen. Des Weiteren gilt: • Abwarten, was das Kind mitteilen möchte • Ausreden lassen (auch wenn man schon weiß, was es sagen möchte) • Genaues Zuhören bzw. Beobachten (nonverbale Reaktionen des Kindes) • Positives Bestätigen und Aufgreifen der kindlichen Äußerung bzw. • Formulieren, was man verstanden hat, um dem Kind die Möglichkeit zu geben, seine Äußerung anzupassen/zu verändern/mit Gesten zu verdeutlichen • Eingehen auf den Inhalt der Äußerung • Interessiertes Nachfragen Eine sprachförderliche Grundhaltung signalisiert dem Kind, dass seine Äußerungen unabhängig von der lautsprachlichen Kompetenz wertvoll und von Interesse sind. Dies steigert seine Kommunikations- und Sprechfreude.

Mit Intensivierung des Sprachangebots ist allerdings keine „Dauerberieselung" des Kindes gemeint. Ein Kind profitiert insbesondere in Momenten eines gemeinsamen Aufmerksamkeitsfokus von einer seinen Fähigkeiten angepassten Sprache (vgl. Dunham et al. 1993; Tomasello & Todd 1983). Das heißt, es ist wichtig, dass Eltern lernen, in alltäglichen Interaktionssituationen auf das Interesse ihres Kindes zu achten und ihm dafür sprachliche Ausdrucksmöglichkeiten anzubieten. Alltagssituationen effektiv nutzen zu können, setzt eine sprachförderliche Grundhaltung voraus (siehe Kasten), die von Vertrauen in die kommunikativen Fähigkeiten des Kindes geprägt ist: Das Kind wird unabhängig von seinen lautsprachlichen Kompetenzen zu eigenen Äußerungen ermutigt und erhält anschließend eine positive Reaktion darauf. Denn Sprechenlernen geht nur über Sprechenüben in einer wohlwollenden, vertrauensvollen Umgebung. Zur gezielten sprachlichen Unterstützung können die Eltern die Äußerungen ihres Kindes sprachmodellierend aufgreifen (➤ Kap. 11.1) und so ein gutes Sprachvorbild für ihr Kind abgeben. Mit motivierenden und offenen Fragen wie „Was passiert denn hier?" kann das Kind zum Erzählen ermuntert werden. In Studien ließ sich dies mehrfach bestätigen. Vorschulkinder reagierten auf offene Fragen in der Regel mit Mehrwortäußerungen (De Rivera et al. 2005; Wasik & Bond 2001). Geschlossene Fragen im Sinne von „Was ist das?" beantworteten sie dagegen mit einfachen Ein- bis Zweiwortäußerungen (De Rivera et al. 2005).

Die Wirksamkeit elternzentrierter Frühinterventionen konnte in einer Metaanalyse internationaler Studien belegt werden. Eine gezielte Anleitung der Eltern, zumeist im Gruppenkontext, hatte einen signifikant positiven Effekt auf die rezeptiven und expressiven Sprachfähigkeiten der Kinder (Alter 18–60 Monate) sowohl bei isolierter Sprachentwicklungsverzögerung als auch bei verzögerter Sprachentwicklung im Rahmen einer globalen Entwicklungsbeeinträchtigung (Roberts & Kaiser 2011). Eltern sind offensichtlich sehr gut in der Lage, ihr sprachliches Verhalten dem Kind gegenüber dahingehend zu verändern, dass es optimale Möglichkeiten für den Spracherwerb erhält.

Elternzentrierte Frühinterventionsprogramme

Mit dem **„Hanen Program for Parents – HPP"** (Girolametto et al. 1986) existiert seit langem ein erfolgreicher elternzentrierter Ansatz zur frühen Sprachförderung im natürlichen Setting. Die Eltern werden angeleitet, vermehrt Kommunikationssituationen mit dem Kind herzustellen, sich in diesen ganz auf das Kind einzustellen und gezielt Sprachlehrstrategien wie das korrekte Wiederholen fehlerhafter kindlicher

11

Äußerungen einzusetzen. Das HPP ist für eine Elterngruppe von bis zu 16 Personen konzipiert und beinhaltet acht abendliche Gruppensitzungen sowie drei Hausbesuche zur individuellen Beratung der Familien. Durchgeführt wird das HPP von zwei speziell qualifizierten Trainingsleitern. Damit ist das HPP laut einer Studie von Baxendale & Hesketh (2003) ähnlich zeit- und kostenaufwändig wie eine kindzentrierte Therapie. In einer randomisiert kontrollierten Studie von Girolametto et al. (1996) wurde das „Hanen Program for Parents" in einer modifizierten Version hinsichtlich seiner Effektivität in Bezug auf die sprachproduktiven Fähigkeiten von 25 Late-Talkern im Alter von 23–35 Monaten überprüft. Die Mütter lernten, ihre Kinder mit häufigen und intensiven Sprachreizen (vorher festgelegte Zielwörter) optimal zu stimulieren, d.h. diese in einfachen Äußerungen hochfrequent und prägnant anzubieten. Im Anschluss an das Training verfügten die Kinder, deren Mütter am HPP teilgenommen hatten, über einen signifikant größeren Wortschatz als die Kinder, bei denen keinerlei Intervention erfolgt war. Die Mütter hatten ihr Sprachangebot so geändert, dass sie langsamer (d. h. weniger Wörter pro Minute) und mit reduzierter Wortvielfalt sprachen sowie kürzere und damit weniger komplexe Sätze verwendeten. Durch ein sensitiver an den Sprachstand der Kinder angepasstes Sprachangebot ließ sich eine signifikante Steigerung des kindlichen Wortschatzes erreichen.

In einer kontrollierten nicht-randomisierten Therapiestudie überprüften Möller et al. (2008) das HPP im Hinblick auf seine Durchführungsqualität und Wirksamkeit bei deutschsprachigen Kleinkindern. Hierfür wurden 17 Kinder mit isolierter Sprachentwicklungsverzögerung im Alter von 24–31 Monaten rekrutiert. Die Mütter von 9 Kindern nahmen am Elternprogramm (10 Elternabende und 3 Einzelsitzungen) teil, während 8 Kinder in die Kontrollgruppe aufgenommen wurden und zunächst unbehandelt blieben. Die Nachuntersuchung erfolgte im Mittel 16,5 Wochen nach der Eingangsuntersuchung ausschließlich über eine Erhebung der aktiven Sprache anhand des Elternfragebogens ELFRA-2 (Grimm & Doil 2006). Die Ergebnisse bestätigten eine kurzfristige Wirksamkeit des HPP. Bei den Kindern der Interventionsgruppe war ein größerer Zuwachs an aktiv produzierten Wörtern zu verzeichnen als bei den Kindern der Kontrollgruppe.

Gibbard et al. (1994) überprüften ebenfalls die Effektivität einer indirekten Intervention. Die Eltern wurden über einen Zeitraum von sechs Monaten alle zwei Wochen in einer Gruppe angeleitet, ihre Kleinkinder im Spiel optimal sprachlich zu fördern und diese Strategien in den Alltag zu übertragen. Zusätzlich zu den produktiven Sprachmaßen floss auch die Beurteilung des Sprachverständnisses in das Ergebnis mit ein. Im Posttest waren die Kinder der Interventionsgruppe in nahezu allen rezeptiven und expressiven Sprachmaßen den Kindern der Kontrollgruppe signifikant überlegen.

Die Arbeitsgruppe um Buschmann überprüfte in einer randomisiert kontrollierten Evaluationsstudie das **„Heidelberger Elterntraining zur frühen Sprachförderung – HET"** (Buschmann et al. 2009, Buschmann 2011). Das HET, ein spezifisch für Eltern von Late-Talkern konzipiertes Gruppenprogramm (siehe Kasten), wurde als sekundärpräventive Maßnahme alternativ zur in Deutschland noch immer weit verbreiteten Wait-and-see-Haltung entwickelt. In einer deutschlandweiten Befragung von etwa 250 teilnehmenden Eltern konnte eine hohe Zufriedenheit mit dem HET festgestellt werden (Buschmann & Ritter, 2013). Die Teilnehmer gaben an, ihr sprachliches Verhalten dem Kind gegenüber verändert zu haben und sahen sich nach der Teilnahme am HET in der Lage, ihr Kind sprachlich gut unterstützen zu können.

Die Überprüfung der kurz- und längerfristigen Wirksamkeit im Hinblick auf die sprachliche Entwicklung der Late-Talker erfolgte an einer Stichprobe von 47 zweijährigen Kindern mit isoliert expressiver Sprachentwicklungsverzögerung. Zum Zeitpunkt der Eingangsdiagnostik waren die Kinder 24–27 Monate alt und verfügten im Mittel über einen aktiven Wortschatz von 16 Wörtern im ELFRA-2 (Grimm & Doil 2006). Im standardisierten Sprachentwicklungstest SETK-2 (Grimm 2000) erzielten die Kinder in den Untertests zum Sprachverständnis Ergebnisse im Normbereich, schnitten aber in den Untertests zur Wort- und Satzproduktion weit unterdurchschnittlich ab. Alle Kinder verfügten über altersentsprechende nonverbal-kognitive Fähigkeiten (MDI nonverbal > 85), erfasst mit dem Entwicklungstest Bayley-II in der niederländischen Version (Van der Meulen et al. 2002). Die 24 Kinder der Interventionsgruppe und die 23 Kinder der Kontrollgruppe waren hinsichtlich relevanter soziodemografischer Variablen (Geschlecht, Geschwisterreihe, Schulabschluss und Berufstätigkeit der Mutter, Alter der Mutter bei Geburt, positive Familienanamnese bezüglich Sprachentwicklungsstörungen) miteinander vergleichbar. Zudem bestanden keine signifikanten Unterschiede in den erhobenen Sprachdaten. Während die Mütter der Interventionsgruppe am Elterntraining teilnahmen, blieben die Kinder der Kontrollgruppe bis zum dritten Geburtstag unbehandelt. Drei Monate nach der Intervention zeigte sich bei den Interventionskindern im Vergleich zu den Kindern der Kontrollgruppe eine deutlich akzelerierte sprachliche Entwicklung. Sowohl in allen von den Eltern beurteilten Sprachmaßen des ELFRA-2 (Wortschatz, Morphologie und Syntax) als auch in den objektiv erfassten sprachproduktiven Fähigkeiten des SETK-2 (Wortschatz, Satzbildung) erzielten sie signifikant höhere Werte als die Kontrollkinder. Sie produzierten signifikant mehr Verben und Präpositionen und hatten damit bereits im Alter von zweieinhalb Jahren deutlich bessere Voraussetzungen für den Einstieg in das grammatische System als die unbehandelten Kontrollkinder. Neun Monate nach Abschluss der Intervention ließen sich in den sprachproduktiven Leistungen weiterhin deutliche Unterschiede zugunsten der Interventionsgruppe erfassen. Die Kinder verfügten sowohl über einen größeren aktiven Wortschatz als auch über bessere grammatische Fähigkeiten als die Kinder der unbehandelten Kontrollgruppe. Als statistisch signifikant erwiesen sich die Unterschiede in den Subskalen Produktiver Wortschatz und Morphologie des ELFRA-2 (Grimm & Doil 2006) und bei der Beschreibung von Bildinhalten im SETK 3–5 (Grimm 2001). Bis zum Alter von drei Jahren hatten 75 % der Kinder aus der Interventionsgruppe den sprachlichen Rückstand soweit aufgeholt, dass sie im standardisierten Sprachentwicklungstest ein altersentsprechendes Ergebnis erzielten. Im Vergleich dazu lag die Spontanaufholerrate in der Kontrollgruppe bei 44 % (Buschmann et al. 2009).

Eine weitere elternzentrierte Frühintervention im deutschsprachigen Raum ist das Eltern-Kind-Programm **„Schritte in den Dialog"** (Möller 2006; Möller & Spreen-Rauscher 2009). Es richtet sich an die Eltern von Kindern mit einer deutlichen Sprachent-

wicklungsverzögerung und zielt auf den Übergang von der vorsprachlichen Entwicklung in die beginnende Sprache ab. Im Fokus dieses Ansatzes steht die Anbahnung und Förderung der intentionalen Kommunikation beim Kind. „Schritte in den Dialog" ist sowohl als Gruppentraining als auch im Rahmen einer Individualschulung durchführbar. Die Lerninhalte werden interaktiv, oft anhand von Videobeispielen erarbeitet. Eine Effektivitätsstudie liegt nicht vor.

Offensichtlich scheint jedoch nicht jede Form der elternzentrierten Intervention per se Vorteile im Hinblick auf eine signifikante Verbesserung der sprachlichen Fähigkeiten zu haben. Wake et al. (2011) untersuchten in Australien in einer groß angelegten randomisiert kontrollierten Studie die Effektivität einer modifizierten Version des Programms „You make the difference" von Manolsen et al. (1995) bei 18 Monate alten Kindern, die im Rahmen einer flächendeckenden Früherkennungsuntersuchung als sprachentwicklungsverzögert eingeschätzt worden waren (≤20. Perzentile im Wortschatzfragebogen). Das Programm wurde von 9 auf 6 Sitzungen reduziert und um Schrift- und Videomaterial für die Eltern ergänzt. Die 115 Eltern, die an der Intervention teilnahmen, besuchten im Mittel 4,5 der 6 Sitzungen und zeigten sich insgesamt hoch zufrieden mit dem Programm. Über die Hälfte der Eltern gab an, ihr kommunikatives Verhalten dem Kind gegenüber verändert und ebenso beim Kind eine Veränderung in der Kommunikation wie auch im Verhalten beobachtet zu haben. In der standardisierten Beurteilung der rezeptiven und expressiven Sprachfähigkeiten ließen sich im Vergleich zu einer unbehandelten Kontrollgruppe jedoch weder im Alter von zwei Jahren noch mit drei Jahren signifikante Unterschiede feststellen. Gleiches traf auf den mittels Elternfragebogen erfassten aktiven Wortschatz zu. In Bezug auf die internalen und externalen Verhaltensweisen (gemessen mit der Child Behavior Checklist 1½–5; Achenbach & Rescorla 2000) ergaben sich ebenfalls keine bedeutsamen Unterschiede zwischen den beiden Gruppen. Die Autoren mutmaßen, dass die Dauer der Intervention mit sechs Wochen elterlicher Begleitung insgesamt zu kurz gewesen sein könnte. Hinzu kommt, dass nur 57 % der Eltern an mindestens 4 Sitzungen teilgenommen hatten. Zudem könnte der Zeitpunkt für den Beginn der Intervention mit

18 Monaten zu früh und die Auswahl der Kinder anhand des expressiven Wortschatzes ungünstig gewesen sein. Denn für das Alter von 18 Monaten sind aktuell zu wenig valide Prognosefaktoren für die weitere sprachliche Entwicklung bekannt. Ähnlich angelegte Interventionen über einen längeren Zeitraum (10–12 Wochen) haben sich bei Kindern mit einem größeren Risikopotenzial oder bei Late-Talkern im Alter von 24–30 Monaten bereits als wirksam erwiesen (u. a. Buschmann et al. 2009, Girolametto et al. 1996). Somit schlussfolgern die Autoren, dass eine Elternanleitung zu einem bewusst sprachförderlichen Verhalten als präventive Maßnahme für sprachverzögerte Kinder im Alter von 18 Monaten ökonomisch nicht sinnvoll sei. Sie befürworten aufgrund der Datenlage ein flächendeckendes frühes Sprachscreening mit der Möglichkeit, bei Bedarf eine gezielte Frühintervention im Alter von 2–3 Jahren anzuschließen.

Heidelberger Elterntraining zur frühen Sprachförderung

Das „Heidelberger Elterntraining zur frühen Sprachförderung – HET" (Buschmann 2011) ist ein sprachbasiertes Interaktionstraining und wurde speziell für Eltern von zwei- bis dreijährigen ein- oder mehrsprachig aufwachsenden Kindern mit verzögertem Spracherwerb entwickelt. Hauptzielgruppe sind Kinder, bei denen im Rahmen der kinderärztlichen Vorsorgeuntersuchung U7 eine expressive oder rezeptiv-expressive Sprachentwicklungsverzögerung bei ansonsten altersentsprechender Entwicklung festgestellt worden ist (sog. Late-Talker).

Organisatorischer Rahmen

Das HET ist als Gruppenprogramm für maximal 10 Personen konzipiert, mit 7 etwa 2-stündigen Sitzungen im Abstand von 1–3 Wochen. Zur Sicherung der Nachhaltigkeit wird ein halbes Jahr später ein Nachschulungstermin ergänzt. Neben den Eltern können auch Großeltern, die Kinderfrau oder andere wichtige Bezugspersonen des Kindes teilnehmen. In der Praxis sind nicht immer Gruppentrainings realisierbar, sodass auch Einzelberatungen nach dem Konzept des Heidelberger Elterntrainings stattfinden.
Im Vorfeld erfolgt eine standardisierte sprach- und entwicklungsdiagnostische Abklärung mit einer informellen Interaktionsanalyse sowie eine pädaudiologische Untersuchung. Im Alter von drei Jahren findet eine Kontrolluntersuchung hinsichtlich der sprachlichen Entwicklung statt, um bei Vorliegen deutlicher Entwicklungsrückstände bzw. einer manifesten Sprachentwicklungsstörung eine individuelle kindzentrierte Intervention einzuleiten.

Zielsetzung

Das Training zielt auf eine Verbesserung der kindlichen Sprachlernmöglichkeiten ab, indem innerhalb natürlicher Interaktionen die Kommunikations- und Sprechfreude des Kindes gestärkt und durch einen raschen Wortschatzaufbau die Voraussetzung für den Einstieg in das grammatische System geschaffen wird (➤ Abb. 11.1).
Die Eltern werden als wichtigste Bezugspersonen und Kommunikationspartner des Kindes in ihrer Kompetenz gestärkt und befähigt, ihr Sprachangebot so sensitiv wie möglich an die sprachlichen Fähigkeiten des Kindes anzupassen. Sie werden dazu motiviert, ein optimales sprachliches Umfeld für ihr Kind zu schaffen und Möglichkeiten zu sprachförderlichen Interaktionen im Alltag wahrzunehmen und zu nutzen, insbesondere täglich wiederkehrende Situationen.

Trainingsaufbau

Die Inhalte der einzelnen Sitzungen bauen stringent aufeinander auf. Jede Sitzung verläuft nach einem ähnlichen Muster mit einem hohen Übungsanteil. Häufig werden Lerninhalte anhand von Videoclips erarbeitet, gemeinsam besprochen und anschließend in Kleinstgruppen geübt. Dieses Vorgehen bietet innerhalb des standardisierten Ablaufs genügend Flexibilität, um auf individuell unterschiedliche Problemlagen der Kinder einzugehen bzw. unterschiedliche Bildungshintergründe und Sprachkenntnisse der Teilnehmer zu berücksichtigen. Das häusliche Üben zwischen den Sitzungen (inkl. Feedback zu Beginn jeder Sitzung) spielt eine große Rolle. Eine vertiefte Reflexion des eigenen Interaktionsverhaltens erfolgt durch die Videosupervision einer zu Hause von den Eltern gefilmten Interaktionssituation (gemeinsames Buchanschauen oder Spielen). Zu den Inhalten jeder Sitzung erhalten die Eltern anschauliches Schriftmaterial.

Trainingsbausteine

Inhaltliche Schwerpunkte sind die Vermittlung von Informationen über das Störungsbild (Psychoedukation) und die Befähigung der Eltern zu einem adäquaten Umgang mit ihrem sprachentwicklungsverzögerten Kind (Empowerment). In Sitzung 1 erhalten die Eltern wesentliche Informationen über die Voraussetzungen eines erfolgreichen Spracherwerbs und über mögliche Ursachen einer verzögerten Sprachentwicklung. Diese für die Eltern zumeist neuen Informationen tragen wesentlich dazu bei, Schuldgefühle abzubauen und die Motivation zu stärken. Die Grundprinzipien einer sprachförderlichen Kommunikation (sprachförderliche Grundhaltung und fein abgestimmtes Sprachangebot) werden ebenfalls in der ersten Sitzung erarbeitet. Sitzung 2 bis 4 sind dem Wortschatzaufbau gewidmet – in prototypischer Form der Bilderbuchsituation (➤ Kap. 11.4). Neben den Rahmenbedingungen und geeigneten Büchern werden wesentliche Grundprinzipien, die das Kind zum aktiven Kommunizieren anregen, besprochen. Der gezielte Einsatz von

Sprachlehrstrategien und von motivierenden Fragen lässt sich exemplarisch an der Bilderbuchsituation erarbeiten und anschließend auf andere Situationen – im Alltag in Sitzung 5 oder auf das gemeinsame Spiel in Sitzung 6 – übertragen. Des Weiteren werden sprachhemmendes Sprach- und Interaktionsverhalten, der Umgang mit Medien und der freudvolle Einsatz von Sprachspielen wie z. B. Bewegungsliedern (Sitzung 7) thematisiert.

Grundprinzipien zur Zusammenarbeit mit den Eltern im HET

Die Arbeit mit den Eltern erfolgt strukturiert und zielgerichtet, wobei elterliche Erfahrungen und Kompetenzen aktiv miteinbezogen werden. Eine wertschätzende Haltung und die Orientierung am individuellen Veränderungspotenzial tragen wesentlich dazu bei, die Eltern dahingehend zu motivieren, dass sie ihr sprachliches Verhalten dem Kind gegenüber reflektieren und verändern. Durch gemeinsames Erarbeiten von Wissen und intensives Üben sprachförderlicher Verhaltensweisen erwerben die Eltern rasch Handlungskompetenz und erfahren Selbstwirksamkeit. Zu beachten ist, dass die Eltern ihre Rolle als primäre Bezugspersonen behalten. Die sprachliche Förderung durch die Eltern bezieht sich ausschließlich auf alltagsnahe Interaktionssituationen. Die Arbeit in einer Elterngruppe ermöglicht den betroffenen Eltern ein Lernen unter Gleichgesinnten und bietet Gelegenheit zum Austausch untereinander.

Effektivität

Die Wirksamkeit des HET konnte in einer randomisiert-kontrollierten Studie im Prä-Post-Design mit Follow-up nach 9 Monaten nachgewiesen werden. Die Rate der manifesten Sprachentwicklungsstörungen war im Alter von drei Jahren in der Trainingsgruppe signifikant geringer als in der unbehandelten Vergleichsgruppe.

11.3 Interaktion zwischen pädagogischem Fachpersonal und sprachauffälligen Kindern

11.3.1 Forschungsergebnisse

Wie Studien zeigen, ist die Interaktion zwischen pädagogischem Fachpersonal und sprachauffälligen Kindern offenbar durch ähnlich ungünstige Merkmale gekennzeichnet wie für die elterliche Interaktion beschrieben (➤ Kap. 11.2.1). Beispielsweise konnten Girolametto et al. (2000) bei ErzieherInnen im Umgang mit sprachauffälligen Kindern einen eher direktiven und weniger sprachmodellierenden Sprachinput beobachten.

In einer in Deutschland durchgeführten Studie im frühpädagogischen Bereich (Albers et al. 2013) wurde deutlich, dass sprachverzögerte Kleinkinder in der Krippe und in der Tagespflege einerseits weniger Interaktionen mit Fachkräften erfuhren als sprachunauffällige Kinder und dass andererseits die Qualität der Interaktionen signifikant geringer war. Die frühpädagogischen Fachkräfte reagierten weniger sensitiv auf die sprachlichen Fähigkeiten der Kinder. So achteten sie z. B. weniger auf Verständnissicherung und setzten seltener Sprachlehrstrategien wie Expansion, Extension und Umformulierungen ein. Damit reduzierten sich für diese Kinder die Gelegenheiten, korrekte Sprachvorbilder zu hören, implizite Rückmeldungen über ihr eigenes Sprechvermögen zu erhalten und in einer sprachanregenden Umgebung aktiv sprechen zu üben.

Darüber hinaus stellten Albers et al. (2013) bei weniger sprachkompetenten Sprechern auch Einschränkungen in den Peer-Interaktionen fest. Im Vergleich zu sprachunauffälligen Kindern traten sie seltener mit anderen Kindern in Kontakt und wiesen insgesamt eine geringere Interaktionsdichte mit Peers auf.

Diese Befunde lassen auf ein großes Potenzial für eine Verbesserung der alltagsintegrierten Sprachförderung in der Kita durch Erhöhung der Interaktionsqualität schließen. Unterstrichen wird dies durch folgenden Befund: In einer Studie von Jungmann et al. (2013) zur Wirksamkeit eines sprachbasierten Interaktionstrainings stellte das Sprach- und Interaktionsverhalten der pädagogischen Fachkraft den zweitgrößten Faktor zur Vorhersage des Sprachstands dar (der größte Prädiktor war der Sprachstand des Kindes zum Zeitpunkt des Prätests).

11.3.2 Möglichkeiten zur Veränderung des sprachlichen Interaktionsverhaltens von pädagogischem Fachpersonal

Wie oben (➤ Kap. 11.2.2) dargestellt, gelingt es im Rahmen eines sprachbasierten Interaktionstrainings, Eltern zu einem bewusst sprachfördernden Alltagsverhalten anzuleiten und so die Sprachleistungen der Kinder effektiv zu verbessern. Inwieweit ist ein

11

ähnliches Vorgehen auch im Kontext von Tagespflege, Krippe und Kindergarten anwendbar?

Erste Antworten lieferte die kanadische Forschergruppe um Girolametto. Girolametto et al., (2003) unterzogen ErzieherInnen einem intensiven sprachbasierten Interaktionstraining (Dauer 14 Wochen) mit Gruppensitzungen und Einzelterminen (inkl. Videofeedback). Im Zentrum standen die Vermittlung und Aneignung verschiedener sprachförderlicher Strategien wie kindorientiertes Arbeiten, interaktionsfördernde Verhaltensweisen und der Einsatz von Sprachmodellierungstechniken. Nach dem Interaktionstraining zeigten sich bedeutsame Verhaltensänderungen bei den ErzieherInnen in Bezug auf interaktionsförderliche Strategien wie Abwarten der kindlichen Äußerungen oder Aufnahme von Blickkontakt, jedoch nicht in Bezug auf die Komplexität und Passung der sprachlichen Äußerungen. Auf der Kindebene fanden sich ebenfalls positive Effekte, vor allem hinsichtlich der Sprechfreude, der Anzahl der Äußerungen sowie der Kommunikation der Kinder untereinander.

In einer randomisierten Kontrollgruppenstudie im Prä-Post-Design hat die kanadische Arbeitsgruppe (Milburn et al. 2014) untersucht, ob sich durch die Teilnahme an einer Professionalisierungsmaßnahme der sprachliche Anregungsgehalt beim Buchvorlesen steigern lässt. Das Schulungsprogramm **ABC and Beyond: The Hanen Program for Building Emergent Literacy in Early Childhood Settings** (Weitzman & Greenberg 2010) bestand aus vier Fortbildungsblöcken, die mit insgesamt 18 Einheiten in der Gruppe und 3 individuellen Coachings in der Institution durchgeführt wurden. Es sollte insbesondere der Frage nachgegangen werden, ob sich der Anteil offener Fragen und responsiver Reaktionen durch eine gezielte Schulung erhöhen lässt. An der Studie nahmen 20 ErzieherInnen und 76 Vorschulkinder teil, für die das Vorlesen von Büchern eine vertraute Situation bedeutete. Wie eine Erhebung im Vorfeld ergab, wurden nahezu täglich etwa zwei Bücher in kleinen Kindergruppen gelesen. Im Rahmen der Studie bestanden die kleinen Gruppen aus 3–4 Vorschulkindern. Die Auswertung zeigte, dass die Schulungsteilnehmer im Vergleich zu den ErzieherInnen der Kontrollgruppe (keine Fortbildung) nach der Intervention signifikant häufiger responsiv mit den Äußerungen der Kinder umgingen, signifikant mehr offene Fragen stellten und in

Gesprächen eine größere Anzahl unterschiedlicher Wörter benutzten. Sie sprachen mit den Kindern signifikant länger über den Inhalt der Geschichte und führten bedeutsam mehr Gespräche mit $\geq$ 5 Sprecherwechseln. Das heißt, die Vorlesesituation war insgesamt mehr zu einer Kommunikations- und Interaktionssituation geworden und das Interaktionsverhalten der ErzieherInnen von einem responsiveren Interaktionsstil geprägt.

Auch aus Deutschland liegen Berichte vor, die positive Effekte von pädagogischen Fachkräftetrainings im Hinblick auf eine gesteigerte kindliche Sprechfreude (vgl. King et al. 2011) oder auf die Sprachentwicklung unauffälliger Kinder belegen (vgl. Beller et al. 2007). Mit einer Pilotstudie in 14 Kinderkrippen konnten Buschmann & Jooss (2011) für zweijährige sprachentwicklungsverzögerte Kinder zeigen, dass das sprachbasierte **„Heidelberger Interaktionstraining für pädagogische Fachkräfte – HIT"** (➢ Kasten) mit begleitender Supervision und individueller Interaktionsberatung einer eintägigen interaktiven Fortbildung zur Verbesserung der Interaktionsqualität überlegen ist. Die Kinder, deren BezugserzieherInnen an dem mehrtägigen Training teilgenommen hatten, schnitten im Wortschatzfragebogen ELAN (Bockmann & Kiese-Himmel 2006) und im standardisierten Sprachentwicklungstest besser ab als die Kinder der Vergleichsgruppe. Der Anteil der Aufholer lag in der Interaktionsgruppe bei 53 % und in der Vergleichsgruppe bei 23 %. Als Aufholer galt, wer in allen Untertests sowohl im Sprachverständnis als auch in der Sprachproduktion des SETK-2 (Grimm 2000) Werte im Normbereich erzielt hatte.

Randomisierte kontrollierte Studien aus dem deutschsprachigen Raum liegen vor allem von der Arbeitsgruppe um Sachse vor. Simon & Sachse (2011) führten im Rahmen von *„SPATS – Sprachförderung: Auswirkungen eines Trainings"* in 16 hessischen Kindergärten eine Evaluationsstudie zur Wirksamkeit des „Heidelberger Interaktionstrainings für pädagogische Fachkräfte – HIT" durch. In einem Prä-Post-Kontrollgruppendesign mit Follow-up nach fünf Monaten wurde überprüft, ob sich durch das sprachbasierte Interaktionstraining das Verhalten von Fachkräften im Sinne einer sprachanregenden Interaktion nachhaltig verändern lässt. Per Videoanalyse erfolgte eine Beurteilung der Qualität der Fachkraft-Kind-

Interaktion während einer Bilderbuchbetrachtung. An der Studie nahmen 49 Fachkräfte und 146 drei- bis vierjährige sprachlich schwache Kinder bzw. Kinder mit Sprachentwicklungsstörung teil. Eine Gruppe absolvierte das HIT in einer leicht veränderten, für das Kindergartenalter adaptierten Form, während die Vergleichsgruppe eine eintägige Fortbildung besuchte, die über den Zusammenhang zwischen Sprache und Denken informierte. Zudem erhielt die Vergleichsgruppe Anregungen zu einer indirekten sprachlichen Förderung – durch Unterstützung kognitiver Funktionen – mittels Brett- und Regelspielen. Für alle ErzieherInnen gab es einen identischen Fortbildungsblock zu den Themen Sprachentwicklung, Auffälligkeiten in der Sprachentwicklung und Mehrsprachigkeit. In beiden Studiengruppen wurden die ausgewählten sprachlich schwachen Kinder über einen viermonatigen Interventionszeitraum in Kleingruppen (à 3 Kinder) von den ErzieherInnen entsprechend der jeweiligen Fortbildungsinhalte gefördert. Die Dauer war in beiden Gruppen auf etwa zehn Minuten pro Tag festgelegt. Die Studie lieferte folgende Ergebnisse: Im Prätest unterschied sich das sprachliche Interaktionsverhalten der ErzieherInnen beider Gruppen nicht. Der durchschnittliche Redeanteil der ErzieherInnen in der Bilderbuchsituation, der zu diesem Zeitpunkt in beiden Gruppen ca. 75 % betrug, verringerte sich durch das Interaktionstraining auf 67 % bis zum Posttest und auf 62 % bis zum Follow-up. In der Vergleichsgruppe blieb der Redeanteil der ErzieherInnen dagegen unverändert hoch. Nach dem Interaktionstraining überließen die Fachkräfte in höherem Maße als in der Vergleichsgruppe den Kindern die Führung beim gemeinsamen Buchanschauen (das Buch lag auf dem Tisch und die Kinder durften die Seiten umblättern). Des Weiteren griffen die Fachkräfte nach dem Interaktionstraining signifikant und dauerhaft häufiger auf Sprachlehrstrategien (Umformulierung, Expansion, Extension) zurück und gaben signifikant häufiger ein korrektives Feedback als die Fachkräfte der Vergleichsgruppe. In der Verwendung sprachanregender Fragen unterschieden sich die beiden Gruppen jedoch nicht voneinander.

In einem zweiten Schritt wurden die Sprach- und Interaktionsdaten auf Kindebene ausgewertet (Simon & Sachse, 2013). Hier zeigte sich, dass die Optimierung des sprachlichen Interaktionsverhaltens der Fachkräfte eine signifikante Steigerung der Sprechfreude der Kinder zur Folge hatte. „Sprechfreude" wurde über die Kommunikationsanteile in der Bilderbuchsituation, die absolute Summe der kindlichen Äußerungen sowie die Verwendung längerer und komplexerer verbaler Äußerungen operationalisiert. Das heißt, in der Trainingsgruppe nahmen die Kinder eine zunehmend aktivere Sprecherrolle ein, hatten mehr Redeanteile und formulierten bei der Bilderbuchbetrachtung insgesamt mehr Sätze. *„Beim letzten Messzeitpunkt betrug die absolute Summe der kindlichen Äußerungen in der Trainingsgruppe fast doppelt so viel wie in der Vergleichsgruppe"* (Simon & Sachse 2011: 474). Auf Testebene (SETK 3–5, Grimm 2001) zeigte sich, dass insbesondere die sprachlich schwächsten Kinder davon profitierten, dass ihre BezugserzieherInnen an dem Interaktionstraining teilgenommen hatten, und zwar kurz- und langfristig im Bereich der Semantik.

Aktuell wird von der Arbeitsgruppe um Sachse im Projekt *„Mehrsprachig aufwachsende Kinder sprachlich fördern" (MAUS)* eine randomisiert kontrollierte Studie zur Wirksamkeit des HIT bei mehrsprachig aufwachsenden Kindern durchgeführt (Laufzeit bis 2014). Zusätzlich zur Schulung des pädagogischen Fachpersonals findet eine Elternberatung zum Thema Umgang mit Mehrsprachigkeit in der Familie statt.

Auch Jungmann et al. (2013) untersuchten die Wirksamkeit einer umfangreichen Fortbildung zur alltagsintegrierten Sprachförderung bei ein- und mehrsprachig aufwachsenden Vorschulkindern. Hierzu wurde das HIT als Rahmenkonzept mit vier Fortbildungseinheiten in 19 Kindergärten in Mecklenburg-Vorpommern umgesetzt und durch Module aus weiteren etablierten Sprachförderkonzepten wie „Kinder-Sprache stärken" (Jampert et al. 2009) und „Kompetenzentwicklungsmodell zum Zweitsprachenerwerb Deutsch durch Migrantenkinder" (KomMig, Adler 2010) ergänzt. An der Studie nahmen 129 Kinder im Alter von 3–5 Jahren sowie 16 Fachkräfte teil. Der Sprachstand der Kinder und die sprachförderliche Qualität des Interaktionsverhaltens der Fachkräfte wurden zu zwei Zeitpunkten mittels standardisiertem Testverfahren (SETK 3–5, Grimm 2001) und Videoanalysen in der Buchlesesituation und beim Freispiel eingeschätzt. Auf Kindebene zeigte sich eine signifikante Verbesserung des Sprachentwicklungsstands, wobei die größten Fortschritte in Bezug auf die Verstehensleistungen, das Satzgedächtnis und die

11

Pluralbildung bei sprachauffälligen einsprachigen Kindern zu verzeichnen waren. Obwohl sich bei den mehrsprachig aufwachsenden sprachauffälligen Kindern ebenfalls Verbesserungen in den genannten Sprachleistungen zeigten, hatten sie im Vergleich zu den einsprachigen Kindern weniger profitiert. Der Anteil der als „sprachauffällig" diagnostizierten Kinder veränderte sich ebenfalls.

- Beim Prätest wurden 20 % der einsprachig Deutsch aufwachsenden Kinder und 52 % der zwei- oder mehrsprachig aufwachsenden Kinder als sprachauffällig eingestuft.
- Nach Schulung der Fachkräfte verringerte sich der Anteil der sprachauffälligen Kinder in der Stichprobe signifikant, blieb allerdings auf hohem Niveau: Bei den einsprachig Deutsch aufwachsenden Kindern war ein Rückgang um 6 % (Posttest: 14 %), bei den zwei- oder mehrsprachig aufwachsenden Kindern ein Rückgang um 4 % (Posttest: 48 %) zu verzeichnen.

Als Prädiktoren für die sprachlichen Leistungen im Posttest ermittelten die Autorinnen neben dem Sprachstand der Kinder im Prätest die Veränderung des Verhaltens der ErzieherInnen als zweitstärksten Faktor. In der Bilderbuchsituation führte ein verbessertes Interaktionsverhalten der Fachkräfte dazu, dass die Redeanteile der Kinder vom Prä- zum Posttest signifikant zunahmen. Für die Situation des Freispiels konnte dieser Effekt jedoch nicht nachgewiesen werden.

Heidelberger Interaktionstraining für pädagogisches Fachpersonal

Das „Heidelberger Interaktionstraining für pädagogisches Fachpersonal zur sprachlichen Förderung ein- und mehrsprachiger Kinder – HIT" wurde auf Basis des „Heidelberger Elterntrainings zur frühen Sprachförderung" (Buschmann 2011) von Buschmann & Jooss entwickelt und dient seit 2009 zur Professionalisierung des pädagogischen Fachpersonals in Tagespflege, Krippe und Kindergarten. Es zielt darauf ab, Fachkräfte zu einem sprachförderlichen Interaktionsverhalten im Umgang mit sprachauffälligen Kindern in natürlichen Kommunikationssituationen zu befähigen. Ursprünglich firmierte das Fortbildungskonzept unter „Heidelberger Trainingsprogramm zur frühen Sprachförderung in Kitas" (vgl. Buschmann et al. 2010). Nach einer Modifikation des Modulplans wurde der Titel 2011 geändert, um den Schwerpunkt des Trainings, nämlich die angestrebte Veränderung des Interaktionsverhaltens des pädagogischen Fachpersonals, besser zu verdeutlichen.

Organisatorischer Rahmen

Das Interaktionstraining ist als sechstägige Fortbildung (à 4,5 Stunden) konzipiert und wird in einer Gruppe von maximal 15 Teilnehmern über einen Zeitraum von etwa sechs Monaten durchgeführt. In Abhängigkeit von den zu betreuenden Kindern werden einige Inhalte entweder spezifisch für den U3-Bereich oder für die Altersgruppe der Drei- bis Sechsjährigen adaptiert. Zur Steigerung der Nachhaltigkeit hat sich im Anschluss an eine HIT-Teilnahme ein individuelles oder Teamcoaching inkl. Fall- und Videosupervision in längeren Zeitabständen bewährt.

Inhalte

Die zentralen Inhalte orientieren sich am „Heidelberger Elterntraining zur frühen Sprachförderung". Beide Konzepte verfolgen identische Ziele, nämlich die Bezugspersonen sprachauffälliger ein- oder mehrsprachig aufwachsender Kinder zu einem sprachfördernden Interaktionsverhalten zu befähigen, um den Kindern bessere Sprachlernmöglichkeiten zu bieten (> Abb. 11.1). Fachkräfte erwerben jedoch ein umfangreicheres Grundlagenwissen als die Eltern zu folgenden Themen: Ablauf der frühen Sprachentwicklung, Verzögerungen und Störungen im Spracherwerb, Methoden der Früherkennung von Sprachauffälligkeiten sowie Besonderheiten bei Mehrsprachigkeit. Aufbauend auf diesem Basiswissen lernen die Fachkräfte, situationsübergreifend eine sprachförderliche Grundhaltung gegenüber den Kindern einzunehmen. Sie erfahren, wie sie bestimmte Situationen – z. B. das gemeinsame Anschauen von Bilderbüchern (> Kap. 11.4) oder das gemeinsame Spiel – gezielt sprachförderlicher gestalten können und welche Verhaltensweisen sich eher hemmend auf die kindliche Sprechfreude auswirken. Viel Wert wird auf den Transfer geübter Verhaltensweisen in alltägliche Situationen innerhalb der Einrichtung gelegt. Wichtig ist, zwischen Situationen, in denen ein Einzelkontakt mit dem Kind möglich ist (wie beim Wickeln oder Anziehen), und Situationen, die in der Gruppe stattfinden (wie das gemeinsame Essen), zu unterscheiden. Neben dem Grundprinzip „Das Kind aktiv werden lassen" lernen und üben die Teilnehmer, gezielt Sprachlehrstrategien zur Modellierung kindlicher Äußerungen einzusetzen. Auch Aspekte wie motivierende und offene Fragen zu stellen, insbesondere bei der Bilderbuchbetrachtung mit ein- bis dreijährigen Kindern, und dialogisches Lesen im Vorschulalter werden ausführlich theoretisch erarbeitet, praktisch geübt und supervidiert. In Studien hat sich wiederholt gezeigt, dass sich Kinder durch offene Fragen zu Mehrwortäußerungen anregen lassen (De Rivera et al. 2005; Wasik & Bond 2001). Zudem können Fragen wie „Was meinst du, was dann passiert?" zu einem Gespräch über den Inhalt des Buches motivieren und dem Kind die Gelegenheit bieten, das Gespräch entsprechend seiner eigenen Interessen zu beeinflussen (Culatta et al. 2010).

Methoden

Das Interaktionstraining wird in hohem Maße praxisorientiert durchgeführt. Die Module bauen systematisch aufeinander auf. Die Vermittlung der Inhalte geschieht multimedial unter Verwendung verschiedener Methoden aus der Erwachsenenbildung. Die Wertschätzung der Teilnehmer als kompetente Fachpersonen spielt eine tragende Rolle. Im Vordergrund steht das gemeinsame Erarbeiten theoretischer und praktischer Inhalte unter Einbezug des Wissens und der praktischen Erfahrungen der Teilnehmer. Mittels Videoclips werden verschiedene Lerninhalte erarbeitet und anschließend aktiv in Kleinstgruppen ausprobiert. Das gezielte und intensive Üben sprachförderlicher Verhaltensweisen im Rahmen des Trainings trägt wesentlich zu einem raschen und erfolgreichen Transfer in die direkte Arbeit mit den Kindern bei. Die Zeit zwischen den Sitzungen dient dazu, Erfahrungen mit den Lerninhalten zu sammeln. Die Empfehlung an die Teilnehmer, sich zunächst auf die Interaktion mit 1–3 sprachauffälligen Kindern zu konzentrieren, erhöht die Wahrscheinlichkeit, rasche Erfolge bei den Kindern zu erzielen. Das fördert wiederum die Wahrnehmung von Selbstwirksamkeit, die eine unabdingbare Voraussetzung für eine langfristige Verhaltensänderung ist. Einen Schwerpunkt bildet die Videosupervision einer aktuellen Interaktionssituation mit einem sprachauffälligen Kind in der Einrichtung: Sie kann jeden Teilnehmer zu einer vertieften Reflexion des eigenen Verhaltens veranlassen, ein individuelles Feedback geben und zudem ein intensives Modelllernen für alle Teilnehmer ermöglichen.

Zu den Inhalten jedes Fortbildungsmoduls steht umfangreiches Begleitmaterial zur Verfügung.

Effektivität

Die Wirksamkeit des Heidelberger Interaktionstrainings im Hinblick auf eine Veränderung des Interaktionsverhaltens der pädagogischen Fachkräfte gegenüber sprachauffälligen Kindern konnte in verschiedenen Studien nachgewiesen werden (Simon & Sachse 2011; Jungmann et al. 2013). Zudem fanden sich Belege für signifikante Auswirkungen auf die rezeptiven und expressiven sprachlichen Fähigkeiten ein- oder mehrsprachig aufwachsender sprachauffälliger Klein- und Vorschulkinder (Buschmann & Jooss 2011; Jungmann et al. 2013; Simon & Sachse 2013).

11.4 Das Buch als optimales Medium zur Sprachförderung von Late-Talkern im Alltag

Die gemeinsame Betrachtung eines Bilderbuchs gilt als prototypische Situation des Sprachlernprozesses (Grimm 2003), denn bei dieser Aktivität stehen Sprache und Kommunikation im Fokus des Interesses. Die Situation ist klar strukturiert, überschaubar und ermöglicht eine gute Anpassung des Sprachangebots an die sprachlichen Fähigkeiten des Kindes. Für die Altersgruppe der Zwei- bis Dreijährigen ist sie optimal geeignet, weil nahezu jedes Kind in diesem Alter Freude daran hat, auf Bildern bekannte Dinge zu entdecken. Hoff (2010) fand heraus, dass zweijährige Kinder beim gemeinsamen Anschauen eines Buches eine größere Menge unterschiedlicher Wörter benutzen und mit ihren Äußerungen häufiger an Aussagen der Mutter anknüpfen als in Spielsituationen oder bei Mahlzeiten. Damit stellt die Bilderbuchbetrachtung per se eine perfekte Sprachfördersituation dar. Wenn es gelingt, das Interaktions- und Sprachverhalten der Bezugspersonen in dieser Situation zu optimieren, wird sich das gemeinsame Anschauen von Bilderbüchern als hoch effektiv im Sinne einer Erweiterung des kindlichen Wortschatzes erweisen.

Eindrücklich zeigte sich dies in dem Trainingsexperiment von Whitehurst et al. (1988), in dem die Eltern zweijähriger sprachgesunder Kinder über einen Zeitraum von vier Wochen zum *„dialogic reading"* angeleitet wurden. Direkt im Anschluss an das Training waren die Kinder der Interventionsgruppe den Kindern der Kontrollgruppe (die Eltern hatten keine spezifische Anleitung erhalten) im aktiven Wortschatz im Mittel um 8,5 Monate voraus. Neun Monate nach der Trainingsphase bestand noch immer ein deutlicher Unterschied zwischen beiden Gruppen. Die Arbeitsgruppe um Whitehurst et al. (1994) adaptierte die Intervention und instruierte neben den Eltern auch die ErzieherInnen von Kindern aus bildungsfernen Familien anhand eines Videos, wie Bücher dialogisch gelesen werden. Dazu gehörten Strategien wie geeignete Fragen stellen, häufige Wiederholungen verwenden, dem Kind eine aktive Rolle überlassen, Erweiterungen von kindlichen Äußerungen usw. Anschließend begannen die ErzieherInnen und/oder die Eltern über einen Zeitraum von sechs Wochen in dieser Art und Weise den Kindern vorzulesen. Kinder, die so gefördert wurden, zeigten im Mittel bessere Leistungen im produktiven Wortschatz als Kinder, die im entsprechenden Zeitraum mit Konstruktionsmaterial spielten. Eine Studie von Hargrave & Sénéchal (2000) bestätigte die Effektivität von dialogischen Vorlesesituationen. Kindern mit expressiven Sprachdefiziten wurden Bücher entweder auf herkömmliche Weise oder nach ent-

11

sprechender Instruktion der ErzieherInnen sehr interaktiv, unter Einsatz von sprachförderlichen Strategien, vorgelesen. Die Kinder aus der dialogischen Vorlesesituation profitierten mehr: Sie erwarben einen deutlich höheren Anteil von dem in den Büchern enthaltenen Vokabular und schnitten in einem standardisierten Wortschatztest besser ab. Justice et al. (2005) unterstreichen diesen Befund. Sie fanden in ihrer Studie mit Kindergartenkindern aus Risikofamilien (niedriger sozioökonomischer Status) heraus, dass es für den Erwerb neuer Wörter nicht ausreichte, wenn diese in einer klassischen Vorlesesituation wiederholt dargeboten wurden. Die Kinder hatten nur die neuen Wörter gelernt, die ihnen auch erklärt worden waren.

Sowohl im häuslichen Kontext als auch in der Tagespflege und der Kita spielt das Betrachten von Bilderbüchern oder das Vorlesen im Allgemeinen eine große Rolle. Häufig scheinen jedoch gerade Kleinkinder mit einem eingeschränkten Wortschatz kein Interesse an gemeinsamen Buch- und insbesondere klassischen Vorlesesituationen zu haben. Der Grund liegt meistens in einem Passungsproblem zwischen dem Sprachstand des Kindes und den Erwartungen der Bezugspersonen. Ein zweijähriges Late-Talker-Kind vermag im Gegensatz zu einem sprachgesunden Kind nicht so leicht auszudrücken, was es nicht verstanden hat oder ob es etwas anderes im Buch interessant findet. Dies führt häufig dazu, dass es den Sinn der Erzählung nicht mehr versteht, unruhig wird, aufsteht oder Bücher lieber alleine anschaut.

Damit das Buch ein effektives Medium zur Sprachförderung bei Late-Talkern wird und es sowohl Kindern als auch Erwachsenen Spaß macht, beim Buchanschauen miteinander zu kommunizieren, ist die Bilderbuchbetrachtung dialogisch zu gestalten (Buschmann 2011). Insbesondere für Kleinkinder mit einem deutlich eingeschränkten Wortschatz ist es wichtig, ihnen beim Buchanschauen ausreichend Gelegenheit zum eigenen Kommunizieren zu geben. Wie oben (> Kap. 11.2 und > Kap. 11.3) dargestellt, neigen Eltern und andere Bezugspersonen eines sprachverzögerten Kindes jedoch häufig dazu, selbst die aktive Rolle bei der Bilderbuchbetrachtung zu übernehmen und wenig responsiv auf die Äußerungen des Kindes zu reagieren. Das heißt, sie erklären dem Kind, was auf dem Bild zu sehen ist, und stellen geschlossene Fragen, die keine oder nur eine sehr eingeschränkte verbale Antwort verlangen.

Unter Beachtung der folgenden Grundsätze gelingt es, ein Late-Talker-Kind bei der Bilderbuchbetrachtung zu eigenen Kommunikationsbeiträgen anzuregen und dadurch die Freude an der gemeinsamen Kommunikation bei Kind und Bezugsperson zu steigern (> Kasten): Das Kind darf ein Buch nach seinen Wünschen aussuchen, selbst umblättern und die Seiten auswählen, die sein Interesse wecken; es darf als erstes auf etwas zeigen oder etwas benennen. Insbesondere Zurückhaltung mit eigenen verbalen Äußerungen zugunsten eines aufmerksamen Beobachtens des Kindes und aktiven Zuhörens ist wichtig, damit eine Kommunikation über ein das Kind interessierendes Thema entsteht. Dies ist die Voraussetzung dafür, dass das Kind Freude am Buchanschauen entwickelt und selbst viel kommuniziert, wodurch es den Bezugspersonen wiederum möglich wird, gezielte Sprachförderstrategien (wie kindliche Äußerungen aufgreifen und erweitern oder korrektives Feedback geben) einzusetzen.

Hinweise für die Bilderbuchbetrachtung mit einem Late-Talker

Bei einer gemeinsamen Bilderbuchbetrachtung gelingt es leicht, das Kind zu aktivem Handeln und zur Produktion eigener Äußerungen anzuregen, wenn

- es das Buch nach seinem Interesse aussuchen darf
- es selbst umblättern und als erstes zeigen oder benennen darf, wofür es sich interessiert
- es nur die Seiten anzuschauen braucht, die sein Interesse wecken
- sich der Erwachsene ganz auf das Tempo des Kindes einlässt
- sich der Erwachsene auf die Interessen des Kindes einlässt und die Themen des Kindes aufgreift
- der Erwachsene das Kind sorgfältig beobachtet und genau zuhört, was es nonverbal oder verbal ausdrücken möchte
- der Erwachsene positiv auf die (fehlerhaften) Äußerungen des Kindes eingeht und diese sprachmodellierend aufgreift
- der Erwachsene auch Kommunikationsversuche mittels Gesten, Lautmalereien oder Geräuschen des Kindes wertschätzt, aufgreift und selbst unbefangen anbietet
- der Erwachsene Komplexität und Länge seines Sprachangebots an den Sprachstand des Kindes anpasst und seine Äußerungen nur geringfügig über dem Sprachniveau des Kindes liegen
- der Erwachsene motivierende Fragen stellt, die das Gespräch weiterführen und das Kind zu einer elaborierteren Äußerung anregen, z. B. „Was macht der Junge?" (kann auch mit einer Geste beantwortet werden)

Bei der Buchbetrachtung mit einem Late-Talker ist es für Erwachsene besonders schwierig, den eigenen Redeanteil zu reduzieren. Wesentlich für Late-Talker ist jedoch, dass sie sprechen üben dürfen und Bezugspersonen haben, die kontingent auf ihre Äußerungen eingehen und diese dem sprachlichen Niveau des Kindes entsprechend weiter ausführen.

LITERATUR

Achenbach, T. M., & Rescorla, L. A. (2000). *Manual for ASEBA preschool forms and profiles.* Burlington/VT: University of Vermont, Research Center for Children, Youth, and Families.

Adler, Y. (2010). Kompetenzentwicklungsmodell für den Zweitspracherwerb Deutsch bei Kindern unter 7 Jahren (KomMig). *Sprachheilarbeit, 55* (3), 121–128.

Albers, T. (2009). *Sprache und Interaktion im Kindergarten: Eine quantitativ-qualitative Analyse der sprachlichen und kommunikativen Kompetenzen von drei- bis sechsjährigen Kindern.* Bad Heilbrunn: Klinkhardt.

Albers, T., Bendler, S., Schröder, C., & Lindmeier, B. (2013). Sprachliche Entwicklungsverläufe in Krippe und Tagespflege. *Frühförderung interdisziplinär, 4,* 222–231.

Baxendale, J., & Hesketh, A. (2003). Comparison of the effectiveness of the Hanen Parent Program and traditional clinic therapy. *International Journal of Language Disorders, 38,* 397–415.

Beller, E. K., Merkens, H., Preissing, C., & Beller, S. (2007). *Abschlussbericht des Projekts „Erzieherqualifizierung zur Erhöhung des sprachlichen Anregungsniveaus in Tageseinrichtungen für Kinder – eine Interventionsstudie".* Online verfügbar unter: http://www.beller-und-beller.de/ESIA-Abschlussbericht-05-2007-2.pdf (Stand: 25.8.2012).

Bockmann, A.-K., & Kiese-Himmel, C. (2006). *ELAN – Eltern antworten. Elternfragebogen zur Wortschatzentwicklung im frühen Kindesalter.* Göttingen: Hogrefe.

Bondurant, J. L., Romeo, D. J., & Kretschmar, R. (1983). Language behaviors of mothers of children with normal and delayed language. *Language, Speech and Hearing Services in Schools, 14,* 233–242.

Buschmann, A. (2011). *Heidelberger Elterntraining zur frühen Sprachförderung. Trainermanual.* 2. Aufl. München: Urban & Fischer bei Elsevier.

Buschmann, A., & Jooss, B. (2011). Alltagsintegrierte Sprachförderung in der Kinderkrippe. Effektivität eines sprachbasierten Interaktionstrainings für pädagogisches Fachpersonal. *Verhaltenstherapie & psychosoziale Praxis, 43,* 303–312.

Buschmann, A., & Ritter, E. (2013). „Heidelberger Elterntraining zur frühen Sprachförderung" in der Praxis. Wie zufrieden sind die Eltern? *Sprache-Stimme-Gehör, 37,* 24–29.

Buschmann, A., Jooss, B., Rupp, A., Feldhusen, F., Pietz, J., & Philippi, H. (2009). Parent-based language intervention for two-year-old children with specific expressive language delay: a randomised controlled trial. *Archives of Disease in Childhood, 94,* 110–116.

Buschmann, A., Jooss, B., Simon, S., & Sachse, S. (2010). Alltagsintegrierte Sprachförderung in Krippe und Kindergarten: das Heidelberger Trainingsprogramm. *Logos Interdisziplinär, 18* (2), 84–95.

Culatta, B., Blank, M., & Black, S. (2010). Talking things through: Roles of instructional discourse in children's processing of expository texts. *Topics in Language Disorders, 30* (4), 308–322.

Dickinson, D. K., & Tabors, P. O. (2002). Fostering language and literacy in classrooms and homes. *Young Children, 57* (2), 10–18.

De Rivera, C., Girolametto, L., Greenberg, J., & Weitzman, E. (2005). Children's responses to educators' questions in day-care play groups. *American Journal of Speech-Language Pathology, 14* (1), 14–26.

D'Odorico, L., & Jacob, V. (2006). Prosodic and lexical aspects of maternal linguistic input to late-talking toddlers. *International Journal of Language and Communication Disorders, 41* (3), 293–311.

Dunham, P., Dunham, F., & Curwin, A. (1993). Joint attention and lexical acquisition at eighteen month. *Developmental Psychology, 29,* 827–831.

Gibbard, D., Coglan, L. & MacDonald, J. (1994). Cost-effectiveness analysis of current practive and parent intervention for children under 3 years presenting with expressive language delay. *International Journal of Language and Communication Disorders, 36* (2), 229–244.

Girolametto, L., Greenberg, J., & Manolson, A. (1986). Developing dialogue skills: the Hanen Early Language Parent Program. *Seminars in Speech & Language, 7,* 367–382.

Girolametto, L., Pearce, P. S., & Weitzman, E. (1996). Interactive focused stimulation for toddlers with expressive vocabulary delays. *Journal of Speech, Language, and Hearing Research, 39* (6), 1274–1283.

Girolametto, L., Weitzman, E., van Lieshout, R., & Duff, D. (2000). Directiveness in teachers' language input to toddlers and preschoolers in day care. *Journal of Speech, Language, and Hearing Research, 43* (5), 1101–1114.

Girolametto, L., Weitzman, E., & Greenberg, J. (2003). Training day care staff to facilitate children's language. *American Journal of Speech-Language Pathology, 12* (3), 299–311.

Grimm, H. (2000). *Sprachentwicklungstest für zweijährige Kinder – SETK-2.* Göttingen: Hogrefe.

Grimm, H. (2001). *Sprachentwicklungstest für drei- bis fünfjährige Kinder – SETK 3–5.* Göttingen: Hogrefe.

Grimm, H. (2003). *Störungen der Sprachentwicklung.* Göttingen: Hogrefe.

Grimm, H., & Doil, H. (2006). *ELFRA – Elternfragebogen für die Früherkennung von Risikokindern.* Göttingen: Hogrefe.

Hargrave, A., & Sénéchal, M. (2000). A Book Reading Intervention with Preschool Children Who Have Limited Vocabularies: The Benefits of Regular Reading and Dialogic Reading. *Early Childhood Research Quarterly, 15* (1), 75–90.

Hart, B., & Risley, T. R. (1995). *Meaningful Differences in the Everyday Experience of Young American Children.* Baltimore/MD: Paul H. Brookes Publishing Co.

11

Hart, B., & Risley, T. R. (2003). The early catastrophe: The 30 million word gap by age 3. *American Educator, 27* (1), 4–9.

Hennon, E., Hirsh-Pasek, K., & Michnick Golinkoff, R. (2000). Die besondere Reise vom Fötus zum sprach-erwerbenden Kind. In H. Grimm (Hrsg.), *Enzyklopädie der Psychologie. Sprachentwicklung* (S. 41–103). Göttingen: Hogrefe.

Hoff, E. (2010). Context effects on young children's langua-ge use: The influence of conversational setting and part-ner. *First Language, 30* (3–4), 461–472.

Hoff-Ginsberg, E. (1991). Mother-child conversation in different social classes and communicative settings. *Child Development, 62,* 782–796.

Hudson, S., Levickis, P., Down, K., Nicholls, R., & Wake, M. (2014). Maternal responsiveness predicts child language at ages 3 and 4 in a community-based sample of slow-to-talk toddlers. *International Journal of Language & Com-munication Disorders,* First published online: 11. Septem-ber 2014.

Jampert, K., Zahnbauer, A., Best, P., Sens, A., Leuckefeld, K., et al. (Hrsg.) (2009). *Kinder-Sprache stärken! Sprach-liche Förderung in der Kita. Das Praxismaterial.* Weimar (u. a.): Verlag Das Netz.

Jooss, B., Buschmann, A., & Pietz, J. (in Vorber). *Compara-tive analysis of maternal communication behavior toward late-talking and age-appropriate children at 24 months of age.*

Jungmann, T., Koch, K., & Etzien, M. (2013). Effektivität all-tagsintegrierter Sprachförderung bei ein- und zwei- bzw. mehrsprachig aufwachsenden Vorschulkindern. *Frühe Bil-dung, 2* (3), 110–121.

Justice, L. M., Meier, J., & Walpole, S. (2005). Learning new words from storybooks: an efficacy study with at-risk kindergartners. *Language, Speech and Hearing Services in Schools, 36* (1), 17–32.

Kauschke, C. (2007). Sprache im Spannungsfeld von Erbe und Umwelt. *Die Sprachheilarbeit, 52,* 4–16.

King, S., Metz, A., Kammermeyer, G., & Roux, S. (2011). Ein sprachbezogenes Fortbildungskonzept für Erzieherinnen auf Basis situierter Lernbedingungen. In S. Roux & G. Kammermeyer (Hrsg.), Sprachförderung im Blickpunkt. Themenheft. *Empirische Pädagogik, 25* (4), 481–498.

Mahoney, G. J., Finger, I., & Powell, A. (1985). The relation-ship between maternal behavioral style to the develop-mental status of mentally retarded infants. *American Journal of Mental Deficiency, 90,* 296–302.

Manolson, H. A., Ward, B., & Doddington, N. (1995). *You make the difference in helping your child learn.* Toronto: The Hanen Centre.

Milburn, T. F., Girolametto, L., Weitzman, E., & Greenberg, J. (2014). Enhancing preschool educators' ability to facili-tate conversations during shared book reading. *Journal of Early Childhood Literacy, 14,* 105–140.

Möller, D. (2006). Schritte in den Dialog – ein Eltern-Kind-Programm für Familien mit sprachentwicklungsverzöger-ten Kindern. *Forum Logopädie, 1* (20), 6–11.

Möller, D., Probst, P., & Hess, M. (2008). Durchführung und Evaluation eines Elterntrainings bei Sprachentwicklungs-verzögerung. *Praxis für Kinderpsychologie und Kinder-psychiatrie, 57,* 197–215.

Möller, D. & Spreen-Rauscher, M. (2009). *Frühe Sprachinter-vention mit Eltern Schritte in den Dialog.* Stuttgart: Thieme.

Oshima-Takane, Y., & Robbins, M. (2003). Linguistic environ-ment of secondborn children. *First Language, 23,* 21–40.

Ritterfeld, U. (2000). Zur Prävention bei Verdacht auf eine Spracherwerbsstörung; Argumente für eine gezielte Inter-aktionsschulung der Eltern. *Frühförderung interdisziplinär, 2,* 82–87.

Roberts, M. Y., & Kaiser, A. P. (2011). The effectiveness of parent-implemented language interventions: a meta-analysis. *American Journal of Speech-Language Pathology, 20,* 180–199.

Sachse, S., & v. Suchodoletz, W. (2009). Prognose und Möglichkeiten der Vorhersage der Sprachentwicklung bei Late Talkers. *Kinderärztliche Praxis, 80,* 318–328.

Sarimski, K. (2009). *Frühförderung behinderter Kleinkinder. Grundlagen, Diagnostik und Intervention.* Göttingen: Hogrefe.

Simon, S., & Sachse, S. (2011). Sprachförderung in der Kin-dertagesstätte – Verbessert ein Interaktionstraining das sprachförderliche Verhalten von Erzieherinnen? In S. Roux & G. Kammermeyer (Hrsg.), Sprachförderung im Blickpunkt. Themenheft. *Empirische Pädagogik, 25* (4), 462–480.

Simon, S., & Sachse, S. (2013). Anregung der Sprachent-wicklung durch ein Interaktionstraining für Erzieherinnen. *Diskurs Kindheits- und Jugendforschung, 4,* 379–397.

Szagun, G. (2010). *Sprachentwicklung beim Kind: ein Lehr-buch* (3. Aufl.). Weinheim: Beltz.

Tannock, R., & Girolametto, L. (1992). Reassessing parent-focused language intervention programs. In S. Warren & J. Reichle (Eds.), *Causes and effects in communication and language interventions.* Baltimore: Paul Brookes.

Tomasello, M., & Todd, J. (1983). Joint attention and lexical acquisition style. *First Language, 4,* 197–211.

Van der Meulen, B. F., Ruiter, S. A. J., Spelberg, H. C. L., & Smrkovsky, M. (2002). *Bayley Scales of Infant Develop-ment-II, Nederlandse Versie (BSID-II-NL).* Lisse: SwetsTest Publishers.

von Suchodoletz, W. (2013). *Sprech- und Sprachstörungen.* Göttingen: Hogrefe.

Wake, M., Tobin, S., Girolametto, L., Ukoumunne, D. C., Gold, L., Levickis, P., Sheehan, J., Goldfeld, S. & Reilly, S. (2011). Outcomes of population based promotion for slow to talk toddlers at ages 2 and 3 years: Let's Learn Language cluster randomised controlled trial. *British Medical Journal, 343:*d4741.

Wasik, B. A., & Bond, M. A. (2001). Beyond the pages of a book: Interactive book reading and language. *Journal of Educational Psychology, 93* (2), 243–250.

Weitzman, E., & Greenberg, J. (2010). *ABC and Beyond: Building Emergent Literacy in Early Childhood Setting.* Toronto: The Hanen Centre.

11

Werker, J. E, Pegg, J. E., & McLeod, E J. (1994). A cross-language investigation of infant preference for infant-directed communication. *Infant Behavior and Development, 17,* 323–333.

Whitehurst, G. J., Falco, F. L., Lonigan, C. J., Fischel, J. E., DeBaryshe, B. D., Valdez-Menchaca, M. C., & Caulfield, M. (1988). Accelerating language development through picture book reading. *Developmental Psychology, 24,* 552–559.

Whitehurst, G. J., Arnold, D. S., Epstein, J. N., Angell, A. L., Smith, M., & Fischel, J. E. (1994). A picture book reading intervention in day care and home for children from low-income families. *Developmental Psychology, 30* (5), 679–689.

IV Spezielle Themen

Julia Siegmüller

12 Frühe Sprachentwicklung und Therapie bei Kindern mit genetischen Syndromen

12.1 Einleitung

Kinder mit geistigen Behinderungen – insbesondere Kinder mit genetischen Syndromen – sind für die Forschung ein wichtiger Präzedenzfall zur Klärung der Frage, ob Kinder unter veränderten genetischen Bedingungen auch einen veränderten Weg im Spracherwerb beschreiten oder ob ihre Sprachentwicklung wie bei anderen Kindern verläuft. Dazu hat man in der Vergangenheit gern Kinder mit einem genetischen Syndrom und Kinder mit einer spezifischen Sprachentwicklungsstörung (SSES) verglichen (z. B. Clahsen & Almazan 1998). Je nach theoretischer Ausrichtung der Autoren sollte belegt werden, dass selektive Störungen in einem sonst normal etablierten Verarbeitungssystem vorliegen (Position von Clahsen & Almazan) oder dass genetische Syndrome zu abweichenden Entwicklungsverläufen führen können. Wäre Letzteres der Fall, könnten bei diesen Kindern andere Verarbeitungsmodi vorliegen. Diese Position wird von der Gruppe um Annett Karmiloff-Smith vertreten, die durch ihre Studien den Nachweis führen möchte, dass Kinder mit Williams-Beuren-Syndrom auf anderen Wegen morphosyntaktische Regeln erwerben als ungestörte Kinder (Thomas, Grant, Barham, Gsödl, Laing et al. 2001). Die hier zitierten Quellen geben einen Ausschnitt aus einer länger andauernden Diskussion zwischen den beiden Forschergruppen (die um Harald Clahsen auf der einen Seite und die um Annett Karmiloff-Smith auf der anderen Seite) über den Spracherwerb beim Williams-Beuren-Syndrom wieder (Clahsen & Almazan 1998, 2001; Clahsen, Ring & Temple 2004; Karmiloff-Smith 1998; Karmiloff-Smith, Brown, Grice & Paterson 2003a; Karmiloff-Smith, Scerif & Ansari 2003b; Temple, Almazan & Sherwood 2002; Thomas et al. 2001; Thomas, Dockrell, Messer, Parmigiani, Ansari & Karmiloff-Smith 2005).

Am Beginn dieser Debatte stand eine sehr interessante Überlegung von Yonata Levy, die sich auf die Entwicklung von Therapieansätzen für Kinder mit geistigen Behinderungen/genetischen Syndromen auswirken sollte. Wie Levy (1996) es in einem Essay formulierte, würde die Idee, dass Kinder mit stärkeren Entwicklungsstörungen vielleicht einen abweichenden Entwicklungsverlauf nehmen, in der Praxis zu einem großen Problem führen, da solche Kinder weder diagnostizierbar noch die erhobenen Befunde in theoretischer oder praktischer Hinsicht interpretierbar wären. Der Grund liege darin, dass sowohl für die Diagnostik als auch für die Therapie der normale Spracherwerbsverlauf als Vergleichsparameter diene und ein davon abweichender Verlauf zwar als Abweichung erkennbar sei, aber keine Handlungsparameter ableitbar wären. So wäre die Feststellung des Schweregrads oder die Ableitung von Therapiemöglichkeiten unmöglich, da niemand definieren könnte, welcher nächste Schritt im Spracherwerb dieses spezifischen Kindes folgen muss.

12.2 Spracherwerbsverlauf bei Kindern mit genetischen Syndromen

12.2.1 Grundlegende Überlegungen

Die Unsicherheit bei der Erfassung der sprachlichen Fähigkeiten von Kindern mit genetischen Syndromen entsteht vielfach durch die Frage, ob Kinder mit solchen Störungsbildern überhaupt einen vergleichbaren Spracherwerb durchlaufen wie unauffällige Kinder oder auch Kinder mit SSES. Die Bezeichnung als *Syndrome* legt den Schluss nahe, dass es bei genetischen Störungen auch syndromspezifische Entwicklungsverläufe geben könnte (wie in jüngster

Zeit für das Williams-Beuren-Syndrom belegt, vgl. Beier et al. [2015] eingereicht).

Die grundlegende Idee, dass ein Syndrom durch einen genetischen Defekt entsteht (Kausalität), ist noch nicht sehr alt. Noch in den frühen 1990er-Jahren wurde die häufig bei genetischen Syndromen auftretende geistige Behinderung eines Kindes als Ursache und noch nicht als Symptom der Störung angesehen. Dies erklärt z. B. auch den Versuch, Einteilungen allein nach dem Grad der geistigen Behinderung vorzunehmen (wie in älteren Klassifikationen der WHO), um die Gruppe der betroffenen Kinder näher einzugrenzen (vgl. De Langen 2006). Bei solchen Klassifikationen waren vor allem Kinder mit Down-Syndrom als größte Gruppe unter den komplexen Entwicklungsstörungen vertreten, eine Verteilung, die die hohe Inzidenz des Down-Syndroms im Vergleich zu anderen genetischen Syndromen widerspiegelt.

Insgesamt blieben alle Versuche, die Gruppe der geistig behinderten Kinder auf diese Weise zu beschreiben, recht unbefriedigend.

„Die Ausprägung der Sprachentwicklung bei geistiger Behinderung ist insbesondere bei leichten und mittelschweren Formen sowohl in Hinblick auf den Schweregrad als auch hinsichtlich der Symptomatik sehr unterschiedlich. Generell ist aber ein defizitäres Wortverständnis für abstrakte Begriffe, die dann auch nicht in der Produktion vorkommen, zu beobachten. Die syntaktische Komplexität bleibt im Allgemeinen gering. Bei den schwerbehinderten Kindern und Jugendlichen gibt es ebenfalls eine erhebliche Variabilität, weil in dieser Gruppe oft Mehrfachbehinderungen (Seh-, Hör- oder Körperbehinderungen) vorkommen“ (De Langen 2006: 171).

Aus diesem Grund ist in den letzten Jahren die syndromspezifische Beschreibung von genetischen, sprachlichen, kommunikativen und kognitiven Fähigkeiten in den Vordergrund gerückt. So konnten bestimmte Entwicklungsverläufe genauer, für therapeutische und diagnostische Belange aussagekräftiger und für betroffene Eltern und Ärzte befriedigender beschrieben werden. Die in diesem Kapitel vorgestellten Beispiele (Down-Syndrom, Williams-Beuren-Syndrom, Fragiles-X-Syndrom, Rett-Syndrom) sind auf diese Weise einer wesentlich spezifischeren und patientenorientierten Forschung zugänglich ge-

macht worden. Die Kehrseite dieses Vorgehens besteht darin, dass Patienten mit anderen, nicht so gut beforschten Syndromen gar nicht mehr vom neueren Wissen profitieren. Ein Beispiel für ein solches quasi unbekanntes Syndrom haben Otto, Ringmann, Siegmüller & Schröders (2011) in einer Einzelfallstudie beschrieben: ein Mädchen mit Filippi-Syndrom, bei dem eine Wortschatztherapie nach dem LST-LTS-Projekt (> Kap. 10) durchgeführt wurde. Weltweit sind bisher Studien über insgesamt 25 Fälle des Filippi-Syndroms publiziert worden. Als die Gruppe um Otto die wenige Literatur zu diesem Syndrom zusammentrug, zeigte sich, dass die 25 Fälle in sprachlicher Hinsicht in ihrem Erwerbsverlauf so unterschiedlich waren (von Einwortäußerungen bis lediglich leichten morphologischen Störungen auf der Satzebene), dass sich für die Sprachtherapie des Einzelfalls keine Prognose stellen ließ. Obwohl das Filippi-Syndrom sicherlich ein extremes Beispiel darstellt, illustriert es, in welche Problemlage betroffene Familien und Fachleute geraten, wenn sie sich mit einem sehr seltenen und wenig beschriebenen Syndrom konfrontiert sehen.

In den 70er- und 80er-Jahren versuchte man, für die damals schon bekannten genetischen Syndrome sog. *Verhaltensphänotypen*, d. h. Symptome, die in einer 1:1-Beziehung zu dem Syndrom stehen, zu finden (Nyhan 1972). Falls es sie gäbe, wäre eine eindeutige Identifizierung des Syndroms über solche Symptome möglich. Ebenso erhoffte man sich eindeutigere Entwicklungsprognosen aus dieser Vorgehensweise. Es zeigte sich jedoch recht schnell, dass es nur wenige bzw. keine eindeutigen Symptome gab, sondern dass Symptomkataloge und Syndromzugehörigkeit sich in der Regel überschneiden (Dykens 1995). Nichtsdestotrotz wurde das Konzept des Verhaltensphänotyps weiterverfolgt: Heute wird darunter ein typischer Symptomkatalog eines Syndroms verstanden, der möglichst vollständig alle Merkmale und die Auftretenswahrscheinlichkeit jedes einzelnen Merkmals enthalten sollte (Dykens 1995; Dykens & Rosner 1999; Heubrock & Petermann 2000). Aus Patientensicht besteht für die von einem bestimmten Syndrom Betroffenen eine erhöhte Wahrscheinlichkeit, ein Merkmal des Verhaltensphänotyps zu entwickeln (Sarimski 1997).

12.2.2 Deviance oder Delay: Profile

Im Rahmen der Spracherwerbsforschung liegt auch bei Studien mit Probandengruppen aus dem Gebiet der genetischen Syndrome der Schwerpunkt auf der Erforschung der SSES, in dem Sinne, dass die Kinder mit genetischen Syndromen die Kontrollgruppen für Kinder mit SSES bilden. Relativ viele Quellen behandeln die Frage, ob Abweichungen vom normalen Spracherwerb nachweisbar sind oder ob sich eine SSES als Verzögerung im Entwicklungsprozess manifestiert (Rice, Warren & Betz 2005). Als Abweichung (engl. *deviance*) wird per Definition ein Entwicklungspunkt, Entwicklungsstadium oder ein Fehlertyp bezeichnet, der bei unauffälligen Kindern zu keinem Zeitpunkt im Spracherwerb auftritt (Leonard 1998). Für abweichende Fehlertypen oder gar Entwicklungsstadien bei SSES-Kindern existieren nur sehr wenige Belege. Sowohl im Hinblick auf die Phonologie als auch die grammatische Entwicklung von SSES-Kindern gibt es Einzelfallbeschreibungen, die abweichende Prozesse vermuten ließen, aber im Laufe der Zeit durch andere Studien wieder revidiert wurden. Das typische Phänomen bei SSES-Kindern ist, dass sie Sprachprofile aufweisen, die für ungestörte, jüngere Kinder normal sind.

So ist es ihr *delay*, also das Ausmaß ihrer Sprachentwicklungsverzögerung, nach der sich Diagnostik und Therapie richten müssen. Zwei Modelle des diagnostischen Vorgehens lassen sich für SSES-Kinder unterscheiden:

- Altersspannenorientierte Diagnostiken suchen nach der Größe der Verzögerung, also nach dem Sprachalter.
- Lernschrittorientierte Diagnostiken suchen unter der gleichen Prämisse einer Verzögerung nach dem Entwicklungsstandpunkt (Kauschke & Siegmüller 2010; Penner 1999; Siegmüller 2002), d. h. nach dem Punkt, an dem das Kind in seiner Entwicklung gerade steht *(delay)* oder schon seit längerem stehen geblieben ist *(Stagnation)*.

Eine Verzögerung ist häufig mit einer Verlangsamung bis hin zum Entwicklungsstillstand gekoppelt. Das bedeutet, dass das Kind sich nicht nur später, sondern auch langsamer als andere Kinder entwickelt (Leonard 1998).

Deviance bei Kindern mit genetischen Syndromen?

Aufgrund der veränderten genetischen Startbedingungen scheint es gerade bei Kindern mit genetisch basierten Störungsbildern nahezuliegen, Abweichungen im Sinne einer *deviance* im Spracherwerb zu vermuten. Dies geschieht aus der Vorstellung heraus, dass sich durch die veränderte genetische Basis die kindliche Entwicklung so verändert, dass auch der Spracherwerb anders verläuft als bei anderen Kindern, wobei ein solches Kind unter Umständen sogar auf anderen Wegen zum gleichen Endpunkt der Entwicklung gelangen könnte (Elman, Bates, Johnson, Karmiloff-Smith, Parisi & Plunkett 1996; Karmiloff-Smith, Ansari, Campbell, Scerif & Thomas 2006; Karmiloff-Smith et al. 2003a; Karmiloff-Smith, Scerif & Thomas 2002; Thomas et al. 2001, 2005). Sichere Belege für einen tatsächlich existierenden alternativen Entwicklungsweg wären hilfreich in der Debatte um die Modularität von Sprache und würden auch die Universalität des Spracherwerbs in Frage stellen. Falls Kinder mit abweichenden Erwerbsverläufen tatsächlich andere neurokognitive Prozesse aufweisen als sprachlich normal entwickelte Kinder, könnte sich bei ihnen ein fundamental anderes Sprachsystem ausbilden (Rice, Warren & Betz 2005).

Durch die bisherigen Forschungsbemühungen sind jedoch auch bei Kindern mit verschiedenen genetischen Syndromen eher Verzögerungen und Verlangsamungen (bis hin zum vollständigen Entwicklungsstillstand und dem langen Verharren auf Plateaus) offensichtlich geworden. Die Verlangsamung des Spracherwerbs zeigt sich im langsameren Bewältigen von frühen sprachlichen Entwicklungsmeilensteinen. Auch wenn der in den frühen 1990er-Jahren geprägte Begriff des *Spracherwerbs in Zeitlupe* für das Down-Syndrom (Rauh 1994) allgemein kaum noch Verwendung findet, lassen sich bei Kindern mit Mehrfachbehinderungen Phasen im Spracherwerb beobachten, in denen sie länger als andere Kinder auf einer Entwicklungsstufe verbleiben. Diese „Ruhephasen" werden als Entwicklungsplateaus bezeichnet (Leonard 1998).

Ein besonderes Phänomen bei genetischen Syndromen ist das Endplateau, d. h. eine Stagnation, die das Ende des Entwicklungsverlaufs bei einem spezifischen Kind markiert. Je nach Syndrom ist vor dem eigentlichen Abschluss des Spracherwerbs mehr oder weniger sicher ein Endplateau zu erwarten.

- Von Kindern mit Cri-du-Chat-Syndrom hieß es z. B. lange, der produktive Erwerb würde gar nicht stattfinden, da bereits ein Endplateau auftritt, bevor der Erwerb im Produktiven überhaupt sichtbar wird.
- Bei Kindern mit Down-Syndrom zeigt sich häufig ein Plateau in der produktiven Syntaxentwicklung vor dem Erwerb der Hauptsatzstruktur (Fowler, Gelman & Gleitman 1994).

Das Profil der Asynchronität

Der therapeutische und diagnostische Umgang mit Plateaus ist schwierig. Hat sich ein Plateau ausgebildet, kann aus Therapeutensicht nicht sicher unterschieden werden, ob es sich um ein End- oder ein Zwischenplateau handelt. Es kommt vor, dass therapeutische Bemühungen, die jahrelang ins Leere gelaufen sind, plötzlich wieder zu Erfolgen führen (Siegmüller 2008b). Ebenso kann ein Plateau auf einer sprachlichen Ebene dafür verantwortlich sein, dass die Entwicklungsstränge der einzelnen sprachlichen Modalitäten bzw. die einzelnen sprachlichen Ebenen auseinanderdriften. So entsteht mit der Zeit ein Profil der Asynchronität (Leonard 1998). Ein Kind mit asynchronem Sprachprofil zeigt auf mehreren oder allen sprachlichen Ebenen Verzögerungen und/oder Stagnationen unterschiedlichen Ausmaßes. Das heißt, das Sprachprofil dieses Kindes entspricht nicht dem typischen Bild eines einzigen jüngeren Kindes, sondern man bräuchte die unterschiedlichen Entwicklungsstandpunkte mehrerer Kinder, um das asynchrone Profil eines sprachentwicklungsgestörten Kindes abzubilden (Kauschke 1998; Kauschke & Siegmüller 2010). Die Ursachen für die häufig asynchrone Ausprägung von genetischen Syndromen auf der Verhaltensebene werden in einem komplexen Zusammenspiel von genetischem Einfluss und Umweltfaktoren gesucht (Eley, Dale, Saudino, Stevenson, Bishop et al. 1999).

Stark asynchrone Profile, die entstehen, wenn die Entwicklungsstandpunkte der einzelnen sprachlichen Ebenen sehr stark auseinandergedriftet sind, können den Eindruck erwecken, als seien die Erwerbsverläufe kaum noch mit denen unauffälliger Kinder vergleichbar (Rice, Warren & Betz 2005). Dieser Eindruck entsteht vor allem dann, wenn normalerweise zeitgleiche Entwicklungen in größeren zeitlichen Abständen stattfinden. Die stärksten Asynchronien in den kindlichen Sprachprofilen bestehen in der Regel zwischen

- rezeptiver und produktiver Verarbeitung sowie
- lexikalischer und grammatischer Verarbeitung.

Je nach Syndrom steht eine der beiden Dissoziationen im Vordergrund. Von stark nativistisch ausgerichteten Autorengruppen wird ein solches Profil teilweise bereits mit einer Abweichung (*deviance*) gleichgesetzt (Rice, Warren & Betz 2005), da das zeitliche Ineinandergreifen der sprachlichen Ebenen vom ungestörten Spracherwerb abweicht. Kinder mit Fragilem-X-Syndrom gelten demnach als verzögert, da alle Bereiche gleichmäßig bzw. synchron (vgl. Kauschke 1998; Kauschke & Siegmüller 2010) in der Entwicklung zurückbleiben. Für Rice, Warren & Betz (2005) weichen dagegen Kinder mit SSES bereits vom normalen Erwerb ab, wenn ihre grammatische Entwicklung zu stark hinter der lexikalischen Entwicklung zurückbleibt.

Mit zunehmendem Alter werden die Sprachprofile von Kindern mit genetischen Syndromen und auch von Kindern mit Sprachentwicklungsstörungen tendenziell asynchroner. Wenn frühe Entwicklungsbereiche (wie z. B. Wortschatz oder Phonologie) im Vorschul- oder Schulalter noch Defizite aufweisen, werden auch andere, spätere Entwicklungs- und Verarbeitungsgebiete dadurch beeinflusst. Ein Beispiel hierfür ist die morphologische Entwicklung, die sowohl von einem ausreichend aufgebauten Wortschatz als auch vom grammatischen Regelerwerb profitiert. Ein anderes Beispiel ist die Wortfindungsstörung, die unter anderem auf schlecht aufgebauten semantischen Strukturen beruhen kann (Beier & Siegmüller 2012). So führen Überlagerungen von Störungsgebieten dazu, dass das Profil mit zunehmendem Alter komplexer und im Rahmen einer Diagnostik schwieriger zu interpretieren wird (Siegmüller 2008b).

Zwischenfazit

Häufig lassen sich die bei individuellen Patienten auftretenden Profile nicht so einfach der Dichotomie *delay* oder *deviance* zuordnen. So kommen Tager-Flusberg & Sullivan (1998) für den Bereich des Wortschatzerwerbs zu dem Schluss, dass der Aufbau des mentalen Lexikons bei Kindern mit verschiedenen Formen geistiger Behinderung von dem gleichen Set universaler Prinzipien geleitet wird wie bei anderen Kindern auch. Allerdings gelingt es den Kindern nicht regelmäßig, auf diese Prinzipien zuzugreifen. Ein solches Problem ist eher als Performanzdefizit beschreibbar als unter einem der beiden klassischen Labels der theoretischen Spracherwerbsstörungsdebatte.

Auf einer theoretischeren Ebene zeigt sich die Wichtigkeit der eben angesprochenen Feststellungen. Wir gehen im Rahmen der kindlichen Sprachdiagnostik alle davon aus, dass sich ein Defizit grundsätzlich als *schlechtere Leistung* in einem Test darstellt, der an sprachunauffälligen Kindern standardisiert oder normiert wurde. Eine Sprachentwicklungsstörung ist somit definiert als eine im Vergleich zu gleichaltrigen ungestörten Kindern schlechtere sprachliche Leistung, verbunden mit einer potenziell größeren Fehlerzahl. Unberücksichtigt bleibt dabei, dass sich Defizite als *andere Leistungen* darstellen und Fehlermuster provozieren könnten, die im Testverfahren eventuell gar nicht vorgesehen waren (und dementsprechend auch nicht auffallen würden, vgl. Watermeyer & Kauschke 2013). Nach der generellen Grundannahme der Sprachdiagnostik müsste jedes auffällige Kind eine Form des Spracherwerbs durchlaufen, die mit dem vorliegenden Testmaterial fassbar ist. Dies bedeutet, dass Sprachtherapeuten und Sprachtestentwickler implizit von einer vergleichbaren Form des Spracherwerbs bei allen Kindern ausgehen. Sollten jedoch Störungsbilder mit anormalen Entwicklungsverläufen identifiziert werden, stünde kein standardisiertes Diagnostikmaterial zur Verfügung, da es keine unauffällige Vergleichsgruppe für Kinder mit einem abweichenden Spracherwerbsverlauf gäbe. Die Kompetenzen und Defizite, die sich bei diesen Kindern zeigen, würden von einem Test, der an unauffälligen Kindern erprobt wurde, nicht passend abgebildet. Auch auf der Ebene der Grundlagenforschung wären Fälle mit abweichenden Erwerbsverläufen zwar interessant, jedoch wahrscheinlich nicht interpretierbar (Levy 1996).

12.2.3 Erwerbsverläufe bei ausgewählten genetischen Syndromen

Als wichtige Beobachtung lässt sich bei der Sichtung der Literatur zu den genetischen Syndromen festhalten, dass ältere Quellen, die aus den 1980er-Jahren oder davor stammen, häufig schlechtere Entwicklungsprognosen für die Kinder angeben als aktuellere Quellen. Dies könnte an der besseren Förderung und Integration der Kinder heutzutage liegen, sodass die Entwicklungspotenziale von Kindern mit genetischen Syndromen heute vermutlich mehr „ausgereizt" und therapeutisch unterstützt werden als früher. Nichtsdestotrotz bleibt die Variationsbreite unter den Kindern enorm. In einer berühmten Einzelfallstudie konnten einem englischen Mädchen mit Down-Syndrom quasi normale grammatische Fähigkeiten bescheinigt werden (Rondal 1995), aber immer wieder werden auch Kinder mit Down-Syndrom klinisch vorstellig, die kaum die Mehrwortebene erreichen (Böhning & Sarimski 2010).

In den nächsten Abschnitten werden exemplarisch vier Syndrome mit ihrem Erwerbsverlauf dargestellt. Alle vier Syndrome sind vergleichsweise gut erforscht, zeichnen sich durch unterschiedliche Phänotypen aus und treten in unterschiedlichen Bedingungen auf. So gehört das Down-Syndrom zu den häufigsten genetischen Syndromen, während das Williams-Beuren-Syndrom in der Vergangenheit wohl das meiste Interesse der Grundlagenforschung erregte. Das Fragile-X-Syndrom betrifft nur Jungen, das Rett-Syndrom nur Mädchen. Auch zu vielen anderen Syndromen hat die Spracherwerbsforschung schon einiges zusammengetragen. Es sei an dieser Stelle auf Quellen verwiesen, die die Auswahl in diesem Beitrag ergänzen können (Sarimski 1997, 2001; Siegmüller & Bartels 2014).

Down-Syndrom

Die frühe Forschung zu genetischen Syndromen betrachtete das Down-Syndrom als prototypische Form der geistigen Behinderung. Dadurch stützten sich Aussagen zu geistig behinderten Kindern/Kindern mit genetischen Syndromen häufig auf Daten aus Studien zum Down-Syndrom (Stellvertretersyndrom). Die Begründung ist einfach: Das Down-Syndrom kommt vergleichsweise häufig vor, ist durch prototypische Zeichen recht gut zu erkennen (z. B. faziale Dysmorphien) und dass genetisch ein drittes Chromosom 21 vorliegt, lässt sich wesentlich einfacher nachweisen als der genetische Defekt anderer Syndrome. Mit zunehmender Erforschung der verschiedenen Phänotypen und dem Wechsel im Status der geistigen Behinderung – vom Syndrom (als angenommene Ursache der Symptome) zu einem Symptom (verursacht durch genetische Fehler) – wandelte sich dieses Bild.

Die Auftretenshäufigkeit des Down-Syndroms liegt bei 1:1.600–1:1.700 Geburten. Das Risiko, ein Kind mit Down-Syndrom zur Welt zu bringen, steigt mit dem Lebensalter der Mutter. Für die körperlichen und organischen Symptome (Phänotyp) wird an dieser Stelle auf geeignete Literatur verwiesen (Böhning & Sarimski 2010; Buckley 1999; Wilken 1983).

Die sprachliche Entwicklung von Kindern mit Down-Syndrom ist gerade in der Frühzeit von starken Verzögerungen geprägt. Dabei kann es sich sowohl um verlangsamte, aber fortschreitende Prozesse (z. B. beim Aufbau des frühen Lexikons) handeln als auch um Plateaubildungen (z. B. in der Grammatik). In der Folgezeit kommt es zu besonders stark asynchron ausgebildeten rezeptiven und produktiven Leistungen. Während das Sprachverstehen in der Regel auf demselben Niveau wie die nichtsprachliche Kognition entwickelt ist (entspricht dem nichtsprachlichen mentalen Entwicklungsalter), fällt die Sprachproduktion dahinter zurück (Miller 1988). Als besonderer Problembereich gilt bei Kindern mit Down-Syndrom die produktive Syntaxentwicklung (Fowler, Gelman & Gleitman 1994; Hodapp, DesJardin & Ricci 2003). Im Deutschen wird von einem Großteil der Down-Syndrom-Kinder die Verbzweitstellung nicht gemeistert. Auch hier könnte die verminderte Kognition eine Rolle spielen: Fowler (1998) bezeichnet die kognitive Störung als Verzögerungsfaktor, der die erfolgreiche Entwicklung der Grammatik negativ beeinflusst.

An dieser Stelle soll ein wichtiger Punkt der Beschreibung auf den einzelnen Ebenen vorangestellt werden: die Möglichkeit, Förder- und Therapieeffekte in der Jugendzeit zu erzielen. Es gibt immer mehr Hinweise darauf, dass Kinder und Jugendliche mit Down-Syndrom auch noch nach der Zeitspanne, in der sich der Spracherwerb normalerweise abspielt, viel von entsprechenden therapeutischen Maßnahmen profitieren (Buckley 1995; Buckley & Bird 1993; Duffie, Sindberg, Hesketh & Chapman 2007; Smith & Sechrest 1991).

Früher Lexikonerwerb

Das erste Wort produzieren Down-Syndrom-Kinder verspätet; so sind Produktionszeiten zwischen dem zweiten und dritten Geburtstag nicht selten. Auch danach baut sich das frühkindliche Lexikon nur sehr langsam auf (Mervis & Robinson 2000). Bis zum fünften Geburtstag haben etwa zwei Drittel der Kinder 50 Wörter im produktiven Lexikon erworben. Bei schwereren Verläufen wird dieser Meilenstein später erreicht.

Obwohl bei Down-Syndrom-Kindern die Entwicklungsmechanismen des schnellen Wortlernens wie das Fast-Mapping experimentell nachgewiesen wurden (Chapman, Kay-Raining-Bird & Schwartz 1990), äußern sich diese nur in vermindertem Maße in einer Verbesserung der Wortproduktion, sodass sich gerade im Lexikon eine Asynchronie zwischen Verstehen und Produzieren zeigt.

Frühe Grammatikentwicklung

Das Tempo und der Erfolg der produktiven grammatischen Entwicklung hängen bei Down-Syndrom-Kindern stark davon ab, wie sehr der Aufbau des Lexikons verzögert ist. Insgesamt gibt es keine Hinweise auf qualitativ abweichende Entwicklungsprozesse (Böhning & Sarimski 2010), sodass die Verteilung der Satzstrukturen in der Grammatikanalyse ebenso wie das Zusammenspiel von Syntax und Lexikon dem Niveau jüngerer ungestörter Kindern entspricht.

Wie in der lexikalischen Entwicklung ist auch zwischen rezeptiven Verarbeitungsfähigkeiten und der Produktion eine Diskrepanz erkennbar. So konnte für Kinder mit Down-Syndrom experimentell belegt werden, dass sie *Bootstrapping*-Prozesse zum Aufbau der Argumentstruktur von Verben nutzen können (Naigles et al. 1995) und die Grammatikalität von Argumentstrukturen beachten. Ebenso gelingt ihnen die rezeptive Verarbeitung von Sätzen auf dem Niveau der nichtsprachlichen Kognition (Miller 1987).

Eine regelmäßige Satzproduktion ist vor der Schulzeit kaum zu erwarten. Zwei- und Dreiwortäußerungen mit Verben in Endstellung oder auch fehlenden Verben treten ab vier Jahren auf (Schaner-Wolles 2000) und bleiben häufig längere Zeit die vorherrschende Satzstruktur. Im späteren Kindesalter kommen morphologische Störungen hinzu, wenn der Syntaxerwerb weit genug vorangeschritten ist.

Ausspracheentwicklung

Die Ausspracheentwicklung wird von zwei Faktoren beeinflusst. Zunächst weisen Kinder mit Down-Syndrom häufig myofunktionelle Störungen oder zumindest mundmotorische Probleme auf, die man heute nicht mehr wie früher beschrieben auf eine zu große Zunge (Makroglossie) zurückführt. Zudem liegen bei relativ vielen Kindern neben den phonetischen und phonologischen Ausspracheproblemen zusätzlich dyspraktische Komponenten oder auch eine voll ausgeprägte Entwicklungsdyspraxie vor.

Die mundmotorischen Störungen können zu einem verminderten Lallen beitragen.

Die spontane Überwindung der phonologischen Prozesse vollzieht sich langsamer als bei anderen Kindern, und bei therapeutischen Maßnahmen ist der Entwicklungsgrad des Lexikons zu beachten. Besonders häufig werden unbetonte Silben ausgelassen, dies lässt sich teilweise bis ins Erwachsenenalter beobachten.

Williams-Beuren-Syndrom

Von allen genetischen Syndromen besteht für das Williams-Beuren-Syndrom der größte Studienpool bezüglich der kognitiven und sprachlichen Entwicklung. Unter anderem wurde, wie schon erwähnt, die *Delay-Deviance*-Diskussion viel über das Williams-Beuren-Syndrom geführt. Dies liegt an der ungewöhnlichen kognitiven Architektur der Personen mit Williams-Beuren-Syndrom, die häufig einen besseren verbalen als nonverbalen IQ aufweisen (Bellugi, Marks, Bihrle & Sabo 1988; Mervis, Robinson, Rowe, Becerra & Klein-Tasman 2004; Mervis & John 2010).

Die genetische Störung besteht im Verlust (Deletion) von genetischem Material auf dem langen Arm von Chromosom 7. Die Verlustgröße kann variabel sein. Aktuell wird angenommen, dass mindestens 12 Gene von der Deletion betroffen sein müssen, ehe das Syndrom in Erscheinung tritt (Grzeschik 2004; Meyer-Lindenberg, Mervis & Faith Berman 2006).

Zum ersten Mal wurde das Syndrom von Beuren, Apitz & Harmjanz (1962) bzw. von Williams, Barratt-Boyes & Lowe (1961) als angeborene Erkrankung des Herzens beschrieben. Obwohl diese Probleme (supravalvuläre Aortenstenose oder Pulmonalstenose) heutzutage in der Regel pränatal erkennbar sind, beeinflussen sie nachhaltig die frühe Entwicklung der Kinder. So sind teilweise eine oder mehrere Operationen am offenen Herzen notwendig, und das Herz ist nicht in der Lage, die motorischen Entwicklungsprozesse in der frühen Säuglingszeit zu unterstützen. Nach Aussagen von Eltern über diese Zeit liegen die Kinder häufig still, ohne regelmäßig erkennbare Versuche motorischer Aktivitäten zu zeigen. Unter welchen Startbedingungen die motorische und kognitive Entwicklung von Kindern mit Williams-Beuren-Syndrom verlaufen kann, ist daher auch und bei manchen Kindern maßgeblich von der Stärke ihres Herzfehlers abhängig.

Früher Lexikonerwerb

Der Beginn der produktiven Entwicklung von Kindern mit Williams-Beuren-Syndrom ist häufig verzögert. Erste Wörter werden im Mittel mit 24 Monaten produziert, und der frühkindliche Wortschatz wächst langsam (Mervis & Bertrand 1995; Mervis, Bertrand, Morris, Klein-Tasman & Armstrong 2000; Mervis, Morris, Bertrand & Robinson 1999). Auch der Wortschatzspurt setzt verspätet ein (Capirci, Sabbadini & Volterra 1996). In einer größeren Studie fanden sich bei etwa 3;5 Jahre alten Kindern durchschnittlich 100 Wörter im produktiven Lexikon (Mervis, Morris, Klein-Tasman, Bertrand, Kwitny, Appelbaum & Rice 2003). Die Mechanismen des Wortschatzspurts sind experimentell nachweisbar (Böhning, Weissenborn & Starke 2004; Siegmüller 2008a). Da sich allerdings nichtsprachliche Defizite im akustischen Bereich (Majerus 2004) auf die Anwendung auswirken, könnte auch hier ein Performanzproblem vorliegen.

Der relativ guten Entwicklungsprognose stehen die von Mervis & John (2010) für relationale und grammatische Wortarten beschriebenen Schwächen im Entwicklungspotenzial von Kindern mit Williams-Beuren-Syndrom gegenüber. Darunter fallen vor allem räumliche Begriffe und temporale Adverbiale, aber auch Konjunktionen, was sich potenziell auf den Nebensatzerwerb auswirken könnte.

Später ist der Aufbau des Wortschatzes von einem schwachen Langzeitgedächtnis betroffen, im Gegensatz zum relativ guten phonologischen Kurzzeitgedächtnis (Brock, McCormack & Boucher 2005; Majerus 2004; Majerus, Barisnikov, Vuillemin, Poncelet & Van den Linden 2003; Robinson, Mervis & Robinson 2003). Dies fördert die Entstehung von Wortfindungsstörungen, die in der Regel ab zehn Jahren auftreten (Beier, Baumann, Preisinger & Siegmüller 2013).

Grammatikentwicklung

Die frühe grammatische Entwicklung ist stabil und zeitgerecht. Das lässt Mervis und Kollegen (2000) zu dem Schluss kommen, dass Kinder mit Williams-Beuren-Syndrom aus der schneller durchlaufenen grammatischen Entwicklung Impulse für die lexikalische Entwicklung ziehen. Die grammatische Entwicklung ist so stabil, dass sich bei vielen Kindern mit Williams-Beuren-Syndrom vor der Einschulung gar keine therapiebedürftigen Auffälligkeiten zeigen.

Insgesamt ist die Entwicklung von Syntax und Morphologie durch eine hohe Affinität zu Regeln geprägt. So konnten Clahsen & Almazan (1998) rezeptiv gute syntaktische Verarbeitungsfähigkeiten bei Jugendlichen mit Williams-Beuren-Syndrom nachweisen. Auch komplexe Hauptsatz-Nebensatz-Konstrukte können sie verstehen (Siegmüller & Weissenborn 2004). Morphologische Regeln werden gut erworben, jedoch neigen Kinder und Jugendliche mit Williams-Beuren-Syndrom zu einer besonders langen Phase der Überregularisierung von Regeln auf unregelmäßige Verben (Bartke 2004; van Minnen & Siegmüller 2012). In der textgrammatischen Entwicklung, die von Kindern mit Williams-Beuren-Syndrom durchlaufen wird, zeigen sich ebenfalls Einflüsse von nichtsprachlichen Problemen. So können visuell-räumliche Verarbeitungsprobleme beim Erzählen von Geschichten beobachtet werden

(Landau & Zukowski 2003; van Minnen & Siegmüller 2012).

Kinder mit Williams-Beuren-Syndrom sind sehr kommunikativ, verhalten sich aber häufig zu überschwänglich und distanzlos. Ihre pragmatische Entwicklung ist stark davon geprägt. Wie Rice, Warren & Betz (2005) festgestellt haben, gehören sozialpragmatische Aspekte jedoch nicht zu den Problembereichen dieses Syndroms.

Insgesamt ist es ein Merkmal von vielen Kindern mit Williams-Beuren-Syndrom, dass ihre sprachliche Entwicklung im Vergleich zu Kindern mit anderen genetischen Syndromen extrem gut erscheint (Brock 2007).

Fragiles-X-Syndrom

Das Fragile-X-Syndrom ist die häufigste Form einer vererbten geistigen Behinderung (1:1.200–1:1.550 Geburten). Die Veranlagung dazu wird häufig über mehrere Generationen vererbt, bevor das Syndrom bei einem männlichen Kind ausbricht. Frauen sind in der Regel unerkannte Trägerinnen des Gendefekts, bei denen sich das Syndrom meist als allgemeine Lernschwäche, teilweise auch als Lese-Rechtschreib-Störung darstellt. Das Vollbild des Syndroms manifestiert sich an sich nur bei Jungen. Der Genlokus des FMR-1-Gens befindet sich bei Xq27.3 (auf dem X-Chromosom des Jungen). Mädchen verfügen über zwei X-Chromosomen, sodass die Störung durch das andere X-Chromosom ausgeglichen werden kann. Dagegen steht bei Jungen einem betroffenen X-Chromosom nur ein Y-Chromosom gegenüber, ein Ausgleich ist daher nicht möglich. Das Fragile-X-Syndrom wurde in der Vergangenheit häufig mit Autismus assoziiert. In der neueren Literatur findet sich jedoch keine Bestätigung dafür. Jungen mit Fragilem-X-Syndrom weisen nicht häufiger als Kinder mit anderen Syndromen auch autistische Züge auf. Das Syndrom wurde erstmalig in den 1940er-Jahren beschrieben. Schon damals wurde die Sprachstörung genannt, ebenso wie in der älteren pädiatrischen Literatur auf die erhöhte Wahrscheinlichkeit einer ausbleibenden Sprachentwicklung hingewiesen wurde (Illing & Claßen 2000).

Eine Besonderheit des Syndroms besteht darin, dass in Langzeitanalysen Wechsel in der Höhe des

Intelligenzquotienten beschrieben werden, deren Spanne über das normale Maß intraindividueller Schwankungen hinausgeht (Hagerman, Schreiner, Kemper, Wittenberger, Zahn, & Habicht 1989).

Berichte über den Spracherwerb

Es gibt kaum genügend Literatur über verschiedene Aspekte des Spracherwerbs, um sie hier in eigenen Teilkapiteln analog zu den beiden bisher beschriebenen Syndromen aufzuführen. Stattdessen folgt eine Zusammenfassung wesentlicher Ergebnisse.

Das erste Wort tritt zwischen dem zweiten und sechsten Lebensjahr auf. Ein wichtiges Kennzeichen von Kindern mit Fragilem-X-Syndrom ist die Echolalie, die bei einigen Kindern sehr früh (ab der Produktion erster Wörter) einsetzt und stark in den Vordergrund rücken kann. Ebenso kann es zu Perseverationen und Satzwiederholungen kommen.

An sich ist der Spracherwerb von Kindern mit Fragilem-X-Syndrom synchroner als bei vielen anderen Syndromen. Rezeption und Produktion differieren zwar, aber nicht in dem Maße wie beim Down- oder Williams-Beuren-Syndrom (Roberts, Mirrett & Burchinal 2001), ebenso greifen die verschiedenen sprachlichen Ebenen langsam, aber in gewohnter Form ineinander. Die Sprachentwicklung stellt sich insgesamt als stark verzögert und verlangsamt dar. Sie bleibt mit der nichtsprachlichen kognitiven Entwicklung in der Regel auf einem Niveau (Rice, Warren & Betz 2005).

Das Tempo der Entwicklung differiert je nach Schweregrad. So verbleiben Kinder mit schwerer geistiger Behinderung auch sprachlich auf einem niedrigen Niveau. Andere Kinder können schon im Vorschul- und frühen Grundschulalter auf eine sichere Satzebene gelangen und nur leichtere morphologische Probleme entwickeln (Sarimski 1997; Siegmüller, Hardel, Liebich & Herrmann 2001).

Kinder mit Fragilem-X-Syndrom weisen Artikulations- und Redeflussstörungen auf, die teilweise auch mit einer prosodischen Störung assoziiert sein können (Sarimski 1997); dies äußert sich durch eine unrhythmische Sprechweise. Rice, Warren & Betz (2005) beschreiben zudem eine harte und raue Stimme, auch Stimmstörungen kommen vor. Durch die Kombination aus Sprechstörungen, Redefluss- sowie Stimmstörungen kann die Aussprache der Kin-

der relativ schwer oder kaum verständlich werden. Rice et al. (2005) weisen in diesem Zusammenhang auch noch auf eine generalisierte Hypotonie der Muskeln im Mundraum hin.

Rett-Syndrom

Das Rett-Syndrom ist eine tiefgreifende Entwicklungsstörung mit progredientem Verlauf, die durch eine Mutation auf dem langen Arm eines X-Chromosoms verursacht wird (Rett 1966). Das fast ausschließlich bei Mädchen auftretende Rett-Syndrom wurde zum ersten Mal 1966 von Andreas Rett beschrieben. Die Auftretenshäufigkeit wird auf ca. 1:15.000 Mädchengeburten geschätzt (Gupta 2001).

Insgesamt ist das Rett-Syndrom durch einen Stillstand (nach einem vermeintlich normalen Entwicklungsstart) und einen Abbau der erworbenen Fähigkeiten ab dem zweiten Lebensjahr gekennzeichnet. Bei einer Unterform des Rett-Syndroms (kongenitale Variante) zeigen sich schon früher Auffälligkeiten. Die klassische Form des Rett-Syndroms folgt grob folgenden Entwicklungsphasen (Siegmüller, Marschik & Einspieler 2010):

- **Phase 1 (1. Lebensjahr):** scheinbar unauffällige Entwicklung mit subtilen neurologischen Auffälligkeiten
- **Phase 2 (Regression: 8.–18. Lebensmonat):** Verlangsamung und Stillstand der Entwicklung; langsamer Rückzug von der Umwelt; innerhalb kurzer Zeit Verlust bisher erworbener Fähigkeiten im Bereich von Lokomotion, Handgebrauch und Sprache; stereotype Handbewegungen; häufige Schreiattacken
- **Phase 3 (im Anschluss an die Regression):** relative Stabilisierung des Entwicklungsniveaus; Wiedererlangung einzelner Fähigkeiten, insbesondere im Kommunikationsbereich; autistische Merkmale; Apraxie; Epilepsie
- **Phase 4 (spätes Stadium):** motorische Beeinträchtigungen; Dystonie; Muskelschwäche; orthopädische Probleme (Skoliose); kardiovaskuläre und respiratorische Auffälligkeiten; Kommunikationsfähigkeiten bleiben stabil.

Eine andere Untergruppe von Kindern mit Rett-Syndrom zeigt die Zappella-Variante, eine sog. Preserved-Speech-Variante. Hier bleibt die Sprache in vergleichsweise starker Form erhalten, ebenso wie ein zielgerichteter Handgebrauch eher möglich ist als bei anderen Formen des Rett-Syndroms (Marschik, Einspieler, Oberle, Laccone & Prechtl 2009).

Berichte über den Spracherwerb

Ähnlich wie bei anderen Syndromen besteht zwischen den Kindern mit Rett-Syndrom eine sehr große Variationsbreite. Eine schwerwiegende Kommunikationsstörung kann jedoch als einheitliches Symptom über alle Ausprägungen und Typen hinweg beobachtet werden.

Es gibt kaum systematische Studien. An dieser Stelle werden einige Ergebnisse exemplarisch zusammengetragen. In einer der wenigen Statuserhebungen, die bisher durchgeführt wurden, untersuchte Sarimski (2002) eine Gruppe von 83 deutschsprachigen Kindern mit Rett-Syndrom im Alter von 2–18 Jahren. Bei neun Kindern umfasste der produktive Wortschatz mindestens drei Wörter. Für die Preserved-Speech-Variante ist ein Kind mit einem höheren Sprachniveau auch während der Regressionsphase beschrieben (Marschik, Einspieler, Oberle, Laccone & Prechtl 2009; Marschik, Lanator, Freilinger, Prechtl & Einspieler 2010). Ein weiterer Fallbericht liegt für ein Mädchen vor, das zu Beginn der Regression bereits 30 Monate alt war. Zu diesem Zeitpunkt konnte es Drei- bis Vierwortäußerungen produzieren, verfügte jedoch nur über einen geringen Wortschatz. Nach der Regression war die expressive Sprache auf unverständliche Schreie und Geräusche reduziert, während das Sprachverstehen stark eingeschränkt, aber nicht vollständig verschwunden war (Gupta 2001).

Für die oben beschriebene Phase 1 gilt, dass Eltern und Ärzte im Nachhinein oft eine scheinbar normale Sprachentwicklung im ersten Lebensjahr feststellen. Im Alltag sind die Kinder kaum auffällig, werden aber eventuell schon als entwicklungsverzögert eingestuft. Je nachdem, wie lange Phase 1 anhält, werden erste Wörter oder Protowörter produziert. Danach kommt es zu einem Verlust der Sprachproduktion und vereinzelt auch des Wortverständnisses. In Einzelfällen gehen frühe Meilensteine der Entwicklung wie die Objektpermanenz verloren (Sarimski 1997).

Im Alltag benutzen die Kinder in erster Linie nonverbale Kommunikationsmethoden, um Wünsche auszudrücken oder die Aufmerksamkeit zu lenken. Dies kann mit Gesten, Berührungen von Objekten oder von Bezugspersonen bzw. Blickbewegungen geschehen. Motorische Beeinträchtigungen und Handstereotypien machen die gestischen Hinweise unter Umständen schlecht erkennbar.

12.3 Sprachliche Diagnostik

Das erste Ziel jeder Sprachdiagnostik ist die Feststellung einer Auffälligkeit und des daraus resultierenden Therapiebedarfs beim jeweiligen Kind (von Suchodoletz 2002). Dies gilt für alle Störungsbilder mit einem auffälligen Sprachprofil, unabhängig davon, ob die Sprachstörung selektiv oder im Rahmen komplexerer Störungsbilder auftritt. Bei vielen Kindern mit genetischen Syndromen liegt der Krankheitswert der Sprachstörung jedoch bereits auf der Hand, ohne dass eine spezifische Diagnostik auch nur begonnen wurde. Trotzdem benötigen gerade diese Kinder eine besonders gründlich durchdachte und auf den Einzelfall abgestimmte Auswahl diagnostischer Verfahren. Häufig ist die Anwendung eines Tests im normalen standardisierten Modus nicht möglich. Dies kann sowohl durch das extreme bzw. extrem asynchrone Profil des Kindes bedingt sein (wie z.B. die vollständig ausbleibende Sprachproduktion) als auch durch begleitende Symptome wie einen hohen Grad an Ablenkbarkeit, eine zu geringe Konzentrationsspanne (wie bei vielen Kindern mit Fragilem-X-Syndrom), durch visuelle Einschränkungen (wie z.B. beim Williams-Beuren-Syndrom) etc.

Die Zielsetzung besteht bei Kindern mit genetischen Syndromen in der Beantwortung der Frage, wie stark rezeptive und produktive Verarbeitung in ihrer Entwicklung auseinanderklaffen bzw. ob einer stark defizitären produktiven Verarbeitung eine ebenso defizitäre rezeptive Verarbeitung zugrunde liegt. Dafür muss das zu erwartende asynchrone Profil möglichst genau beschrieben werden. Im Fall einer bisher ausgebliebenen Sprachproduktion kann dies auch bedeuten, dass eine rein rezeptive Diagnostikbatterie angewendet wird und dass die Beurteilung der Fähigkeiten dementsprechend auf rein rezeptive Anteile beschränkt bleibt. Bei einer gut konzipierten Diagnostik können sich durchaus Fähigkeiten zeigen, die weitaus besser sind, als die nicht vorhandene Sprachproduktion vermuten lassen würde (Kauschke & Siegmüller 1998).

!

Da eine Sprachentwicklungsstörung bei Kindern mit komplexen Störungsbildern ja in keinem Fall selektiv auftritt, wird jede Behinderung des Sprachproduktionsprozesses durch außersprachliche Anteile (z. B. Dyspraxien, Gaumenspalten etc.) die Bewertung der produktiven Sprachdimension erschweren. Je komplexer der Enkodierungsprozess der Sprachproduktion betroffen ist, desto weniger lassen sich Sprachäußerungen eindeutig interpretieren. Als notwendige diagnostische Konsequenz sollte daher das Fähigkeitsniveau noch stärker in der rezeptiven Dimension beschrieben werden als sonst.

Ist für das betreffende Syndrom ein Verhaltensphänotyp beschrieben, können durch eine spezifische Diagnostik Symptome ausgegrenzt werden, die sich im konkreten Einzelfall nicht zeigen, obwohl sie für das Syndrom typisch sind. Auf diese Weise gelingt eine spezifischere Befundung des Kindes, aus der die nachfolgende Ableitung der Therapie punktgenauer auf den Einzelfall abgestimmt werden kann.

12.3.1 Relationen zum Alter

Immer dann, wenn die Intelligenz von Kindern gemindert ist, lässt sich vom chronologischen Alter ausgehend keine Prognose für die sprachlichen Fähigkeiten stellen. Als Ersatz wird das kognitive Entwicklungsalter herangezogen bzw. das nichtsprachliche kognitive Entwicklungsalter als Vergleichsfaktor verwendet. Zeigt sich in diesem Vergleich, dass die sprachliche Entwicklung zurückgeblieben ist, kann ein asynchrones Profil der beiden kognitiven Fakultäten Sprache und nichtsprachliche Kognition attestiert werden. Im Falle eines synchronen Profils sind Sprachalter und kognitives Entwicklungsalter gleich.

Bei den meisten asynchronen Profilen von Kindern mit genetischen Syndromen liegt ein Hauptsymptomkomplex in der sprachlichen Domäne. Ein typisches Beispiel ist das Down-Syndrom, bei dem das sprachliche Entwicklungsalter in der Regel deutlich hinter dem nichtsprachlichen kognitiven Entwicklungsalter zurückbleibt (Wang & Bellugi 1994). Auch bei selteneren Syndromen wie dem Cri-du-Chat-Syndrom ist die Sprache oft am stärksten betroffen (Sarimski 1997). Gerade bei Kindern mit Cri-du-Chat-Syndrom zeigen sich asynchrone Profile häufig im Rahmen eines insgesamt sehr niedrigen Leistungsvermögens (Siegmüller 2006) – ein Hinweis darauf, dass asynchrone Entwicklungsprofile nicht an leichte oder mittelgradige geistige Behinderungen gebunden sind. Auch bei insgesamt sehr schwer betroffenen Kindern können asynchrone Tendenzen beschrieben werden. Die Feststellung eines solchen Profils erweist sich jedoch als komplexer, da diese Kinder mehr Schwierigkeiten mit der diagnostischen Situation an sich haben als weniger stark behinderte Kinder.

Der umgekehrte Fall asynchroner Entwicklungsdomänen, d. h. Profile, in denen die Sprachentwicklung weniger stark betroffen ist als nichtsprachliche Bereiche, kommt seltener vor. Das wichtigste Beispiel für diese Art des asynchronen Profils ist das Williams-Beuren-Syndrom. Bei Jugendlichen mit diesem Syndrom lassen sich teilweise wesentlich bessere sprachliche Leistungen erheben, als durch ihr nichtsprachliches Intelligenzniveau vorhersagbar wäre (Rondal & Edwards 1997).

Da sich einzelne Entwicklungsbereiche im Rahmen von komplexen Störungsbildern unterschiedlich schnell entwickeln, scheinen die sprachlichen Ebenen bei den betroffenen Kindern teilweise stärker voneinander abgekoppelt zu sein als bei anderen Kindern. Dies sollte für die Diagnostik Konsequenzen haben: Je asynchroner ein Gesamtprofil erscheint, desto weniger Aussagekraft besitzt ein übergreifender Intelligenz- bzw. Entwicklungsquotient. Aussagekräftiger ist die Darstellung einzelner T-Werte oder anderer Standardwerte (im Vergleich mit dem mentalen Entwicklungsalter) für die jeweiligen Entwicklungsdomänen im Sinne eines Profils. Verwendet werden sollten Testverfahren, die entsprechende Auswertungen ermöglichen.

12.3.2 Probleme im diagnostischen Prozess

Die psychometrische Untersuchung eines Kindes mit stark eingeschränkten kognitiven Fähigkeiten stellt eine große Herausforderung dar. Unter Umständen kann es schwierig sein, Kindern mit stärker eingeschränkter Kognition den Ablauf einer Testmethode zu erklären. Hier zeigt sich häufig, dass die vorhandenen (sprachlichen) Tests nicht für diese Zielgruppen entwickelt worden sind. Weder die sprachlichen Anweisungen noch die Anzahl der Vorübungen reichen für die Kinder aus. Durch Wiederholen der Übungsitems wird nicht der gleiche Effekt gewährleistet wie durch neue Übungsitems. Denn bei der Wiederholung kann sich das Kind auch an den gerade durchgearbeiteten Stoff erinnern, ohne ein tieferes Verständnis für die Methode der Anforderung entwickelt zu haben. Als Alternative bieten sich informell vorgeschaltete Übungen an, bis die Methode verstanden wird.

Die Reihenfolge gestaltet sich dann so:
- Einübung der Methode mit selbst zusammengestellten Übungsitems (variable Anzahl)
- kurze Pause (wenige Minuten)
- Durchführung der vorgesehenen Übungsitems (zur Absicherung der Methodik)
- Durchführung der Testitems

Nach Abschluss des Tests hat sich die Methodik unter Umständen in eine Handlungsroutine umgesetzt, von der das Kind nur schwer wieder Abstand nehmen kann. Im Extremfall lässt ein anschließender Test mit anderer Handlungsanforderung kaum noch oder gar keine Aussage mehr zu: So kann es z. B. durch einen Benenntest vor dem Durchführen eines Wort-Bild-Zuordnungstests dazu kommen, dass das Kind bei der zweiten, rezeptiven Anforderung fortfährt, alle abgebildeten Bilder auf der Seite zu benennen, ohne auf das Stimuluswort vom Untersucher zu achten oder auf das richtige Bild zu zeigen.

Ein schwerwiegendes Problem besteht bei Kindern mit genetischen Syndromen darin, dass manche Untersuchungsmethoden gar nicht anwendbar sind. Hierzu zählt bei jungen Kindern die Methode der Begriffsklassifikation, mit der ihre semantische Kategorisierungsfähigkeit überprüft werden kann. Bei dieser Methode soll das Kind anhand eines Oberbegriffs bestimmen, welche Stimulusbilder aus einer Auswahlmenge zu der genannten Kategorie gehören und welche nicht. Eine weitere schwierige Testmethode ist das Einfordern eines grammatischen Urteils (Gordon 1996), das teilweise auch mit dem Verbessern von Fehlern verknüpft wird. In deutschen Sprachtests ist diese Methode nicht so geläufig. Sie existiert aber z. B. im HSET (Grimm & Schöler 1991) in der Form, dass das Kind einen vorgesprochenen Satz inhaltlich verbessern soll. Hierzu muss es zunächst ein Urteil über die Art des Fehlers fällen, bevor es den korrekten Satz produzieren kann.

Um das Sprachprofil eines Kindes genau beschreiben zu können, ist es notwendig, dass Fehler möglichst eindeutig auf sein sprachliches Niveau zurückzuführen und dementsprechend aus methodischem Unverständnis entstandene Fehler auszuschließen sind. Auch wenn sich durch eine Standardisierung einzelne methodische Fehler auffangen lassen, verhindert mangelndes Verständnis einer Methodik auch die Erfassung des Sprachprofils. Der T-Wert des betreffenden Subtests entspricht in diesem Fall nicht den sprachlichen Fähigkeiten des Kindes. Schlussendlich ist und bleibt die Sprachdiagnostik bei Kindern mit genetischen Syndromen eine schwierige Aufgabe, da aus unvollständigen Daten auf komplexe Störungsbilder geschlossen werden muss. Hier ist die Expertise des Durchführenden häufig mehr gefordert als bei Kindern mit anderen Formen der Sprachentwicklungsstörung.

12.4 Therapie

12.4.1 Therapieableitung

Die Therapieableitung ist bei Kindern mit genetischen Syndromen individueller am Kind und seinen gesamten Möglichkeiten/Fähigkeiten orientiert als bei anderen Kindern. Bedenkt man jedoch, dass das Sprachprofil von Kindern mit komplexen Störungsbildern stets zu einer unebenen Entwicklung neigt und dass diese Tendenz mit zunehmendem Alter stärker wird, liegt es auf der Hand, dass das strukturelle Ziel einer Therapie trotzdem die Synchronisierung des Profils sein sollte (Siegmüller 2008b).

Für Kinder mit genetischen Syndromen ist – obwohl in theoretischer Hinsicht diskutiert (➤ Kap. 12.2) – von einem zwar verlangsamten, aber normalen Erwerbsverlauf auszugehen; daher kann das Prinzip der Entwicklungschronologie (Siegmüller & Kauschke 2006) auch als ein Hauptprinzip bei der Entscheidung herangezogen werden. Wie verlangsamt die Entwicklung abläuft, ist von Kind zu Kind stark unterschiedlich. Es gibt nur wenig Anhaltspunkte, an denen man sich bei der Therapieplanung orientieren könnte. Mervis & John (2010) empfehlen, erfolgreiche Therapien aus der Autismusforschung bei Kindern mit Williams-Beuren-Syndrom zu erproben. In einer spanischen Studie wurde untersucht, wie drei Vorschulkinder mit Down-Syndrom auf eine Therapie zur Verwendung von Verben in Zwei- und Mehrwortäußerungen ansprachen. Es zeigte sich, dass die Kinder besser von der Therapie profitierten, wenn

- sie möglichst jung waren, d. h. der anvisierte Entwicklungsschritt nicht zu weit nach dem normalen Entwicklungsalter erworben werden sollte, und wenn
- das nichtsprachliche Entwicklungsalter, das chronologische Alter und das Sprachalter nicht stark auseinanderklafften (Vilaseca & Del Rio 2004).

Eine nach der natürlichen Entwicklungschronologie vorgehende Behandlung kann sicherstellen, dass der natürliche Erwerb so gut wie möglich nachvollzogen wird und dass im Rahmen der Therapie nach und nach die Entwicklungsmomente, in denen spezifische Teilbereiche des Sprachsystems andere in ihrem Vorankommen stützen, eintreten können. In diesem Sinne würde eine Lexikontherapie einer Therapie der Grammatik vorangehen, um für die Entwicklung der Satzstruktur möglichst viel Unterstützung aus dem Wortwissen zu erhalten (diese Entscheidung könnte z. B. auf der Basis des lexikalischen Bootstrapping-Modells von Christophe, Millotte, Bernal & Lidz [2008] getroffen werden). Moderne Konzepte weichen allerdings vermehrt davon ab, indem sie bei Kindern mit genetischen Syndromen stattdessen auf eine Stärkung von vorhandenen Kompetenzen fokussieren und von dem Bestreben, funktionale Defizite zu überwinden, Abstand nehmen.

Ebenfalls angesprochen wurde, dass der produktive Bereich der Sprache für Kinder mit komplexen Störungsbildern wesentlich störungsanfälliger ist als der Bereich des Verstehens. Dies ist nicht nur diagnostisch ein wichtiger Faktor, sondern wird sich auch im Therapieverlauf niederschlagen. In der Therapieableitung ist somit eine Konzentration auf den Aufbau des Wort-, Satz- und allgemeinen *Sprachverständnisses* in vielen Fällen die richtige Wahl, da sich hier eher die tatsächlichen Sprachfähigkeiten des Kindes finden und aufbauen lassen. Die produktive Modalität sollte selbstverständlich nicht aus den Augen verloren werden, auch wenn sie nicht den Schwerpunkt der therapeutischen Arbeit bildet. Als Faustregel könnte man sagen, dass ein Kind mit Schwierigkeiten in der Sprachproduktion mehr Unterstützung durch ein gut aufgebautes Sprachverständnis benötigt als ein anderes Kind, um sein Leistungsniveau in der Produktion zu verbessern. In diesem Sinne ist therapeutische Arbeit im Rezeptiven die notwendige Vorbedingung für einen Therapieerfolg in der produktiven Modalität. Die Übertragung des Leistungsniveaus von rezeptiv nach produktiv kann jedoch auf sich warten lassen oder überhaupt nicht in zufriedenstellendem Maß eintreten. Hier wird sich unter Umständen zeigen, dass eine Sprachtherapie, die nur mit verstärktem Input, *Feedback* und mehr oder weniger bewussten Übungseinheiten arbeiten kann, an ihre Grenzen stößt (aber hoffnungsvolle Gegenevidenz kommt z. B. von Otto et al. 2011).

12.4.2 Therapieverlauf

Kinder mit Mehrfachbehinderungen sind in der ambulanten Sprachtherapie häufig Dauerpatienten, die von einer Therapeutin über Jahre begleitet werden. Der lange Therapieverlauf liegt im verlangsamten Erwerbstempo begründet, aber auch in der länger anhaltenden dynamischen und aktivierbaren Erwerbsphase, die bei einzelnen Syndromen bis in die Zeit nach der Pubertät hinein dokumentiert ist (Buckley & Bird 1993; Buckley 1995; Mervis et al. 1999). Beim Down-Syndrom gilt dies gerade für die produktiven und die schriftsprachlichen Fähigkeiten (Buckley & Bird 1993; Buckley 1995). Solche Beobachtungen werden auf verlangsamte Hirnreifungsprozesse bei manchen genetischen Syndromen zurückgeführt, durch die die Plastizität des Gehirns länger erhalten bleibt und sich auch dynamische Erwerbsprozesse in die Länge ziehen können (Levy 1996; Mervis et al. 1999). Insofern gibt es berechtigte Gründe, eine Sprachtherapie bei Kindern mit genetischen Syndromen länger fortzuführen als bei anderen Kindern.

Wie mühsam sich neue Entwicklungsebenen häufig aber nur erreichen lassen, zeigt sich daran, dass trotz dieses langen Therapieverlaufs nur bei einer kleinen Gruppe der betroffenen Kinder ein zielsprachliches Niveau als Therapieziel thematisiert wird. Durch Faktoren wie Therapiemüdigkeit, Endplateaus oder schlicht das Auslaufen der ärztlichen Verordnungen wird das Ende der Therapie eher eingeläutet als durch die Feststellung einer austherapierten Symptomatik. Vilaseca & Del Rio (2004) interpretieren fehlende Generalisierungseffekte in ihrer Studie mit Down-Syndrom-Kindern nach Beendigung der Therapie dahingehend, dass sich ein abrupter Abschluss der Therapie bei Kindern mit genetischen Syndromen ungünstig auswirken könnte. Es wäre besser, das Kind nach und nach von der Therapie zu entwöhnen und es vorsichtig in die Hände anderer Betreuer zu übergeben.

Abschließend werden an dieser Stelle noch beispielhaft Therapieziele aufgelistet, wie sie für das Rett-Syndrom empfohlen werden (Siegmüller, Marschik & Einspieler 2010). Dies zeigt, wie basal und trotzdem differenziert Sprachtherapieziele bei Kindern mit genetischen Syndromen sein können.

- Einübung von einfachen (non)verbalen Interaktionsformen wie Blickkontakt und -lenkung sowie Einsatz von Körpersprache
- Etablierung systematischer nonverbaler Kommunikationsformen, z. B. Gebärden, abhängig vom Ausmaß der Handstereotypien; u. U. kann auf Kommunikationsbilder und -bücher ausgewichen werden
- In leichteren Fällen: Ausweitung des Wortverständnisses
- Jede Sprachtherapie sollte mit Entspannungsmethoden arbeiten
- Förderung von Nachahmungsfähigkeiten
- Orofaziale Therapie, z. B. Verbesserung des Lippenschlusses

Spezifische Therapieansätze für Kinder mit genetischen Syndromen

Es gibt nicht viele sprachtherapeutische Daten zu Kindern mit genetischen Syndromen. Die bereits angesprochene Studie von Vilaseca & Del Rio (2004) steht exemplarisch für das Down-Syndrom. Daten von Bertrand, Mervis & Eisenberg (1997) zeigen, wie die spezifischen visuellen Wahrnehmungsschwierigkeiten und räumlichen Verarbeitungsprobleme von Kindern mit Williams-Beuren-Syndrom durch Zeichnen gefördert werden können. Für Kinder mit dem seltenen Filippi-Syndrom haben Otto et al. (2011) über eine frühe lexikalische Therapie bis zum Wortschatzspurt berichtet.

Aus dem Bereich des emergenzorientierten Denkens stammt der Aptitude-X-Treatment-Interventions-Ansatz (ATI) von Smith & Sechrest (1991). Nach diesem Ansatz werden die Kompetenzen eines Kindes gefördert, um Defizite in anderen Bereichen zu kompensieren. Die Wirksamkeit wird mittels spezifischen statistischen Vorgehensweisen beim einzelnen Patienten belegt. Da zum Teil metasprachliche Arbeit vorgesehen ist, haben die Autoren Interventionen für ältere Kinder beschrieben. Bei dem rein einzelfallorientierten Verfahren gehen individuellen Förderphasen lange interdisziplinäre Befunderhebungen voraus.

Für kein genetisches Syndrom liegen analytische Quellen wie systematische oder auch narrative Reviews vor, was es für Praktiker sehr schwierig macht, sich einen Überblick über die Literaturlage zu verschaffen. Ein Literatur-Review, wie er zur Wirksamkeit von verschiedenen Formen der Kommunikationstherapie für Kinder mit Autismus existiert (Brunner & Seung 2009), wäre auch für Kinder mit genetischen Syndromen wünschenswert und hilfreich.

Mervis & John (2010) empfehlen für Kinder mit Williams-Beuren-Syndrom einen frühen Beginn der Sprachtherapie, um die Produktion der ersten Wörter und den Übergang in die Grammatik zu begleiten und dann in einer Phase intensiver Therapie im Vorschulalter alle Aspekte der Sprache zu fokussieren. Mit zunehmendem Alter sollte das Kind jeweils spezifischer nach der individuellen Ausprägung seines Verhaltensphänotyps behandelt werden. So wichtig solche Forderungen sind, so wenig ersetzen sie spezifische Anpassungen und Evaluationen von Therapieansätzen für Kinder mit genetischen Syndromen.

Therapie nach PLAN und Folgeprojekte

Der Patholinguistische Ansatz zur Therapie von Sprachentwicklungsstörungen (PLAN, Siegmüller & Kauschke 2006) ist für Kinder mit spezifischen Sprachentwicklungsstörungen entwickelt worden. Grundsätzlich gehen wir jedoch davon aus, dass auch Kinder mit genetischen Syndromen den Entwicklungsschritten des normalen Spracherwerbs folgen. Insofern ist der PLAN bislang schon in der Praxis bei Kindern mit genetischen Syndromen angewendet worden und hat sich als geeignet erwiesen.

Therapieziele und Therapiemethoden stellen zwei unabhängige Planungsgrößen für die Therapie nach PLAN dar. Daher lässt sich eine Therapie systematisch verfolgen und methodisch auf die kognitiven Fähigkeiten des Kindes abstimmen. Zum Beispiel ist eine Grammatiktherapie mit indirekten Methoden möglich, d. h. für viele Bereiche der Grammatik kann auf die sprachbewusste Mitarbeit des Kindes verzichtet werden. Die Therapie orientiert sich am Einzelfall, sodass Tempo, Dauer und Therapiedichte (Frequenz der aufeinanderfolgenden Sitzungen) genau auf die Bedürfnisse des Kindes abgestimmt werden können. In der klinischen Erfahrung hat sich jedoch gezeigt, dass manche Bereiche einer Sprachentwicklungsstörung, die nicht ohne starke metasprachliche Komponente und ein entsprechendes Abstraktionsniveau auskommen, bei Kindern mit genetischen Syndromen schwierig nach PLAN zu behandeln sind. Dies ist bei folgenden Störungsbereichen der Fall:

- Therapie der phonologischen Bewusstheit
- Therapie der Wortfindungsstörung
- Therapie der kompensierten dysgrammatischen Störung (kompensierter Dysgrammatismus)

Im Konzept des PLAN selbst waren bisher keine Therapiestudien mit Kindern mit genetischen Syndromen vorgesehen.

Auf der Basis von PLAN entstand ein Therapieprojekt des frühkindlichen Lexikons (➤ Kap. 10.3.2) am Logopädischen Institut für Forschung. Im Rahmen dieses LST-LTS-Projekts zeigte sich, dass es zwischen Late-Talkern, Kindern mit spezifischen Sprachentwicklungsstörungen, Kindern mit kombinierten umschriebenen Entwicklungsstörungen und Kindern mit genetischen Syndromen wesentlich weniger Unterschiede im Ansprechen auf eine Therapie gibt, als vielleicht vermutet werden könnte. Im LST-LTS-Projekt ließen sich bei acht Kindern mit Down-Syndrom, einem Kind mit Filippi-Syndrom und zwei Kindern mit geistiger Behinderung ohne bekannte Ursache positive Reaktionen auf die Therapie des frühkindlichen Lexikons beobachten. Als Gruppe betrachtet brauchten sie durchschnittlich 9,7 Sitzungen länger als Kinder ohne geistige Behinderung. Alle erreichten jedoch ein Stadium, in dem sich das Lerntempo für Wörter messbar erhöhte.

In einem zweiten Projekt wird die Wortfindungstherapie für Kinder mit Williams-Beuren-Syndrom angepasst und evaluiert (Beier et al. 2013). Dies erscheint notwendig, da Jugendliche mit Williams-Beuren-Syndrom relativ regelmäßig Wortfindungsstörungen haben, jedoch in der Regel nicht den für SSES-Kinder typischen diagnostischen Faktor (vermindertes Benenntempo) aufweisen (Temple et al. 2002). Insofern könnte sich hier durch den spezifischen Verhaltensphänotyp des Syndroms ein größerer Unterschied zu Kindern mit anderen Sprachentwicklungsstörungen ergeben, was sowohl theoretisch von Interesse wäre als auch wesentliche Implikationen für die Versorgung der Kinder und für die patientenorientierte Forschung bedeuten würde.

12.5 Zusammenfassung

Es lässt sich festhalten, dass an die Diagnostik und letztendlich auch an die Therapie von Sprachentwicklungsstörungen bei Kindern mit Mehrfachbehinderungen die gleichen Ansprüche gestellt werden wie bei Kindern mit spezifischen Sprachentwicklungsstörungen. Es ist jedoch häufig schwieriger, entsprechende Informationen vom Kind zu bekommen, da sich die sprachproduktiven Leistungen durch überlagernde Störungsbilder verzerrt abbilden und/oder methodische Verständnisprobleme beim Kind die Interpretierbarkeit der Fehler einschränken können. Das Wissen über etwaige Syndrome, die sich durch den Verhaltensphänotyp beschreiben lassen, kann hilfreich für die Vorbereitung von diagnostischen Sitzungen und die Beratung der Eltern sein. Ebenso kann ein vertieftes Wissen über das Syndrom dazu beitragen, die Therapie genau auf den Einzelfall abzustimmen. Therapeutische Konzepte sollten am Profil des Kindes orientiert und um eine Synchronisierung des Profils bemüht sein. Aktuell gibt es kaum verwertbare Aussagen zu den sprachtherapeutischen Vorgehensweisen bei Kindern mit genetischen Syndromen.

Phänomene wie Entwicklungsplateaus können Therapiefortschritte erschweren und werden immer wieder spezifische Verlaufsdiagnostiken notwendig machen, um das Vorgehen regelmäßig zu überprüfen.

Insgesamt steht die patientenorientierte Therapieforschung bei Kindern mit genetischen Syndromen erst noch am Beginn.

LITERATUR

Bartke, S. (2004). *Menschen mit Williams-Beuren-Syndrom, deutsche Partizipien und die Folge für die Therapie.* Gießen: Poster präsentiert auf der Dozententagung der Universität Gießen.

Beier, J., & Siegmüller, J. (2013). *Kindliche Wortfindungsstörungen.* In S. Ringmann & J. Siegmüller (Hrsg.), *Handbuch Spracherwerb und Sprachentwicklungsstörungen – in der Vorschulzeit* (S. 79–102). München: Elsevier.

Beier, J., Baumann, J., Preisinger, I., & Siegmüller, J. (2013). *Therapiestudie zur Wortfindungstherapie bei Menschen mit Williams-Beuren-Syndrom.* Poster, präsentiert auf dem DBL-Kongress, Erfurt.

Beier, J. Siegmüller, J., & Baumann, J. (2014, eingereicht). Behandlung von Wortfindungsstörungen bei Kindern mit spezifischen Sprachentwicklungsstörungen – eine Wirksamkeitsstudie. *L.O.G.O.S. interdisziplinär.*

Bellugi, U., Marks, S., Bihrle, A., & Sabo, H. (1988). Dissociation between language and cognitive functions in Williams syndrome. In D. Bishop & K. Mogford (Eds.), *Language development in exceptional circumstances* (pp. 132–149). Edinburgh: LEA.

Bertrand, J., Mervis, C., & Eisenberg, J. D. (1997). Drawing by children with Williams syndrome: a developmental perspective. *Developmental Neuropsychology, 13,* 41–67.

Beuren, A., Apitz, J., & Harmjanz, D. (1962). Supravalvular aortic stenosis in association with mental retardation and a certain facial appearance. *Circulation, 26,* 1235–1240.

Böhning, M., & Sarimski, K. (2010). Down Syndrom. In J. Siegmüller & H. Bartels (Hrsg.), *Leitfaden Sprache – Sprechen – Stimme – Schlucken* (S. 187–189). 3. Aufl. München: Elsevier.

Böhning, M., Weissenborn, J., & Starke, F. (2004). Fast Mapping in Williams syndrome: a single case study. In S. Bartke & J. Siegmüller (Eds.), *Williams syndrome across languages* (pp. 143–161). Amsterdam: Benjamins.

Brock, J. (2007). Language abilities in Williams syndrome: a critical review. *Development and Psychopathology, 19,* 97–127.

Brock, J., McCormack, T., & Boucher, J. (2005). Probed serial recall in Williams syndrome: lexical influences on phonological short-term memory. *Journal of Speech, Language, and Hearing Research, 48,* 360–371.

Brunner, D. L., & Seung, H. K. (2009). Evaluation of the efficacy of communication-based treatments for autism spectrum disorders. *Communication Disorders Quarterly, 31,* 15–41.

Buckley, S. (1995). Improving the expressive language skills of teenagers with Down syndrome. *Down Syndrome Research and Practice, 3,* 110–115.

Buckley, S. (1999). Promoting the cognitive development of children with Down syndrome: the practical implications of recent research. In J. A. Rondal, J. Perera & L. Nadel (Eds.), *Down's syndrome: a review of current knowledge.* London: Whurr.

Buckley, S., & Bird, G. (1993). Teaching children with Down syndrome to read. *Down Syndrome Research and Practice, 1,* 34–41.

Capirci, O., Sabbadini, L., & Volterra, V. (1996). Language development in Williams syndrome: a case study. *Cognitive Neuropsychology, 13,* 1017–1039.

Chapman, R. S., Kay-Raining-Bird, E., & Schwartz, S. F. (1990). Fast mapping of words and event contexts by children with Down syndrome. *Journal of Speech and Hearing Disorders, 55,* 761–770.

Christophe, A., Millotte, S., Bernal, S., & Lidz, J. (2008). Bootstrapping lexical and syntactical acquisition. *Language and Speech, 51,* 61–75.

Clahsen, H., & Almazan, M. (1998). Syntax and morphology in Williams syndrome. *Cognition, 68,* 167–198.

Clahsen, H., & Almazan, M. (2001). Compounding and inflection in language impairment: evidence from Williams syndrome (and SLI). *Lingua, 110.*

Clahsen, H., Ring, M., & Temple, C. (2004). Lexical and morphological skills in English-speaking children with Williams syndrome. In S. Bartke & J. Siegmüller (Eds.), *Williams syndrome across languages* (pp. 221–244). Amsterdam: Benjamins.

De Langen, E. (2006). Geistige Behinderung. In J. Siegmüller & H. Bartels (Hrsg.), *Leitfaden Sprache – Sprechen – Stimme – Schlucken* (S. 170–174). München: Elsevier.

Duffie, A. S., Sindberg, H. A., Hesketh, L. J., & Chapman, R. S. (2007). Use of speaker intent and grammatical cues in fast-mapping by adolescents with Down syndrome. *Journal of Speech, Language, and Hearing Research, 50,* 1546–1561.

Dykens, E. M. (1995). Measuring behavioral phenotypes: provocations from "new genetics". *American Journal on Mental Retardation, 99,* 522–532.

Dykens, E. M., & Rosner, B. A. (1999). Refining behavioral phenotypes: personality-motivation in Williams and Prader-Willi syndromes. *American Journal on Mental Retardation, 104,* 158–169.

Eley, T. C., Dale, P. S., Saudino, K. J., Stevenson, J., Bishop, D. V. M., Oliver, B., Petrill, S. A., Price, T. S., Purcell, S., Simonoff, E., & Plomin, R. (1999). Genetic and environmental origins of verbal and performance components of cognitive delay in 2-year-olds. *Developmental Psychology, 35,* 1122–1131.

Elman, J. L., Bates, E., Johnson, M. H., Karmiloff-Smith, A., Parisi, D., & Plunkett, K. (1996). *Rethinking innateness.* Cambridge/MA: MIT Press.

Fowler, A. E. (1998). Language in mental retardation: associations with and dissociations from general cognition. In J. A. Burack, R. M. Hodapp & E. Zigler (Eds.), *Handbook of mental retardation and development* (pp. 290–333). Cambridge: Cambridge University Press.

Fowler, A. E., Gelman, R., & Gleitman, L. R. (1994). The course of language learning in children with Down syndrome. In H. Tager-Flusberg (Ed.), *Constraints on Language Acquisition: Studies of Atypical Children* (pp. 91–140). Hillsdale: Lawrence Erlbaum Ass.

Gordon, P. (1996). The truth-value judgement task. In D. McDaniel, C. McKee & H. Smith Cairns (Eds.), *Methods for assessing children's syntax* (pp. 211–231). Cambridge/MA: MIT Press.

Grimm, H., & Schöler, H. (1991). *HSET – Heidelberger Sprachentwicklungstest* (2. Aufl.). Göttingen: Hogrefe.

Grzeschik, K.-H. (2004). Genotype in Williams syndrome. In S. Bartke & J. Siegmüller (Eds.), *Williams syndrome across languages* (pp. 39–59). Amsterdam: Benjamins.

Gupta, V. (2001). Rett's syndrome: a case report. *Indian Journal of Psychiatry, 43,* 81–84.

Hagerman, R. J., Schreiner, R. A., Kemper, M. B., Wittenberger, M. D., Zahn, B., & Habicht, K. (1989). Longitudinal IQ changes in fragile X males. *American Journal of Medical Genetics, 33,* 513–518.

Heubrock, D., & Petermann, F. (2000). *Lehrbuch der Klinischen Kinderneuropsychologie.* Göttingen: Hogrefe.

Hodapp, R. M., DesJardin, J. L., & Ricci, L. A. (2003). Genetic syndromes in mental retardation – should they matter for the early interventionist? *Infant and Young Children, 16,* 152–160.

Illing, S., & Claßen, M. (2000). *Klinikleitfaden Pädiatrie.* 5. Aufl. München: Urban & Fischer.

Karmiloff-Smith, A. (1998). Is atypical development necessarily a window on the normal mind/brain? The case of Williams syndrome. *Developmental Science, 1,* 273–277.

Karmiloff-Smith, A., Ansari, D., Campbell, L., Scerif, G., & Thomas, M. (2006). Theoretical implications of studying cognitive development in genetic disorders. In C. A. Morris, H. M. Lenhoff & P. P. Wang (Eds.), *Williams-Beuren Syndrome – Research, evaluation, and treatment* (pp. 254–273). Baltimore: John Hopkins University Press.

Karmiloff-Smith, A., Brown, J. H., Grice, S., & Paterson, S. (2003a). Dethroning the myth: cognitive dissociations and innate modularity in Williams syndrome. *Developmental Neuropsychology, 23,* 227–242.

Karmiloff-Smith, A., Scerif, G., & Ansari, D. (2003b). Double dissociations in developmental disorders? Theoretically misconceived, empirically dubious. *Cortex, 39,* 161–163.

Karmiloff-Smith, A., Scerif, G., & Thomas, M. (2002). Different approaches to relating genotype to phenotype in developmental disorders. *Developmental Psychobiology, 40,* 311–322.

Kauschke, C. (1998). Zum Problem der Terminologie und Klassifikation bei Sprachentwicklungsstörungen. *Die Sprachheilarbeit, 43,* 183–189.

Kauschke, C., & Siegmüller, J. (1998). Sprachentwicklung bei Cri-du-Chat-Syndrom. Eine Fallstudie. In D. G. f. S. dgs (Hrsg.), *Kongressbericht dgs-Kongress 1998.* Dresden.

Kauschke, C., & Siegmüller, J. (2010). *PDSS – Patholinguistische Diagnostik bei Sprachentwicklungsstörungen.* 2. standardisierte Aufl. München: Elsevier.

Landau, B., & Zukowski, A. (2003). Objects, motions, and paths: spatial language in children with Williams syndrome. *Developmental Neuropsychology, 23,* 105–137.

Leonard, L. B. (1998). *Children with specific language impairment.* Cambridge/MA: MIT Press.

Leonard, L. B. (2003). Specific Language Impairment: characterizing the deficit. In Y. Levy & J. Schaeffer (Eds.), *Language competence across populations: towards a definition of Specific Language Impairment* (pp. 209–233). Hillsdale: Lawrence Erlbaum Ass.

Leonard, L. B. (2009). Some reflections on the study of children with specific language impairment. *Child Language Teaching and Therapy, 25,* 169–171.

Levy, Y. (1996). Modularity of language reconsidered. *Brain & Language, 55,* 240–263.

Majerus, S. (2004). Phonological processing and verbal short-term memory in Williams syndrome. In S. Bartke & J. Siegmüller (Eds.), *Williams syndrome across languages* (pp. 125–142). Amsterdam: Benjamins.

Majerus, S., Barisnikov, K., Vuillemin, I., Poncelet, M., & Van den Linden, M. (2003). An investigation of verbal short-term memory and phonological processing in four children with Williams syndrome. *Neurocase, 9,* 390–401.

Marschik, P., Einspieler, C., Oberle, A., Laccone, F., & Prechtl, H. F. (2009). Case report: retracting atypical development: a preserved speech variant of Rett syndrome. *Journal of Autism and Developmental Disorders, 39,* 958–961.

Marschik, P., Lanator, I., Freilinger, M., Prechtl, H. F., & Einspieler, C. (2010). Funktionelle Hirnentwicklung beim Rett-Syndrom: frühe Auffälligkeiten und funktionsdiagnostische Besonderheiten. *Klinische Neurophysiologie, 41,* 1–5.

Mervis, C., & Bertrand, J. (1995). Early lexical development of children with Williams syndrome. *Genetic Counselling, Spec. Issue 6,* 134.

Mervis, C., & John, A. E. (2010). Cognitive and behavioral characteristics of children with Williams syndrome: implications for intervention approaches. *American Journal of Genetic Medicine, Seminars in Medical Genetics, 154C,* 266–276.

Mervis, C., & Robinson, B. F. (2000). Expressive vocabulary ability of toddlers with Williams syndrome or Down syndrome: a comparison. *Developmental Neuropsychology, 17,* 11–126.

Mervis, C., Bertrand, J., Morris, C. A., Klein-Tasman, B. P., & Armstrong, S. C. (2000). The Williams syndrome cognitive profile. *Brain and Cognition, 44,* 604–628.

Mervis, C., Morris, C. A., Bertrand, J., & Robinson, B. F. (1999). Williams syndrome: findings from an integrated program of research. In H. Tager-Flusberg (Ed.), *Neuro-developmental disorders: contributions to a new framework from cognitive neuroscience* (pp. 65–110). Cambridge: MIT Press.

Mervis, C., Morris, C. A., Klein-Tasman, B. P., Bertrand, J., Kwitny, S., Appelbaum, L. G., & Rice, C. E. (2003). Attentional characteristics of infants and toddlers with Williams syndrome during triadic interactions. *Developmental Neuropsychology, 23,* 243–268.

Mervis, C., Robinson, B. F., Rowe, M. L., Becerra, A. M., & Klein-Tasman, B. P. (2004). Relations between language and cognition in Williams syndrome. In S. Bartke & J. Siegmüller (Eds.), *Williams syndrome across languages* (pp. 63–92). Amsterdam: John Benjamins Publishing Company.

Meyer-Lindenberg, A., Mervis, C., & Faith Berman, K. (2006). Neural mechanisms in Williams syndrome: a unique window to genetic influences on cognition and behaviour. *Nature Reviews Neuroscience, 7,* 381–393.

Miller, J. (1987). Language and communication characteristics of children with Down syndrome. In S. Pueschel, C. Tingey, J. E. Rynders, A. C. Crocker & D. M. Crutcher (Eds.), *New perspectives on Down syndrome* (pp. 233–262). Baltimore: Paul H. Brooks.

Miller, J. (1988). The developmental asynchrony of language development in children with Down syndrome. In L. Nadel (Ed.), *The psychobiology of Down syndrome* (pp. 167–198). Cambridge/MA: University Press.

Naigles, L. G., Fowler, A. E., & Helm, A. (1995). Syntactic bootstrapping from start to finish with special reference to Down syndrome. In M. Tomasello & W. E. Merriman (Eds.), *Beyond Names for Things. Young Children's Acquisition of Verbs* (pp. 299–330). Hillsdale: Lawrence Erlbaum Ass.

Nyhan, W. (1972). Behavioral phenotype in organic genetic disease. *Pediatric Research, 6,* 1–9.

Otto, M., Ringmann, S., Siegmüller, J., & Schröders, C. (2011). Inputorientierte Lexikontherapie bei einem Mädchen mit Filippi-Syndrom – eine Einzelfallstudie aus dem LST-LTS-Projekt. *L.O.G.O.S. Interdisziplinär, 19,* 178–187.

Penner, Z. (1999). *Screeningverfahren zur Feststellung von Störungen in der Grammatik.* Luzern: SZH.

Rauh, H. (1994). Geistige Behinderung. In R. Oerter & L. Montada (Hrsg.), *Entwicklungspsychologie.* 3. Aufl. Weinheim: Beltz.

Rett, A. (1966). *Über ein cerebratrophisches Syndrom bei Hyperammonämie.* Wien: Bruder Hollinek.

Rice, M. L., Warren, S. F., & Betz, S. K. (2005). Language symptoms of developmental language disorders: an overview of autism, Down syndrome, fragile X, specific language impairment and Williams syndrome. *Applied Psycholinguistics, 26,* 7–27.

Roberts, J., Mirrett, P. L., & Burchinal, M. (2001). Receptive and expressive communications development of young males with fragile X syndrome. *American Journal of Mental Retardation, 106,* 216–230.

Robinson, B. F., Mervis, C., & Robinson, B. W. (2003). The roles of verbal short-term memory and working memory in the acquisition of grammar by children with Williams syndrome. *Developmental Neuropsychology, 23,* 13–31.

Rondal, J. A. (1995). *Exceptional language development in Down syndrome.* Cambridge: University Press.

Rondal, J. A., & Edwards, S. (1997). *Language in mental retardation.* London: Whurr.

Sarimski, K. (1997). *Entwicklungspsychologie genetischer Syndrome.* Göttingen: Hogrefe.

Sarimski, K. (2001). *Kinder und Jugendliche mit geistiger Behinderung.* Göttingen: Hogrefe.

Sarimski, K. (2002). *Entwicklungs- und Verhaltensmerkmale, individuelle Variabilität und Schlussfolgerungen.* Vortrag, präs. in Göttingen: Jahreshauptversammlung der Elternhilfe Rett-Syndrom.

Schaner-Wolles, C. (2000). Sprachentwicklung bei geistiger Retardierung: Williams-Beuren-Syndrom und Down-Syndrom. In H. Grimm (Hrsg.), *Sprachentwicklung* (S. 663–685). Göttingen: Hogrefe.

Siegmüller, J. (2002). Diagnostikmodelle bei Untersuchungen des Sprachentwicklungsstandes. In T. Kolberg, K. Otto & C. Wahn (Hrsg.), *Kongressbericht der XXV. Arbeits- und Fortbildungstagung der dgs* in Halle, 3.–5. Oktober 2002 (S. 525–536). Würzburg: Edition von Freisleben.

Siegmüller, J. (2006). Cri-du-Chat-Syndrom. In J. Siegmüller & H. Bartels (Hrsg.), *Leitfaden Sprache – Sprechen – Stimme – Schlucken* (S. 183–184). München: Elsevier.

Siegmüller, J. (2008a). *Der Gebrauch lexikalischer Erwerbsbeschränkungen bei Kindern mit Williams-Beuren-Syndrom.* Dissertation, Universität Potsdam.

Siegmüller, J. (2008b). Spezifische Sprachentwicklungsdiagnostik bei Kindern mit Mehrfachbehinderungen. In B. Giel (Hrsg.), *Sprachtherapie und Mehrfachbehinderung – ICF als Chance.* Köln: Prolog.

Siegmüller, J., & Bartels, H. (Hrsg.) (2011). *Leitfaden Sprache – Sprechen – Stimme – Schlucken.* 3. Aufl. München: Elsevier.

Siegmüller, J., & Kauschke, C. (2006). *Patholinguistische Therapie bei Sprachentwicklungsstörungen.* München: Elsevier.

Siegmüller, J., & Weissenborn, J. (2004). The comprehension of complex wh-questions in German-speaking individuals with Williams syndrome: a multiple case study. In S. Bartke & J. Siegmüller (Eds.), *Williams syndrome across languages* (pp. 319–343). Amsterdam: Benjamins.

Siegmüller, J., Hardel, B., Liebich, R., & Herrmann, A. (2001). Heterogene Sprachentwicklungsprofile bei Fragilem-X-Syndrom. *L.O.G.O.S. Interdisziplinär, 9,* 26–33.

Siegmüller, J., Marschik, P. B., & Einspieler, C. (2010). Rett-Syndrom. In J. Siegmüller & H. Bartels (Hrsg.), *Leitfaden Sprache – Sprechen – Schlucken – Stimme* (S. 201–204). 3. Aufl. München: Elsevier.

Smith, B., & Sechrest, L. (1991). Treatment of aptitude X treatment interactions. *Journal of Consulting and Clinical Psychology, 59,* 233–244.

Tager-Flusberg, H., & Sullivan, K. (1998). Early language development in children with mental retardation. In J. A. Burack, R. M. Hodapp & E. Zigler (Eds.), *Handbook of mental retardation and development* (pp. 208–239). Cambridge: Cambridge University Press.

Temple, C., Almazan, M., & Sherwood, S. (2002). Lexical skills in Williams syndrome: a cognitive neuropsychological analysis. *Journal of Neurolinguistics, 15,* 463–495.

Thomas, M., Dockrell, J., Messer, D., Parmigiani, C., Ansari, D., & Karmiloff-Smith, A. (2005). Speeded naming, frequency and the development of the lexicon in Williams syndrome. *Language and Cognitive Processes, 20,* 1–39.

Thomas, M. S. C., Grant, J., Barham, Z., Gsödl, M., Laing, E., Lakusta, L., Tyler, L. K. T., Grice, S., Paterson, S., & Karmiloff-Smith, A. (2001). Past tense formation in Williams syndrome. *Language and Cognitive Processes, 16,* 143–176.

van Minnen, S., & Siegmüller, J. (2012). Grammatische und textgrammatische Entwicklung bei Williams-Beuren-Syndrom. In S. Ringmann & J. Siegmüller (Hrsg.), *Sprachentwicklungsstörungen in der Vorschulzeit – Handbuchreihe Spracherwerb und Sprachentwicklungsstörungen, Bd. 1* (S. 213–240). München: Elsevier.

Vilaseca, R. M., & Del Rio, M.-J. (2004). Language acquisition by children with Down syndrome: a naturalistic approach to assisting language acquisition. *Child Language Teaching and Therapy, 20,* 163–180.

von Suchodoletz, W. (2002). Ansprüche an eine Therapie sprachentwicklungsgestörter Kinder. In W. von Suchodoletz (Hrsg.), *Therapie von Sprachentwicklungsstörungen* (S. 11–35). Stuttgart: Kohlhammer.

Wang, P. P., & Bellugi, U. (1994). Evidence from two genetic syndromes for a dissociation between verbal and visual-spatial short-term memory. *Journal of Clinical and Experimental Neuropsychology, 16,* 317–322.

Watermeyer, M., & Kauschke, C. (2013). Ausagieren oder Satz-Bild-Zuordnung? *L. O. G. O. S. interdisziplinär, 21,* 264–278.

Wilken, E. (1983). *Kinder mit Down Syndrom.* Tübingen: Narr.

Williams, J. C. P., Barratt-Boyes, B. G., & Lowe, J. B. (1961). Supravalvular aortic stenosis. *Circulation, 24,* 1311.

KAPITEL

Klaus Libertus[a,b], Peter B. Marschik[c,d,e], Christa Einspieler[c] und Sven Bölte[e1]

13 Frühe Auffälligkeiten bei Autismus-Spektrum-Störungen

13.1 Einleitung

Unter Autismus-Spektrum-Störungen (ASS) versteht man eine Reihe von tiefgreifenden Entwicklungsstörungen, die nach DSM-IV-TR (American Psychiatric Association 2000) und ICD-10 durch Auffälligkeiten in drei Kernbereichen gekennzeichnet sind: (1) auffällige und verzögerte Sprach- und Kommunikationsentwicklung; (2) qualitative Beeinträchtigung im Bereich der sozialen Interaktion und Reziprozität sowie (3) stereotype Verhaltensmuster und eingeschränkte Interessen. In den neueren Klassifikationsschemata, DSM-5 und ICD-11, werden die Kernbereiche (1) und (2) zur Domäne soziale Kommunikation zusammengefasst.

Der Schweizer Psychiater Eugen Bleuler hat „Autismus" (Griechisch „autos" [Selbst] und „ismos" [Zustand]) bereits im Jahre 1911 als medizinischen Fachbegriff für schizophrene Erkrankungen mit ausgeprägten Rückzugstendenzen, starker Fokussierung auf die eigene Gedankenwelt, wenig Bezug zur Außenwelt, gestörtem Realitätsbezug und Kontaktschwierigkeiten geprägt. Größere Bedeutung und breitere Verwendung erlangte der Begriff dann in den 1940er-Jahren, als zeitgleich zwei Beschreibungen über ähnliche soziale und kommunikative Störungen im Kindesalter veröffentlicht wurden.

Leo Kanner und Hans Asperger

Pioniere der Autismusforschung waren die Österreicher Leo Kanner, damals an der Johns-Hopkins-Universität in Baltimore tätig, und Hans Asperger am allgemeinen Krankenhaus der Universität zu Wien. Kurioserweise beschrieben beide Autoren zur selben Zeit ähnliche klinische Phänomene unter Verwendung einer ähnlichen Terminologie, ohne den jeweils anderen und seine Arbeit zu kennen (für weitere Details siehe Bölte 2009).

Leo Kanner beschrieb in seiner bahnbrechenden Arbeit aus dem Jahr 1943 elf Kinder (8 Jungen, 3 Mädchen) mit einer Reihe entwicklungspsychologischer Auffälligkeiten. Trotz individueller Unterschiede zwischen den Kindern fanden sich in allen Fällen gemeinsame Charakteristika, die Kanner dazu veranlassten, von einem einheitlichen Syndrom zu sprechen. Alle von ihm beschriebenen Patienten waren unfähig, einen normalen Bezug zu ihren Mitmenschen und der Umwelt aufzubauen, und zeigten eine starke Zurückgezogenheit („autistic aloneness"). Drei von Kanners Patienten erlernten keine verbalen Fähigkeiten; bei den verbleibenden acht zeigten sich bei mittelmäßigem bis gutem Spracherwerb jedoch Auffälligkeiten in dieser Domäne, wie z. B. Echolalien, Umkehr von Personalpronomina oder generelle Auffälligkeiten im Symbolgebrauch.

Hans Asperger beschrieb 1943 in seiner Habilitationsschrift (publiziert 1944) vier Kinder mit Auffälligkeiten in der prosodischen Sprachverarbeitung (monotone Sprechweise, kaum Intonationsmuster), stark reduzierter Mimik und Gestik sowie auffälligem Blickkontaktverhalten. Des Weiteren beobachtete Asperger einen häufigen Gebrauch von Neolo-

---

[1] Danksagung: Sven Bölte, Peter B. Marschik und Christa Einspieler sind Mitglieder der COST Action BM1004: "Enhancing the scientific study of early autism: A network to improve research, services and outcomes" (www.cost-essea.com). Affiliations: [a]Center for Autism and Related Disorders, Kennedy Krieger Institute, Baltimore, USA; [b]Department of Psychiatry, Johns Hopkins University School of Medicine, Baltimore, USA; [c]Institut für Physiologie (iDN – Interdisciplinary Developmental Neuroscience), Zentrum für Physiologische Medizin, Medizinische Universität Graz, Österreich; [d]Center for Genetic Disorders of Cognition and Behavior, Johns Hopkins University School of Medicine, Baltimore, wUSA; [e]Karolinska Institutet, Department of Women's and Children's Health, Center for Neurodevelopmental Disorders (KIND), Stockholm, Schweden

13

gismen sowie Einschränkungen auf pragmatischer Ebene bei seinen Patienten. Zudem zeigten sich diverse Auffälligkeiten im Bereich der Motorik, z. B. idiosynkratische motorische Muster, Koordinationsschwierigkeiten, ein auffälliges Gangbild oder eine „eigenartige Körperhaltung". Motorische Auffälligkeiten sowie Stereotypien, z. B. das Flattern der Hände oder rhythmische Kopfbewegungen, gelten auch heute noch als fester Bestandteil von Autismus-Spektrum-Störungen (Bhat, Landa & Galloway 2011). Ähnlich wie Kanner, sprach auch Asperger von einer einheitlichen Grundstörung, die sich im gesamten Verhalten äußert, also von einem autistischen Syndrom.

Die von Kanner und Asperger beschriebenen Auffälligkeiten des Sprechens und der Sprachentwicklung sind ein zentraler Aspekt der Autismus-Spektrum-Störungen (ASS). Bis heute werden gerade diese Auffälligkeiten auch von den besorgten Eltern zuerst bemerkt. Auffälligkeiten des Sprechens und der Sprachentwicklung allein sind jedoch nicht spezifisch für ASS, sondern können auf Entwicklungsstörungen unterschiedlichster Art hinweisen.

Autismus als Spektrum

Schon Asperger und Kanner betonten die interindividuell variable Ausprägung autistischen Verhaltens. Wing & Gould (1979) griffen dies Ende der 1970er-Jahre wieder auf. ASS treten unabhängig vom Intelligenzniveau auf. Innerhalb des Spektrums finden sich z. B. einerseits Individuen mit relativ intakten bis außergewöhnlichen sprachlichen Fähigkeiten, aber andererseits auch solche ohne verbale Fähigkeiten und ohne nonverbale Kompensationsversuche. Auch der Zeitpunkt, zu dem die Störungen klinisch in Erscheinung treten, variiert: Während einige Kinder bereits im Alter von 14 Monaten erste Symptome zeigen, was ggf. eine Verdachtsdiagnose ermöglicht (Landa, Holman & Garrett-Mayer 2007), werden andere erst im Alter von etwa 3 Jahren oder durch Regression und den Verlust von vorher erworbenen Fähigkeiten auffällig (Landa 2008). Vor allem bei milden ASS-Varianten erfolgt die Diagnosestellung noch immer häufig erst im späteren Kindesalter oder im Jugendlichen- bis Erwachsenenalter. Um diese großen individuellen Unterschiede abbilden zu können, spricht

man heute von einem „Spektrum" autistischer Störungen. Im englischsprachigen Raum steht die gängige Abkürzung ASD für „Autism Spectrum Disorders", im deutschsprachigen Raum wird hingegen häufig die Abkürzung ASS für „Autismus-Spektrum-Störungen" verwendet.

13.2 Autismus-Spektrum-Störungen (ASS)

13.2.1 Klassifizierung

Autismus-Spektrum-Störungen sind als prototypische Verhaltensbeschreibungen in den diagnostischen Manualen („International Statistical Classification of Diseases", ICD; „Diagnostic and Statistical Manual of Mental Disorders", DSM) definiert. Während Autismus im DSM-I und DSM-II noch als *kindliche Schizophrenie* klassifiziert war, wird das Phänomen im DSM-IV-TR als *tiefgreifende Entwicklungsstörung* eingestuft und durch die bereits erwähnten drei Hauptstörungsbereiche (Trias) definiert. Die Trias besteht aus

1. Auffälligkeiten der sozialen Interaktion,
2. der Kommunikation (verbal und/oder non-verbal) und
3. einem eingeschränkten Repertoire an Interessen und Aktivitäten sowie dem Vorhandensein von stereotypen Verhaltensmustern.

Auf der Basis einer multizentrischen Studie, an der mehr als 100 Diagnostiker beteiligt waren (DSM-IV field trial; Volkmar et al. 1994) kam es zu einer weitreichenden Annäherung der verschiedenen Terminologien und Klassifikationen im DSM-IV und der ICD-10. Im DSM-IV-TR wird zwischen frühkindlichem Autismus, Asperger-Syndrom und einer nicht näher bezeichneten tiefgreifenden Entwicklungsstörung („PDD-NOS"; vergleichbar mit atypischem Autismus in der ICD-10) differenziert.

Für das DSM-5 (2013) waren diesbezüglich wesentliche Veränderungen geplant, darunter die weiter oben bereits erwähnte Verschmelzung der beiden Bereiche soziale Interaktion und wechselseitige Kommunikation zur Domäne „soziale Kommunikation" und die Auflösung der singulären Diagnosen

„Autismus" und „Asperger-Syndrom" zu einer „Autismus-Spektrum"-Diagnose. Statt der Diagnosen atypischer Autismus und PDD-NOS sind laut DSM-5 vor allem die neuen Diagnosen „social communication disorder" und „stereotypic movement disorder" zu stellen. Unter dem Konzept „neurodevelopmental disorders" sind im DSM-5 neben Autismus-Spektrum-Störungen noch weitere Störungsbereiche enthalten, z. B. „communication disorders", mit denen Sprach- und Kommunikationsstörungen ohne ASS gesondert klassifiziert werden können. Wie sich die neuen diagnostischen Kriterien im DSM-5 auf die Diagnose und Prävalenz von ASS auswirken werden, ist aus heutiger Sicht noch nicht vollständig abschätzbar und Gegenstand von Kontroversen (Matson, Kozlowski, Hattier, Horovitz & Sipes 2012; McPartland, Reichow & Volkmar 2012; Worley & Matson 2012).

13.2.2 Diagnose von Autismus-Spektrum-Störungen

Die enorme Bedeutung von ASS für die Gesellschaft zeigt sich derzeit auch in den intensiven wissenschaftlichen Forschungs- und internationalen Vernetzungsbestrebungen zur Früherkennung von ASS. Obwohl ASS-Symptome bereits vor dem dritten Lebensjahr auftreten, wird eine entsprechende Diagnose in der Regel erst deutlich später gestellt (Mandell et al. 2010; Mandell, Novak & Zubritsky 2005; Wiggins, Baio & Rice 2006). Im deutschsprachigen Raum wird frühkindlicher Autismus meist erst um das sechste Lebensjahr, das Asperger-Syndrom sogar erst um das neunte Lebensjahr diagnostiziert (Noterdaeme & Hutzelmeyer-Nickels 2010). Eine Diagnose im Alter von sechs Jahren oder noch später führt zu einer verminderten Effizienz von Interventionen, da sensitive Phasen der kindlichen Entwicklung verpasst werden (Knudsen 2004). Dies betrifft insbesondere die Sprach- und die soziale Entwicklung.

In den letzten Jahren wurden mehrere Elternfragebögen und standardisierte Tests entwickelt, um eine frühere ASS-Diagnose zu ermöglichen (Bryson, Zwaigenbaum, McDermott, Rombough & Brian 2008; Landa 2008; Luyster et al. 2009; Robins, Fein, Barton & Green 2001). Nach dem derzeitigen Stand der Forschung ist eine vorläufige ASS-Diagnose im Alter von 14–24 Monaten möglich (Brian et al. 2008; Landa & Garrett-Mayer 2006; Zwaigenbaum 2010). Da es keine biologischen Untersuchungsmethoden zur Feststellung von ASS gibt, beruhen Screening und Diagnose allein auf klinischer Beobachtung und Fragebogenerhebungen (Le Couteur, Haden, Hammal & McConachie 2008; Lord et al. 1989). ASS-Symptome bilden sich in den ersten Lebensjahren oft nur unspezifisch ab, sodass pädiatrische Routineuntersuchungen selten Verdachtsdiagnosen generieren.

Elterliche Beobachtungen spielen eine entscheidende Rolle in der Früherkennung von ASS (Hess & Landa 2011). Verzögerungen oder Abweichungen in der sprachlichen Entwicklung des Kindes gehören vielfach zu den ersten Anzeichen, die Eltern beunruhigen. Wenn Eltern oder andere mit dem Kind vertraute Personen über dessen Entwicklung besorgt sind, kann als erster Schritt ein Screening mit Fragebogen oder einer Checkliste zur Abklärung der allgemeinen Entwicklung durchgeführt werden (z. B. Allison, Auyeung & Baron-Cohen 2012; Allison et al. 2008; Norris & Lecavalier 2010). Dieses Prozedere kann durch einen ASS-spezifischen Fragebogen als weiteres Screening-Instrument ergänzt werden (Johnson & Myers 2007; Norris & Lecavalier 2010). Gängige ASS-spezifische Screening-Instrumente sind die Checklist for Autism in Toddlers (CHAT; Baron-Cohen, Allen & Gillberg 1992), die Modified Checklist for Autism in Toddlers (M-CHAT; Dumont-Mathieu & Fein 2005) vor dem dritten Lebensjahr bzw. der Fragebogen zur Sozialen Kommunikation (FSK) – eine deutschen Fassung des Social Communication Questionnaire (SCQ; Bölte & Poustka 2006; Rutter, Bailey & Lord 2003) – nach dem dritten bis vierten Lebensjahr. Nach einem positiven Screening auf ASS gilt ab einem Entwicklungsalter von 24 Monaten die Diagnostische Beobachtungsskala für Autistische Störungen (ADOS) in Kombination mit dem Diagnostischen Interview für Autismus-Revidiert (ADI-R) als Goldstandard der Diagnosestellung (Lord et al. 2000, 1989; Lord, Rutter & Le Couteur 1994). ASS-Screenings dienen dazu, potenzielle Patienten zu identifizieren, um sie anschließend einer genaueren Untersuchung mit Goldstandardverfahren unterziehen zu können (Allison et al. 2012). Zwangsläufig führen Screenings aber auch dazu, dass falsche Empfehlungen gegeben und weiterführende ASS-Untersuchungen bei gesunden Kindern veranlasst wer-

13

den. Eltern können in dieser Situation erheblichem Stress ausgesetzt sein, weswegen Kinderärzte vielfach eine routinemäßige Verwendung von ASS-Fragebögen ablehnen (Al-Qabandi, Gorter & Rosenbaum 2011). Im Gegensatz dazu empfiehlt die American Academy of Pediatrics, ASS-Screenings mit den pädiatrischen Routineuntersuchungen zwischen 18 und 24 Monaten bei allen Kindern zu verbinden (Johnson & Myers 2007).

13.2.3 Prävalenz

Der klassische frühkindliche Autismus galt lange Zeit als seltene Erkrankung mit einer geschätzten Häufigkeit von 4,5 Fällen pro 10.000 Kindern (<0,05 %; Lotter 1966). In der letzten Dekade ist die Zahl der Diagnosestellungen sprunghaft angestiegen. Das amerikanische Center for Disease Control and Prevention (CDC) berichtete über folgende Entwicklung im Zeitraum von 2002 bis 2008: Im Jahr 2002 lag die Zahl der ASS-Fälle bei etwa 6 von 1.000 Kindern; 2006 erhöhte sie sich auf 9 von 1.000 und 2008 auf etwa 11 von 1.000 Kindern. Das entspricht etwa 1 zu 88 bzw. etwa 1 % aller Kinder (ADDM Network 2012) und bedeutet einen Anstieg um 78 % über einen Zeitraum von 6 Jahren. Eine Studie aus Korea bezifferte die ASS-Prävalenz sogar auf 1,89 % aller Kinder eines Geburtenjahrgangs (Kim et al. 2011). Anhand der heutigen Klassifikation von ASS wird deren Prävalenz am häufigsten mit 1 % angegeben und von Experten als zutreffende Schätzung akzeptiert (Baird et al. 2006). Diese Zahlen machen deutlich, dass ASS nicht zu den seltenen Störungen *(rare diseases)* zählt. Noch ist unklar, ob der Anstieg bei den ASS-Diagnosen ausschließlich durch veränderte Diagnosekriterien (frühkindlicher Autismus vs. ASS), bessere Diagnoseinstrumente und eine wachsende Sensibilisierung für ASS in der Bevölkerung zu erklären ist, oder ob zusätzlich eine gewisse „echte" epidemische Komponente von ASS in der Bevölkerung existiert.

13.2.4 Genetische Faktoren

Die Erblichkeit von ASS wird als hoch eingestuft. Für einen starken Einfluss von genetischen Faktoren sprechen drei Forschungsergebnisse:

- ASS-Erkrankungen treten 3- bis 4-mal häufiger bei Jungen als bei Mädchen auf (Baron-Cohen et al. 2011; Chakrabarti & Fombonne 2001; Ozonoff et al. 2011). Solche Geschlechtsunterschiede können auf genetische Faktoren hinweisen und legen die Vermutung nahe, dass Defekte am X-Chromosom eine Rolle spielen.
- In Familien mit ASS besteht ein stark erhöhtes Wiederholungsrisiko. Eine Studie des Baby Siblings Research Consortium schätzt die ASS-Rate bei Geschwistern auf etwa 18 % (Ozonoff et al. 2011).
- Das stärkste Argument für eine genetische Grundlage von ASS sind unterschiedliche Konkordanzraten zwischen monozygoten und dizygoten Zwillingen. Bei monozygoten Zwillingen liegt die ASS-Konkordanz zwischen 36 und 96 %, während man bei dizygoten Zwillingen keine Konkordanz (0 %) festgestellt hat (Bailey et al. 1995; Folstein & Rutter 1977; Steffenburg et al. 1989).

Diese Ergebnisse lassen auf eine Erblichkeit von 90 % schließen (Bailey et al. 1995). In einer Studie aus dem Jahr 2011 fanden sich jedoch Konkordanzraten von 58 % bei monozygoten und 21 % bei dizygoten Zwillingen (Hallmayer et al. 2011). Diese Ergebnisse sprechen für eine ASS-Erblichkeit von lediglich 37 %, die somit weit niedriger wäre als die früher berichteten 90 %.

13.2.5 Der „Broader Autism Phenotype"

Das autistische Spektrum beschränkt sich jedoch nicht nur auf klinische, sondern beinhaltet auch subklinische Phänomene. Offensichtlich autistische Verhaltensweisen ohne klinische Relevanz werden oft als „Broader Autism Phenotype (BAP)" bezeichnet und sind insbesondere bei den Eltern oder Geschwistern von Kindern mit ASS erkennbar (Folstein & Rutter 1977; Piven 2001; Piven & Palmer 1997; Piven et al. 1997). Auch ein BAP geht mit Auffälligkeiten der Sprachentwicklung, der Persönlichkeit oder des sozialen Verhaltens einher. Diese Probleme sind jedoch nicht stark genug ausgeprägt, um eine klinische Diagnose zu stellen. Man könnte daher vermuten, dass Eltern mit BAP ein höheres Risiko tragen, ASS zu vererben. In der Studie von Schwichtenberg et al. (2010) hat sich dies jedoch vorläufig nicht bestätigt.

13.3 Sprache und Kommunikation

Wie bereits erwähnt, ist eine verzögerte und/oder auffällige Sprachentwicklung vielfach der Grund dafür, professionelle Hilfe zu suchen (Hess & Landa 2011). Im DSM-IV sind drei Kriterien einer auffälligen Sprachentwicklung beschrieben: (1) verspätete oder gänzlich fehlende Sprachentwicklung; (2) mangelnde Fähigkeit, bei gewisser verbaler Kompetenz Konversationen zu beginnen bzw. aufrechtzuerhalten; und (3) stereotyper Sprachgebrauch (American Psychiatric Association 2000). Schon früh fallen Kleinkinder, bei denen später ASS diagnostiziert werden, durch Störungen geteilter Aufmerksamkeit *(joint attention)* oder im Blickverhalten auf. Insbesondere anhand der Joint Attention in der frühkindlichen Entwicklung lassen sich ASS-Kinder, die später ein höheres Sprachniveau erwerben, und jene mit eingeschränkten verbalen Fähigkeiten differenzieren (Charman et al. 2003; Dawson et al. 2004; Mundy 1995; Mundy & Gomes 1998; Sigman et al. 1999; Tomasello & Todd 1983). Die nonverbale Kommunikation von Zweijährigen (z. B. durch Gesten, Mimik, Blickkontakt) ist interessanterweise mit ihren sozialen Fähigkeiten fünf Jahre später assoziiert (Charman et al. 2005). Da die sprachliche und soziale Entwicklung somit in einer ständigen Wechselwirkung zueinander stehen, sind in der frühkindlichen Entwicklung soziale Verhaltensweisen und Fähigkeiten ein Motor, der die Sprachentwicklung rasch vorantreibt (➤ Abb. 13.1).

Im Bereich der Kommunikations- und Sprachentwicklung von Kindern, bei denen später ASS diagnostiziert werden, sind bereits im ersten Lebensjahr Auffälligkeiten zu beobachten (Überblick in Landa 2007, 2008). Beschrieben wurden unter anderem:

- geringer Blickkontakt,
- reduziertes Interesse an Gesichtern,
- verspätetes und vermindertes Auftreten von Brabbeln oder anderen Vokalisationen
- eingeschränkte Reaktion auf kommunikative Stimuli, z. B. keine oder verzögerte Reaktion des Kindes, wenn man es beim Namen ruft (Baranek 1999; Bryson et al. 2007; Iverson & Wozniak 2007; Maestro et al. 2002, 2005; Osterling & Dawson 1994; Osterling, Dawson & Munson 2002).

Im Alter zwischen 9 und 14 Monaten findet man bei den betroffenen Kindern unter anderem ein restringiertes konsonantisches Phoneminventar, ein eingeschränktes Repertoire an kommunikativen Gesten und generell eine verzögerte Entwicklung der Sprachproduktion und des Sprachverständnisses (Colgan et al. 2006; Landa 2007; Landa & Garrett-Mayer 2006). In der Regel zeigt sich bei normal entwickelnden Kindern im Laufe des zweiten Lebensjahres ein explosionsartiger Wortschatzzuwachs – der sog. *vocabulary spurt* (Goldfield & Reznick 1990). Kinder mit ASS hingegen scheinen keinen oder einen verminderten *vocabulary spurt* durchzumachen und verfügen gegen Ende des zweiten Lebensjahres – im Vergleich zu Kindern ohne Entwicklungsstörungen – über ein geringer ausgebildetes mentales Lexikon (Wetherby, Watt, Morgan & Shumway 2007). Außerdem ließen sich bereits in diesem Alter atypische prosodische Profile bei Kindern mit ASS beobachten (Wetherby et al. 2004). Nach dem 24. Lebensmonat werden die sprachlichen, sozialen und auch motorischen Defizite immer offensichtlicher, sodass man dann eine relativ stabile ASS-Diagnose stellen kann (Charman et al. 2005; Lord et al. 2006; Stone et al. 1999).

Zusammenfassend kann man sagen, dass sich die ersten Symptome einer ASS bereits in den ersten zwei Lebensjahren erkennen lassen, wobei der sprachlich-kommunikativen Entwicklung ein besonderes Augenmerk zukommt. Allerdings sind, wie bereits mehrfach erwähnt, frühe Auffälligkeiten der Sprachentwicklung nicht spezifisch für ASS, son-

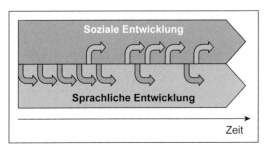

Abb. 13.1 Gegenseitige Abhängigkeit der sozialen und der sprachlichen Entwicklung. Besonders in den ersten 12 Lebensmonaten ist die soziale Entwicklung wichtig für die Entwicklung von Sprache und Kommunikation.

dern müssen immer im Kontext der Gesamtentwicklung gesehen werden.

13.4 Zusammenfassung und Ausblick

Autismus-Spektrum-Störungen sind eine Gruppe von tiefgreifenden Entwicklungsstörungen, die in stark unterschiedlicher Ausprägung bei etwa 1 % aller Kinder auftreten. Eine ASS-Diagnose erfolgt heute immer öfter im Vorschulalter. Verstärkte Forschungsbestrebungen (Bölte et al. 2013) könnten jedoch bald neue Möglichkeiten zur Früherkennung von ASS mitbegründen und noch frühere Diagnosen ermöglichen. Eine frühzeitige Diagnose von ASS hätte den Vorteil, dass auch die therapeutische Intervention für die betroffenen Patienten und die therapeutische Begleitung für die ganze Familie früher einsetzen könnten. Ein wichtiger Bestandteil der Früherkennung ist das Durchführen von spezifischen ASS-Screenings, z. B. während kinderärztlicher Routineuntersuchungen, mittels Elternfragebögen. Besonderes Augenmerk sollte der frühen sprachlichen und soziokommunikativen Entwicklung und den elterlichen Beobachtungen in diesem Bereich gelten.

LITERATUR

ADDM Network, Autism and Developmental Disabilities Monitoring Network (2012). Prevalence of Autism Spectrum Disorders. *Morbidity & Mortality Weekly Report, 61* (3), 19.

Allison, C., Baron-Cohen, S., Wheelwright, S., Charman, T., Richler, J., Pasco, G., et al. (2008). The Q-CHAT (Quantitative Checklist for Autism in Toddlers): a normally distributed quantitative measure of autistic traits at 18–24 months of age: preliminary report. *Journal of Autism and Developmental Disorders, 38* (8), 1414–1425.

Allison, C., Auyeung, B., & Baron-Cohen, S. (2012). Toward brief "red flags" for autism screening: the short autism spectrum quotient and the short quantitative checklist in 1.000 cases and 3.000 controls. *Journal of the American Academy of Child and Adolescent Psychiatry, 51* (2), 202–212.

Al-Qabandi, M., Gorter, J. W., & Rosenbaum, P. (2011). Early autism detection: are we ready for routine screening? *Pediatrics, 128* (1), e211–217.

American Psychiatric Association (2000). *Diagnostic and Statistical Manual of Mental Disorders* (4th ed.). Washington/DC: American Psychiatric Association.

Bailey, A., Le Couteur, A., Gottesman, I., Bolton, P., Simonoff, E., Yuzda, E., et al. (1995). Autism as a strongly genetic disorder: evidence from a British twin study. *Psychological Medicine, 25* (1), 63–77.

Baird, G., Simonoff, E., Pickles, A., Chandler, S., Loucas, T., Meldrum, D., & Charman, T. (2006). Prevalence of disorders of the autism spectrum in a population cohort of children in South Thames: the Special Needs and Autism Spectrum Project (SNAP). *Lancet, 368,* 210–215.

Baranek, G. T. (1999). Autism during infancy: A retrospective video analysis of sensory-motor and social behaviors at 9–12 months of age. *Journal of Autism and Developmental Disorders, 29* (3), 213–224.

Baron-Cohen, S., Allen, J., & Gillberg, C. (1992). Can autism be detected at 18 months? The needle, the haystack, and the CHAT. *British Journal of Psychiatry, 161,* 839–843.

Baron-Cohen, S., Lombardo, M. V., Auyeung, B., Ashwin, E., Chakrabarti, B., & Knickmeyer, R. (2011). Why are autism spectrum conditions more prevalent in males? *Plos Biology, 9* (6), e1001081.

Bhat, A. N., Landa, R. J., & Galloway, J. C. (2011). Current perspectives on motor functioning in infants, children, and adults with autism spectrum disorders. *Physical Therapy, 91* (7), 1116–1129.

Bölte, S. (Ed.) (2009). *Autismus – Spektrum, Ursachen, Diagnostik, Intervention, Perspektiven.* Bern: Huber.

Bölte, S., & Poustka, F. (2006). *FSK: Fragebogen zur sozialen Kommunikation.* Bern: Huber.

Bölte, S., Marschik, P. B., Falck-Ytter, T., Charman, T., Roeyers, H., & Elsabbagh, M. (2013). Infants at risk for autism: a European perspective on current status, challenges and opportunities. *European Child and Adolescent Psychiatry, 22* (6), 341–348.

Brian, J., Bryson, S. E., Garon, N., Roberts, W., Smith, I. M., Szatmari, P., et al. (2008). Clinical assessment of autism in high-risk 18-month-olds. *Autism, 12* (5), 433–456.

Bryson, S. E., Zwaigenbaum, L., Brian, J., Roberts, W., Szatmari, P., Rombough, V., et al. (2007). A prospective case series of high-risk infants who developed autism. *Journal of Autism and Developmental Disorders, 37* (1), 12–24.

Bryson, S. E., Zwaigenbaum, L., McDermott, C., Rombough, V., & Brian, J. (2008). The Autism Observation Scale for Infants: scale development and reliability data. *Journal of Autism and Developmental Disorders, 38* (4), 731–738.

Chakrabarti, S., & Fombonne, E. (2001). Pervasive developmental disorders in preschool children. *Journal of the American Medical Association (JAMA), 285* (24), 3093–3099.

Charman, T., Baron-Cohen, S., Swettenham, J., Baird, G., Drew, A., & Cox, A. (2003). Predicting language outcome in infants with autism and pervasive developmental disorder. International *Journal of Language & Communication Disorders, 38* (3), 265–285.

Charman, T., Taylor, E., Drew, A., Cockerill, H., Brown, J., & Baird, G. (2005). Outcome at 7 years of children diagnosed with autism at age 2: predictive validity of assessments conducted at 2 and 3 years of age and pattern of symptom change over time. *Journal of Child Psychology and Psychiatry, 46* (5), 500–513.

Colgan, S. E., Lanter, E., McComish, C., Watson, L. R., Crais, E. R., & Baranek, G. T. (2006). Analysis of social interaction gestures in infants with autism. *Child Neuropsychology, 12* (4–5), 307–319.

Dawson, G., Toth, K., Abbott, R., Osterling, J., Munson, J., Estes, A., et al. (2004). Early social attention impairments in autism: social orienting, joint attention, and attention to distress. *Developmental Psychology, 40* (2), 271–283.

Dumont-Mathieu, T., & Fein, D. (2005). Screening for autism in young children: The Modified Checklist for Autism in Toddlers (M-CHAT) and other measures. *Mental Retardation and Developmental Disability Research Reviews, 11* (3), 253–262.

Folstein, S., & Rutter, M. (1977). Infantile autism: a genetic study of 21 twin pairs. *Journal of Child Psychology and Psychiatry, 18* (4), 297–321.

Goldfield, B. A., & Reznick, J. S. (1990). Early lexical acquisition: rate, content, and the vocabulary spurt. *Journal of Child Language, 17* (1), 171–183.

Hallmayer, J., Cleveland, S., Torres, A., Phillips, J., Cohen, B., Torigoe, T., et al. (2011). Genetic Heritability and Shared Environmental Factors Among Twin Pairs With Autism. *Archives of General Psychiatry, 68* (11), 1095–1102.

Hess, C. R., & Landa, R. J. (2011). Predictive and Concurrent Validity of Parent Concern About Young Children at Risk for Autism. *Journal of Autism and Developmental Disorders, 3,* 211–234.

Iverson, J. M., & Wozniak, R. H. (2007). Variation in vocal-motor development in infant siblings of children with autism. *Journal of Autism and Developmental Disorders, 37* (1), 158–170.

Johnson, C. P., & Myers, S. M. (2007). Identification and evaluation of children with autism spectrum disorders. *Pediatrics, 120* (5), 1183–1215.

Kim, Y. S., Leventhal, B. L., Koh, Y. J., Fombonne, E., Laska, E., Lim, E. C., et al. (2011). Prevalence of Autism Spectrum Disorders in a Total Population Sample. *American Journal of Psychiatry, 168,* 904–912.

Knudsen, E. I. (2004). Sensitive periods in the development of the brain and behavior. *Journal of Cognitive Neuroscience, 16* (8), 1412–1425.

Landa, R. J. (2007). Early communication development and intervention for children with autism. *Mental Retardation and Developmental Disability Research Reviews, 13* (1), 16–25.

Landa, R. J. (2008). Diagnosis of autism spectrum disorders in the first 3 years of life. *Nature Clinical Practice Neurology, 4* (3), 138–147.

Landa, R. J., & Garrett-Mayer, E. (2006). Development in infants with autism spectrum disorders: a prospective study. *Journal of Child Psychology and Psychiatry, 47* (6), 629–638.

Landa, R. J., Holman, K. C., & Garrett-Mayer, E. (2007). Social and communication development in toddlers with early and later diagnosis of autism spectrum disorders. *Archives of General Psychiatry, 64* (7), 853–864.

Le Couteur, A., Haden, G., Hammal, D., & McConachie, H. (2008). Diagnosing autism spectrum disorders in pre-school children using two standardised assessment instruments: the ADI-R and the ADOS. *Journal of Autism and Developmental Disorders, 38* (2), 362–372.

Lord, C., Rutter, M., Goode, S., Heemsbergen, J., Jordan, H., Mawhood, L., et al. (1989). Autism diagnostic observation schedule: a standardized observation of communicative and social behavior. *Journal of Autism and Developmental Disorders, 19* (2), 185–212.

Lord, C., Rutter, M., & Le Couteur, A. (1994). Autism Diagnostic Interview-Revised: a revised version of a diagnostic interview for caregivers of individuals with possible pervasive developmental disorders. *Journal of Autism and Developmental Disorders, 24* (5), 659–685.

Lord, C., Risi, S., Lambrecht, L., Cook, E. H. Jr., Leventhal, B. L., Di Lavore, P. C., et al. (2000). The autism diagnostic observation schedule-generic: a standard measure of social and communication deficits associated with the spectrum of autism. *Journal of Autism and Developmental Disorders, 30* (3), 205–223.

Lord, C., Risi, S., Di Lavore, P. S., Shulman, C., Thurm, A., & Pickles, A. (2006). Autism from 2 to 9 years of age. *Archives of General Psychiatry, 63* (6), 694–701.

Lotter, V. (1966). Epidemiology of autistic conditions in young children. *Social Psychiatry and Psychiatric Epidemiology, 1* (3), 124–135.

Luyster, R., Gotham, K., Guthrie, W., Coffing, M., Petrak, R., Pierce, K., et al. (2009). The Autism Diagnostic Observation Schedule – Toddler Module: a new module of a standardized diagnostic measure for autism spectrum disorders. *Journal of Autism and Developmental Disorders, 39* (9), 1305–1320.

Maestro, S., Muratori, F., Cavallaro, M. C., Pei, F., Stern, D., Golse, B., et al. (2002). Attentional skills during the first 6 months of age in autism spectrum disorder. *Journal of the American Academy of Child and Adolescent Psychiatry, 41* (10), 1239–1245.

Maestro, S., Muratori, F., Cesari, A., Cavallaro, M. C., Paziente, A., Pecini, C., et al. (2005). Course of autism signs in the first year of life. *Psychopathology, 38* (1), 26–31.

Mandell, D. S., Novak, M. M., & Zubritsky, C. D. (2005). Factors associated with age of diagnosis among children with autism spectrum disorders. *Pediatrics, 116* (6), 1480–1486.

Mandell, D. S., Morales, K. H., Xie, M., Lawer, L. J., Stahmer, A. C., & Marcus, S. C. (2010). Age of diagnosis among Medicaid-enrolled children with autism, 2001–2004. *Psychiatric Services, 61* (8), 822–829.

Matson, J. L., Kozlowski, A. M., Hattier, M. A., Horovitz, M., & Sipes, M. (2012). DSM-IV vs DSM-5 diagnostic criteria for toddlers with autism. *Developmental Neurorehabilitation, 15* (3), 185–190.

McPartland, J. C., Reichow, B., & Volkmar, F. R. (2012). Sensitivity and Specificity of Proposed DSM-5 Diagnostic Criteria for Autism Spectrum Disorder. *Journal of the American Academy of Child & Adolescent Psychiatry, 51* (4), 368–383.

13

13

Mundy, P. (1995). Joint attention and social-emotional approach behavior in children with autism. *Development and Psychopathology, 7,* 63–82.

Mundy, P., & Gomes, A. (1998). Individual differences in joint attention skill development in the second year. *Infant Behavior and Development, 21* (3), 469–482.

Norris, M., & Lecavalier, L. (2010). Screening accuracy of Level 2 autism spectrum disorder rating scales. A review of selected instruments. *Autism, 14* (4), 263–284.

Noterdaeme, M., & Hutzelmeyer-Nickels, A. (2010). Early symptoms and recognition of pervasive developmental disorders in Germany. *Autism, 14* (6), 575–588.

Osterling, J. A., & Dawson, G. (1994). Early recognition of children with autism: A study of first birthday home videotapes. *Journal of Autism and Developmental Disorders, 24* (3), 247–257.

Osterling, J. A., Dawson, G., & Munson, J. A. (2002). Early recognition of 1-year-old infants with autism spectrum disorder versus mental retardation. *Development and Psychopathology, 14* (2), 239–251.

Ozonoff, S., Young, G. S., Carter, A., Messinger, D., Yirmiya, N., Zwaigenbaum, L., et al. (2011). Recurrence Risk for Autism Spectrum Disorders: A Baby Siblings Research Consortium Study. *Pediatrics, 128* (3), e488–495.

Piven, J. (2001). The broad autism phenotype: a complementary strategy for molecular genetic studies of autism. *American Journal of Medical Genetics, 105* (1), 34–35.

Piven, J., & Palmer, P. (1997). Cognitive deficits in parents from multiple-incidence autism families. *Journal of Child Psychology and Psychiatry, 38* (8), 1011–1021.

Piven, J., Palmer, P., Landa, R., Santangelo, S., Jacobi, D., & Childress, D. (1997). Personality and language characteristics in parents from multiple-incidence autism families. *American Journal of Medical Genetics, 74* (4), 398–411.

Robins, D. L., Fein, D., Barton, M. L., & Green, J. A. (2001). The Modified Checklist for Autism in Toddlers: an initial study investigating the early detection of autism and pervasive developmental disorders. *Journal of Autism & Developmental Disorders, 31* (2), 131–144.

Rutter, M., Bailey, A., & Lord, C. (2003). *Social Communication Questionnaire.* Los Angeles: Western Psychological Services.

Schwichtenberg, A. J., Young, G. S., Sigman, M., Hutman, T., & Ozonoff, S. (2010). Can family affectedness inform infant sibling outcomes of autism spectrum disorders? *Journal of Child Psychology and Psychiatry, 51* (9), 1021–1030.

Sigman, M., Ruskin, E., Arbeile, S., Corona, R., Dissanayake, C., Espinosa, M., et al. (1999). Continuity and change in the social competence of children with autism, Down syndrome, and developmental delays. *Monographs of the Society for Research in Child Development, 64* (1), 1–114.

Steffenburg, S., Gillberg, C., Hellgren, L., Andersson, L., Gillberg, I. C., Jakobsson, G., et al. (1989). A Twin Study of Autism in Denmark, Finland, Iceland, Norway and Sweden. *Journal of Child Psychology and Psychiatry, 30* (3), 405–416.

Stone, W. L., Lee, E. B., Ashford, L., Brissie, J., Hepburn, S. L., Coonrod, E. E., et al. (1999). Can autism be diagnosed accurately in children under 3 years? *Journal of Child Psychology and Psychiatry, 40* (2), 219–226.

Tomasello, M., & Todd, J. (1983). Joint attention and lexical acquisition style. *First Language, 4* (12), 197–211.

Volkmar, F. R., Klin, A., Siegel, B., Szatmari, P., Lord, C., Campbell, M., et al. (1994). Field trial for autistic disorder in DSM-IV. *American Journal of Psychiatry, 151* (9), 1361–1367.

Wetherby, A. M., Woods, J., Allen, L., Cleary, J., Dickinson, H., & Lord, C. (2004). Early indicators of autism spectrum disorders in the second year of life. *Journal of Autism & Developmental Disorders, 34* (5), 473–493.

Wetherby, A. M., Watt, N., Morgan, L., & Shumway, S. (2007). Social communication profiles of children with autism spectrum disorders late in the second year of life. *Journal of Autism & Developmental Disorders, 37* (5), 960–975.

Wiggins, L. D., Baio, J., & Rice, C. (2006). Examination of the time between first evaluation and first autism spectrum diagnosis in a population-based sample. *Journal of Developmental and Behavioral Pediatrics, 27* (2 Suppl), S79–S87.

Wing, L., & Gould, J. (1979). Severe impairments of social interaction and associated abnormalities in children: epidemiology and classification. *Journal of Autism & Developmental Disorders, 9* (1), 11–29.

Worley, J. A., & Matson, J. L. (2012). Comparing symptoms of autism spectrum disorders using the current DSM-IV-TR diagnostic criteria and the proposed DSM-V diagnostic criteria. *Research in Autism Spectrum Disorders, 6* (2), 965–970.

Zwaigenbaum, L. (2010). Advances in the early detection of autism. *Current Opinion in Neurology, 23* (2), 97–102.

Register